Parow/Hegi/Niemeyer/Strömer

Über die Schwierigkeit, erwachsen zu werden

Eduard Parow / Fritz Hegi
Hans Harald Niemeyer / Reinhard Strömer

Über die Schwierigkeit, erwachsen zu werden

Rauschmittel und Adoleszenzkrise

Eine empirische Untersuchung auf der Grundlage
einer dialektischen Interaktionstheorie

Syndikat

Umschlagphoto Abisag Tüllmann
Umschlag nach Entwürfen von Rambow, Lienemeyer und van de Sand
Produktion Greno GmbH, Heusenstamm
Printed in Germany
ISBN 3-8108-0000-7

Inhalt

Zweiter Teil

Vorwort

Diese Studie über gesellschaftliche Beziehungen Jugendlicher zu illegalen Drogen im allgemeinen und über Drogenabhängigkeit im besonderen ist hervorgegangen aus dem politisch-praktischen Versuch, in Zusammenarbeit mit Drogenabhängigen und ehemals Abhängigen in selbstorganisierter Form Lebens-, Arbeits- und Therapie-Kollektive aufzubauen. Versuche selbstorganisierter Therapie sind – bis auf das Modell der Heidelberger „free clinic" – in der BRD bis heute in den meisten Fällen gescheitert; einige Gründe dafür wird der Leser im „Tagebuch" unter dem Stichwort der „dialektischen Beziehung zwischen Organisation und Spontaneität" angedeutet finden. Die Erfahrung dieses Scheiterns hindert uns allerdings nicht, wesentliche Grundzüge jener politischen Praxis auch heute noch als berechtigt und gültig anzusehen – vor allem den Versuch kollektiver Lebensorganisation, der uns, trotz aller Rückschläge, die wir bis heute erlitten haben und in Zukunft noch erleiden werden, nach wie vor die alltagspolitische Grundlage jeder Auseinandersetzung mit spätkapitalistischen Herrschaftsformen abzugeben scheint.
Mit unserer Arbeit verfolgen wir drei Hauptabsichten: 1. die Entwicklung und empirische Überprüfung einer *dialektischen* Theorie sozialer Austauschprozesse; 2. die auf der Basis einer solchen Theorie formulierte Gesellschaftskritik mit den anerkannten *wissenschaftlichen Mitteln dieser Gesellschaft selbst* vorzutragen und zu begründen und damit den Fehler der meisten kritischen Untersuchungen zu vermeiden, ihre Einsichten im Bereich aphoristischer Unverbindlichkeit zu belassen; 3. den *ersten systematisch-empirischen Nachweis* der „narzißtischen Störung" als der interaktiven Grundlage von Sucht und Drogenabhängigkeit zu führen (und dabei als Nebeneffekt die bürgerliche Ideologie der intakten Kernfamilie durch einen Blick hinter ihre Kulissen zu zerstören).
An der Planung, Ausarbeitung und Durchführung der Untersuchung waren Drogenabhängige und Ex-User nicht nur in der Rolle von „Untersuchungsobjekten", sondern auch als wissenschaftliche Subjekte beteiligt. Das heißt, das untersuchte Kernproblem stand uns nicht fern, war keine akademische Beschäftigung mit einem beliebigen gesellschaftlichen Konflikt, den es

distanziert zu untersuchen galt, sondern es war ein Problem politischer Praxis der Forschergruppe selbst – was natürlich keine „Objektivität" im falschverstandenen bürgerlichen Sinn zuließ. Wir sind uns der Tatsache durchaus bewußt, daß die „Nähe", die wir zu unseren Gesprächspartnern anstrebten und in den meisten Fällen auch erreichten, gewissen Vertretern der bürgerlichen Sozialforschung anrüchig erscheinen mag; wir nehmen diesen schlechten Geruch jedoch gern in Kauf, weil wir nur zu gut um die Hintergründe wissen, die die sogenannte „objektive Distanz" zum Fetisch der gegenwärtigen emprischen Sozialwissenschaften werden ließen. Wir gehen allerdings davon aus, daß der methodologische Streit um „Nähe" oder „Distanz" zum Untersuchungsobjekt nur in einer Vermittlungsleistung enden kann: beide Ansätze haben ihre zwei Seiten; beide haben gewisse Argumente für sich, und beide enthüllen, ins methodische Extrem getrieben, ihre spezifischen Nachteile. Wir verfolgten die Strategie, auf Phasen der Nähe eine Zwischenphase wissenschaftlicher Distanzierung folgen zu lassen; der Leser mag selbst entscheiden, ob es uns auf diesem Weg gelungen ist, das übliche Dilemma bürgerlicher Sozialforschung, disjunktiv zwischen sozialer Nähe und Einsicht einerseits *oder* wissenschaftlicher Exaktheit andererseits wählen zu müssen, zu überwinden.

An der Theoriebildung, Planung der Untersuchung und Datenerhebung waren neben den vier Autoren maßgeblich beteiligt Uwe Deinert, Ulla Fels, Fritz Haag, Hilligje Heyer, Bruno Janner, Felicitas Jovi, Jürgen Kremer, Egbert Potratz, Klaus Rudolf, Tom Türck und Anke Zumpe; Bernd und Nana Eggink vom Rechenzentrum der Universität Hamburg waren unsere Lehrer in der Phase der Datenverarbeitung. In anderer Weise geholfen haben uns die Mitarbeiter am „Sozialpädagogischen Zusatzstudium" der Universität Hamburg, indem sie die notwendige minimale Finanzierung unseres Unternehmens sicherstellten und uns arbeitsökonomisch weit über das übliche Maß hinaus unterstützten.

Indem wir unsere Arbeit in dieser besonderen Form vorlegen, wollen wir dokumentieren, daß überall dort, wo wissenschaftliche Subjekte bei der Untersuchung sozialer Probleme ihre eigenen Interessen in denen der Betroffenen wiedererkennen, andere Formen von Forschen und Untersuchen möglich sind –

vor allem solche, die nicht auf einer angemaßten Überlegenheit, sondern auf der Lernfähigkeit der Sozialwissenschaftler aufbauen. Ob der von uns beschrittene Weg überzeugend ist, können wir nicht beurteilen; auf jeden Fall haben wir Spaß gehabt.

Hamburg, Juni 1976

Erster Teil
Ablehner und Gebraucher illegaler Drogen und ihre Lösung der Adoleszenzkrise

1. Einleitung

Entwicklung subjektiven wie sozialen Verhaltens kann unter Herrschaftsbedingungen nur krisenhaft verlaufen. Entwicklung im gesamten Bereich hochkomplex organisierter menschlicher Systeme heißt also seit Anbeginn der Sozialgeschichte: eine Abfolge von Entwicklungskrisen, die – selbst Produkte einer repressiven Lösung von Herrschaftswidersprüchen – neue Widersprüche hervorbringen. Herrschaft bedeutet zuerst Zwang in Beziehungen, Einengung. Sie nahm mit wechselnder gesellschaftlicher Organisation verschiedene Erscheinungsformen an, wandelte sich von eher offenen, wenig komplexen Formen zu mehr versteckten, höherkomplexen und erscheint heute in allen hochindustrialisierten Gesellschaften im Schafspelz demokratisch verbrämter technologischer Verwaltung – das heißt zugleich als nur noch latenter äußerer oder schon größtenteils verinnerlichter Zwang, dessen Fortbestsand plausibel zu legitimieren den Interessen, die ihn tragen, zusehends schwerer fällt. Diese – in der Starnberger Terminologie – „Legitimationskrise" spätkapitalistischer Gesellschaften ist der aktuelle äußere Rahmen, der das heutige Verhalten Jugendlicher bei Eintritt ins Erwachsenenalter bestimmt. Ihre Auswirkungen zeigen sich – ähnlich den Jugendbewegungen zu Beginn unseres Jahrhunderts – in einem zunehmenden Unwillen der heranwachsenden Generationen, sich die gängigen Leitbilder der Erwachsenen-Rollen (Arbeitnehmer, Ehepartner, Mutter, Vater) und die durch sie verkörperten gesellschaftlich akzeptierten Werte zu eigen zu machen: ein Unwillen, der allerdings im Durchschnitt kaum über die nackte Verweigerungshaltung (der nur zu oft die Wieder-Anpassung folgt) hinaus gediehen ist.

Diesen besonderen gesellschaftlichen Randbedingungen steht der Sachverhalt gegenüber, daß der Eintritt des Jugendlichen in die Gemeinschaft der Erwachsenen wohl in allen, mutterrechtlichen wie vaterrechtlichen, schriftsprachigen wie schriftlosen Gesellschaftformen eine Krise eigener Art darstellt, die einen zentralen lebensgeschichtlichen Einschnitt markiert: die „Adoleszenzkrise". Sie ist insofern von entscheidender Bedeutung für die Legitimationsfrage, als an dieser Nahtstelle ihrer biografischen

Entwicklung die Jugendlichen aller historischen Gesellschaftsformen aus einem infantilen Zustand relativ geringer Verpflichtung gegenüber den herrschenden gesellschaftlichen Normen in eine Position erhöhter Verpflichtung überwechseln – unter heutigen Bedingungen also in eine Position, in der sie die gesellschaftlichen Normen selbst verkörpern. Ist die verpflichtende Kraft dieser Normen gelockert, wie wir es heute beobachten, so ist der Heranwachsende an dieser biografischen Nahtstelle vor die „Wahl" gestellt, dem Vorbild seiner Eltern und den durch sie verkörperten Werten zu folgen, sie zu negieren oder aber kritisch abzuwandeln. Die „Entscheidung", die er in Form von Position, Negation oder kritischer Abwandlung (Synthese) der vorgegebenen Erwachsenenrolle trifft, kommt allerdings nicht unvorbereitet, sondern ist durch seine besondere Sozialisationsgeschichte von (sozial induzierten) biografischen Krisen und ihrer Bewältigung vorgezeichnet. „Herrschaft" oder „Zwang" als strukturelle Voraussetzung des sozialen Austauschs auch der gegenwärtigen hochindustrialisierten Systeme zieht allerdings im Durchschnitt immer noch den angepaßten Typus als häufigste Lösungsform der Adoleszenzkrise nach sich – oder auch sein Gegenstück auf gleicher Entwicklungsebene, den unkritisch-negierenden; fortschrittliche Reaktionen auf die Adoleszenzkrise erlaubt sie nur im Ausnahmefall. Diese drei typischen Reaktionen auf die Adoleszenzkrise sind der thematische Leitfaden unserer Untersuchung. Wir werden im weiteren Verlauf über die Variable „Beziehung zu illegalen Drogen" drei (genauer vier) Gruppen von Jugendlichen operationalisieren, die stellvertretend für die Heranwachsenden der BRD der siebziger Jahre jeweils eine der drei Lösungsformen vor Augen führen.

Die gegenwärtigen, gesellschaftlich gängigen Lösungsformen der Adoleszenzkrise können nach sehr unterschiedlichen Maßstäben bewertet werden: Zum einen kann man in herkömmlicher Weise nach der inhaltlichen Ausprägung der Reaktionsformen in sehr vordergründigem Sinn unterscheiden, zum Beispiel die neurotische, die psychotische Lösung, die sogenannten Verwahrlosungsformen, die narzißtischen Störungen, wobei von bürgerlicher Psychiatrie geleitetes Denken zugleich unterstellt, daß alle Verhaltensweisen, die nicht im oben genannten Sinn institutionell auffällig wurden, eine normale, erfolgreiche

Handlungsautonomie signalisieren. Eine andere Möglichkeit der Einteilung ist die von uns vorgeschlagene. Danach repräsentieren sowohl unkritische Übernahme als auch unkritische Negation der geforderten Erwachsenen-Rolle lediglich zwei unterschiedliche Formen des gescheiterten Versuchs, mit dem Übergang in die Erwachsenen-Position zugleich einen Zuwachs an Unabhängigkeit (Handlungsautonomie) zu gewinnen. Unkritische Übernahme der gesellschaftlichen Erwartungen (unter struktureller Unterdrükkung der eigenen subjektiven Motive) wie auch deren unkritische Negation (unter gleichzeitiger offener Auseinandersetzung der subjektiven Motive mit den gesellschaftlichen Erwartungen) können beide zu symptomatischem Ausmaß anwachsen. Aus dieser und ähnlichen Überlegungen entwickelt sich unseres Erachtens ein neues und besseres Verständnis der symptomatischen Reaktionsformen, das eine Hintergrund- oder Metaposition zu den klassischen Ordnungsschemata der bürgerlichen Psychiatrie bezieht und somit höhere prognostische und diagnostische Verläßlichkeit besitzt. So könnte man beispielsweise symptomatisches Agieren, außer nach dem quantitativen Maßstab seiner Rigidität und Redundanz, danach beurteilen, ob die (schwerergewichtige) Oberfläche des symptomatischen Verhaltenswiderspruchs[1] strukturell häufiger durch die *erwartungskonforme* (und triebunterdrückende) oder eher durch die *erwartungsnegierende* Seite gebildet wird (vgl. Schaubild 1). Ähnliche Versuche der Einteilung mit besten prognostischen Ergebnissen hat bereits in den frühen 60er Jahren eine hierzulande kaum beachtete Forschergruppe des „Worcester State Hospital“ a[illegible]tellt.[2] Teilte man die symptomatisch-widersprüchlichen Entäußerungen unserem Vorschlag entsprechend ein, so wären wohl nur die neurotischen Symptome sowie der manisch-depressive Formenkreis einerseits und das „Verwahrlosungs“-Syndrom (compulsive independence) andererseits relativ unzweideutig einzuordnen – die ersteren zu den Widersprüchen mit erwartungs-

[1] Nähere Ausführungen dazu siehe unten.

[2] Vgl. dazu die Aufsätze von E. Zigler und L. Phillips in den Bänden 1960-1964 des *Journal of Abnormal and Social Psychology*. Ihre Einteilung der gesamten Population einer etwa unserem Landeskrankenhaus entsprechenden psychiatrischen Groß-Klinik in vier symptomatische Grundtypen: „Turning-Against-the-Self“-, „Self-Indulgence“-, „Avoidance-of-Others“- und „Turning-Against-Others“-Symptome entspricht strukturell der von uns vorgeschlagenen Denkweise.

Schaubild 1

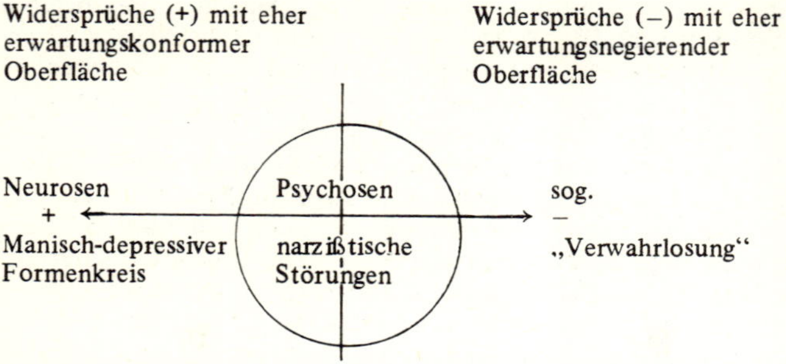

konformem Übergewicht (Anpassungskrankheiten), die letzteren zu den Symptomen, die oberflächlich die sozialen Erwartungen verletzen (Verweigerungskrankheiten), während ein breiter Bereich von Psychosen und Süchten sich in seiner Erscheinungsform eher der einen oder anderen Seite zuneigt. Was eben diesen Bereich anlangt, so hat die bereits zitierte Forschergruppe festgestellt, daß etwa die Gesamtmenge der psychotischen Erkrankungen (und, wie sie in einem der späteren Aufsätze betont, auch die der Süchte) in zwei Teilmengen mit funktional völlig verschiedenen Eigenschaften zerfällt, die wir relativ mühelos mit der von uns vorgeschlagenen Zweiteilung identifizieren können.[3]

[3] Das Vorgehen von Zigler/Phillips bestand darin, daß sie – ausgehend von der Dimension „chronischer" versus „akuter" Krankheitsentwicklung, die ihnen die Beobachtung der eigenen Praxis, aber auch umfangreiche Literaturhinweise nahelegten – den Krankheitsverlauf ihrer Patienten retrospektiv auf Zusammenhänge mit einer Vielzahl von Variablen untersuchten. Auf diese Weise stießen sie auf definitive und hochverläßliche Korrelationen des Krankheitsverlaufs mit den vier Typen symptomatischer Reaktionen. Diese Zusammenhänge kann man nun einerseits unter sozialisationstheoretischen Aspekten interpretieren (was die Autoren taten), andererseits aber auch im Rahmen ihres designs als Ergebnis von Zuschreibungsprozessen, wie sie üblicherweise in den Institutionen bürgerlicher Psychiatrie undurchschaut operieren (zum Beispiel in Form von klassenspezifisch variierenden Behandlungsmethoden und Interaktionsprozessen). Tatsächlich stellten Zigler/Phillips in einem weiteren Schritt hochsignifikante Korrelationen der vier Verhaltensmerkmale mit der Variablen „soziale Schicht" fest, ließen aber letzten Endes genau die Frage offen, wie hierbei soziogenetische Einflüsse von labelling-Prozessen abzugrenzen seien.

Eine dritte Möglichkeit, die ideologisch belastete Einteilung der Verhaltensweisen in „normale" und „abweichende" oder „symptomatische" kritisch zu hinterfragen, zielt auf eine psychodynamische Vorstellung von verschiedenen Formen des Scheiterns an den Selbständigkeits-Anforderungen der Erwachsenen-Rolle („Abhängigkeit"). Danach könnte man sich, kurz gesagt, eine Skala des Scheiterns denken, die von ganz offenkundiger, intersubjektiv nicht mehr zu verleugnender Abhängigkeit bis zu immer stärker versteckten Formen reicht, die trotz ihrer funktionierenden Oberfläche in irgendeinem plausiblen Sinn die fehlende Handlungsautonomie anzeigen. So könnte man sich auf dem einen Pol ein Scheitern vorstellen, wo die Übernahme des Erwachsenen-Status *nicht einmal zum Schein gelingt,* weil der Betreffende bereits die minimalen und unumgänglichen Erfordernisse an selbständigem Handeln nicht erbringt, die mit dieser Rolle verbunden sind. Mit dem Begriff „minimal" ist hier die Teilmenge jener Selbständigkeits-Erwartungen gemeint, die man auf jeden Fall erfüllen muß, um in der Rolle eines Erwachsenen in dieser Gesellschaft zu überleben. (Diese Minimal-Erfordernisse sind ihrerseits nur eine Teilmenge derjenigen Anforderungen interaktiver Unabhängigkeit, die man zu einer reflektierten Beziehung zu dieser empirisch vorfindbaren Rolle brauchte.) Einem solchen manifesten Scheitern entsprechen – sieht man einmal von körperlichen und geistigen Behinderungen oder chronischer, schwerer Krankheit ab, die ebenfalls fortgesetzte Abhängigkeit von den Versorgungsleistungen anderer erfordern – beispielsweise all jene Fälle, wo ein Subjekt angesichts der erhöhten Unabhängigkeitsforderungen, die mit seinem bevorstehenden Eintritt in die Erwachsenen-Rolle verbunden sind, einen symptomatischen Widerspruch von der Größenordnung einer Schizophrenie, einer körperlichen Abhängigkeit von Rauschmitteln, eines Suizid-Versuchs oder einer aggressiven „antisozialen" Zwangshandlung entwickelt; einen Widerspruch also, der entweder wegen seiner Auffälligkeit (sei sie vom erwartungsnegierenden oder -konformen Typus) eine Zwangseinweisung in totale Institutionen nach sich zieht oder eine längere therapeutische Intervention notwendig macht, oder allgemeiner: Beziehungsstrukturen provoziert, in denen der Betreffende in kindlich-unverantwortlicher Position von einem verantwortlichen anderen abhängig ist. Auf dem anderen Pol der Variablen wären dann *die gut versteckten Formen des Scheiterns* zu finden: zum Beispiel solche, die bürgerliches Bewußtsein als Schicksal hinzunehmen pflegt, wie „Sich-Selbst-Aufzehren" in Beruf und Beziehungen mit nachfolgender körperlicher Schwächung und verfrühtem Tod; versteckte Beziehungsunfähigkeit (vgl. den Stellenwert der sexuellen Störungen bei W. Reich) und soziale Isolation; oder auch, was Horst E. Richter in bezug auf seine Erfahrungen mit Mittelschicht-Verhaltensweisen „normalneurotisch" genannt hat, kurz: alle Formen sogenannter „normaler" bürgerlicher Arbeits- und Primärbeziehungen, wo das Subjekt in ständiger, heimlicher Auseinandersetzung mit seinen unterdrückten Bedürfnissen nur mühsam den Eindruck oberflächlichen Funktionierens wahren kann. Solche Formen des versteckten Scheiterns, symptomatische Widersprüche also, die sich nach außen hinter dem *Schein* von Handlungsautonomie verstecken und den Bereich sozialer Auffälligkeit zeitlebens meiden können, sind im Grunde gar nicht erfaßbar; dennoch vermuten wir, daß, zählte man die genannten Symptome „nervöser Leiden"[4], sexueller Störungen, schwerer psychosomatischer Erkrankungen, der Abhängigkeit von Alkohol, Schlafmitteln und illegalen Drogen zusammen, trotz vieler Überschneidungen nur noch ein winziger Rest von – selbst mit dem Maßstab bürgerlicher Psychiatrie – „Symptomfreien" übrigbliebe.

Manifestes Scheitern als „Lösungsform" der Adoleszenzkrise, das heißt also *sichtbare Unverantwortlichkeit und Unmündigkeit* angesichts der Erwachsenen-Rolle, hat zunächst einmal nichts mit der Art der symptomatischen Widersprüchlichkeit (erwartungskonformer oder -negierender Typus) zu tun, sondern kann Resultat des einen wie des anderen Typus sein. Im einen Fall beobachten wir dann eine Entwicklungshemmung, die im Gefolge von zu früh erzwungener Selbständigkeit (abgewehrter Abhängigkeit, compulsive independence) und in der Erscheinungsform verfrühter und verstärkter Brüche als dem spezifischen Muster der Ablösung von elterlichen Autoritäten auftritt, begleitet von eher erwartungsnegierenden Verhaltensweisen des Jugendlichen; im andern Fall ist das manifeste Scheitern an den Anforderungen der Erwachsenen-Rolle als direkte Fortsetzung

[4]**Nach einem Bericht der FR vom 15.6.73 fühlen sich 60% der Bundesbürger „nervös".**

von zu wenig gelungenen Ablösungsprozessen zu betrachten, das heißt als Ausfluß von fortgesetzter infantiler Abhängigkeit von den erzieherischen Autoritäten bis ins Erwachsenen-Alter hinein. Beide Typen manifesten Scheiterns, die sich in ihrer psychodynamischen Struktur erheblich unterscheiden, werden wir in der Population der Drogenabhängigen wiederfinden.

Der Legitimationskrise als struktureller Erscheinung entspricht auf Seiten der Jugendlichen eine zunehmende Verweigerungs-Haltung gegenüber den Erwartungen, die das System an sie heranträgt: sie wollen entweder „nicht erwachsen" werden oder doch nicht „solche Erwachsenen", wie Eltern, Schule, Arbeitgeber und öffentliches Bewußtsein es ihnen vorleben und vorschreiben wollen. Die „Entscheidung" vieler Jugendlicher, nicht mitzumachen, kann allerdings sehr unterschiedliche (motivatorische) Hintergründe besitzen und demzufolge auch viele verschiedene Formen annehmen: die jugendlichen Verweigerer mögen das System reflektiert oder symptomatisch ablehnen, sie mögen dabei offenen oder versteckten Widerstand ausüben oder sich einfach zurückziehen.
Ausgangspunkt unseres Interesses war die besondere Art der Verweigerungshaltung Jugendlicher, wie sie mit dem Gebrauch illegaler Drogen einhergeht, sowie unser Versuch, in Einklang mit unseren eigenen Einsichten und Bedürfnissen mit jugendlichen Drogenabhängigen in selbstorganisierter Form daran zu arbeiten, ihren symptomatischen Widerspruch gegen das System in einen reflektierten zu verwandeln. Die Lernprozesse, die wir in solidarischer Praxis mit dieser Gruppe durchmachten, nötigten uns sehr bald, unser Augenmerk nicht nur auf die (illegalen) Drogen selbst und ihre Wirkungsweise zu richten, sondern darüber hinaus auf die spezifische Beziehung zu achten, die ein Subjekt zu diesen Drogen einnimmt. Die Droge an sich ist, wie jedes Phänomen in einer strukturell widersprüchlichen Gesellschaft, eine zweiseitige Angelegenheit, das heißt, sie birgt emanzipative und rückschrittliche Momente, und wer nur eine Seite eines funktional zweiseitigen gesellschaftlichen Phänomens wahrnimmt oder gelten läßt, geht notwendigerweise eine zwanghafte, d.h. eingeengte Beziehung zu ihm ein. Dagegen ist die Anerkennung der Existenz beider Seiten eine notwendige, wenn auch nicht hinreichende Bedin-

gung für einen progressiven Umgang mit dem fraglichen Beziehungsobjekt. Indem wir also von der isolierten Betrachtung der Droge auf die Analyse der Beziehung zur Droge übergingen, bot sich zum Zweck der Operationalisierung unserer Untersuchungs- und Kontrollgruppen folgende Überlegung an: Jede Beziehung, jedes Verhalten in Richtung auf ein Bezugsobjekt (das auch Subjekt sein kann) läßt sich *qualitativ* erschöpfend in Ablehnung und Bejahung, Negation und Position aufteilen; und zu beiden Qualitäten (die zusätzlich auf einer Skala der motivationalen Gewichtung von „gleichgültig" bis „engagiert" angesiedelt sein mögen) kann man wiederum eine *quantitativ* mehr oder weniger „zwanglose" Beziehung eingehen – das heißt, man kann mehr oder weniger starr bejahen oder verneinen. Rigide Bejahung oder Verneinung drückt eine „abhängige" Beziehung zu dem betreffenden Objekt aus; flexible oder komplexe oder zwanglose Bejahung oder Verneinung bedeutet „Unabhängigkeit". In bezug auf ein zweiseitiges gesellschaftliches Phänomen (wie zum Beispiel „illegale Drogen") korrespondiert die Zwanghaftigkeit der Bejahung seiner einen Seite der Zwanghaftigkeit der Verneinung seiner anderen. Die Kombination der beiden Dimensionen „Bejahung/Verneinung" und „Ausmaß der Zwanghaftigkeit" ergibt eine Art dreipoliger Skala, wie sie im nachstehenden Schaubild 2 skizziert ist. Sie soll die Gesamtheit aller möglichen gesellschaftlichen (und subjektiven) Beziehungen zu einem beliebigen Bezugsobjekt, in unserem Fall zu illegalen Drogen veranschaulichen.[5]

Im Sinne dieses Beziehungs-Schemas ist unsere Ausgangsgruppe von Fixern als eine Gruppe von *„extrem zwanghaften Bejahern"* oder Gebrauchern illegaler Drogen zu verstehen, der wir als sinnvolle Vergleichsgruppen a) die der *„relativ[6] zwanglosen*

[5] Da in unserem Fall die Systemkonformen die Verneiner (= Ablehner) des fraglichen Bezugsobjekts sind, muß diese Population die größere sein.

Eine „mittelmäßig zwanghafte" Position auf der Verneinungs-Seite schließt durchaus die Möglichkeit einer gewissen Bejahung mit ein und umgekehrt. Dieses grobe Schema läßt also zur Not auch den Begriff der Ambivalenz zu; die Mittelachse der „Zwanglosigkeit" kann dann verstanden werden als Verhalten, das keiner strukturellen Vorentscheidung, weder nach der einen noch nach der anderen Seite, unterworfen ist, während diese Gleichverteilung der Verhaltensmöglichkeiten zu den beiden Extrempolen hin einer zunehmenden Einseitigkeit Platz macht, die am Pol selbst absolut ist.

Schaubild 2 Bejahung und Verneinung (auf einem gegebenen Niveau der motivationalen Gewichtigkeit) eines Beziehungsobjekts nach Ausmaß der Zwanghaftigkeit

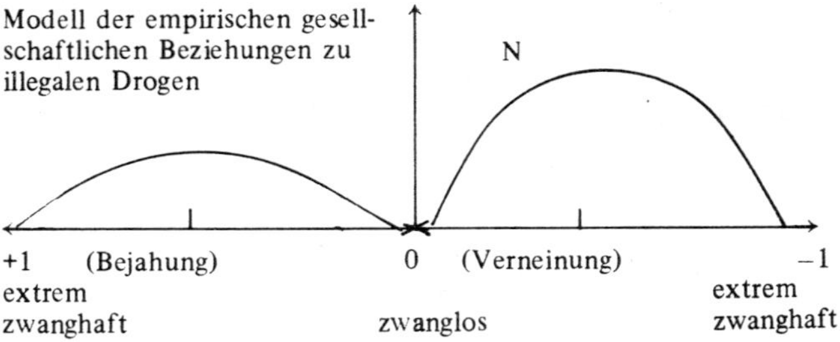

Gebraucher/Ablehner" und b) die Gruppe derjenigen Jugendlichen gegenüberstellen wollen, die *in bezug auf illegale Drogen* und *nur* auf sie) eine annähernd ebenso große Verneinung oder Ablehnung an den Tag legen, wie die Ausgangsgruppe sie bejahte (über die Operationalisierung der drei Gruppen vgl. weiter unten). Auf unser Schema bezogen wählten wir unsere Vergleichsgruppen also aus dem linken, dem mittleren und dem rechten Extrembereich der Skala (vgl. Schaubild 3).

Schaubild 3 „Beziehung zu illegalen Drogen" als operationale Definition der drei Vergleichsgruppen

zwanghafte Bejahung	zwanglose Bejahung	zwanglose Verneinung	zwanghafte Verneinung
„zwanghafte Gebraucher"	„zwanglose Ablehner/Gebraucher"		„zwanghafte Ablehner"

[6]Wir werden im Folgenden der Kürze halber meist von „den Zwanglosen" sprechen, wollen hier aber deutlich darauf hinweisen, daß es nach unserer Meinung unter den bekannten gesellschaftlichen Bedingungen völlige Zwanglosigkeit (außer vielleicht als situative Ausnahme) nicht geben kann.

Die Symmetrie der Versuchsanordnung ergibt sich *ausschließlich* in bezug auf unser gewähltes operationales Kriterium – die Beziehung zu illegalen Drogen; wir können also zum Beispiel nicht erwarten, daß die Gruppe der sogenannten „zwanghaften Ablehner" in ihren Verhaltensweisen außerhalb unseres Objektbereichs mit dem gleichen symptomatischen Schweregrad agiert wie die Fixergruppe. Umgekehrt dürfte jedoch das zwanghafte Verhalten der Ablehner in bezug auf den von uns willkürlich herausgegriffenen Objektbereich keine völlig isolierte und zufällige Erscheinung im Rahmen ihres Gesamtverhaltens darstellen. Wir vermuten deshalb, daß die historisch rekonstruierbaren Erfahrungen und Reaktionen dieser Gruppe einschließlich ihrer Lösung der Adoleszenzkrise immer noch durch deutlich größere Zwänge und Abhängigkeiten gekennzeichnet sein wird als das Verhalten der zwanglosen Ablehner/Gebraucher. Dabei sollte deren sogenannte „Zwanglosigkeit" weniger als geringere Widersprüchlichkeit (obwohl auch das), sondern eher als lebensgeschichtlich erworbene, höhere Kapazität verstanden werden, die Existenz von Widersprüchen anzuerkennen, zu durchschauen, sich weniger abwehrhaft mit ihnen auseinanderzusetzen und schließlich die historisch progressive Seite der Widersprüche zu unterstützen.[7]

[7] „Progressiv" und damit wünschenswert (für die nächste Entwicklungsphase) ist immer die Seite, die bisher in der Entwicklung zu kurz gekommen ist. Zum Beispiel: wo bisher zuviel „Zwang", „Ordnung", „Strukturierung" etc. herrschte, kann mehr „Gehenlassen" progressiv sein und umgekehrt. Es ist also im kritischen Sinn nie absolut (das hieße: in ahistorischer Weise) entscheidbar, welche Seite eines Widerspruchs die progressive darstellt.

2. Interaktionstheoretische Voraussetzungen

2.1 *Das interaktionstheoretische Grundmodell: Ego und Alter, die auf mehreren Ebenen kommunizieren*

Sozialer Austausch bedient sich symbolischer, das heißt bestimmte Bedeutungen und Motive anzeigender Transaktionen (Zeichen), die unterschiedliche Verhaltensebenen oder -qualitäten repräsentieren. In Anlehnung an die Arbeit von Watzlawick u.a.[1] definieren wir die unterschiedlichen Ebenen symbolischer Entäußerung durch eine bipolare Skala kontinuierlicher Übergänge zwischen den Extremen „analoger" und „digitaler" Kommunikation. Grundelement oder Basis-Paradigma allen sozialen Austauschs ist ein Interaktionssystem aus zwei Akteuren oder Systemen, wobei jeder Akteur für sich wiederum als Binnensystem verstanden werden kann, das Beziehungen zu Subsystemen nach innen wie zu übergeordneten Systemen nach außen unterhält und während des gesamten Austauschprozesses sowohl zwischen verschiedenen Systemen *einer* gegebenen Ebene (horizontale Transaktion) als auch zwischen Systemen *verschiedener* Ebenen (vertikale Transaktionen, zum Beispiel zwischen Innen und Außen) ein dynamisches energetisches Gleichgewicht, nämlich seine Integration oder *„Identität"* zu wahren trachtet.
Gesellschaft kann als System von Systemen aufgefaßt werden: subjektive Systeme (Individuen), die ihrerseits in Subsysteme zerfallen, stellen Teilsysteme von elementaren *sozialen* Systemen (z.B. Zweier-Beziehung) und Primärgruppen (Familie, peers) dar; diese sind Teilsysteme von institutionellen Systemen und Organisationen, die wiederum das übergeordnete Gesamtsystem „Gesellschaft" konstituieren usw. Die Grundsätzliche Dichotomie „Innen/Außen" oder „Binnensystem/Außensystem" bezeichnet in diesem Zusammenhang einen *Ebenenwechsel* von materialistisch definierten Prozessen oder, was das Gleiche ist, das *Überschreiten einer Systemgrenze.* Gesetzt, ein beliebiges subjektives System sei unser analytischer Ausgangs-

[1] **Watzlawick, Beavin, Jackson, *Menschliche Kommunikation*, Bern/ Stuttgart 1970**

punkt, so markiert der Umschlag zwischen „Innen" und „Außen" einen *qualitativen* Wandel seiner Entäußerungsprozesse (Energie, Impuls, Information): interne, nicht notwendig symbolisch präformierte Prozesse gelangen an die Oberfläche des Subjekts, das heißt auf seine Ebene (höchst-)intersubjektiver Zeichen und werden dort zu den konstituierenden Elementen von Austauschprozessen auf neuer Systemebene: in einem ersten *sozialen* (Binnen-)System. Entsprechend müssen soziale Binnensysteme ihre Entäußerungen wieder in einer neuen Anstrengung in gewisse verbindliche Formen kleiden, wenn sie mit anderen sozialen Systemen in einen sinnvollen Austausch treten wollen.[2] Jener Ebenen-Wechsel, in dessen Verlauf *innere* Ereignisse, Kommunikationen oder Motive an die Oberfläche *sozialer* Zeichen gelangen, ist in Wirklichkeit ein *gradueller* Vorgang; das heißt, Inneres gewinnt bereits – wenn auch eingeschränkte – soziale Realität, noch bevor es endgültig die Ebene symbolischer Entäußerungen höchster semantischer Intersubjektivität (z.B. „Sprache") erreicht hat. Dieser Sachverhalt der graduell wachsenden sozialen Wahrnehmbarkeit von inneren Motiven im Ausdrucksverhalten macht es einerseits schwer, eine definitive Grenze zwischen dem strikten „Innen" des sozial unsichtbaren und unhörbaren Persönlichkeits-Anteils und dem „Außen" seiner sozial wahrnehmbaren Komponente zu ziehen (zumal die Wahrnehmungs-Fähigkeit von Subjekt zu Subjekt, von einer sozialen Schicht zur anderen usw. zu schwanken pflegt: je genauer man hinschaut, je bewußter man beobachtet, umso mehr und tiefer sieht man auch). Auf der anderen Seite bietet jedoch die gleiche Tatsache die Möglichkeit, Brüche oder Widersprüche zwischen Motiven *im Ausdrucksverhalten* festzustellen, das heißt höhere und tiefere Ebenen des Ausdrucksverhaltens auf Konsistenz oder Widersprüchlichkeit der ausgedrückten Motive zu überprüfen. Wir dürfen zu diesem Zweck allerdings nicht mehr pauschal davon sprechen, daß innere Sinngebungen „an die Oberfläche sozialer Zeichen gelangen", sondern müssen jetzt danach unterscheiden, „in welchem Ausmaß sie an die Oberfläche kommen", ob sie einen „höheren" oder „niederen" Status sozialer Wirklichkeit erhalten.

[2] Das gilt etwa für subkulturelle Kommunikationsformen oder auch für Familien mit pathogener Kommunikationsstruktur, die für ihre Mitglieder interne semantische Bezüge entwickelt haben, die von der weiteren Gesellschaft nicht mehr intersubjektiv geteilt werden.

Unterscheidet man derart die Gesamtheit des Ausdrucksverhaltens subjektiver und sozialer Systeme vereinfachend nach wenigstens zwei Ebenen oder Bereichen – der *Ebene höchster semantischer Intersubjektivität*, die in unserem Kulturkreis durch Worte und vergleichbar hochdigitalisierte optische Zeichen definiert ist (Inhaltsaspekt), und den Rest der *Ebenen geringerer semantischer Intersubjektivität* (Beziehungsaspekt)[3] –, so haben wir die Grundlage für eine dialektisch formulierbare Ausdrucks- oder Interaktions-Theorie gelegt, die es gestattet, die dialektischen Basiskategorien von Position und Negation, These – Antithese – Synthese als Beschreibungen *qualitativ* sich wandelnder Prozesse auch auf das Verhältnis zwischen Ausdrucks-Ebenen anzuwenden. Unter der weiteren Voraussetzung einer *Quantifizierung* jener Qualitäten wenigstens im komparativen Sinn (= mehr oder weniger Rigidität, Widersprüchlichkeit usw.) bieten wir einen analytischen Rahmen zur Verhaltensanalyse an, der den nur-quantifizierenden Ansatz der bürgerlichen (empirischen) Sozialforschung transzendiert. Zu diesem Zweck müssen wir allerdings noch einige weitere Voraussetzungen erörtern.

2.2 *Zeichen und Bedeutung*

Man kann ein subjektives kommunizierendes System Ego oder Alter auffassen als eine Gesamtheit zielgerichteten (das heißt immer auch: bedürfnisgeleiteten) Verhaltens, die nach außen in eine *Hierarchie von Ausdrucks-Ebenen*, nach innen in eine *Hierarchie von Bedeutungs- oder Sinngebungs-Ebenen* zerfällt, die von den Interaktionspartnern des betreffenden Subjekts mit Hilfe der von ihm gesendeten Zeichen hermeneutisch rekonstruiert werden muß; hierbei bildet die Ebene der unmittelbar oder positivistisch verstehbaren Äußerungen des Oberflächenverhaltens quasi die Symmetrie-Achse beider Hierarchien. Was innen ist, die Motive, ist der Oberfläche mehr oder weniger nahe; also wird es entsprechend mehr oder weniger oberflächlich, das heißt eher digital oder analog, inhaltlich oder strukturell ausgedrückt. Unterteilt man die Ausdruckshierarchie, wie bereits vorgeschlagen, in die Ebene der höchst-digitalen akustischen und optischen Zei-

[3] Vgl. S. 40.

chen (die zugleich höchste Intersubjektivität der Bedeutungen besitzen) einerseits und den Rest der zunehmend analogen Ebenen andererseits, so kann man in einfacher Weise überprüfen, ob sich der Akteur in seinem Gesamtausdruck konsistent oder widersprüchlich verhält. Wenn ein Verhaltenszwiespalt vorliegt, so äußert er sich immer in derselben Form: daß nämlich, was auf der Ebene hochintersubjektiver Zeichen (Worte oder unmittelbar anschauliches Verhalten) ausgedrückt wird, auf tieferen Ausdrucks-Ebenen (Meta-Zeichen) zugleich negiert wird. Die Bedeutung dieser – wenn man so will – „Meta-Zeichen“ ist allerdings nicht im gleichen Ausmaß bekannt wie die der hochintersubjektiven Zeichen; ja sie werden oftmals gar nicht gesehen oder als Ausdrucksträger wahrgenommen, oder sie werden nur vorbewußt registriert. Wir erkennen aus dieser Möglichkeit des widersprüchlichen Gesamtausdrucks, daß die hochintersubjektive Bedeutung des Zeichens in bezug auf ein gegebenes Motiv an sich nicht unbedingt mit seiner pragmatischen Verwendung im Dienst des gleichen Motivs übereinstimmen muß. Es ist also notwendig, bei jedem Ausdrucksverhalten (mindestens) zweierlei Bedeutungen zu unterscheiden: erstens die festgelegten intersubjektiven Bedeutungen der Zeichen, aus denen sich die Botschaft inhaltlich zusammensetzt; zweitens die pragmatische Bedeutung der Botschaft, das heißt der *private Gebrauch*, den das Subjekt von den intersubjektiven Bedeutungen seiner Zeichen macht. Der Gesamt-Sinn einer mitgeteilten Entäußerung setzt sich also immer zusammen aus einem Anteil intersubjektiv geteilter Bedeutung – sozusagen der semantische Kern der Botschaft – und einem Anteil privaten Gebrauchs (das semantische Umfeld), die beide in bezug auf ein gegebenes Bedürfnis nicht notwendig übereinstimmen müssen.
Die intersubjektive Bedeutung einer Entäußerung entspricht somit einem aller privaten Gebrauchsbedeutungen entkleideten (und also auch leichter kommunizierbaren) Sinn-Residuum. Das Auseinandertreten des Bedeutungsgehalts einer Entäußerung in einen intersubjektiven Bereich und einen Bereich zunehmend privater Sinngebungen (Gebrauchsbedeutungen) ist überhaupt erst von einem gewissen Niveau des phylogenetischen Entwicklungsstandes ab zu beobachten; daß, was Sprache sagt, durchs Sprechen widerrufen werden kann, ist erst dort möglich, wo der Zeichengebrauch nicht mehr bloß durch instinktive Fortschreibungen von Bedürfnissen festgelegt ist. Erst

jetzt beginnen sich jene zwei Sinn-Anteile an kommunizierten Zeichen herauszubilden, die einander entweder ergänzen und verstärken oder widersprechen können.
Im Austausch zwischen Interaktionspartnern steht der intersubjektive Bedeutungs-Anteil einer Entäußerung gewöhnlich fest; die Frage von Übereinstimmung oder Nicht-Übereinstimmung in der Sinngebung pflegt sich in Alltagssituationen erst an den privaten Anteilen festzumachen. Diskurs, wie Habermas das Wort gebraucht, bedeutet so gesehen gleichverteilte Chancen der privaten Sinngebung im Konfliktfall. Strukturelle Einseitigkeit der Sinngebung in Austauschprozessen ist eine Ausdrucksform von Herrschaft: die Abhängigkeit der Sinngebungs-Leistungen eines Interaktionspartners von den Leistungen des anderen.[3a] Solche einseitige Sinngebung ist unter anderem auch für den wissenschaftlichen Austausch des bürgerlichen Forschungssubjekts mit seinem Untersuchungsobjekt charakteristisch.[4] Wir werden später zeigen, wie wir uns zumindest bemühten, diese Einseitigkeit bei unserer Arbeit zu vermeiden.

2.3 *„Herrschaft" und „Widerspruch" als zentrale Kategorien gesellschaftlicher, intersubjektiver und subjektiver Austauschprozesse*

Wenn wir von „Widersprüchen" in Austauschprozessen sprechen, so verstehen wir darunter grundsätzlich „Bedürfnis-Widersprüche": Ego will etwas (von oder in bezug auf Alter), was Alter nicht will, oder Ego steht mit sich selbst in Widerspruch, indem er etwas will und zugleich nicht will oder nicht kann. Solche Bedürfniskonflikte sind weder außergewöhnlich noch vermeidbar;

[3a] Sofern stets ein pragmatisch handelndes Alter vorhanden sein muß, das Egos Sinngebung akzeptiert oder verwirft (und umgekehrt), sind die Sinngebungsleistungen des einen immer von denen des anderen abhängig. Gemeint ist hier eine weiterreichende, strukturelle Abhängigkeit, etwa der Art, daß bei ursprünglich konfligierenden Sinnsetzungen ein- und desselben Symbols durch beide Interaktionspartner der eine *immer wieder* seine Sinngebung auf Kosten jener des anderen durchzusetzen vermag.

[4] Der hermeneutische Ansatz der deutschen historischen und „Geisteswissenschaften" kann also auch als Zwischenstufe auf dem Weg zur Einsicht in die Notwendigkeit betrachtet werden, in den Wissenschaften vom menschlichen Verhalten nach dem Modell einer zweiseitigen Sinngebung zu verfahren.

unser Fragen setzt erst dort ein, wo es um die *Struktur* ihres Auftretens und ihrer Lösung geht. Diese Struktur ist in erster Linie zu charakterisieren durch das Vorhandensein oder Nicht-Vorhandensein von „Herrschaft" in den Austauschprozessen, durch „Abhängigkeit" oder „Unabhängigkeit" der Partner (oder Systeme) untereinander.

„Herrschaft" ist in der Tat der zentrale *interaktionstheoretische* Begriff der wegweisenden dialektischen Theoriebildung von Hegel bis Marx. Herrschaft ist dort eine Beziehungskategorie, die bereits implizit einen Verhaltens- oder Bedürfniswiderspruch zwischen einem „beherrschten" und einem „herrschenden" (subjektiven oder sozialen) System setzt und zugleich auch etwas über seinen Lösungsmodus aussagt. Konfliktlösungen, die auf Herrschaft basieren – so haben wir an anderer Stelle ausgeführt –, nehmen notwendig „antithetische", abwehrhafte Formen an; Konfliktlösungen auf der Basis von herrschaftsfreiem Austausch bieten die Chance „synthetischer" Lösungen, das heißt solcher Lösungen, die im Gegensatz zu den antithetischen den Konflikt nicht auf den (Entwicklungs-)Ebenen festschreiben, auf denen er auftrat, sondern das Verhalten beider Seiten auf eine neue Entwicklungsstufe heben. Wir haben gleichfalls bereits angedeutet, daß Herrschaft und die mit ihr verbundene spezifische Form der Widersprüchlichkeit sich historisch von eher offenen zu eher versteckten Erscheinungsformen gewandelt haben, daß also der Herrschaftswiderspruch zwischen den Bedürfnissen des „Kapitals" und denen der „Arbeit" lediglich als eine hinter formaldemokratischen Regeln versteckte Fortführung früherer feudalistischer (und damit eher offener) Unterdrückung zu betrachten sei. Herrschaft ist, mit anderen Worten, auch in der bürgerlichen Gesellschaft nicht aufgehoben, sondern nur versteckt, latent gemacht, indem sie sich in einer Gesellschaft von oberflächlich freien und gleichen Mitgliedern auf dem Tauschmarkt fortsetzt, wo für den Tausch unterschiedlich gerüstete Subjekte (oder auch gesellschaftliche Systeme) konkurrieren.

Dieser Widerspruch ist insofern als der gesellschaftlich grundlegende zu verstehen, als er die spezifische Erscheinungsform aller anderen Widersprüche und Herrschafts-Dichotomien bestimmt – auch wenn sie, wie etwa die Unterdrückung der Frau durch den Mann, weit älter sind als der Kapitalismus selbst. Solche weiteren Widersprüche, die sich nicht mit dem

»Über jedem guten Buch muß das Gesicht des Lesers von Zeit zu Zeit heller werden«, sagt Christian Morgenstern.

Damit Sie die erhellenden Zeilen in diesem Buch besser festhalten können, legt Gauloises diesen Zeilenzähler bei. Er enthält Maßstäbe für vier verschiedene Typographien; Sie werden leicht den richtigen herausfinden.

Grundwiderspruch decken, aber dennoch sekundär von ihm beeinflußt werden und ihn überlagern, sind – außer dem genannten Herrschaftsgefälle zwischen den Geschlechtern – die Dichotomien zwischen Schwarz und Weiß, einheimischer Arbeiter und „Gastarbeiter", Gesund und Krank, Normal und Abweichend, Erwachsene und Kinder, Jung und Alt. Nebenbei bemerkt: wenn es zutrifft, daß Herrschaft in dieser Weise die spätkapitalistischen Gesellschaften in antagonistische Gruppierungen zu polarisieren pflegt, wäre es vielleicht für sozialwissenschaftliche Interessen verläßlicher, die soziale Position eines gesellschaftlichen Subjekts aus dem Summenscore seiner (gewichteten) Positionswerte auf den wichtigsten Herrschafts-Dichotomien zu errechnen[5], statt dazu die traditionellen Indizien sozialer Schichtung heranzuziehen.

Gesellschaft, die auf Herrschaft – gleichgültig welcher historischen Erscheinungsform – aufbaut, lebt von Widersprüchen und reproduziert sich durch sie; sie sind das tägliche Brot der Alltags-Interaktionen zwischen Subjekten wie Gruppen. Nehmen wir – auf der Ebene des Gesamtsystems – folgendes Beispiel:

„Es ist nicht immer einfach, einen klaren Kopf zu behalten. Denn wer von uns ist schon sicher vor Kopfschmerzen. Unnötige Aufregung. Zermürbende Hetze. Aufreibender Ärger. Und zuviel Alkohol und Nikotin. Die Folge davon: der Kopf brummt, ist überfordert.
Hier hilft das sprudelnde ‚ASPIRIN PLUS C' usw."

Das zitierte Bayer-Inserat ist nicht nur aufschlußreich für unser engeres Thema – die gesamtgesellschaftlichen Beziehungen zur Droge –, sondern für den abwehrenden Umgang der Gesellschaft mit ihren eigenen Widersprüchen überhaupt. Diese, oder besser ihr Sprachrohr, die nicht-„abweichende" Mehrheit, hat sich längst mit dem Sachverhalt arrangiert, daß das Interesse der pharmazeutischen Industrie natürlich nicht darin bestehen kann, einen Beitrag zur Aufhebung jener gesellschaftlichen Zwänge zu leisten, deren abwehrhafte Negation sich im großen Maßstab als

[5] Eine solche Betrachtungsweise trägt auch dem Begriff der Ideologie Rechnung: unterlegene Position auf der einen Dichotomie kann im Bewußtsein des Unterlegenen durch Überlegenheit auf einer anderen kompensiert werden. Prousts Beschreibungen der französischen Großbourgeoisie sind reich an Beispielen für solche Prozesse, die von der (durch eigenen Aufstiegszwang genährten) Sensibilität des Autors für Erscheinungen sozialer Mobilität zeugen.

Zwangsbedürfnis nach Alkohol und Nikotin ausdrückt, sondern vielmehr darin, den symptomatischen Widerspruch gesellschaftlich erzeugter Sucht nochmals profitlich zu verwerten – was bedeutet, ihn durch einen weiteren Widerspruch zu bekämpfen. Eben dies ist die für heute typische „antithetische" Form der Lösung von gesellschaftlichen Interessengegensätzen. In unserem Beispiel bedeutet diese „Lösung": an den durch Profitsucht erzeugten Symptomen (= extremen Widersprüchen auf subjektiver Ebene) nochmals zu profitieren. Sucht wird so auf gesellschaftlichem Niveau – weil es auf diese Weise kurzfristig entweder am meisten einbringt oder am wenigsten kostet – mit einer Gegensucht therapiert: für das sprudelnde Aspirin plus C könnte man ebensogut Valium setzen. Dieser Sachverhalt findet seine buchstäbliche Bestätigung im „Methadon-Programm", dem am meisten verbreiteten US-amerikanischen „therapeutischen" Programm zur Bekämpfung der Heroin-Abhängigkeit in großstädtischen Slum-Gebieten.

Was ist die Folge eines solchen antithetischen oder abwehrhaften Umgangs mit Widersprüchen? Greifen wir zur Verdeutlichung ein weiteres bekanntes Beispiel heraus, die *erzwungene* Überproduktion von Konsumgütern, die durch einen entsprechenden, im Reproduktionsbereich errichteten *Konsumzwang* wieder abgewehrt werden muß. Charakteristisch für ein System, das auf einem abgewehrten, das heißt letzten Endes „ungelösten", „unvermittelten" Widerspruch aufbaut, ist die Tatsache, daß es in seinen inneren wie äußeren Austauschprozessen so lange zu *fortgesetztem* Abwehrverhalten gezwungen ist, wie jener Widerspruch ungelöst bleibt. Das heißt in unserem Fall, daß das System beim Auftreten von gleichgewichtsbedrohenden Krisen (Überhandnehmen der einen Seite eines Widerspruchs und dadurch Bedrohung des gesamten Systemgleichgewichts) eben nicht zurückgehend jene Bedingungen verarbeitet, die den Widerspruch zwischen Überproduktion und Konsumzwang überhaupt erst erzeugten, daß es eben nicht das verlorene Gleichgewicht durch Konfliktverarbeitung (Verminderung der Widersprüchlichkeit), sondern durch erneute Konfliktabwehr (Beibehaltung oder historisch: Vergrößerung der Widersprüchlichkeit) wieder herzustellen sucht. Diesen Konfliktabwehren ist der neue Widerspruch gemeinsam, daß sie einerseits den aus den Fugen geratenen Ausgangs-Widerspruch stabilisieren sollen, andererseits jedoch in ihrer materiellen Existenz von seinem unaufgelösten Fortbestehen abhängig sind (z.B. die Werbe-Industrie, Freizeit-Industrie usw.).

Die Abwehrstrategie spätkapitalistischer Systeme lautet also: Wie können aktuell auftretende, das Systemgleichgewicht bedrohende Konflikte „gelöst" (besser: umgangen) werden, ohne daß der Vorrang der Kapitalverwertungs-Interessen angetastet werden muß? Anders ausgedrückt: die verschiedenen Erscheinungsformen des Grundwiderspruchs zwischen Kapital und Arbeit werden abgewehrt statt gelöst, um jeweils situativ und kurzfristig die Herrschaft des einen, verabsolutierten Profit- und Verwertungs-Interesses über die primären Interessen der Mehrzahl der Produzierenden zu sichern oder, was das gleiche besagt, die Abwehren sind so beschaffen, daß in ihnen das Verwertungs-Interesse optimal berücksichtigt ist.

Ein solcher antithetischer oder abwehrender Umgang mit Konflikten bedeutet in historischer Sehweise, daß ein Konflikt, einmal entstanden, fortgesetzt unterdrückt und am Aufbrechen gehindert wird. Ein System, das in diesem Sinn historisch auf einem abgewehrten Konflikt oder unvermittelten Widerspruch aufbaut, besitzt eine labilere interne Balance als ein System, das in seiner interaktiven Vergangenheit Widersprüche zu vermitteln vermochte; dieses ist weniger leicht aus dem Gleichgewicht zu bringen als jenes. Sofern ein ungelöster Konflikt stets von Neuem abgewehrt werden muß, droht nämlich bei einer Störung des aktuellen Gleichgewichts von Systemen strukturell unvermittelter Widersprüchlichkeit immer ein ganzer Lebensabschnitt fortgesetzter Konfliktabwehr nachträglich einzubrechen. Diese Gefahr gilt bereits für Störungen oberflächlicher Natur: da die Balance des Systems historisch seit dem ersten, ungelösten Widerspruch grundsätzlich labil ist und sämtliche historisch jüngeren Abwehrversuche jene primäre Instabilität nur mühsam abzusichern vermochten, drohen bereits minimale Gleichgewichtsverschiebungen das gesamte Abwehrgebäude wie ein Kartenhaus zusammenstürzen zu lassen. Jede Konfliktabwehr fällt so im Prinzip mindestens indirekt auf das abwehrende System selbst zurück, auch wenn die ursprüngliche Abwehr dem Zweck diente, dem Abwehrenden kurzfristig die interaktive Übermacht (Herrschaft) über ein anderes System zu sichern.

Diese letzte Bemerkung sollte andeuten, daß bei einer Analyse der Funktion von Abwehrverhalten stets auch der Zusammen-

hang zwischen den Innen- und Außenbeziehungen des abwehrenden Systems berücksichtigt werden muß. Wir unterstellen hier ganz allgemein, daß jeder Verhaltenswiderspruch im Innern eines Systems in seiner Entstehungsgeschichte letzten Endes auf einen Widerspruch *zwischen* Systemen zurückzuführen ist – allerdings braucht nicht umgekehrt jeder äußere Widerspruch verinnerlicht zu werden. Wir gehen also davon aus, daß zum Beispiel soziale Widersprüche (wie zwischen Herr und Knecht, Mutter und Kind) stets den Ausgangspunkt für interne Konflikte in einem subjektiven System darstellen; diese werden, falls nicht verarbeitet, entweder verinnerlicht und damit als soziale stillgelegt und verdeckt, oder sie werden nicht verinnerlicht und fortgesetzt ausgetragen. Der gleiche Zusammenhang zwischen Innen- und Außenbeziehungen dürfte auch auf der Ebene gesellschaftlicher Systeme gelten.
Abwehrverhalten wirkt sich schließlich nicht nur auf die Stabilität eines Systems negativ aus, sondern auch auf seine Entwicklungs-Kapazität. Dies läßt sich mit verschiedenen theoretischen Ansätzen begründen. So würde etwa ein energetisch orientierter Standpunkt darauf hinweisen, daß jede Konfliktabwehr Energie bindet: Es kostet Kraft, ein ursprüngliches Bedürfnis, das nach Befriedigung verlangt, niederzuhalten oder mit ungenügender Befriedigung abzuspeisen. Unter der Bedingung eines solchen Zwangs ist jede aktuelle Verhaltensweise sehr viel stärker „abhängig" (im Sinne von prognostizierbar) von der vorangegangenen als unter der Bedingung eines wenig abwehrenden Verhaltensstils; „abhängig" auch in der Bedeutung, daß ein vergangener Zustand so bleiben muß, wie er war, und daß daher jedes aktuelle Verhalten vermeiden muß, an diesen überkommenen Zustand zu rühren. Kurz: Verhalten, das auf Abwehren basiert, ist zugleich ein Verhalten höherer Redundanz und Vorhersagbarkeit – sei's in der Art einer einfachen Extrapolation der Vergangenheit in die Zukunft oder in der Art einer negativen Extrapolation, das heißt eines Umschlags ins bloße Gegenteil; eine andere informationstheoretische Formulierung dieses Sachverhaltes postuliert, daß das Entwicklungsniveau eines Systems direkt mit dem Ausmaß der probabilistischen Determiniertheit seiner Zukunft durch seine Vergangenheit korreliert.[6]

[6] M. Wilkens, „Die Angst vor Formen", *Bauwelt* 22/1973

2.4 *Über interaktive Widersprüche*

2.4.1 Formen ihrer Analyse

Interaktive Widersprüche lassen sich grundsätzlich durch *Längsschnitt-Betrachtung* und/oder *Querschnitt-Betrachtung* erfassen. Erstere verfolgt die beiden Seiten des Widerspruchs auf einer gegebenen Ebene des Ausdrucksverhaltens im Zeitverlauf; letztere beobachtet Ambivalenzen zwischen zwei verschiedenen Ebenen des Ausdrucksverhaltens (z.B. Inhalts- und Beziehungsaspekt einer Transaktion) in einem gegebenen Zeitpunkt. Da wir voraussetzen, daß jeder (oder doch fast jeder, siehe unten) Verhaltenswiderspruch sich auf beiden Dimensionen äußert, müssen auch beide Betrachtungsweisen zum gleichen Ergebnis führen.

Wir begründen diese Behauptung mit folgender Überlegung: Wenn wir von den „verschieden gewichtigen" Seiten eines Widerspruchs im Verhalten eines Systems sprechen, so ist damit eine psycho- oder soziodynamische Gewichtigkeit gemeint, deren situatives Resultat (Gleichgewicht) sich mit den wechselnden Bedingungen sowohl innerhalb des widersprüchlichen Systems selbst als auch der seiner übergeordneten Systeme ständig zu ändern pflegt. Sofern man also annehmen darf, daß ein lange anhaltendes totales Ungleichgewicht (das heißt ein absolutes und statisches Überwiegen einer Widerspruchs-Seite über die andere) ebenso wie völliges Gleichgewicht[7] *über längere Zeit* unter den geschilderten Voraussetzungen die (psycho-/soziodynamischen) Grenz- und Ausnahmefälle darstellen, darf man im allgemeinen mit Recht erwarten, daß *beide* Seiten eines Widerspruchs, wenn auch mit unterschiedlicher Häufigkeit, an der Verhaltens-Oberfläche erscheinen werden – wenn man nur hinreichend lange beobachten kann. Angenommen also, der betreffende Widerspruch habe aus dem Blickwinkel einer Querschnittsanalyse jenes abgewehrte Abhängigkeits-Bedürfnis zum Thema, das uns später bei der Analyse des Fixer-Verhaltens beschäftigen wird, und weiterhin vorausgesetzt, daß dieses Bedürfnis unter den wechselnden Bedingungen des übergeordneten sozialen

[7]Das unter gewissen Bedingungen zu einem energetischen Patt führen kann.

Systems (Knappheit von Stoff, Wandel in Beziehungen usw.) nicht endlos geleugnet werden kann, so muß auch eine Längsschnittbetrachtung, die lediglich der Verhaltensoberfläche verhaftet bleibt, früher oder später *beide* Teile des Widerspruchs zu Gesicht bekommen. Was wir also als „schwerergewichtige“ Seite eines Widerspruchs bezeichnen, wird unter der Blickrichtung einer Längsschnitt- oder horizontalen Analyse, die über einen längeren Zeitraum hinweg Sequenzen von Zeichen einer gegebenen Ebene der Ausdrucks-Hierarchie beobachtet (und deren Bedeutungen im Sinne von „Position“ oder „Negation“ eines bestimmten Bedürfnisses interpretiert), zu quantitativer „Vorherrschaft“ oder zu „strukturellem Übergewicht“ einer Widerspruchs-Seite über die andere. Dieses Übergewicht wird nur in den allerseltensten Fällen das Ausmaß einer totalen Exkommunizierung der leichteren Seite von der Beobachtungsebene (wohl meist der sprachlichen und anschaulichen Verhaltensoberfläche) erreichen.

Schaubild 4

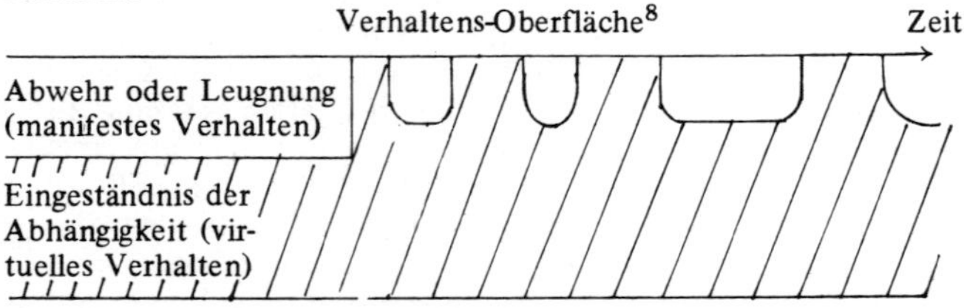

Mag auch für die Mehrzahl aller Querschnitts-Analysen, die am Verhalten unseres abhängigkeitsleugnenden Subjekts durchgeführt werden könnten, das Eingeständnis der Abhängigkeit die „leichtere“, das heißt meist verdrängte und sozial unsichtbare Seite des Widerspruchs darstellen, so gelangt sie dennoch in

[8] „Offener“ Widerspruch entspräche nach diesem Analogie-Modell (das an der Oberfläche spiegelbildlich die korrespondierenden Bedingungen oder Zustände des Außensystems, die verschieden weitgehend ins Verhalten des Subjekts eingreifen, noch zusätzlich angeben müßte) einer annähernd gleichverteilten Auftrittshäufigkeit der beiden Widerspruchsseiten im manifesten Verhalten, wohingegen „versteckter“ Widerspruch hier nur als zunehmendes strukturelles Übergewicht einer Seite über die andere (das heißt zunehmende Unterdrückung und Ausdruckskontrolle des virtuellen Verhaltens) zu denken wäre.

seltenen Fällen an die Oberfläche – erhält dann also den gleichen Status an semantischer Intersubjektivität wie die sonst vorherrschende Leugnung, wird also mit der gleichen Genauigkeit wie diese „ablesbar" und „beobachtbar". Aus den bisherigen Ausführungen läßt sich leicht entnehmen, daß die Querschnitts-Analyse ungeeignet ist, *strukturelles* Übergewicht zu ermitteln. Will man also wissen, ob die situativ dominierende Seite eines Verhaltens-Widerspruchs, die man mit Hilfe der Querschnitts-Analyse ermittelt hat, auch das strukturelle Übergewicht besitzt, muß man eine Längsschnitt-Betrachtung hinzuziehen. Hier stoßen wir aber auf ein Problem, das wir weiter oben mit dem Begriff der „hinreichend" langen Beobachtungsdauer nur vor uns hergeschoben haben: Um zu einer validen Aussage darüber zu gelangen, welche von den beiden thematischen Seiten nun *im Endeffekt* das strukturelle Übergewicht besitzt, muß – falls man sich nicht von vornherein auf eine bestimmte Zeitspanne beschränkt – die Beobachtungszeit so lange wie möglich ausgedehnt werden (je länger die Zeit, desto valider die Aussage). Wählt man die Zeit zu kurz, so kann der Fall eintreten, daß man als endgültige Struktur betrachtet, was in Wirklichkeit Teilbereich einer noch umfassenderen (Meta-) Struktur ist, die man nur nicht in den Blickwinkel bekommen hat. So mag zum Beispiel ein Heranwachsender an der Oberfläche seines Verhaltens dem Bedürfnis seiner ehrgeizigen Eltern nachkommen und die Schule weiter besuchen, obwohl er selbst lieber eine Lehre begonnen hätte. Und obwohl er also vielleicht ein Jahr lang augenscheinlich dem Bedürfnis seiner Eltern nachgibt und sein eigenes hintanstellt, kann sich nach Ablauf unserer Beobachtungszeit offenbaren, daß der Betreffende trotz scheinbarer Willfährigkeit am Ende dennoch seine Sinngebung des Schulbesuchs durchzusetzen vermochte, indem er – vermutlich nicht einmal bewußt – diesen so „gestaltete" (häufige Krankheit, provokatives Betragen, schlechte Leistungen, Lernstörungen), daß er sitzenbleiben und von der Schule genommen werden mußte. Aber vielleicht stirbt unser Sitzenbleiber als Einstein? , wird der Leser einwenden. In der Tat! Unter diesen Bedingungen bleibt uns nur noch das schmerzliche Eingeständnis, daß die Frage, welche Widerspruchs-Seite im Kampf gegen die Abhängigkeit nun *allerletzten* Endes das Übergewicht besitze, im strengen Sinn erst mit dem Tod des Subjekts beantwortet werden kann (und nicht einmal *der* ist uns in seiner Bedeutung bekannt): Vorher kann nämlich nicht ausgeschlossen werden, daß die beobachtete Struktur nicht doch nur ein Teil einer übergeordneten ist.

2.4.2 Einfache und doppelte Negation

Wir erörterten im Abschnitt 2.3, daß Transaktionen, die auf Herrschaftsverhältnissen aufbauen, sich zu strukturellen Widersprüchen in und zwischen Subjekten formieren. Beobachten wir nun einen aktuellen Verhaltenswiderspruch auf der subjektiven Ebene – zum Beispiel jemand will etwas nicht tun, muß es aber tun –, so kann das situative Zwangsmoment, das als unmittelbare Ursache des aktuellen Widerspruchs identifiziert wird, im Innern des betreffenden Subjekts liegen oder von außen kommen. Obwohl wir wissen, daß sich die Formen des verinnerlichten und des äußeren Zwangs wechselseitig bedingen, setzen wir dennoch den *sozialen* Widerspruch zwischen zwei Akteuren als den historischen Ausgangspunkt jeglicher Widersprüchlichkeit.

Das bekannteste Beispiel eines Verhaltenswiderspruchs aus dem Objektbereich der Psychologie ist der Begriff der „Abwehr". Dieser besitzt dort allerdings ein semantisches Umfeld geringerer Ausdehnung als unser Widerspruchs-Begriff; das heißt, die Bezeichnung „Abwehr" ist dort einer spezifischen Form und Entwicklung von Widersprüchlichkeit vorbehalten. Beispiele von Verhaltens-Widersprüchen im Bereich des Alltags-Handelns, die jedermann bekannt sind, folgen etwa dem Schema: „etwas tun müssen, obwohl man es lieber nicht täte" oder: „etwas gerne tun wollen, aber nicht tun dürfen", „etwas halbherzig machen", „lügen", „heucheln", „verschweigen" usw. In allen diesen Fällen kann, wie gesagt, das unmittelbare Zwangsmoment innerhalb oder außerhalb des Subjekts zu finden sein – wobei wir später zeigen wollen, nach welchen Variablen die Chance für die eine oder andere Form variiert. Vorläufig vermuten wir, daß die Alternative der „einfachen" oder „doppelten" Negation[9] mit der Frage äußeren oder inneren Zwangs zusam-

[9]Der Begriff der „Negation" wird oft mit unterschiedlicher und deshalb verwirrender Sinngebung verwendet. So begegnet man manchmal der Formulierung, ein bereits bestehender Widerspruch müsse „negiert"

menhängt: Einfache Negation oder „offener“ Widerspruch, bei dem beide Seiten mit gleicher Klarheit zum Ausdruck gelangen, scheint eher unter der Bedingung zu entstehen, daß das Zwangsmoment noch unmittelbar als äußerlich erfahren wird; versteckter Widerspruch, das heißt Verleugnung eines faktisch bestehenden Bedürfniskonflikts, scheint eher im Bereich verinnerlichter Zwänge zu grassieren. Um unsere Erörterung der beiden Formen von Widersprüchlichkeit anschaulicher zu machen, wollen wir zunächst einen Exkurs in die Ausdrucks-Psychologie machen.

Ausdrucksverhalten läßt sich, wie uns unser Alltagswissen lehrt, zunächst in sprachliches und nichtsprachliches einteilen. Im alltäglichen Austausch tritt Sprechen (es sei denn als geschriebene Sprache) nie als isolierte Ausdrucksebene in Erscheinung, sondern immer in Verbindung mit anderen, nichtsprachlichen (vokalen wie anschaulichen) Ebenen – quasi als Handeln mit sprachlicher Oberfläche. Sprache ist so gesehen eine Ausdrucksebene unter vielen möglichen, die sich nur quantitativ, das heißt nach ihrer unterschiedlichen Präzision unterscheiden, mit der sie Intendiertes zum Ausdruck bringen. Gleichzeitig nimmt jedoch Sprache im pragmatischen Gebrauch (Sprechen) eine Sonderstellung unter allen übrigen Ausdrucksebenen ein, weil nur sie neben den bloß bekräftigenden Funktionen des Ausdrucks auch reflexive Funktionen übernehmen kann.
Diese „Reflexivität“ bezeichnet zuallererst die Fähigkeit, abzubilden (ein symbolischer Übersetzungsakt), das Abgebildete zu bewahren, dann auch bei Nicht-Präsenz des Urbildes verfügbar zu machen, schließlich allgemeiner: manipulierbar zu machen. Erst im engeren Sinn ist dann „Reflexivität“ mit „kritischem Distanzierungsvermögen“ gleichzusetzen. Sprache als reflexives Symbolsystem ist somit der einzige Ort, wo alles Verhalten, einschließlich des Sprechens und der Sprache selbst, symbolisch oder virtuell dupliziert und gehandhabt werden kann. Dieser

im Sinn von „aufgehoben“ und „gelöst“ werden. Wir dagegen behandeln den Ausdruck „Negation“ ausschließlich als Synonym für „antithetische Konfliktlösung“; das heißt zum Beispiel, daß die Negation einer Negation (einer Position) niemals zu einer „Lösung“ im Sinne einer „Aufhebung“ des Konflikts führen, sondern diesen immer nur weiter fortschreiben kann. Umgekehrt: haben wir die „synthetische Lösung“ eines Konflikts im Auge, werden wir niemals sagen, der Konflikt sei „negiert“ worden.

Rückbezüglichkeit verdankt Sprache, daß sie mit sich selbst sprechen, sogar sprechenderweise mit sich selbst in einen einzigartigen Widerspruch treten kann (so kann jemand sagen: ich weiß, ich rede zuviel; ich sollte weniger reden!), der keinem anderen Ausdrucksverhalten möglich ist: Wollte zum Beispiel ein anschauliches Verhalten mit sich selbst in Widerspruch treten, so könnte es diesen Konflikt nicht mit sich selbst, wie Sprache, anzeigen; das heißt, es könnte nur einfach aufhören, in veränderter Form erscheinen oder andere Ausdrucksebenen zur Darstellung des Widerspruchs zu Hilfe nehmen (zum Beispiel eine anschauliche Tätigkeit verrichten, zugleich auf anderen Ebenen anzeigen, daß sie widerwillig verrichtet wird). Die reflexive Eigenschaft von Sprache im Verein mit ihrer Unabhängigkeit von der aktuellen Gegenwart des sprachlich Bezeichneten gewinnt beispielsweise im alltäglichen Ausdruck dann Bedeutung, wenn Bedürfnisse und Ausdrucksweisen eines Subjekts durch auferzwungenes Verhalten unterdrückt werden: Wo einer etwas tun muß, was er nicht tun will, und wo das, was er tun möchte, bis zur sozialen Nicht-Existenz unterdrückt wird, kann immer noch Sprache stellvertretend für das blockierte Verhalten einspringen, den Widerspruch, der anders nicht ausgedrückt werden darf, aufbewahren und seine Auflösung anmahnen.

Sehen wir von dieser reflexiven Eigenschaft des Sprechens ab und betrachten wir die verschiedenen Ausdrucksebenen lediglich unter formal-strukturellem Aspekt, so bleibt festzuhalten, daß Sprechen im alltäglichen Austausch immer nur eingebettet in andere Ausdrucksebenen auftritt und zusammen mit diesen einen komplexen „Gesamtausdruck“ bildet: Selbst wo der Blickkontakt (sowie der taktile, der olfaktorische usw.) zwischen den Interagierenden fehlt (wie zum Beispiel beim Telefonieren), tritt neben den Inhalt der gesprochenen Worte immer noch deren vokale Struktur, die den Beziehungsaspekt der Kommunikation repräsentiert. Erst bei schriftlich niedergelegtem Sprechen (im Brief zum Beispiel) entfällt auch noch der Beziehungsaspekt; dieser muß vom Leser hermeneutisch erschlossen werden.

Soziolinguistisch orientierte Interaktionstheorien pflegen, was die Berücksichtigung der Vielfalt aller möglichen Ausdrucksebenen anlangt, meist einem Vorurteil für das Sprachliche – genauer: das Akustische – zu verfallen. Das heißt, sie überschätzen die Ausdrucks-/Eindrucks-Dimension des Sprechens und Hörens und vernachlässigen die anschauliche Dimension. Wenn zum Beispiel gesagt wird, die „sprachlichen" Ausdruckssymbole besäßen die Eigenschaft höchster semantischer Intersubjektivität, so denkt man meist nur an gesprochene/gehörte Sprache und vergißt die gelesene/geschriebene. In beiden Fällen besitzt jedoch das übermittelte sprachliche Symbol die gleiche maximale semantische Intersubjektivität; in beiden Fällen erfordert die Übermittlung vergleichbare Digitalisierungsleistungen. Zur analytischen Vernachlässigung anschaulicher Symbole gegenüber dem gesprochenen Wort, zum Vorurteil, diesem käme „gewissere" Bedeutung zu als jenen, mag der Sachverhalt beitragen, daß in der alltäglichen face-to-face-Interaktion jener Bereich der anschaulichen Verhaltensweisen, der in seiner Spezifität am genauesten der gesprochenen Sprache entspricht, nämlich die Übermittlung von Schriftzeichen und anderen hochdigitalisierten visuellen Symbolen (geometrischen Darstellungen, Schaubildern, Skalen), gewöhnlich entfällt: Die Akteure pflegen eher über Gefühle und Absichten zu sprechen, als schriftliche Noten über sie auszutauschen; sie pflegen eher zu sagen, wo es ihnen wehtut, anstatt sich Röntgenbilder, Fieberkurven und EKG's zu zeigen. (Allerdings begegnen wir auch oft genug dem umgekehrten Fall, daß dort, wo Worte zur Verständigung nicht mehr ausreichen, zu Mitteln zusätzlicher Veranschaulichung durch Gesten, Skizzen usw. gegriffen wird.) Aber selbst wenn in dieser Weise der überwiegende Teil des quasi „buchstabengetreuen" anschaulichen Verhaltens im Alltag ungenutzt bleibt, so fließt doch noch beständig ein Restbestand von anschaulichen Symbolen in die Kommunikation von Angesicht zu Angesicht mit ein, der uns meist gar nicht bewußt wird, aber dennoch die semantische Spezifität und Intersubjektivität einer verbalen Botschaft, ja elementarer verbaler Kategorien besitzt. Solche anschaulichen Symbole, die auf dem gleichen Intersubjektivitäts-Niveau wie vereinzelte Wörter stehen, sind zum Beispiel Darstellungen von „Tätigkeiten" oder „Zuständen", die die Überzeugungskraft von Sprechen haben, ohne daß je über sie gesprochen wird: Ob der Interaktionspartner „Mann" oder „Frau" ist, „Erwachsener" oder „Kind", ob er „geht", „steht", „lacht", „weint", „spricht", „streichelt" oder „schlägt", sind alles symbolische

Schaubild 5 Ausdrucksebenen

	Verbales Verhalten	Averbales, aber Vokales Verhalten	Avokales Verhalten
(1)	was sagt/ was veranschaulicht jemand unmittelbar?	was vokalisiert/was veranschaulicht jemand unmittelbar?	– /was veranschaulicht jemand unmittelbar?
(2)	wie sagt er es? (Stimmgebung, Pausen, Tempi, Ausrufe, Lachen, Weinen, Husten, Pfeifen, Singen, Seufzen usw.) / wie veranschaulicht er es? (Mimik)	wie vokalisiert er es? (Stimmgebung, Pausen usw.) / wie veranschaulicht er es? (Mimik)	– /wie veranschaulicht er es? (Mimik)
(3)	mit welcher Gestik, Körperhaltung, Motorik, welches Tempo etc. ?	mit welcher Gestik etc.?	mit welcher Gestik etc.?
(4)	wie benutzt er den Raum? [10]	wie benutzt er den Raum?	wie benutzt er den Raum?

Darstellungen, die schon vor jeder Rede, aber auch neben ihr wahrgenommen werden. (Was nun die reflexiven Eigenschaften der Rede anlangt, so können sie – falls überhaupt aktiviert – die geäußerten sprachlichen Inhalte wiederum verschieden weit von der Veranschaulichung distanzieren.) Dieser Aspekt der prinzipiell gleichartigen Eindrucks-/Ausdruckskraft von Sehen und Hören, Veranschaulichen und Sprechen ist im obigen Schema dadurch berücksichtigt, daß wir einen Teil des anschau-

[10] Zum kommunikativen Gebrauch des Raumes siehe Edward T. Hall, *The Hidden Dimension*, New York 1969

lichen Verhaltens in den Inhaltsaspekt übernommen haben; der reflexive Aspekt des Sprechens kann in diesem Modell kommunikativer Ebenen allerdings nur dadurch erfaßt werden, daß man fragt, wieweit das Gesprochene inhaltlich dem übrigen Ausdrucksverhalten entspricht oder widerspricht.
Die drei Arten des Ausdrucksverhaltens unterscheiden sich, wie man sieht, nach den spezifischen Ausdrucksmitteln, die die höchstintersubjektive Oberfläche, den Inhaltsaspekt des komplexen Gesamtausdrucks bilden: also entweder Sprechen und anschauliches Verhalten, nicht-sprachliches, aber vokales und anschauliches Verhalten oder anschauliches Verhalten allein.
Die Ziffern (1) bis (4) bezeichnen, wenn man so will, verschiedene, physiologisch determinierte *Ausdrucks-/Eindrucks-Niveaus:* (1) die Augen-/Ohren-/Mund-Partie als höchstentwikkeltes processing-System (oder System mit der am weitesten fortgeschrittenen Digitalisierungs-Kapazität); Riechen, Schmekken, Fühlen als Rezeptoren und Sender für chemische und mechanische Reize, die auf der Ebene humaner Organisation nur für den Nahbereich eingesetzt und in der alltäglichen Interaktion in unserem Kulturbereich sehr stark vernachlässigt werden (in unserem Schema nicht gesondert berücksichtigt); sodann die körpernahen Ausdrucks-/Eindrucksweisen (2) der Vokalisation und Mimik, (3) der Extremitäten und des Rumpfes und endlich (4) der Gebrauch des lokomotorischen Feldes („use of space" bei Edward T. Hall). Diese Einteilung basiert grob auf einer gedachten Skala von eher stammhirn-gesteuerten (4) zu eher rinden-gesteuerten (1) Ausdrucksmitteln und Kanälen, wobei wir zusätzlich unterstellen, daß mit zunehmender Stammhirnkontrolle die Digitalisierungs-Fähigkeit der Kanäle abnimmt. Alle Austauschprozesse, die über den Kanal (1), das heißt Augen, Ohren, Mund, erfolgen *und die semantische Intersubjektivität von Wörtern erreichen*, konstituieren den Inhaltsaspekt des Gesamtausdrucks, während die Kanäle (2) bis (4) den Beziehungsaspekt symbolisieren.
Beispiele für *verbales Verhalten* sind: jemand redet; schlägt auf einen anderen ein und schimpft dabei; sitzt in einer Runde und erzählt lachend einen Witz; umarmt jemanden und spricht dabei zärtlich. Beispiele *vokalen* Verhaltens sind Rufen, Schreien, Weinen, Lachen, Arbeiten und sich ein Liedchen pfeifen usw. Beispiele für *avokales* Verhalten sind schließlich: jemandem

einen Brief schreiben, einen beschriebenen Zettel reichen; an der Maschine arbeiten; Nicken; Kopfschütteln. Alle diese Kommunikationen besetzen also in unterschiedlicher Weise die Positionen einer (physiologisch und/oder sozial) präformierten Ausdrucks-Hierarchie, deren Ebenen quasi arbeitsteilig jeweils einen bestimmten Aspekt der Gesamtheit der intendierten (und nicht intendierten) Bedeutungen der Botschaft auszudrükken vermögen. Wir stoßen hier also wieder auf die unterstellte Doppelhierarchie von Ausdruck und Bedeutung, die, symmetrisch um die objektsprachige und -veranschaulichende Oberfläche des subjektiven Systems gruppiert, den umfassendsten Sinn der Botschaft auf den jeweils tiefsten, am wenigsten kontrollierten Ausdrucksebenen darbietet, die sekundären, tertiären usw. Bedeutungen dagegen auf den höheren, das heißt phylogenetisch jüngeren Ebenen.

Schaubild 6

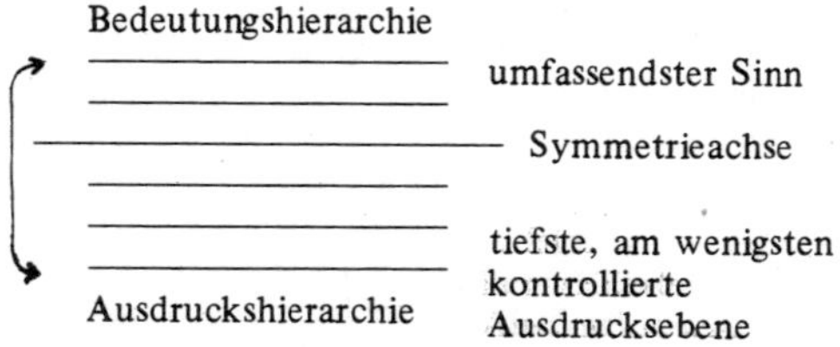

Legt man ein derartiges Denkmodell zugrunde, so lautet die Frage: Wie weit kann ein subjektives Bedeutungs-Element, ein Gefühl oder Bedürfnis, das wir als gegeben voraussetzen, zu intersubjektivem Ausdruck gelangen? Gefühle steigen also quasi aus der Tiefe, aus dem Innern des somatischen Kerns zur Oberfläche auf, wo sie entweder zugelassen und sozial ausgedrückt oder in ihrem Ausdruck kontrolliert werden. Die „Ausdruckskontrolle“[11] operiert demnach in umgekehrter Richtung, von der Oberfläche der Ausdrucks-Ebenen in die Tiefe. Die Aussage: Gefühle können unterschiedlich gut ausgedrückt werden, ist also funktional identisch mit der Aussage: Gefühle werden verschieden weitgehend kontrolliert.

[11] Ein Begriff von Goffman

Nehmen wir an, Ego lehnt Alter gefühlsmäßig ab, grüßt ihn aber freundlich, wenn er ihn am Arbeitsplatz trifft, so kann – je nach Reichweite seiner Ausdruckskontrolle[12] – selbst noch *die Art seines Grußes* überzeugend sein. Sein tieferes Gefühl (daß er den Vorgesetzten haßt), das seinem Grüßen widerspricht, bleibt dann stark kontrolliert und (sozial, manchmal sogar subjektiv) unentdeckt in ihm. Fälle weniger weit reichender Ausdruckskontrolle liegen dort vor, wo zum Beispiel das ablehende Gefühl, das Ego gegenüber Alter hegt, sich etwa in der Art seines Grußes schon unzweifelhaft zeigt, sich sozusagen schon knapp seiner Oberfläche hochintersubjektiver Zeichen genähert hat; oder natürlich wo er nicht grüßt, einen Gruß nicht erwidert, seine Ambivalenz offen äußert, aus seiner Abneigung kein Hehl macht – wo, kurz gesagt, das, was Ego fühlt, nicht völlig im Bereich sozialer Unsichtbarkeit verschlossen bleibt. Die Ausdruckskontrolle entfällt schließlich völlig, wenn Ego etwa seine Bedürfnisse, die denen von Alter widersprechen, auch im Inhaltsaspekt seines sprachlichen und anschaulichen Verhaltens eindeutig äußert („eindeutig" äußert er zum Beispiel seine Ablehnung, wenn für Alter kein Zweifel mehr darüber besteht, daß Ego ihn nicht etwa übersehen, sondern willentlich nicht gegrüßt hat). Man darf wohl vermuten, daß – gleichgültig, welche alltäglichen Beispiele von Ausdruckskontrolle man wählt – diese Kontrolle in jedem Fall wiederum primär *soziale* Ursachen hat, mit anderen Worten: als verinnerlichter Zwang aufgefaßt werden muß: Kein Subjekt würde seinen Ausdruck kontrollieren, wenn es nicht im Endeffekt von einem anderen dazu gezwungen wird. An diesem Punkt können wir also wieder zum Ausgangspunkt unserer Erörterungen zurückkehren: zur Unterscheidung zwischen einfacher und doppelter (oder, wie wir im Folgenden auch sagen werden, zwischen offener und versteckter) Negation.

Denken wir uns zur Verdeutlichung folgende Ausgangssituation: Alter zwingt Ego erfolgreich, etwas zu tun, was Ego nicht tun will. Zum Beispiel: eine Mutter zwingt ihre 16jährige Tochter, jeden Abend spätestens um acht Uhr zu Hause zu sein. Die Bedürfnis- und Verhaltenskonstellation bei der Toch-

[12] Die bei Fortgang der Interaktion zwischen Ego und Alter allerdings zusätzlich eine intersubjektiv-historische Dimension gewinnt – das heißt zum Beispiel, sie wird im Lauf der Zeit weniger glaubwürdig.

ter (Ego) sieht dann so aus: „etwas tun müssen" (das ist der beherrschende, schwerergewichtige Teil ihres Verhaltenswiderspruchs, ihr faktisches Verhalten: sie kommt immer pünktlich nach Hause), „aber nicht tun wollen" (der verdrängte, leichtergewichtige Teil, ihr virtuelles Verhalten). Anders ausgedrückt: das „Tun-Müssen" ist die Oberfläche, der Inhaltsaspekt von Egos Verhalten; das „Nicht-Tun-Wollen" der Hintergrund oder Beziehungsaspekt ihres Verhaltens. Ein *einfacher Widerspruch auf sozialer Bezugsebene* zeigte sich dann darin, daß beide mit gleicher intersubjektiver Offenheit ihre widersprüchlichen Bedürfnisse äußerten. Bei beiden wird das eigene Bedürfnis, das dem des jeweils anderen widerspricht, nicht im Ausdruck kontrolliert. Ein *einfacher* oder *offener Widerspruch auf subjektiver Ebene* wäre ebenfalls durch fehlende Ausdruckskontrolle gekennzeichnet: entweder, indem averbal beide Seiten des Widerspruchs gleichermaßen deutlich veranschaulicht werden (zum Beispiel deutliches „Nur-widerwillig-Kommen", „Unpünktlich-Kommen", „Nichtkommen-und-sich-Entschuldigen" usw.) oder, falls das nicht möglich ist, indem hinzutretendes verbales Verhalten ausdrücklich den hintergründigen Unwillen, nach Hause zu kommen, verstärkt.
Wird dagegen der fortbestehende Unwillen zunehmend an seinem Ausdruck gehindert[13] – entweder indem das anschauliche Verhalten einer rigideren Kontrolle unterworfen wird, oder indem eventuell *hinzutretendes verbales Verhalten die manifeste Seite des Verhaltens-Widerspruchs nochmals gegen die unterdrückte Seite unterstützt und rechtfertigt* –, so würde der ursprüngliche einfache Widerspruch verdoppelt (zum Beispiel indem Ego, pünktlich nach Hause kommend, sich sagt: ich muß pünktlich zu Hause sein, sonst sorgt sich meine Mutter zu Tode, oder indem sie auf andere Weise die bloße Existenz eines Widerspruchs zwischen ihrem faktischen Handeln und ihrem Gefühl bestreitet). Der umgekehrte Fall läge vor, wenn die *verdrängte* Seite eines bereits bestehenden Widerspruchs durch hinzutretendes verbales Verhalten verstärkt würde: dann nämlich würde der Widerspruch (verstärkt) offengelegt.
Ein *doppelter* oder *verstärkter* Widerspruch bedeutet also für die Interagierenden (und zwar für jeden allein wie für beide

[13]Und vermutlich entsprechend auf der mütterlichen Seite das offene Verlangen, die Tochter solle früh nach Hause kommen . . .

voreinander), daß sie ihr Verhalten einer verstärkten Ausdruckskontrolle (bei fortbestehendem Gegensatz ihrer Bedürfnisse) unterwerfen; entweder, falls Sprache fehlt, durch intensivierte Kontrolle ihres anschaulichen Verhaltens allein oder, falls Sprache hinzutritt, dadurch, daß Sprechen und oberflächlich anschauliches Verhalten sich gegenseitig in der Verdrängung der unerwünschten Seite des Verhaltens-Widerspruchs unterstützen. Im Falle eines versteckten Widerspruchs macht sich Sprache also, falls sie auftritt, *stets zum Agenten des Inhaltsaspekts* des Gesamtverhaltens und nie zum Helfer des Beziehungsaspekts: Die Mutter verbirgt dann verstärkt anschaulich (zum Beispiel durch Krankheit) und/oder zusätzlich sprachlich ihren Wunsch, die Tochter immer um sich zu haben, zu kontrollieren und abhängig zu halten; die Tochter verbirgt verstärkt anschaulich und/oder zusätzlich sprachlich ihr Bedürfnis, nicht pünktlich zu sein. Wenn Ausdruckskontrolle, wie wir vermuteten, sich letzten Endes immer auf *soziale* Zwänge reduziert – und zwar bei der Tochter wie bei der Mutter –, so könnte das Entstehen versteckter Widersprüchlichkeit in unserem Beispiel mit bestimmten Verschiebungen im Machtgleichgewicht des Interaktionssystems zusammenhängen[14]: etwa, indem der ursprünglich mächtige Interaktionspartner gehalten ist, einen Teil seiner Macht ans übergeordnete Außensystem abzugeben (Konflikt zwischen Mutter und ihrem Ehemann; Mutter macht dann Koalition mit Tochter gegen Vater), und deshalb nach innen nachgeben muß. So entstehen die für versteckte Widersprüchlichkeit typischen verschachtelten Dominanz-Verhältnisse zwischen den beiden sozialen Seiten des Widerspruchs, die in ihrer wechselseitigen Beziehung die manifesten Machtverhältnisse untergründig umdrehen: Die in der Beziehung zur Tochter manifest dominante Mutter ist in ihrer Koalition gegen den Ehemann untergründig von ihrer Tochter abhängig; die in der Beziehung zur Mutter manifest abhängige Tochter hat ihre Mutter untergründig durch ihre Koalitions-Willfährigkeit in der Hand.
Unsere Aussagen über offene und versteckte Widersprüchlichkeit

[14] Wir sind überzeugt, daß es immer solche Verschiebungen im Machtgleichgewicht sind – auch zum Beispiel auf der Ebene gesellschaftlicher Systeme –, die die Umwandlung offener in versteckte Widersprüchlichkeit bedingen, indem sie den ursprünglich manifest dominierenden Teil zwingen, einen Teil seiner Macht an den unterdrückten Teil abzugeben.

(einfache und doppelte Negation) lassen sich also im wesentlichen auf folgende Gesichtspunkte reduzieren: Ein Bedürfnis in seinem Ausdruck zu hindern bedeutet, einen Verhaltens-Widerspruch zu erzeugen – das gilt für das Verhalten eines Subjekts zu seinen eigenen Bedürfnissen wie auch gegenüber anderen. Unterdrückt Alter Egos Bedürfnis in seinem Ausdruck, und macht Ego dennoch aus seinem Bedürfnis kein Hehl, so ist der Widerspruch sozial wie subjektiv offen. Das weitere Schicksal dieses Widerspruchs erschöpft sich offensichtlich in drei Möglichkeiten: entweder er wird gelöst, oder die offene Auseinandersetzung um die Übermacht eines Bedürfnisses über das andere setzt sich fort, oder der Widerspruch wird weder weiter umkämpft noch gelöst, sondern zugeschüttet und dadurch stillgelegt. Ein bereits unterdrücktes Bedürfnis noch weitergehend an seinem Ausdruck zu hindern bezeichnet einen Prozeß des Verbergens von Widersprüchlichkeit; einem unterdrückten Bedürfnis den Ausdruck erleichtern heißt, einen Widerspruch offen machen.[15] Wir werden die Erörterung der Variablen „offene versus versteckte" Widersprüchlichkeit später wieder aufgreifen.

[15] Wo Widersprüche zwar offen, aber unspezifisch sind (das heißt, wo der subjektive Protest verallgemeinert auftritt und nicht mehr auf seine spezifischen sozialen Ursachen zurückgerichtet wird), verliert die mit Offenheit einhergehende prinzipiell größere Bewußtseins-Nähe der beiden Seiten an Bedeutung. Wir denken dabei an die sogenannten Verwahrlosungs-Erscheinungen des offenen, aber unspezifischen Protests, wo – betrachtet man das Verhalten unter dem Gesichtspunkt der Konflikt-Lösungsfähigkeit – die größere Offenheit des Widerspruchs zunichte gemacht wird durch seine Unbestimmtheit.

3. Zu den Begriffen „Symptom", „normales" versus „abweichendes" Verhalten aus der Sicht einer dialektischen Interaktionstheorie

Eine Theorie und Vorstellung gesellschaftlicher Realität, die bereits die sogenannten „normalen" Austauschverhältnisse des bürgerlichen Alltags als widersprüchlich und kaputtmachend entlarvt, benutzt notwendigerweise einen anderen Normalitäts-Begriff als das bürgerliche Bewußtsein (und mit ihm die bürgerliche Sozialforschung), das sich mit widersprüchlichen Austauschverhältnissen weitgehend abgefunden hat oder sie nicht als solche erkennt: was „normal" genannt wird, hat ja auch immer die Bedeutung von „wünschenswert". Wünschenswert in unserem Sinn ist dagegen eine Norm von Austauschbeziehungen, die frei von *strukturell* bedingten Widersprüchen ist (völlig frei von Widersprüchen wird sie niemals sein: in keiner denkbaren Gesellschaftsordnung wird beispielsweise die grundsätzliche Spannung zwischen subjektiven und gesellschaftlichen Bedürfnissen ohne wenigstens situative Konflikte aufgehoben werden können). Aus der Sicht eines solchen kritischen Normbegriffs müssen die sogenannten „normalen" alltäglichen Austauschverhältnisse (die in der BRD der siebziger Jahre in beängstigender Weise auf totale Kontrolle vom „big-brother"-Typus hinsteuern) der bürgerlichen Gesellschaft selbst schon als strukturell abweichende erscheinen; und umgekehrt muß eine Teilmenge derjenigen Verhaltensweisen, die die bürgerliche hochindustrielle Gesellschaft insgesamt als „abweichend" verurteilt, im Sinne unseres kritischen Normbegriffs von höherer Reife oder geringerer Widersprüchlichkeit sein als das sogenannte „Normal"-Verhalten selbst (das, wie gesagt, durch verschleierte Herrschaft charakterisiert ist).

Jeder Konflikt auf der subjektiven Ebene kann als der inhaltliche Ausdruck des *einen* elementaren oder durchgängigen sozialen Grundkonflikts betrachtet werden: setzen sich meine (Egos) Bedürfnisse oder deine (die von Alter) durch? oder: setzen sich in dieser Situation die subjektiven Bedürfnisse gegen die gesellschaftlichen durch oder umgekehrt? Wird diese Frage *über eine*

Reihe von Situationen hinweg (= strukturell) *entweder* im Sinne der einen *oder* der anderen Seite beantwortet (was offensichtlich anzeigt, daß sie zwanghaft beantwortet wird), so haben wir wieder die Verbindung zu unseren beiden Prototypen des Abwehrverhaltens hergestellt: Entweder hat das Individuum die sozialen Normen nur ungenügend verinnerlichen können, was besagt, daß es auf seine primären Bedürfnisse fixiert blieb und sie so zwanghaft gegenüber der Außenwelt verfolgen muß („Verweigerungs-Krankheit"); oder es hat jene Stufe der direkten Impulsabhängigkeit zwar nicht aufzuheben, aber in einem weiteren Schritt abzuwehren gelernt zugunsten einer Abhängigkeit von sozialen Erwartungen; das heißt, es unterwirft sich zwanghaft den sozialen Normen der Außenwelt zum Nachteil seiner eigenen Bedürfnisse („Anpassungs-Krankheit"). Wird also der immer wieder auftauchende soziale Elementar-Konflikt strukturell *entweder* im Sinn der eigenen (impulsiven) Bedürfnisse *oder* der (Herrschaft symbolisierenden) sozialen Erwartungen gelöst, so nannten wir das „antithetische Konfliktlösung". Sie zeichnet sich dadurch aus, daß sie die (Entwicklungs-)Ebene, auf der der Konflikt eingeführt wurde, nicht zu transzendieren vermag, sondern rigoros auf sie beschränkt bleibt und dem Konflikt prinzipiell nur „zur Seite" ausweicht – wobei diese „Einseitigkeit" jedweder antithetischen Konfliktlösung zugleich die Bedeutung von „Einschränkung" der Vielzahl möglicher Verhaltensweisen und damit von „Zwang" besitzt. Wird dagegen dieser Konflikt über eine Reihe von Situationen hinweg nicht einseitig gelöst, so kann man von „synthetischer Konfliktlösung" sprechen. Deren Charakteristikum ist es, auf Dauer beide Seiten eines gegebenen Konflikts zu berücksichtigen, die Einschränkung des Verhaltens auf lediglich eine der beiden Seiten der Konflikt-Ausgangsebene zu vermeiden und diese somit zu transzendieren zugunsten des aus formallogischer Sicht ausgeschlossenen Dritten: der Sowohl-als-auch-Lösung.

Antithetische Konfliktlösung der einen oder anderen Form ist die gesellschaftliche Norm, synthetische Lösung die empirische Ausnahme. Die gesellschaftliche Verteilung der antithetischen Konfliktlösungen nach Art (= Überwiegen der konformistischen oder verweigernden Komponente) und Ausmaß (mehr oder weniger extremisierter Widerspruch oder Zwang) dürfte in groben Zügen dem hypothetischen Verteilungsschema der gesellschaftli-

chen Beziehungen zu illegalen Drogen (vgl. S. 21) entsprechen: Beiden Formen der Konfliktlösung korrespondieren zwei deutlich verschieden umfangreiche Populationen (= die beiden unterschiedlich gewichtigen Seiten in gesellschaftlichem Maßstab), die jeweils um einen Modal-Punkt mittlerer Widersprüchlichkeit oder Zwanghaftigkeit normal verteilt sind.
Wie immer die empirische Verteilung genau beschaffen sein mag, fest steht, daß ihr Schwerpunkt nicht mit der synthetischen Mitte unserer gedachten dreipoligen Skala zusammenfällt (was ja bedeuten würde, daß die Mehrzahl der gesellschaftlichen Mitglieder den Elementar-Konflikt synthetisch löste), sondern in Richtung des Anpassungspoles verschoben ist. Diese Überlegung ist die Grundlage unserer Kritik am bürgerlichen Begriff „abweichenden" Verhaltens: Wir gehen davon aus, daß es in jeder Gesellschaft die *Art der Beziehung zwischen Subjekt und gesellschaftlichen Erwartungen* ist, die das Thema der Zuschreibungen „normal" oder „abweichend" ausmacht. Der spätkapitalistische Weg, dieses Beziehungs-Dilemma zu „lösen", besteht in einer versteckt-totalitären, allkontrollierenden Spielart des Normen-Übergewichts über die Bedürfnis-Seite. Diese, auf die erwartungskonforme Seite verschobene Interaktions-Norm erlaubt zwar gegenwärtig noch einen gewissen Toleranzbereich nach unten und oben, ein gewisses Mehr oder Weniger an zwanghafter Identifikation mit den gesellschaftlichen Erwartungen; was jedoch diese Grenzen unter- oder überschreitet, beginnt als „abweichend" fühlbare negative Sanktionen auf sich zu ziehen. Folge der genannten Verschiebung ist es nun, daß im Fall der *Unterschreitung* der Norm des zwanghaften Konformismus Verhaltensweisen erzeugt werden, die aus der Sicht eines *kritischen* Norm-Verständnisses noch als positiv und wünschenswert bezeichnet werden, während sie vom Standpunkt dieser interaktiven Norm selbst her bereits als abweichend bestraft werden.
Wenn also, wie wir zu zeigen versuchten, der sogenannte interaktive „Normal"-Zustand unseres gegenwärtigen Gesellschaftssystems aus kritischer Sicht selbst bereits ein Abgewichenes darstellt und entsprechend seine eigenen „abweichenden" Randprozesse bisweilen völlig anders definiert, als es ein kritisches Bewußtsein des Bedürfnis-Erwartungs-Dilemmas täte, so ist das nur ein formalisierter Beleg dafür, daß die herrschende inter-

aktive Norm immer noch eine Norm von Herrschenden ist. Wir stellen also fest:

1. Der strukturelle Widerspruch zwischen (auf vielerlei Arten) Herrschenden und (auf vielerlei Arten) Beherrschten schließt die Möglichkeit synthetischen Konfliktlösungsverhaltens in gesamtgesellschaftlichem Maßstab aus. Es finden sich normalerweise nur *stärker* oder *schwächer widersprüchliche* Subjekte des erwartungskonformen oder negierenden Typus – aber stets *widersprüchliche*. Das heißt: prinzipiell – von vereinzelten Subjekten oder Situationen abgesehen – kann unter den gegebenen historischen Verhältnissen kein gesellschaftliches Subjekt den elementaren Widerspruch zwischen Ego und dem verallgemeinerten Anderen befriedigend vermitteln.

2. Der heutige Herrschaftswiderspruch ist in seiner Erscheinungsform in viele Teilbereiche aufgespalten, erstreckt sich auf zugeschriebene wie erworbene Qualitäten: Geschlecht (Männer herrschen über Frauen), Altersgruppen (Erwachsene herrschen über Kinder), ökonomische Macht (Besitz gegen Nicht-Besitz zum Beispiel von Produktionsmitteln). Diese Aufspaltung in verschiedene Herrschaftsdichotomien zugeschriebener wie erworbener Natur samt den daranhängenden Kompensationsmöglichkeiten machen den grundsätzlich widersprüchlichen Charakter spätkapitalistischer Systeme in gewisser Weise unsichtbar.

3. Wo ein bestimmtes Ausmaß an Widersprüchlichkeit, sprich: Herrschen und Beherrschtwerden, die „Norm" darstellt, wird auch jede Norm-Unterschreitung zum „abweichenden" Verhalten gezählt. Somit ist eine Teilmenge jener Verhaltensweisen, die aus der Sicht spätkapitalistischer Interaktionsnormen als „abweichend" klassifiziert werden (wie zum Beispiel die Gruppe der „zwanglosen Gebraucher/Ablehner" illegaler Drogen, siehe unten), vom Standpunkt eines kritischen Verständnisses der Beziehung zwischen subjektiven Bedürfnissen und gesellschaftlichen Erwartungen aus gesehen weiter entwickelt als die bürgerliche Interaktionsnorm, die sie kritisiert.

4. Da für ein System, das auf versteckter oder geleugneter Widersprüchlichkeit basiert, offene Verhaltenswidersprüche gefährlicher (weil entlarvender) sind als Abwehrleistungen vom Typus der negierten Negation, wird offen widersprüchliches Verhalten bereits bei einem geringeren Ausmaß an Rigidität „abweichend"

genannt und negativ sanktioniert als versteckt widersprüchliches. Anders ausgedrückt: im gesellschaftlichen Alltag ziehen die beiden Typen widersprüchlichen Verhaltens bei gleichem Schweregrad der Rigidität (= vorstellbar als gleiche Abstände vom mittleren Pol unserer dreipoligen Skala nach beiden Richtungen) in unterschiedlichem Maß negative Zuschreibungs-Prozesse auf sich; symptomatische Widersprüche vom erwartungskonformen Typus werden eher toleriert als solche vom erwartungsnegierenden Typus.

„Symptomatisch" nennen die Institutionen sozialer Kontrolle alles Verhalten, das von der Norm einer mittleren erwartungskonformen Widersprüchlichkeit auffällig nach oben oder nach unten abweicht. Die „Auffälligkeit" wird dabei in erster Linie unter dem Gesichtspunkt der Funktionsfähigkeit des fraglichen Individuums für den Prozeß der Kapitalverwertung definiert (was nicht offen ausgesprochen oder gar abgestritten wird). Wir wollen dagegen in der Frage des normativen Ausgangspunkts, der jedem Begriff „abweichenden" oder „symptomatischen" Verhaltens als Parameter dienen muß, solche funktionalistischen Verzerrungen vermeiden *und allein das Ausmaß der Rigidität im Sinne eines Abstandes vom mittleren Pol der Zwanglosigkeit als Kriterium gelten lassen, ohne eine der beiden Richtungen des Abweichens a priori zu begünstigen.* Wo nun aber genau dieser Grenzwert zu setzen sei, von welchem Maß von Verhaltenswidersprüchlichkeit an man von „symptomatischem" Verhalten sprechen will, ist eine Frage der inhaltlichen Füllung unserer bloß formalen Definition, die letztlich nur durch einen Konsensus aufgeklärter Subjekte beantwortet werden kann. Deren Maßstab ist gewiß nicht die Funktionalität oder Dysfunktionalität des Verhaltens für den Kapitalverwertungs-Prozeß, sondern im Gegenteil die Differenz zwischen dem Maß an möglicher relativer Freiheit, das unter den gegebenen gesellschaftlichen Bedingungen realisierbar ist, und dem faktischen Ausmaß an Verhaltens-Unfreiheit und Abhängigkeit, das den gegenwärtigen Endzustand des individuellen Entwicklungsprozesses markiert.

Ungeachtet der quantitativen Fragestellung nach dem Ausmaß der Rigidität betrachten wir den symptomatischen Widerspruch inhaltlich als Ausdruck des subjektiven Kampfes gegen Herr-

schaft – Herrschaft in Form von Abhängigkeiten oder Zwängen, die der Betreffende im Verlauf seiner Sozialisation erleiden mußte Ob er sich nun dem Zwang gebeugt hat und ihn frühzeitig verinnerlichte, oder ob er ihm frühzeitig auszuweichen suchte: in jedem Fall zeigt sich der symptomatisch-zwanghafte Charakter jenes subjektiven Kampfes darin, daß der Kämpfende im Endeffekt außerstande ist, jene Zwänge, gegen die er revoltierte, zu vermindern – bestenfalls tauscht er ihre Erscheinungsformen aus. Abgesehen von seinen spezifischen Inhalten besitzt der symptomatische Widerspruch auch in funktionaler Hinsicht zwei Seiten für das Subjekt: eine progressive und eine rückschrittliche. Progressiv am Symptom ist derjenige semantische Anteil, der die Unterdrückung subjektiver Bedürfnisse symbolisiert; rückschrittlich sind die ausgedrückten Mittel des Kampfes, die dem Subjekt schließlich zum Verhängnis werden.[1] Diese Mittel provozieren nämlich gesellschaftliche Reaktionen, die metastrukturell oder „in the long run" bewirken, daß das ursprüngliche Abhängigkeits-Niveau beibehalten, wenn nicht gar vergrößert wird. Die antithetische, unvermittelte Einheit jener beiden Momente, die konstitutiv für alles „symptomatisch" genannte Verhalten ist, zeigt sich besonders eindrucksvoll beim Schießgift-Abhängigen, der, um intersubjektive Abhängigkeiten offener oder versteckter Art zu bekämpfen, körperliche Abhängigkeit sich schußweise zuführt, so daß er im Augenblick höchster sozialer Unabhängigkeit zugleich mit höchster körperlicher Abhängigkeit geschlagen ist. Die Widersprüchlichkeit speziell des symptomatischen Verhaltensmusters „Drogenabhängigkeit" (allgemeiner: Sucht) werden wir später noch genauer erörtern.
Wenn wir davon ausgehen, daß jedes Symptom ein gestörtes Austausch-Vermögen des Subjekts ausdrückt und daß dieses Austausch-Vermögen sich im Verlauf der Sozialisation desto

[1] Bürgerliche Psychiatrie und Therapie lassen sich unter anderem auch dadurch kennzeichnen, daß sie das Symptom monolithisch betrachten, das heißt insbesondere, das progressive Moment am Symptom ist dieser Denkrichtung einfach etwas, das weggemacht werden muß – ein Stück Entwicklungsgeschichte, das negiert, nicht aber aufgehoben wird. Deshalb werden die symptomatisch Kranken von den Agenten der bürgerlichen Therapie auch nie im Bewußtsein behandelt, daß der Therapeut auch vom Patienten lernen könne; kurz gesagt: je mehr Verobjektivierung des Kranken, umso bürgerlicher, repressiver und bornierter der Ansatz.

besser entwickelt, je mehr eine synthetische Vermittlung zwischen den kindlichen Bedürfnissen und den sozialen Erwartungen glückt, so können wir grob mindestens drei Schweregrade der Unterentwicklung oder drei symptomatische Einschnitte unterscheiden:

(1) Die primären kindlichen Bedürfnisse nach Wärme, Liebe und körperlicher Versorgung werden so ungenügend befriedigt, daß das Kind entweder zugrunde geht oder unfähig zu jedem sozialen Austausch wird; Autismus/Hospitalismus sowie schwerste körperliche und/oder geistige Unterentwicklung sind die Folgen.

(2) Die primären Bedürfnisse werden einerseits so weit erfüllt, daß das Kind gewisse Grundqualifikationen der Interaktion erwirbt, andererseits jedoch so ungenügend, daß es immer noch bedingungslos und auf alle Risiken hin zuerst diese Bedürfnisse gegen die sozialen Erwartungen durch alle Austauschprozesse hindurch zu befriedigen sucht (stärkste Abhängigkeit von impulsiven Bedürfnissen, „compulsive independence").

(3) Die primären Bedürfnisse werden wenigstens so weit befriedigt, daß das Kind auf das bloße Versprechen der noch ausstehenden Befriedigung zu vertrauen lernt und auf dieser Basis soziale Austauschprozesse etabliert; das heißt, es lernt auf die endgültige Befriedigung seiner primären Bedürfnisse zugunsten der Befriedigung von Ersatzbedürfnissen zu verzichten. Die Symptome dieses Versagungs-Typus unterscheiden sich von denen des vorhergehenden dadurch, daß das Subjekt strukturell auf die Befriedigung seiner Bedürfnisse zugunsten der sozialen Erwartungen verzichtet, wo der Impulsabhängige gegen die Erwartungen darauf beharrt.

Kehren wir nun aber nach dieser Erörterung des „Symptoms" wieder zu unserer engeren Fragestellung, der Beziehung Jugendlicher zu illegalen Drogen, zurück.

4. Abhängigkeit und Widerspruch in der Sucht

4.1 *Abhängigkeitsverhältnisse und die Beziehung zu illegalen Drogen*

Wir gehen in dieser Untersuchung von der These aus, daß nicht die Droge selbst „gut“ oder „schlecht“ ist, sondern der Gebrauch, den wir von ihr machen. Jede Droge steht ihrer physiologischen Funktion nach für eine Vielfalt von Möglichkeiten, die bis zu einander ausschließenden Gegensätzen reichen können; welche dieser Möglichkeiten aktualisiert wird, hängt allein von unserem Umgang mit ihr ab. Daß Drogen geradezu ein Musterfall der dialektischen Einheit von Gegensätzen sind, ist in der abendländischen Schulmedizin spätestens seit Paracelsus wiederentdeckt worden: Je nachdem, wie wir mit einer gegebenen Droge umgehen, enthüllt sie uns zwei völlig gegensätzliche Gesichter; eine geringe Menge ist Heilmittel, eine größere Menge tödlich. Die Beispiele für die Gültigkeit unserer These ließen sich beliebig vermehren; wir wollen nur die bekanntesten erwähnen, die den Zusammenhang zwischen dem Umgang mit einer Droge und ihren verschiedenen Wirkungen verdeutlichen. Hier wären zuerst die interkulturellen Vergleiche zu nennen, die besagen, daß gewisse Drogen, die in unserem Kulturkreis ganz besonders geächtet werden (wie Halluzinogene einschließlich Haschisch, ferner das Kokain und die Opiate) und in der Tat unter den Bedingungen des hierzulande vorherrschenden Gebrauchs auch nur ihr negatives Gesicht zeigen, in anderen Kulturbereichen integrative Funktionen besaßen. Bleiben wir im eigenen Land, so stoßen wir auf die Tatsache, daß halluzinogene Gewächse wie die Mistel, Fliegenpilz, Tollkirsche, Stechapfel und Bilsenkraut, die im Volksmund als tödliche Drogen gefürchtet sind, seit jeher von gewissen gesellschaftlichen Subkulturen – auch ehrenwerten wie Priestern und Sehern – erfolgreich gebraucht worden sind. Moderne synthetische halluzinogene Drogen werden zugleich verteufelt und zu therapeutischen Zwecken verwendet; Opiate sind nicht nur Gifte, sondern fungieren auch heute noch als unentbehrliches Schmerzmittel. (Was den unterschiedlichen Umgang mit Opiaten betrifft, so wird von verschiedenen Autoren[1] auf den bemerkenswerten Sachverhalt hingewiesen, daß von der Gesamtpopulation der mit Morphium behandelten Verwundeten des Ersten Weltkriegs nur ein Teil süchtig wurde, ein anderer aber nicht. Bekannt ist weiterhin die Tatsache, daß Opiate, selbst wenn sie als Schießgift gebraucht werden, immer noch eine relativ breite Spannweite von Umgangsformen zulassen: auf der einen Seite die häufig zitierten Beispiele morphiumabhängigen medizinischen Personals, dessen Sucht oft noch so weit kontrolliert war, daß es seinen Beruf auszuüben vermochte; auf der anderen Seite der total realitätsflüchtige Umgang der meisten heutigen Jugendlichen mit der gleichen Droge.) Schließlich erfreute sich auch das Kokain in den westlichen Gesellschaften gänzlich unterschiedlicher Wertschätzung, wofür S. Freuds Fall das vielleicht bekannteste Beispiel abgibt.[2] Auch auf die legale Droge Alkohol trifft das Bild der gebrauchsabhängigen Wirkungsweise in mehrfacher Hinsicht zu: Die Wirkungen des Alkohols werden verdammt oder gelobt; die ihn legitimierende Moral ist eine ebenso janusköpfige Einheit von Gegensätzen wie die Beziehung der US-amerikanischen Gesellschaft zur Mafia in Prohibitions-Zeiten; und seine physiologische Wirkung schwankt je nach Gebrauch zwischen leichter Euphorie und Erregung (= Dämpfung nur des dämpfenden Teilsystems des zentralen Nervensystems bei geringer Zufuhr) und Stupor (= Dämpfung des Gesamtsystems bei hoher Zufuhr) mit ausgeprägten Zwischenphasen der Aggressivität, der Rührseligkeit und Anbiederung, des schreienden Protzentums und sogenannter rheinischer Fröhlichkeit als spezifischen Kennzeichen deutschen Gebrauchs. In allen diesen Beispielen können wir beobachten, erstens, wie groß die Vielfalt möglicher gesellschaftlicher Beziehungen zu ein und derselben Droge sein kann, und ferner, wie sich die Vielfalt möglicher Beziehungen bis zum

[1] Unter anderem von I. Chein et al., *The Road to H*, New York/London 1964

[2] Vgl. dazu J. vom Scheidt, „Sigmund Freud und das Kokain", *Psyche* 5/1973. Noch im 19. Jahrhundert wurde von einem nordamerikanischen Hersteller ein Koka-Wein in den Handel gebracht, auf dessen Etikett die Referenzen damaliger gekrönter Häupter aus ganz Europa einschließlich des Papstes zu finden waren.

unvermittelten Gegenübertreten extremer Gegensätze zu polarisieren pflegt.
Was wir bisher über den widersprüchlichen Umgang der Gesellschaft mit einer gegebenen Droge sagten, gilt natürlich auch für ihren Umgang mit dem *Rausch* im allgemeinen, der das gemeinsame Wirkungsmerkmal vieler oder der meisten Drogen ist. Auch der gegenwärtige Umgang mit dem Rauscherlebnis ist also in Extreme aufgespalten und somit eingeengt, unfrei und gezwungen – bei den gesellschaftlich akzeptierten Drogen vielleicht weniger deutlich, bei den illegalen deutlicher. Diese Behauptung kann leicht belegt werden, wenn wir den Rauschzustand in interaktiven Kategorien verstehen, nämlich als ein chemisch bedingtes Heraustreten aus dem Erfahrungshorizont alltäglicher Austauschprozesse – derjenigen Prozesse also, denen am stärksten der Charakter der „Realität" zugesprochen wird. Diese Wirkung, die allen bislang genannten Drogen zu eigen ist, kann in verschiedener Weise, vor allem aber in zwanghafter oder zwangloser, genutzt werden. Letztere ist dadurch definiert, daß die Erfahrung zweier Formen von Wirklichkeit zu einer komplexeren Wirklichkeit höherer Ordnung synthesiert werden kann (= Anerkennung, daß es neben der gewohnten Form von Wirklichkeit und über sie hinaus weitere Wirklichkeits-Modi gibt; Relativierung der herkömmlichen absoluten Wirklichkeits-Erfahrung und notfalls kritische Distanzierung von ihren Ausschließlichkeits-Ansprüchen usw.); zwanghafter Umgang mit dem Rauscherlebnis läßt beide Erfahrungswelten dagegen letztlich unvermittelt (zum Beispiel Flucht aus der einen Wirklichkeit in die andere; Ersatzfunktion: was die eine nicht bietet, wird in der anderen gesucht; statt kritischer Distanzierung, die Austritt aus der Alltagswirklichkeit und Wiedereintritt in sie umfaßt, Rückzug aus dem frustrierenden Alltag usw.). Akzeptiert man diese Definition von „zwanghaftem" versus „zwanglosem" Umgang mit dem Rauscherlebnis, so wird man mit Recht behaupten dürfen, daß auch im Bereich der hauptsächlichen legal benutzten Drogen (Alkohol, Beruhiger, Aufputscher) Mißbrauch mit dem Rauscherlebnis betrieben wird – wobei wir von der Population der registrierten Alkohol-, Barbiturat- und Schmerzmittel-Süchtigen gar nicht reden wollen. Die offizielle Ziffer von 6 Millionen „alkoholgefährdeten" Westdeutschen sowie der bekannte alltägliche Umgang mit dieser Rauschdroge am Arbeitsplatz, im

Verkehr, in Kneipen und zu Hause, der vornehmlich regressive Züge trägt (dazu der gegenwärtig überbordende Jugend-Alkoholismus) zeigen deutlich, daß auch im Zwischenbereich zwischen institutioneller Auffälligkeit und Abstinenzlertum wenig zwanglose Umgangsformen gepflegt werden.
Deutlicher noch als im Fall der legalen Drogen beobachten wir im Bereich illegaler Rauschmittel eine fast totale Reduktion der Vielfalt möglicher Umgangsformen und Beziehungen auf die beiden widersprüchlichen (und selbst Widersprüche darstellenden) Extremformen zwanghafter Bejahung und zwanghafter Ablehnung – eine Reduktion, die alle zwangloseren Zwischenformen heute de facto fast vollständig liquidiert. Außer den pikanten ökonomischen Beziehungen der spätkapitalistischen Gesellschaften zu ihren illegalen Drogen, die Amendt analysiert hat[3], sowie dem illegalen Status dieser Drogen selbst, der nicht unbeträchtlich zu dieser Polarisierung beitragen mag, könnte zur Erklärung dieser verstärkten Aufspaltung und Einengung der Sachverhalt eine gewisse Rolle spielen, daß die mit diesen Drogen einhergehenden bewußtseinsverändernden Erlebnisse einschneidender erfahren werden, die Alltagserfahrungen radikaler transzendieren (mindestens in unserem Kulturbereich), als dies im Alkoholrausch der Fall ist.[4] So öffnet sich der Blick des Gebrauchers halluzinogener Drogen zum Beispiel deutlicher als im Alkoholrausch für andere, ursprünglichere Kommunikationsweisen, die aus der gesellschaftlichen Konstitution sozialer Realität bei uns gewöhnlich ausgeschlossen sind (während unseres Erachtens Alkohol, Barbiturate und Weckmittel sehr viel stärker die gewohnten Umgangsformen einfach fortschreiben, übertreiben, jedenfalls qualitativ kaum transzendieren lassen); und unter dem unmittelbaren sinnlichen Eindruck dieser meist verschütteten Ausdrucks-/Eindrucksebenen kann es nicht ausbleiben, daß die gängige Realität relativiert und in ihrem Herrschaftsanspruch in

[3] G. Amendt, U. Stieler, *Sucht-Profit-Sucht*, Frankfurt 1972
[4] Eventuell mag in den verschiedenen legalen wie illegalen Drogen zwar ein vergleichbares Moment der Distanzierung oder Entrückung von der Alltagsrealität stecken, nicht jedoch eine vergleichbare Kapazität, im Entrücktsein neuartige Erfahrungswelten zu eröffnen. So vermögen zwar die bekanntesten legalen Drogen, Alkohol und Barbiturate, ihre Gebraucher sehr effektiv von der Alltagswirklichkeit zu distanzieren (indem sie betäuben oder einschläfern), nicht aber im gleichen Maß wie zum Beispiel die Halluzinogene im Zuge dieser Distanzierung ihnen neue Erfahrungshorizonte zugänglich zu machen.

Frage gestellt wird. Spätestens dann aber, wenn dieser Erfahrungsprozeß selbst wieder in den alltäglichen Bereich sozialer Sichtbarkeit gehoben und symbolisch ausgedrückt wird, beginnt er für die Mehrheit der erwartungskonformen Mitglieder der Gesellschaft in unerträglicher Weise bedrohlich und demzufolge unterdrückt zu werden. Hier setzt nun die Polarisation zwischen Verfechtern und Ablehnern ein, wobei im äußersten Fall die Unfähigkeit der Ablehner, die eingebleute Ebene der Alltagserfahrung zugunsten solcher radikal neuer Erfahrungen wenigstens zeitweilig hinter sich zu lassen, der Unfähigkeit der Verfechter entspricht, auf den Ebenen der Alltagserfahrung überhaupt wieder Fuß zu fassen. In beiden Fällen beraubt man sich einer zusätzlichen zweiten oder alternativen Möglichkeit sozialer Erfahrung, ist also in gleicher Weise (nur unter verschiedenen Vorzeichen) in seinem Verhalten limitiert; in beiden Fällen kann die Vermittlungsforderung, die wir oben als Kennzeichen zwanglosen Gebrauchs definierten, nicht eingelöst werden.

In der Tat läßt sich mühelos nachweisen, daß die bürgerliche Wissenschaft, wenn sie sich daran macht, Wirkung und Gebrauch illegaler Drogen zu untersuchen, die bloße Gegenposition zum Verfechter dieser Drogen bezieht; mit anderen Worten: daß sie genauso eingeschränkt wie dieser, nur von der Gegenseite her und ausgestattet mit der Autorität der herrschenden Interessen, argumentiert. Was nämlich die gängige Erfahrung des bürgerlichen Sozialforschers/Psychiaters übersteigt, was die gewohnten und eingeschliffenen Prozesse mittels neuer interpretativer Ebenen beleuchtet und somit aus dem Rahmen (der zur intersubjektiven Erfahrungs-Übersetzung bereitstehenden kategorialen Symbole) fällt, kann für das zwanghaft auf den Alltag fixierte Bewußtsein nur eine „Störung" sein. Also nennt man unverfroren Erfahrungen von anderer als alltäglicher Qualität „Störung des Zeitgefühls"[5] oder „depersonalization, marked visual

[5] Vgl. dazu unter vielen anderen M. Kooymann, „Medizinische Aspekte des Drogenkonsums", in: *Hasch und andere Trips*, Hamburg 1970, S. 86. Kooymann steht hier stellvertretend für die überwiegende Mehrzahl aller Versuche der bürgerlichen (Sozial-)Forschung, die Rauschmittelwirkungen zu verstehen und zu beschreiben. Dabei läßt sich die terminologisch derart abgewertete Rauscherfahrung so offensichtlich *sinnvoll* erklären, daß man behaupten kann: wer in diesem Zusammenhang den Begriff „Störung" benutzt, hat von der Rauschmittelwirkung überhaupt nichts verstanden.

and temporal distortion, and halluzinations"[6], „Derealisation"[7] usw. In einer „Aufklärungsbroschüre" des Bundesministers für Jugend, Familie und Gesundheit[8] heißt es: „Mit solchen Mitteln wird das Gehirn zu so abartigen Funktionen gezwungen, daß vergleichbare Zustandsbilder überhaupt nur bei Geisteskranken zu finden sind." Auch im Bewußtsein der Hamburger Jugendbehörde haben offensichtlich die historisch gegebenen Austauschverhältnisse erfolgreich das Monopol auf den Titel „soziale Wirklichkeit" errungen, wenn sie in einem Drogen-Info zitiert[9]: „Der (Haschisch-)Mißbraucher wird alberner als gewöhnlich und kann in völlig unmotiviertes Lachen ausbrechen. . .Unser wirkliches Leben wird vom eingefleischten Haschisch-Raucher mehr und mehr als uninteressant und sinnlos angesehen".[10] Der gleiche wissenschaftliche Verfasser, der augenscheinlich nicht begreift, daß „unser wirkliches Leben" leider nur zu deutliche Züge von Sinnlosigkeit zeigt, so daß die Reaktion des „eingefleischten Haschisch-Rauchers" einer gewissen Vernünftigkeit

[6] *The United Nations and the Fight Against Drug Abuse*, New York 1972, S. 20

[7] Walter Bärsch, *Der psychologische und der pädagogische Aspekt des Rauschmittelproblems*, Sonderdruck der Dienststelle Schülerhilfe Hamburg, 1970. Bärsch schreibt: „Die objektive Situation und die von Menschen erlebte Situation werden nicht mehr übereinstimmen. Die Fachleute sprechen hier von ‚Depersonalisation' bzw. ‚Derealisation'; denn in irgendeiner Form verändert sich während des Rausches die Person und über die Veränderung der Person auch der Kontakt zur Wirklichkeit . . ." Im gleichen Artikel heißt es weiter: „Schwierigkeiten (mit der Droge) ergeben sich in der Regel erst bei Menschen, die in ihrer Persönlichkeitsentwicklung gestört sind und dadurch mit ihrer Lebenssituation nicht fertig werden. Bei diesen Menschen führt die Begegnung mit einer ‚Droge' zu einer als angenehm empfundenen Verringerung der Spannung. Im Gegensatz dazu erlebt der psychisch gesunde und im Leben erfolgreiche Mensch diese Spannungsverringerung deshalb nicht, weil er vorher entsprechende Spannungen nicht hatte" – so einfach ist die Sache!

[8] *Informationen zum Drogen-Problem, eine Schrift für Eltern und Erzieher*, hrsg. vom B.f.J.F.G., ohne Jahreszahl (1971?)

[9] Drogen-Info der Hamburger Jugendbehörde, Referat von Nils Bejerot 1971. Vgl. dazu: „Sucht ist Flucht, Materialien vom Anti-Drogen Kongreß Hamburg 1972", S. 132-145

[10] Wobei an Bejerots unreflektierter Kritik natürlich auch ein Teil Wahres ist, sofern sie vor einem zwanghaften Verlassen (= Rückzug) der je gegebenen gesellschaftlichen Realität warnt; nur argumentiert er eben insgesamt von der entgegengesetzten Seite des gesellschaftlichen Widerspruchs in der Beziehung zu illegalen Drogen.

nicht entbehrt, wundert sich dann auch sehr darüber, „daß Haschisch-Raucher, die man in den Jahren des Aufwachsens als fröhliche und aktive Kinder gesehen hat, hinterher ihre eigene Kindheit als Albtraum sehen".

Wir erkennen an solchen Beispielen, daß auf der einen wie der anderen Seite des gesellschaftlichen Widerspruchs, auf der Seite der zwanghaften Konsumenten wie auf der der bürgerlichen, unkritischen Ablehner, normative Vorentscheidungen getroffen werden, die das Verhalten beider als antithetische Geschwister ein und derselben Ebene erscheinen lassen: Bürgerliche Wissenschaft argumentiert auf der Basis eines ähnlich hohen Abhängigkeits- und Zwangs-Niveaus wie die zwanghaften Gebraucher, nur von der anderen Seite. Das Urteil der Wissenschaft ist genauso getrübt wie das der Abhängigen: beide haben nicht recht! Wo bürgerliche Wissenschaft sagt, der Drogenkonsument sei „albern", „lache unmotiviert", habe eine „gestörte Beziehung zur Realität", kann der Verfechter mit gleichem Recht die Argumentation einfach umdrehen (dies nicht zu sehen ist beispielsweise der typische Fehler der bürgerlichen Psychiatrie und Sucht-Therapie).

Die unausgesprochenen normativen Vorentscheidungen der bürgerlichen Wissenschaft leiten sich stets aus der retardierenden Seite gesellschaftlicher Widersprüche her; diese unsere These läßt sich durch die Analyse ihrer Beziehung zu illegalen Drogen einmal mehr deutlich belegen: Indem sie die Drogenwirkung einseitig und unvollständig als „Störung" definiert, zeigt sie ihre eigenen Verhaltenszwänge und verdrängten Bedürfnisse an und stellt sich somit auf die Seite derjenigen, die mit „Realitätsstörungen" die Störung von Herrschaftsinteressen meinen. Dagegen wird eine Forschung auf kritisch-dialektischer Grundlage die Droge in ihren subjektiven und sozialen Wirkungen *vollständig* interpretieren, vor allem also ihre *beiden* Seiten und damit ihre Widersprüchlichkeit berücksichtigen.

4.2 *Über den symptomatischen Widerspruch der „Sucht", speziell der Schießgift-Abhängigkeit*

Wenn ein Symptom einen extremen Verhaltens-Widerspruch darstellt, wie haben wir uns dann diesen Widerspruch im Fall

„süchtigen" Verhaltens, speziell der Schießgift-Abhängigkeit inhaltlich vorzustellen? Wie entsteht er, wie drückt er sich aus, und was drückt er aus? Ist er eher offen oder versteckt oder beides zugleich oder zuerst das eine und dann das andere?
So lauteten die Fragen, die wir uns selbst zu Beginn der Untersuchung stellten, und zu deren Klärung wir hoffentlich im Verlauf dieser Arbeit werden beitragen können. Wir wollen uns vorläufig auf die gleichsam „phänomenologische" Schilderung der Verhaltens-Widersprüchlichkeit beschränken, die den Ausgangspunkt unseres Interesses bildete und von der wir glauben, daß sie in der Tat einiges über die Grundstruktur allen süchtigen Verhaltens aussagt. „Sucht" bezieht sich – vielleicht so direkt wie kein anderes Symptom – auf das Thema der Abhängigkeit: Die Abhängigkeits-Bedürfnisse, die in sozialen Beziehungen nie befriedigt werden konnten, werden stellvertretend von der Droge befriedigt. Im Umgang mit der Droge trägt der Süchtige in aller sozialen Sichtbarkeit seinen spezifischen Widerspruch zwischen dem *Eingeständnis* und der *Leugnung* dieser Abhängigkeits-Bedürfnisse aus[11]; das heißt, je nach analytischem Ansatz beobachten wir entweder ein unvermitteltes Nebeneinander von zwanghafter Befriedigung dieser Bedürfnisse und ihrer Abwehr (vertikale Analyse) oder eine abrupte Ablösung des einen Motivs durch das andere in der Zeitfolge (horizontale Analyse).
Nehmen wir die Grundstruktur einer Fixer-Karriere als Beispiel, die üblicherweise aus einer Abfolge mehrerer Phasen von „Freiheit" einerseits und „Institutionalisierung" andererseits besteht (die einander völlig unvermittelt und übergangslos ablösen), so läßt sich zweifellos die Periode der „Freiheit", in der gedrückt (= Gift injiziert) wird und die Reproduktion innerhalb der „normalen" kapitalistischen Alltagswelt wenigstens eben noch ohne soziale Auffälligkeit gelingt usw., insgesamt als Phase *geleugneter* (aber objektiv vorhandener) Abhängigkeit interpretieren, dagegen die Phase der Einweisung in eine Institution (Entzug, Knast, Psychiatrie) als Phase *eingestandener* Abhängigkeit. Das Zwangsmoment, die extreme Widersprüchlichkeit und Unvermitteltheit der beiden strukturellen Lebensphasen zeigen sich zum Beispiel deutlich daran, daß

[11] Wir werden weiter unten ausführlich auf die *narzißtische* Grundthematik dieses Widerspruchs zu sprechen kommen.

die Periode der „Freiheit" so lange durch zwanghafte Unabhängigkeit an der Verhaltens-Oberfläche dokumentiert wird („ich scheiß' auf die Alten, die haben mir nichts mehr zu sagen"; „ich weiß genau, was ich tue, ich kann jederzeit aufhören" usw.), ferner durch die interaktiven Eigenschaften der „coolness" und „toughness", bis der Betreffende diese Fassade buchstäblich vor Erschöpfung nicht mehr aufrechterhalten kann; erst unter den allergrößten materiellen Zwängen ist er bereit, sich selbst und anderen seine Abhängigkeit einzugestehen. Umgekehrt: Um seine (scheinbare und vorschnelle) Unabhängigkeit vor sich selbst und den anderen zu beteuern, drückt er Abhängigkeit in seine Venen – das ist, in einem Satz, die gesamte, antithetisch-dialektische Struktur der Fixer-Karriere. Und erst, wenn er nicht mehr aus noch ein weiß, wenn Geld, connections und Stoff endgültig ausgegangen sind und das zum sinnlichen Zwang geronnene Ersatzbedürfnis immer unerträglicher seine Befriedigung fordert („craving"), wird die eigene Abhängigkeit wenigstens dunkel geahnt und ein Entzugsversuch ins Auge gefaßt. Dieses Stadium ist der Punkt der äußersten Depression und Krise (der seinerseits wieder in extremem Widerspruch zur Euphorie und Unbeschwertheit des Rausches steht), der je nach Ausmaß der grundsätzlichen Abhängigkeitsbedürfnisse des Subjekts mit einem Verhaltensumschlag abwehrhafter oder verstärkt einsichtiger Qualität beantwortet zu werden pflegt; keinesfalls soll die Formulierung „Eingeständnis" der Abhängigkeit jedoch andeuten, daß damit dem betreffenden Subjekt seine Abhängigkeit auch „bewußter" geworden sei – schließlich war das Eingeständnis in den meisten Fällen ja „erzwungen". Wir betrachten deshalb gerade solche „objektiven" Daten wie die Anzahl der Entzüge mit Rückfall (vergebliche Entzugsversuche) oder solche „subjektiven" wie den Zeitpunkt der Einsicht in die eigene Abhängigkeit im Verlauf der Drogenkarriere als quantifizierbare Indikatoren für das Ausmaß der Verhaltenswidersprüchlichkeit: Wer nach drei Entzugsversuchen mit anschließenden Rückfällen zum Beispiel immer noch der Ansicht ist, er könne mit Drogen umgehen, manifestiert in seinem Verhalten eine größere Diskrepanz und einen heftigeren Widerspruch als einer, der schon vor dem ersten Entzugsversuch Bedenken bezüglich seiner eigenen Unabhängigkeit anmeldet.[12] Oder: Wer trotz

[12] Zum Beispiel auch insofern einen größeren Widerspruch, als Worte und faktisches Verhalten beim Rückfälligen „weiter auseinanderklaffen",

fortbestehender ökonomischer Abhängigkeit vom Elternhaus an der Oberfläche den coolen und unabhängigen Typen zu spielen versucht, produziert einen größeren Widerspruch, ist unglaubwürdiger und manifestiert damit ein größeres Ausmaß an struktureller Abhängigkeit als jener, der diese Rolle auf der Basis ökonomischer Selbständigkeit – und sei's Selbständigkeit durch Dealen – spielt.

Wenn solcherart der unvermittelte Widerspruch zwischen dem Leben außerhalb der Institution (Leugnen der eigenen Abhängigkeit) und in der Institution (Eingeständnis der eigenen Abhängigkeit) sozusagen die *Grundstruktur* der Fixerkarriere darstellt, so läßt sich der gleiche Widerspruch in unzähligen Substrukturen auch innerhalb der beiden Interaktionsphasen – nur mit jeweils vertauschtem Schwergewicht – erkennen: er setzt sich, mit anderen Worten, bis in konkreteste Einzelwidersprüche fort. Nehmen wir den Fall der Opiat-Abhängigkeit, so bilden in der extramuralen Phase die gesuchte Opiatwirkung einerseits und die Art und Weise, wie sie beschafft werden muß, andererseits einen weiteren krassen Verhaltens-Widerspruch. Dem entspricht auch das psychische Erleben; so sagt einer unserer Befragten in diesem Zusammenhang: ich „find mich nur großartig, wenn ich vollgedrückt bin, sonst beschissen". Gehen wir von der gesuchten Wirkung von Opiaten aus[13], die man durch die Begriffe „verbesserte Kommunikationsfähigkeit", „Entspannung", „Schlaf", „Traum", „Euphorie" umschreiben kann, und vergleichen wir diesen Zustand oral-passiver Bedürfnisbefriedigung mit dem Verhaltenskomplement, mit dem er erkauft werden muß (nämlich Konkurrenz, härtester Warencharakter der Beziehungen bis hin zum „Linken", das heißt Betrügen, Übervorteilung, Ausbeutung), so finden wir auch hier die Interaktionen des Fixers in zwei völlig gegensätzliche, quasi hermetisch gegeneinander abgedichtete Verhaltensabteilungen aufgespalten: Die Fixe einerseits und der gierige Konkurrenzkampf („hustling") ums Gift andererseits

„weniger vermittelt" sind als beim anderen. Man könnte auch sagen: im ersten Fall ist die unterdrückte Seite des Verhaltenswiderspruchs nicht bewußt – und damit der Widerspruch als ganzer nicht bewußt –, im zweiten ist wenigstens der Widerspruch bewußt und damit seiner möglichen (nicht „notwendigen") Lösung einen Schritt näher.

13 Vgl. etwa *Dynamische Psychiatrie*, Sonderheft 1, G. Ammon (ed.), *Bewußtseinserweiternde Drogen*, Berlin 1971, S. 139-141. Dem entspricht auch die Aufhebung kommunikativer Blockaden, die ein immer wiederkehrendes explizites Motiv des Drogengebrauchs darstellt.

wechseln einander in ununterbrochener Abfolge übergangslos ab, *bis dieser Widerspruch subjektiv nicht mehr zu vereinbaren ist und in seiner Gesamtheit in die andere Seite des übergeordneten oder Hintergrunds-Widerspruchs umschlägt;* das heißt, die konkreten Verhaltens-Widersprüche finden in einem abrupten Umschlag von nun an nicht mehr vor dem Hintergrund der „Freiheit", sondern der „Institutionalisierung" statt. (Man könnte auch sagen: Der Verhaltens-Widerspruch zwischen Eingeständnis und unvermittelter Leugnung der eigenen Abhängigkeit wird auf eine höhere strukturelle Ebene transponiert oder spitzt sich zu grundsätzlicherer Erscheinungsform zu.) Auch in dieser Phase beobachten wir dann alsbald wieder die gleichen Verhältnisse: Während der (erzwungene) Eintritt in die Institution dem depressiven Tief des Fixers und seinem Eingeständnis (oder doch Quasi-Eingeständnis) der eigenen Abhängigkeit entspricht, entpuppen sich nach einiger Zeit die Arme der bürgerlichen Institution als jene wohlbekannten Fesseln, gegen die man sich stets zur Wehr setzte, und die man am Besten dadurch bekämpft, daß man – je nach Spielraum, den die formalen Organisationsregeln der Institution lassen, und der Befristung des Institutionalisierungs-Zeitraums – sich entweder psychisch zurückzieht und auf die Entlassung wartet oder sie durch oberflächlich angepaßtes Verhalten zu beschleunigen lernt. Auf jeden Fall trägt die totale Institution einen erheblichen Teil dazu bei (nämlich durch ihre im Vergleich zur Alltagswelt verstärkt vergewaltigenden und infantilisierenden Interaktionsstrukturen), daß der Süchtige seine objektiv vorhandene Abhängigkeit wiederum nur abzuwehren und zu leugnen statt zu verarbeiten lernt und aufs Neue in den Suchtkreislauf gerät.[14] Den geschilderten Wechsel zwischen unvermitteltem Eingeständis und Leugnen der eigenen Abhängigkeitsbedürfnisse – und zwar in horizontaler wie in vertikaler Richtung – soll das Schaubild 7 verdeutlichen: Wichtig erscheint uns in diesem Zusammenhang die Beobachtung, daß selbst die relativ erfolgreichsten Ansätze bürgerlicher Rauschmittel-Therapie wie „Synanon", „Daytop" und die

[14]Der Hauptgrund für diese neuerliche Abwehr der eigenen Abhängigkeit ist unseres Erachtens darin zu sehen, daß das bürgerliche Personal im Durchschnitt eben diejenigen verlogenen gesellschaftlichen Normen vertritt, die dem Fixer in der Primärsozialisation unglaubwürdig geworden sind.

Schaubild 7 Horizontale und vertikale Widersprüche beim Schießgift-Gebrauch

↑ Entwicklungszeit (Oberflächenebene/Tiefenebene)

<table>
<tr><td>Einlieferung und Entzugsprozedur; orale Bedürfnisse (Versorgt-Werden) werden befriedigt
Eingeständnis</td><td>Abwehr der Infantilisierung
Leugnen</td><td>Schuß; traumhafte Wunscherfüllung; Euphorie
Eingeständnis</td><td>cooles Auftreten, Linken, Konkurrenz, Depression
Leugnen</td></tr>
<tr><td colspan="2">in der Institution
Eingeständnis</td><td colspan="2">draußen
Leugnen</td></tr>
<tr><td colspan="4">zwanghafter Gebrauch
Eingeständnis/Leugnen[15]</td></tr>
</table>

Beobachtungszeit →

gestalttherapeutischen Verfahren so organisiert sind, daß sie den gesellschaftlichen Grundwiderspruch in bezug auf illegale Drogen (zwanghafte Ablehnung versus zwanghafter Gebrauch) in der Person des körperlich Abhängigen lediglich reproduzieren, nicht aber vermitteln und weiterentwickeln. Dies deutet sich häufig in den therapeutischen Umgangsformen selbst schon an, wird aber endgültig gewiß, wenn die Patienten am Ende ihrer Thera-

[15] Wir haben bisher Verhaltens-Widersprüchlichkeit bei zwanghaften Gebrauchern im Sinne einer horizontalen Analyse beschrieben (die Grob- und Feinstrukturen der Fixer-Karriere in horizontaler Richtung); unser Schema dürfte jedoch klarmachen, wie man sich vertikale Verhaltens-Widersprüche vorzustellen hat. In unseren Vorinterviews hat ein Abhängiger der Mittelschicht einen solchen Widerspruch sehr treffend formuliert: „Es ist beides gleichzeitig schon da: in dem Moment, wo ich mir den Schuß setze, könnt ich mir gleichzeitig 'ne Ohrfeige setzen". Der zwanghafte Gebrauch selbst kann doppelte Bedeutung annehmen: in der Phase des „Hochs" bedeutet er „Unabhängigkeit" („ich zeig's der Welt", „ich kann damit umgehen" usw.): in der Phase des Tiefs „Abhängigkeit" („ich bin und bleibe süchtig, abhängig bis ans Ende", „irgendwann setzt jeder mal 'ne Überdosis" usw.).

pie lediglich eine Form der Abhängigkeit und des Zwangs gegen eine andere eingetauscht haben, das heißt mit dem Symptom zugleich auch seine progressiven Momente abgelegt haben. Ob sie eine neue Gläubigkeit entdecken, den Rückzug aufs Land, nach Indien oder in die Körperkultur antreten oder sich wieder die Krawatte umbinden und dem bürgerlichen Geschäft nachgehen: in jedem Fall negieren sie ein Stück ihrer eigenen Entwicklungsgeschichte, statt es zu synthesieren, erreichen sie Stabilität nur um den Preis neuer, vergleichbarer Zwänge.[16]

[16] Wir nannten bereits einige Kriterien zur Unterscheidung von „bürgerlicher" und „nicht-bürgerlicher" Therapie. Eine weitere Möglichkeit besteht darin, die Grenze zwischen noch „bürgerlicher" und nicht mehr „bürgerlicher" Therapie zu ziehen zwischen denjenigen Institutionen auf der einen Seite, die das alltägliche Maß an Abhängigkeit (z.B. die Abhängigkeit des orthodoxen Arzt-Patient-Verhältnisses) nicht überwinden oder lediglich sozial nicht akzeptierte Formen der Abhängigkeit gegen akzeptierte Formen austauschen, und solchen Institutionen auf der andern Seite, die den Versuch der selbstorganisierten Aufhebung der Widersprüche mit aller Konsequenz auch über den bloß subjektiven Rahmen hinaus, also in Richtung auf gesellschaftliche Abhängigkeitsverhältnisse betreiben. Siehe dazu „Sucht ist Flucht", a.a.O., und die verschiedenen Versuche, die Interaktionsstrukturen totaler Institutionen praktisch zu überwinden bei Goffman, Laing, Cooper, Basaglia, Szasz, SPK-Heidelberg usw.

5. Hypothesen

Mit den letzten Überlegungen zum gesamtgesellschaftlichen Umgang mit dem Rausch und Rauschmitteln im allgemeinen und mit illegalen Drogen im besonderen hat unsere soweit skizzierte dialektische Interaktionstheorie einen weiten Bogen vom Niveau subjektiver und sozialpsychologischer Aussagen bis zum Niveau hochkomplexer Aussagen über gesamtgesellschaftliche Prozesse geschlagen. Wir wollen an dieser Stelle kurz innehalten und uns die wichtigsten Stationen unseres Denkprozesses in Hypothesen-Form ins Gedächtnis rufen; dabei beschränken wir uns im wesentlichen auf solche Hypothesen, die uns die Schranken unserer Versuchsanordnung zu überprüfen gestatten.

1. Unter den besonderen Herrschaftsbedingungen der gegenwärtigen hochindustrialisierten Systeme sind die gesellschaftlichen Beziehungen zum Rauschzustand, das heißt zunächst zum chemisch induzierten Verlassen der Ebene alltäglicher Austauschformen, zwanghafter Natur. Dies gilt prinzipiell für legale wie illegale Rauschmittel.

2. Diese herrschaftsbedingte zwanghafte Strukturierung des gesellschaftlichen Umgangs mit dem Rausch drückt sich im konkreten Fall der gegenwärtig als „illegal" bezeichneten Rauschmittel faktisch in einer fast vollständigen Polarisierung der Gesamtmenge aller möglichen Umgangsformen in zwei antithetische Erscheinungsbilder aus: die „zwanghaften Gebraucher" und die „zwanghaften Ablehner". Beide Umgangsformen symbolisieren auf subjektivem Niveau „Abhängigkeit" im Gegensatz zu „unabhängigen" Beziehungsformen. Die theoretische Möglichkeit eines im strikten Sinn „zwanglosen" Umgangs mit diesen Drogen tritt dagegen in gesellschaftlichem Maßstab praktisch nicht in Erscheinung.

(Diese beiden Hypothesen können wir im Rahmen unserer Versuchsanordnung, die keinen Anspruch auf „repräsentative" Abbildung der Gesamtmenge der gesellschaftlichen Beziehungen zu illegalen Drogen erhebt, nicht überprüfen. Wir stellen sie lediglich als plausiblen Ausgangspunkt unseren Hypothesen voran.)

3. „Abhängige" Beziehungen zu illegalen Drogen zerfallen also in zwei empirische Erscheinungsformen, die beide verschiedene Schweregrade der Abhängigkeit annehmen können. Diese zwei Arten von Abhängigkeit nennen wir in unserem Fall „zwanghafte Bejahung" (zwanghaften Gebrauch) oder „zwanghafte Verneinung" (zwanghafte Ablehnung), die in beiden Fällen auf der subjektiven Ebene Verhaltenswidersprüche symbolisieren: Im einen Fall hat der Widerspruch eine überwiegend normenkonforme Oberfläche, im andern eine eher normen-negierende. In beiden Fällen wiederum ist der Verhaltens-Widerspruch desto größer oder extremer (= desto stärker „symptomatisch"), je abhängiger oder eingeengter sich ein Subjekt gegenüber dem Beziehungs-Objekt verhält.[1] Wir vermuten deshalb allgemein folgenden Zusammenhang: *Art und Ausmaß der interaktiven Abhängigkeit, wie sie im Umgang mit illegalen Drogen in Erscheinung tritt, korrespondiert der Art und dem Ausmaß lebensgeschichtlicher Abhängigkeit, die das betreffende Subjekt zuvor erfahren hat.* Desgleichen unterstellen wir, daß Art und Ausmaß der Abhängigkeit im Umgang mit illegalen Drogen als eine subjektive Reaktion auf lebensgeschichtlich erfahrene Abhängigkeit (unter anderen) angesehen werden muß; das heißt, daß der *Umgang mit illegalen Drogen in statistisch meßbarem Zusammenhang mit den übrigen erworbenen Reaktionen des Subjekts steht.*

3a) *Sofern „illegale" Drogen auf der negativen Seite der gesellschaftlichen Bewertungsskala angesiedelt sind, drückt der Nachvollzug der gesellschaftlichen Meinung (also ihre Ablehnung) auf subjektivem Niveau eher Konformität, dagegen der Widerspruch zur gesellschaftlichen Bewertung (ihre Bejahung) eher eine normen-negierende Struktur im subjektiven Erleben und Verhalten aus.*

3b) *Die qualitative Unterscheidung nach Verneinung und Bejahung kann zusätzlich intern quantifiziert werden: „Zwanghafte Ablehnung" entspricht dann größerer lebensgeschichtlicher und reaktiver Abhängigkeit und Verhaltens-Widersprüchlichkeit als*

[1] Diesem Gedankengang entspricht genau unsere Operationalisierung der Gruppe der „zwanglosen Gebraucher/Ablehner" gegenüber den beiden anderen Gruppen, siehe unten.

„zwanglose Ablehnung", und Entsprechendes gilt für die Seite der bejahenden Beziehung.

3c) *Wir erwarten also konkret, daß mit wachsender (im Sinn von immer stärker „ausschließlicher") Verneinung illegaler Drogen zugleich ein Anwachsen von Widersprüchen des normenkonformen Typus zu beobachten ist, und daß mit wachsender Bejahung die Widersprüchlichkeit mit normen-negierender Oberfläche zunimmt.*

4. Begreift man Verhaltens-Widersprüche unter dem Aspekt der Ausdruckskontrolle, so entsprechen die Widersprüche mit erwartungskonformer Oberfläche dem versteckten, solche mit erwartungsnegierender Oberfläche dem offenen Typus. Die Erwartungen (und dahinterstehenden Bedürfnisse), mit denen das Subjekt bei offenem Konflikt nicht konformiert, bei verstecktem oberflächlich konformiert, können dabei gesellschaftlicher Art (Normen und Gesetze) oder subjektiver Art sein. *In beiden Fällen erwarten wir, daß mit wachsender Ablehnung illegaler Drogen das Ausmaß an „versteckter", mit wachsender Bejahung das Ausmaß an „offener" Widersprüchlichkeit wächst.* (Diese Aussage entspricht in veränderter Terminologie der Hypothese 3c.) Wir wollen bei dieser Gelegenheit daran erinnern, daß versteckte Widersprüche, indem bei ihnen auf der gemeinsamen interaktiven Oberfläche dem widersprochen wird, daß überhaupt ein subjektiver/intersubjektiver Widerspruch besteht, zugleich von komplexerer Struktur als offene Widersprüche sind.

5. *Setzt man bei Jugendlichen die beiden Formen von Widersprüchlichkeit – erwartungskonforme und erwartungsnegierende – in Beziehung zur Frage ihres Ablösungs-Prozesses gegenüber dem Elternhaus, so darf man wiederum typische Zusammenhänge vermuten: Offene Widersprüchlichkeit müßte demnach eher einem manifest-abrupten und früheren Ablöseprozeß entsprechen, die versteckte Form eher dem Gegenteil eines manifest-unvollkommenen und verzögerten Prozesses; ebenso dürfte die erste Form entsprechend mit eher manifesten, die zweite eher mit versteckten lebensgeschichtlichen Versagungen einhergehen.*

6. *Die Art des Ablöseprozesses adoleszenter Jugendlicher gegenüber dem Elternhaus, insbesondere ihre Beziehung zu den Eltern*

(und Elternfiguren) an der Schwelle des Erwachsenen-Alters zeigen definitive Zusammenhänge mit der allgemeineren Lösungsart der Adoleszenz-Krise des Subjekts (nämlich; ob sie eher vom erwartungs-negierenden oder -konformen Typus, oder auch vom reflektierten Typus ist). Beziehung zu illegalen Drogen, Art des Ablöse-Prozesses und Verarbeitung der Adoleszenzkrise sind als verschieden komplexe, jedoch gleichsinnige Antworten auf das Normen-Dilemma zu betrachten.

7. Wenn ein Widerspruch zwischen Egos Bedürfnissen und den Erwartungen des generalisierten Anderen nicht zum Ausdruck kommt, so kann das im wesentlichen zweierlei Ursachen haben: 1. die Ausdruckskontrolle resultiert aus übermächtigem Zwang auf seiten von Alter; 2. die Ausdruckskontrolle ist selbstauferlegt, das heißt, Ego hat die Erwartungen von Alter vorbeugend verinnerlicht. Beobachtet man einen *strukturellen* Ausdrucksmangel, so darf man auf Verinnerlichung schließen, denn übermächtiger Zwang von außen (sofern er als Widerspruch zu den eigenen Bedürfnissen erfahren wird) kann letzten Endes immer nur situativ wirksam sein: spätestens wenn der Unterdrücker seinen Rücken zuwendet, wird der bislang verbotene Widerspruch sichtbar. Die Voraussetzungen zur Verinnerlichung von ursprünglich äußeren Zwängen sind jedoch gesamtgesellschaftlich nicht gleich verteilt. Die Grenze zwischen Verinnerlichung und Nicht-Verinnerlichung der herrschenden Systemerwartungen verläuft, grob gesprochen, zwischen den beiden folgenden gesellschaftlichen Gruppierungen: auf der einen Seite diejenigen, die sich durch die bürgerlichen Herrschafts- und Interaktionsnormen sowie deren Befolgung eher betrogen fühlen; auf der andern Seite solche, die durch das Einhalten derselben Normen auf ihre Kosten zu kommen glauben – die also durch Normentreue wenigstens die gröbsten Entbehrungen hinter sich gebracht haben und durch die Aussicht auf weitere Treueprämien bei der Stange gehalten werden. Die ersteren erfahren die gesellschaftlichen Widersprüche eher in ihrer *offenen* Erscheinungsform[2], das heißt als äußerlich erlebte Versagungen

[2] Wenn auch die Grundtendenz der gesamtgesellschaftlichen Entwicklung von Herrschaftswidersprüchen eher in die versteckte Richtung zielt, so ist doch diese Entwicklung noch nicht in allen Sektoren gesellschaftlicher Austauschprozesse gleich weit fortgeschritten.

etwa im Gewand unselbständiger und weisungsgebundener Arbeit, die nur als Zwang empfunden wird und keinerlei Gratifikationen in sich selbst birgt; oder in Form von ökonomischer Unsicherheit oder als Unterdrückung und Ausgeliefert-Sein im Umgang mit Behörden und gesellschaftlichen Institutionen im allgemeinen. Die anderen erleben die gesellschaftlichen Widersprüche eher in *versteckter* Form; das heißt, sie glauben durch Normentreue mehr zu profitieren als einzubüßen und haben sich infolgedessen für ein strukturelles Arrangement mit den gesellschaftlichen (Herrschafts-)Erwartungen entschieden, mit denen sie, so gut es geht, ihre Bedürfnisse in Einklang zu bringen suchen. So betrachtet unterwerfen sich diese *unmittelbar* eher den *„symbolischen"* Zwängen ihrer verinnerlichten gesellschaftlichen Erwartungen, während jene es eher mit *„konkreten"* (und oft personifizierten) äußeren Einschränkungen zu tun haben als der *unmittelbaren* Ursache ihrer Versagungen („mittelbar" haben natürlich auch die symbolischen Zwänge der ersteren einen äußeren, sozialen Hintergrund). *Aus dem Gesagten ziehen wir die Schlußfolgerung, daß „offene versus versteckte Widersprüchlichkeit" auch mit anderen Variablen Zusammenhänge aufweist, wie zum Beispiel mit dem „sozioökonomischen Status" des Jugendlichen; daß also Jugendliche der sozioökonomisch unterprivilegierten Gruppen, unabhängig von ihrer „Beziehung zu illegalen Drogen", eher im Bereich offener Widersprüchlichkeit erleben und agieren, während die Jugendlichen der stärker privilegierten Gruppen eher an versteckter Widersprüchlichkeit leiden.*

8. Wenngleich wir von der übergeordneten Erwartung ausgehen, daß die „Beziehung zu illegalen Drogen" die deutlichsten Unterschiede in bezug auf „offene" versus „versteckte" Widersprüchlichkeit erzeugt, glauben wir dennoch, daß die einzelnen „Beziehungs"-Gruppen intern sich nicht völlig homogen in bezug auf diese Variable zusammensetzen. Soweit die Jugendlichen einer gegebenen Gruppe zum Beispiel nach „sozioökonomischem Status" und „Ablöseprozeß" differieren, können wir erwarten, daß die Dichotomie der Widerspruchstypen sich zumindest sekundär im Innern der Gruppen wiederholt. Dies wollen wir sowohl über alle drei Beziehungs-Gruppen hinweg als auch für die Gruppe der zwanghaften Gebraucher allein überprüfen – bei diesen also

insbesondere die Frage, inwieweit sich die durch ihre Schichtzugehörigkeit und ihren Ablöseprozeß indizierte dominierende Form lebensgeschichtlicher Widersprüchlichkeit eventuell bis in ihre Drogenkarriere hinein wiederholt.

6. Versuchsanordnung

Der Entwurf unserer Untersuchung entwickelte sich aus der praktischen Zusammenarbeit von Studenten und Dozenten mit RELEASE-Hamburg, einer Selbstorganisation ehemaliger Drogenabhängiger, deren therapeutisches Konzept über subjektive Abhängigkeit hinaus auch die gesellschaftlichen Abhängigkeitsprozesse zu berücksichtigen suchte. Die Durchführung der Studie lag anfänglich bei einer Gruppe von 10-12 Personen, die sich auf zwei Wohnkollektive verteilte und auf einer gemeinsamen Rundfahrt durch die BRD und die deutschsprachige Schweiz im Jahre 1973 auch die ersten Interviews machte (siehe „Tagebuch"). Die restlichen Daten wurden 1974 und Anfang 1975 gesammelt. Die späteren Phasen der Untersuchung, Datenaufbereitung, Auszählung und Interpretation der Ergebnisse wurden im wesentlichen von den vier Autoren getragen.

(1) *Operationale Definition der Gruppen*
Als *„zwanghaften Gebrauch"* haben wir gewertet a) jeden Umgang mit illegalen Drogen, der bis zu körperlich-enzymatischer Abhängigkeit führt; b) falls diese Abhängigkeit (noch) nicht vorlag, betrachteten wir als vergleichbare Form von Abhängigkeit[1] jeden Umgang mit illegalen Drogen, der (zum Beispiel über Dealen) soziale Auffälligkeit mit Zwangs-Institutionalisierung nach sich zog. Nach Aussonderung von Zweifelsfällen blieb eine (Experimental-)Gruppe von n = 64 „zwanghaften Gebrauchern" übrig, die sich zu 92.2% aus Schießern und zu 7.8% aus Nicht-Schießern zusammensetzte.

Als *„zwanglose Gebraucher"* betrachteten wir Jugendliche, die Erfahrung mit illegalen Drogen (meist Haschisch) hatten, jedoch keine Zeichen körperlicher oder (uns bekannter) psychischer Abhängigkeit aufwiesen. Die Jugendlichen mochten entweder früher häufiger illegale Drogen genommen haben und zur Zeit nicht mehr, oder sie mochten bis zum Zeitpunkt des Interviews mit einiger Regelmäßigkeit Haschisch rauchen; sie moch-

[1] Als sozusagen soziales Pendant, als von außen auferlegter Zwang vergleichbaren Ausmaßes...

ten Opiate, Amphetamine und Barbiturate probiert haben oder nicht. In jedem Fall aber durften sie weder gedrückt (gefixt) haben noch in Verbindung mit illegalen Drogen institutionell auffällig geworden sein; und wir sonderten auch jene Fälle aus, bei denen eine offensichtliche psychische Abhängigkeit von Haschisch alleine bestand – wo zum Beispiel mehrmals täglich Cannabis geraucht wurde und wo das typische passive „Durchhängertum" zu beobachten war. Ein entscheidendes Kriterium für alle sogenannten (relativ) „zwanglosen Gebraucher" (und auch für die „zwanglosen Ablehner", siehe unten) bestand darin, daß der erste Kontakt der Jugendlichen mit illegalen Drogen mindestens 18 Monate vor dem Interview zurückliegen mußte. Dadurch wollten wir sicherstellen, in diese Gruppe keine „verkappten" zwanghaften Gebraucher aufzunehmen; die Überlegung war dabei die, daß diese Frist genügen sollte, um einem potentiellen zwanghaften Gebraucher Gelegenheit zu geben, von der Phase der ersten Bekanntschaft mit illegalen Drogen bis zu manifesten Abhängigkeitsformen fortzuschreiten. Dieses Kriterium erfüllten in der Gesamtgruppe der „zwanglosen Gebraucher/Ablehner" alle bis auf zwei Fälle zwanglosen Gebrauchs, die jedoch von der Interviewer-Gruppe als nicht gefährdet im Sinne von extremer körperlicher oder psychischer Abhängigkeit eingestuft wurden.

Als *„zwanglose Ablehner"* definierten wir jene Jugendlichen, die illegale Drogen (Cannabis) mindestens einmal probiert hatten (wobei die weitere Frage sekundär war, ob dieser vereinzelte Versuch noch einmal oder mehrmals wiederholt wurde), und die zum Zeitpunkt des Interviews den weiteren Gebrauch dieser Drogen – aus welchen Gründen auch immer – für sich selbst ablehnten. Auch sie waren, wie gesagt, dem Kriterium der 18-Monats-Frist unterworfen. Beide Gruppen, die der „zwanglosen Gebraucher" wie die der „zwanglosen Ablehner" wurden, da die Übergänge zwischen ihnen sich als fließend herausstellten, zu einer einzigen Gruppe, die der „zwanglosen Gebraucher/Ablehner" von n = 62 Subjekten zusammengeworfen.

„Zwanghafte Ablehner" schließlich nannten wir jene Jugendlichen, die a) illegale Drogen noch nie probiert hatten und

b) versicherten, sie würden auch in Zukunft niemals solche Drogen nehmen und c) diese ihre Ablehnung unzweifelhaft und strikt oder auch offensichtlich vorurteilsvoll begründeten mit Aussagen wie: „ich würde das niemals tun, weil ich Angst habe, (auch von Cannabis) abhängig zu werden“ oder „ich habe das nicht nötig, ich habe keine Probleme“ usw. Fälle, die noch nie illegale Drogen genommen hatten, aber einen möglichen zukünftigen Gebrauch nicht deutlich ausschlossen, wurden nicht in diese Gruppe aufgenommen. Auf diese Weise erhielten wir eine dritte Gruppe von n = 61 Subjekten.

(2) *Angleichung der Gruppen (matching)*
Wie aus der Beschreibung der operationalen Definition ersichtlich, besitzt unsere Stichprobe *keinen repräsentativen* Anspruch, sondern stellt ein gequotetes Auswahlverfahren dar. Die drei Gruppen sind in bezug auf die Variablen „*Alter*“ und „*SES*“ *(soziioökonomischer Status)* zufriedenstellend angeglichen, während die Variable „*Geschlecht*“ – entgegen unserer ursprünglichen Absicht – ungleich verteilt ist. Die Gruppen setzen sich nach den genannten Variablen wie folgt zusammen:

	zwanghafte Gebraucher	zwanglose Gebr./Ablehn.	zwanghafte Ablehner
SES			
Unterschicht (US)	51.6%	51.6%	49.2%
Mittelschicht (MS)	48.4%	48.4%	50.8%
Alter ($\bar{x}$)	21.80	21.75	20.44
Geschlecht			
männlich	64.1%	61.3%	44.3%
weiblich	35.9%	38.7%	55.7%

Der *Altersunterschied* zwischen den zwanghaften Gebrauchern und den zwanghaften Ablehnern nähert sich, trotz vergleichbaren Durchschnittsalters, der 5%-Signifikanz-Grenze, was im Endeffekt auf eine unterschiedliche Position der Altersschwerpunkte (bei den zwanghaften Ablehnern früher) innerhalb der beiden Verteilungen zurückzuführen ist. Die Tatsache, daß die zwang-

haften Ablehner – wenn auch unbedeutend – jünger sind, mag im Verein mit dem weiteren Sachverhalt, daß sich unter ihnen zugleich ein (signifikant) größerer Anteil an Mädchen befindet, theoretisch einige der nachfolgend zitierten Ergebnisse beeinflußt haben.[2] Wir sind allerdings der Ansicht, daß die zumeist deutlichen Signifikanzen und die konsistente Struktur der gefundenen Inter-Gruppen-Differenzen sowie der uneinheitliche Einfluß, den die Variable „Geschlecht" auf verschiedene thematische Komplexe ausübt, diesen Mangel im Angleichungsverfahren weniger gewichtig erscheinen lassen.
Der *„sozioökonomische Status"* unserer Interview-Partner wurde über ihre Eltern (bzw. Eltern-Ersatz-Personen) bestimmt und zwar, soweit vorhanden, über beide Elternteile. Wir bedienten uns dabei sowohl konventioneller soziologischer Indikatoren sozialer Schichtung wie Berufskarriere der Eltern, Bildung, Einkommen[3] als auch weniger konventioneller wie „Situation am Arbeitsplatz", „Wohnungskarriere", Verhältnis (ratio) „Personen pro Zimmer" der letzten Wohnsituation des Befragten im Elternhaus usw. Da unser Auswahlverfahren keine nennenswerte Besetzung der extremen sozioökonomischen Positionen (also unterste Unterschicht und obere Mittelschicht bis Oberschicht) erbrachte, sondern vielmehr eine gleichmäßig über alle Gruppen verteilte Konzentration in kleinbürgerlichen Rängen (stabile oder aufsteigende US, niedere MS), begnügten wir uns im Fol-

[2]So ist zum Beispiel nicht auszuschließen, daß die höheren Konventionalismus-Scores, die wir bei unseren zwanghaften Ablehnern fanden, sich zu einem geringen Teil durch die relative Überrepräsentation von Mädchen in dieser Gruppe erklären (eine theoretische Möglichkeit, die durch eine Anzahl von Untersuchungen nahegelegt wird). Wenn sich auf der anderen Seite jedoch zeigt (wie dies bei unseren Ergebnissen der Fall ist), daß die zwanghaften Ablehner später und (zum Zeitpunkt des Interviews) seltener Geschlechtsverkehr haben als die anderen Gruppen, so wird dieser Befund durch die unterschiedliche Geschlechter-Zusammensetzung der drei Gruppen nicht mehr beeinflußt: die Ergebnisse der neuesten repräsentativen Untersuchung zum Sexualverhalten Jugendlicher in der BRD zeigen, daß „Jungen und Mädchen die verschiedenen heterosexuellen Aktivitäten etwa in gleichem Alter" aufnehmen. (Vgl. dazu V. Sigusch und G. Schmidt, *Jugendsexualität*, Stuttgart 1973, S. 59)
[3]Wobei wir die Angaben der Jugendlichen zum Einkommen ihrer Eltern (das fast immer nur geschätzt werden konnte) zur endgültigen Bestimmung des SES wieder vernachlässigten, weil sie sich offensichtlich als unzuverlässig erwiesen.

genden damit, aus den (gewichteten) sozioökonomischen Indikatoren über Punkte-Scores der einzelnen Interviewten die Trennungslinie einer einfachen Dichotomisierung in eine sogenannte „Unterschicht" und eine „Mittelschicht" zu berechnen. Zweifelsfälle starker Inkonsistenz wurden durch Diskussion der Autorengruppe entschieden. Die genannte Konzentration der sozioökonomischen Positionen im kleinbürgerlichen Bereich mag dazu beigetragen haben, daß wir weniger deutliche schichtenspezifische Unterschiede feststellen konnten, als wir ursprünglich erhofften; wir sind der Ansicht, daß eine breiter gefächerte Verteilung der sozioökonomischen Positionen mit stärkerer Besetzung der extremen Ränge die von uns gefundenen Strukturen noch verdeutlicht hätte. Auf der anderen Seite dürfen wir nach bestem Ermessen behaupten, daß der Faktor „soziale Schicht" keinerlei unkontrollierten Einfluß auf unsere Ergebnisse ausübt.

Zum Auswahlverfahren selbst bleibt anzumerken, daß sich die Gruppe der zwanghaften Gebraucher aus sehr verschiedenen Situationen rekrutierte, so daß wir systematische Auswahlfehler innerhalb dieser Gruppe für unwahrscheinlich halten. So interviewten wir 50% der drogenabhängigen Jugendlichen in offenen Situationen (selbstorganisierte Kollektive, Wohnkollektive, Einzelsituationen), 17.2% in halboffenen (therapeutische Wohngemeinschaften mit administrativer Zwangsgewalt), 32.8% in geschlossenen Institutionen (Psychiatrie, Gefängnis). Einigermaßen stabil entzogen schienen uns zum Zeitpunkt des Interviews etwa 30%; ein weit größerer Prozentsatz war offensichtlich nur durch die aktuelle Situation am Schießen gehindert. Wir interviewten in verschiedenen deutschsprachigen Großstädten (Hamburg, Berlin, München, Zürich, Basel) und in Landkollektiven (Nähe St. Gallen und Freiburg im Breisgau); 81% unserer Gesprächspartner stammten aus der BRD, der Rest aus der (deutschsprachigen) Schweiz. Die beiden Kontrollgruppen wurden zum größten Teil in vergleichbaren Situationen angetroffen, das heißt in kommunalen oder kirchlichen Jugendeinrichtungen und in Berufsschulen. Nach der Datenerhebung wurden nochmals alle Items sorgfältig auf ihre Immunität gegenüber dem praktizierten Auswahlverfahren überprüft; wo die Vermutung nahelag, daß die konkrete, unterschiedliche Auswahlsituation der zwanghaften Gebraucher einerseits und der beiden anderen Gruppen andererseits zu systematischen Verzerrungen der Inter-Gruppen-Reaktionen auf ein gegebenes Fragebogen-Item führen mußte (etwa in bezug auf die „gegenwärtige Wohnsituation“, „Berufsausbildung“, „Berufsabbrüche“, „gegenwärtige ökonomische Unabhängigkeit“ des Befragten, also Fälle, wo die in Berufsschulen und Häusern der Jugend angetroffenen Nicht-Fixer a priori einen anderen Entwicklungsstand vermuten ließen als die Fixer), wurde das betreffende Item in der Auswertung nicht berücksichtigt.

(3) *Instrumente*
Wir benutzten für die Untersuchung zwei Instrumente:
1. einen *Fragebogen* (siehe Anhang) zum sozialisierenden Milieu im weitesten Sinn und zu den Reaktionen des Betreffenden auf dieses Milieu, der auf der Basis von Auswahl-Antworten operierte und in standardisierter Form allen drei Gruppen vorgelegt wurde; lediglich der Drogenteil ist für die Nicht-Fixer abgeändert worden. Die besondere Form unseres Fragebogens sowie die Art seiner Anwendung sind von unseren Gesprächspartnern überwiegend positiv beurteilt worden.
2. ein *Tiefen-Interview* mit Tonband-Protokoll. Dieses Interview wurde nur mit der Gruppe der zwanghaften Gebraucher durchgeführt. Nach circa 10 Vor-Interviews wurde ein Interviewer-Leitfaden entwickelt; außerdem trainierte sich die Gruppe selbst im Interviewer-Verhalten durch wechselseitige Interviews.
zu 1.: Der Fragebogen wurde bei allen drei Gruppen im Zwiegespräch mit dem Interviewer ausgefüllt. Dieser erklärte die Handhabung der Skalen und Tabellen, erläuterte bei Bedarf gewisse Formulierungen, stand für Rückfragen zur Verfügung und übertrug die Reaktionen des Befragten auf einen eigenen Fragebogen. Diese doppelte Anwendungsform war in der Absicht gewählt worden, einerseits dem Befragten die Möglichkeit zu geben, sich mit seinen Reaktionen später nochmals reflektorisch zu beschäftigen, andererseits dem Interviewer zu gestatten, während des Gesprächs Zusatzvermerke in seinem Bogen zu machen, markante Reaktionen als Ausgangspunkt für das nachfolgende Interview anzumerken usw.
zu 2.: Das Interview sollte die im Fragebogen nur angeschnittenen Sozialisationsdaten in verschiedener Hinsicht vertiefen: Es sollte, an gewisse auffällige Reaktionen des Befragten anknüp-

fend oder bestimmte Bewußtseinsprozesse fortführend, die beim Befragten während der Durcharbeitung des Fragebogens in Gang gesetzt worden waren, vor allem *hinter* die Oberfläche seines Verhaltens steigen. Das bedeutete Mehreres: es hieß in jedem Fall, die historische Dimension des aktuell so und nicht anders gearteten Verhaltens des Befragten für beide Seiten, Interviewer wie Interviewten, in plausibler Weise diskursiv zu ergründen. Es hieß speziell in unserem Fall darüberhinaus: etwa vorhandene versteckte Widersprüche zu Tage zu fördern. Diese Absicht setzte voraus, daß der Interviewer vom Interviewten als kompetentes und vertrauenswürdiges Gegenüber erlebt wird, das nicht vom erhabenen (und zugleich bejammernswerten) Sockel eines bürgerlich-wissenschaftlichen Subjekts aus agiert, sondern sich selbst einbringt mit seinen eigenen Schwächen und Unsicherheiten und sich in Frage stellen läßt. Nur in diesem Fall hatte die aufklärerische Absicht, die wir mit diesem Interview immer auch verfolgten, nämlich beiden Seiten über möglichst nahe und offene Kommunikation die Möglichkeit zu Lernprozessen zu bieten, überhaupt Realisierungs-Chancen. Da wir aus der alltäglichen Praxis eine „vorwissenschaftliche" Ahnung mitbrachten, wie die Abwehrstrukturen von Drogenabhängigen (und unsere eigenen) beschaffen sind, waren wir darauf vorbereitet, im Interview provozieren, Barrieren durchbrechen, Übertragungen und Gegenübertragungen eingehen zu müssen. Dennoch wurden wir in vielen Fällen von den psychodynamischen Prozessen, die wir in Gang gesetzt hatten, überrollt, erlebten (auch eigene) Zusammenbrüche, konnten aus eigener Unfähigkeit Interviews nicht zu Ende führen, waren oft psychisch und körperlich ausgelaugt. Die Mehrzahl der Interviews dauerte zwei Stunden; eine ganz geringe Anzahl wickelte sich in weniger als einer Stunde ab; eine größere Zahl benötigte vier bis sechs Stunden. Die gesamte Prozedur einschließlich des Fragebogens nahm mindestens einen halben Tag, im Normalfall einen Tag in Anspruch. Obwohl wir bei den Interviews in geschlossenen Situationen nicht die gleichen Rahmenbedingungen zur Herstellung einer einfühlsamen Gesprächssituation vorfanden wie in offenen (wo wir oft die Gelegenheit nutzten, uns einige Tage einzuleben und auf dieser Basis das Interview-Gespräch durchzuführen), konnten wir auch hier in den meisten Fällen ein vertrauensvolles Gespräch führen, das von unserem Gegenüber positiv beurteilt wurde.

(4) *Zur Gültigkeit und Verläßlichkeit der Informationen in Fragebogen und Interview*

Wir sind der Ansicht, daß die von uns erhobenen Daten sowohl einen hohen Grad an Gültigkeit als auch an Verläßlichkeit besitzen. Unsere Behauptung hoher Aussagen-Gültigkeit begründen wir – vom Allgemeinen zum Besonderen fortschreitend – zunächst mit unserer im praktischen Umgang mit Drogenabhängigen erworbenen Einsicht in Abhängigkeits- und Abwehrprozesse, die uns Vordergründiges zu hinterfragen lehrte; mit unserer Mitgliedschaft im gleichen subkulturellen Handlungs- und Sprachspiel, das uns die an sprachliche Idiome gebundenen Motive und Erfahrungswelten, deren richtiger pragmatischer Gebrauch zugleich als Erkennungszeichen dient, als wohlvertraute erscheinen ließ; schließlich durch technische Vorgehensweisen wie Interviewer-Schulung einerseits und Art der Verabreichung des Fragebogens andererseits, die durch ihre diskursive Form nicht zuletzt die Übereinstimmung zwischen unseren semantischen Intentionen, wie sie in die Formulierung der Items eingeflossen sind, und deren hermeneutischer Interpretation auf seiten des Gesprächspartners sicherstellen sollte.

Hohe Verläßlichkeit unserer Informationen sehen wir wiederum grundsätzlich dadurch gegeben, daß wir in weit stärkerem Maße, als es jedem Annäherungsversuch bürgerlicher Sozialforschung an das Thema der Drogenabhängigkeit möglich gewesen wäre, uns glaubwürdig als entweder selbst Betroffene oder doch als mit den Betroffenen Solidarische darzustellen vermochten. Konkret vermeinen wir diese Verläßlichkeit in der Tatsache zu erblicken, daß uns vorbehaltlos (selbst während der Austauschprozesse in totalen Institutionen) vertrauliche, den Befragten selbst schwach zeigende und diskriminierende Einzelheiten mündlich (Tonband) und schriftlich mitgeteilt wurden, wie etwa unentdeckte Delikte im Zusammenhang mit illegalen Drogen, Ausmaß des Dealens, heikle Aspekte der Sexualität usw. Obwohl wir unsere Absicht, speziell im Tiefen-Interview Abhängigkeiten zu entdecken und Widersprüche zu entschlüsseln, an unseren eigenen Maßstäben gemessen nur in einem Teil der Fälle verwirklichen konnten, hatten wir doch umgekehrt nur sehr selten das Gefühl, an grundsätzlichen kommunikativen Blockaden gegenseitigen Mißtrauens gescheitert zu sein. Es war im Gegenteil eher Regel als Ausnahmeerscheinung, daß wir zu

Zeugen von Sachverhalten, Gefühlen und Eingeständissen gemacht wurden, die der Betreffende bisher selbst seiner nächsten Umgebung, zum Beispiel dem therapeutischen Kollektiv, in dem er lebte, verheimlicht hatte – von seinen Eltern ganz zu schweigen!

7. Ergebnisse und Diskussion

Wir unterteilen im Folgenden den Abschnitt „Ergebnisse" nach den vier wichtigsten *unabhängigen Variablen*, die uns als analytischer Leitfaden dienten. Es sind dies:

- die drei Gruppen
- sozioökonomischer Status (SES)
- Alter der Ablösung von den Erzieherischen Autoritäten (AAEA)
- Jetzt-Beziehung zu Eltern (oder Elternersatz)

Zusätzlich werden wir einige *geschlechtsspezifische* Unterschiede diskutieren. Alle hier benutzten Ergebnisse beziehen sich nur auf den Fragebogen. Zur Signifikanz-Berechnung, das heißt zur Beantwortung der Frage, ob beobachtete Unterschiede zwischen zwei Stichproben als zufällig oder als bedeutsam anzusehen sind, bedienten wir uns zweier Prüfverfahren: des Chi-Quadrat-Tests, korrigiert nach Yates[1] sowie des t-Tests für Stichproben mit ungleichen Varianzen[2]. Die verschiedenen Signifikanzniveaus unserer Ergebnisse werden durch folgende Symbole dargestellt: (ns) = nicht-signifikant; (*) = 5%; (**) = 2%; (***) = 1%; (****) = 0.1%; schließlich werden wir in Ausnahmefällen auch Tendenzen (t) = 10% zitieren.[3]

[1] Vgl. G. Clauss/H. Ebner, *Grundlagen der Statistik. . .*, Frankfurt und Zürich 1970, S. 237

[2] A.a.O., S. 194. Der Chi-Quadrat-Test wird herangezogen, wenn es um die Einschätzung von Unterschieden zwischen Anteilen oder Prozentsätzen geht und beruht im wesentlichen auf einem Vergleich zwischen den tatsächlich beobachteten und den theoretisch zu erwartenden Häufigkeiten. Der t-Test wird für die Prüfung des Unterschiedes zwischen zwei Mittelwerten verwendet und basiert im wesentlichen auf einem Vergleich der absoluten Differenz der beiden Stichprobenmittel mit der Streuung sämtlicher Stichprobenelemente um einen übergeordneten Mittelwert.

[3] Die Signifikanzniveaus ns, t, = 5%, = 2%, = 1%, = 0.1% bedeuten in der angegebenen Rangfolge eine abnehmende Wahrscheinlichkeit dafür, daß der beobachtete Unterschied zwischen zwei Ergebnissen zufällig zustande gekommen ist.

7.1 *Die drei Gruppen als unabhängige Variable*

Wie bereits erwähnt, mußten wir eine Anzahl von Fragebogen-Items vernachlässigen, bei denen unser Auswahlverfahren vermutlich zu systematischen Fehlern in den Reaktionen der drei Gruppen geführt hatte. Die verbleibenden Items zerfielen fast vollständig in zwei Teilmengen: a) diejenigen, die (in Wort und Erleben des Befragten[3a] die *Sozialisation* durch die Eltern und das sozialisierende Milieu im weiteren Sinn beschreiben, und b) solche Items, die die *Reaktionen* des Befragten auf dieses Milieu darstellen; die ersten erfassen quasi die *produktive*, die letzteren die *reproduktive* Seite von Erziehung. Wir werden im weiteren Verlauf der Darstellung von *„Sozialisations-Items"* einerseits und *„Reaktions-Items"* andererseits sprechen. (Zusätzlich zu dieser Einteilung, die sich auf alle drei Gruppen bezieht, werden noch einige Reaktions-Items in die Analyse einfließen, die nur den Nicht-Fixern vorgelegt wurden.)

Die weitaus überwiegende Zahl unserer Items erzeugte signifikante Ergebnisse, wenn die „Beziehung zu illegalen Drogen" als unabhängige Variable gewählt wurde; lediglich 10 Items zum *sozialisierenden* Milieu erzeugten keine oder nur tendenzielle Unterschiede zwischen den drei Gruppen:

- Geschwister-Reihe (Fixer waren (t) häufiger Einzelkinder als die Jugendlichen der anderen beiden Gruppen)
- ehelich/unehelich geboren?
- geschlechtsspezifisches oder -unspezifisches Spielzeug gehabt?
- hatte der Befragte, solange er zu Hause wohnte, bereits freien Ausgang oder nicht?
- ab wann konnte die Kleidung selbst bestimmt werden?
- ab wann konnte die Frisur selbst bestimmt werden?
- war die letzte Schule nach Geschlecht gemischt oder nicht?
- spielte eine Weltanschauung oder Religion zu Hause eine besondere Rolle?
- wer bestrafte im allgemeinen häufiger, Vater oder Mutter?
- Häufigkeit des elterlichen Gebrauchs legaler Drogen (Schmerzmittel, Schlafmittel, Appetitzügler usw. außer Alkohol)

Das gleiche traf auf 12 Items des *Reaktions-Bereichs* zu:

- Familienstand des Befragten zum Zeitpunkt des Interviews
- falls von zu Hause fortgelaufen, wann das erste Mal?

[3a] Vgl. dazu die „Diskussion"

- als Kind eher zurückgezogene, isolierte oder eher soziale Spiele gespielt?
- Häufigkeit der erinnerten Geschlechtsrollen-Ängste (zwanglose Gebraucher/Ablehner erinnerten (t) am häufigsten)
- in welchem Alter über die wesentlichen sexuellen Vorgänge bescheid gewußt?
- Ausmaß der Eitelkeit in der Pubertät im Vergleich zu den Gleichaltrigen nach Selbsteinschätzung des Befragten (Fixer (t) am eitelsten)
- Vorstellung eines körperlichen Mangels in der Pubertät gehabt?
- in welchem Alter begonnen auf das Äußere zu achten?
- falls Raucher: bei Beginn des Rauchens elterliches Verbot umgangen oder nicht?
- in welchem Ausmaß Sport betrieben?
- Ausmaß der Phase intensivsten Alkoholgebrauchs seit Beginn des Trinkens bis heute
- war die erste sexuelle Beziehung (während/nach Pubertät) zugleich mit längerdauernder Freundschaft verbunden oder nicht? (zwanghafte Ablehner bejahen geringfügig häufiger)

Wir beginnen unsere Darstellung der Ergebnisse mit dem Sozialisationskomplex, wie ihn unsere Interview-Partner beschrieben und erlebten. Zu diesem Zweck haben wir die nachfolgenden Resultate in doppelter Hinsicht geordnet, und zwar 1. nach der *relativen Position der drei Gruppen untereinander* in bezug auf einen beobachteten signifikanten Unterschied der Beschreibungen; und 2. nach gewissen *inhaltlich-thematischen Bereichen*, in die sich die Items gliedern ließen. Wir beginnen mit den Sozialisations-Items.

A SOZIALISATIONS-BEREICH

(a) Zwanghafte Gebraucher (ZHG) in Extremposition gegenüber zwanghaften Ablehnern (ZHA); zwanglose Gebraucher/Ablehner (ZL) in Mittelposition

1. *Allgemeine Versagungen und nachteilige Einflüsse*

- am häufigsten „unerwünschtes Kind" gewesen (***)[4]
- Eltern waren am seltensten „zärtlich untereinander" (**)

[4]Dieses Ergebnis und alle folgenden beziehen sich sprachlogisch immer auf die erstgenannte Gruppe in der Positions-Struktur; es muß also gelesen werden: ZHG sagen am häufigsten, sie seien ein „unerwünschtes Kind" gewesen, ZHA sagen dies am seltensten, während die ZL in bezug

- hatten am seltensten eine vollständige Familie bis zum Alter von 16 (****);
  am seltensten vollständige Familie bis ins Alter von 10 (***);
  am seltensten vollständige Familie bis ins Alter von 6 (***)
- hatten am seltensten nur eine Familiensituation (also am häufigsten mehrere) bis 18 (****)
- die Insgesamt-Beziehung zwischen Mutter und Befragtem wird am seltensten „gut" genannt (****); ebenso zwischen Vater und Befragtem (****); ebenso die Insgesamt-Beziehung zu den addierten[5] Müttern und Vätern der Befragten am seltensten „gut" (****)
- nennen am häufigsten die konjugierte Insgesamt-Beziehung zu Mutter und Vater zugleich „schlecht"[6] (****)
- waren am häufigsten bereits vor dem vierten Lebensjahr „längere Zeit von der Mutter getrennt" gewesen (***)
- Väter und Mütter addiert waren am seltensten Nichtraucher (*)
- Väter und Mütter addiert tranken am seltensten „mäßig" Alkohol (****) und waren am häufigsten „starke Trinker" (****)
- Mütter und Väter addiert sind nach Aussage des Befragten am häufigsten „nervös/psychisch gestört" (*)

2. *Spezifische Versagungen/Einengungen/Vernachlässigungen*

- der kindliche Auslauf und Bewegungsradius beim Spielen waren am häufigsten sehr repressiv geregelt (***)
- wurden am häufigsten in ihrem Umgang mit bestimmten Kindern überwacht und kontrolliert (****)
- erlebten am seltensten unterstützendes Verhalten der Eltern bei Schulaufgaben (**)
- wurden von ihren Eltern am häufigsten für schlechte schulische Leistungen „bestraft" (**)

3. *Strafen allgemein/Reglementierungsstile*

- am seltensten kamen die Mütter „weitgehend ohne Strafen aus" (****)

auf diese Aussage eine mittlere Häufigkeit aufweisen; der Unterschied in der Häufigkeit der Nennungen „unerwünschtes Kind" zwischen den drei Gruppen ist signifikant auf dem 1%-Niveau.

[5] Nicht zu verwechseln mit der konjugierten Beziehung eines Befragten sowohl zu seiner Mutter als auch zu seinem Vater! In solchen Fällen werden wir von „Konjunktion", „konjugiert" usw. sprechen.

[6] Wobei die Aussage „schlecht" als zusammenfassender Begriff von acht verschiedenen möglichen negativen Beschreibungen dieser Beziehung zu verstehen ist; vgl. Frage 83 des Fragebogens.

– am seltensten kamen die Väter „weitgehend ohne Strafen aus" (****); ebenso am seltensten die addierten Mütter und Väter (****)
– wenn geschlagen wurde, so dauerte diese Strafform am längsten an[7] (***)
– wenn geschlagen wurde, so hörte es am seltensten „von selbst" auf (***) (und häufiger durch „Zurückschlagen, Abhauen" etc., vgl. Reaktions-Items)

4. *Sexuelle Sozialisation*

– sind am häufigsten „nie aufgeklärt worden" von den Eltern (*)
– die „entscheidenden sexuellen Erfahrungen/Aufklärungen" gingen am seltensten von den Eltern aus (**) und
– wurden dafür am häufigsten bei gleichaltrigen Spielkameraden beiderlei Geschlechts (***) und des anderen Geschlechts (***) erworben

5. *Sonstiges*

– waren am häufigsten Einzelkinder (t)
– reagierten auf die Frage, „wo überall aufgewachsen", am häufigsten mit der Nennung „Großstadt"[8] (****)

[7] *Wenn* ZHG und ZHA von den Eltern bestraft wurden – und das kam bei den ZHG signifikant (****) häufiger vor als bei den ZHA (mit den ZL in Mittelposition) –, dann war der relative Anteil der „Konkret-Bestraften" (also derjenigen, die geschlagen wurden) an den Bestraften beider Extremgruppen etwa gleich groß. Bezogen auf *alle* Nennungen zu diesem Item (also „bestraft worden" und „nicht bestraft worden") wurden die ZHG signifikant (*) häufiger konkret bestraft als die ZHA und die ZL, während diese am häufigsten (wiederum bezogen auf die Gesamtnennungen) „symbolische" Bestrafungsformen – also Liebesentzug etc. – nennen (****), mit dem ZHG in der Mittelposition.

[8] Zu diesem Ergebnis ist zweierlei anzumerken: 1. bei diesem Item wurde nur die Häufigkeit der verschiedenen Nennungen berechnet, die mit der jeweiligen Nennung verbundene „Dauer" haben wir nicht berechnet, so daß wir im strikten Sinn nicht behaupten dürfen, die ZHG hätten am *längsten* in der Großstadt gelebt – was wir allerdings vermuten; 2. bei dieser Frage ist sicherlich kein Auswahl-bias zu erwarten, da wir alle Mitglieder der Kontrollgruppen ausnahmslos in der Großstadt angetroffen haben, dagegen die ZHG (die am häufigsten „Großstadt" nennen) zu 50% nicht in der Stadt, sondern entweder in Landkollektiven oder in Gefängnissen vorfanden, wobei die letzteren entweder in einer Kleinstadt oder am Stadtrand einer Großstadt gelegen waren; die Kollektive hatten allerdings, noch deutlicher als die Gefängnisse, einen überregionalen Einzugsbereich.

(b) ZHG in Gegenposition zu den beiden anderen Gruppen

2. *Spezifische Versagungen/Einengungen/Vernachlässigungen*

- bei Konflikten des Befragten mit Lehrern und der Schule ergriffen die Eltern häufiger strukturell Partei für Lehrer/Schule als für ihn[9] (****)
- mußten häufiger ihre Frisur-Vorstellungen gegen die Eltern durchsetzen (****)
- die Eltern haben sich häufiger um die schulischen Leistungen des Befragten „überhaupt nicht gekümmert" (**)

3. *Strafen allgemein/Reglementierungsstile*

- wurden häufiger konkretistisch bestraft (geschlagen, sowie Mischform aus Schlagen und symbolischen Strafen[10] (*)
- „ungerechtfertigte Strafen" kamen häufiger vor (****)

4. *Sexuelle Sozialisation*

- Eltern waren, was das Nachhause-Bringen von Freunden des anderen Geschlechts anlangt, häufiger repressiv und kontrollierend (*)

5. *Sonstiges*

- waren häufiger auf Privat- und Konfessions-Schulen (beide Schultypen addiert) (*)

(c) ZHG und ZL in Gegenposition zu den ZHA

1. *Allgemeine Versagungen und nachteilige Einflüsse*

- die konjunktive Insgesamt-Beziehung zu Mutter und Vater zugleich ist seltener „gut" (*)

Soviel zum gruppenspezifischen sozialisierenden Milieu, das sich unter Berücksichtigung aller unter (a) bis (c) aufgeführten Ergebnisse auf einen sehr kurzen und prägnanten Hauptnenner brin-

[9] Dieses Ergebnis muß also gelesen werden: Die Eltern von ZHG einerseits ergriffen signifikant häufiger als die Eltern von ZHA und ZL andererseits bei Schulkonflikten ihrer Kinder Partei für den Lehrer.
[10] Wenn man die Mischform als Bestrafungsart vernachlässigt, bleibt die gleiche Ergebnis-Struktur erhalten.

gen läßt: *In allen Fällen belegen die zwanghaften Gebraucher, meistens allein, seltener im Verein mit den Zwanglosen, in bezug auf die Erziehungs-Einflüsse, denen sie nach ihrer Schilderung (und ihrem Erleben) ausgesetzt waren, die negative Extremposition gegenüber den Ablehnern (oder seltener: den Ablehnern und den Zwanglosen).* Wir wollen diese Darstellung mit den verbleibenden signifikanten Differenzen beschließen, die aus dieser Grundstruktur herausfallen: Unter der Rubrik „allgemeine Strafen“ etc. sagen die Zwanglosen am häufigsten und die ZHA am seltensten, sie seien (Väter und Mütter addiert) symbolisch, also durch Liebesentzug und ähnliche Techniken, bestraft worden, während die ZHG hier die Mittelposition einnehmen (****). Was die sexuelle Sozialisation anlangt, so finden wir in der Beurteilung der sexuellen Erziehung (ob sie frei war, ob versteckt oder offen repressiv) lediglich einen bedeutsamen Unterschied, und zwar nur zwischen den ZL und den ZHA: Jene empfanden häufiger (*) als diese eine versteckte Einengung, daß sie nämlich „ein schlechtes Gewissen“ bei ihren kindlichen sexuellen Aktivitäten haben mußten, „obwohl ein offenes (elterliches) Verbot nicht ausgesprochen war“ (ZHG in der Mittelposition); und ebenso bezeichnen die ZL insgesamt ihre sexuelle Erziehung als (t) am unfreiesten.

Der *„Sozialisations-Seite“* wollen wir jetzt die *„Reaktions-Ergebnisse“* gegenüberstellen, also diejenigen Verhaltensweisen der Befragten, die sie nach ihren eigenen Worten in Abhängigkeit von den sozialisierenden Bedingungen reproduzierten. Auch diese Ergebnisse wollen wir ganz ähnlich wie die vorangegangenen ordnen: nach relativer Position der drei Gruppen untereinander und nach thematischen Bereichen. Diese gliedern sich auf der Reaktions-Seite in: 1. *Unabhängigkeits-Reaktionen*, die in irgendeiner Form die adoleszenten Ablösungsprozesse beschreiben; 2. *Konflikt-Reaktionen*, die das Ausmaß manifester Konflikte im reaktiven Langzeit-Verhalten des Betreffenden anzeigen; 3. *Reaktionen „soziale Beziehungen“* (außer Sexualität), die Vorstellungen über die soziale Stellung oder behavioristischer: die „soziometrische Position“ des Befragten unter seinen Altersgenossen in verschiedenen Lebensphasen vermitteln; 4. *Reaktionen „Sexualität“*; 5. *Reaktionen „soziales und politisches Engagement“*, die nach unserer Ansicht einige Anhaltspunkte für die

„soziale Intelligenz“[11] des Betreffenden sowie seine Fähigkeit liefern, einer Verletzung seiner Interessen zielgerichteten Widerstand entgegenzusetzen („Zivilcourage“); schließlich in Anbetracht der besonderen Aufmerksamkeit, die wir der Fixer-Gruppe widmen wollen, 6. die *„körpernarzißtischen Reaktionen“*, 7. die *„oralen Reaktionen“* und 8. eine hypothetische *„depressive Reaktion“*; 9. eine gleichfalls hypothetische *„Verdrängungs-Reaktion“* und 10. *„Sonstige“*.

B REAKTIONS-BEREICH

(a) ZHG in Extremposition gegenüber ZHA; ZL in Mittelposition

1. *Unabhängigkeits-Reaktionen*

- haben sich am frühesten „endgültig selbständig gemacht“ (ZHG/ZL (**); ZL/ZHA (**); ZHG/ZHA (****)
- hatten am frühesten den ersten heterosexuellen Geschlechtsverkehr während/nach Pubertät (ZHG/ZL (ns); ZL/ZHA (****); ZHG/ZHA (****)[12]
- sind zum Zeitpunkt des Interviews am seltensten „noch zu Hause“ (****) bzw. „noch/wieder zu Hause“ (****)[13]
- sehen ihre Eltern gegenwärtig am häufigsten „selten oder nie“ (****)
- leben geografisch am weitesten von ihren Elternhäusern entfernt (***)
- bezeichnen ihre Jetzt-Beziehung zu ihren Müttern am häufigsten als „schlecht“ (wiederum ein Sammelbegriff für acht spezifische negative Beschreibungen) (****); ebenso zu ihren Vätern am häufigsten als „schlecht“ (****); und gleichfalls sagen sie am häufigsten „schlecht“, wenn man beide Elternteile, soweit vorhanden, addiert (****)

[11] *Ein* Aspekt „sozialer Intelligenz“ besteht gewiß in der Fähigkeit oder Unfähigkeit, Beziehungsebenen zu wechseln.

[12] Dabei griffen wir zur Berechnung des Durchschnitts-Alters bei den ZHA auf eine sehr konservative Schätzung zurück, indem wir für diejenigen Befragten, die bis zum Zeitpunkt des Interviews noch nicht mit einem Partner geschlafen hatten – und diese Gruppe rekrutierte sich fast nur aus ZHA –, das „Alter bei Interview“ einsetzten.

[13] Dabei haben wir „Antreffen des Befragten in einer totalen Institution (oder im Kollektiv)“ nicht etwa automatisch als „nicht zu Hause lebend“ definiert, sondern in solchen Fällen ausdrücklich rückgefragt, ob sich der Betreffende im Grunde als noch zu Hause wohnend betrachte oder nicht; auf diese Weise wurden tatsächlich die meisten Fälle, wo sich die Einlieferung in Gefängnis oder Psychiatrie unmittelbar an die Wohnsituation bei den Eltern anschloß, als „noch zu Hause wohnend“ eingestuft.

- bezeichnen ihre konjunktive Jetzt-Beziehung zu Mutter und Vater zugleich am häufigsten als „schlecht“ (****)
- sagen auf die Frage, wem sie näher stünden (Mutter oder Vater), am seltensten „beiden gleich nah“ (****) und am häufigsten (t) „beiden gleich fern“

2. *Konflikt-Reaktionen*

- sind, noch zu Hause wohnend, am häufigsten einmal oder mehrmals fortgelaufen (****) und am seltensten „weder abgehauen, noch zu spät nach Hause gekommen“ (****)
- haben am häufigsten elterliche Verbote, die sie in ihrem Auslauf und Aktionsradius beim Spielen einengen wollten, umgangen (***)
- nennen die absolut größte Anzahl von Konflikten mit Institutionen sozialer Kontrolle (Polizei, Gericht, UG, Gefängnis, Psychiatrie, FE-Erziehung) (****) und weisen zugleich inhaltlich die meisten Nennungen der stärksten Konflikte: „Gerichtsverhandlung/UG/Gefängnis“ auf (****[14])
- hatten am häufigsten eine widersprüchliche Einstellung zur Schule (d.h. fühlten sich innerlich oder äußerlich in bezug auf Schule und Schulbesuch gezwungen) (****)
- haben am häufigsten während der Schulzeit das benötigte Taschengeld (meist von ihren Eltern) geklaut (****) und gleichfalls am häufigsten gedealt, um an das nötige Geld zu kommen (****)

[14] Wir nennen das betreffende Item „Konfliktkarriere“; diese Konfliktkarriere (Konflikte mit Institutionen sozialer Kontrolle von Beginn an bis heute) wurde den ZHG in zweigeteilter Form präsentiert: institutionelle Konflikte *vor* und *in Verbindung mit ihrer Drogenphase* während die beiden anderen Gruppen einfach nach ihren Konflikten „bis heute“ gefragt wurden. Wenn nicht anders vermerkt, werden immer die beiden addierten Teilkarrieren der ZHG zum Vergleich mit den Konfliktkarrieren der beiden anderen Gruppen herangezogen. Als interessante Randnotiz mag die Tatsache vermerkt werden, daß die ZHG bereits *vor* ihrer Drogenphase ebenso viele Konflikte „absolut“ und „spezifisch“ (Gerichtsverhandlung/UG/Gefängnis) aufwiesen wie die ZL *insgesamt*, und diese wiederum „absolut“ (****) und „spezifisch“ (****) mehr Konflikte als die ZHA. Einen gewissen Auswahlfehler, der darin bestand, daß wir zwar n = 14 ZHG, dagegen kein einziges Mitglied der beiden anderen Gruppen im Gefängnis antrafen, suchten wir dadurch zu berücksichtigen, daß wir in einer zweiten Auszählung der Konfliktkarrieren jeweils die letzte Nennung „Gefängnis“ bei den betreffenden Jugendlichen vernachlässigten; die Ergebnisse samt den Signifikanz-Niveaus blieben die gleichen. Das gleiche Verfahren, so viel können wir vorwegnehmen, wandten wir auch bei der Auszählung der Konfliktkarrieren nach SES und AAEA an.

3. *Reaktionen „soziale Beziehungen zu Gleichaltrigen"*

- haben am häufigsten „gegenwärtig gleichzeitig mehrere Partnerbeziehungen (zu heterosexuellen Partnern) gleicher Intensität" (*)[15]

4. *Reaktionen „Sexualität*

- sagen am häufigsten, sie hätten „Erfolge beim anderen Geschlecht eher früher als der Durchschnitt der Altersgenossen gehabt" (****)

6. *„Körpernarzißtische" Reaktionen*

- sagen von sich (t) am häufigsten, „die Phase der Eitelkeit und Sorge um das Äußere bei Beginn der Pubertät" sei bei ihnen „besonders stark" gewesen
- bezeichnen sich am häufigsten als ihren Altersgenossen damals „modisch voraus" (****)
- hatten die extremste Beziehung (positiv wie negativ) zu ihrem eigenen Körper (****)[16]

7. *„Orale" Reaktion*

- bezeichnen sich am häufigsten selbst als „starke Raucher" (****)

[15] Im Gegensatz zu einer einzigen, quasi ausschließlichen Beziehung (die von den ZHA signifikant häufiger (****) als von den beiden anderen Gruppen genannt wird) oder auch zu einer Hauptbeziehung und weiteren sekundären (die von den ZL knapp signifikant (*) am häufigsten genannt wird). Dieses Item, das unseres Erachtens sehr Charakteristisches über die Partner-Beziehungen der drei Gruppen aussagt, besprechen wir näher in der „Diskussion".

[16] Das heißt, auf die Frage „warst du stark in deinen Körper verliebt?" antworteten die Fixer am häufigsten *sowohl* mit „ja, stärker als es die andern offensichtlich waren" *als auch* mit „im Gegenteil, ich mochte meinen Körper nicht"; sofern beide Reaktionen eine extreme Beschäftigung mit dem eigenen Körper ausdrücken, bilden sie im weiteren Sinn eine dialektische Einheit von Gegensätzen. Dieses Item liefert zugleich ein Beispiel für die Notwendigkeit, aber auch die Vorzüge der besonderen Interaktionsform, die wir mit dem Fragebogen verbanden. So nahmen wir stets die Gelegenheit wahr, zu erklären, was mit der Formulierung „ja, stärker als die andern offensichtlich waren" gemeint war; nämlich, ausgehend von den eigenen wohlbekannten Ängsten, zu schildern, wie man sich zum Beispiel mit dem Kamm in der Hand häufiger als andere vor dem Spiegel stehend ertappt; wie man durch einen Blick ins Schaufenster prüft, ob die Frisur sitzt; wie man sich unter der gemeinsamen Dusche beim Sport mit den Kameraden verhält usw.

10. *Sonstige*

- nennen auf die Frage nach eigenen größeren Krankheiten, die sie im Verlauf ihres Lebens durchgemacht hatten, am seltensten die Kategorie „körperliche Krankheiten" (**) und am häufigsten die Kategorie „bleibende psychische Störung" (***)

(b) ZHG in Gegenposition zu den beiden anderen Gruppen

3. *Reaktionen „soziale Beziehungen zu Gleichaltrigen"*

- bezeichnen sich häufiger als unter den Mitschülern „abgelehnt" oder „selbstisoliert" (*)
- bezeichnen sich häufiger in bezug auf Freundschaften mit dem eigenen Geschlecht als „Außenseiter" (***)

8. *(Hypothetische) „depressive" Reaktion*

- betrachten sich selbst häufiger als (im Vergleich zu ihren Eltern) sozial „abgestiegen" (****) und seltener als sozial „aufgestiegen" (***)

10. *Sonstige*

- betrachten ihre Eltern häufiger (im Vergleich zu deren Eltern) als sozial „abgestiegen" (**)[17]
- haben seltener das benötigte Taschengeld während der Schulzeit durch Jobben verdient (*)

(c) ZHG und ZL in Gegenposition zu den ZHA

2. *Konflikt-Reaktionen*

- hatten häufiger (erzwungene) Schulwechsel wegen „schlechten Betragens/Schwierigkeiten mit Lehrern" etc. (*)
- gehen/gingen seltener „regelmäßig zur Schule wie die andern auch" (****)
- fehlten häufiger in der Schule wegen „Bocklosigkeit" (****)
- standen häufiger in aktiver oder passiver Opposition zu den Lehrern oder umgekehrt: kamen seltener „mit den Lehrern aus" (****)

[17] Wir sind uns nicht schlüssig, ob wir dieses Item als Indikator des sozialisierenden Milieus oder als Ausdruck der Reaktions-Seite betrachten sollen; beide Betrachtungsweisen scheinen uns zulässig.

– begründeten fehlende Konflikte mit Institutionen sozialer Kontrolle[18] seltener mit „ich war vorsichtig" (****) (und häufiger mit „ich habe einfach Glück gehabt", siehe unten)
– hatten seltener „keine nennenswerten Konflikte" mit Lehrern (****)
– haben häufiger trotz elterlichen Verbots begonnen, Alkohol zu trinken (*)

3. *Reaktionen „soziale Beziehungen zu Gleichaltrigen"*

– haben sich seltener unter den Mitschülern „nicht besonders hervorgetan" (und dafür häufiger eine „starke Stellung" aufgrund schulischer und außerschulischer Fähigkeiten gehabt, s.u.) (****)[19]

4. *Reaktionen „Sexualität"*

– haben am seltensten bis zum Zeitpunkt des Interviews „noch nicht" mit einem gegengeschlechtlichen Partner geschlafen (****)
– haben unter der Bedingung, schon mit einem Partner geschlafen zu haben, seltener „noch keine unterschiedlich tiefen sexuellen Erfahrungen gemacht" (****)
– sagen unter der gleichen Bedingung von sich seltener, sie hätten „keine Orgasmus-Schwierigkeiten" (***)
– und äußern unter der gleichen Bedingung seltener die konjunktive Aussage: „noch keine unterschiedlich tiefen sexuellen Erfahrungen gemacht" und zugleich: „keine Orgasmus-Schwierigkeiten" (****)[20]
– lehnen seltener die Möglichkeit homosexueller Kontakte strikt ab oder haben bereits die größere homosexuelle Erfahrung (****)

5. *Reaktionen „soziales und politisches Engagement"*

– haben seltener bei Widerständen gegen die Schule und die Autorität des Lehrers nur „mitgemacht"[21]

[18] Das heißt: Keine Nennungen auf „Konfliktkarriere".
[19] Außerschulische Fähigkeiten: Musik machen, sexuelle „Erfolge" etc. Wir erinnern daran, daß die Fixer auf dem gleichen Item auch zugleich die höchste soziale Isolation anzeigten, was besagt, daß ihre soziometrische Position oder Rolle unter den Mitschülern sehr unausgeglichen ist: Entweder starke Stellung oder Isolation – nur keine Mittelmäßigkeit. Auch dies ist eine Form von Widersprüchlichkeit, allerdings auf komplexerer Ebene, als wir sie bisher erörterten.
[20] Diese konjunktive Gesamtaussage relativiert in gewisser Weise die Teilaussage, keine Orgasmus-Schwierigkeiten zu haben, und demonstriert unseres Erachtens unmittelbar die Mechanismen versteckter Widersprüchlichkeit.
[21] Waren dafür eher die Mit-Anführer oder Anführer – dies allerdings dann nur noch die ZL allein und nicht mehr so sehr die ZHG, die unter den „Anführenden" nur die mittlere Position belegten und sich an-

7. *„Orale" Reaktion*

– sind seltener „Nichtraucher" (****)[22]

9. *(Hypothetische) „Verdrängungs"-Reaktion*

– erinnern sich häufiger an „erste sexuelle Spiele vor Schuleintritt" (****) und (t) häufiger an „Selbstbefriedigung"

(d) ZHG und ZHA in Gegenposition zu ZL

4. *Reaktionen „Sexualität"*

– erinnern sich (t) seltener an Geschlechtsrollen-Ängste (als Mädchen zu wenig „weiblich", als Junge zu wenig „männlich" zu sein)

5. *Reaktionen „soziales und politisches Engagement"*

– hatten in der Schule seltener eine „aktive" Rolle als Klassensprecher, in der Schülerzeitung oder politischen Schülergruppen usw. (***)

(e) ZL in Extremposition gegenüber ZHA; ZHG in Mittelposition

2. *Konflikt-Reaktionen*

– falls die Befragten keine manifesten Konflikte mit Institutionen sozialer Kontrolle aufwiesen, begründen die ZL dies am häufigsten mit „einfach Glück gehabt" (****)
– sind am häufigsten in der Schule mindestens einmal sitzengeblieben (***)

sonsten eher „raushielten" (vgl. die Frage 73 in der „Diskussion"); wir beobachten also hier für die ZHG eine ähnliche Unausgeglichenheit wie im Fall der „soziometrischen Position".

[22] Vgl. dazu R.H. Blum and Associates, *Students and Drugs*, Jossey Bass, Inc., San Francisco 1970, die hierzu differenziertere Ergebnisse fanden. Im übrigen unterstützt Blums sehr sorgfältige Studie unsere Resultate in ganz wesentlichen Aspekten. Obwohl Blum und Mitarbeiter einen anderen Ansatz verfolgen und ihre Vergleichsgruppen anders definieren, lassen sich dennoch mühelos Parallelen ziehen zwischen ihren Gebrauchern und unseren, ihren und unseren Ablehnern usw.; so stimmen zum Beispiel die Persönlichkeits-Merkmale der von Blum untersuchten (studentischen) Ablehner bis ins Detail mit den Charakteristika unserer ZHA überein: geringeres politisches Engagement, höherer Konventionalismus, Normentreue, Rigidität; ferner rekrutieren sie sich bei ihm bevorzugt aus technisch-naturwissenschaftlichen Studienrichtungen, katholischen und kleinbürgerlichen Bevölkerungsgruppen.

3. *Reaktionen „soziale Beziehungen zu Gleichaltrigen"*

- haben am seltensten gegenwärtig eine ausschließliche, besonders enge Partnerbeziehung (****)
- haben am häufigsten eine starke Stellung (aufgrund schulischer oder außerschulischer Aktivitäten) unter ihren Kameraden gehabt (****)

5. *Reaktionen „soziales und politisches Engagement"*

- am häufigsten in Opposition gegen Schule und Autorität von Lehrern „mit-führend" (****)
- am seltensten „seit der Schulzeit bis heute nicht in irgendeiner Form politisch aktiv" gewesen: ZL/ZHG (**); ZHG/ZHA (***); über alle (****)[23]
- haben sich am häufigsten – organisiert oder spontan – gegen Ende ihrer Schulzeit speziell mit den Lehrern auseinandergesetzt (****)

9. *(Hypothetische) „Verdrängungs"-Reaktion*

- erinnern sich (t) am häufigsten an ein „erstes bedrohliches Kindheitserlebnis"

Zum Schluß einige Reaktions-Unterschiede, die sich nur auf die ZL und die ZHA beziehen. Die ZL

- haben (t) früher mit Alkohol angefangen als die ZHA
- engen ihren Medikamenten-Gebrauch (falls sie welche gebrauchten) seltener nur auf „körperliche Schmerzen" ein (**) (sondern benutzen Arzneimittel auch häufiger als psychosomatische Korrektive, z.B. bei Spannungs- und Erschöpfungs-Zuständen)
- die ZL geben, wenn sie aufgefordert werden, sich ihren Alkohol-Konsum im Tages- bis Wochenablauf vorzustellen, einen größeren Konsum als die ZHA an (***)
- bejahen häufiger, Alkohol auch bei Sorgen und psychischen Problemen zu benutzen (***)
- stimmen seltener in ihren Ansichten mit ihren Eltern überein (*)
- sagen seltener, bei verschiedenen Ansichten würden sie und die Eltern einander „respektieren" (sondern betonen stärker die Konfliktdimension) (***)
- sagen seltener, daß „sexuelle Treue die wichtigste Voraussetzung einer guten Beziehung" sei (****)

[23] Die vorgegebenen Formen politischer Aktivität reichten von den Pfadfindern über organisierte politische Arbeit schlechthin bis zu Selbstorganisationen und Bürgerinitiativen, legten also keinesfalls nur „linke" politische Aktivitäten nahe.

- billigen der Frau als Partner in einer Beziehung verbal[24] häufiger eine progressive Rolle zu (****)
- sagen häufiger, sie hätten „keine festen Feierabend-Gewohnheiten" (*)
- sagen seltener, sie hätten „noch nie an Selbstmord gedacht" (**)
- sagen häufiger von sich, sie seien „gegenwärtig uneingeschränkt ökonomisch selbständig" (*)[25]

DISKUSSION DER GRUPPENUNTERSCHIEDE

Wir setzen für die folgende Diskussion aus bereits erörterten Gründen voraus, daß die Aussagen der Jugendlichen mindestens in dem Sinn valide sind, daß sie ihr subjektives Erleben und Reagieren hinreichend genau ausdrücken, oder umgekehrt, daß die Jugendlichen nicht platterdings „lügen", indem sie wesentlich anders reagiert oder empfunden hätten, als sie uns gegenüber anzeigen. Eine andere Frage (und damit eine Frage der „Meta-Validität") ist allerdings die, inwieweit ein Teil der ausgedrückten Sozialisationserfahrungen und die darauf basierenden Reaktionen als „gültig" eingeschätzt und „unzensiert" übernommen oder nicht vielmehr selbst noch auf ihre „Berechtigung" in einem weiteren, kritischen Sinn in Frage gestellt werden sollen. Wir werden auf dieses Problem in Verlauf der Diskussion wieder zurückkommen.
Wenn wir an der getroffenen Unterteilung in Sozialisations- und Reaktions-Bereich festhalten, so zerfallen die Sozialisationsdaten zunächst in zwei Gruppen: eher „objektive" und eher „subjektive" Daten. Die ersteren beschreiben Existenz und Ausmaß von unzweifelhaft vorhandenen äußeren Bedürfnisversagungen und negativen Milieu-Einflüssen wie etwa: frühe familiäre Disruption vorhanden oder nicht; Anzahl der verschie-

[24] Die Betonung des nur-verbalen (und gefühlsmäßigen) Aspekts dieser Aussage scheint uns an dieser Stelle insofern wichtig, als die meisten Mitglieder beider befragter Gruppen noch nicht mit Partnern außerhalb des Elternhauses zusammenleben, so daß dieses Item – eines der wenigen Einstellungs-Items, die wir benutzt haben – von daher weniger über das faktische Verhalten aussagt als die bisher zitierten Antwort-Reaktionen.

[25] Beim Vergleich zwischen den ZL und den ZHA allein ist, wie bereits bemerkt, auf diesem und vergleichbaren Items kein systematischer Auswahlfehler zu erwarten.

denen Familiensituationen; geschlagen worden oder nicht; vor dem vierten Lebensjahr von der Mutter getrennt oder nicht; Eltern waren Trinker oder nicht usw. Die Verneinung solcher Widersprüche und negativen Einflüsse deutet unzweifelhaft auf deren Nicht-Existenz. Im Gegensatz zu diesen „objektiven" Daten sind solche Widerspruchserfahrungen im Erziehungsbereich wie Einengung des Aktionsradius beim Spielen, Kontrolle des Umgangs mit anderen Kindern, Eltern kamen im wesentlichen ohne Strafen aus oder nicht, sexuelle Erziehung frei oder unfrei usw. in gewisser Weise „Ansichtssache", stärker „subjektiv", weil hier die Möglichkeit besteht, daß durch frühzeitige Verinnerlichung des elterlichen Standpunktes Unfreiheiten und Kontrollen übernommen und als solche gar nicht bewußt werden: Wenn ich als Heranwachsender zum Beispiel gar nicht das Bedürfnis habe, lange Haare zu tragen, erlebe ich auch keine elterliche Einschränkung meiner Frisur-Wünsche.
Die Verneinung solcher Widerspruchs-Erfahrungen deutet nicht mit gleicher Sicherheit auf deren Nicht-Existenz (bzw. auf die Nicht-Existenz von Versagungen und unterdrückten Bedürfnissen), wie dies bei den weniger „subjektiv" gefärbten Daten der Fall ist. Das heißt, dieser Teil der Sozialisations-Daten gehört zum Bereich reproduzierter Erziehung.
Das Gleiche gilt für den Reaktions-Bereich insgesamt. Zwar gibt es auch hier eine Unterscheidung zwischen eher „objektiven" und eher „subjektiven" Daten, nämlich *„faktisches Verhalten"* (wie Fortlaufen; heutige geografische Distanz; Häufigkeit der Kontakte mit den Eltern heute; noch zu Hause wohnen oder nicht; Verbote umgangen, gestohlen haben oder nicht; Konflikte mit Lehrern und anderen Institutionen sozialer Kontrolle; Fehlen in der Schule usw.) einerseits und *„Einstellungen"* (wie Einschätzung der „Jetzt-Beziehung" zu den Eltern und ihren politischen Ansichten; Bevorzugung eines Elternteils usw.) andererseits. Insgesamt aber spiegeln alle Reaktions-Daten die Erziehung eher wider, als daß sie sie direkt und unvermittelt ausdrückten; gehören also nicht auf die Seite der Erziehung selbst und zeigen erst recht nicht die „objektiven" Bedürfnisversagungen der Erziehung an, sondern sind die abgeleiteten Erziehungsprodukte. Anders gesagt: die Reaktions-Aussagen drücken aus, ob und in welchem Ausmaß der Betreffende sich auf der Basis seiner Sozialisationserfahrungen in seinen verschie-

denen Lebensphasen bis hin zur späten Adoleszenz in Widerspruch – und zwar in offenem – zu den autoritativen Erwartungen seiner Umwelt stellte; und diese Form von abgeleiteter Widersprüchlichkeit hat zwar eine eigenständige Aussagekraft (besonders eine vergleichende), ist jedoch nicht in dem engen Sinn objektiv, daß sie geradlinig oder proportional erlittene Bedürfnisversagungen zum Ausdruck brächte.
Wir messen also, bis auf einen Teilbereich von in diesem Sinn „objektiven" familiären Sozialisationsbedingungen, mit unserer Fragebogen-Interaktion überwiegend abgeleitete, reproduzierte Widersprüchlichkeit – die entweder offen auftritt oder nicht und deshalb keinen direkten Einblick in versteckte Bedürfnisversagungen gewährt –, die allerdings beim Vergleich der Gruppen untereinander eine Art „sekundärer Objektivität" erwirbt: Es läßt sich (ungeachtet der „objektiven" Beschaffenheit des sozialisierenden Milieus und der damit einhergehenden Bedürfnis-Versagungen) zweifelsfrei feststellen, ob und in welchem Ausmaß die verschiedenen Gruppen von Jugendlichen ihre Sozialisation in Kategorien offener Bedürfnisversagung beschreiben oder auch in ihren verschiedenen Lebensphasen bis hin zur späten Adoleszenz in offenen Widerspruch zu den Erwartungen ihrer Umwelt getreten sind.
Versteckte Widersprüchlichkeit können wir nicht mit der gleichen Sicherheit dingfest machen wie offenen Widerspruch. Für den Sozialisationsbereich haben wir bereits angedeutet, daß (und in welcher Form) das Fehlen von manifester abgeleiteter oder reproduzierter Widersprüchlichkeit nicht identisch sein muß mit der Abwesenheit erlittener (wenn auch nicht bewußt erlebter) Bedürfnis-Negation. Ähnliches gilt für den Reaktions-Bereich, wo die Nicht-Existenz offener reaktiver Widersprüche gegenüber der Umwelt gleichfalls eine ambivalente Bedeutung besitzt: Entweder kommen keine Widersprüche zum Vorschein, weil die subjektiven Bedürfnisse des Befragten wahrhaft und befriedigend erfüllt werden, oder weil er nur meint, sie würden erfüllt. Dennoch werden wir einen indirekten Weg zeigen können – durch externen Vergleich der Reaktionen der Gruppen untereinander –, auf dem sich auch versteckte Widersprüchlichkeit nachweisen läßt. Soviel als Vorbemerkung zur folgenden Diskussion.

Wenn wir die Sozialisations-Seite der Resultate betrachten, so fällt sofort eine sehr konsistente Grundstruktur ins Auge: die zwanghaften Gebraucher legen durchgängig in allen thematischen Bereichen (allgemeine und spezifische Versagungen, Straf-Stile, sexuelle Sozialisation) die größte erlebte Widersprüchlichkeit an den Tag; das heißt, sie berichten von den größten Einengungen und Bedürfnisversagungen durch die Eltern, von den strengsten Strafen und dem schlechtesten Klima. Dem steht das umgekehrte Verhalten der zwanghaften Ablehner gegenüber, die ebenso durchgängig die geringste Widersprüchlichkeit zwischen produzierter Erziehung und ihren Bedürfnissen anzeigen, während die zwanglosen Gebraucher/Ablehner in bezug auf erlebte Versagungen strukturell die Mittelposition zwischen beiden Gruppen einnehmen.
Auf der Reaktions-Seite offenbaren die ZHA einerseits das geringste Unabhängigkeitsstreben und die geringsten manifesten Konflikte mit Erziehern und Institutionen, andererseits in ihren sozialen Reaktionen größere Abhängigkeit von Gleichaltrigen als die ZL (die etwa der der Fixer entspricht, nur anders gelagert ist: hier Mitläufertum, dort Isolation), sowie die am stärksten unterdrückte Sexualität und das geringste soziale und politische Engagement aller Gruppen; schließlich zeigen sie im Vergleich mit den ZL allein den größeren Konventionalismus.
Die Fixer weisen umgekehrt das größte Unabhängigkeits- und Konfliktpotential aller Gruppen auf, dagegen (ebenso wie die ZHA) größere Abhängigkeit in ihren peer-/Partnerbeziehungen (in Form von Isolation) als die ZL, weniger unterdrückte Sexualität (hier den ZL vergleichbar) und eher geringes politisches Engagement. Die ZL endlich stehen im Ausmaß ihrer Unabhängigkeits- und Konfliktreaktionen zwischen den beiden Gruppen, zeigen die am wenigsten verstümmelten reproduktiven sozialen Beziehungen von allen Gruppen, eine wenig unterdrückte Sexualität (wie die Fixer) und das größte soziale und politische Engagement. Nach diesem pauschalen Überblick wollen wir uns den einzelnen Gruppen zuwenden.

Die zwanghaften Ablehner (ZHA)

Unter sämtlichen signifikanten Ergebnissen auf der *Sozialisations-Seite* finden wir keinen einzigen Fall, in dem die ZHA *nicht* die geringsten Versagungen oder das beste Milieu aller drei Gruppen anzeigen – meistens allein, selten mit den ZL zusammen. Dieser immerhin erstaunlich konsistenten Struktur von (erlebter) Konfliktlosigkeit und Freiheit von Versagungen im Sozialisations-Bereich entsprechen zunächst auch die *Reaktionen:* Die ZHA verstehen sich bei Eintritt ins Erwachsenen-Leben am besten mit ihren Eltern, zeigen die am wenigsten ausgeprägten Unabhängigkeits-Reaktionen, stehen ihrem Elternhaus, auch wenn sie nicht mehr zu Hause wohnen, räumlich und psychisch noch am nächsten, mußten am seltensten elterliche Verbote umgehen oder von zu Hause fortlaufen; weisen die geringsten Reaktionen manifesten Konflikts mit Erziehern und Institutionen auf, haben auch die Schule und ihre Anforderungen am seltensten als fragwürdig oder ihren Bedürfnissen entgegengesetzt erfahren und konnten auch nicht über ihre Lehrer klagen; sie empfanden schließlich keine sexuellen Mangelerscheinungen, wollen mit Homosexualität nichts zu tun haben, pflegen eher sehr feste Partnerbeziehungen und halten viel von sexueller Treue. Mit anderen Worten: Sozialisationserfahrungen und Reaktionen formieren sich (zumindest im subjektiven Erleben der ZHA) zu einem stimmigen Bild, das sich durch weitgehendes Fehlen von Konflikten und größte Übereinstimmung mit den gesellschaftlichen Erwartungen auszeichnet. Setzt man allerdings den Vergleich mit den anderen Gruppen fort, so macht zunächst der Sachverhalt stutzig, daß mit dem Mangel an negativer Auffälligkeit gegenüber den Erwartungen von Autorität und Gesellschaft auch die Abwesenheit jeglicher positiven Auffälligkeit in der Gleichaltrigen-Kultur verbunden ist. So erkaufen sich die ZHA offensichtlich die Konfliktlosigkeit mit Lehrern (überhaupt allen erzieherischen und gesellschaftlichen Autoritäten) mit Beziehungen zu Gleichaltrigen in der Klasse[26], in denen sie keinerlei herausragende Rolle spielen: zwar sind sie nicht so häufig in isolierter Position wie die Fixer, dafür auch am seltensten in Führungspositionen; sie setzen sich am wenigsten mit der Autorität des Lehrers auseinander, haben am seltensten eine aktive (formalisierte) Rolle in der Klasse als Klassensprecher, Schülervertre-

[26] Überhaupt scheint die Regel zu gelten: je größer die Angepaßtheit an die Eltern-Kultur, desto größer die Unangepaßtheit an die peer-Kultur.

ter etc. inne, haben auch keine starke, anerkannte Position unter ihren Mitschülern auf der Basis von Leistungen oder außerschulischen Fähigkeiten. Sie machen, in einem Wort, eher unauffällig mit, als daß sie sich in irgendeiner Weise hervortäten. Ähnliches gilt für ihr politisches Verhalten: einerseits keine Konflikte mit Autoritäten, andererseits sehen sie sich auch am wenigsten von allen veranlaßt, politisch zu protestieren oder sich zu engagieren.
Diese harmonistische Erfahrungswelt setzt sich im Bereich der Sexualität fort. Hier finden die ZHA weder an ihrer Erziehung etwas auszusetzen, noch verspüren sie Mangelerscheinungen oder Probleme in ihren sexuellen Reaktionen. Tatsächlich aber zeigt der Vergleich der Gruppen untereinander, daß sie trotz bester verbalisierter „Aufklärung" und sexueller „Freiheit" zu Hause bis zum Zeitpunkt des Interviews noch am seltensten mit einem heterosexuellen Partner geschlafen haben – oder wenn das der Fall war, dann am spätesten von allen Gruppen. Sie haben am seltensten unterschiedlich tiefe sexuelle Erfahrungen gemacht (immer vorausgesetzt, sie haben überhaupt schon welche gemacht) und lehnen Homosexualität am striktesten ab. Ihre auf den ersten Blick positive Reaktion, daß sie (falls sie bereits mit einem gegengeschlechtlichen Partner geschlafen haben) am seltensten von allen Gruppen von Orgasmus-Schwierigkeiten berichten, wird auf den zweiten Blick wieder fraglich, wenn man feststellt, daß sie am häufigsten von allen Gruppen die doppelte Aussage vertreten, sowohl keine unterschiedlich tiefen sexuellen Erfahrungen als auch keine Orgasmus-Probleme zu kennen. Vor dem Hintergrund ihrer übrigen sexuellen Reaktionen muß auch ihre tendenziell häufigere Verneinung, sich an Geschlechtsrollen-Ängste erinnern zu können, nicht unbedingt als Ausdruck größerer Sicherheit gelten, sondern könnte ebensogut als Verdrängungsleistung gewertet werden. Eine solche glauben wir allerdings mit ziemlicher Wahrscheinlichkeit am Werk zu sehen, wenn sich die ZHA am seltensten von allen Gruppen an irgendwelche kindlichen sexuellen Betätigungen überhaupt oder auch am seltensten an irgendein bedrohliches Kindheitserlebnis erinnern können.

Die zwanghaften Gebraucher (ZHG)

In vielen Punkten stellen die ZHG die (antithetische) Gegenseite der ZHA dar. Es drängt sich insgesamt der Eindruck auf, daß eben dort, wo die ZHA – gemessen am Maßstab kritischer Vernunft – Mängel zeigen, die ZHG zuviel des Guten tun oder umgekehrt. Das trifft auf ihre Darstellung des sozialisierenden Milieus (wo sie von allen Gruppen die größten Bedürfnisversagungen, die stärksten Repressionen und Strafen, die ungünstigsten Einflüsse schildern) ebenso zu wie auf ihre Unabhängigkeits- und Konflikt-Reaktionen. Aber auch im Bereich sozialer Beziehungen zu Partnern läßt sich die antagonistische Struktur der Verhaltensweisen der beiden Extremgruppen nachweisen; nehmen wir als Beispiel die Frage 8:

„Welche Art der Partnerschaftsbeziehung (heterosexuell) trifft gegenwärtig auf dich zu?“	ZHG (n = 64)	ZL (n = 62)	ZHA (n = 61)
1 ich habe zur Zeit einen Partner mit einer besonders engen Beziehung	20.3% (n = 13)	14.5 (9)	42.6 (26)
2 ich habe eine feste Beziehung und gleichzeitig noch mehrere flüchtige	18.7 (12)	33.9 (21)	18.0 (11)
3 habe gegenwärtig gleichzeitig mehrere Beziehungen etwa gleicher Stärke oder Intensität	26.6 (17)	19.4 (12)	8.2 (5)
4 habe zur Zeit überhaupt keine befriedigende Beziehung zu einem Partner	21.9 (14)	30.6 (19)	26.2 (16)
5 ich hatte eigentlich noch nie eine befriedigende Beziehung zu einem Partner	12.5 (8)	1.6 (1)	4.6 (3)
L keine Aussage	0	0	0

Während hier die ZHA deutlich die Richtung einer engeren Bindung an einen einzigen Partner betonen (und damit den Eindruck unterstreichen, daß sie eine gesteigerte Abhängigkeit von den Eltern unmittelbar auf eine stärker abhängige Bindung an ihre gleichaltrigen Partner übertragen), fallen die ZHG ins andere Extrem gehäufter lockerer und – man wird wohl sagen dürfen – weniger verbindlicher Beziehungen, wogegen die ZL Beziehungsformen aufweisen, die sowohl eine zu enge Bindung als auch das antithetische Gegenstück: Bindungslosigkeit oder -unfähigkeit, vermeiden. Ähnliche Verhältnisse unter den drei Gruppen beobachten wir in den sozialen Beziehungen unter ihren Klassenkameraden, wo die Beziehungsmängel bei den ZHA eher in ihrer Unauffälligkeit und ihrem Mitläufertum bestehen, während sie bei den ZHG in größerer Isolation zu suchen sind. Diese Tendenz der isolativen Entfremdung scheint überhaupt das durchgängige Thema des Fixer-Beziehungsdefizits gegenüber ihren Gleichaltrigen: es deutet sich in der „gegenwärtigen Partnerbeziehung" an und wird offenkundig in den Beziehungen zu den gleichgeschlechtlichen Freunden und den Klassenkameraden.

Sehr bezeichnend für die ZHG ist schließlich die Tatsache, daß ihr von Beginn an gesteigertes Widerspruchs- und Konflikt-Potential (jeweils das höchste aller Gruppen) im Verlauf ihrer späteren Entwicklung keinen Ausfluß mehr in entsprechenden politischen Reaktionen und zielgerichtetem Widerstand fand, sondern im Fluß nach draußen verebbte und dafür passiv gewendet und verstärkt an der eigenen Person ausgetragen wurde. Man könnte auch sagen: ihr anfänglich erhöhtes Konfliktpotential gegenüber Elternhaus (Weglaufen, Klauen, Verbote übertreten, völliger Bruch mit den Eltern) und schulischen Autoritäten findet sich am Ende nur noch in der symptomatischen Form von zwanghaftem Drogengebrauch und infantilisierenden, selbstzerstörerischen Konflikten mit den bürgerlichen Institutionen sozialer Kontrolle wieder. Diese Tendenz deutet sich schon gegen Ende der Schulzeit an: obwohl die ZHG die Schule deutlich als Zwang empfanden, richteten sie ihren Protest nicht zielgerichtet gegen die Ursache ihrer Frustration, sondern demonstrierten ihn eher durch unregelmäßigen Schulbesuch oder durch Verhaltensauffälligkeiten, die Sitzenbleiben und erzwungene Schulwechsel nach sich zogen. Diese Unfähigkeit, ihrer Protesthaltung eine Richtung zu geben, veranschaulicht stellvertretend das folgende Item (vgl. Frage 73):

„Welche Rolle hast du bei Widerständen gegen die Schule, gegen die Autorität der Lehrer usw. gespielt?"	ZHG (64)	ZL (62)	ZHA (61)
1 war mit-führend in dieser Beziehung	25.0% (16)	40.3 (25)	8.2 (5)
2 habe mitgemacht, wenn es um eine Sache ging, die in meinen Augen berechtigt war	53.1 (34)	50.0 (31)	77.1 (47)
3 habe mitgemacht, weil ich nicht abseits stehen wollte	6.3 (4)	6.5 (4)	3.3 (2)
4 habe mich im allgemeinen rausgehalten, weil ich für mich keinen Sinn drin sah	7.8 (5)	0.0 (0)	8.2 (5)
5 habe mich rausgehalten, weil ich Angst hatte	3.1 (2)	0.0 (0)	1.6 (1)
L keine Angabe	4.7 (3)	3.2 (2)	1.6 (1)

Zuletzt sollte die herausragende Position der ZHG auf einer Anzahl Items erwähnt werden, die wir als narzißtisch gestörte, orale und (hypothetische) depressive Reaktion interpretieren, deren Stellenwert im Verein mit den erhöhten Scores sozialer Isolation im zweiten Teil unserer Untersuchung deutlich werden wird.

Die zwanglosen Gebraucher/Ablehner (ZL)

Die ZL signalisieren in bezug auf ihre Sozialisation mittlere Versagungen und zeigen in ihren Reaktionen gleichfalls ein mittleres Unabhängigkeitsstreben sowie ein mittleres Ausmaß an manifesten Konflikten. Was die Frage der Umsetzung ihrer Konflikte in zielgerichteten Widerstand anlangt, sind sie die am weitesten Fortgeschrittenen, ebenso in der Entwicklung ihrer Beziehungsfähigkeit in der peer-Kultur. In der Entwicklung ihrer sexuellen Reaktionen nehmen sie zusammen mit den ZHG eine deutliche Vorrangstellung vor den ZHA ein. Daß man die erwähnte Mittelposition der ZL auf „Sozialisation" insgesamt sowie auf „Unabhängigkeit" und „Konflikt" nicht nur im engen Sinn formalistisch als „goldenen Mittelweg" oder „Kompromiß" zwischen den beiden zwanghaften Gruppen deuten muß, sondern darüberhinaus als Ebenenwechsel, als qualitativ andersartiges Verhalten auffassen darf, wird durch zwei Überlegungen nahegelegt: Einmal durch die inhaltliche Analyse des Wechsels ihrer strukturellen Position unter den Gruppen, wie er sich im Längsschnitt der Befragung auf den verschiedenen thematischen Bereichen offenbart – von einer Mittelposition hier zu einer positiv herausragenden Position dort; zum andern durch die Tatsache, daß die ZL in vielen Fällen nicht nur eine Mittelposition einnehmen, sondern – indem sie sich signifikant sowohl nach der einen als auch nach der anderen Seite unterscheiden – so etwas wie eine „mittlere Extremposition" belegen. Dies ist bei folgenden Items der Fall:

a) auf der *Sozialisations-Seite*
– Anzahl der verschiedenen Familiensituationen bis 18 Jahre
– Eltern (addiert) kamen weitgehend ohne Strafen aus
  (sowie einige weitere sekundäre Items)

b) auf der *Reaktions-Seite*
– Alter „endgültig selbständig gemacht"
– Häufigkeit manifester Konflikte mit Institutionen sozialer Kontrolle (und zwar sowohl Anzahl der Konflikte „absolut" als auch Anzahl der „spezifischen" Konflikte "Gerichtsverhandlung/UG/Gefängnis")
– gegenwärtig noch zu Hause oder nicht
– Häufigkeit des Fortlaufens von zu Hause
– Häufigkeit des „Klauens" von Taschengeld
– Häufigkeit der Jetzt-Beziehung zu den Eltern (addiert) „gut"

Die „mittlere Extremposition" der ZL auf diesen wichtigen Indikatoren glauben wir dahingehend deuten zu dürfen, daß ihre Erziehungserfahrungen so beschaffen waren, daß sie sich weder in einen totalen Bruch mit dem Elternhaus noch ins Gegenteil einer harmonistischen, kritiklosen Fortsetzung der elterlichen Autorität flüchten müssen, vielmehr auf dieser Grundlage in der Folge die genannten positiven Fähigkeiten eines reflektierten

Umgangs mit normativen Erwartungen und gesteigerter Unabhängigkeit in sozialen Beziehungen entwickeln können.

Welche Bedeutung haben nun diese Ergebnisse für unsere interaktionstheoretischen Hypothesen, insbesondere für unseren widerspruchstheoretischen Ansatz? Wenn wir unterstellen, daß die Aussagen der Jugendlichen mit hinreichender Genauigkeit ihr subjektives Erleben ausdrücken, so können wir zunächst ganz vordergründig davon ausgehen, daß die ZHG bei weitem die stärksten Erfahrungen von Widersprüchlichkeit und Bedürfnisversagung, die ZHA die geringsten gemacht haben und die ZL eine Mittelposition einnehmen. Angesichts dieses Sachverhalts erhebt sich nun die Frage: Gibt es überhaupt (unter den heutigen gesellschaftlichen Bedingungen) ein derart widerspruchsfreies Klima, wie es uns die ZHA vor Augen und Ohren führen? Oder anders ausgedrückt: haben sie wirklich keine Widersprüche erlebt und tatsächlich nicht widersprüchlich reagiert, oder täuschen sie sich selbst in bezug auf ihre widerspruchsfreien Erfahrungen? Nach unseren theoretischen Erörterungen dürfte es nicht überraschen, daß wir der letzten Annahme zuneigen. Wenn die ZHA jedoch ihre Widersprüche verbergen (vor sich selbst wie vor uns), wenn sie also an versteckter Widersprüchlichkeit leiden, wie soll man dann jene verborgenen hypothetischen Widersprüche nachweisen? Offene fallen wie gesagt ins Auge, da beide Seiten des Widerspruchs mit gleicher Deutlichkeit an die jeweils intersubjektiv geteilte Oberfläche des Austauschprozesses (in unserem Fall das Interview) gelangen. Nicht so bei den versteckten: hier bekommt man die eine der beiden Seiten – diejenige, die die eigenen Bedürfnisse ausdrückt – nicht in der gleichen Weise direkt zu Gesicht. Der Nachweis eines (vorhandenen) versteckten Widerspruchs ist also deshalb so problematisch, weil, solange nicht angezeigt wird, daß ein subjektives Bedürfnis in Widerstreit mit sozialen Erwartungen steht, wir nie sicher sein können, daß überhaupt ein Widerspruch existiert. Eben dies trifft offensichtlich auf die Sozialisation wie auf die Reaktionen der ZHA zu. Was ihre in der Sozialisation erlittenen Versagungen anlangt, kann man zwar Vermutungen hegen, muß sich aber, da wir keine Vergleichsmöglichkeiten besitzen, an ihre Worte und ihr subjektives Empfinden halten, keine Widersprüche erlebt zu haben.

Dennoch sind wir der Ansicht, ihnen Widersprüchlichkeit, nur eben versteckter Natur, nachweisen zu können – und zwar, wie bereits angedeutet, durch *externen Vergleich* der Reaktions-Aussagen der drei Gruppen untereinander. Wird dieser Vergleich unter der Fragestellung durchgeführt, welche Rolle die Seite der subjektiven Bedürfnisse der Befragten gegenüber der Seite der sozialen Erwartungen spielt (also zum Beispiel: welche Seite sich durchsetzt), so zeigen sich drei deutlich unterschiedene Lösungsmodi oder Umgangsformen mit dieser elementaren Dichotomie. Zwei davon, die der ZHG und der ZHA, zeichnen sich dadurch aus, daß sie im Endeffekt die subjektiven Bedürfnisse und die sozialen Erwartungen nicht (oder nur gezwungenermaßen) in Deckung bringen können – mit dem Unterschied allerdings, daß dieser Sachverhalt im einen Fall offen zu Tage tritt, im andern verborgen bleibt. Insofern repräsentieren beide Gruppen verschiedene Ausdrucks- und Lösungsformen dieser Diskrepanz: hier ein offener Kampf mit deutlich symptomatischem Ausgang, dort verstärkte Zuflucht zu den sozialen Erwartungen; in beiden Fällen aber kommt das subjektive Bedürfnis zu kurz. Die ZL stellen den dritten Lösungsmodus dar: bei ihnen ist die Vermittlung am besten gelungen, sie zeigen das *relativ* geringste Ungleichgewicht, sprich „Übergewicht" einer Seite über die andere, die geringste Einseitigkeit. Wir wollen diese Behauptungen genauer belegen.

Der externe Vergleich der Reaktionsaussagen der drei Gruppen offenbart uns in den Teilbereichen „Unabhängigkeit" und „manifeste Konflikte mit Autoritäten" (Eltern/Lehrer/Institutionen) eine deutliche Rangfolge der Reaktionen, die wir folgendermaßen interpretieren: Die ZHG lösen den Bedürfnis-Erwartungs-Konflikt, den sie bereits in ihren Sozialisationserfahrungen am klarsten anzeigen, in der Weise, daß sie auch in diesen beiden Reaktionsbereichen mit der größten Deutlichkeit betonen, daß ihre Bedürfnisse sich im Gegensatz zu den Erwartungen ihrer Umwelt befinden; die ZL betonen den gleichen Widerspruch schon weniger deutlich, und bei den ZHA ist er praktisch nicht mehr existent (in beiden Fällen in Übereinstimmung mit den Sozialisations-Aussagen). Sieht man nun zu, wie sich in den restlichen Teilbereichen der Reaktions-Seite („soziale Beziehungen zu Gleichaltrigen/Partnern", „Sexualität", „politisches Engagement") die Balance zwischen Bedürfnissen und Erwartungen entwickelt, oder anders ausgedrückt: wie weit sie im Austausch mit den Gleichaltrigen ihre Bedürfnisse zu realisieren vermögen, so erweist sich, daß die der Fixer gewiß zu kurz kommen: Sie sind am stärksten isoliert oder zurückgezogen und demonstrieren auf dieser Grundlage eine allgemeine Einengung ihrer Beziehungs-Fähigkeit zu Gleichaltrigen und Partnern. Aber auch in bezug auf Sexualität geben sie Probleme an, und die Tiefeninterviews werden zeigen, daß hinter ihrer vordergründig-formalen Fortgeschrittenheit in sexuellen Belangen (gemessen in Frühzeitigkeit und Häufigkeit sexueller Erfahrungen) inhaltlich stärkste Konflikte stecken. (Da uns die Vergleichsmöglichkeit fehlt, können wir allerdings nicht behaupten – höchstens vermuten –, daß sie stärkere Konflikte als die vordergründig ebenso entwickelten ZL hätten.) Es zeigt sich aber auch bei den ZHA, daß ihre Bedürfnisse zu kurz kommen (wenn auch in inhaltlich anderer Weise als bei den Fixern), obwohl sie in ihren Unabhängigkeits- und Konflikt-Reaktionen keinerlei Widerspruch manifestieren: In den sozialen Beziehungen zu Gleichaltrigen/Partnern beobachten wir statt Isolation eher direkte Abhängigkeit, ein Sich-Richten nach den andern und soziale Unauffälligkeit; keine hervorragenden Positionen, weder „Führer" noch „Sündenbock", und auch allgemein keine starke Position aufgrund von Fähigkeiten oder Eigenschaften, die in der Kultur der Jugendlichen positiv bewertet werden. Ganz offensichtlich ist der Fall bei ihrer Sexualität, wo wir die Reaktionen der ZHA dahingehend bewerten, daß ihre Sexualität noch nicht einmal vordergründig-formal so weit entwickelt ist wie die der anderen; das hieße, sie besitzen noch nicht einmal die ontogenetischen Grundvoraussetzungen, um überhaupt sexuelle Konflikte und Schwierigkeiten zu erfahren – es sei denn sie erfahren den Konflikt, noch nicht einmal die Voraussetzungen zu haben.[27]

[27]Sigusch/Schmidt (a.a.O.) stellen in ihrer Untersuchung fest: „Heterosexuell enthaltsame Jugendliche werden von den Eltern strenger kontrolliert als heterosexuell aktive. Die meisten müssen zum Beispiel um Erlaubnis fragen, wenn sie abends weggehen wollen, oder bekommen eine Zeit gesagt, zu der sie wieder zu Hause sein sollen, oder sind Maßregelungen ausgesetzt, wenn sie einmal sehr spät nach Hause kommen" (S. 12). Dieses Ergebnis bedeutet im Kontext unserer Fragestellung, daß die ZHA mit größter Wahrscheinlichkeit die gleichen Einschränkungen oder Widersprüche *auch in ihrer sexuellen Sozialisation* erfahren, sie jedoch – dem Schema versteckter Widersprüchlichkeit folgend – nicht als solche erlebt haben. Eine weitere Übereinstimmung mit unseren Ergebnissen besteht

Beide Gruppen schließlich fallen auf der Dimension „politisches Engagement" gegenüber den ZL zurück, die einen (ZHA) wahrscheinlich, weil ihre Fähigkeit, sich gegen autoritative Erwartungen durchzusetzen, insgesamt unterentwickelt ist, die anderen, weil sie der Disziplin und Frustrationstoleranz entbehren, die notwendig ist, um Widerspruchshaltungen in effektive und zielgerichtete Formen zu gießen. Das Leiden der ZHG kann umschrieben werden mit Protest gegen Versagungen, der zu Isolation und Rückzug führt, das der ZHA mit „Unauffälligkeit".
Mit anderen Worten: Der besondere Widerspruch der ZHA besteht darin, daß sie nach ihren Aussagen und subjektiven Erfahrungen die besten Eltern, die geringsten Versagungen, kurz: die besten erzieherischen Bedingungen aller Gruppen zur Entwicklung einer reifen, dynamischen Balance zwischen ihren subjektiven Bedürfnissen und den sozialen Erwartungen genossen haben müßten und dennoch statt der Balance ein spezifisches Ungleichgewicht an den Tag legen, *indem sie am deutlichsten von allen Gruppen ihre eigenen Bedürfnisse den sozialen Erwartungen unterordnen oder: am stärksten von allen befragten Jugendlichen ihre eigenen Bedürfnisse mit den sozialen Erwartungen ihrer jeweiligen Umwelt gleichsetzen.* Dieses Ungleichgewicht ist zweifelsfrei in den genannten reaktiven Bereichen nachzuweisen; wir haben jedoch Grund zu der Annahme, daß auch die subjektiven Sozialisationserfahrungen sowie die gänzlich fehlenden Unabhängigkeits-Bestrebungen und Reaktionen manifesten Konflikts bereits von dieser Einseitigkeit geprägt sind. Auch die ZHG demonstrieren ein Ungleichgewicht, das inhaltlich allerdings dem der ZHA genau entgegengesetzt ist (die unerfüllten subjektiven Bedürfnisse stehen im offenen Kampf mit den sozialen Erwartungen) und durchaus in Einklang mit ihren übrigen Selbstdarstellungen steht. Die dynamische Vermittlung von subjektiven Bedürfnissen und sozialen Erwartungen scheint den ZL noch relativ am besten

darin, daß auch Sigusch/Schmidt signifikante Zusammenhänge zwischen „sexueller Enthaltsamkeit" von Jugendlichen und „politischem Konservatismus" sowie enger „religiöser Bindung" erhielten. Nach unseren Ergebnissen liegt das Durchschnittsalter beim ersten Koitus für die Fixer bei 15.17, die ZL bei 15.90, die ZHA bei 17.49 Jahren (****), wobei die Angabe für die letzteren ein sehr konservatives Maß darstellt, d.h. in Wirklichkeit bei 18 Jahren oder später liegen dürfte. Zum Zeitpunkt des Interviews noch keinen Geschlechtsverkehr hatten 0.0% der Fixer, 4.8% der ZL, 27.9% der ZHA.

zu gelingen: Betrachtet man ihre Reaktionen im Zusammenhang, so scheint ihr Verhaltensmuster, die Auseinandersetzung mit den erzieherischen Autoritäten weder völlig zu meiden noch zu zwanghaftem Widerspruch zu eskalieren, nicht nur einen Mittelweg zwischen zwei Extremen, sondern deren qualitative Überwindung darzustellen; diese drückt sich in der Folge in ihrer Fähigkeit aus, sich auch in ihrer weiteren Umwelt kritisch mit autoritativen Erwartungen auseinanderzusetzen und nicht zuletzt auf dieser Basis anerkannte Positionen unter ihren Altersgenossen zu erwerben und unabhängige Beziehungen einzugehen.

Mit dieser Analyse ist unseres Erachtens der hypothetisch formulierte Zusammenhang zwischen der Beziehung Jugendlicher zu illegalen Drogen und ihrem Lösungsmodus der Adoleszenzkrise klar unterstrichen. Die Tatsache, daß die ZHA offensichtlich keinen Widerspruch zwischen ihren Bedürfnissen und den sozialen Erwartungen erleben, belegt einmal mehr die noch ungebrochene Fähigkeit der vereinten herrschenden Interessen, die Beherrschten auf ihre Seite zu ziehen und Widersprüche zu vertuschen; trotz vielfältiger Systemkrisen scheint sich auch heute noch die breite Mehrheit der Heranwachsenden nur zu bereitwillig davon überzeugen zu lassen, daß, was das Kapital und seine politischen Knechte vorschreiben, das Beste für sie selbst sei. Diese gegen die eigenen Bedürfnisse gerichtete Verinnerlichung von Herrschaftsnormen, dieser versteckte Widerspruch ist es, der die Gesamtheit der Aussagen der ZHA auf eine Weise unglaubwürdig macht, wie wir sie bei keiner anderen Gruppe antreffen. Nicht daß wir ihren Worten selbst mißtrauten – die Unglaubwürdigkeit bezieht sich auf das subjektive Erleben, das sie ausdrücken: daß sie sich nämlich selbst belügen, wenn sie sagen, sie litten nicht unter Widersprüchen.[28] Mindestens dieser Selbsttäuschung aber unterliegt jene Minderheit von Jugendlichen nicht, deren Bedürfnisse sich nicht in gleicher Weise zähmen und domestizieren ließen wie die der ZHA, und die deshalb (wie die ZHG oder die

[28]Und wir akzeptieren in diesem Fall nicht die Behauptung, daß kein Widerspruch bestehe, wo subjektiv keiner unter ihm leide. Wenn zum Beispiel die ZHA im Durchschnitt Jahre später mit sexueller Lust Bekanntschaft machen als die anderen Jugendlichen, so ist das in unseren Augen ihr spezifisches „Leiden" – auch wenn die Betroffenen gar nichts von ihrer Krankheit bemerken sollten, weil deren Erscheinungsform mit den Erwartungen ihrer Umwelt übereinstimmt.

ZL) einen im weitesten Sinn nonkonformistischen Weg bei der Lösung ihrer Adoleszenzkrise einschlagen. Deren Widerspruchs-Bild ist in jedem Fall dadurch bestimmt, daß die gleiche Distanz zwischen Bedürfnissen und Erwartungen, die bei den ZHA noch im Verborgenen bleibt, in den sozial sichtbaren Bereich gehoben wird – was in symptomatischer oder reflektierter Weise geschehen kann.

Der mögliche Einwand, warum wir nur den ZHA, nicht aber auch den anderen Gruppen „mißtrauen" sollen, ist mit dem Hinweis auf die besondere, versteckte und selbsttäuschende Qualität der Widersprüchlichkeit der ZHA im Grunde genommen bereits beantwortet. Falls der Leser aber Zweifel hegen sollte, ob etwa die ZHG ihre Versagungs- und Konflikterfahrungen nicht einfach im gleichen Maß „übertreiben", wie die ZHA sie „untertreiben", kann er mit Hilfe der Tiefeninterviews wenigstens grob die Glaubwürdigkeit von Sozialisations- und Reaktionsangaben der Fixer überprüfen. Er wird, das können wir jetzt schon versichern, in der Tat auf stärkste Konflikte stoßen, die allerdings in bereits äußerlich sehr unterschiedliche Umgangsformen zwischen Eltern und Kind zum Zeitpunkt des Interviews eingebettet sind. So kann man einerseits Austauschprozesse fortgesetzter Abhängigkeit (z.B. bis weit über das Alter von 20 hinaus zu Hause wohnen), andererseits frühe Brüche und fast völlig fehlende Kontakte zwischen Eltern und Kind zum Zeitpunkt des Interviews beobachten. Dies führt uns zur Frage der Widerspruchsqualität der familiären Interaktionsstile selbst, während wir bisher nur eine abgeleitete Form von Widersprüchlichkeit erörtert haben, wie sie sich über jene Interaktionsformen im bewußten Erleben der Jugendlichen hergestellt hat. Gewiß besteht ein grober Zusammenhang zwischen den beiden Ebenen interaktiver und erlebter Widersprüchlichkeit – etwa derart, daß versteckte interaktive Widersprüchlichkeit sich auch stärker der Bewußtwerdung verschließt als offene und umgekehrt; aber seine genauere Beschaffenheit muß erst noch untersucht werden. Wir wollen uns zunächst nochmals der Frage zuwenden, was wir eigentlich gemessen haben, wenn wir davon sprachen, daß die Population der ZHG das „größte Ausmaß an offener Widersprüchlichkeit" von allen drei Gruppen aufweist.

Betrachten wir zunächst das folgende Beispiel: „Filme-Vormachen" ist ein häufig gebrauchtes subkulturelles Idiom, mit dem Drogenabhängige eine spezifische Interaktionsform zwischen sich und den Eltern beschreiben. „Filme-Vormachen“ heißt „etwas vortäuschen“ oder „lügen“, ist also eigentlich ein Verstecken von Widersprüchen im Austausch. Ein Verstecken ist es in der Tat, sofern der Filme-Vormachende noch zu Hause lebt oder sich nicht recht von zu Hause trennen kann, abhängig, unselbständig, noch auf die Eltern angewiesen ist und diesem grundsätzlichen Sachverhalt seinen Protest unterordnet. Aber Filme-Vormachen ist auf der andern Seite dennoch kein solch totales Verstecken wie das der ZHA, wo der Versteckende selbst an die suggerierte Harmonie glaubt. Der Filme-Vormachende *weiß* – und das ist der wesentliche Unterschied –, daß er Filme vormacht. So ist die Interaktionsform, die mit dieser subkulturellen Kurzformel umschrieben wird, ein Zwitter in bezug auf Offen- oder Verstecktheit, eine Übergangsform. Aus diesem und vielen anderen Beispielen können wir eine empirische Regel ableiten, die besagt, daß in der Population der Drogenabhängigen, selbst wenn der Betreffende noch in hoher manifester Abhängigkeit mit dem Elternhaus verbunden ist, es nie zu einer solchen radikalen Form des Versteckens kommt, wie wir sie bei den harmonistischen ZHA beobachtet haben, oder besser umgekehrt: selbst versteckt widersprüchlicher Austausch wird in der Regel auf Dauer so unerträglich, daß er vom Abhängigen zumindest durchschaut wird und (im Fragebogen-Austausch verbalisiert werden kann – damit also immer eine gewisse Form abgeleiteter Offenheit erreicht. Auch wenn die Abhängigkeit des Opfers von zu Hause noch so groß ist, wird es im Durchschnitt zum Beispiel die „Beziehung zu den Eltern“ und die Interaktionsformen mit ihnen im Fragebogen im Sinne von Ambivalenzen, Konflikten und Brüchen beschreiben. In diesem Sinn werden Konflikte (offener oder versteckter Natur) in der Fixer-Population stärker manifest als in den anderen Gruppen; und dieser Prozeß ist es auch, den wir in erster Linie mit Hilfe der Fragebogen-Aussagen erfaßt haben. Wir haben bereits darauf hingewiesen, daß solche reproduzierten Widersprüche zwar als Produkt der familiären Verkehrsformen zu verstehen sind, die erlittenen Versagungen jedoch nicht in direkter Weise abbilden. Das Beispiel der ZHA hat uns vielmehr gelehrt, daß, wo keine bewußte Erfahrung von Widerspruch herrscht, Konflikte nicht tatsächlich gefehlt, sondern Verschleierungsprozesse erfolgreich operiert haben. Und umgekehrt: wo ein bewußtes Erleben von Konflikten vorhanden ist, können entweder rein manifeste Einschränkungen oder auch versteckte Widersprüche, die ihr Gesicht nicht wahren konnten, den Austausch bestimmt haben. Unsere letzte Formulierung zeigt schon an, daß wir, was die Durchschaubarkeit versteckter Widersrpüche anlangt, in gewisser Weise skeptisch sind. Wir meinen (und sehen uns darin durch die gesellschaftlichen Verhältnisse Tag für Tag bestätigt), daß versteckte Widersprüchlichkeit zu beträchtlichen Ausmaßen anwachsen kann, ohne bei den Subjekten zu Bewußtsein zu kommen und ohne – außer diffusen, ziellosen, symptomatischen Reaktionen – den geringsten manifesten Widerstand gegen die unterdrückenden Autoritäten zu provozieren. Wenn nun bei den Drogenabhängigen trotz der versteckt-widersprüchlichen Erziehungsumstände, die ein nicht unerheblicher Teil der Tiefeninterviews aufweist, dennoch immer noch deutliche abgeleitete Widersprüche ans Tageslicht kommen, so hat das nach unserer Meinung darin seinen Grund, daß jene Interaktionsstile eher negierter Interaktion fast immer in deutlichen offenen Versagungen wie Kränkungen, Eifersucht und Haßreaktionen münden, daß subjektiv harmonisch geglaubte Beziehungen einen Sprung erhalten, der sie mindestens ambivalent werden läßt, so daß die ursprünglich erfolgreichen Versuche, Konflikte zu kaschieren, bis zur Adoleszenz regelmäßig durchschaubar wurden.[29] Wenn wir die Sozialisations- und Reaktions-Angaben der ZHG, soweit das möglich ist, nach ihrer Position im biografischen Zeitverlauf ordnen, so ergibt sich der Eindruck, daß dieser Prozeß des Offenbar-Werdens versteckter Widersprüche – falls welche am Werk waren – entweder früh eingesetzt haben muß, oder daß sie von früh auf immer auch schon daneben deutliche offene Versagungen ihrer Bedürfnisse erfahren haben müssen. So hatten die Drogenabhängigen häufig den frühen (manifesten) Verlust eines Elternteils zu beklagen, waren am häufigsten bereits als Kleinkinder längere Zeit von der Mutter getrennt, fühlten sich bei ihren kindlichen Spielen am meisten eingeengt usw. Entsprechendes finden wir auf ihrer Reak-

[29] In den Fällen, wo gegenwärtig noch zwei Elternteile vorhanden waren, nannten 13% der ZHG, 27% der ZL und 50% der ZHA ihre konjunktive Jetzt-Beziehung zu beiden Teilen „gut" (****). Ganz entsprechende Zahlen finden sich für die Insgesamt-Beziehung.

tions-Seite, wo sie in jeder Lebensphase häufiger als alle anderen Jugendlichen mit offenem Widerspruch reagiert haben: so waren, um nur ein Beispiel zu nennen, bis ins Alter von 13 Jahren bereits 28% aller Fixer, 17% aller ZL, aber nur 1-2% der ZHA mindestens einmal von zu Hause fortgelaufen.

Unseren Versuch, die unterschiedlichen Widerspruchstypen nicht nur in ihrer abgeleiteten Form als reproduzierte strukturelle Widersprüchlichkeit nachzuweisen, sondern auch in den beschriebenen familiären Interaktionsformen direkt dingfest zu machen, müssen wir als gescheitert betrachten. Wir hatten zu diesem Zweck eine Anzahl von Items so konstruiert, daß ihre Antwort-Vorgaben eher offene (konkrete, äußere) oder eher symbolische (versteckte, verinnerlichte) Zwänge messen sollten und demzufolge die Bevorzugung einer bestimmten Item-Ausprägung uns Auskunft über die Art der erlittenen interaktiven Widerspruchsform liefern mußte. Ein solches Item lautete etwa folgendermaßen:

– mußtest du dabei (d.h. bei den zuvor genannten sexuellen Kindheits-Spielen) ein schlechtes Gewissen haben („erwischt" und bestraft zu werden); übten deine Eltern in puncto Sexualität irgendeinen Zwang aus?

0 nein, sexuelle Betätigung war frei

1 ja, obwohl ein Verbot eigentlich nie ausgesprochen war

2 ja, es herrschte ein ausdrückliches Verbot, bin aber nie bestraft worden

3 ja, es herrschte ein ausdrückliches Verbot, und ich bin auch bestraft worden

Wir sparen uns die Mühe, die restlichen Items aufzuführen (der Leser kann sie unter den Nummern 54, 70, 83, 87, 89, 93, sowie unter den Fragen zum elterlichen Arbeitsverhalten: 19, 20, 21, im Fragebogen nachschlagen) und wollen lediglich berichten, daß es nicht etwa die ZHA, sondern die beiden anderen Gruppen waren, die tendenziell häufiger von solchen symbolischen (und auch tatsächlich verinnerlichten) Zwängen zu erzählen wußten. Nachträglich erscheint uns dieses Resultat plausibel, denn Auswahlantworten versteckter Widersprüchlichkeit zu bejahen ist identisch mit der Fähigkeit, *sogar versteckte* Widersprüche offenzulegen. Mit anderen Worten: es erfordert ein weiter fortgeschrittenes Bewußtsein in bezug auf subjektive und soziale Widersprüchlichkeit, *versteckte* Widersprüche zu entlarven, als man zur Benennung *offener* Widersprüche braucht. Dieses Bewußtsein aber ist, wie wir gesehen haben, gerade von denen nicht zu erwarten, die am stärksten an versteckter Widersprüchlichkeit leiden.

Fassen wir die Argumente zusammen, die zur Überprüfung unserer Hypothesen von Belang sind, so ergibt sich folgendes Bild: Die ZHG offenbaren im Verlauf der Fragebogen-Interaktion das größte Potential abgeleiteter, reproduktiver Widersprüchlichkeit. Sie haben ihre Sozialisation am deutlichsten in Kategorien von Konflikt und Bedürfnisversagung (bewußt) erlebt und demonstrieren damit übereinstimmende Reaktionen: größtes Unabhängigkeitsstreben, stärkste manifeste Konflikte mit Autoritäten und – zusammen mit den ZHA – deutlich eingeschränkte Beziehungsfähigkeit und vermindertes politisches Engagement. Die ZHA sind dazu das inhaltliche Gegenstück: ihre reproduktive Widersprüchlichkeit ist in allen Bereichen minimal, und der externe Vergleich gewisser Teilbereiche ihrer Reaktionen mit denen der anderen Gruppen zeigt uns, daß ihnen Widersprüche, die de facto bestehen, verborgen geblieben sind. Somit interpretieren wir ihre konfliktfreie Erscheinungsform als das Produkt reproduktiver Negation von Konflikten. Die ZL endlich zeigen weniger versteckte Widersprüche als die ZHA und weniger offene als die ZHG. Mit diesen Resultaten halten wir die Hypothesen 3 und 4 für bestätigt.

Eine Frage, die über den Rahmen unserer Untersuchung hinaus zu klären wäre, ist die, inwieweit das größere Potential manifester Widersprüchlichkeit, das wir bei den zwanghaften Gebrauchern illegaler Drogen feststellten, auch für Abhängige von legalen Suchtmitteln zutrifft – ob also die Legalität oder Illegalität des „gewählten" Suchtmittels (und der mit ihm verbundenen Interaktionsformen) nicht selbst schon eine erworbene normenbejahende oder -verneinende Grundorientierung zum Ausdruck bringt. Wir vermuten, daß dies der Fall ist; wir schließen aber auch nicht aus, daß selbst die mit illegalen Drogen verbundene Protesthaltung, die wir heute noch beobachten können, kurzfristigen historischen Schwankungen unterworfen sein, das heißt konkret, sich in Zukunft abschwächen kann.

7.2 *Das „Alter der Ablösung von den erzieherischen Autoritäten" (AAEA) als unabhängige Variable*

Hypothese 5 unterstellt einen Zusammenhang zwischen dem Verlauf der Ablösung des Jugendlichen von den erzieherischen Autoritäten und der Art seiner lebensgeschichtlichen Erfahrungs- und Verhaltens-Widersprüche. Dieser hypothetische Zusammenhang sollte mit der Variablen AAEA überprüft werden, die sich auf das korrigierte[30] Alter bezieht, in dem sich der Befragte von seinen hauptsächlichen Erziehungsinstanzen – d.h. im Normalfall den Eltern, aber auch Elternersatz-Figuren, Heimeltern usw. – gelöst und nach seinen Worten „endgültig selbständig" gemacht hat. Nach einer ersten groben Sichtung schien uns eine Einteilung der Altersangaben in drei Klassen für unsere Absichten insofern am besten geeignet, als sie die deutlichsten Unterschiede in bezug auf Widerspruchstypen zu produzieren versprach:
1. bis spätestens 16 Jahre „endgültig selbständig" gemacht;
2. mit 17 Jahren; 3. mit 18 Jahren oder später. Im Verlauf der weiteren Analyse haben wir – nicht zuletzt aus rechnerischen Gründen, das heißt wegen der geringen Besetzung der mittleren Altersklasse – die beiden ersten Altersklassen zusammengefaßt und der dritten Klasse gegenübergestellt. Wie zu vermuten war, schwankten die relativen Anteile der drei Altersklassen sehr deutlich von Gruppe zu Gruppe:[31]

[30] Die Korrekturen beziehen sich auf wenige Fälle, in denen die Interviewten trotz Rückfragens darauf beharrten, sich beispielsweise mit 10-12 Jahren „endgültig selbständig" gemacht zu haben (z.B. nach dem Verlust ihrer Eltern), oder wo ihre entsprechende Aussage in deutlichem Widerspruch zu ihrer Lebenssituation stand, die sie uns auf den übrigen Items vermittelten (wo sie also z.B. die Selbständigkeits-Aussage machten, zugleich aber noch zu Hause wohnten, offensichtlich abhängig waren, Geld bekamen usw.). In all diesen Fällen stand uns stets eine so große Anzahl von Rand-Informationen zur Verfügung, daß wir mit hoher Plausibilität eine weniger widersprüchliche Altersangabe schätzen konnten.

[31] Die unterschiedliche strukturelle Zusammensetzung der drei Gruppen nach dem Ablösungsalter ist selbst schon ein bemerkenswertes Ergebnis; wir hüten uns allerdings davor, es überzubewerten, da wir nicht wissen, in welchem Ausmaß Auswahlfehler zu seinem Zustandekommen beigetragen haben.

AAEA	ZHG	ZL	ZHA
bis 16	26.5% (n = 17)	6.4 (4)	0.0 (0)
mit 17	18.8 (12)	8.1 (5)	0.0 (0)
ab 18	54.7 (35)	77.4 (48)	77.0 (47)
	100.0% (64)	91.9% (57)	77.0 (47)

Die Angaben summieren sich bei den ZL und ZHA nicht mehr auf 100%, da wir diejenigen Fälle, die keine exakte Zuordnung in eine der drei Altersklassen erlaubten (es handelte sich hier ausschließlich um Jugendliche, die zum Zeitpunkt des Interviews 17 Jahre alt waren und angaben, sich noch nicht „endgültig selbständig" gemacht zu haben), in dieser Tabelle und den nachfolgenden Berechnungen vernachlässigt haben. Dies traf zu auf n = 14 ZHA und n = 5 ZL. Die verbleibenden n = 168 Fälle setzten sich also zusammen aus n = 21 Jugendlichen der Altersklasse „16 und früher", n = 17 Jugendlichen der mittleren Klasse und n = 130 Jugendlichen der Altersklasse „18 und später". In seltenen Fällen, wo nur die beiden extremen Altersklassen miteinander verglichen wurden, findet sich ein entsprechender Hinweis; wo dieser fehlt, haben wir stets die frühe und mittlere Altersklasse addiert. Der Zusammenhang zwischen Ablöse-Alter und Art der Widersprüchlichkeit wurde sowohl *über alle Gruppen hinweg* als auch für die *Drogenabhängigen alleine* überprüft.

Alle signifikanten Ergebnisse und Tendenzen, die wir bei dieser Überprüfung fanden, fügen sich – mit einer einzigen Ausnahme – zu einer einheitlichen Grundstruktur zusammen: Je früher sich die Jugendlichen von ihren erzieherischen Autoritäten gelöst haben, desto häufiger berichten sie von Widersprüchen und Konflikten zwischen ihren eigenen Bedürfnissen und den Erwartungen und Bedürfnissen ihrer Interaktionspartner. Frühe Ablösung geht also einher mit erhöhter manifester reproduktiver Widersprüchlichkeit. Beim Vergleich über alle Gruppen zeigte sich diese Struktur auf folgenden Items:

A SOZIALISATIONS-BEREICH

Je früher die Ablösung der Jugendlichen,

- umso seltener berichten sie von einer mittleren Einschränkung ihres kindlichen Aktionsradius beim Spielen (****) (und umso häufiger davon, einschränkende elterliche Verbote umgangen zu haben, siehe unten; dagegen waren keine Unterschiede zwischen den Altersgruppen bei repressiver Einschränkung zu beobachten)
- umso häufiger berichten sie von strikter elterlicher Kontrolle, wenn sie Freunde des anderen Geschlechts nach Hause bringen wollten (**)
- umso seltener kamen ihre Mütter ohne Strafen aus (**) und umso seltener die Väter (***) und beide Eltern addiert (****)
- umso häufiger wurden sie konkretistisch bestraft (geschlagen) (t)
- umso seltener berichten sie, ungerechtfertigte Strafen seien nicht vorgekommen (***)
- umso häufiger charakterisieren sie die Insgesamt-Beziehung zu ihren Müttern mit „offene Ablehnung/autoritäres Verhalten“ (***) und umso seltener schildern sie sie als „gut“ (*)
- umso seltener beschreiben sie ihre Insgesamt-Beziehung zu den addierten Müttern und Vätern als „gut“ (***)

Das Item „mußtest du (bei den kindlichen sexuellen Spielen) ein schlechtes Gewissen haben usw.“ (vgl. S. 114) bildete die genannte Ausnahme: hier schätzten die Jugendlichen, die die früheste Ablösung vollzogen hatten, die Erziehung am häufigsten als „frei“ ein, die Altersklasse der 17-Jährigen tat dies am seltensten, während die Klasse der Spätablöser eine Mittelposition einnahm (***). Konsistent mit unseren Erwartungen ist dagegen eine zweite signifikante Differenz auf diesem Item, daß nämlich die Frühablöser seltener von versteckter sexueller Einschränkung durch die Eltern („schlechtes Gewissen, obwohl kein Verbot ausgesprochen“) berichten (*). Falls das Item im Sinne unserer Absichten valide konstruiert ist, läßt sich dieses Doppel-Ergebnis vielleicht noch am ehesten durch ein sozialisierendes Milieu der „Vernachlässigung“ erklären.

B REAKTIONS-BEREICH

Je früher die Ablösung der Jugendlichen (aller drei Gruppen),

- umso häufiger sind sie (noch zu Hause wohnend) von zu Hause fortgelaufen (****)

- umso früher sind sie, falls überhaupt, das erste Mal von zu Hause fortgelaufen (*)
- umso mehr manifeste Konflikte mit Institutionen sozialer Kontrolle nennen sie absolut (bei den Fixern wurden hier nur die Konflikte vor der Drogenphase berücksichtigt, ebenso bei den beiden folgenden Ergebnissen) (****) und
- umso häufiger nennen sie „Fürsorge-Erziehung" im Rahmen der Konfliktkarriere (****) und
- umso häufiger nennen sie „Gerichtsverhandlung/UG/Gefängnis" im Rahmen der Konfliktkarriere (****)
- umso häufiger haben sie elterliche Verbote, die ihren kindlichen Aktionsradius beim Spielen einengen wollten, umgangen (****)
- umso seltener sehen sie ihre Eltern gegenwärtig (****)
- umso weiter leben sie geografisch von ihren Eltern entfernt (t)
- umso seltener sind sie „regelmäßig wie die andern auch" zur Schule gegangen (****)
- umso häufiger haben sie die Schule subjektiv als Widerspruch und Zwang erlebt (t)
- umso seltener berichten sie, keine Schwierigkeiten mit Lehrern gehabt zu haben (***)
- umso häufiger haben sie das in der Schulzeit benötigte Taschengeld geklaut (***)
- umso seltener schildern sie ihre Jetzt-Beziehung zur Mutter als „gut" (t)
- umso seltener schildern sie die Jetzt-Beziehung zu ihren Vätern als „gut" (***) und umso seltener die Jetzt-Beziehung zu den addierten Müttern und Vätern (****)

Für die Drogenabhängigen alleine erbrachten folgende Items signifikante oder tendenzielle Unterschiede zwischen den drei Ablöse-Altern:

A SOZIALISATIONS-BEREICH

Je früher die Ablösung der jugendlichen Drogenabhängigen,

- umso häufiger berichten sie von strikter elterlicher Kontrolle, wenn sie andersgeschlechtliche Freunde nach Hause bringen wollten (t)
- umso häufiger berichten sie von einer repressiven Regulierung ihres kindlichen Aktionsradius beim Spielen (**)
- umso häufiger berichten sie von konkretistischen väterlichen Strafen (Schlagen) (***) und ebensolchen mütterlichen (***)
- umso häufiger sind sie insgesamt geschlagen worden (***)
- umso häufiger sagen sie, ihre Eltern hätten im Fall von Schulkonflikten strukturell die Partei des Lehrers ergriffen (**) und umso seltener im gleichen Fall die Partei für sie selbst (t)

- umso seltener hatten sie, solange sie noch zu Hause lebten, eine gleichbleibende Familiensituation (***) und umso häufiger hatten sie drei oder mehr verschiedene Situationen (**)
- umso häufiger beschreiben sie ihre Insgesamt-Beziehung zu beiden addierten Elternteilen als „offene Ablehnung" (t) und umso seltener charakterisieren sie die gleiche Beziehung durch „Überfürsorglichkeit" („war immer eher zu besorgt um mich") (t)

B REAKTIONS-BEREICH

Je früher die Ablösung der jugendlichen Drogenabhängigen,

- umso mehr Konflikte mit Institutionen sozialer Kontrolle vor ihrer Drogenphase nennen sie absolut (****), und
- umso häufiger nennen sie spezifisch „Fürsorge-Erziehung" (*)
- umso häufiger nennen sie spezifisch „Gerichtsverhandlung/UG/Gefängnis" (t)
- umso seltener sehen sie gegenwärtig ihre Eltern (****)
- umso seltener gingen sie „regelmäßig wie die andern auch" zur Schule (t) (für 16 versus 18: (***))
- umso seltener haben sie eine Berufsausbildung abgeschlossen (t)

Für die „Drogenkarriere" der ZHG, die man als Teilmenge ihres Reaktions-Bereichs betrachten kann, produziert das Ablöse-Alter als unabhängige Variable nur geringe Unterschiede:
Je früher die Ablösung der drogenabhängigen Jugendlichen,

- umso mehr Zwangs-Entzüge nennen sie (t)
- umso stärker haben sie gedealt (t)

Auf allen anderen Items zur Drogenkarriere konnten wir keine relevanten Unterschiede feststellen; hier drängt sich insgesamt der Eindruck auf, daß Drogenabhängigkeit, sobald sie jenes fortgeschrittene Stadium erreicht, das wir bei unserer Gruppe im Durchschnitt feststellen, die Reaktionen der Jugendlichen stark nivelliert. Dennoch scheint es uns bemerkenswert, daß das Ablöse-Alter auch *innerhalb* unserer vergleichsweise homogenen Gruppe von Drogenabhängigen noch so deutliche und konsistente Zusammenhänge mit den übrigen Lebensbereichen aufweist; dieser Sachverhalt deutet unseres Erachtens an, daß die bereits ganz oberflächlich beobachtbare Beziehung von Jugendlichen zu ihren Elternfiguren, wie wir sie mit AAEA messen, eine Variable von hohem prognostischen und diagnostischen Wert darstellt.

Mit den Ergebnissen, die wir in diesem Abschnitt vorgelegt haben, halten wir die Hypothese 5 für bestätigt; die für die Drogenabhängigen allein erzielten Unterschiede stützen ebenfalls die Hypothese 8 mit Ausnahme jener Teile, die einen engen Zusammenhang zwischen Art der Widersprüchlichkeit, Ablöseprozeß und Drogenkarriere postulieren. Hier halten wir unsere Ergebnisse nicht für ausreichend.

7.3 *Die „Jetzt-Beziehung zu den Eltern" als unabhängige Variable*

Diese Variable kann als Ergänzung zu AAEA gesehen werden: wo das Ablöse-Alter in stärker objektivierter Form die Beziehung zum Elternhaus mißt, soll die „Jetzt-Beziehung zu den Eltern" Vergleichbares auf der Ebene von Einstellungsdaten leisten. Auch sie drückt also, wenn auch in anderer Weise als AAEA, die Beziehung des Jugendlichen zu den elterlichen Rollen-Vorbildern in seiner späteren Adoleszenz-Phase aus: eine positive Beziehung wird dabei im Durchschnitt eher den konformistischen Lösungsweg, eine negative den erwartungsnegierenden bis kritischen Lösungsweg der Adoleszenzkrise symbolisieren.

Zu unserem Verfahren müssen wir zweierlei kritisch anmerken: erstens haben wir die „Jetzt-Beziehung" lediglich nach zwei Kategorien, „gut" versus „schlecht"[32], aufgeschlüsselt und damit die potentielle Unterscheidungskraft des betreffenden Items keineswegs ausgeschöpft; und zweitens haben wir mit dieser unabhängigen Variablen nur einen Teilbereich aller Fragebogen-Reaktionen überprüft und ausschließlich Vergleiche über alle Gruppen angestellt.[33] Alle Differenzen, die wir auf diese Weise erhielten, weisen jedoch wiederum eine sehr konsistente Struktur und relativ hohe Signifikanzniveaus auf.

Wir arbeiteten mit drei Ausprägungen unserer Variablen: 1. Jetzt-Beziehung zu beiden Elternteilen zugleich (Konjunktion) „gut"

[32] Vgl. Frage 90: „gut" entspricht der Merkmalsausprägung (9), schlecht den komplementären Ausprägungen (1) bis (8)

[33] Die „Konfliktkarrieren" und der gesamte Drogenteil (sowohl für die Fixer als auch der entsprechende Vergleich zwischen ZHA und ZL) wurden ausgelassen.

(ergab über alle Gruppen ein n von 49); 2. Jetzt-Beziehung zu mindestens einem Elternteil „gut" (n = 98 über alle, wobei die n = 49 der ersten Ausprägung in dieser Zahl enthalten sind[34]); 3. Jetzt-Beziehung zu beiden Elternteilen zugleich (Konjunktion) „schlecht" (n = 74 über alle). Wir teilen die Resultate im Folgenden wiederum nach Sozialisations- und Reaktions-Bereich auf, wobei die mittlere Beziehungs-Gruppe wie gesagt auch stets die Mittelposition einnimmt.

A SOZIALISATIONS-BEREICH

Je besser die Jetzt-Beziehung der Jugendlichen zu beiden Elternteilen,

- umso seltener berichten sie von starken elterlichen Restriktionen, wenn sie Freunde des anderen Geschlechts nach Hause bringen wollten (****), und umso häufiger schildern sie ihre Eltern in dieser Hinsicht als tolerant (****)
- umso seltener berichten sie (falls sie überhaupt angefangen haben zu rauchen), bei Beginn ihres Rauchens ein elterliches Verbot umgangen zu haben((t) für den Vergleich der beiden Extrem-Beziehungen allein), und
- umso seltener berichten sie Entsprechendes für den Beginn ihres Alkoholkonsums (***)
- umso häufiger sagen sie, ungerechtfertigte Strafen seien nicht vorgekommen (****)
- umso seltener wurden sie geschlagen (****)
- umso häufiger sagen sie, die Mütter seien ohne Strafen ausgekommen (****)
- umso seltener berichten sie von konkretistischen mütterlichen Strafen (****)
- umso häufiger sagen sie, die Väter seien ohne Strafen ausgekommen (****)
- umso seltener berichten sie, zusammen mit der mittleren Beziehungsgruppe, von symbolischen (z.B. Liebesentzug) väterlichen Strafen (*)
- umso seltener berichten sie von konkretistischen väterlichen Strafen (****)

[34] Auch diese Überschneidung stellt nicht unbedingt die optimale Lösung dar; da jedoch diese Mittelgruppe in *jedem* Fall (bis auf einen, wo sie die gleiche Position wie die „gut"-Gruppe einnimmt), in dem sich signifikante oder tendenzielle Unterschiede einstellten, die Mittelposition einnahm, hätte auch ein Vergleich der beiden extremen Beziehungs-Typen allein die gleichen Ergebnisse geliefert.

B REAKTIONS-BEREICH

Je besser die Jetzt-Beziehung der Jugendlichen zu beiden Elternteilen,

- umso häufiger haben sie sich erst spät (oder noch gar nicht) von den Eltern abgelöst (AAEA = 18 und später) (***)
- umso häufiger sehen sie gegenwärtig ihre Eltern (****)
- umso häufiger gehen/gingen sie „regelmäßig wie die andern auch" zur Schule (**)
- umso häufiger sind sie mit ihren Lehrern gut ausgekommen (**)
- umso seltener haben sie die Schule als Zwang oder Widerspruch zu ihren Bedürfnissen erlebt (****)
- umso häufiger hatten sie keine nennenswerten Probleme mit Schule und Lehrern (*)
- umso häufiger haben sie überhaupt nicht angefangen zu rauchen (*)
- umso seltener haben sie elterliche Verbote, die ihren Aktionsradius beim Spielen einengen wollten, übertreten (*)

Sowohl AAEA als auch „Jetzt-Beziehungen zu Eltern" produzieren als unabhängige Variable strukturell gleichartige Ergebnisse. Diese ergänzt jene insofern, als sie selbst bei Fehlen eines manifesten Bruches zwischen dem Jugendlichen und seinen Elternfiguren immer noch „psychologische" Brüche festzustellen vermag. Jetzt-Beziehungen wie auch AAEA unterstützen in ihren Resultaten gleichgerichtet die Hypothese 5. Die Ergebnisse aller drei bisher diskutierten Variablen bekräftigen insgesamt die Geltung der Hypothese 6.

7.4 *Der „sozioökonomische Status" (SES) als unabhängige Variable*

Da wir Fragen der Definition und Operationalisierung dieser Variablen bereits im Kapitel „Versuchsanordnung" erörtert haben, können wir uns hier auf einige kurze Angaben beschränken. Der SES zerfällt nach unserer Vorgehensweise in zwei Ausprägungen, eher Unterschicht (US) oder eher Mittelschicht (MS), deren Einflüsse wir sowohl *über alle Gruppen hinweg* als auch für die *Drogenabhängigen alleine* untersucht haben. Im ersten Fall ergab sich ein n von 95 für die US und ein n von 92 für die MS; im zweiten Fall erhielten wir n = 33 Drogenabhängige für die US und n = 31 für die MS. Wir unterteilen wiederum die Resultate in die beiden bekannten Bereiche „Sozialisation" und „Reaktionen"; dabei müssen wir uns leider – aus bereits erörterten Gründen – häufiger mit Tendenzen (t) begnügen, wo die bisher dargestellten unabhängigen Variablen Signifikanzen erzeugten. Wir beginnen mit der Auszählung *über alle Gruppen:*

A SOZIALISATIONS-BEREICH

Für Jugendliche der US (im Vergleich zur MS) gilt:

- hatten als Kinder seltener ein eigenes Zimmer (***)
- waren seltener „erwünschtes Kind" (*)
- sind häufiger nicht aufgeklärt worden („nie aufgeklärt" oder nur „gewarnt" worden vor negativen Folgen) (t)
- durften seltener ihre Frisur-Vorstellungen „nie durchsetzen" (t)
- bekamen die „entscheidenden" sexuellen Erfahrungen/Aufklärungen seltener durch die Eltern vermittelt (t)
- berichten häufiger, daß sich die Eltern „überhaupt nicht" um die schulischen Leistungen gekümmert hätten (***) und daß sie seltener „gute Leistungen belohnt" hätten (*), und sagen häufiger von ihren Eltern, daß diese zwar gerne bei Schulaufgaben geholfen hätten, aber sich nicht dazu imstande sahen (***)
- berichten von ihren Müttern seltener symbolische Strafformen (*) und häufiger konkretistische (**) und ebenso von ihren Vätern häufiger konkretistische (t)[35]; Väter und Mütter addiert ergaben nur bei den konkretistischen Strafen einen Verstärkungseffekt: US wurde häufiger geschlagen (***)
- charakterisieren häufiger, wenn sie ihre Insgesamt-Beziehung zu den Müttern nicht als „gut" beschreiben, diese Beziehung durch Kategorien offenen Widerspruchs[36] (*)
- beschreiben ihre Arbeit häufiger als „fest geregelt" (t) (dieses Ergebnis bezieht sich nur auf ZL und ZHA)

B REAKTIONS-BEREICH

Für US-Jugendliche (im Vergleich zur MS) gilt:

[35] Offensichtlich scheint immer noch ganz allgemein den Vätern stärker die punitive Rolle zugewiesen zu werden, so daß sich die noch bei den Müttern zu beobachtenden Unterschiede nach SES bei den Vätern nivellieren.

[36] Vgl. Ausprägungen (1) bis (4) auf Frage 83

- sind (t) häufiger „ledig"
- haben sich früher „endgültig selbständig" gemacht (**)
- haben, falls überhaupt schon, früher mit einem gegengeschlechtlichen Partner das erste Mal geschlafen (t)
- sind, noch zu Hause wohnend, häufiger „mehrmals" fortgelaufen (*)
- spielten als Kinder seltener zurückgezogene Spiele (t) und häufiger soziale (t)
- lehnen Homosexualität deutlicher ab (t)
- haben häufiger in der Schule wegen „Bocklosigkeit" gefehlt (t)
- waren seltener in der Schule aktiv (Klassensprecher, Schülerzeitung, politische Gruppe) (t)
- haben die Schule häufiger als Zwang und Widerspruch erlebt (t)
- soziometrische Position unter Mitschülern:
  hatten seltener eine leistungsbedingte (schulische Leistung/Sport) starke Position unter den Mitschülern (t) (und dafür etwas häufiger eine starke Position wegen Streichen und Widerständen gegen Lehrer, und haben sich etwas häufiger „nicht besonders hervorgetan") und
- haben sich seltener selbst zurückgezogen unter ihren Mitschülern (*)
- schätzen ihre Mütter häufiger als „unpolitisch" ein (*), dafür seltener als „rechtsstehend/konservativ etc." (*), und dieselbe Tendenz zeigen sie abgeschwächt gegenüber ihren Vätern: häufiger „unpolitisch" (t), etwas seltener „rechts" etc.
- falls sie geschlagen wurden, hörten die Schläge häufiger durch „Zurückschlagen" auf (**)
- bezeichnen ihre Jetzt-Beziehung zu ihren addierten Müttern und Vätern häufiger als „schlecht" (***) und
- charakterisieren ihre Jetzt-Beziehung zu den Müttern, wenn sie diese nicht als „gut" bezeichnen, häufiger durch Kategorien offenen Widerspruchs (***)
- „Konfliktkarriere" (dabei für Fixer nur Konflikte vor der Drogenphase):
  nennen absolut mehr Konflikte (****)
  nennen spezifisch häufiger „Gerichtsverhandlung/UG/Gefängnis" (****)
- „Konfliktkarriere" (für Fixer beide Karrieren-Teile):
  nennen wieder absolut (****) und spezifisch (****) mehr Konflikte
- korrigiert man die Konflikte der Drogenabhängigen aus der Drogenphase dahingehend (vgl. S. 90), daß man n = 10 spezifische Konflikt-Nennungen für die US und n = 4 für die MS subtrahiert, so bleiben die Signifikanzniveaus der Differenzen in absoluten und spezifischen Nennungen gleich.

Die Auszählung für die *Drogenabhängigen allein* ergibt folgende Resultate:

A SOZIALISATIONS-BEREICH

Für US-Jugendliche (im Vergleich zu MS) gilt:

- wurden seltener „nie geschlagen" (***)
- hatten als Kinder seltener ein eigenes Zimmer (*)
- ihr Drogengebrauch war häufiger über die private und peer-group-Sphäre hinaus auch am Arbeitsplatz sowie in den Institutionen sozialer Kontrolle bekannt (*)

B REAKTIONS-BEREICH

Für US-Jugendliche (im Vergleich zu MS) gilt:

- haben sich unter ihren Klassenkameraden seltener selbst zurückgezogen (**)
- falls sie geschlagen wurden, hörten die Schläge seltener durch „Zurückschlagen" auf (*)
- „Konfliktkarriere" (nur vor der Drogenphase):
  nennen mehr Konflikte absolut (****) und mehr Konflikte spezifisch (****)
- „Konfliktkarriere" (nur während der Drogenphase):
  nennen absolut mehr Konflikte, und zwar
  unkorrigiert (***)
  korrigiert (**)
  und spezifisch mehr Konflikte, und zwar
  unkorrigiert (*)
  korrigiert (t)

Wir stellen also fest, daß auch der sozioökonomische Status, ebenso wie die zuvor erörterten unabhängigen Variablen, Einfluß auf die Art der erfahrenen und ausagierten Widersprüchlichkeit der Jugendlichen ausübt. US-Jugendliche beschreiben die Sozialisation durch die Eltern, den Schulbereich, die Beziehung zu Institutionen sozialer Kontrolle sowie die Jetzt-Beziehung zu den Eltern häufiger in Kategorien offener Widersprüchlichkeit als MS-Jugendliche. Drogenabhängig zu sein, der Unterschicht anzugehören, sich früh vom Elternhaus gelöst zu haben und eine negative Jetzt-Beziehung zu den Eltern entwickelt zu haben steigern kumulativ die Wahrscheinlichkeit für eine vermehrte „objektive" und abgeleitete Erfahrung offener Widersprüchlichkeit; das heißt, alle diese Indikatoren symbolisieren auf Seiten der befragten Jugendlichen a) vermehrte erlebte, quasi „objektive" offene Widersprüchlichkeit in der Sozialisation (zum Beispiel in allen Fällen ein Mehr an konkretistischen Strafen); b) verstärkte abgeleitete Erfahrung von Widersprüchlichkeit im allgemeinen, vergrößerte Fähigkeit, Widersprüche zu erkennen und offenzulegen; c) vermehrte abgeleitete Reaktionen offener Widersprüchlichkeit. Mit diesen Ergebnissen halten wir die Hypothesen 3-7 für hinreichend belegt; einzige Ausnahme ist der Teilbereich „Drogenkarriere" der Hypothese 8, der zwar nicht widerlegt, aber auch nicht in dem Maße gestützt werden konnte, wie wir es uns gewünscht hätten.

Wir wollen die Darstellung unserer Resultate mit einigen eher unsystematischen Unterschieden abschließen, die durch die unabhängige Variable „Geschlecht" erzeugt wurden und die vor allem für das Verständnis der Tiefeninterviews und der dahinterstehenden Theorie „narzißtischer Störungen" von Bedeutung sind. Was das Geschlecht der befragten Jugendlichen selbst anlangt, so stellten wir beim Vergleich über alle Gruppen fest, daß auf die Frage „wem standest du näher? " (Vater oder Mutter bzw. den entsprechenden Ersatzpersonen) zwar beide Geschlechter die Mütter bevorzugten, bei den Jungen jedoch diese Präferenz deutlich stärker (****) ausgeprägt ist als bei den Mädchen (*). Bei diesen ist, über alle Gruppen betrachtet, die Bevorzugung gleichmäßiger verteilt; bei näherem Hinsehen zeigt sich allerdings, daß es besonders die Fixer-Mädchen sind, die zu dieser gleichmäßigeren Präferenz-Verteilung unter den Mädchen am meisten beitragen, indem sie von allen Gruppen am häufigsten den Vätern (***), am seltensten den Müttern (ns) näherstanden, das heißt ihren Vätern von allen Mädchen relativ am nächsten stehen. Umgekehrt sind es die Fixer-Jungen, die zusammen mit den ZL den Müttern am nächsten stehen (ns). Geht man von den n = 98 Nennungen „der Mutter näher" aus, so wird diese Präferenz der Mutter häufiger (*) von den Jungen als von den Mädchen aller Gruppen geäußert; dem „Vater näher" (was nur in n = 24 Fällen vorkommt[37]) stehen in diesem Sinn die Mädchen signifikant (*) häufiger als die Jungen.

[37]Die Differenz von 98 + 24 zu 187 Fällen entfiel auf: „kommt nicht

In der konjunktiven Insgesamt-Beziehung „gut" zu beiden Elternteilen zugleich unterscheiden sich die Jungen nicht nach Gruppen, wohl aber die Mädchen, indem die ZHA-Mädchen am häufigsten von allen Gruppen (t) diese konjunktive gute Beziehung aufwiesen. In der konjunktiven Beziehung zu beiden (in dieser oder jener Form) „schlecht" rangieren die ZHG-Jungen am höchsten (t) und die ZHA-Jungen am niedersten, während die ZL eine Mittelposition einnehmen. Genau die gleiche Struktur findet sich auf seiten der Mädchen in bezug auf diese konjunktive „schlecht"-Beziehung, nur deutlicher ausgeprägt (***). Addiert man Jungen und Mädchen, so zeigen sich zwischen den Gruppen sehr deutliche Unterschiede in der Häufigkeit der konjunktiven „gut"- und „schlecht"-Nennungen: eine „gute" Insgesamt-Beziehung zu beiden Elternteilen zugleich haben die Drogenabhängigen am seltensten (die ZHA am häufigsten) (*), eine „schlechte" haben sie am häufigsten (ZHA am seltensten, ZL jeweils in der Mittelposition) (***).
Wenn Jungen eine „schlechte" Insgesamt-Beziehung zu Müttern und Vätern äußern, so wählen sie für die Mütter signifikant häufiger als für die Väter Beziehungskategorien versteckter Widersprüchlichkeit (Schwanken zwischen Strenge und Besorgnis, Überbesorgtheit, unausgesprochene Gängelung, Schwäche und fehlendes Durchsetzungsvermögen) und für die Väter entsprechend umgekehrt häufiger Kategorien offener Versagung (offene Ablehnung, Autoritarismus, streng-aber-gerecht, Vernachlässigung), und zwar über alle Gruppen in beiden Fällen (****) wie auch innerhalb der Gruppen: ZHG (****), ZL (*), ZHA (***). Das heißt, Drogenabhängige unterscheiden am stärksten ihre Kritik an Müttern und Vätern nach inhaltlichen Gesichtspunkten, ZL am wenigsten. Auch in der Insgesamt-Beziehung zu Müttern allein unterscheiden sich die Jungen nach Gruppen: Drogenabhängige und ZL haben seltener (*) eine „gute" Beziehung zu ihnen als ZHA. Dieser Unterschied verschwindet allerdings fast vollständig in der Beziehung zu den Vätern, zu denen die Jungen insgesamt noch seltener ein gutes Verhältnis haben als zu den Müttern, bei denen schon deutlich die Kritik überwiegt (87 „schlecht"-Nennungen verschiedener Form stehen nur 18 „gut"-

in Frage, weil die meiste Zeit nur 1 Elternteil vorhanden"; „beiden gleich nahe"; „beiden gleich fern".

Nennungen gegenüber); lediglich in der addierten Beziehung zu Müttern und Vätern bleibt der Gruppen-Unterschied erhalten: ZHG und ZL nennen diese addierten Beziehungen seltener (*) „gut" als die ZHA.
Auch die Mädchen charakterisieren, wenn sie eine „schlechte" Insgesamt-Beziehung zu Müttern und Vätern anzeigen, ihre Mütter inhaltlich signifikant häufiger als ihre Väter durch versteckt-widersprüchliche Eigenschaften (und entsprechend seltener durch offen-widersprüchliche) und ihre Väter entsprechend häufiger durch offene Widersprüche (und seltener durch versteckte); und zwar gilt dies wiederum sowohl über alle (****), als auch innerhalb der einzelnen Gruppen: Bei den Fixer-Mädchen ist, entsprechend den bisher zitierten Tendenzen, dieser Unterschied der inhaltlichen Kritik am wenigsten ausgeprägt (t)[38], bei den ZHA-Mädchen am deutlichsten (****), die ZL stehen dazwischen (*). Allein in der Insgesamt-Beziehung „gut" zu Müttern und Vätern finden sich bei den Mädchen strukturell die gleichen Unterschiede wie bei den Jungen – mit allerdings charakteristischen kleinen Verschiebungen: Eine „gute" Insgesamt-Beziehung zu ihren Müttern haben nicht etwa Fixer-Mädchen und ZL-Mädchen gleichermaßen seltener als die ZHA-Mädchen (wie das bei den Jungen der Fall war), sondern die Fixer-Mädchen am seltensten, und die ZL-Mädchen nehmen eine Mittelposition ein; entsprechend haben die Fixer-Mädchen zu ihren Vätern nur noch die tendenziell (t) schlechteste Beziehung von allen Gruppen. Addiert man die Insgesamt-Beziehungen der Mädchen zu ihren Müttern und Vätern, so sprechen die Fixer-Mädchen am seltensten, die ZHA-Mädchen am häufigsten von „guten" Beziehungen, während die ZL-Mädchen wieder die Mittelposition einnehmen (****).
Ganz Entsprechendes gilt für die Jetzt-Beziehung: In der Konjunktion zu beiden „gut" unterscheiden sich die Jungen nur tendenziell in der erwarteten Reihenfolge nach Gruppen (ZL in

38 Weil sie es, wie die Tiefeninterviews zeigen werden, häufiger mit weichen und ineffektiven Vätern zu tun hatten, denen sie zwar näher standen als den kalten Müttern, die aber im Endeffekt als ödipal-identifikatorische Vorbilder für ihre sie idealisierenden Töchter versagten, sich als enttäuschend und kränkend erwiesen.

der Mitte), während die Mädchen signifikant in der erwarteten Richtung differieren (****) (ZL-Mädchen Mittelposition). In der Konjunktion zu beiden „schlecht" ist nur noch ein knapp tendenzieller Unterschied in der erwarteten Richtung mit den ZL in der Mitte bei den Jungen zu beobachten; bei den Mädchen finden wir hier wieder die erwarteten signifikanten Differenzen (***), mit den ZL in der Mittelposition.
In der Jetzt-Beziehung zur Mutter allein variiert die Nennung „schlecht" nur noch knapp tendenziell unter den Jungen der drei Gruppen; die Differenzen weisen in die erwartete Richtung mit den ZL-Jungen in der Mittelposition. Das gleiche gilt für eine „schlechte" Jetzt-Beziehung zu den Vätern, nur daß hier der Unterschied zwischen den Jungen aller Gruppen signifikant (*) ist. Das gleiche Ergebnis erhalten wir für „schlechte" Jetzt-Beziehungen zu den addierten Müttern und Vätern aller Jungen.
Bei den Mädchen variiert eine „schlechte" Jetzt-Beziehung zu den Müttern allein (****) und zu den Vätern allein (**) deutlich wie erwartet nach Gruppen (ZL-Mädchen jeweils in der Mitte); die addierten „schlechten" Beziehungen zu Müttern und Vätern ergeben bei den Mädchen das gleiche Bild (****).
Wenn Jungen eine „schlechte" Jetzt-Beziehung zu Müttern und Vätern nennen, so charakterisieren sie diese – wie auch im Fall der Insgesamt-Beziehung – bei den Müttern häufiger (*) als bei den Vätern inhaltlich durch versteckte Widersprüchlichkeit, bei den Vätern häufiger (*) durch offene. Am relativ deutlichsten zeigt sich dieser Unterschied auf der Ausprägung „Ambivalenz": „unsere Beziehung ist heute zwiespältig; sie macht mir einerseits zu viele Vorschriften, meint es andererseits aber auch gut", die häufiger auf die Mütter als auf die Väter zutraf.
Wenn Mädchen dagegen eine „schlechte" Jetzt-Beziehung zu Müttern und Vätern angeben, bleiben deutliche Unterschiede in der inhaltlichen Spezifizierung ihrer Kritik an Müttern und Vätern aus; das Pendant zu den Jungen ist bei den Mädchen die Ausprägung: „solange ich ihr einen Film vormache, verstehen wir uns gut", die tendenziell häufiger auf die Mütter als auf die Väter angewendet wird.
Auch für die *Eltern* der befragten Jugendlichen ergaben sich einige geschlechtsspezifische Unterschiede: So hat die Insgesamt-

Beziehung gezeigt (und die – wenngleich schwachen – Ergebnisse der Jetzt-Beziehung unterstützen dies), daß der Schwerpunkt der Kritik an den Müttern anders gelagert ist, sich auf andere Inhalte bezieht, als die Kritik an den Vätern. Wenn eine „schlechte" Beziehung zu Müttern und Vätern genannt wird, so bezieht sie sich bei Müttern deutlich häufiger auf versteckte, bei Vätern deutlich häufiger auf offene Widersprüchlichkeit. Ganz besonders betont wird von den Jugendlichen aller Gruppen und beiderlei Geschlechts bei den Müttern eine überfürsorgliche Tendenz („war immer eher zu besorgt um mich"), dagegen bei den Vätern unter den gleichen Bedingungen eher offene Vernachlässigung („kümmerte sich zu wenig um mich, war uninteressiert, anderes war ihm wichtiger"). Schließlich mag noch von Interesse sein, daß die Mütter über alle Gruppen signifikant häufiger Nichtraucher sind als die Väter (****); vor allem aber, daß sie ebenfalls deutlich häufiger als die Väter von den Jugendlichen aller Gruppen als „krank" (chronisch körperlich/psychosomatisch/psychisch) bezeichnet werden (***). Sieht man das letzte Ergebnis in Zusammenhang mit unseren Beziehungs-Resultaten sowie der wiederholt zitierten größeren Anfälligkeit von Frauen (in Industrienationen) für depressive Erkrankungen, so wird die Vermutung bestärkt, daß Frauen die spezifische Form von Widersprüchlichkeit und Unterdrückung, die sie hierzulande durch die Männergesellschaften erfahren, tendenziell im Sinn von versteckter Widersprüchlichkeit verarbeiten – das heißt, daß sie die erfahrene Unterdrückung (leider immer noch) eher nach innen wenden und systemkonform verarbeiten, statt sie gegen ihre Unterdrücker zu mobilisieren. Wenn diese Vermutung zutrifft, so werden wir rückblickend nochmals darauf hingewiesen, daß ein Teil der erhöhten versteckten Widersprüchlichkeit der ZHA möglicherweise auf das Konto der weiblichen Überrepräsentation in dieser Gruppe geht; dennoch erscheinen uns die Ergebnisse in ihrer Gesamtheit zu eindeutig und auf dem Hintergrund unseres widerspruchstheoretischen Ansatzes zu gleichgerichtet miteinander verwoben (und außerdem nur zum Teil durch die Variable „Geschlecht" theoretisch beeinflußt), als daß sie durch diese Verschiebung ernsthaft in Frage gestellt würden.[39]

39 Zur weiteren Diskussion der Geschlechtsrolle siehe die Diskussion der Interviews im zweiten Teil.

Unsere Resultate bestätigen, wie wir meinen, sehr nachdrücklich gewisse zentrale Vorstellungen, die einer der Autoren an anderer Stelle genauer entwickelt hat[40] und die den Dreh- und Angelpunkt unseres dialektischen Denkmodells ausmachen: erstens die Vorstellung, daß Zwanglosigkeit sich von Zwang durch ein Mehr an Verhaltens-Alternativen unterscheidet, und zweitens, daß es Zwänge sehr unterschiedlicher Erscheinungsform gibt. Wir ziehen aus unseren Resultaten *nicht* den Schluß, daß man illegale Drogen gebrauchen muß, um fortschrittlich zu werden. Uns geht es vielmehr um den Sachverhalt, daß jede Einseitigkeit und Einengung, gleichgültig auf welches Bezugsobjekt sie sich richten, Ausdruck von Zwangsmechanismen sind. Illegale Drogen sind ein nicht wegzudiskutierendes gesellschaftliches Phänomen, das – wie die Unterdrückung der Frau oder die Notwendigkeit von Verbrechen – die Widersprüchlichkeit der spätbürgerlichen Verkehrsformen selbst ausdrückt und wiederholt. Tragen wir dieser Ambivalenz aller gesellschaftlichen Erscheinungen nicht Rechnung, schlagen wir uns verabsolutierend auf deren eine oder andere Seite, so bleiben wir immer im System gefangen. Dem widerspricht nicht der Gedanke, daß Widersprüche im gesellschaftlichen Kontext stets eine progressive Seite haben, die unterstützt werden sollte. Diese Progressivität ist jedoch immer nur als relative zu verstehen; das heißt als jenes Moment, das *unter den gegebenen Umständen* am ehesten Fortschreiten, Anstoß, Bewegung verspricht. Wer auf der heute noch progressiven Seite verharrt, wird mit Sicherheit ein zukünftiges Hindernis. Illegale Drogen sind nicht nur die Sehnsucht der einen und die Furcht der anderen; sie sind zugleich ein Vehikel, an dem sich unsere Borniertheit ebenso wie unsere Fähigkeit beweisen kann, nicht zu allem ja zu sagen, was man uns vorsetzt.

40 E. Parow, *Die Dialektik des symbolischen Austauschs*, Frankfurt 1973

8. Ansprurch und Wirklichkeit – Ein Tagebuch der Interviewreise, August 1973

Was ist ein Tagebuch? Ein Buch über Tage und Nächte. Wem gehören sie? Wer besitzt sie? Sie sind einfach da und werden ausgefüllt. Durch Sonne, Kälte, Feste, Katastrophen, durch Zufälle oder Produkte der Geschichte. Wir füllen sie, besetzen sie. Ich handle in ihnen, gucke, suche Bedürfnisse, darf sie nicht haben, habe sie, kann sie nicht leben, habe nicht gelernt, mit ihnen umzugehen. Ich habe Erfahrungen gemacht und unterdrückt für fremde Interessen. Tage sind ausgefüllt von fremden Interessen, den Menschen fremden Interessen. Wenn ich sie kenne, sind sie immer noch entfremdet, aber mir nicht mehr fremd. Davon geht mein Handeln aus.
Was ist eine wissenschaftliche Untersuchung? Ein Suchen nach Wissen unter der Oberfläche. Das braucht System, die Methode. Sie muß gelernt werden. Die bürgerlichen Methoden in der Wissenschaft haben eine längere Geschichte als nur das bürgerliche Zeitalter. Eine fortschrittliche, progressive Methode soll von den bürgerlichen Methoden abgeleitet werden. Nicht diese negierend abwehren, sondern bewußt überwinden. Das Ziel ist die Aufhebung der fremden Bedürfnisse und Interessen. Auch ein Teilziel erreicht nur, wer nicht den zweiten Schritt vor dem ersten tut.

Beide Male, bei Tagebuch und Wissenschaft, geht es um Ehrlichkeit, um Erkenntnis, um Ausdruck. Ausdruck meiner Situation als ein gesellschaftliches Wesen in einer Gesellschaft, welche Ehrlichkeit ausbeutet, Erkenntnis verkauft und Ausdruck konsumiert. Die Sucht des Kapitals nach Profit ist nicht mehr aufzuhalten. Die einzige Selbständigkeit, welche das bürgerliche Zeitalter erzogen hat, ist der Mechanismus, nachdem sich Geld vermehrt – eine abstrakte, unmenschliche Leistungskonkurrenz.
Wenn wir schreiben, Wissenschaft betreiben, forschen, darf es uns nur darum gehen, offene Ehrlichkeit, allen nützliche Erkenntnisse und kreativen Ausdruck zurückzuerorbern. Ebenso systematisch, wie solche Bedürfnisse von vorherrschenden In-

teressen unterdrückt werden, sollen die vorherrschenden Meinungen und Vorurteile durch empirisch belegte Tatsachen unterdrückt werden. Mit Methode.
Wir fangen dort an, wo am wenigsten zu verlieren ist. An Nullpunkten. Nullpunkte gibt es überall. Wo der Körper fehlt, also nur Geist schwebt; wo der Geist fehlt, also nur Körper verbraucht wird; wo beides fehlt, weil das Geld beides ersetzt hat, und wo das Geld fehlt und beides leidet.

VORBEREITUNG

Wir alle, die wir diese Arbeit geplant und aufgezogen haben: Edi, Hans-Harald, Fritz H., Egbert, Toni und ich, dann später auch Bruno, Reinhard, Feli, Ulla und Hillige, gehören (außer vielleicht Hillige) nicht zu den direkt Angesprochenen dieser Arbeit. Das heißt zwar nichts weiter, als daß wir nie gedrückt haben (außer Reinhard). Wir kennen aber ebenso Abhängigkeiten, sind potentielle Schießer; und vielleicht liegt die Motivation zu unserem Einsatz nur darin, daß unsere Vergangenheit uns die Handlungsfreiheit aberzogen hat, einen Akt konkreter Abhängigkeit zu vollziehen. Wir wehren das konkrete Opponieren gegen die strukturellen Widersprüche mit symbolischen Substituten und verschleiert wirkenden Surrogaten ab; Arbeit mit gesellschaftlich legitimierten Erfolgserlebnissen, Privilegien, Geld, Konsum, Rationalität, Autos, Tabak, Alkohol, Kaffee und alle möglichen Arten von Selbstbefriedigung – Onanie versus Beziehung; Privilegien versus Solidarität.
Kurz: Wir agieren von einem Mittelschichtstandpunkt aus. Dessen müssen wir uns grundsätzlich bewußt sein. Wir haben mehr gelernt, mehr Abwehrformen gegen konkrete Erfahrungen, differenziertere Handlungsmuster, raffiniertere Behauptungstechniken als Unterschichtsangehörige oder allgemein solche, die in den wichtigsten Entwicklungsphasen die einschneidende Erfahrung konkreter Unterdrückung und Abhängigkeit gemacht haben.
Wir haben die Unterdrückung nur verschleiert, umgangen, scheinheilig erfahren. Das ist ein großer Unterschied. Ein Klassenunterschied; ist also Teil des gesamtgesellschaftlichen Widerspruchs zwischen Herrschaft und Unterdrücktsein. Unsere "Über-

legenheit“ ist die der gelernten Anpassung. Wir wissen, wie man zurechtkommt, und müssen deshalb nicht mehr symptomatisch reagieren; wir laufen weniger in die Fallen sozialer Kontrolle.
In die Falle von Schießgiften zu laufen ist ein Symptom der Unwissenden. Erfahrung mit ihnen zu haben ist allerdings ein Stück konkretes Wissen. Ebenso ambivalent verhält sich das Symptom in bezug auf Anpassung. Die unbewußt verweigerte soziale Anpassung richtet sich durch die Anpassung (Abhängigkeit) an Ersatzpartner wie Gifte konkret gegen ein isoliertes Subjekt – oder die strukturelle Unterdrückung verkehrt sich in subjektive Unterdrückung von sozialen Bedürfnissen und Ansprüchen.
Unter diesen gesellschaftlichen Bedingungen ist Wissen objektive Macht, Erfahrung dagegen nur subjektive Macht. Sie ist unterlegen, weil sie isoliert wird, sei es um damit Vorteile zu erheischen, sei es auf der anderen Seite, damit die Vorteile von Wenigen nicht gefährdet werden.
Wir sind also die „Wissenden“ und wenden uns an die „Erfahrenen“ in der Szene. Diesem Widerspruch werden wir sehr oft wieder begegnen, in Situationen von Mißtrauen, bei Arroganz oder Egozentrik. Das ist aber auch eine große Chance, durch Vertrauen, Offenheit und kollektive Identifizierung einen gegenseitigen Lernprozeß in Gang zu setzen: Wir vermitteln Zusammenhänge und erhalten Tatsachen, facts, welche in Verbindung miteinander Bewußtsein ansteuern.
Durch unsere Praxis und unsere kollektive Arbeitsweise sind wir bereits auch nicht mehr nur Wissende, sondern wir sind (oder sollten werden) Drehpunktpersonen für die Wiederherstellung verlorenen Bewußtseins und fehlender Solidarität zur Durchsetzung unterdrückter Interessen.
Ausdruck dieser Drehpunktfunktion kann etwa sein:
- Einsicht in die Notwendigkeit, unser Vorhaben kollektiv zu verwirklichen;
- die Sprache im Fragebogen (die zum Teil unsere eigene ist) muß vermitteln zwischen wissenschaftlichen Termini und Szene-Sprache;
- die Comics im Fragebogen als bildlich symbolische Bewußtseinsvermittlung;
- unser Äußeres (Kleidung, Haare) und unsere gesellschaftliche Stellung (Uni, von Eltern akzeptiert).

Auf meiner zweiwöchigen Vorreise in die Schweiz, wo ich die connections in Basel, Zürich und St. Gallen vorwärmte, sind mir die Schwierigkeiten unserer (Klassen-)Lage und unseres Anspruchs sehr klar geworden und haben zu den konsequenten Forderungen geführt: Es ist sehr wichtig, daß wir einheitlich auftreten können, dieselbe Sprache sprechen, einen Willen ausdrücken, durch Selbstüberzeugung power entwickeln, Sicherheit durch kollektive Beziehungsstrukturen ziehen und auch vermitteln. Power ist wichtig. Die Grundlagen müssen dafür geschaffen werden:
Als Gruppe unabhängig bleiben, d.h. wir müßten überall selbständig Schlaf- und Versorgungsmöglichkeit haben. Der Bus, das Zelt und die Ente gewährleisteten dies. Essen müßte regelmäßig und reichlich eingenommen werden (nicht wie oft auf Reisen, wo man von der Hand in den Mund lebt und die dadurch entstandene Müdigkeit ja auch genießen kann). Gut schlafen heißt zuerst mal, für weiche Unterlage und warme Decken sorgen. Aber ich war schon froh, daß wir wenigstens drei Mädchen und sechs Jungs sind. So kann ein dynamischer Gruppenprozeß erwartet werden und wir müssen unsere Frustrationen nicht beim Besuch der Gruppen abreagieren.

29./30.7.73 IN O.

Früher habe ich nie gewagt, diese säuselnde Stille, dieses Supercoole in den Umgangsformen der Subkultur auch nur anzuzweifeln, sondern hielt die davon ausgehende scheinbare Stärke als ein Wunschziel für mich hoch. Heute sehe ich immer mehr einen fatalen Mechanismus ablaufen: daß die objektiv vorhandenen Konflikte und Widersprüche, die überhaupt die gesellschaftlichen Entwicklungen und die Geschichte zum Tragen bringen, ins Intrasubjektive verlagert werden. Der Einzelne wird überfordert und wehrt alle „Unstimmigkeiten" ab, indem er sich mit den jeweils vorhandenen sozialen Situationen identifiziert („es ist wie es ist"). Diese totale Identifikation mit der Umwelt kann mit Acid am besten gelernt werden. Widersprüche werden künstlich gelöst, d.h. gar nicht gelöst. Die Täuschung liegt darin, daß sich der Einzelne in bezug auf Selbständigkeit – Abhängigkeit weiterentwickelt. Denn wenn überhaupt verbale Interaktion abläuft, dann ist diese bereits durch Symbolik entschärft und in metasubjektive Sphären verschoben, d.h. das Subjekt wird gar nicht ins Spiel gebracht, man erfährt über das Gegenüber höchstens, daß es „gekonnt" abwehrt. Wenn man weiß, daß das bürgerliche Individuum ein von Widersprüchen geprägtes Wesen ist, wenn Offenheit die Öffnung beider Seiten dieses Widerspruchs bedeutet, dann wird man stutzig, wenn einem so viele „liebevolle, harmonisch-lächelnde Gestalten" begegnen. Sie haben das „böse Ich" einfach beurlaubt, in die Klinik geschickt, es ist abwesend, vertrieben, oder es ist die „überwundene" böse Welt draußen. Das „gute Ich" baut sich daneben auf, reingewaschen mit Drogen, über alles erhaben durch regredierten Narzißmus. Die böse Welt draußen wird „bewußt" vom guten Ich drinnen getrennt. Die Kommunikation läuft über verschiedene Interpretationen der Rolle „Liebe". Diese Rolle wird geübt, Theater. Der Regisseur ist der beste Spieler. Und wo das Theater schön ist und die Spieler eine langjährige Rollenerfahrung vorweisen, da kommen auch die Zuschauer, die Pilger, die Jünger des Apostels, die dieses Theater auch lernen wollen, es über sich stülpen und bestätigt staunen, wie einfach und lieb menschliches Zusammensein doch ist, doch sein kann, doch wäre. Über die vorherrschenden Bedingungen, über das Spiel, über die Kasse und den Rückweg nach Hause zu reflektieren, verhindert die metaphysische Faszination.

Zum Beispiel am Abend: wir sitzen, etwa fünfzig Leute, um das Feuer, welches H. inszeniert hatte (für alle Fälle eine Rettung schwieriger Situationen). Kein Wort fällt. Schöne Ruhe? Es *ist* ein Konflikt. Viele rücken sich den Konflikt so zurecht, daß sie die vibrierende Ruhe einfach schön finden wollen. Gelingt das nicht, so fehlt es lediglich am shit. Jede Angriffsfläche ist damit verbannt in die böse Welt und die bösen Ichs. Eine sich stark definierende Gruppe (was für Schwache natürlich für eine gewisse Zeit eine echte Stütze sein könnte) müßte sich, im Gegensatz zur Subkultur, geradezu ständig hinterfragen können. Aber nicht die gemeinsame Auseinandersetzung, der Prozeß der Entwicklung wird als Genuß empfunden (eher als belastend), sondern es herrscht ein dauerndes Suchen nach gemeinsamen Turn- oder Tripsituationen. Diese stellen sich natürlich nur vereinzelt und isoliert ein, da die subjektiven Ausprägungen der Erwartungen durch Verdichtungen unter Drogen die Toleranzgrenze erhöht haben.

Beispiel am Feuer: die erste sichtbare gemeinsame Aktion war der völlig sinnlose Versuch, in der hohen Wiese etwa vier Meter neben dem Feuer ein Stück shit zu suchen. Ein Auto wird als Lichtquelle bemüht, die Unterhaltung über Strategie und Taktik des Suchens wird intensiv, in der suchtartigen Erwartung, der shit würde das Gemeinsame gewährleisten. Einige werden kribbelig, fiebrig, es muß spannend sein. Jedenfalls ist das Zugucken ein komisches Schauspiel. Die Shitecke wurde am anderen Morgen in R.s. Unterhose gefunden.
Ziehen – Trommeln – Antworten verweigern oder durch unverbindlich-assoziative Symbolik Inhalte entleeren – gucken (Theater) – sich verschieben – Zeichen sehen (Interpretieren): das sind die sozusagen auf jeden Einzelnen „zurückgeblockten“ energetischen Potenzen, die dann insgesamt als gute bzw. schlechte Vibes gewertet werden, um Ungeklärtes zu klären. Es fehlen völlig die Situationen, wo die Gruppe zu einer sich umgreifenden Überlegung gezwungen wird. Man ist bei sich unter Anderen – angeturnt – wenn nicht: nachwerfen oder selber schuld.
Auch wenn es in der Subkultur oft strukturierter und bewußter abläuft, ablaufen muß, so ist diese ausgestrahlte Sicherheit in ihrer Selbstüberschätzung ein negatives Ergebnis von Drogenerfahrung.

NACH BERLIN

Die Reise nach Berlin war natürlich geladen von Erwartungen. Nun ging das ja los, das große Experiment, die neugebildete Arbeitsgruppe. Wir waren zwangsläufig „gut da“. Interessant, nachzuprüfen, wie die Erwartungen da ausgesehen haben bei jedem und wo jetzt im Nachhinein die Bestätigung oder die Täuschung der Einschätzung liegt.
Von mir kann ich sagen: ich habe mehr grundsätzliche Konflikte, Ausflipps, Gehässigkeiten erwartet; mehr Schwierigkeiten bei den Interviews – aber ich habe auch mit mehr Interviews gerechnet. Ich dachte, wenn jeder von uns an den 10 Stationen, wo wir hinkommen, wenigstens ein Interview durchzieht, dann haben wir achzig bis hundert Interviews. Es ist rund die Hälfte geworden.

In der DDR passierten uns schon die ersten Zusammenstöße mit der öffentlichen Ordnung. Hilles Bedürfnis nach Schokolade kostete uns 63,– DM: 3 Mark für den Ostmarkpreis einer Schoko und 60,– für die Parkbuße. Aber unsere Mitleidstorys waren auch 100,– DM wert.

30.7. – 4.8.73 BERLIN

In Berlin am Mehringdamm ins Abendessen geplatzt. Abtasten, neue Erfahrung für uns – Mißtrauen – etwas mißglückte Vorstellung. Der Wechsel zur Potsdamerstraße brachte schon Lockerung. Die erste Abwehr betraf unser plötzliches und massives Auftreten (zu neunt!). Das Gespräch über unsere Absichten rief Erstaunen über den Anspruch hervor, aber doch Verständnis und Bereitschaft, rein schon aus Neugier. K. hat den von mir aufgesetzten Brief zur Voranmeldung als „absolut Scheiße" bezeichnet. Das war Verunsicherung für uns. Vieles andere auch. Es passierten versteckte Ausschließungsprozesse in unserer Gruppe. Z.B. durch Hängenlassen in Gesprächen, durch Gruppenbildung des Hofes L., durch projizierte Mißverständnisse (Feli interpretierte meinen Klärungsversuch in bezug auf Frühstückeinkaufen als Trennungsversuch unserer Gruppe gegenüber der der Berliner, obwohl ich genau das Gegenteil initiieren wollte); Harald nannte den „Brief" nachdrücklich „Fritzens Brief". Die bestehenden Vorurteile gegen mich kamen zum Tragen und ich gab sie zurück. Harald sah ich als Phantast, peace-and-love, Diskrepanz zwischen Reden und Handeln usw.
Meine Schwierigkeiten tauchten jetzt konkret dort auf, wo meine Anpassung an die Wichtigkeiten und Interaktionsformen der Szene von meiner politischen Einschätzung her auf Differenzen stößt. Ich war gewillt, die Auseinandersetzung zwischen der idealistischen Utopie der Subkultur und den dogmatischen Organisationsformen der politischen Arbeit fortzusetzen, auch wenn sie vorerst nur durch die Verteilung meiner verfügbaren Arbeitskräfte an beiden Plätzen bei mir selbst Schnittpunkte hat. Das befruchtende Moment für die jeweils andere Seite ist ebenso stark wie die Vorbehalte und die Kritik, d.h. in dieser meiner Situation ist ein Prozeß angelegt, der

Erkenntnis in der Dialektik der spätbürgerlichen Gesellschaft zwischen Idealismus und Materialismus sucht. Kurzfristig Ablehnung auffangen heißt dann, langfristig die stagnierenden Punkte der Diskussion beeinflussen können. Konkret: in Situationen des Unverständnisses länger auf dem abgeleiteten Standpunkt verharren als nur bis dort, wo der erste Konflikt auftaucht, z.B. dort, wo auf der Ebene der subjektiven Realisierbarkeit argumentiert wird. Diese Schwelle muß gerade übertreten werden, um den Prozeß der organisierten Solidarität auf das in subjektivistischer Abhängigkeit (bürgerlicher Narzißmuskonflikt) verharrende Individuum einwirken zu lassen.

BERLIN, 2.8.73

„Die Oberfläche durchstoßen, festhalten mit der bewußten Energie, Tiefe zu gewinnen, gibt erst die Energie, die wir brauchen, um wiederum den nächsten Schritt progressiv zu tun. Der Prozeß wird eingeleitet dadurch, daß man sich in die Situation hineinbegibt, wo man verunsichert werden kann, sei es eine Institution, eine Gruppe, eine Selbsterfahrungsgruppe oder eine Person. Der Sinn dieser Kraftaufwendung muß sein und bleiben, die Bedingungen zu ändern, die uns diese Kraft nehmen (Bewußtseinsverengung oder Verschleierung). Gegen die Drogen im allgemeinen Sinn anzukämpfen heißt, sich als Abhängiger des objektiven Suchtkreislaufes so zu verstehen, daß wir den Kampf organisieren in den relevanten Formen der je spezifischen Konfliktfelder dieses objektiven Abhängigkeitsverhältnisses."
Die Gesamtgruppe in Berlin ist sehr clean, überlegt, reflektiert.
Der konsequente Aufbau und das unerbittliche Festhalten an der Selbsterfahrungsgruppe ist hier die relevante Form der organisierten Stabilisierung.
K. sagt: „Wir müssen uns nicht mögen in der Gruppe, wir sind uns sogar oft unsympathisch – das macht nichts – wir wissen von Übertragungen, Abhängigkeiten, wir haben gelernt zu relativieren, Sicherheiten in engen Kreisen aufzugeben und sie in gemeinsamen Prozessen (Arbeit, Perspektive, Verantwortlichkeit objektiven gesellschaftlichen Bedürfnissen gegenüber) festzumachen. Das ganze ist ein langer Aufbau."

SUBJEKTIVISMUSPROBLEME

Natürlich muß es gelingen, einen solchen Aufbau stabil zu halten, ihn in der übergeordneten Perspektive auf die konkrete Situation anzuwenden. Das hieße hier genau, daß sich die Entscheidung durchsetzt: Objektive Bedürfnisse – davon abhängig eine gesellschaftliche Gruppe – davon abhängig ein Ort – die Zeit – die Ausgangspunkte der Interaktion – der Konflikt – die Person, und wieder zurück – abhängig von den möglichen Lösungen – diese von den Perspektiven – und diese von einem gesamtgesellschaftlichen Ziel.

Jeder andere Versuch eines Ansatzes zur Lösung subjektiver Probleme macht es sich zu einfach. Er wird sich im Kreise drehen, kurzfristig vielleicht Erfolg versprechen, aber langfristig das Gegenteil einhandeln. Die bürgerlich gelernte Wahrnehmung ist subjektiv. Sie betrachtet die Gegenstände (und Personen) als Objekte des eigenen Vorteils. Es kann nicht anders sein, weil der bürgerlich legitimierte Erfolg in der subjektiven Einzelleistung besteht. („Er hat es geschafft, er hat es zu etwas gebracht.")

Der erste Schritt der Aufhebung ist die Funktion der Gruppe für das Subjekt. Wird aber nicht miteinbezogen, in welchem Maß die Gruppe wiederum Objekt bürgerlicher Ideologie ist oder wird, so wird dieser Gedanke aus Angst vor der Relativität des Befreiungsversuchs in der Gruppe weggeschoben, so schlägt diese Angst auf die intersubjektiven Prozesse in der Gruppe zurück, und die Opfer flüchten sich in den Subjektivismus, im besten Fall eine Verbrämung bürgerlichen Leistungsdenkens im psychologischen Austausch: „Hilf dir selbst", oder „Willst du was verändern, so mußt du bei deinem Bewußtsein anfangen".

BERLIN, 3.8.73

In Berlin diskutierten wir mit der Gruppe dort meine Position zum Verhältnis von „Arbeit und Beziehungen". Die Vorwürfe gegen mich lauteten: „ich lasse kein feeling zu", „ich kann mir die Reise auch sparen", „ich habe Schiß vor der Beziehung zu Hillige", „ich sehe nur die Arbeit".

Die Vorwürfe sind richtig. Aber sie schließen nicht alle Ebenen mit ein, von denen mein Verhalten bestimmt ist. Trotzdem tref-

fen sie mich, ich muß sie irgendwie lösen. Ich kann mir die Reise nicht sparen, weil ich mich von den Ereignissen beeinflussen lassen will. Das ist ja auch die Realität und die Praxis, die ich immer suche. Ich habe nur Angst, daß die Love-and-peace-Ideologie mit ihren Mitteln ihr Ziel nicht-entfremdeter Arbeit nicht erreichen wird, sowohl die Arbeit als auch die Beziehungen zugrunde richtet. Ich stehe überhaupt nicht auf einem schnell hergestellten feeling, welches nur auf Äußerungen und Lächeln beruht. Es lebt so kurz, wie es aufgesetzt ist, aus Zwang, ein liebender Zeitgenosse zu sein.
Ja, ich habe Schiß vor der Beziehung zu Hillige, aber nicht aus Abwehr ihr gegenüber, sondern gerade weil ich sie kennenlernen will (ihre guten Seiten sind ebenso stark wie ihr Schießerfilm), und ich würde mir vorstellen, daß ich dabei was lerne, sich bei mir was verändert. Und wer hat keinen Schiß davor, sein Gesicht zu verändern?
Die Berliner Gruppe hat eine sehr konzentrierte Methode gefunden, subjektive Situationen einzukreisen. Sie haben, vermutlich durch die konsequente Praxis der Selbsterfahrungsgruppe, eine Beharrlichkeit im Fragen entwickelt, welche imstande ist, die ersten Abwehrmauern zu durchbrechen. Leider bleibt diese Methode dort an Beziehungsprobleme gebunden. Würde die Gruppe in dieser Konsistenz auch politische Fragen stellen, sie könnte eine Menge auch sie betreffender Verschleierungsmechanismen freilegen. Aber die langjährige Übung und das Durchaltevermögen ist „Sache" eines Psychologen. M. ist die rundrum akzeptierte Vaterfigur. Wieso geht das? Wohl auch die Selbsterfahrungsgruppe und der durchorganisierte Familientisch garantieren diese Stabilität. Was fehlt, sind Aktivitäten nach außen, sozusagen die Entnabelung von der Gruppe. Die alte Subkultur-Krankheit ist dabei, nach innen eine Stärke aufzubauen, die draußen wie ein Kartenhaus zusammenbricht. Eine Stärke, die wohl zum Teil auf Illusionen beruht. Trotzdem ist die Gruppe, gemessen an den Abhängigkeiten ihrer Mitglieder, erstaunlich stabil.

ORGANISATION UND SPONTANEITÄT

Immer wieder taucht in der Diskussion der Widerspruch zwischen Organisation und Spontaneität auf. Er ist eingereiht in alle anderen Widersprüche, in den Klassenwiderspruch. Spontaneität ist ein subjektives Bedürfnis, Organisation ein objektives. Organisierte Spontaneität oder spontane Organisation? Beides ist in sich ein Widerspruch. Spontane Organisation würde ein reifes, soziales und kollektives Individuum voraussetzen. Das zu lernen bietet die bürgerliche Ideologie und Bildung keine Gelegenheit. Der noch ungelöste Widerspruch scheint für Kollektive vor allem darin zu bestehen, daß entweder das gesetzte Ziel, spontan, d.h. unabhängig zusammenzuleben, vor lauter Organisation nicht erreicht wird (Beispiel: die meisten linken Polit-Gruppen), oder umgekehrt, daß Spontaneität, oft auch nur Bock-Prinzip und Schein-Unabhängigkeit in den aktuellen Beziehungsformen jede weitere Organisation und kollektive Zielsetzung verhindern. Ich weiß, wir müssen die Vermittlung finden; das ist unsere einzige Chance, in der bürgerlichen Umwelt zu überleben.

DIE WIESE BEI SCHNABELWALD/PEGNITZ 5. – 8.8.73

Unseren eigenen Gruppenprozessen gegenüber habe ich zur Zeit eine ambivalente Einstellung. Einerseits verabscheue ich dieses dauernde, völlig flippige Techtel-Mechtel zwischen den Mädchen und uns, dieses Geknutsche, Küßchen-Koketterie, diese Super-Liebe rundum und dauernd, es fällt nie ein offen böses Wort; nicht auszuhalten! Andererseits sehe ich meine Unfähigkeit, an Beziehungen angstlos ranzugehen, mich nicht dauernd unter Kontrolle zu halten. Sofort kommt diese Angst, durch Preisgaben abhängig zu werden oder abhängig zu machen. Dann die Abwehr und ehrliche Unlust, mich in ein Netz hineinzubegeben, von dem ich weiß, daß es auf Unsicherheiten baut und die Sicherheiten außer sich sucht, d.h. die Gruppe als Vater sieht, der gelernt hat, emanzipative Experimente nicht zu bestrafen. Ich finde, es gibt so eine Art „Subkultur-Überich". Die Ideologie der Droge ist die Sicherheit der loyalen Eltern, welche Werte und Grundsätze vermitteln, ohne deren Grundlagen und Bedingungen mitzuvermitteln.
Wird meine Distanz zu den laufenden Gruppenabenteuern von den anderen als negativ verstanden, so erscheint mir das als Angst der Verlassenen. Ich verstehe meine Distanz zu solchen

Prozessen als für die ganze Gruppe und die Arbeit notwendigen Stabilisierungsfaktor. Einen größeren Bogen zu spannen und an entscheidenden Punkten den richtigen Impuls zu vermitteln, halte ich für wichtiger, als die Spannungskräfte, die in einer neuen Gruppe liegen, möglichst als erster auszubeuten.

MONTAG, 6.8.73

Seit unserem Start – Tag für Tag blauer Himmel. Ein einsamer See liegt vor mir, das Feuer von gestern in der Waldecke, einige von uns schlafen noch drumherum. Ein Schlafsack ist an den Füßen angebrannt. Das Zelt, der Bus und die Ente bilden eine Wagenburg. Dazwischen die Wiese. Spielen, Essen, Baden, Musik, Feuer und Gespräche. Wir vergessen auch die Kleider – Natur. Ulla hat mir vorgeworfen, ich würde alle Dinge aus Distanz ansehen. Meine Ausdrucksweise sei abstrakt und nur verobjektivierend. Das könne mir aber real gar nicht gelingen, weil ich mit in den Prozessen drin sei. Bilder seien besser als Generalisierungen und Assoziationen besser als termini technici. Poesie sei nicht irrational und Erlebnisse seien am genauesten wiedergegeben, wenn sie vom Körper direkt in die Feder fließen. Danke, Ulla.
Die Gruppe flippt unheimlich hier auf der Wiese. Im Paradies dürfte Flippen ein Spiel sein. Diese Ruhe aber, die Coolness, die Gelassenheit ist oberflächlich. Die Unsicherheiten sind unterdrückt. In der Tiefenstruktur sehe ich die Leute, die ich mehr oder weniger kenne, und ihre Geschichte. An der Oberfläche bricht das Wunschdenken konfliktlosen sexuellen Austauschs in der Gruppe durch. Zwischen Reinhard und Harald findet ein erbitterter Kampf statt, eine phallische Prügelei. Aber äußerlich bleibt alles ruhig, Umarmung, gespanntes Lächeln, die Mädchen in groupie-Stimmung, die Jungs in der Euphorie des Emanzipationserwachens – wer würde schon wagen, jetzt einen Konflikt auszulösen? Ich sehe dem ganzen Theater zu, bin einerseits unsicher, muß andererseits lächeln, weil die archaische Freude eine so witzige Maske trägt: die infantile Männlichkeit.
Wir reden, diskutieren, quatschen, deuten, interpretieren, geben Ratschläge, akzeptieren jede Meinung über die Beziehungen. Aber

die Gespräche drehen sich oft im Kreis. Irgendwann glauben alle, den Konflikt durchschaut zu haben. Jeder beginnt, seine Formulierung an den Mann zu bringen. Das ist die Phase, wo der erste kluge Satz heißt: wir kommen nicht weiter. Es werden noch ein paar verzweifelte Versuche gemacht, aber soweit ich mich erinnere, war die Folge entweder Gelaber oder man ging auseinander. Was ist das Unbefriedigende an solchen Situationen? Ich meine, daß wir nur einen Punkt des Konflikts umreißen: das „wie" der Beziehungen. Wir betrachten den einen, den andern und dann ihre Differenz. Dabei gelangen wir nie zu einem Bezugsrahmen; das „woher", „weshalb", „wozu" bleibt außen vor. Sowohl wir als auch unsere Erzieher können nicht fähig sein, angstlose Beziehungen zu lernen, weil Angst und Isolation zur Erhaltung bürgerlicher Leistungskonkurrenz notwendig sind. In dem Maße, wie ich diese Grenzen konkretisieren kann, bin ich fähig, meine Lust, meine Bedürfnisse realistisch einzuschätzen. Durch Abbau lustvermindernder Strukturen kann ich überhaupt erst Lust freilegen. Lassen sich die repressiven Strukturen durch sofortiges Handeln nicht abbauen, so gewährt die theoretische Einsicht das relativ höchste Maß an Lust. Es ist vor allem das Problem, in angetörntem Zustand bei sich selbst anzufangen, das Hier und Jetzt zu reflektieren und dabei die Zusammenhänge, die Basis des Konflikts zu vergessen. Das belastet mich in der Kommunikation mit der Gruppe zur Zeit so stark, daß ich ein Gefühl von Impotenz in mir verspüre.

MÜNCHEN, 8. – 10.8.73

Wir mußten uns richtig losreißen von der Natur. Aber die ersten Erfahrungen unserer Gruppe sind gelaufen, sowohl in Aktivitäten nach außen in Berlin als auch in Aktivitäten nach innen auf der Wiese. Nun kam eine neue Situation von außen, wir konnten uns darauf einstellen. Wir erwarteten klugerweise mehr Chaos, weil wir nicht in eine geschlossene, uns gut bekannte Gruppe reinkamen. Die Situation innen aber blieb Prozeß und wurde uns in München auch teilweise zum Verhängnis. Das Flippige zeigte nun auch seine tieferen Dimensionen. Haralds und Hilles Beziehung entpuppte sich als unehrlich, Koketterie; Reinhard flippte aus. Harald mauert in der Diskussion; erst als wir ihm einen Spiegel vors Gesicht halten, merkt er es selbst. Die Gruppe bei E. ist sehr zerrissen. Die Perspektive fehlt. Sie, die Mutter, stellt die Wohnung, und ein paar unselbständige Söhne hocken drauf. Wir sind von Berlin her Gruppen gegenüber so kritisch, daß wir zwischen arrogantem „Über-der-Situation-Stehen" und verschämter Unsicherheit gegenüber dem hohen Anspruch schwanken. Beschränkung eher auf das Nur-Wohnen. Wir versuchen, die Interviews übers Max-Planck-Institut zu arrangieren. D.M., ein alter Verbündeter, ist geeignete Drehpunktfigur. Er hat Mühe mit der Rolle. Schon immer gehabt. Aber jetzt, wo wir da sind, kommt er ins Schleudern. Er will uns alles recht machen, aber dabei nicht die Schwierigkeiten vergrößern, die er im Institut ohnehin schon hat.

Wir sitzen vor dem Institut auf der Wiese. Ausgeflippte Kleider, wir spielen erwachsene Kinder. Natürlich fallen wir auf. Wir werden zurechtgewiesen: „Das ist kein Spielplatz, sondern ein Erholungspark" (mit Sandkiste, Kletterbäumen und Pilzhäuschen). D. wird vom Vorgesetzten auf seinen ungebührlichen Besuch hin angesprochen. Er will uns holen, verstecken, wir begegnen den beiden. Und nun erst begriff ich die Situation, als er natürlich meine herzliche Begrüßungszeremonie abwies und korrekt, wie sichs unter Akademikern gehört, mir schnell zuvorkam und die Hand hinstreckte.

Wir lernten durch solche Umstände überhaupt, mit der Gruppe flexibel zu agieren, uns an Situationen anzupassen, wo wir nicht unbedingt unser Kollektiv-Image verkaufen wollten, aber doch dort, wo wir unsere Interessen durchsetzen, d.h. Interviews machen wollten, die Situation einzuschätzen und Austausch mit den Angesprochenen zu ermöglichen. So saßen wir denn an zwei Tagen im Gästegarten und belagerten die Gäste-Villa des Instituts für die Interviews.

Die Rekapitulation unserer Arbeit brachte einige Gedanken:

– Widersprüche hier und jetzt aufzeigen und analysieren, nicht Beispiele vom Mond (z.B. ein Stück Tonband zurückspulen, nochmal hören).
– Interviews zu dritt lockern die Situation, lassen das Tonband vergessen und entlasten von dem Zwang, Fragen stellen zu müssen.
– Möglichst viele Ebenen zur Verfügung haben (von konkret bis abstrakt), sie situativ einsetzen. Je nach angebotener Ebene,

entweder ganz konkret am Beispiel oder abstrakt über Theorie ins Gespräch einsteigen.
- Keine übergreifenden Analysen liefern im Interview, sondern die Analyse erarbeiten, indem die Abwehr direkt offensiv durchbrochen wird: „Ich finde, du machst dir da was vor... .“.
- Die Interviewkassetten sollen den Betreffenden zurückgeschickt werden, nachdem sie abgeschrieben worden sind.

ZUR POLITISCHEN ANALYSE:

- Die bürgerlichen Therapieformen fahren im Widerspruch zwischen Spontaneität und Organisation auf die Organisation ab. Spontane Nähe zwsichen Therapeuten und Abhängigen kommt strukturell zu kurz.
- Release flippt auf die Spontan-Seite aus, hat also vorläufig nur den Charakter einer Gegenbewegung zur bürgerlichen Therapie, ist keine Überwindung ihres Widerspruchs.
- Die Gruppen deshalb ansprechen auf folgende Fragen:
  a) was geht in der Aktivität jedes Einzelnen über den subjektiven Kampf gegen die Sucht hinaus?
  c) was geht über die Szene hinaus, bringt sie weiter?
  d) was spricht gesamtgesellschaftliche Prozesse an?

München hätte von uns eine Menge zusätzlicher Kraft erfordert, weil die Szene offen-kaputt-zerissen und völlig unorganisiert ist. Keine Ansätze von Aufbau, praktisch keine Kollektive, keine starken, zentralen Figuren, die sollen alle im Knast sitzen. Bullen und R-Dezernat arbeiten nach System: Haben wir die Königin, so haben wir auch das Volk.
Wir tranken viel Alkohol. Zwischen Arbeitsdruck und Trödelei. Wir waren nicht zusammen. Die Situation um uns herum übertrug sich sehr schnell auf unsere Gruppe. Hätten wir jetzt nicht ein gemeinsames Arbeitsziel und eine über uns hinausgehende Diskussion zur Verfügung gehabt, wären wir höchstwahrscheinlich auseinandergeflippt.
Mit I. fing ich ein Interview an. Wieder einmal eine chronische Fixerin auf Gratwanderung. Ich meine, sie ist weg davon, nur weil sie die Privilegien des Elite-Instituts als Ersatz-Nestwärme benutzen kann. Sie will runter davon und stellt sich einen Job in einer Boutique vor nach der Klinik. Sie sieht dort nur die

Rosen. Der andere Abgrund ist ihre tiefe Erfahrung, ihre Augen sind mißtrauisch, entleert, aber auf der Suche. Sie antwortet hart und spielt die Gefühllose. Ihr letztes Vertrauen, ein Tagebuch, wurde ihr von einem schizophrenen Patienten gestohlen und gelesen. Vielleicht stimmt es nicht einmal, aber allein der Glaube daran zeigt ihre totale Isolation. Sie kann nichts mehr äußern, nichts aufschreiben, keine Gefühle vermitteln. Sie erklärt sich selbst als emotional tot. Aber nun ist sie draußen, im Garten, neue Leute, wir gehen auf sie ein. Feli kommt dazu. Das Vertrauen zu Mädchen ist für I. leichter herzustellen. Wir tun uns schwer. Fahren am nächsten Tag mit ihr, D. und dem Realease-Typen aus London in den Knast nach Aichach, wo dessen Freundin sitzt. Zwischen ihr, Feli und mir läuft ein Spiel sensibler Wärme. Wir sind ganz auf I.s Bedürfnisse eingegangen. Spazieren, Eis essen, Gespräche unter Freunden. Wie die harten Kameraeinstellungswechsel eines Films passieren die verschiedenen Ebenen an uns vorbei: D.s hilfloser Versuch, der Knastsozialarbeiterin etwas beizubringen, das schloßähnliche Gefängnis. Wir sehen uns in die Augen – die Fahrt durch hügeliges Gelände, unsere Interviews, unser Fragebogen. . . Gespräche. . . Vibrationen. Den Fragebogen kriegen wir grad noch hin. Das Interview muß Feli nach längerem Ringen der beiden abbrechen.

ARBEIT – GRUNDLAGE DER GRUPPE UND UMGEKEHRT

Meine Situation, meine Stellung in der Gruppe wird problematisch. Ich dachte, ich steh über den unemanzipierten Flips und dem endlosen, unstrukturierten, ziellosen Geschwätz über Eifersüchteleien und zwanglosere sexuelle Beziehungen in der Gruppe. Die Distanz dazu wird aber in dem Maße unmöglich, wie wir aufeinander angewiesen sind. Wir leben auf engstem Raum zusammen, haben fast permanent Sicht- oder Körperkontakt. Wir leben in zwei Autos, in einem Zimmer, aus einem Topf, aus einer Kasse, durch ein gemeinsames Ziel zusammen, der Effektivität von Prozessen nach außen und nach innen wegen. Es ist also praktisch unmöglich, außerhalb dieses Gefüges neue Kraft zu sammeln. Aber was tun, wenn sich die Prozesse nach innen verselbständigen und mir Kraft rauben, die dann nach innen und außen fehlt?

Wenn die Prozesse dynamisch laufen, ergänzen sich Gruppe und Arbeit von selbst. Davon geht man nur allzu oft unreflektiert aus, wenn eine kollektive Aufgabe gewagt wird. Wovon man nicht ausgeht, ist, daß die Grundlagen dazu fehlen. Wir haben gelernt, Arbeit und kollektive Reproduktion voneinander zu trennen. Die Arbeit ist meist organisiert, und die Reproduktion trägt den Charakter von Erholung, ja von Gier oder Sucht. Unter diesen Voraussetzungen sind auch wir gestartet, obwohl wir schon einige kollektive Erfahrungen mitgenommen haben. Dabei gerät die dialektische Balance zwischen Arbeit und Beziehungen immer wieder aus den Fugen, zu ungunsten beider Aspekte. Sagen wir, die Beziehungen müssen in Ordnung gebracht werden, dann frage ich: in welcher Zeit, wofür und mit welcher Kraft? Daß wir uns gerne mögen, ist so lange eine konstruierte Behauptung zur Aufrechterhaltung von emotionaler Ruhe und Ordnung, wie ich das nicht dadurch erfahren habe, daß wir zusammen was tun, was arbeiten, auf ein gemeinsames Ziel hinsteuern. Ich kann allemal eine emotionale Situation herstellen, daß ich mit diesem oder jenem Mädchen bumsen kann. Das ist nur die Kunst, männliche Potenz auf dem Hintergrund der gesellschaftlich legitimierten Unterdrückungsfunktion der männlichen Geschlechtsrolle spielen zu lassen. Diese „Vereinigung" bleibt gezwungenermaßen beidseitige Selbstbefriedigung. Sagen wir nun, die Arbeit muß in Ordnung gebracht werden, dann muß ich zuerst fragen, was für eine Arbeit, für wen? In unserem Fall sind wir uns einig, daß sie nicht alte Verhältnisse und Meinungen stabilisiert, und daß sie direkt oder indirekt die Leute ansprechen soll, die unter diesen Verhältnissen leiden. Das wäre also eine von der Konsumgüterproduktion qualitativ verschiedene Arbeit. Stimmt es, daß die Konsumgüterindustrie uns und unsere Beziehungen strukturell kaputtmacht, dann kann unsere Gegenkraft nur sein, qualitativ neue Beziehungen unter den Menschen zu suchen.

IN DIE BERGE

Nachdem wir München verlassen hatten, enteilten wir auch für längere Zeit dem Dickicht der Städte. Mir wurde es schon warm, trotz abendlicher Bergluft, als es nach dem Starnberger See end-

lich einmal zu steigen begann. Schlagartig wird einem klar, wie konzentriert in einer Stadt die Widersprüche und Konflikte aneinander reiben, wie weit entfernt der Mensch als Teil der Natur von ihr in der Stadt ist, und wie notwendig er deshalb Substitute braucht.
Der Paß nach Oberstdorf war denn gar zu steil für unsere braven Autos. Erst machte die Ente schlapp, und als diese wollte, streikte der Bus. Es war einfach zu heiß. Wir machten uns draus einen Spaß im Tal und nahmen einen neuen geglückten Anlauf nachts.

ESSERSWIL, 10. – 14.8.73

Wir landeten auf einem Bauernhof. R. empfing uns noch um Mitternacht. Wir sahen, daß hier ein anderer Rhythmus notwendig ist: wer morgens um sechs an der Arbeit sein muß, kann nicht nachts zur Verfügung stehen. Wir schlafen im Heu. Ich werde von „Krikri“, der zahmen Hauskrähe, geweckt; besser: erschreckt, denn erst wußte ich nicht, daß sie zum Hof gehört, und vermutete bei ihrer kreischenden Morgenbegrüßung eine aggressive Verirrung eines Raubvogels. Als ich sah, daß sie mir höchstens den Reißverschluß an der Hose, die im Heu lag, entführen wollte und sie dann auf der Tenne eine Katze verfolgte, gewann ich Vertrauen.
Am Gespräch mit M., dem einzigen Fixer in der Gruppe, konnten wir am nächsten Abend beispielhaft zeigen, wir wir vorgehen wollten. Die Technik, versteckte Konflikte aufzuzeigen im Gruppengespräch, haben wir wohl in Berlin gelernt. Wir kopierten eigentlich das Tribunal mit R. in Berlin, allerdings ohne dieselbe Verantwortung zu tragen, da wir ja wieder aus der Situation rauslaufen konnten. Die grundsätzlichen Komponenten waren:
– am Problem bleiben (Schußgeilheit)
– Härte zeigen, nicht ausweichen, Mitleid verweigern
– Ausdauer behalten, bis Zusammenhänge dem Betroffenen klar werden
– als fragende, lenkende Gruppe geschlossen bleiben
– hinter Sprüche und Ausflüchte schauen
– Verstecktes durch Provokation aufdecken

PROTOKOLL ZUM FRAGEBOGEN MIT U.

Offensichtlich hat U. vor allem zu arbeiten und kommt wenig zum Reden. Ihr hört wohl selten jemand ausdauernd zu. Denn beim Fragebogen-Ausfüllen wurden die Storys, je länger wir dasaßen, umso länger. Sie hatte sehr viel Vertrauen. Ich wollte nicht abblocken. Sie interessierte mich als Typ, ihre Erlebnisse waren spannend und traurig, sie hatte das Bedürfnis, Ballast abzuwerfen. U. ist ein jungenhaftes, robustes Mädchen. Sie hat einen bäurischen Gang, ein starkes Gesicht und einen breiten Oberkörper. Sie sagt, sie besitze viel Mut, den sie in einer Jugendbande gelernt hätte, wo sie das einzige Mädchen und dazu noch die Jüngste war. „Der Bahndamm war die Grenze. Wir haben uns mit Steinschleudern heiße Gefechte geliefert.“ Auf diesem Trip wurde sie von vielen gehänselt. Am meisten traf sie die Konkurrenz der Schwester, die schon früh puppenhaft und modisch die typische Frauenrolle spielte. U. hätte ein Junge werden sollen und hat die elterliche Projektion, so weit es ging, gespielt. Der Vater war ein Säufer und zu Hause total repressiv. Er identifizierte sich nur mit seinem Lehrerjob (wo er als Clown sehr beliebt war) und verhielt sich in seiner Familie ambivalent: als herrischer Befehlshaber oder als empfindlich, wenn die Familie sein Ruhebedürfnis nicht akzeptierte. U. lief mit 17 vom Vater weg, weil er gar keiner war. Ihre folgenden Beziehungen waren Vaterersatzbeziehungen, oder sie wurde einfach als Sexualobjekt mißbraucht. „Ich spürte überhaupt nichts, die stiegen einfach auf mich und ich wußte gar nicht, was los war.“ Ihre Mutter hat nie ein Wort verloren über Sexualität. Als U. voller Angst mit der ersten Periode nach Hause lief, warf ihre Mutter ihr lediglich eine Binde vor die Füße. Sie sollte ja ein Junge sein. Im Folgenden verdrängte sie alles, was mit Sexualität zusammenhing. „Als R. Jahre später mir erklärte, Sexualität hätte etwas mit Lust zu tun, war das für mich ganz neu.“ Davor lief nur einmal eine Beziehung, die über shit auch Lust vermittelte. So kam sie in die Szene, dealte, um etwas Geld zu haben, mit geschenktem shit; brach die Schule ab, versuchte eine Lehre, die Kunstgewerbeschule und blieb dann bei R. hängen. Er ist etwa 12 Jahre älter und dadurch natürlich schon an eine Vaterrolle fixiert. U. wird auch hier versuchen, auszubrechen. Ihre Entwicklung ist bei weitem nicht abgeschlossen.

ÖKONOMISCHE GEDANKEN

Die Situation auf dem Hof in E. war wohl beispielhaft für das Aufeinandertreffen zweier Kollektive mit verschiedenen ökonomischen, interpersonalen und konzentrativen Systemen:

Background:

A: Wissenschaft, „Phantom Release", Kollektiverfahrung, gemeinsames Ziel

B: Notwendige ökonomische Abhängigkeit, verschiedene Erfahrungen, kein gemeinsames Ziel, Sozialarbeiter-Probanden

Ökonomie:

A: gesichert, gut organisiert, genug

B: Schulden, Rendite des Hofs fraglich, zuwenig

Konzept:

A: beweglich, privilegiert kollektives Einverständnis

B: gebunden an Haus, gelenkt von Autorität

Gegenwärtige Lage:

A: viel power, Sendungsbewußtsein, wenig direkte Verantwortung

B: Schwierigkeiten, Beziehungskonflikte, Informationsmangel, Verantwortlichkeiten

Dadurch ist unsere Gruppe (A) prädestiniert, das Hauptgewicht der Energie auf Beziehungsstrukturen und ihre Konfliktlösungen zu konzentrieren, während B diese unterdrücken muß, um nicht unlenkbare Prozesse auszulösen. Wir übersahen die Grundlagen einer realistischen Diskussion und damit einer adäquaten Hilfe. Wir spielten den Elefanten im Porzellanladen, rissen die versteckten Abhängigkeiten und Beziehungsängste auf und setzten sie nicht in Beziehung zu den Möglichkeiten, die aufgrund der ökonomischen Verhältnisse überhaupt nur da sind. Wir verließen die Basis der Konflikte und hängten uns an dem klar vorhandenen Bedürfnis auf, die Verhältnisse der Mitglieder untereinander freizulegen, ihre Anhängigkeiten im subjektiven Bereich mit unseren zu vergleichen, und wir übten durch den Unterschied einen Druck aus, den wir als Lernmotivation legitimierten. Wir merkten erst zu spät, daß das wenig nützt und daß die ausgelösten Prozesse vielleicht Ängste produzieren, statt zu nehmen. Geschirr kaputt – Täter geflohen, mit herzlichen Verabschiedungswünschen.

Das Problem ist einfach. Wir sind Privilegierte, schon von unserer Mittelschichts-Sozialisation her. Die Release-Erfahrungen schließen daran an. Die Ideologie ist die einer Wohlstands-Subkultur mit Häusern, Autos, Luxusgeräten, Teppichen auf dem Boden. Ist ein gewisses Maß solchen Reichtums nicht da, mißlingt die Therapie. Die Schulden zahlt der Staat über Tagesgelder und Investitionen. Das Bauerngewerbe, vor allem der kleine Hof, ist unterprivilegiert. Da müssen im Jahr 450.000 Franken erarbeitet werden. Da sitzt man dauernd mit einer Schuldensumme auf heißen Kohlen, zur Zeit sind es in E. 7000 Franken. Da steht das Betreibungsamt vor der Tür, da gibt es hungrige Tiere, da diktieren das Wetter und die Jahreszeit den Arbeitsrhythmus, und da drängt der Bauer nebenan, der den ganzen Tag schuftet, um zu überleben. Das ist die Realität. Da liegen die konkreten Widersprüche, und da bleibt oft nur eine klare Abwehr gegenüber Ansprüchen. Schweigen, arbeiten, essen und schlafen. Haben wir den Anspruch, ihre Widersprüche aufzudecken, so müssen wir die Analyse mit der konkreten Situation beginnen:

- Was für eine Geschichte hat die Gruppe?
- Wo lagen die Entscheidungen für diese Situation?
- Wer beeinflußt sie?
- Welche Auseinandersetzungen nach außen (Behörde, Justiz, Medien) sind gelaufen, welche Erwartungen sind da?
- Woher kommt das Geld, wer ist dafür verantwortlich, was sind caritative, was erarbeitete, was erschlichene Gelder und wie sieht das bewußte Verhältnis dazu aus?
- Welche externen Auseinandersetzungen laufen zur Zeit mit anderen Gruppen, Eltern, Institutionen, Behörden, Nachbarn?
- In welche ideologische Richtung ist die jetzige Perspektive eingeordnet?
- Woher kommen neue Impulse, welche Zuverlässigkeit und welche Solidarität steht dahinter?
- Woran orientiert sich das Konzept des Kollektivs, wie ist die jeweilige Prioritätenfolge?

Und erst jetzt kann man fragen:

- Wie verhält sich der Tagesablauf zu den sozioökonomischen und politischen Tatsachen?
- Wie können die Beziehungen adäquat weiterentwickelt werden?
- Welche Konflikte bremsen den kollektiven Arbeitsprozeß und welche behindern den subjektiven Entwicklungsprozeß? –

Wir sind umgekehrt vorgegangen und stießen dabei auf ein doppeltes Mißverständnis: unsere Erfahrung der Unterdrückung ist

entfremdet, weil wir keine direkt produktive Arbeit leisten. Wir nehmen die Verschärfung der Basiswidersprüche erst verspätet im Erscheinungsbild des Überbaus wahr.
Durch die Story von U. fällt mir zur Theorie ein: Ihre Abhängigkeit ist dadurch gekennzeichnet, daß zu wenig Liebe von seiten der Eltern da war. Die väterliche Zuneigung blieb trotz dauernder Präsenz des Vaters praktisch aus. Ihr Konflikt manifestiert sich darin, daß sie dauernd außerhalb des Elternhauses väterlichen Sicherheiten nachgelaufen ist, der Vater selbst aber ein autoritärer Charakter zu sein scheint. Die Quantität der Abhängigkeit von zu Hause und die Qualität der Erfahrung außer Haus hätten U. eigentlich zur Schießerin machen können (wie ihre ältere Schwester). Vermutlich hat sie aber schon sehr früh gelernt, der zwanghaften Abhängigkeit zu entkommen und (der Fixe) vorgeschobene Lösungsmodi zu suchen. Ihr Konflikt ist nicht gelöst, sondern nur verschoben in neue Abhängigkeiten zu einer Person, die die Vaterrolle gleichzeitig als autoritäre und als liebende spielen kann.

11. August 73

Ein Hauptgewicht unserer theoretischen Überlegungen liegt bei der Beziehung „Abhängiger" zur Mutter. Es war für mich deshalb besonders pikant, weil unsere ganze Truppe meiner Mutter in St. Gallen an ihrem 51. Geburtstag einen Besuch abstattete. Ich schenkte ihr eine Flasche Kräuterschnaps und nahm ihr 100,– Fr als Reisezuschuß ab. Ja, ja, die Abhängigkeiten!

ZÜRICH, 14. – 15.8.73

Wir kommen eine Woche zu spät an. Das „drop-in" (C. und M.) wollte uns connections vorbereiten, und wie es eben so ist in Institutionen, das fällt bei „Nichteinhaltung" weg. Darum hätten sie ja nicht unbedingt sauer sein müssen. M. ließ sich überhaupt nicht blicken – welche Portion Angst vor einer offenen Konfrontation zwischen ihren institutionellen Unzulänglichkeiten und unserer bekannten Arroganz („die Hamburger zerreißen wieder einmal ein Opfer") M. abhielt, uns zu treffen, war nicht auszumachen.

Wir schlagen an der H.gasse Quartier auf. Zwei Häuser, eins steht leer, fünf, sechs Zimmer mit Küche und Ausstattung – einfach leer. Man bekommt den Eindruck, als wären Schießer hier ein historisches Phänomen gewesen oder von den Hunnen vertrieben worden. Im anderen Haus hängen ein paar sehr junge Typen rum, zum Arbeiten von 1 bis 6 Uhr, 3 Franken die Stunde – Falten und Zusammenkleben eines Sonderangebots: „Der Toilettengeschmacks-Feind Kack-out im Dreier billiger". Die drei Franken sind ein Akkordlohn und ihn erreicht nur, wer in Top-Form ist – Fließbandarbeitstherapie für einen glücklichen Stress! Die Begründung der Mitarbeiter, wieso so etwas überhaupt gemacht wird: „Die Typen wollen Kohle, täglich, da kann man keine andere Arbeit aufziehen." Na klar, wenn du brav arbeitest, kriegste das Geld für den abendlichen Schuß!
Wir starten von hier aus einige Interviewversuche, wir denken es uns professionell, aber es klappt nicht, da sind praktisch keine Gruppen, die sich um Entzüge kümmern. Wir laufen in die schmutzigste Heroin-Szene hinein – wir sind unkoordiniert, auseinander, und auch in B. ist es nicht einfach – F. quatscht mir die Ohren voll, wieso er die Uni abgebrochen hat. Wärs ein bewußter Schritt, würde er von der Alternative erzählen. Mich strengt dieser pseudocoole Film so an, daß ich die nächste Nacht bei R. schlafe, obwohl ich für so kurze Bums-Flips wenig übrig habe. (Aber es war schön und hat mir meine Potenz zurückgegeben.)
Am nächsten Abend hatten alle genug. Genug vom Organisieren, Reden, Absprechen – und überhaupt, wir wollten mal ausklinken – einfach nicht mehr an die ganze Arbeit denken. Das Schwierigste an solchen Wendepunkten waren immer die kollektiven Entscheidungsprozesse: – ich finde, wir fahren heute Nacht schon – ich möchte was von der Landschaft sehen – wir sollten nachts poofen, sonst liegen wir tags wieder nur rum – ich möchte aus dieser Stadt raus –. Wir fuhren nachts und lagen tags rum.

DER BERGTRIP MIT EDI, 17.8.73

Darüber gibts nicht viel zu erzählen. Es war ein Erlebnis: Zwei Tage, ohne einen Menschen zu treffen – Murmeltiere, Steinböcke und kräftige Pflanzen, die jeder Treibhausschönheit spotten. Ein Abend im Zelt mit Spagetti und Kaffee auf 2600 Metern überm Meer. Es fehlte uns tatsächlich nur der Zucker im Kaffee. Ein Papierflugzeug aus einem Toblerone-Schokoladenpapier flog vom Grat des Piz Duan fast ins Bergell, welches noch im Frühmorgendunst schlief; es kreiste lange als weißer Punkt unter der Sonne. Einige Spiele mit dem Seil im Fels gaben uns das Gefühl der Sicherheit, der Zuverlässigkeit und des Vertrauens zwischen uns. Der Stolz auf dem Gipfel ist allmächtig! Vor uns die gesamten Bündner Eistürme. Beim Abstieg badeteten wir in einem eisgekühlten See.

BERGELL UND ENGADIN

Als wir in Casaccia den Rest der Gruppe wieder trafen, erfuhren wir, was ich schon viel früher erwartet hatte: die Gruppe hatte sich geteilt, Harald und Feli gingen ihren bereits angefangenen eigenen Weg jetzt allein, weil sie sich nicht auf einen Lagerplatz einigen konnten. Natürlich war das nur der vorgeschobene Grund. Die Stimmung war etwas trüb, paßte nicht zur Landschaft. In Soglio wurden wir von den Bauern regelrecht verjagt und vom Dorfbullen mit 30.– Fr für die verbotene Straße dazu noch empfindlich in der ohnehin kriselnden Kasse geschwächt. (Ausdruck unserer augenblicklich verfahrenen Beziehungen untereinander.) Aber die Art und Weise, wie wir diese deprimierende Situation überstanden, zeigte, daß wir noch immer zu kollektiven Leistungen imstande waren, denn innerhalb einer halben Stunde hatten wir das Feld geräumt, bevor der Bauer mit der Flinte auftauchte.
Am anderen Tag fanden wir direkt am Inn eine Wiesenterasse, in der Nähe von Schanf gegenüber dem Nationalpark.

DER TRIP, 20.8.73

Das war der Platz für einen gemeinsamen Trip. Ich verfloß mit der Landschaft – zeitweise Stein – dann Affe, ein Affenstamm im Flußknie – nur Blickkontakte, aber ein Netz über die überschaubare Fläche gespannt – pralle Sonne auf heißem Stein und

Sand traf das eiskalte Wasser – so nah begegneten sich Feuer und Schnee und jeder denkt, der andere weiß Bescheid – und guckt sich in die Augen – Spielchen – viel Lachen, und die Wolken ziehen ein gewaltiges Schauspiel auf, das um vier oder fünf zusammenstürzt, weils zu schwer wurde und unsere Körper mit sanften Tropfen beschießt – im Bus dann „Nashville Skyline Rag“ und “To Be Alone With You“ – make pie of communication – der Bauer auf dem Feld verstand unsere Sonne im Gesicht – ein Weinglas auf dieser Treppenterasse der Dorfkneipe zu nippen hab ich mir gestern gewünscht, als wir ins Dorf reinfuhren – die Sonne färbte nochmals alles ein, und nachts am Feuer leuchteten Sterne und Blitze um die Wette – das war unser „Zurück zur Natur“.

PHILOSOPHISCHER EXKURS

In den Dingen sein heißt erst, über den Dingen sein. So können wir uns als Wesen, die sich über die Natur erhoben haben, nur mit Anstrengung wieder in die Natur hineinbegeben. Das Draußen, das Objektive, das Grundsätzliche, das Gesetz der Natur zeigt sich uns nur noch vermittelt, übersetzt in die Sprache der Funktionalität. Das Subjekt ist das Objekt dieser Vermittlung zwischen Natur und gesellschaftlichem Leben geworden. Es lebt als subjektiviertes Objekt, als isoliertes Massenwesen, als Symptom der mißbrauchten Natur. Denn je weniger sich die Gesetze der Natur in den Gesetzen des interagierenden Subjekts widerspiegeln, desto weniger kann das Subjekt verobjektiviertes, natürliches Subjekt sein, desto weniger kann es soziales Wesen sein. Sozial kann nur sein, was die Natur durch ihr gesetzmäßiges Nebeneinander und Ineinander uns lehrt. Die Gesetzmäßigkeit ist der den Dingen innewohnende Widerspruch, der die Bewegung und Veränderung der Materie gebiert. Die Einheit der Gegensätze in der Natur ist die unerreichte dialektische Harmonie, und der Kampf der Gegensätze ist der absolute Kampf zur Erhaltung der Einheit in der Natur. So wie der Mensch sich vermittelt zur Natur verhält, so wie er sie verdinglicht, sich ihr entfremdet, so wird er sich vermittelt zu seinen sozialen Partnern verhalten. Er wird Mittel gebrauchen, um sich zu vermitteln, und verlernt, sich selbst zu gebrauchen. Er wird entwurzelt.

WIEDER ZÜRICH, 21.8.73

Es ging viel zu schnell. Wir versuchten uns durch Organisierung der Arbeit durch die laufenden Interviews durchzubeißen. Es hätte noch was qualitativ Neues passieren sollen. Z.B. die „Süchtigengruppe" in B. Auf meiner Vorbereitungsreise schon alle Hebel in Bewegung gesetzt – von Pontius zu Pilatus gelaufen. Aber die Jungs von der Psychiatrie haben wohl Angst, den „Gegenstand", der ihnen schon längst entglitten ist, auch nur für ein paar Stunden ihrer totalen Institutionalisierung entgleiten zu lassen. Dabei wollen wir den „Süchtigen" nur sagen, daß wir auf der Suche nach dem Krankheitsbild der totalen Institution Gesellschaft sind, und daß wir dabei überall Süchtige antreffen, und daß, wenn wir uns auf dieser Grundlage verstehen, die „gemeinsame Sucht nach Veränderung" die bessere ist.

Wir haben zwei Fehler gemacht. Erstens, daß wir noch einmal nach Zürich zurückkehren mußten – Mißerfolgserlebnisse ausbaden – Abgestandenes nochmal aufwärmen. Es war eine Flucht. Die vielschichtigen kommunikativen Prozesse erreichten immer wieder die Grenze der Belastbarkeit. In Zürich haben wir diese Grenze zu spät registriert. Es sollte sich rächen. Wir brachten die Interviews nur mit Mühe hinter uns. Hoher Arbeitsdruck, weil wir nicht mit leeren Taschen gehen wollten. Zweitens, daß wir nach dem Trip im Engadin nicht einen Tag uns genommen haben, um unsere Kräfte wieder zu sammeln.

Lysergsäure-Diäthylamid hat die Eigenschaft, die Auswahl der wahrnehmbaren Informationen im Stamm- und Zwischenhirn um ein Vielfaches zu erhöhen und die emotionalen und rationalen Reaktionen auf Sinnesreize ganzer Zeitabschnitte auf einige Stunden zu konzentrieren. Nicht im selben Verhältnis, aber doch relativ stärker werden dabei die psychischen und physischen Reservekräfte aufgebraucht. Sie drücken sich im sogenannten „come down" aus und nehmen mindestens den folgenden Tag in Anspruch. Die Nichtbeachtung dieser Regel hat unser Tief um einiges verlängert.

Vielleicht war auch der Faktor ausschlaggebend, daß wir wieder langsam in den Norden reisten.

BASEL, 25. – 28.8.73

Wir sind abgeschlafft. Sehr viele gruppeninterne Spannungen sind dominant geworden. Die Arbeit ist aus den Köpfen geflohen. Wir müssen uns wieder neu verständigen darüber, was wir wollen und tun, und daß wir über die Gespräche und Interviews unseren kollektiven Erkenntnisprozeß vorantreiben wollen. Vielleicht sind es auch die zu vielen Informationen, die zu wenig Verarbeitung erfahren.
Wir haben Glück mit der Gruppensituation in B. Nach dem großen Knall eine neue Gruppe, voller Erwartungen, mit Plänen, für Impulse offen und mit gesicherter Ökonomie. Das Haus besteht aus viel Musik. Das erste Gespräch wird eine richtige Trommel- und Gitarrenorgie – Gruppenflash – und viel Vertrauen. Dann allerdings das große Schweigen am Tisch – eigene Unsicherheit und Kraftlosigkeit oder Sprachschwierigkeiten? Ich werde wieder einmal in die Rolle des Wortführers gedrängt und beklage mich. Unsere Angst, Abwehr und Abgeschlafftheit produziert ein Schweigen, was nach außen wie eine wissende Sicherheit wirkt. Die Baseler als das Mekka schweizerischer Witzbolde führen uns das Blödeln auf virtuose Art und Weise vor. Unsere wohlreflektierten Einlagen müssen für sie einen wohltuenden Einbruch in ihre teilweise stereotype Kommunikation bedeuten. Wir übernahmen dafür einiges von ihrer Ironie-Technik. Die Interviews laufen problemlos an. Unsere Stärke ist es, einen konzeptierten Gesprächsstil in die Gruppen zu tragen, wo es um ihre Probleme geht. Wir haben als Gruppe in dem Maß eine starke Möglichkeit aufzutreten, wie wir den Klärungsprozeß unserer Theorie vorantreiben und ihn an der Praxis messen.
Da ist in der Baseler Gruppe eine so rigide Ablehnungshaltung gegenüber der Heroin-Szene. Natürlich wurden in diesem Haus die schlechtesten Erfahrungen gemacht, was „H“ angeht, aber die Abwehr hat zwanghaften Charakter. “Darüber sprechen wir nicht, der Fall ist für uns gestorben.“ Die Stellung der Mädchen ist ungeklärt, Hauskatzen und Emanzipation an Typen (großer Bruder), die das Geld bringen (Vater) und den Kurs bestimmen (Ehemann). Der M. (sie hat als einziges Mädchen keinen Typ) werden Passivität und Schießerfilm vorgeworfen, was teilweise berechtigt ist, aber eben auffällt, weil die anderen Mädchen die Hausfrauen-, Mutter- und Schwesternrolle für die Typen einüben.

Wir haben uns in dieser Gruppe am selbständigsten bewegt im Vergleich zu den Gruppen vorher. Das hing mit der Art zusammen, wie die Leute selbst miteinander umgingen. Sie haben zur Zeit kein ökonomisches Problem, ein billiges, großes Haus, mitten in der Stadt, relativ ruhig. Die Gruppe besteht aus alten Schulfreunden. Sie haben sich wiedergefunden mit der Perspektive, im Tessin ein Bergdorf zu mieten, um dort neu anzufangen. Hier warten keine Verpflichtungen. Die Nachbarn (Judenviertel) sind ruhig. Kontakt nach außen, keine Ansprüche von außen, Zelt nach innen: angetörnt, angetörnt!

DER SOZIOLOGISCHE SUBJEKTIVISMUS

Der Subjektivismus durchdringt das gesamte subkulturelle Weltbild. Das Bewußtsein bestimmt hier das Sein. Was anderes gibt es nicht. Da kommt man ja her, daran ist man ja vorher ausgeflippt. Aber leider ist dieser Subjektivismus Teil der bürgerlichen Ideologie und damit Mitverursacher von Isolation und Individualismus. Er ist Störfaktor in kollektiven Prozessen, die wir erlernen wollen.
Feli sagt: „Wenn ich mich nicht bei mir selber fallenlassen kann, so kann ich es auch nicht bei anderen." Aber es ist umgekehrt. Wenn ich nicht lerne, mich in der Gruppe fallenzulassen, finde ich bei mir keine Tiefe. Vertrauen aufbauen heißt, sich im Guten und Schlechten zu verraten. Denn wenn klar geworden ist, daß unser soziales Verhalten zerstört ist und tagtäglich angekratzt wird, dann verwendet man die Kollektividee nicht für sich, als Opportunist, sondern gegen sich. Er sagt nicht: das Kollektiv ist die beste Möglichkeit, um zu überleben. Er sagt: das Kollektiv existiert, um Vereinzelung, Isolation zu bekämpfen und auszurotten. Mich fallenlassen, nach „unten gehen" kann ich nur dann, wenn mich jemand trägt. Früher war es die Mutter, heute kann es das Kollektiv sein.

BAD BOLL, 28. – 30.8.73

Ein feuchtwarmes Tal – drei, vier zum Teil verfallene Häuser, das große Haus, das ehemalige Bad und Sanatorium. Ein

ergrauter Naturheilarzt als Ober-Guru (sein Frau hat den alleinigen ökonomischen Überblick) und ein wild zusammengeworfenes Rudel von Schießern, Sozialarbeitern, Söhnen und Töchtern des staatlichen Resozialisierungsprogramms. Oben sitzt der Alte, über alles erhaben, der Super-Vater W. Er hat und gibt alles: Wohnraum, Essen (das einzig wirklich Positive: die Rohkost), Geld, Urlaub, Gutachten, Freundlichkeit und Mandrax, davon soviel man will. Am Abend taucht im Haus ein beklemmendes Gefühl von Eingeschlossensein auf. Zum nächsten Dorf ist es mit dem Auto eine viertel Stunde. Alkohol ist verboten. Besteht aber einmal die Möglichkeit für einen Sprung in eine Kneipe, kommt keiner nüchtern zurück. Ein Zusammensein am Abend gibt es nicht. Der Fernseher oder früh ins Bett ist die Alternative, und wenn beides nicht klappt, gibt es eben Mandrax. Tagsüber Arbeitstherapie, die darin besteht, der Arbeit auszuweichen; Intrigen unter den Bewohnern, Schießerquerelen, von denen der Alte nichts mitbekommt – das ist grob das Therapiekonzept, mit dem der edle Naturheiler dem Staat monatlich an die 20.000 DM abnimmt.
Wir wollten an sich an diesem Platz die Releasegruppe besuchen, die es ein halbes Jahr in einem der alten Häuser ausgehalten hat. Wir haben den Fehler gemacht, uns auf die hiesige Situation nicht vorzubereiten. Hätten wir uns von vornherein auf die Interviews beschränkt, wären wir noch mit einem blauen Auge davongekommen. Mein zweites bekam ich durch die völlig vertrackte Beziehung zu I. Ich wollte nur Interviews machen in diesem Geisterhaus, ich machte aber alles: Zimmer aufräumen, Quatschen, Abwaschen etc.; ich wollte mit I. bumsen, ich habs nicht getan; ich wollte mit ihr das Interview durchziehen, es kam nicht mehr dazu; ich wollte nicht aus angebrochenen Situationen herauslaufen, ich bin geflohen. Mitten in der Nacht sind wir aus Bad B. weggefahren. Mein Entschluß, nicht dazubleiben, war Notwehr.

STUTTGART, 31.8. – 2.9.73

Ein verregneter Freitagmorgen in Stuttgart.
Ich bin aus der Gruppe abgehauen. Ich mußte allein sein – über die Ereignisse in Bad B. nachdenken. Ich mußte mit mir abrech-

nen, um mit unserer Gruppe klarzukommen. Ich bin geteilt zwischen Beziehung und Arbeit, zwischen Bedürfnis und Bewußtsein, zwischen Können und Wollen. Ich habe das Unbehagen, diesen Widersprüchen ausgeliefert zu sein. Im Fall Bad B. hat sich unsere fehlende polit-ökonomische Einschätzung verheerend ausgewirkt. Wir kamen in eine Institution mit pseudokollektivem Anspruch. Wir sahen zuerst die Erscheinungsformen der Beziehungen darin, die Autoritätskonflikte, die Wohnformen, dann kamen wir zu den hierarchischen Strukturen und dann fanden wir den Sündenbock. Wir stürzten uns auf ihn, auf das Produkt einer verworrenen Geschichte, eines Prozesses lauter ungeklärter Hintergründe und primärer Abhängigkeiten. Da waren die Tagessätze, die Bestimmungen der Behörden, ein dubioser Psychologe und schließlich und vor allem die Frau von W., die durch ihre Kontrollfunktion heimlich die Hosen im Betrieb anhat. Kohle – Macht – krankhafte Helferideologie – mit einer Naturheillehre legitimiert – die Ausbeutung der Leibeigenen, die heute Patienten, Probanden oder Klienten heißen. Wir haben nicht den Anachronismus dieser Feudalstrukturen kritisiert, sondern vor allem dessen Opfer. Immerhin konnten wir W. klar machen, daß die Probleme der Schießer keine naturmedizinischen, sondern soziale Probleme sind und daß sie deshalb auch nur sozial zu lösen sind. Das ist viel Einsicht. Wir gingen aber nicht von W.s Klosterideologie aus, wo wir die Kritik hätten beginnen können. Wir verwickelten ihn in eine psychische Abhängigkeit in der kommunikativen Situation. Seine Schützlinge hatten ihm gesagt: „Die Leute verstehen etwas von der Sache". In diesem Kontext landen wir den Appell: „Die Beziehung (Therapie) muß ein Austauschprozeß sein zwischen zwei gleichgestellten Subjekten." W. steckt nun in einer Beziehungsfalle zwischen uns, als von seinen Patienten akzeptierten Autoritäten, und seinen Bedingungen, in denen er nur als unausgesprochene Sachautorität die pseudo-kollektive Ordnung aufrechterhalten kann. Er möchte uns Recht geben, aber er darf es nicht, will er nicht seinen ganzen Kontext dabei aufgeben. Ein klassisches Beispiel eines double bind. Ich war blockiert, die Situation lähmte mich insgesamt. Ich suchte Zuflucht in der Beziehung zu I. Ich war von Anfang an mit Blick, Gehör und Gefühl bei ihr hängengeblieben. Wieso, ist mir im Grunde unklar. Ich beschäftigte mich mit I., hatte aber Angst, zu schwach

zu sein. Ich ging weder vor noch zurück. Mein erster bewußter Akt war dann, das Interview durchzuziehen. Das setzte ich hartnäckig durch, gegen ihren Willen, zum Arzt zu gehen, und gegen Haralds Absicht, das Interview mit I. selbst zu machen. Es fing relativ gut an, konnte aber nur schlecht ausgehen. Wir verlagerten unsere tatsächlichen Absichten (mangelnde Liebe aufzuholen) auf immer tiefere Ebenen des Gesprächs. Zwanghafter Platonismus. Dabei wurde sie für mich immer mehr zum Sexualobjekt. Das Interview wurde unmöglich. Mein Versuch, mit Harald das Interview zu dritt noch einmal zu versuchen, ist dann vollends gescheitert. Er war in einer ähnlichen Lage wie ich, er überblickte dabei die hemmenden Faktoren noch weniger als ich. Das Ganze schlug später auf mich zurück. Unfähigkeit, Beziehungen und Bedürfnisse durchzusetzen gegen meine Ängste. Mein Selbstvertrauen stürzte wie ein Kartenhaus zusammen. Ich floh. Ich habe dabei sowohl I. als auch Harald im Stich gelassen.
In Stuttgart ging uns die Puste, die Kohle und die Zeit aus. Hillige war schon von Basel aus zurückgereist, nicht nur, weil sie jobben mußte. Wir hatten fünf Wochen intensivste Kommunikation hinter uns. Gespräche mit anderen Gruppen, Interviews mit Einzelnen, permanente Diskussion in unserer Gruppe. Wir haben viel Neues kennengelernt. Fast zu viel.
Vielleicht hielt das die Maschine unseres bis dahin so treuen Busses 200 km vor Hamburg gerade nicht mehr aus.

Fragebogen

Wie's bei dir lief

(Fragebogen zu deiner Entwicklung)

Bogen Nr. ☐☐☐

Vorname ....

1, Geschlecht

1 männlich
2 weiblich
☐

2. Geburtsjahr

1 9 ☐☐

3. Wo wohnst du gegenwärtig ?

1 ich wohne gegenwärtig noch zu Hause
2 ich wohne gegenwärtig wieder zu Hause
3 ich wohne gegenwärtig nicht zu Hause
☐

falls 3

ich wohne seit ☐☐
Monaten nicht zu Hause

4. Falls du gegenwärtig ausserhalb des Elternhauses lebst, trage bitte in die Kästchen der Reihenfolge nach die verschiedenen Wohnsituationen ein, die du bis heute hinter dir hast

1 wohne zur Untermiete (Zimmer, möbliertes Zimmer) bei fremden Leuten. Zimmer ohne separaten Eingang (hohe Möglichkeit des Kontrolliertwerdens)
2 wohne zur Untermiete bei fremden Leuten, jedoch mit separatem Eingang (geringe Kontrollmöglichkeit)
3 wohne bei Freunden/Bekannten oder in einer Wohnung von Freunden/Bekannten
4 wohne als Hauptmieter in einer eigenen Wohnung

5 wohne in einer Gruppe (3 Personen)
6 wohne in einer Gruppe (4 Personen)
7 wohne in einer Gruppe (mehr als 4 Personen)
8 keinen festen Wohnsitz, wohne wo es sich gerade ergibt

☐	☐	☐	☐	☐	☐
1. Wohnsituation ausserhalb des Elternhauses	2.	3.	4.	5.	6.

5. Falls du gegenwärtig ausserhalb des Elternhauses lebst: wohnst du noch am gleichen Ort wie deine Eltern (Elternteil usw.) oder bist du weggezogen?

1 ich lebe noch am gleichen Ort, an dem auch meine Eltern wohnen
2 ich lebe im gleichen Landkreis, in dem meine Eltern wohnen (aber nicht am gleichen Ort)
3 ich lebe im gleichen Bundesland der BRD, in dem meine Eltern wohnen (aber nicht 2 und 1)
4 ich lebe in einem anderen Bundesland der BRD
5 meine Eltern leben im Ausland
L entfällt, weiß nicht usw.

☐

6. Wie häufig siehst du zur Zeit deine Eltern (Elternteil, Stiefeltern usw)?

1 regelmäßig jeden Tag
2 regelmäßig jede Woche
3 regelmäßig in größeren Abständen
4 sehr unregelmäßig, selten
5 nie

☐

falls 3, 4 oder 5 auf dich zutreffen, wie oft hast du deine Eltern (Elternteil usw.) im Jahr 1972 etwa gesehen?

ich habe im Jahr 1972 meine Eltern etwa ☐☐ mal gesehen

7. Dein "Familienstand"

1 verheiratet, lebe mit meinem Ehepartner zusammen
2 verheiratet, lebe getrennt von meinem Ehepartner
3 geschieden (auch wiederverheiratet)
4 noch ledig, aber verlobt
5 ledig

☐

8. Unabhängig von deinem formalen"Familienstand": Welche Art der Partnerschaftsbeziehung trifft gegenwärtig auf dich zu?

1 ich habe zur Zeit einen Partner mit einer besonders engen Beziehung
2 habe eine feste Beziehung und gleichzeitig noch mehrere flüchtige
3 habe gegenwärtig gleichzeitig mehrere Beziehungen etwa gleicher Stärke oder Intensität
4 habe zur Zeit überhaupt keine befriedigende Beziehung zu einem Partner; alle Beziehungen zu oberflächlich
5 ich hatte eigentlich noch nie eine befriedigende Beziehung zu einem Partner

☐

9. Wie lebst du zur Zeit?

1 ich lebe allein
2 ich lebe allein, aber mit der Perspektive, in ein Kollektiv zu ziehen
3 ich lebe mit einem Partner zusammen
4 ich lebe mit einem Partner zusammen, aber mit der Perspektive, in ein Kollektiv zu ziehen
5 ich lebe mit ein, zwei Freunden zusammen, aber ohne kollektiven Anspruch
6 ich lebe im Kollektiv
7 ich lebe im Kollektiv und suche bewußt eine Alternative zu den traditionellen Formen des Zusammenlebens
8 ich wohne zu Hause bei meiner Familie

☐

10. Welche Familiensituationen hast du seit deiner Geburt bis zum Alter von 18 Jahren erlebt?
(Mache bitte selbst Kästchen und trage jeweils die betreffende Ziffer ein.)

1 vollständige Familie (Vater/Mutter)
2 Mutter und Stiefvater
3 Vater und Stiefmutter
4 Mutter gestorben, lebe/lebte bei Vater/Stiefvater
5 Vater gestorben, lebe/lebte bei Mutter/Stiefmutter
6 Eltern getrennt/geschieden, lebe/lebte bei Mutter
7 wie 6, lebe/lebte bei Vater
8 lebe/lebte bei Verwandten
9 Erziehung durch Eltern/Elternteil und Verwandte <u>zugleich</u> (z.B. Erziehung durch Mutter und Großmutter)
10 Adoptiveltern/Pflegestelle
11 Heim, Internat usw.

0	1	2	3	4	5	6	7	8	9	10	11	12	13	14	15	16	17	18

Jahre

11. Von wann bis wann dauerte diese Situation?

von 1 9 ☐☐

bis 1 9 ☐☐

12. Trägst du bitte in die Tabelle rechts die Reihenfolge der Kinder in deiner Familie ein, für deine Geschwister nimmst du ein Kreuz und für dich selbst einen Kreis

	Schwester	Bruder
1. Kind		
2.		
3.		
4.		
5.		
6.		
7.		

13. Wie bist du geboren?

1 ehelich
2 unehelich

☐

14. Als du noch im Elternhaus lebtest, bist du da mal von zu Hause abgehauen? (Mindestens eine Nacht lang)

1 bin nicht abgehauen, aber oft über die gesetzte Zeit weggeblieben
2 bin einmal abgehauen
3 bin mehrmals abgehauen
0 weder weggeblieben, noch abgehauen

☐

falls abgehauen

zum ersten Mal im Alter von ☐☐ Jahren

15. Wann hast du das Elternhaus verlassen, um selbständig zu leben?

1 ich lebe noch zu Hause
2 ich lebe wieder zu Hause

☐

habe mich endgültig selbständig gemacht im Alter von ☐☐ Jahren

16. Trage ins linke Kästchen die Schulbildung deiner Mutter, ins rechte die deines Vaters ein (trage nur die jeweils abgeschlossene Schule ein)

1 Volksschule (Hauptschule) nicht abgeschlossen
2 Volksschule
3 Realschule (mittlere Reife)
4 Berufsschule
5 Fachschule (z.B. Ingenieurschule, Kunstschule, Fachhochschule)
6 Gymnasium (Abitur)
7 Universität

8 anderes...............................

Mutter ☐ Vater ☐

17. Trage ins erste Kästchen den erlernten Beruf der Mutter, ins zweite den erlernten des Vaters; ins dritte den ausgeübten Beruf der Mutter, ins vierte den ausgeübten des Vaters

1 Hilfsarbeiter: Parkwächter, Strassenreiniger, Handlanger, Bote, Packer, Packerin, ungelernte Fabrikarbeiterin
2 ungelernter Arbeiter: Bauarbeiter, Müllabfuhr, LKW-Fahrer, Pförtner, Gehilfe, Putzfrau, Sortiererin, Materialprüferin in der Fabrik usw.
3 angelernter Arbeiter: Auto-, Maschinenschlosser, Dreher, Fräser, Monteur, Stanzer, Gießer, Matrose, Bergmann, Tankstellenwart, Frauen in Wäscherei und Reinigung, Krankenschwester usw.
4 angestellter Arbeiter: Krankenpfleger, Kellner, Postbote, Verkäufer(in) Sekretärin
5 Vorarbeiter und alle Berufe mit einigen Untergebenen und gewisse Verantwortlichkeiten für Personen oder spezialisierte Maschinen, wie Werkstattleiter, Betriebsgruppenleiter(in), Oberschwester usw.
6 mittlere Angestellte, kleine Selbständige ohne Ausbildungsfunktionen: Technischer Zeichner, kaufmännischer Angestellter, Buchhalterin, Bankbeamter, selbstständiger Landwirt oder Handwerker wie Friseur, Bäcker, Schneider etc. in Kleinbetrieben ohne Untergebene, auch Handwerksmeister im Angestelltenverhältnis
7 Angestellte oder Selbständige mit zusätzlichen Ausbildungsfunktionen: Handwerksmeister oder Werkmeister, Montageführer, Ingenieur
8 künstlerisch-kreative Berufe: Musiker, Maler, Kunstgewerbe, Schauspieler, Theater, Film, Fernsehen
9 Selbständige Gewerbetreibende mit Angestellten, Diplom-Ingenieur, Lehrer, Abteilungsleiter, mittlere Beamte usw.

10 Unternehmer ab 50 Angestellte, Direktor, Arzt, Anwalt, Richter, Pastor, Apotheker, Oberstudienrat, Schulleiter usw.
11 Unternehmer ab 500 Angestellte, Lokalpolitiker (Landrat, MdL), Bankier, Professor, Manager, höherer Beamter, Oberarzt, Gerichtspräsident usw.
12 Großunternehmer, Topmanager, Großgrundbesitzer, Bundespolitiker, General, künstlerisch-wissenschaftliche Prominenz
13 Nur-Hausfrau
14 nur teilweise (z.B. halbtags)berufstätig
15 Rentner(in)

Mutter erlernt ☐☐ Vater erlernt ☐☐

Mutter ausgeübt ☐☐ Vater ausgeübt ☐☐

---

18. Stellung der Eltern am Arbeitsplatz

1 ohne Untergebene
2 mit Untergebenen, jedoch ohne Ausbildungsfunktionen
3 mit Untergebenen und Ausbildungsfunktionen

Mutter ☐ Vater ☐

---

19. Besitzen deine Eltern Produktionsmittel oder Kapital ?

(wenn auf deine Eltern mehrere Punkte zutreffen, trage ins Kästchen die <u>kleinste</u> Ziffer ein)

0 nein
1 Produktionsmittel/-betriebe
2 Haus-/Grundbesitz
3 Aktienvermögen
4 Bausparvertrag, Lebensversicherung usw.
5 anderes..............................
L weiss nicht; entfällt ☐

---

20. Wie ist der Arbeitsplatz deines Vaters (bzw. wenn Mutter der Haupternährer der Familie ist, deiner Mutter) beschaffen?

1 stark kaputtmachend bereits durch die konkreten äußeren Bedingungen wie Schmutz, Lärm, Temperatur, Ermüdung, Akkord etc.
2 stark kaputtmachend eher durch psychischen Stress
3 normaler Arbeitsplatz mit durchschnittlichen Belastungen
4 guter Arbeitsplatz

5 anderes..............................

☐

21. Welche Einstellung hatte dein Vater (bzw. deine Mutter, siehe oben) zur Arbeit?

1 hat aus der Arbeit eine Ideologie gemacht, hat sie zum Selbstzweck erhoben
2 hat oft über die Arbeit geschimpft
3 weder noch, hat Arbeit eher als "notwendiges Übel" betrachtet
4 hatte Spaß an der Arbeit

5 anderes..............................

....

22. Was für ein Arbeitsverhalten hat dein Vater (deine Mutter, siehe oben) tatsächlich gezeigt?

1 hat eher zuviel gearbeitet, sich kaputt gemacht (z.B. Überstunden gemacht, Arbeit mit nach Hause genommen, zusätzliche Schwarzarbeit gemacht usw.)
2 hat eher so wenig wie möglich gearbeitet
3 weder noch, hat durchschnittlich viel gearbeitet

4 anderes..............................

....

23. **Wie hoch war ungefähr das letzte monatliche Einkommen deiner Eltern?**

Mutter, in Hundertern [|]

Vater, in Hundertern [|]

---

24. **Wo bist du bis zum Alter von 18 Jahren überall aufgewachsen?**
(Mache selbst Kästchen und schreibe die betreffenden Zahlen hinein!)

1 Großstadt, Lärm, eher ärmeres Viertel
2 Großstadt, ruhig, eher reicheres Viertel
3 mittlere Stadt, Lärm, eher ärmeres Viertel
4 mittlere Stadt, ruhig, eher reicheres Viertel
5 Kleinstadt
6 Dorf/Land

0 1 2 3 4 5 6 7 8 9 10 11 12 13 14 15 16 17 18
Jahre

---

25. Welche Wohnverhältnisse hast du in diesem Zeitraum erlebt?
(Mache selbst Kästchen und trage die betreffenden Ziffern ein!)

1 obdachlos, Lager, Baracken
2 Schlichtwohnung (z.B. 1 Bad, 1 Toilette für mehrere Parteien, Toilette außerhalb des Hauses), Selbstbauten nach Schrebergartenart usw.
3 ältere ärmliche Wohnkasernen
4 Reihenhaus
5 Altbauwohnung Innenstadt
6 Neubauwohnung mit vielen Parteien
7 Ein-/Zweifamilienhaus Altbau (vor dem Krieg gebaut)
8 Ein-/Zweifamilien-Nachkriegshaus
9 Villa
10 Bauernhaus/Hof
11 entfällt: bin in Heimen aufgewachsen, ohne Elternhaus usw.
12 anderes..........................
....

0 1 2 3 4 5 6 7 8 9 10 11 12 13 14 15 16 17 18
Jahre

Die 1970 von Wohnungsbauminister Lauritzen vorgelegte Wohnungsstatistik zeigt die erschreckende Bilanz des westdeutschen Wohnungswesens:

- 800 000 Familien leben in Kellern, Baracken, Nissenhutten oder zur Untermiete. Fast die Hälfte davon in Großstadtslums.
- 1 Million Wohnungen sind abbruchreif und völlig wohnunwurdig. 3,5 Millionen Wohnungen sind weiterhin überaltert.
- 7 Millionen der 20 Millionen Wohnungen (also mehr als 1/3) haben weder Bad noch Dusche, 4 Millionen davon noch nicht einmal Toilette innerhalb der W...

26. Wieviele Zimmer für wieviele Leute standen in der letzten Wohnung, die du mit deinen Eltern bewohntest, zur Verfügung?
(bei "entfällt" keine Angabe)

wir lebten zu ☐

in einer ☐

- Zimmer-Wohnung

27. Wenn du den Sozialstatus (z.B. Bildung, Beruf, Einkommen) deiner Großeltern mit dem deiner Eltern vergleichst, hat er sich verändert?

1 nein, etwa gleichgeblieben
2 Eltern aufgestiegen
3 Eltern abgestiegen
0 weiß nicht

☐

28. Wenn du deinen zuletzt ausgeübten Beruf (bzw. deinen Bildungsstand bis heute) mit Beruf und Bildung deiner Eltern vergleichst, bist du dann gleichgeblieben, auf- oder abgestiegen?

1 etwa gleichgeblieben
2 bin aufgestiegen
3 bin abgestiegen

☐

29. Hast du als Kind von 10/11 Jahren viel Auslauf gehabt, oder warst du eher an die Wohnung gebunden und überwacht?

1 durfte nur zu Hause und in der unmittelbaren Nachbarschaft spielen
2 durfte außerhalb der unmittelbaren Nachbarschaft nur bei Kameraden spielen, die meinen Eltern bekannt waren
3 durfte außerhalb spielen, wenn ich sagte, wo ich hinging
4 durfte überall spielen, nur nicht an bestimmten gefährlichen Stellen (Gewässer, Baustellen, Ruinen, bestimmte Straßen, Parks, Plätze)
5 durfte überall ohne Einschränkung spielen, hier waren meine Eltern sehr tolerant
6 konnte überall spielen, meine Eltern haben sich nicht um mich gekümmert
7 durfte zwar nicht überall spielen, habe es aber getan, da meine Eltern mich nicht ständig überwachen konnten

30. Falls du weiblich bist, hattest du ausgesprochenes Mädchen-Spielzeug? (Puppen, Küchen). Falls männlich, ausgesprochenes Jungen-Spielzeug? (Technik, Autos, Waffen)

0 nein
1 ja

☐

31. Womit hast du dich als Kind bis 10/11 Jahren am meisten beschäftigt? (2 Antworten möglich)	1 Basteln/Handarbeiten 2 Lesen 3 Hausspiele 4 Spiele mit Kameraden in der Stadt 5 Streifzüge mit Kameraden in der Natur 6 Sport (z.B. Kicken, Schwimmen, Schi-/Schlittschuhlaufen usw.) 7 Sammeln 8 musische Beschäftigungen (Musik, Malen/Zeichnen, Ballett) 9 anderes............................ 0 mit nichts bestimmtem beschäftigt
32. Hattest du während deiner Kindheit (bis 11) schon ein eigenes Zimmer?	1 ja, eines für mich allein 2 ein Zimmer zusammen mit Geschwistern 3 nein, mit Eltern zusammen oder irgend eine andere Notlösung 4 Mehrbett-Zimmer in Heim oder Internat
33. Warst du ein erwünschtes Kind?	1 erwünschtes Kind und erwünschtes Geschlecht 2 unerwünschtes Geschlecht 3 unerwünschtes Kind L entfällt, weiß nicht usw.
34. Für Jungen: hattest du jemals Ängste, verglichen mit deinen männlichen Altersgenossen zu weich oder zu weiblich zu sein? Für Mädchen: hattest du jemals Ängste, verglichen mit deinen weiblichen Altersgenossen, zu wenig weiblich, attraktiv usw. zu sein?	0 nein, niemals 1 ja, eine gewisse Zeit lang 2 ja, ziemlich lange und ziemlich stark
35. Durftest du mit allen Kindern zusammen sein, mit denen du wolltest?	0 nein 1 ja
36. Welches war das erste bedrohliche Kindheitserlebnis, an das du dich noch deutlich erinnern kannst?	0 kann mich an keine besonderen erinnern 1 Krankheit, Einlieferung in ein Krankenhaus, Arztbehandlung, Operation, Narkose

2 Einlieferung in ein Heim, Ferienheim, Internat usw., und die damit verbundene Trennung von der Mutter
3 Tote
4 ein eigener oder miterlebter Unfall
5 Strafe von den Eltern
6 Allein gelassen werden
7 Streit zu Hause
8 ein sexuelles Erlebnis

9 anderes..............................
....

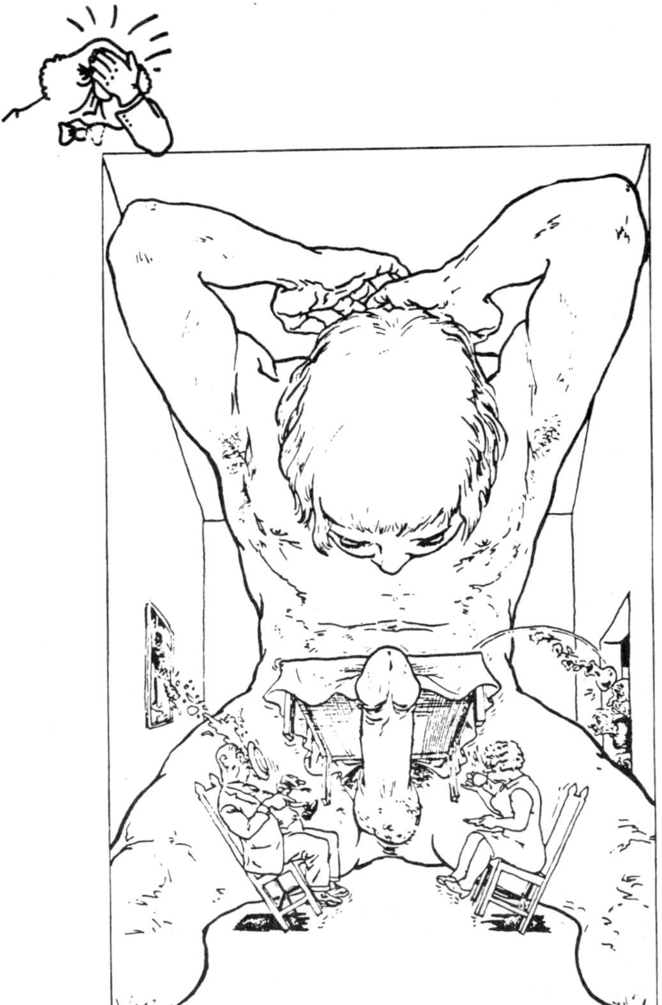

37. Kannst du dich an erste sexuelle Spiele als kleines Kind (vor Schuleintritt) erinnern?
(bei Bejahung kannst du bis zu 5 Antworten geben)

0 nein
1 Spiel mit Urin und Kot
2 sogenannte Doktor- oder Vater-, Mutter-, Kind - Spiele
3 Selbstbefriedigung
4 Gegenseitige Befriedigung (oder Versuche der Befriedigung) unter Gleichgeschlechtlichen
5 Gegenseitige Befriedigung (oder Versuche) mit Gegengeschlechtlichen
6 Koitus-Versuche
7 Spiel mit Schnecken, Fröschen oder ähnliches

8 anderes.................................

....

☐

38. Mußtest du dabei ein schlechtes Gewissen haben ("erwischt und bestraft zu werden); übten deine Eltern in punkto Sexualität irgendeinen Zwang aus?

0 nein, sexuelle Betätigung war frei
1 ja, obwohl ein Verbot eigentlich nie ausgesprochen war
2 ja, es herrschte ein ausdrückliches Verbot, bin aber nie bestraft worden
3 ja, es herrschte ein ausdrückliches Verbot und ich bin auch bestraft worden

☐

39. Bist du von deinen Eltern aufgeklärt worden?

0 nein, niemals in irgendeiner Weise; dieses Gebiet war tabu
1 ich wurde nur von ihnen gewarnt, was für böse Folgen sexuelle Betätigung haben könnte
2 sie machten mal so andeutungsweise einen verschämten Versuch (schenkten mir z.B. ein Buch oder redeten über die Bienen), hielten die wesentlichen Informationen jedoch immer zurück
3 ja, ich bin uneingeschränkt von meinen Eltern aufgeklärt worden

☐

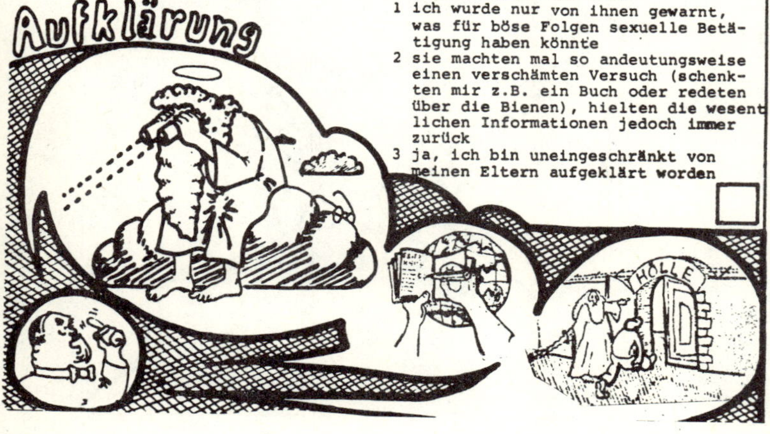

4o.	**In welchem Alter wußtest du über die wesentlichen sexuellen Vorgänge endgültig bescheid (also woher die Kinder kommen und wie das mit bumsen zusammenhängt)?**	ungefähr im Alter von ☐☐ Jahren L weiß nicht, entfällt usw.
41.	**Von wo her hast du deine <u>entscheidenden</u> sexuellen Erfahrungen (theoretisch oder praktisch) bezogen?** (hier sind bis zu 3 Antworten möglich)	1 von der Mutter 2 vom Vater 3 von erwachsenen Verwandten (Onkel, Tante usw.) 4 vom Pastor oder Lehrer 5 von Geschwistern 6 von (nichtverwandten) Spielkameraden und Freunden deines eigenen Geschlechts 7 von (nichtverwandten) Spielkameraden und Freunden des anderen Geschlechts 8 von anderen Erwachsenen 9 von deinem jetzigen Partner 0 anderes.............................. .... ☐ ☐ ☐
42.	**Waren deine Eltern in deiner Gegenwart zärtlich zueinander (geküßt, gestreichelt, in den Arm genommen usw.)?**	0 nein oder äußerst selten 1 ab und zu 2 ja, häufig L entfällt ☐
43.	War die Phase der Eitelkeit und Sorge um das Äußere bei Beginn der Pubertät bei dir besonders stark ausgeprägt?	0 nein, eher weniger als bei den anderen 1 normal 2 ja, ziemlich stark ☐
44.	Warst du deinen Altersgenossen gleichen Geschlechts meist modisch voraus?	1 ja 2 nein ☐
45.	Hattest du früher die Vorstellung eines körperlichen Mangels (Gesicht, Haare, Figur), der deine äußere Erscheinung beeinträchtigte und dich in den Augen der anderen zurücksetzte?	1 ja, ausgeprägt 2 nein, hatte nicht mehr und nicht weniger Sorgen in dieser Beziehung als die anderen Gleichaltrigen auch 0 nein, kann ich nicht von mir behaupten ☐

46. Warst du stark in deinen Körper verliebt?	1 ja, stärker als es die anderen offensichtlich waren 2 nicht mehr als die anderen Gleichaltrigen auch 3 nein, kann ich nicht von mir behaupten 0 im Gegenteil, ich mochte meinen Körper nicht
47. Wie stand es mit deinen Erfolgen beim anderen Geschlecht (gemessen am Durchschnitt deiner Altersgenossen)?	1 ich hatte meist früher und häufiger Beziehungen zum anderen Geschlecht als meine gleichgeschlechtlichen Altersgenossen 2 normal, wie bei den anderen auch 3 das ging bei mir langsamer als bei meinen gleichgeschlechtlichen Altersgenossen
48. Wenn du deine Beziehungen zu deinen Altersgenossen gleichen Geschlechts vor deiner Drogenphase beurteilst, welchem der Fälle 1 - 5 entsprachen sie am meisten?	1 ich hatte in meinen verschiedenen Gleichaltrigen-Gruppen immer verhältnismäßig viele Freunde 2 ich hatte die längste Zeit über hauptsächlich einen besten Freund, mit dem ich das meiste unternahm 3 ich hatte die längste Zeit immer einige besonders enge und eine größere Anzahl weniger enge Freunde 4 ich war immer ziemlicher Außenseiter oder Einzelgänger 5 ich habe meinen Partner häufig gewechselt
49. Waren deine ersten sexuellen Beziehungen nach der Pubertät zugleich mit einer tiefen und längerdauernden Freundschaft mit dem betreffenden Partner verbunden? Zusatzfrage: in welchem Alter hast du zum ersten Mal gebumst?	0 nein 1 ja ich habe im Alter von ☐☐ Jahren zum ersten Mal gebumst
50. Wie haben sich deine heutigen Beziehungen im Vergleich zu früher geändert? Sind sie tiefer oder oberflächlicher geworden?	0 nicht geändert 1 sie sind dauerhafter geworden 2 sie sind kurzlebiger geworden 0 nicht geändert 1 sie sind tiefer geworden 2 sie sind oberflächlicher geworden

51. Hast du die Erfahrung sehr unterschiedlich tiefer sexueller Beziehungen gemacht?	0 nein 1 ja
52. Hast du Orgasmusschwierigkeiten? (Potenz, zu schnell fertig werden, selbst keinen Höhepunkt, keinen gemeinsamen Höhepunkt usw.)	0 nein 1 selten 2 oft 3 regelmäßig
53. Hast du sexuelle Kontakte mit Gleichgeschlechtlichen gehabt (Homosexualität)?	0 nein, kein Bedürfnis 1 ja, selten oder andeutungsweise 2 oft, mit verschiedenen Partnern 3 nur 4 noch nicht, aber kann ich mir vorstellen
54. Aus welchen der folgenden Quellen hast du während deiner Schulzeit die Kohle, die du brauchtest, <u>hauptsächlich</u> bezogen? (hier sind bis zu 3 Antworten möglich)	1 Taschengeld von Eltern 2 gejobt 3 alle möglichen Arten von deals (Geschäfte) gemacht 4 geklaut (auch von den Eltern)
Zusatzfrage: von welchem Alter an hast du <u>regelmäßig</u> Taschengeld gekriegt?	0 nie ich habe erstmals mit Jahren regelmäßig Taschengeld bekommen
55. Wofür hast du das Geld hauptsächlich ausgegeben? (auch hier sind bis zu 3 Antworten möglich)	1 für unmittelbaren Verbrauch (Tabak, Zigaretten, Alkohol, Süßigkeiten, Kino, Comics usw.) 2 für Kleidung, Kosmetika usw. 3 für größere Anschaffungen wie Plattenspieler (Platten), Tonbandgerät, Moped usw 4 für Drogen im engeren Sinn (also außer Tabak und Alkohol) 5 für Hobbies (Nähen, Schneidern, Basteln) 6 für künstlerisch-kreative Tätigkeiten (Malen, Musikmachen, Filmen, Fotografieren usw.) 7 für Sport und Reisen 8 für Bücher 9 für Sammlungen 0 anderes............................

56.	Stehst du ökonomisch gegenwärtig auf eigenen Beinen?	1 ja 2 nur teilweise, erhalte noch regelmäßig Zuschüsse von zu Hause 3 nur teilweise, erhalte noch Ausbildungszuschüsse vom Staat 0 nein, bin (fast) völlig abhängig von zu Hause ☐
57.	Durftest du, als die ersten intensiveren Kontakte mit dem anderen Geschlecht begannen, deine Freundschaften mit nach Hause bringen?	1 nur die gleichgeschlechtlichen Freunde 2 auch meine andersgeschlechtlichen Freunde, aber nur mit Einschränkungen (z.B. nur bis 22 Uhr oder die Eltern kontrollierten euch dauernd usw.) 3 ja, unbeschränkt und ohne Kontrolle der Eltern 0 weder gleich- noch andersgeschlechtliche ☐
58.	Von welchem Alter an hattest du unbeschränkt Ausgang?	0 noch nie ansonsten: mit ☐☐ Jahren
59.	Für Mädchen: in welchem Alter hast du begonnen, dich schick zu machen (schminken, Haare, Figur, Kleidung)? Für Jungen: in welchem Alter hast du begonnen, auf dein Äußeres zu achten (Pickel, Haare, Kleidung, Rasieren usw.)?	0 diese Phase habe ich nie durchgemacht ansonsten: mit ☐☐ Jahren
60.	Von welchem Alter an konntest du deine Kleidung selber bestimmen?	mit ☐☐ Jahren

61. Konntest du deine Haare nach deinen Vorstellungen tragen?	0 nein , noch nie ansonsten: ja, im Alter von Jahren
Zusatzfrage: Wenn ja, mußtest du das durchsetzen?	1 ja, gegen Mutter 2 ja, gegen Vater 3 ja, gegen beide 4 1, 2 oder 3 und zusätzlich gegen andere, nämlich gegen......................... 5 nur gegen andere, nämlich..............................
62. In welchem Alter hast du angefangen regelmäßig zu rauchen?	0 nie sonst: mit Jahren
War das damals zu Hause erlaubt?	0 nein 1 ja
63. In welchem Alter hast du begonnen, an Alkohol Geschmack zu finden und häufiger Alkohol zu trinken ?	0 nie sonst: mit Jahren
War das damals zu Hause erlaubt?	0 nein 1 ja
64. Warst du vor oder bei Beginn deiner Drogenphase politisch aktiv? (zwei Nennungen möglich)	0 nein, nie 1 ja, im Rahmen einer überparteilichen Jugendorganisation (z.B.Pfadfinder) 2 ja, in einer Partei- oder Jugendorganisation 3 ja, in einer Schul-/Hochschulorganisation 4 ja, im Rahmen einer kirchlichen Organisation 5 ja, in einer Selbstorganisation wie Bürger-, Mieter- usw. -Initiativen 6 ja, unorganisiert, spontan und von Fall zu Fall; bei Veranstaltungen und Demonstrationen 7 anderes..............................
65. In welcher Form hast du Sport betrieben?	0 war nie besonders sportlich/konnte nicht Sport betreiben wegen körperlicher Gebrechen usw. 1 nur während der Schulzeit in der in der Schule 2 häufig neben der Schule auch in der Freizeit mit Kameraden Sport ausge-

übt, jedoch nicht in organisierter Form
3 organisiert in Clubs und Vereinen
4 Wettkampfsport

66. Hast du vor deiner Drogenphase schon mal in irgend einer Form mit dem Gesetz und seinen Vertretern zu tun gehabt?

(Bitte in allen Zeilen, die auf dich zutreffen, die Jahreszahlen - und eventuell die Dauer in Monaten eintragen)

ja, und zwar:	wann das 1. Mal?	wann das 2. Mal?	wann das 3. Mal?
-Anzeigen wegen strafrechtlicher Vergehen (z.B. Ladendiebstahl, Körperverletzung usw.) ohne weitere schwerwiegende Folgen	1 9	1 9	1 9
-Polizei-Arrest, Verhör auf Polizeiwache	1 9	1 9	1 9
-Verhandlung mit Freispruch oder Bewährungsauflage	1 9	1 9	1 9
-UG (Untersuchungsgefängnis)	1 9 wie lang (Monate)	1 9 wie lang (Monate)	1 9 wie lang (Monate)
-Verhandlung mit Knast	1 9 wie lang (Monate)	1 9 wie lang (Monate)	1 9 wie lang (Monate)
-FE (Fürsorgeerziehung) oder FEH (Freiwillige Erziehungshilfe)	1 9 wie lang (Monate)	1 9 wie lang (Monate)	1 9 wie lang (Monate)

-Einweisung in psychiatrische Institution	1 9 ☐☐ wie lang ☐☐ (Monate)	1 9 ☐☐ wie lang ☐☐ (Monate)	1 9 ☐☐ wie lang ☐☐ (Monate)

falls nichts von alledem auf dich zutraf: nein,...

1 ich war vorsichtig, kam für mich nicht in Frage
2 ich habe einfach Glück gehabt
3 meine Alten haben einiges abgebogen

4 anderes.............................

....

....

☐

67. Welches ist deine <u>letzte abgeschlossene</u> Schulbildung?

1 Sonderschule
2 Hauptschule abgebrochen
3 Hauptschule
4 Berufsschule
5 Realschule (mittlere Reife)
6 Gymnasium, Wirtschaftsgymnasium usw. mit Abitur

7 anderes.............................

☐

68. War deine letzte Schule nach Schülern

1 gemischt
2 nur Mädchen
3 nur Jungen

☐

69. Warst du jemals an einer konfessionellen Schule (Stift, Heim, Konvikt, Klosterschule, Internat)?

0 nein, niemals
1 katholische Schule
2 evangelische Schule
3 Schule anderer Konfession

☐

wenn ja, wie lange insgesamt?

ich war ☐☐ Monate an einer solchen Schule

70. Warst du jemals an einer Privatschule wie z.B. Montessori-Schule, Steiner-Schule, Odenwald-Schule, Salem usw.?

0 nein
sonst: ich war insgesamt [ ][ ] Monate an einer solchen Schule,

und zwar in.....................

71. Bist du regelmäßig in die Schule gegangen oder hast du oft (mehr als der Durchschnitt deiner Klassengenossen) gefehlt?

1 ich bin regelmäßig zur Schule gegangen wie die anderen auch
2 ich habe öfter gefehlt, weil ich häufig krank war
3 ich habe öfter gefehlt, weil ich keinen Bock hatte, bin einfach abgehauen
4 habe meist vor Klassenarbeiten gefehlt [ ]

72. Warst du in der Schule in einer der folgenden Formen aktiv?

1 als SMV-Mitglied (Schülermitverantwortung)
2 als Mitglied einer sozialistischen Schul- oder Hochschulorganisation
3 als Klassensprecher
4 in einem Schülerkollektiv (z.B. Schülerzeitung)
5 anderes..........................
6 war in keiner dieser Richtungen aktiv [ ]

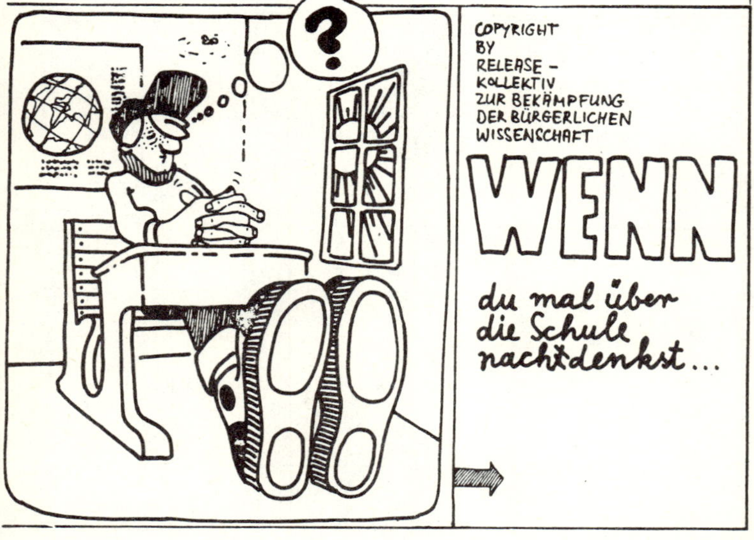

73. was war dir an der Schule wirklich wichtig?
(oder, falls du noch zur Schule gehst, was ist dir an der Schule wirklich wichtig?)

0 mir war die Schule (zuletzt) egal
1 nichts, ich blieb (zuletzt) nur durch Druck der Eltern an der Schule
2 nichts, aber ich hatte das Gefühl, ich müßte zur Schule gehen
3 ich wollte hauptsächlich für meinen späteren Beruf lernen, weiterkommen
4 war an naturwissenschaftlichen Fächern (einschließlich Biologie, Erdkunde usw.) interessiert
5 war an geisteswissenschaftlichen Fächern (einschließlich Geschichte, Politik, Sozialwissenschaft usw.) interessiert
6 war an den musisch-kreativen Fächern interessiert
7 Sport
8 in erster Linie haben mir die Beziehungen zu einigen guten Lehrern etwas gebracht und mich an der Schule interessiert
9 in erster Linie haben michdie Beziehungen zu meinen Mitschülern (auch zum anderen Geschlecht!) interessiert

74. Wie hast du dich gegen Ende deiner Schulzeit deinen Lehrern gegenüber verhalten?	1 habe mich gegen die Autorität von Schule und Lehrer organisiert (z.B. in politischen Gruppen, Schülerrat, Schülerzeitung usw.) und zur Wehr gesetzt 2 habe mich gegen sie spontan aufgelehnt, weil sie keine Ahnung hatten aber trotzdem Vorschriften machen wollten 3 habe sie machen lassen, auch wenn sie keine Ahnung hatten 4 ich bin mit ihnen schlecht und recht ausgekommen, weil ich die Schule bloß als Mittel zum Zweck betrachtete 5 ich kann eigentlich über meine Lehrer nicht klagen, bin auch relativ gut mit ihnen ausgekommen 6 ich habe meine Lehrer als Vorbild akzeptiert, oft auch bewundert ☐
75. Welche Rolle hattest du in der Klasse unter deinen Kameraden? (gegen Ende der Schulzeit)	1 habe mich nicht besonders hervorgetan; was ich gut fand, habe ich mitgemacht. Ich wollte nicht auffallen 2 hatte eine relativ starke Stellung aufgrund meiner schulischen Leistungen 3 hatte eine relativ starke Stellung aufgrund sportlicher Erfolge 4 hatte eine starke Stellung, weil ich mit-anführend warbei organisiertem Widerstand gegen die Schule oder die Lehrer, Streiche anführte, Information verbreitete usw. 5 hatte eine Prestigeposition wegen starker Beziehungen zum andern Geschlecht 6 war immer etwas Aussenseiter, habe mich isoliert, wurde aber von den andern anerkannt 7 war allein, viele mochten mich nicht ☐
76. Welche Rolle hattest du bei Widerständen gegen die Schule, gegen die Autorität der Lehrer usw. gespielt?	1 war mit-führend in dieser Beziehung 2 habe mitgemacht, wenn es um eine Sache ging, die in meinen Augen berechtigt war 3 habe mitgemacht, weil ich nicht abseits stehen wollte 4 habe mich im Allgemeinen rausgehalten, weil ich für mich keinen Sinn drin sah 5 habe mich rausgehalten, weil ich Angst hatte ☐

77. Hast du einmal oder mehrmals die Schule wechseln müssen? (also erzwungener Wechsel zu einer andern Schule des gleichen Typs)

0 nein, niemals

wenn ja, schreibe bitte die jeweils zutreffende Antwort 1-3 (4) der Reihenfolge nach in die Kästchen:

1 wegen schlechter schulischer Leistung, ohne aber sitzenbleiben zu müssen
2 wegen Verstoß gegen die Schulordnung oder Schwierigkeiten mit den Lehrern
3 wegen Wohnortwechsel (der Eltern)

4 anderes.......................

....

das 1. Mal	das 2. Mal	das 3. Mal	das 4. Mal	das 5. Mal
☐	☐	☐	☐	☐

78. Bist du einmal oder mehrmals in der Schule sitzengeblieben wegen ungenügenden schulischen Leistungen oder weil es durch andere Gründe (Wohnortwechsel, Krankheit) dazu kam? Wie oft?

0 nein, niemals

ja, ☐ Mal

79. Haben sich deine Eltern in irgendeiner Form um deine schulischen Leistungen gekümmert? (zwei Antworten möglich)

0 überhaupt nicht, höchstens mal nachgefragt, z.B. ob ich meine Hausaufgaben gemacht hätte
1 gute Leistungen belohnt
2 schlechte Leistungen bestraft
3 haben, wenn es nötig war, mit mir gepaukt
4 haben eine zeitlang regelmässig meine Hausaufgaben nachgesehen
5 waren interessiert, konnten aber nicht helfen, weil sie keine Zeit hatten, weil sie den Schulstoff nicht verstanden
6 haben mir teilweise oder regelmässig nützliche Hilfestellung gegeben

L entfällt ☐ ☐

80. Wenn du Schwierigkeiten mit Lehrern hattest, für wen ergriffen dann deine Eltern in der Regel Partei?

0 ich hatte keine nennenswerten Schwierigkeiten mit Lehrern
1 prinzipiell für den Lehrer oder die Schule; sie hatten kein Verständnis für meine Standpunkte
2 eher für mich; sie hatten Verständnis für meine Standpunkte
3 sie versuchten meist eine neutrale, versöhnlerische Mitte einzunehmen
4 sie waren in solchen Fällen meist uninteressiert ☐

81. Wenn du nochmals mit Frage 67 vergleichst: Hast du deine Schul-/Hochschulausbildung abgeschlossen oder an irgend einem Punkt abgebrochen?	0 Gehe noch zur Schule mit bestimmtem Ziel 1 gehe noch zur Schule, aber ziellos 2 habe meine Schulausbildung problemlos abgeschlossen 3 habe Schule abgeschlossen, aber mit ziemlicher Mühe und Überwindung 4 habe meine Schulausbildung abgebrochen, weiß noch nicht, was ich tun werde 5 habe Schulausbildung abgebrochen u. neue Ausbildung begonnen (z.B. Lehre, Wechsel zur Fach- oder Kunstschule usw.) 6 habe Schulausbildung abgebrochen u. zu arbeiten begonnen 7 habe Schulausbildung abgebrochen u. zu dealen begonnen 8 wurde von meinen Eltern von der Schule genommen 9 habe Schulausbildung abgebrochen, aber inzwischen wieder begonnen ☐
Falls Hochschulausbildung auf dich zutrifft:	1 studiere gegenwärtig mit bestimmtem Ziel 2 studiere gegenwärtig, aber ziellos 3 habe mein Studium abgebrochen 4 habe mein Studium abgeschlossen ☐
82. Hast du eine Berufsausbildung gehabt?	0 nein, noch nicht 1 nein, habe ohne besondere Ausbildung nach der Schule zu jobben begonnen (oder Deal) 2 ja, aber wieder abgebrochen und danach ohne weitere Ausbildung zu jobben begonnen 3 ja, aber wieder abgebrochen und danach eine andere Berufsausbildung begonnen 4 ja, und auch abgeschlossen ☐

83. Falls du eine <u>Berufsausbildung</u> (z.B. Lehre) abgebrochen hast, welches war der Grund dafür? Falls du mehrmals eine Berufsausbildung begonnen und wieder abgebrochen, trage bitte die Gründe 0 - 9 der Reihe nach in die Kästchen ein.

L entfällt
1 hatte Schwierigkeiten mit Chef oder Kollegen
2 mußte hauptsächlich Dreckarbeiten machen (ausfegen, aufräumen, Bier holen usw.) und dazu hatte ich keine Lust
3 Klauen, ich brauchte mehr Geld
4 hauptsächlich wegen meinem Äusseren (Haare, Kleidung)
5 Unpünktlichkeit, Fehlen
6 habe den Streß nicht durchgehalten
7 habe festgestellt, daß mir der Beruf nicht zusagt
8 war aufgrund meines Drogengebrauchs unfähig zur Arbeit
9 es wurde bekannt, daß ich Drogen nahm
0 anderes..........................

....

....

1. Abbruch ☐ 2. ☐ 3. ☐ 4. ☐ 5. ☐

84. Falls du vor oder zu Beginn deiner Drogenphase einen Beruf erlernt/ausgeübt hast, wie kam deine Berufswahl zustande?

0 habe noch keinen Beruf erlernt; habe immer nur gejobbt, was gerade so anlag, also kein erlernter Beruf
1 ich bin eher zufällig auf meinen Beruf gekommen
2 ich habe meine Berufswahl mit meinen Eltern gründlich besprochen, habe mich letzten Endes aber frei und ohne Zwang für diesen Beruf entscheiden können
3 der Beruf war aus familiären Gründen naheliegend für mich
4 ich ergriff den Beruf auf den Druck meiner Eltern hin; sie haben mich praktisch dazu gezwungen
5 ich wurde ausserhalb der Familie durch Freunde, Bekannte (evtl.Berufsberatung) oder durch besondere Ereignisse (Kindheit; politische Notwendigkeiten) entscheidend in der Berufswahl beeinflusst
6 ich wollte möglichst schnell möglichst viel Kohle machen

7 anderes..............................

....

☐

85. Warst du vor deiner Drogenphase mal längere Zeit krank? (mehrere Wochen)

(Hier sind bis zu drei Antworten möglich)

0 nein

falls ja,

1 körperliche Krankheit, vorwiegend zu Hause behandelt
2 körperliche Krankheit mit längerem Krankenhausaufenthalt
3 Unfall mit längerem Krankenhausaufenthalt
4 vom Arzt festgestellte psychisch - seelisch - nervöse Störung mit Klinikaufenthalt
5 vom Arzt festgestellte psychisch - seelisch - nervöse Störung aber zu Hause, bzw. ambulant behandelt
6 bleibendes körperliches Gebrechen
7 bleibende psychische Störung

☐ ☐ ☐

86.	**Wenn du über deine Erziehung im Elternhaus oder bei den Elternersatzpersonen nachdenkst - wie haben sich deine Eltern insgesamt dir gegenüber verhalten, welche Beziehung hattet ihr?** (Bitte geh die Auswahlantworten getrennt nach Mutter und Vater, bzw. nach mütterlicher und väterlicher Elternersatzperson durch)	1 hat mich offen abgelehnt, viel gestraft, wenig Liebe 2 autoritär - hat sich selbst nicht an das gehalten, was von andern verlangt wurde 3 streng aber gerecht 4 kümmerte sich zuwenig um mich, war uninteressiert, anderes war wichtiger 5 unkonsequent, das eine Mal wie 2, das andere Mal wie 6 6 war immer eher zu besorgt um mich 7 schwach, konnte sich mir gegenüber nicht durchsetzen 8 hat mich oft unausgesprochen zu gängeln versucht; setzte mich unter Druck, ohne daß ich es merkte 9 gut, viel Liebe L entfällt, bin hauptsächlich nicht von Eltern oder direkt von Elternersatzpersonen erzogen worden Mutter ☐ Vater ☐ Ersatz Mutter ☐ Ersatz Vater ☐
87.	Bist du vor deinem 4.Lebensjahr längere Zeit von deiner Mutter getrennt gewesen? (z.B. bei Verwandten erzogen über mehrere Monate oder wöchentlich einige Tage)	1 ja 2 nein 3 war seit Geburt von der Mutter getrennt 4 anderes............................. .... ☐
88.	Spielte bei euch zu Hause Religion oder eine bestimmte Weltanschauung (z.B.Anthroposophie,Freimaurer,Astrologie usw.) eine Rolle?	0 nein 1 aktiv evangelisch 2 aktiv katholisch 3 liberal, lax evangelisch 4 liberal, lax katholisch 5 anderes............................. .... Mutter ☐ Vater ☐
89.	Wie würdest du deine Eltern politisch einordnen?	0 völlig unpolitisch 1 nationalistisch bis faschistisch 2 konservativ - passiv 3 engagiert rechts - die Verhältnisse müssen bleiben wie sie sind! 4 liberal 5 sozialdemokratisch 6 links von der SPD 7 linksradikal Mutter ☐ Vater ☐

90. Wenn du selbstkritisch deine gegenwärtigen Beziehungen zu den Eltern bzw. langjährigen Elternersatzpersonen überprüfst, was trifft auf dich zu?	1 sie/er will nichts mehr mit mir zu tun haben 2 meint, sie/er könnte mir noch laufend Vorschriften machen, deshalb viel Streit 3 ich lasse mir heute nichts mehr vorschreiben; wir beschränken unsern Umgang aufs Nötigste 4 ich lasse mir heute nichts mehr vorschreiben; habe alle Beziehungen zu ihr/ihm abgebrochen 5 unsere Beziehung ist heute zwiespältig: sie/er macht mir einerseits zu viele Vorschriften, meint es aber andererseits auch gut 6 wenn wir uns sehen, ist meine Beziehung zu ihr/ihm völlig kalt und gleichgültig geworden 7 solange ich ihr/ihm einen Film vormache, verstehen wir uns gut 8 ständige Auseinandersetzungen überwiegen die wenigen guten Situationen 9 ich komme gut mit ihr/ihm aus; wir haben Vertrauen zueinander Mutter ☐ Vater ☐ Ersatz Mutter ☐ Ersatz Vater ☐
91. Wem standest du näher?	1 der Mutter (-Ersatz) 2 dem Vater (-Ersatz) 3 beiden gleich nah 4 beiden gleich fern L entfällt, da die meiste Zeit nur ein Elternteil oder gar keiner vorhanden ☐
92. Wie wurde zu Hause gestraft?	0 meine Eltern kamen weitgehend ohne Strafen aus 1 praktisch nie geschlagen, dafür aber als Strafe die Zuneigung entzogen 2 nie geschlagen, dafür viele andern Strafen ausgesprochen (Verbote usw.) 3 oftgeschlagen, aber nur mit der Hand 4 oft geschlagen, mit der Hand und mit Gegenständen 5 wechseld, in einigen Fällen geschlagen, in einigen Zuneigung entzogen 6 anderes......................... .... Mutter bzw.Ers. ☐ Vater bzw.Ers. ☐

93. Falls du geschlagen wurdest, bis in welches Alter hielt das an?	es hielt bis zu meinem ☐☐ Lebensjahr an L ich wurde nicht geschlagen
94. Falls du geschlagen wurdest, unter welchen Umständen hörte es auf?	1 es hat prinzipiell noch nicht aufgehört 2 hörte von selbst auf 3 bin abgehauen 4 habe mir mal ernsthaft das Geschlagen-werden verboten 5 habe zurückgeschlagen 6 anderes............................ .... L ich wurde nicht geschlagen ☐
95. Wer bestrafte im Allgemeinen häufiger?	1 Mutter bzw.Ersatz-Mutter 2 Vater bzw.Ersatz-Vater 3 beide gleich häufig L ich wurde nicht bestraft im Allgemeinen ☐
96. Wie reagiertest du im Allgemeinen auf Strafen zu Hause, die in deinen Augen ungerechtfertigt waren?	0 das kam praktisch kaum vor 1 schon früh mit offenem Trotz 2 nicht so sehr mit offenem Trotz, sondern ich habe alles mögliche gemacht, um sie zu ärgern 3 ich habe es runtergeschluckt, habe mich völlig zurückgezogen und meinen Ärger in mich hineingefressen 4 anderes............................ .... ☐

JETZT KOMMEN NOCH EINIGE FRAGEN SPEZIELL ZUM KAPITEL "DROGEN"

HERR MÜLLER
macht sich Sorgen
COPYRIGHT BY RELEASE - KOLLEKTIV ZUR BEKÄMPFUNG DER BÜRGERLICHEN WISSENSCHAFT
IMMER HÄUFIGER HAT ER SCHON AM FRÜHEN MORGEN KOPFSCHMERZEN. GOTTSEIDANK HAT ER TABLETTEN DABEI !!
FRAU MÜLLER MACHT SICH AUCH SORGEN...
AM FEIERABEND VERSUCHT HERR MÜLLER SICH ZU ENTSPANNEN....
mit Regina, tralala wird ihre Frau ganz wunderbar !!
ABER DAS ELINGT IHM CHON LANGE ICHT MEHR RICHTIG! USSERDEM ABEN SIE M FERNSEHEN EUTE ABEND INE SENDUNG BER DIE DROGENWELLE EBRACHT - A MACHT ER ICH ERST ECHT SORGEN, ENN ER AN EINE TOCHTER ANTJE '4) DENKT:
WENN UNSERE MIT HASCHISCH ANKÄME, DIE KRIEGTE VIELLEICHT DEN ARSCH VOLL !! ICH WEISS NICHT, WOHER DIE JUGENDLICHEN DAS HEUTE HABEN, DIESE RAUSCHGIFTSUCHT !
RUHWOHL
WAS MEINT IHR WOHL ?

97. Wieviel rauchen (oder rauchten) deine Eltern im Durchschnitt? (Bitte getrennt nach Vater und Mutter beantworten.)	0 waren von jeher Nichtraucher 1 hin und wieder, unregelmäßig, selten 2 bis 12 Zigaretten täglich 3 bis 25 Zigaretten täglich 4 mehr als 25 Zigaretten täglich 5 raucht(e) Pfeife, Zigarren, Zigarillos usw. Mutter ☐ Vater ☐
Wieviel rauchtest du selbst vor deiner Drogenphase? (Verwende bitte ebenfalls die Antworten 0 - 5.)	ich selbst ☐
98. Trinken (oder tranken) deine Eltern Alkohol? (Antworten getrennt nach Mutter und Vater)	0 nie, war von jeher abstinent 1 trinkt (trank) nur von Zeit zu Zeit (z.B. bei besonderen Anlässen, am Wochenende usw.) 2 trinkt regelmäßig, aber besäuft sich nicht (bzw. trank regelmäßig usw.) 3 besäuft (besoff) sich häufig 4 ist (war) sogenannter Alkoholiker Mutter ☐ Vater ☐
Was traf auf dich selbst vor deiner Drogenphase zu?	ich selbst ☐
99. Wie haben deine Eltern und selbst ferngesehen?	0 nie, kein Fernsehgerät usw 1 gelegentlich nach Auswahl 2 häufig abends 3 meistens abends volles Programm L entfällt Eltern ☐ ich selbst ☐
100. Waren deine Eltern häufig krank? (Antworten getrennt nach Vater und Mutter)	0 nein, meistens gesund 1 körperliches Gebrechen 2 chronische, anhaltende körperliche Krankheit (wie z.B. Rheuma, zuckerkrank, Magen-, Herzkrankheiten) 3nervöse Störung, psychisch-seelische Krankheit 4 kränkelnd 5 anderes.............................. .... Mutter ☐ Vater ☐
101. Welche legalen Drogen nahmen deine Eltern häufiger? (Mehrere Antworten möglich)	0 keine 1 Schlaftabletten, Beruhigungsmittel 2 Schmerztabletten, Betäubungsmittel (außer Alkohol) 3 Weckmittel, Aufputschmittel,speed 4 Kräftespender (inklusive Okasa usw)

5 Vitamine
6 Verdauungs-, Schlankheitsmittel
7 andere (legalen Mittel).............

....

☐ ☐ ☐ ☐ ☐

Haben deine Eltern auch illegale Drogen wie shit, Opiate, Trips, Koks usw. genommen oder mal probiert?

0 nein, nie
1 shit, einmal probiert
2 shit öfter genommen, Trip(s)
3 wie 2 und/oder zusätzlich harte Gifte

☐

102.
Hier siehst du eine Liste der gebräuchlichsten bekannten Rauschmittel. Bitte kreuze alle diejenigen an, mit denen du eigene Efahrung gemacht hast (auch eventuell nur einmalige Erfahrung); wenn du andere Mittel darüberhinaus benutzt hast, die hier nicht aufgeführt sind, ergänze bitte die Liste.

Cannabis (0)
1 Haschisch
2 Marihuana, Gras, Kif usw.
3 THC-Extrakt
4 synthetisches THC

Halluzinogene (5)
6 LSD
7 Meskalin
8 STP, DOM
9 DMT
10 Pejote
11 Psylocybin (Quatlanacatl, Nanacatl)
12 Ololiuqui
13 "Morning Glorie"
14

Amphetamine (15)
16 Benzedrin
17 Elastonon
18 AN 1
19 Rosimon-Neu
20 Percoffedrinol
21 Preludin
22 Ritalin
23 Dexedrin
24 Pervitin
25 Methedrin
26 Eventin
27 "pep-pills"
28 "purple-hearts"
29 (Kokain)
30
31
32
33
34

Barbiturate (35)
36 Valium
37 Librium
38 Evipan
39 Somnifen
40 Dormopan
41 Luminal
42 Haloperidol
43 Phenazin
44 Adalin
45 Bromural
46 Sedormid
47 Urethan
48 Sulfone
49 Piperidine
50 Thalidomid (Contergan)
51 Chinazolidine
52 Mandrax
53 Vesparax
54 Pontrax
55
56
57
58
59
60
61
62
63
64

Opiate (65)
66 Rohopium
67 Opium (rein)
68 Rohmorphin
69 Morphin (rein)
70 Heroin
71 Jetrium
72 Palfium
73 Methadon
74 Berliner Tinke
75 Dilaudid
76 Dolantin
77 Polamidon
78 Eukodal
79 Cliradon
80 Pantopon
81
82
83
84

Sniffer, Klebstoffe, Hustensäfte (85)
86 Äther, Thinner
87 Romilar (Hustensaft)
88 Muskatnuss
89 Klebemittel
90 Benzolverbindungen
91
92
93
94

andere Stoffe, die du als Rauschmittel benutzt hast (95)
96
97
98

103.
Die folgende Tabelle bezieht sich auf die 5 häufigsten Gruppen von Rauschmitteln (Cannabis, Trips, Opiate, Amphetamine, Barbiturate). Trage bitte bei jeder Art ein, in welchem Jahr du begonnen hast, sie zu nehmen, wann du eventuell endgültig aufgehört hast, sie zu nehmen (Unterbrechungen zählen nicht), wie oft und in welcher Form du sie hauptsächlich genommen hast.

	Begonnen im Jahr 19..	endgültig aufgehört im Jahr 19.. (wenn nicht aufgehört, leer lassen)	1=1-5 mal 2=6-20 " 3=21-50 " 4=51-100" 5=über 100 mal	hauptsächlich: 1=geraucht 2=gegessen 3=geworfen 4=getrunken 5=gespritzt 6=gesnifft	hauptsächlich: 1=allein 2=zu zweit 3=in Gruppe 4=wechselnd
Haschisch, Marihuana usw.	19☐☐	19☐☐	☐	☐	☐
Trips	19☐☐	19☐☐	☐	☐	☐
Opiate	19☐☐	19☐☐	☐	☐	☐
Amphetamine	19☐☐	19☐☐	☐	☐	☐
Barbiturate	19☐☐	19☐☐	☐	☐	☐
andere von dir häufiger benutzte (illegale) Drogen	19☐☐	19☐☐	☐	☐	☐
....	19☐☐	19☐☐	☐	☐	☐

Hast du ein ganz spezifisches Mittel bevorzugt? (Bitte die Nummer von S.31 eintragen)

O nein
sonst: ich stand am meisten auf dem Mittel Nr. ☐☐

Angenommen, du könntest frei wählen, in welche Reihenfolge würdest du deine bevorzugten Drogen bringen? (Bitte ebenfalls die Nummern von S.31 eintragen)

1. ☐☐ 2. ☐☐ 3. ☐☐
4. ☐☐ 5. ☐☐ 6. ☐☐

1o4. Hast du dir deinen ersten Schuß selbst gesetzt oder ist er dir gesetzt worden?	L entfällt 1 selbst gesetzt 2 gesetzt worden von meinem (damaligen) Freund/meiner (damaligen) Freundin 3 gesetzt worden von anderen 4 anderes ....
105. Bist du unter Drogenwirkung zur Arbeit oder in die Schule/Uni gegangen?	0 nein 1 einmal 2 ein paar mal 3 häufig
wenn ja, welche Mittel hattest du dabei genommen?	1 shit etc 2 Trips 3 Speed geworfen 4 mit Schuß 5 andere..............................
106. Welche Leute (außer deinen nächsten Freunden) haben von deinem Drogengebrauch erfahren?	L niemand sonst 1 nur die Mutter (Muttterersatz) 2 nur der Vater (Vaterersatz) 3 beide Eltern 4 Geschwister 5 Lehrer 6 Arbeitskollegen 7 Arbeitgeber, Chef, Vorgesetzter 8 Heimerzieher, -leiter 9 Polizei, Jugendamt, Fürsorge 0 alle oder die meisten
107. Bist du <u>im Zusammenhang mit Drogen</u> mit dem Gesetz und seinen Vertretern in Konflikt gekommen? (wenn ja, bitte in allen Zeilen, die auf dich zutreffen, die Jahreszahlen und eventuell die Dauer eintragen)	(wenn nein, nicht ausfüllen)

wenn ja	wann das 1.Mal?	wann das 2.Mal?	wann das 3.Mal?
-nur Anzeige (z.B. wegen Besitzes geringer Mengen Drogen) ohne weitere Folgen	1 9	1 9	1 9
- UG	1 9 wie lange ... Monate	1 9 wie lange ... Monate	1 9 wie lange ... Monate

	wann das 1.Mal	wann das 2.Mal?	wann das 3.Mal?
-mit Drogen erwischt, Verhandlung wegen Vergehen gegen BTM-Gesetz, mit Bewährung	1 9	1 9	1 9
-wie oben, mit Knast	1 9 wie lange Monate	1 9 wie lange Monate	1 9 wie lange Monate
-bei Apo-/Arztpraxisbruch erwischt, Verhandlung, Bewährung	1 9	1 9	1 9
-wie oben, mit Knast	1 9 wie lange Monate	1 9 wie lange Monate	1 9 wie lange Monate
-bei anderen Delikten die mit Drogenbeschaffung zusammenhingen (z.B.Diebstahl, Rezeptfälschung usw.) erwischt, Verhandlung, Bewährung	1 9	1 9	1 9
- wie oben,mit Knast	1 9 wie lange Monate	1 9 wie lange Monate	1 9 wie lange Monate
-§ 42 b (Unterbringung in eine Heil- und Pflegeanstalt) zur Anwendung gekommen	1 9 wie lange Wochen	1 9 wie lange Wochen	1 9 wie lange Wochen
-als Fixer registriert	1 9		

108. Wieviele klinische Entzüge hast du hinter dir?	0 keine sonst: ich habe [ ][ ] freiwillige Entzüge ich habe [ ][ ] Zwangsentzüge gehabt	
wie oft hast du selbst versucht, aufzuhören?	0 noch nie sonst: ich habe [ ][ ] mal selbst versucht aufzuhören	
109. Wieviele Apobrüche hast du gemacht?	0 keine sonst: entdeckte [ ][ ] nicht entdeckte [ ][ ]	
110. Hast du gedealt?	0 nein 1 höchstens für Eigengebrauch 2 kleinere deals (bis maximal 1.000 Mark) 3 mittlere deals (bis maximal 10.000 Mark) 4 große deals (über 10.000 Mark)	[ ]
111. Womit hast du gedealt?	L entfällt 1 nur shit, gras, kif 2 nur Trips 3 shit und Trips 4 shit, Trips und Schießgifte, was gerade so anlag 5 hauptsächlich Schießgifte	[ ]
112. Wie oft hast du gedealt?	L entfällt 1 täglich oder beinahe jeden Tag 2 wöchentlich 3 monatlich 4 vierteljährlich 5 halbjährlich 6 seltener	[ ]
113. Mit welchem finanziellen Ergebnis hast du gedealt?	L entfällt 1 wurde so oft gelinkt, daß ich eher draufzahlte 2 habe maximal meinen Eigenbedarf dekken können 3 habe über Eigenbedarf hinaus noch gewissen Gewinn gemacht 4 habe überwiegend oder voll vom dealen gelebt	[ ]

DER COOLE TYP

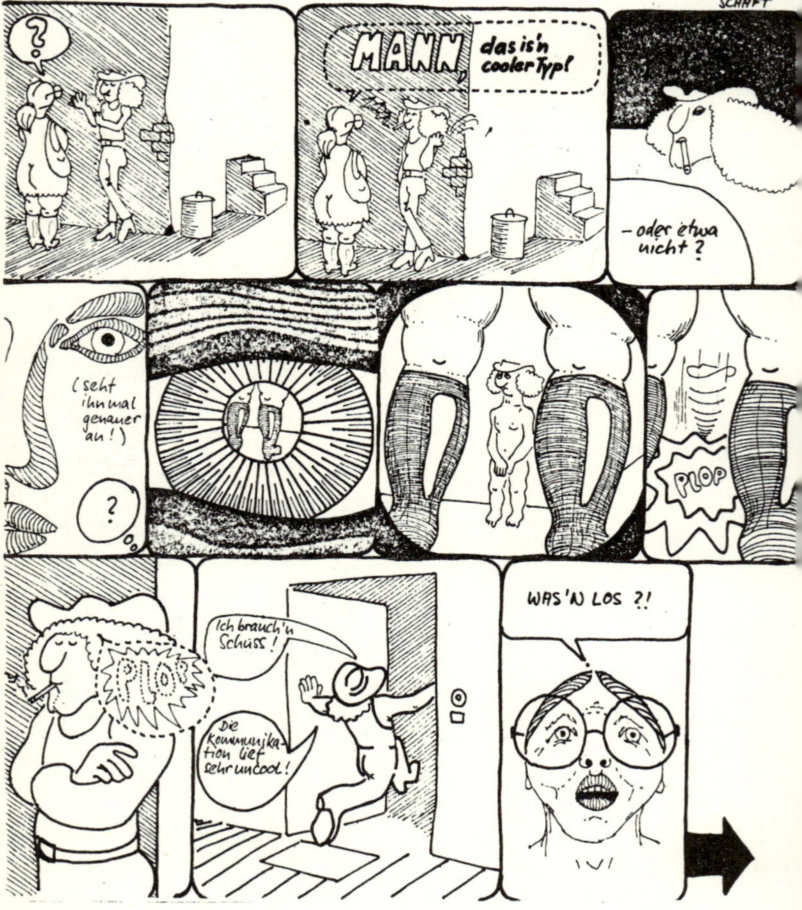

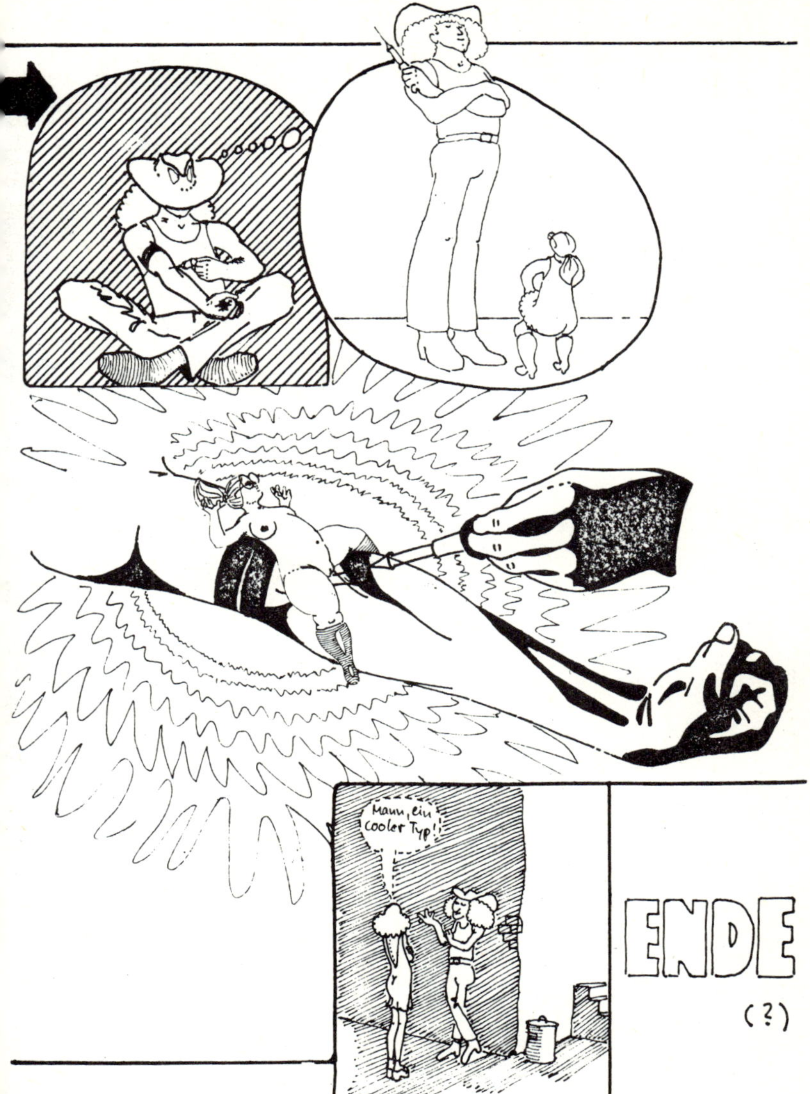
Mann, ein cooler Typ!
ENDE
(?)

114. Falls du Gewinn erzieltest, was hast du damit gemacht?

L entfällt
1 habe mich von zu Hause unabhängig gemacht
2 gespart, Kapital angelegt
3 Lebensstandard erhöht
4 größere Anschaffungen gemacht (Auto, Musik usw.)
5 Konsum von Drogen erhöht
6 Projekte mit anderen finanziert
7 für neue deals investiert
8 Reisen gemacht
9 in der Szene geholfen
0 anderes...........................

....

115. Bist du im Zusammenhang mit Drogen gelinkt worden?

L entfällt
0 nein,nie
1 ja, endete mit finanziellem Verlust für mich
2 ja, endete mit Schlägerei, Gewaltanwendung, Bedrohung mit der Waffe usw.
3 ja, endete bei der Polizei
4 ja, aber ich konnte es ausbügeln

5 anderes.............................

....

JE MEHR DU DURCH DRÜCKEN ABHÄNGIGKEITEN BEKÄM - PFEN WILLST, UMSO MEHR AB- HÄNGIGKEIT DRÜCKST DU REIN.
ARBEITEN!
Haare abschneiden!
ORDNUNG halten!
ES ZU WAS BRINGEN
Kein Saufen!
Nicht bumsen,
...die schulischen Leistungen...
Schweinerei!
...SOLANG DU DIE FÜSSE UNTER MEINEN TISCH S
...NACH ALLEM WAS WIR FÜR DICH GETAN

116. Hast du selbst andere gelinkt?	0 nein, nie 1 ja, einmal 2 ja, mehrmals	
wenn ja, welche linken Sachen hast du vorwiegend gebracht?	1 bin für Kohle und/oder Stoff mit anderen ins Bett gegangen 2 habe andere mit Gewalt bedroht 3 habe gepanscht 4 habe andere auffliegen lassen 5 habe in der scene geklaut 6 habe unkorrekte Preise gemacht 7 anderes..............................	
117. Hast du selbst schon mal andere auffliegen lassen?	0 nein, nie 1 ja, einmal 2 ja, mehrmals	
wenn ja, warum?	1 deal mit den Bullen 2 aus Konkurrenzgründen 3 bin von ihm/ihr gelinkt worden 4 anderes..............................	
118. Was kostet in deiner Umgebung heute der drop?	0 weiß nicht sonst: 1 gr shit 1 Trip 1 O-Schuß	(DM)
119. Wieviel Schuß hast du dir <u>maximal</u> täglich weggedrückt?	0 seltener gedrückt als ein Schuß pro Tag sonst: maximal täglich	Schüsse
120. Hast du irgendwann aus praktischen Gründen aufgehört zu schießen und stattdessen begonnen zu werfen?	0 nein 1 ja, teilweise 2 ja	
121. Hat bei dir nach Absetzung oder Entzug von (illegalen) Drogen (die legale Droge) Alkohol Ersatzfunktionen angenommen?	0 nein 1 ja	

122.	Hattest du im Zusammenhang mit Drücken Gelbsucht oder andere Infektionen?	0 nein 1 ja, einmal 2 ja, mehrmals
123.	Was trifft nach deiner Meinung eher auf dich zu?	1 bin eher von den Giften und ihren Wirkungen selbst abhängig (gewesen) 2 bin eher von den Personen, die Gifte benutzen, abhängig (gewesen) 3 beides
124.	welche von den folgenden Alternativen zur alten Drogenszene hälst du für am sinnvollsten?	0 weiß nicht 1 bin noch mitten in der konsumierenden Drogenszene 2 eine Selbstorganisation ehemaliger Drogenabhängiger 3 das Land, Bauernhof 4 Musik 5 sonstige kreative oder musische Tätigkeiten 6 andern helfen, soziale Arbeit 7 politische Arbeit 8 ein ordentliches und normales Leben führen 9 anderes.............................. ....

wie fandest du den Fragebogen?

FACHSCHULE FÜR SOZIALPÄDAGOGIK I
DER FREIEN UND HANSESTADT HAMBURG

Fachschule für Sozialpädagogik I
2 Hamburg 76, Wagnerstraße 60

Fernsprecher 22 81-642 (Durchwahl)
Behördennetz 9.64. "

Universität Hamburg
Sozialpädagogisches
Zusatzstudium
2 Hamburg 13
Sedanstraße 19
z.Hd.Herrn Dipl.-Soziol.
Eduard Parow

Datum und Zeichen Ihres Schreibens: 20.1.75
Aktenzeichen (Bei Antwort bitte angeben)
Datum: 7.3.75

Betreff Interviewtätigkeit im Rahmen eines Forschungsprojektes "Rauschmittel und Abhängigkeit" am Sozialpädagogischen Zusatzstudium der Universität Hamburg

Sehr geehrter Herr Parow!

Ihre o.a. Anfrage und den Fragebogen haben wir der Behörde für Schule, Jugend und Berufsbildung zur Prüfung vorgelegt. Das Amt für Schule genehmigt die Durchführung der Untersuchung an unserer Schule unter folgenden - ausnahmslos einzuhaltenden - Bedingungen:

1. Befragt werden sollen nur Studierende vom 18.Lebensjahr an.
2. Nur Studierende, die sich freiwillig melden, dürfen einbezogen werden.
3. Sie müssen Ihr Projekt unseren über 18.Jahre alten Studierenden vor Beginn vorstellen.
4. Erst danach könnten die Studierenden sich zur Teilnahme freiwillig melden.
5. Wir müssen es ablehnen, Kontaktpersonen von uns aus auszuwählen und zu benennen.
6. Aus dem Fragebogen sind alle Zeichnungen zu entfernen.
   Diesen letzten Punkt begründet die Behörde damit, daß solche Zeichnungen sicher motivierend für Fixer wirken. Bei einem Teil der nichtfixenden Jugendlichen könnte eher ein abstoßender Effekt entstehen.

Falls Sie Ihre Befragung unter diesen Bedingungen bei uns durchführen möchten, bitten wir Sie, sich zur Absprache organisatorischer Einzelheiten mit uns in Verbindung zu setzen.

Mit freundlichen Grüßen

Lademann
(Lademann)
Schulleiter

FSP 14 I

Come flip
with me!
MIAMI

MIAMI
FLIP

Zweiter Teil
Drogenabhängigkeit als narzißtische Störung

1. „Schenk ein, ich weiß meinen Namen wieder“ Identität, Narzißmus, Sucht

„Schenk ein, ich weiß meinen Namen wieder“, das hat Werner immer gerufen. Er soff inzwischen, er hatte aufgehört zu schießen, weil es zu teuer geworden war. Nach dem Spruch hat er meist gelacht, wie nur er lachen konnte, meckernd und in seiner Verzweiflung noch amüsiert. Der Tod auf Latschen. In einer Sensitivity-Übung haben wir uns vorgestellt, der andere sei eine Vase, und wie die wohl klingen würde. Zu Walter sagten alle das gleiche: die Vase zerspringt; es tönt dabei ein Lachen, wie von einem Geist oder Gespenst. Seine Mutter hatten sie inzwischen entmündigt und nach Ochsenzoll gebracht. Sie hatte nur noch das Namensschild an der Wohnungstür und die Mattscheibe des Fernsehers poliert.

Was jetzt folgt, ist mir das Schwierigste: Daß ich mich zu erkennen gebe. Ich bin vor Verfolgungen dann nicht mehr sicher. Wir alle nicht. Ein Tot-stell-Reflex hält mich am Leben. Der Kriminalroman spricht diese Wahrheit noch falsch aus.

Versteinert sitze ich und versuche ein Gefühl für mich selbst zu kriegen. Es geht nicht. Der Kopf schüttelt ein letztes Lebenszeichen: Nein. Einen Text will ich schreiben, einen autobiographischen Text; ich will von meinen Todeswünschen und der Angst vor allem, was lebte, erzählen. Dabei liegt mir vor allem daran, meine Geschichte als Befreiung aus Geschichte vorstellen zu können. Aber jede Geschichte erhält Sinn erst von ihrem Ende her. Noch ist das Ende offen.

Schon das Tagebuch, auf das ich mich stützen will, war ein Versuch, mich kennenzulernen und zugleich vom Halse zu schreiben. Aber das Wichtigste stand dort immer in Klammern, dafür wollte ich keine Verantwortung übernehmen. Ich will die Klammern aufmachen.

In den Entwürfen zu diesem Text – wie auch im Tagebuch – habe ich immer im Präsens geschrieben und in der „Ich-Form“. Ich glaubte, auf diese Weise mich besser in die eigene Vergangenheit hineinversetzen zu können – sei es die des vergangenen Tages oder die von vor sechs Jahren. Dabei gewann die Vergan-

genheit Übermacht gegenüber der Gegenwart. Im Präsens und aus der Ich-Perspektive über die eigene Sucht zu schreiben war mir unmöglich. Da konnte ich genausogut auch gleich wieder schießen.
Aber ich hoffte auf diese Weise das Selbstverständnis eines Süchtigen so verstehbar zu machen, daß andere ihn so verstehen könnten wie er sich selber – und dann womöglich noch besser.
Die akademisch bemühten Versuche, objektiv über Sucht zu schreiben und dabei die eigene zu vergessen, waren mir ein Grund zu Traurigkeit und Ärger. Aber auf der Gegenseite das unkritische Sich-Einlassen auf die Subjektivität des Süchtigen war um keinen Deut besser. Süchtige wissen so wenig von sich. Die Unfähigkeit zur Selbstwahrnehmung macht gerade ihr Leiden aus. Aber machen wir alle diese Erfahrung der Erfahrungsunfähigkeit nicht alle Tage? Daß wir blind sind füreinander und taub, stumm und unsere Körper hart, daß wir nicht wissen, wer wir sind und für wen.
Ich kann mich nur als der wahrnehmen, als der ich auch von anderen wahrgenommen werde. Selbsterkenntnis heißt immer auch soziale Anerkenntnis und ist privat nicht zu haben. Das Problem der Ich-Identität – denn darum geht es auch in der Sucht – ist nicht individuell zu lösen, wie der Begriff es nahelegen möchte. Ich-Identität meint das Problem einer Gesellschaft; inwiefern es in ihr gelingt, daß sich Einzelne einander vermitteln, daß sie sich erkennen können und anerkennen ineinander, sich ansehen, in Liebe womöglich. Insofern ist die Rede von dem „Süchtigen" problematisch, ein projektiver Modus steckt darin, als wären die Süchtigen immer die anderen. Die Frage ist: Wie verstehen wir unser Nicht-Verstehen. Für viele ist das eine Reise durch den Tod.

Die Zeiten meines exzessiven Drogenkonsums sind schon länger her. Vieles von dem, was ich über Sucht schreiben will, ist in den Jahren der Abstinenz erfahren worden. Jedoch ist auch die puritanische Abstinenz ein Exzeß, es gibt einen Rausch der Nüchternheit, und auf der anderen Seite sind manche Räusche, vielleicht gerade die besten, ernüchternd. Rausch und Nüchternheit erhellen einander. Wer von dem einen nichts weiß, weiß auch von dem anderen wenig.

Im Verhältnis zu meiner eigenen Geschichte stellt sich das gleiche methodologische Problem, das wir auch auf unserer Untersuchungsreise thematisiert haben, nämlich das Verhältnis von Nähe und Ferne in der Beziehung von Forschersubjekt und Forschungsobjekt. Methodologische Fragen sind Fragen der Lebenspraxis: Bin ich Subjekt, bin ich Objekt, oder stimmt schon das „oder" nicht?
Das objektivierende Verfahren war mir im Hinblick auf mich selber jedoch schon immer ferner; dazu begriff ich mich zu sehr als in Kontinuität mit meiner Geschichte stehend, hatte Depressionen und träumte von der Möglichkeit eines Rückfalls. Ich schrieb also im Präsens, aus der Ich-Perspektive über Selbstmordversuche und Horror-Trips, das Verfallensein an die todesnahe Schönheit der Freundinnen und die Unfähigkeit, in Einheit mit mir selber zu leben, vor allem mit der Mords- und Selbstmordswut. Ich schrieb über mich als jemand, der nicht schreiben konnte. Keine Zeile brachte ich zu Papier, mit der ich zufrieden war. Als ich nur einige Zeilen über meinen Freund Werner schrieb: da gings.
Heute weiß ich: mich gibt es zweimal (also noch keinmal wirklich) und dieser eine Reinhard, dem ich auf Schritt und Tritt begegne, der ist ein schlechter Umgang. Von dem distanziere ich mich, den schlage ich jetzt der Vergangenheit zu. Ich tue ein Übriges: Ich schreibe über ihn als „Er".

Er setzte sich jeden Morgen, wann immer es ihm möglich war, an den Schreibtisch und schrieb in seinem Tagebuch über den vergangenen Tag. Er tat das regelmäßig, seitdem er aufgehört hatte, sich regelmäßig Drogen zu injizieren. Er fühlte sich nicht und mußte sich morgens immer erst lange sammeln. Im Spiegel sah er anders aus, als er es sich vorstellte. Merkwürdig. Das Bett deckte er gleich nach dem Aufstehen zu. Das Bett: die „Falle" sagten Freunde dazu, und im Sprachgebrauch der Amphetamin-Freaks bezeichnete das gleiche Wort die Vagina. Er duschte kalt, er wollte endlich einmal wach sein. Die anderen saßen oft im Bademantel oder sonstwie leicht bekleidet am Frühstückstisch, das war ihm ekelhaft, zuviel Offenheit zu einem anderen hin und zuviel Verletzlichkeit. Er hatte allein geschlafen und war auch beim Frühstück am liebsten allein. Die Gegenwart anderer Menschen war anstrengend; er fühlte sich auf- und ausgesogen.

Lange Zeit hatte er morgens immer nur warmen Müsli-Brei gegessen, die Zutaten wurden in einem aufwendigen Ritual kleingehäckselt. Er mochte nicht kauen, Steak-Esser waren für ihn Kannibalen, aber die Freundinnen beklagten sich darüber, daß er sie schmerzhaft gebissen hätte. Das war nicht mit Absicht und Bewußtsein geschehen, manchmal kam es wie ein Rausch über ihn, daß er seine Zähne in sie schlagen wollte und sie auseinanderreißen, daß blutige Fetzen übrig blieben. Solche Phantasien waren ihm unheimlich, und im Tagebuch schrieb er davon, er wußte nicht, wohin sonst mit seiner Wut.
Mit einem Menschen zu sprechen erschien als sinnlos. Er fühlte sich in den seltensten Fällen verstanden, er befürchtete, für verrückt erklärt zu werden, wenn er erzählt hätte, was denn wirklich in ihm vorging. Zu Beginn seiner Pubertät hatte die Mutter Andeutungen gemacht, daß er „hebephren" sei – Jugendschizophrenie. Wovor hatte sie Angst gehabt? Er war damals sehr beunruhigt gewesen. Was ihn jedoch wirklich krank machte, war das Alleine-Sein. Meist löste die Gegenwart eines anderen Menschen in ihm die Angst vor Verführung und Vergewaltigung aus, alle Hingabe war ihm ein Greuel, Schwäche nur als Unterwerfung vorstellbar. Er hatte dann das Gefühl auseinanderzubrechen, sich in ein kleines sabberndes und schreiendes Kind zu verwandeln – und womöglich den Weg zurück nicht zu finden.
So pflegte er im Tagebuch vor allem den Umgang mit sich selber. Das Tagebuch war ein Monster, es ließ ihn nicht los. Er wollte sich alles von der Seele schreiben, sich frei machen im Schreiben auch, sich reinigen. Aber oft fragte er sich, ob diese Form der Suche nach Selbsterkenntnis nicht die Krankheit war, der sie doch abhelfen sollte. Immer nur: Ich, Ich, Ich. Er wollte endlich heraus aus sich. Aber an Dinge und Menschen sich heranschreiben: ein Irrwitz. Ein Freund hatte eine Gesellschaft für objektnahes Fotografieren gegründet und bei Max Frisch hatte er gelesen: „Wirkliche Erfahrungen mache ich nur noch am Schreibtisch." Das war ihm doch sehr traurig erschienen.
Aus sich heraus und an Dinge und Menschen heran: Meist fühlte er sich wie in Trance, als würde er gar nicht wirklich leben, und die Frage, ob er denn nun lebte oder nicht, hatte ihn schon als Kind beschäftigt. „Mami, warum gibt es mich nicht." Vor allem in der Stadt überfielen ihn solche schlafwandlerischen Zustände,

inmitten der Reklamen und Warenauslagen waren sie am schlimmsten. Je stärker er die drohende Bewußtlosigkeit spürte, desto schneller rasten seine Gedanken. Die einzige Möglichkeit, sich festzuhalten. Er bewegte sich in einem Reich der Phantastik und der Illusionen, ein Zustand, in dem er sich in jede zweitbeste Frau auf der Straße verlieben konnte, um mit ihr ein Leben lang glücklich zu sein – in der Phantasie. Halb war er froh, wenn dann eine auf die Ferne hin Angebetete sich in der Nähe als Wachtel herausstellte. Er konnte dann über sich selber lachen.

Er verlor sich leicht in Tagträume, vor allem einer davon war ihm in Erinnerung und steckte ihm in den Knochen. Er war darin an einem Spiegel vorbeigegangen, hatte zur Seite geblickt, um sich selber zu sehen, und hatte dann keine Luft mehr gekriegt: Er war nicht zu sehen. Panische Angst, zu erstikken. Er wollte nach der Mutter schreien, aber die Stimme kam nicht.

Träume aus der Nacht begleiteten ihn oft noch bis weit in den Tag hinein, vor allem solche, in denen die Sehnsucht nach der Freundin sich artikulierte. Ihre Traum-Gegenwart hinterließ einen körperlichen Eindruck, als sei sie ein Teil von ihm gewesen, irgendwo unter seinen Rippen. Daß sie nun real nicht da war, erlebte er als physischen Schock, als Loch-im-Bauch-Gefühl, metaphysischen Hunger. Alle seine Tagebuchversuche waren nichts anderes als ein Versuch, sich in dieses Loch hineinzuschreiben, zu sehen, was dort war und wofür. Nach solchen Träumen fand er den Weg in den Tag nicht. Im Tagebuch versuchte er sie zugleich festzuhalten und loszuwerden, ihren Zauber zu bannen.

Der Zustand der Trance war zugleich auch ein Schutz. Eine Schmusedecke schirmte ihn ab. Die Geistesabwesenheit entlastete ihn von dem Anspruch, sich mit dem zu konfrontieren, was geschah. Politisch besehen war er ein Opportunist. Den Bedingungen des Kampfes war er nicht gewachsen. Hauptsache, es tat nichts weh. Politik: wo er schon im Zweifel war, ob er überhaupt lebte, lag die Frage nach dem Realitätsgehalt der äußeren Wirklichkeit nahe. In der Trance erschien das Außen immer nur als Projektion des eigenen Bewußtseins, als Einbildung. Ein Zen-Spruch war ihm lage als Weisheit erschienen: Du siehst die Dinge nicht wie sie sind, sondern wie du bist. Wer er war, wußte er allerdings auch nicht. Er suchte nach einer Theorie, die ihm den Zusammenhang von Innen und Außen erklärt hätte, Theorien mit Totalitätsanspruch wie die Marxsche. Aber diese blieb unanschaulich. Er selber konnte sich darin nicht auffinden.

Wie gesagt, mit jemandem zu sprechen erschien als sinnlos. Aber Schreiben war auch nicht leicht. Er konnte seine eigene Schrift oft nicht lesen, ein anderer konnte das schon gar nicht. Dabei gab es zwei große und kaum eingestandene Wünsche in seinem Leben, einer davon war, schreiben zu können. Aber alleine am Schreibtisch sitzend konnte er nicht denken. Er hatte dann das Gefühl, ein Block läge um seinen Kopf, er brauchte die Gegenwart und den Zuspruch anderer Menschen, um überlegen zu können. Oder Drogen, Amphetamine vor allem, dann spürte er Gedanken wie auf weißglühenden Lavabahnen ziehen. Das ganze Gehirn war zusammengeschossen. Schreiben zu können, das erschien ihm als Rettung ins Normale, wobei der Begriff des Normalen schillernd war, Konformismus lag darin, aber auch der Wunsch, die anderen möchten doch so normal sein wie er selber.

Dem Geschriebenen kam gegenüber dem Gesprochenen eine höhere Dignität zu, es ließen sich weitere Verbindungen damit herstellen. Aber zugleich wuchs auch das Risiko: die Unterschrift war bindend. Auf seinem ersten Trip war er vom Gastgeber gebeten worden, auf die Freunde achtzugeben, daß sie nicht die Wohnung zerstörten. Er hatte dann überall Löcher im Teppich zu sehen geglaubt und gefürchtet, die Kontrolle zu verlieren. Zum Schutz versuchte er seinen Namen sich auf die Hand zu schreiben, was aber nicht ging.

Er wünschte sich, so schreiben zu können, wie er sprach. Bücher, in denen die Direktheit und Privatheit einer mündlich gemachten Mitteilung überlebte, waren ihm die liebsten. Wenn er dann mal etwas Eigenes vorlas, wurde ihm oft gesagt, beim Zuhören entstünde der Eindruck von Atemlosigkeit, als würde er gehetzt. Er liebte die Punkte nicht, es steckte ein herrschaftlicher Gestus darin. Schluß. Aus. Ende. Er wollte nie zu Ende sein. Er konnte oft nicht sprechen eben wegen des problematischen Punktes. Als Kind hatte er „Rappel-Philip“ geheißen, er hatte so schnell gesprochen, daß ihn keiner verstand. Ihm war die eigene Stimme fremd, sie klang ihm, als müßte er sich einen

Ruck geben die ganze Zeit, sich losreißen. Zugleich wußte er um sein Fähigkeit, mit der Stimme soziale Situationen zu manipulieren, eine Stimme, weit und weich wie ein Mantel, war ihm gesagt worden. Er wollte vor allem sich selber beruhigen dann und klebte sich an die anderen.
In der Drogensubkultur sprachen sie auch so wie er. Alle sprachen sie und erreichten einander nicht. Oft war ihm so, als ob die Worte auf halbem Wege zu dem Angesprochenen liegen blieben und es diesem überlassen bliebe, sie aufzunehmen. Das subkulturelle kommunikative Ideal: der coole Spruch, war im Grunde nichts anderes als ein Selbstgespräch in Gegenwart anderer, selbstherrlich, immer vermittelnd und im Grunde nichtssagend. Ein Grenzfall autistischen Schweigens. Um dieser Stummheit zu entgehen hatte er angefangen, Amphetamine zu nehmen.
Drogen und Frauen gehörten zusammen, aber in welchem Zusammenhang? Er war fasziniert von der Schönheit der Frauen, und nur unter der Einwirkung von Drogen fand er sich selber schön. Die Drogeneinnahme machte ihn eingenommen von sich, Reklame gewissermaßen. Sie sprach aber immer nur die Leichenfledderer an. Die Idee der Schönheit war ebenso wie die der Liebe immer mit der des Todes assoziiert gewesen. Schönheit: die endgültig und ansehnlich gelungene Vermittlung, insofern war die Ästhetik eine Ethik – aber das war doch nur Philosophie. Von den Drogen ließ sich nichts sagen, ohne auch von den Frauen zu sprechen, aber im Grunde hatte er keine Sprache für das, was sie beide bedeuteten. Er konnte drumherumreden allenfalls, sich rausreden. Der Körper sprach, aber fremd und unverständlich. Dennoch ließ er sich nicht verleugnen, verlangte sein eigenes Recht, mußte geschleppt werden, war lästig. Mit einer Freundin zu gehen war unmöglich: „Häng doch nicht so an mir rum“, warfen sie einander vor. Die Umarmung ein Würgegriff. Corpus delicti: War er nicht Beweismittel und mußte verschwinden deshalb?
Erfahrungen mit Frauen waren vor allem und fast immer Erfahrungen der Angst. Löste sich der eine, löste der andere sich auf. Er ging kaputt, wenn sie gingen. Aber der Schmerz war immer noch besser, als wäre er gar nicht, er stiftete die Einheit des schmerzhaft Isolierten. „Torso“ hatte die Freundin ihn genannt. Fremd stand der Mund dann im Gesicht, die Füße kalt, sie hat-

ten keinen Grund, er hatte nie einen Grund gehabt. Immer war ihm kalt, die Gefrierzellen saßen im Geschlecht. Trotzdem, die Schmerzen waren besser als das Gefühl der Nicht-Existenz, des Loches und der Leere. Er hatte Löcher im Körper, ganze Partien gab es, die unerfahrbar waren; zwischen den Schultern steckte ein Beil, die Lendenwirbel waren wie verhornt. Der aufrechte Gang fiel da schwer. Krankenberichte hätte er füllen können mit Beschwerden über den Körper, voll ohnmächtiger Wut. Auf die Straße hätte er dann gehen mögen und mit einer Eisenstange um sich schlagen, blutige Klumpen. Er wußte um diese Wut und nahm sich zusammen. „Nimm dich zusammen" hatten sie ihm zu Hause immer gesagt. Sie wußten, daß er sie gerne auseinandergenommen hätte, die ganze Gesellschaft. „Nimm dich zusammen." Von wegen: Er war kaputt.
Ins Sanatorium wünschte er sich dann, Dämmern unter weißen Decken, alles wird zur Ferne, Zeit-Ende. Unvermittelt konnte das Bild umspringen, zur Schreckensvision werden: lebendig begraben, beim Hofgang bückte er sich nach einer Kippe, er war alt geworden. Keiner kam, wenn er nachts schrie.
Er hatte es zweimal geschafft, auf die geschlossene Abteilung der Psychiatrie zu kommen. Er war aber wieder abgehauen; sie hatten ihn dort für verrückt erklären wollen, nur weil er gesehen hatte, daß es drinnen ja nicht anders zuging als draußen. Schlimmer noch: In der Klapsmühle wurde die Opposition gefoltert. Nach der Trennung von der letzten Freundin wurden die Wünsche nach Aufbewahrung wieder aktuell, aber inzwischen war auch die Wut gewachsen und kräftiger geworden. Nachts fuhr er durch die Straßen und schlug Scheiben ein, klaute Fernseher und Plattenspieler. Im Grunde hoffte er gestellt und festgestellt zu werden. In der Kiste gäbe es keine Zweifel mehr.
Er hatte nie ein Mann sein wollen, er hatte es nie sein sollen. Die Anschaffung des ersten Rasierapparates kostete Wochen voller angstvoller Vorbereitung. Würde sich ihm beim Kauf die Stimme versagen, zittern, kiksen? Ein bärtiger Mann war in das Frauenhaus gekommen und hatte sich über den Flaum auf dem Kinn lustig gemacht. Er haßte Männer, die immer bereit waren, die Ellenbogen zu gebrauchen; mit einem „Hurra" auf den Lippen über Leichen zu gehen. Er wollte nicht zu den Übergangenen gehören, aber fühlte er sich wehrhaft, so litten andere und er wieder unter seinem Mitleid. Er hatte das Gefühl,

immer zuviel Anteil zu haben an dem anderen, Teil von ihm zu sein. Er stellte sich vor, mit der Freundin an der Hüfte verwachsen zu sein, in den Tagträumen vertauschten sich die Rollen, dann war er sie und sie er, und letzten Endes liebte er doch nur sich selber. Nein: Er liebte ein Bild, sich selber haßte er. Ein Puzzle-Bild, es fehlten Teile. Einmal ganz und gar sein, das wäre schön.

Immer hatte er nur Anteil an dem Toten, dem Schmerz, dem Kummer. Die Freude der Freundin machte ihm Angst, es sei denn, er war der Anlaß gewesen. Leuchteten ihre Augen, so sah er darin die Tücke, fühlte er Leben in ihrem Körper, so erschrak er bis ins Herz und hätte sie am liebsten gebunden. Die Schwierigkeit, sich auseinanderzuhalten von einem anderen war ihm früher einmal als Grund für seine Schwierigkeiten erschienen, sich der Drogen zu enthalten. Er enthielt sich nicht. Er war aus der Psychiatrie weggerannt und hatte sich vorgenommen: In Zukunft lebe ich nur noch in meinem Kopf. Aber darin war dann auch kein Leben gewesen.

Der Weg ging nach innen, aber alles Innen war unheimlich, durfte nicht rauskommen, mußte versteckt werden. Wut, Schmerz und Angst. Es gab immer einen Grund, sich zu schämen. Beim Injizieren genoß er den Anblick, sein Blut aus sich heraus und in den Glaskolben der Spritze zu ziehen, eine feine rote Unterwasserblume sich dort bilden und zerfließen zu sehen – so wie er sich wünschte, in den Armen einer Frau vergehen zu dürfen. Aber seine Frauen waren immer wie aus Chrom und Glas, glatt und hart, ein kaltes Geschmeide. In ihren Armen erstarrte er. Seine Kälte machte er ihnen zum Vorwurf, sie sollten schuld daran sein, daß er erfror; so wie die Mutter ihn einmal gefragt hatte, ob er einverstanden sei, daß sie wieder heiratete, und durch sein „Nein" sich den Mann nehmen ließ. Sie war sich auch nicht sicher. Noch bevor er überhaupt je eine Frau berührt hatte, stand für ihn schon fest, impotent und schwul zu sein. Er sucht die frostigen Schönen, ihre Liebe erschien ihm als besonders kostbar und bedeutend, der Angst abgewonnen. Nach Wochen und Monaten schwindelnder Lust stellte Ekel sich ein, und sie bedrohten ihn, indem sie gestanden, daß die Angst doch immer gewonnen hatte. Also doch, er hatte es doch immer gewußt.

Die Freunde waren lange schon dabei, Frauen abzuschießen, anzumachen, aufzureißen; da konnte er nicht mit, das war ihm zu brutal. Gesenkten Kopfes schlich er durch die Straßen und hoffte, daß ihn eine erlöste. Er wagte nicht aufzusehen und weiterzusehen, seit Beginn der Pubertät trug er eine Brille – aus Eitelkeit jedoch oft nicht. Die Brille war wie eine Prothese, sie machte seine Blindheit offenkundig und zog doch wieder nur Krankenschwestern an, die ihn liebevoll zu Tode pflegten. Er hatte Angst vor seinem Blick, er konnte verletzen damit: „Wenn Blicke töten könnten", hatten sie ihm zu Hause gesagt, „dann fielen wir auf der Stelle tot um." Recht hatten sie. So guckte er stumpf.

Die Blindheit war auch ein Schutz, er war irritiert, daß die Leute immer anders aussahen, als es zu ihren Worten gepaßt hätte, ein schlecht synchronisierter Film. „Wie geht's? " – „Danke gut." Wer's glaubt, wird selig. Ungläubigkeit machte das Leben zur Hölle. Bestenfalls gabs als Zusatz: „Man muß ja." Das stimmte, man mußte ja. Elend sich zu fühlen war Verrat, Abweichung wurde verfolgt, die Differenz mußte ausgemerzt werden. Jedes harmlose Geplauder wurde unter diesen Bedingungen gefährlich, die Finger spielten nervös, der Blick schweifte unstet, und dann: überstürzter Abschied. Das Leben wurde aufs nächste Mal verschoben.

Der Abschied war das Schlimmste, jede Trennung hinterließ Wunden; die wenigstens waren noch eine Form der Gegenwärtigkeit des Verschwundenen – hingegen das spurlose Verschwinden. . .

Mit zehn Jahren vielleicht hatte er Angst vor dem Tod bekommen, nachts lag er lange wach und gab mit der Gardine Signale an einen Mann, den er unten unter der Laterne zu sehen glaubte. Die Ritualisierung dieses Vorganges sollte die Gefahr abwenden. Es mußte Unsterblichkeit geben, anders konnte es kein Leben geben. Die Schönheit schien dem Tode überlegen.

Er war von der Mutter aufgeklärt worden; was heißt aufgeklärt, hinterher war nichts klarer als zuvor, noch immer geisterten Vorstellungen über orale Empfängnis in seinem Kopf. Sie sprach von der körperlichen Liebe als dem Heiligsten und Schönsten, was es zwischen Menschen geben könnte; was während des heiligen Aktes geschah, wußte er nach wie vor nicht. Trotzdem machten die Worte seiner Mutter Eindruck, mehr noch als die Worte die Tränen in ihren Augen. Die Liebe, und vor allem die körperliche Liebe, stellte er sich fortan als Himmelfahrt vor, als Gottwerdung des Menschen, die Kommunikation wurde Kommunion und unendliche Aufhebung aller Grenzen. Daß die späteren Erfahrungen mit Frauen ganz andere waren, diese keine Engel und er kein Gott, sondern ganz im Gegenteil, hat er sich persönlich zu Last gelegt und dem Fluch eines mythischen Schicksals. In den Träumen lösten die Genitalien sich vom Körper ab und wurden zu Stein, aus Eis und Stein versuchte er sich herauszufühlen; immer war nur die Hälfte da; rechts – links, oben – unten, hinten – vorn; der Nacken steif, der Kopf nicht in Verbindung mit dem Leib. Die Gelenke, mögliche Grenzstellen der Vermittlung, waren sperrig. Gelenkig sein, das wäre schön. Und die Sinne: Schwellen des Überganges von innen und außen, Wachtposten waren sie und Waffen immer noch.

Die Aufklärung durch die Mutter war wie eine Verführung gewesen, hinterher war er befangener als zuvor. Nachts auf dem Bett, abgetrennt von dem Raum durch einen Vorhang, beide im Pyjama und sie schmerzlich ergriffen. Ihre Nähe machte ihm Übelkeit, ihm war zum Kotzen, immer war ihm übel gewesen. Auf dem ersten Trip ging ihm die Ähnlichkeit seiner Freundin und auch seiner selbst mit der Mutter auf: leidend, vorwurfsvoll kränklich, erduldend. Sie kastrierte ihn auf diese Weise. Die Vorstellung, ihr seinen Schwanz in den verhärmten Mund zu stecken, war zur fixen Idee geworden. „Du kannst machen, was du willst", hatte sie gesagt. Ihm wurde übel, diesen Kloß im Hals mußte er loswerden. Er halluzinierte, daß Blutfontänen ihn überspülten, die Erinnerung an einen Krankenbesuch bei der Mutter stand ihm vor Augen. Er war sehr klein gewesen damals, man hatte sie an der Schilddrüse operiert, weil sie zu unruhig gewesen war angeblich; wahrscheinlich hatte sie angefangen, beunruhigend zu werden für Mann und Mutter. Alles in ihm verlangte nach Rache und Vergeltung, irgendwelche Männer in Weiß, die Gefühl für einen anderen Körper nur entwickeln konnten, wenn sie ihn mit Messern zerschneiden durften, hatten seine Mutter auf dem Gewissen. Irgend jemand mußte verantwortlich sein, aber es gab keinen, es gab ja noch keine Menschen. Trotzdem: Blut mußte fließen. Er versuchte sich zu erbrechen, die Übelkeit band ihn, er ahnte: wenn du kotzen kannst, bist du sie los, alle, für immer.

Es ging nicht, sie ließ ihn nicht los. Er wollte weg, sich anziehen und raus, aber die Freundin sperrte die Tür ab und warf den Schlüssel aus dem Fenster. Sie drohte verrückt zu werden, Entsetzen im Gesicht, wild gestikulierender Mund. Sie weinte, als er sie schlug. Danach gab er die Hoffnung auf, er sah sich als lebenslang Gefangener, es gab kein Entkommen. Er fing an zu schießen, damit waren die Frauen für ihn gestorben.
Immer fühlte er sich einsam und verlassen. Seine frühesten Erinnerungen bezogen sich auf dunkle Räume, in die keiner kam, wenn er nachts schrie. Die Mutter hatte ihn verlassen, um ins Kino zu gehen. Heute ging er verlassen ins Kino, manchmal mehrmals am Tag. Am liebsten war's ihm, der Vorführraum lag im Keller, eine dunkle Höhle, in der er das Gefühl genoß, sich in die Bilder zu verschlingen. Jetzt hatten die Augen Hunger, wollten sich satt sehen. Er liebte die Illusionsfilme, meistens hatte er hinterher einen Kater; auch der Traumstoff war verschnitten. Die ganze Welt wurde ihm zum Kino, immer lief ein Film ab, unangreifbar unwahr. Nachts ging er in die Discotheken, eigentlich nur um zu gucken, es gab genug andere, die kamen, nur um sich angucken zu lassen. Aber nie trafen sich die Blicke, so daß Gegenwart spürbar geworden wäre. Und immer spielte die Musik, pausenlos, Schlag auf Schlag, die Füße traten den Boden im Takt, als müßten sie marschieren, weil sie eine freie Zeit nicht aushielten. Die Füße traten nach dem Boden und zugleich träumte der Kopf von einer Möglichkeit der Versöhnung. Diesen Phantasien schrieb er magische Kräfte zu. „Sie kann mich nicht vergessen, wo ich sie nicht vergesse"; daß sie ohne ihn leben konnte, war ihm unvorstellbar und erstaunlich. Deshalb kam er auch nie los, er fürchtete schuldig zu werden, an ihrem Tod. Unsterblich erschienen ihm nur die Traumfrauen, am faszinierendsten fand er die, die seinen Phantasien entgegenkamen und in ihrer Verletzlichkeit sich fabelhaft stilisierten, reine Kunstbilder, aus einer Welt, in der andere Gesetze galten. Nur war diese Welt privat und verschlossen, es war Platz darin nur für einen und seinen Wahn, wirklich und mit sich übereingekommen zu sein. Das reale Erscheinen der Freundin war dann immer enttäuschend, nichts entsprach der Vorstellung; sie nicht seiner, er nicht ihrer, und beide nicht der eigenen von sich. Dann begann ein Kampf, der Schein mußte gewahrt bleiben um jeden Preis. Sie waren in Bilder von sich verliebt und konnten sich selbst nicht ausstehen.

Aus jener Zeit, in der er angefangen hatte, Amphetamine zu nehmen, hatte er auch ein Bild vor Augen. Er rannte durch die Nebenstraßen der Reeperbahn und quatschte hohle Leute voll, aufdringlich und zerfahren. Er wollte immer gleich weiter, interessant war's immer nur am Horizont, dort wollte er hin und noch drüber hinaus. Zuvor war ihm das Gehen monatelang schwergefallen, mühsam hatte er sich schleppen müssen und zu sagen hatte er nichts gehabt, außer vielleicht: Alles Scheiße.
Am Ende jeder Woche spritzte er sich Benzedrin, um endlich wach zu sein und reden zu können, vor allem aber, um nicht zum Schlafen nach Hause zu müssen. Am liebsten wäre er ganz ohne Schlaf ausgekommen und nie mehr nach Hause gegangen.
Er fürchtete sein Leben im Schlaf zu verlieren. Eine Psychoanalyse hatte er auch deshalb begonnen; die Analytiker erschienen ihm wie Götter, daß sie die Zeit zurückstellen könnten.
Er brach die Therapie ab, als es ihm nicht gelang, eine Vorstellung von seinem Vater zu bekommen. Wochenlang lag er auf der Couch und schwieg. Immer war zuviel Mutter in seinem Leben gewesen und zuwenig Vater. Schweigend fühlte er sich der Therapeutin ausgeliefert, schliefe er ein, würde sie ihn verschlingen.
Zu jener Zeit fing er an zu dealen, er war auf der Flucht und rannte dem Geld nach in eine neue Gefangenschaft; aber noch glaubte er, sich freikaufen zu können. Abends fuhr er in die Stadt; zum „Star-Club" ging's durch die „Große Freiheit", Prostitution und Zuhälterei offenbarten dort unverschämt Verkehrsformen, mit denen man auch anderen Orts am besten fuhr.
Stadtluft mache frei, hatte es einmal geheißen; die Stadt, das war der Markt, die Leibeigenschaft der Familie fand eine Fortsetzung in der Lohnsklaverei dessen, der sich auf dem Markt verkaufen mußte. Auf seinem Markt wurden die Drogen gehandelt, mit der Freiheit war's damit schon wieder vorbei, der Dealer verkaufte Menschen an Drogen und sich an das Geld.
Dealen war widerlich. Connections-Verbindungen zu haben war die Voraussetzung für gute deals; Krämerqualitäten wurden gefordert, er mußte sich die Kundschaft erhalten, um nicht von den aufkommenden Syndikaten geschluckt zu werden. Beim Tee und joint wurden Geschäftsfreunde gewonnen und der mit dem Geschäft gesetzte Betrug zur freien Übereinkunft und gegenseitigen Gefälligkeit verlogen. Auch das Geld machte süchtig, wollte immer mehr. Nachts verließ er eines Abschlusses

wegen die Freundin, bis sie ihn um eines geschäftlich Erfolgreicheren willen verließ.
Er fuhr ins Ausland, um dort größeren Gewinn zu machen; er muß damals der subkulturellen Ideologie vom Dealer als Missionar eines neuen Bewußtseins aufgesessen sein – während er in Wirklichkeit doch nur Agent eines alten Imperialismus war – und ebenso der Ideologie vom freien Spiel der Kräfte auf dem Markt von Angebot und Nachfrage, denn er ließ seine Ware einen Moment nur aus den Augen, und da machte eine mit der Freiheit Ernst und klaute ihm alles, was er hatte. Damit war noch ein Traum heilsam ausgeträumt. In der Nacht schoß er sich Morphium zum ersten Mal.
Clean werden und bleiben – das hieß die Uhr als Terrorinstrument. Ein neuer Zwang trat an die Stelle des alten. Oft war er verzweifelt und von der Vorstellung besessen, sich feststellen zu müssen, indem er die Nadel sich in den Arm steckte. Er saß dann vor der Uhr, zählte die Minuten, die er durchhielt und widerstand. Den Zeiger sah er wandern, er ging im Kreis und trat auf der Stelle, rotierte, wie es der Subkultur-Jargon dem speed-freak nachsagte. „Jede Minute ein Erfolg" dachte er sich – ein Erfolg, der nichts einbrachte, die Zeit führte nirgendwohin, am nächsten Tag war nichts anders. Es war überhaupt nichts anders geworden, die Drogenfreiheit war auch keine. Die regelmäßig notwendige Wiederholung der Drogeneinnahme hatte vielleicht doch vor aller spezifischen Wirkung des Mittels die Funktion gehabt, die Zeit festzustellen, zu garantieren, daß nichts sich änderte und er sich eingeschränkt gleich blieb. Die Spritze war eine Stech-Uhr, an die Pumpe angeschlossen, war er doch wieder Teil der gesellschaftlichen Maschinerie geworden. Die Kanüle war die Nadel zu seinem eigenen pin-up, das Bild schrieb einen Zustand fest und den Ausbrecher zur Fahndung aus.
1970 war das Pop-Festival auf der Insel Fehmarn gewesen, dort gab er sich den letzten Schuß; zugleich ging für ihn eine Epoche zu Ende, wieder war ein Traum ausgeträumt. Die Festivals hatten befreites Gelände sein sollen, die Musik wollte ins Leben, nicht mehr nur in die Beine gehen, sondern den ganzen Menschen ergreifen. Aber „love and peace" in der Absperrung aus Stacheldraht war ein Unding und zu Hause im Sessel sitzend „I'm a roadrunner" zu hören makaber. An den Festivals

zeigte sich mit letzter Deutlichkeit: Freiheit läßt sich nicht verkaufen.
Auf die Beat-Musik hatte er große Hoffnungen gesetzt, die Bands hatten der Spielmannszug der Revolution sein sollen, aber das Geld hatte eine zu große Rolle gespielt und die Frauen eine zu geringe. Noch während seines ersten Aufenthaltes in der Psychiatrie hatte eine Beatles-Monographie ihn trösten können. „Die Sache ist die", hatte Paul dort gesagt, „wir sind in Wirklichkeit ein und dieselbe Person. Wir sind vier Teile eines Ganzen. Wir sind Individuen, aber wir gehören zusammen. Die Jungs, das ist eine Person." Aus den Jungs wurden Männer und diese trennten sich unter anderem auch des Geldes wegen und weil sie sich um Frauen stritten, die es satt waren, daß immer nur die Männer das Ganze machten.
Er stand auf der Toilette der Gastwirtschaft, die auch den Rokkern – den Ordnungskräften des Festivals – als Hauptquartier gedient hatte. Nirgends war die Anarchie größer. Eine Ordnung ohne Ordner war doch auch ein Ziel für ihn und sie alle gewesen; das Leben hatte Spiel werden sollen, ein Spiel, das alle miteinander spielten und nicht mehr gegeneinander, das keine Schiedsrichter brauchte, so wie die Bands oben auf der Bühne keinen Dirigenten; aber immer noch waren die einen oben auf der Bühne und die anderen guckten von unten hoch. Die Guerillos würden eine andere Musik machen müssen: mit allen im Kreis; sie würden auch kein Hauptquartier mehr haben. Die Beat-Musik gehorchte inzwischen der gleichen Ästhetik, unter der Feldherren sich früher schöne Schlachten geliefert hatten, sie war zum Werbefeldzug verkommen; die Konsumenten wurden verheizt. Im Schankraum der Gaststätte lagen sie durcheinander und klagten über verletzte Erwartungen. Aus dem großen Spiel war nichts geworden. Da blieb nur, sich selber aufs Spiel zu setzen.
Er stand vor dem Spiegel der Toilette und suchte im Schein der Lampe über dem Waschbecken nach einer Vene. Das Oberhaupt der Rocker stand neben ihm und zählte Geld, Tausende hatte er in den Händen. Die Veranstalter machten eine Riesen-Pleite, aber ihn hatten sie noch bezahlt, dann zündete er ihr Büro an. Leute gingen ein und aus, ohne Notiz von den beiden zu nehmen. Es war schon alles in Ordnung so und stimmte zusammen; der Mann im schwarzen Leder beschützte auch die Hamburger Drogengroßhändler.

Er machte seinen letzten Schuß und hoffte die letzte Freundin zu treffen. Er wollte keine Angst mehr haben dann.
Seit Fehmarn war ihm die Einheit der Zeit und damit auch der Erfahrung vergangen. In der Gegenwart hatte die Vergangenheit keine Zukunft mehr. Es blieb eine sentimentale Erinnerung, alle Gegenwart war ein Stillstand, an dem keiner genug hatte; ein Warten darauf, daß das Bewußtsein zurückkehrte. Eine Ahnung davon war noch einmal bei einem Besuch in Berlin aufgeblitzt. Er hatte mit Freunden dort politische Kollektive von Trebe-Gängern interviewt. An deren Zimmerwänden stand geschrieben: Wir wollen immer noch Alles. Die Straßennamen weckten Erinnerungen an Straßenschlachten, damals war noch Hoffnung gewesen. Aber jetzt war Zeit wieder Geld geworden, fungibel und inhaltslos. Nichts ließ sich mehr erfahren, die geschichtliche Erfahrung hatte keinen Platz.
Die Körper-Zeit des Süchtigen, der Rhythmus der notwendigen Injektionen war auch ein Rest eines Widerstandes gewesen; vor allem der Halluzinogenrausch eine Musik der klingenden Dinge, das Leben ein Meer wieder, auf dem Wellen in unendlicher Bewegtheit tanzten und sich schmeichelten. Am Horizont trafen sich der Himmel und die See, und es war, als wäre dort ein anderes Land. Nun ließ zurückgelehnt sich genießen, endlich; der Rückfall war immer auch ein Fortschritt gewesen. Zu dieser Rausch-Musik hätte man tanzen mögen, aber anders als bisher: die einsame Bewegung auf der Stelle. Eine Zeitlang war es Mode gewesen zu simulieren, man liefe auf der Tanzfläche gegen ein Fließband an, eine sinnlose Produktivität, in der die Maschine den Menschen bediente. Die Freunde gingen in den Hafen, um dort die Arbeiter zu agitieren und die Revolution voranzutreiben; er hatte von den Pariser Kommunarden gelesen, die 1871 auf die Kirchturmuhren geschossen hatten. Für solch einen Anarchismus hätte man ihn auch begeistern können.
In seinem Land regierte wieder das Geld, führte eine raffinierte Herrschaft, die unterstellte, daß alles mit rechten Dingen zuginge auf der Welt. Aber im Gegenteil hatte der Spuk zugenommen; die alten Teufel, Gespenster und Götter, die dem Götzen Mammon hatten weichen müssen, waren dagegen noch gemütlich gewesen. Ein Zauberschleier lag um Dinge und Menschen, daß man hinterher nicht wußte, ob und was man gesehen hatte.

Nur die Währung machte wahr; was anders war, war nicht wahr, Geld machte Geltung, Zahlung allein zählte; was nicht zählbar war, zählte nicht. Der Empirismus war das Geld der herrschenden Gedanken.
Er wurde dicker, nachdem er aufgehört hatte zu schießen, das gute Essen war ihm eine Lust. Aus Sorge, zu dick zu werden, regulierte er sein Verhältnis zu den Speisen über den Kalorienzähler. Damit war auch diese Lust wieder zahm geworden und wußte von ihrem Gegenstand nicht mehr als seinen Brennwert, alles Leben war zu Asche verwandelt und die Lust eine Liebe zum Toten.
Im Haschischrausch löste sich der Panzer um Dinge und Menschen, in denen diese eingeschlossen waren, wie in einen Sarg. Im Rausch schien alles möglich – das machte gerade sein Glück aus – aber damit war doch noch nichts wirklich. „Love and peace", das war schon in Ordnung; der angetörnte Blick zeigte die Wirklichkeit als Schein, vor allem die Scheinheiligkeit der Menschen. Aber der glücklich Berauschte war nun selber zu Gott geworden. Alles war da. Kein Grund mehr, sich aufzuregen. Cool bleiben, Alter. Und trotzdem: Die Welt ein Paradies, in dem Milch und Honig fließt. Angetörnt war anders essen. Daß das Brot ihn brach und er vergnügt in der Suppe ertrank. Die Liebe zwischen Menschen ein Geschenk, nicht einklagbare Erfüllung eines alten Wunsches und immer ein Verlustgeschäft: Das Glück, sich selber zu verlieren.

2. Vorbemerkung zu den Interviews

In diesem zweiten Band wollen wir näher auf die subjektiven Hintergründe jener Phänomene eingehen, die wir im ersten Teil eher auf gesellschaftlicher Ebene analysiert haben: die unterschiedlichen Beziehungen Jugendlicher zu illegalen Drogen als Ausdruck ihrer spezifischen „Lösung“ der Adoleszenzkrise. Hier greifen wir dagegen die Gruppe der jugendlichen Drogenabhängigen heraus und beobachten mit Hilfe der Tiefeninterviews, sozusagen aus der Nähe, die Bedingungen, unter denen sich jenes relativ größte Potential manifesten Widerspruchs, das wir zuvor beim Vergleich der Jugendlichen untereinander feststellen konnten, herausbildet und zu symptomatischen Ausmaßen anwächst. Jene gesteigerte abgeleitete oder reproduzierte offene Widersprüchlichkeit schließt, wie gesagt, das Operieren versteckt-widersprüchlicher Interaktionsstile in der Sozialisation unserer Gesprächspartner keineswegs aus; im Gegenteil scheint uns die wechselseitige *„Idealisierung“* zwischen Elternteil und Kind, die wir in Übereinstimmung mit der Theorie „narzißtischer Störungen“ in den meisten Fällen anschaulich vorgeführt bekommen, eine Form der Negation von Konflikten darzustellen, die geradezu konstitutiv für die Entwicklung der Suchtkrankheit ist. Auf der anderen Seite hoffen wir aber auch die Mechanismen – in unserem Fall zum Beispiel die *„Kränkungen“* durch die idealisierten Eltern mit nachfolgender *„Enttäuschung“* beim Kind – zeigen zu können, die regelmäßig die Enthüllung der Maskerade nach sich ziehen: Wir finden unter den gesamten Interviews bestenfalls drei oder vier Fälle, in denen sich bei den Jugendlichen der ungetrübte Schein häuslicher Harmonie bis in die späte Adoleszenz hinüberretten konnte – nach unserer Lesart also der verschwindende Rest derer, die bei Eintritt ins Erwachsenen-Alter immer noch an die Negation der Negation glauben, im versteckten Widerspruch gefangen bleiben.
Wir haben mit 63 der 64 Drogenabhängigen, die den Fragebogen ausfüllten, ein Tiefeninterview gemacht. Von diesen 63 Interviews stellten sich im Nachhinein 12 als unverwertbar heraus – sei es, daß sie von der Tonqualität her ungenügend

waren, oder weil der Interviewer das Gespräch zu wenig auf die entscheidenden Sozialisations- und Beziehungsfragen zu lenken vermochte –, so daß schließlich n = 51 verwertbare Interviews übrig blieben. Obwohl diese 51 Interviews von unterschiedlicher Qualität sind, haben wir uns aus systematischen Gründen dazu entschlossen, alle hier aufzuführen, damit der Leser ein so wenig wie möglich „beschönigtes" Bild erhält; das heißt, wir haben bewußt darauf verzichtet, den beabsichtigten *empirischen Nachweis der „narzißtischen Störung" als der Grundstruktur des Suchtverhaltens* durch eine nur-exemplarische Darstellung jener Fälle nachträglich wieder zu verwässern, die das, was wir belegen wollen, am deutlichsten zum Ausdruck bringen.

In diesem Zusammenhang müssen wir darauf hinweisen, daß in unserer Hypothesenbildung zum Zeitpunkt der Konstruktion des Gesprächsleitfadens das Problem der „narzißtischen Störung" lediglich in einer Art „vorwissenschaftlicher Intuition" erfaßt, nicht aber im Sinn der mittlerweile bekannten zentralen theoretischen Kategorien ausformuliert und fortgeschritten war. Das heißt, wir hatten aufgrund unserer Arbeits- und Freundschaftsbeziehungen in der Szene (und ansatzweise über das beginnende Bewußtsein unserer eigenen Beziehungs-Störungen) eine ungefähre Vorstellung von den Beziehungs-Problemen, um die es ging, hatten in Begriffen einer Widerspruchstheorie das unvermittelte Nebeneinander von „hart" und „weich", „offen" und „verschlossen", „cool/trotzig unabhängig" und untergründig „abhängig", kurz: die sanfte Lederjacke und das unnahbare Kindsweib, als den zentralen symptomatischen Grundwiderspruch auf der Ebene der Erscheinungsform anvisiert, hatten aber noch nicht die Fähigkeit, ihn in seiner Entwicklungsgeschichte abzuleiten. Hier kam uns die Theorie „narzißtischer Störungen" von Kohut[1] und anderen psychoanalytisch orientierten Autoren entgegen und half uns, diese Widersprüche der Erscheinungsform als Widerspruch zwischen „Euphorie" und „Depression", als „vorweggenommene, erlernte Abwehrreaktion gegen übergroße

[1] H. Kohut, *Narzißmus*, Frankfurt 1974
H. Henseler, *Narzißtische Krisen*, Reinbek 1974
E. Haas, *Selbstheilung durch Drogen?*, Frankfurt 1974

Kränkbarkeit und Verletzbarkeit", als Widerspruch zwischen „Idealisierung" und „Kränkung", als „Ich-Struktur, die des anderen in ganz kindlicher Weise bedarf, entweder um sich an ihm aufzubauen oder widerzuspiegeln" undsoweiter zu verstehen.
Hätten wir damals diese Kategorien besessen, so hätten wir das Gespräch (und die Analyse unseres eigenen Verhaltens) genauer auf jene Störungen, also auf extreme Schwankungen im Selbstwertgefühl, auf Brüche oder Vorzeichenwechsel in der Beziehung zu Elternfiguren, auf Kränkungserlebnisse, auf die Nähe zum Selbstmord zu lenken vermocht, als das tatsächlich der Fall war. Auf der anderen Seite besitzen die Interviews andere Qualitäten, die sie vielleicht nicht hätten, wenn wir sie aus unserem heutigen Entwicklungsstand heraus gemacht hätten.
Bedenkt man alle diese Unwägbarkeiten, so unterstützt das Ergebnis dennoch überraschend deutlich die Geltung der „Theorie narzißtischer Störungen", die allerdings, einer Tendenz redlichen, aber im Grunde orthodoxen psychoanalytischen Denkens folgend, oftmals zu sehr ahistorische, männergesellschaftliche und sexuell leicht verstaubte Züge annimmt. Wir wollen dagegen hoffen, daß der Leser die „narzißtisch gestörte" Symptomatik nicht als akademische Abgehobenheit, sondern als einsehbare, „normale", ja angemessene Reaktion der Jugendlichen auf kaputtmachende gegenwärtige Verhältnisse erfahren wird. Diese Verhältnisse sind der Alltag in uns und neben uns, in der BRD und im ganzen kapitalistischen Westen, die intakte Familie von nebenan, hinter deren säuberlich geraffte Vorhänge im Blumenfenster von Mietskaserne oder Einfamilienhaus man so selten sieht, deren vorgeschobene Harmonie jedoch von der Sprache der Jugendlichen so gründlich entmystifiziert wird. Die Entlarvung der bürgerlichen und männergesellschaftlichen Institution der Kleinfamilie als System despotischer Herrschaftsausübung (mit manchmal auch schon sehr müden Despoten, zugegeben!) ist sicher nicht der geringste Nebeneffekt, den die Lektüre dieser Interviews mit sich bringt.
Schließlich, meinen wir, wird auch die gängige Vorstellung von Haschisch als „Einstiegsdroge" relativiert. Die heutigen Zwölfjährigen trinken Alkohol und werfen Pillen, bis sie bewußtlos im Straßengraben oder in Grünanlagen aufgelesen werden; die Leute beginnen vor den Verhältnissen zu fliehen,

ohne jemals mit Halluzinogenen Bekanntschaft zu machen, und sogar die Generation der von uns Befragten nennt schon häufig eine schwere Alkohol- oder Tablettenphase als Vorläufer ihres ersten Joints. Haschisch ist bestenfalls der „Einstieg" in gesellschaftlich festgesetzte Illegalität und damit die Nahtstelle, wo die negativen gesellschaftlichen Zuschreibungsprozesse einsetzen. Wären die nicht, dann könnte Haschisch mit Alkohol, dem kommunikativ isolierenden Fernsehgebrauch oder, noch früher, dem Daumenlutschen als „Einstiegsdroge" in eine Reihe gestellt werden.

3. Die Interviews

001 Brigitte[1] (BRD)

Zum Zeitpunkt des Interviews 18 Jahre alt; bis 16 in vollständiger Familie gelebt, dann von zu Hause ausgezogen und rumgeflippt; zuvor mehrmals von zu Hause abgehauen, das erste Mal mit 12; nach eigener Angabe mit 14 „endgültig selbständig gemacht"; Eltern Unterschicht (US); betrachtet sich nur als teilweise „erwünschtes" Kind; Berufsausbildung abgebrochen. Phase illegaler Drogen (bzw. des illegalen Gebrauchs von an sich legalen) begonnen mit Amphetaminen (A) und Barbituraten (B) oral[2]; bald darauf begonnen, stark Opiate (O) zu drücken; jetzt erst Halluzinogene kennengelernt; gibt selbst Präferenz für O an; ist institutionell noch kaum auffällig geworden; hat vie Entzüge hinter sich, hat mäßig gedealt; hat nach eigenen Worten andere nie wegen Giften betrogen (gelinkt); keine Gelbsucht.

(Brigitte:) „Also ich hab, als ich 10 oder 11 war, ist meine Mutter krank gewesen, und dann hatt ich halt den Haushalt, ne, den ich machen mußte ..."
(Interviewer:) *Und wie wars vorher, bevor deine Mutter krank war, mit dem Spielen?*
„In der Nachbarschaft und nur mit Leuten, die sie kannte, ne. Als kleines Kind, das weiß ich noch, da bin ich vier Jahre vielleicht gewesen oder drei, bin ich mal abgehauen, mit nem Typen, der war acht oder das weiß ich nicht, wie alt, da ham mich die Bullen gesucht inner ganzen Stadt. Das war ne Kleinstadt, hab ich mir irre in die Hose gemacht. Hatt ich irre Angst vor: wenn ich dann zurückkomme – ja, und dann halt sexuelle Erlebnisse. Das warn, da war ich aber nicht ganz klein, wie alt war ich da, sieben, ist doch klein. Ja, sieben. Sonst eigentlich nichts."
Mit Erwachsenen?
„Mit Erwachsenen, ja – 's ist komisch. Ja, es war'n Nachbar, ne. An sich 'n sehr solider Typ, ich mein für meine Mutter. Und das war auf irgend ne'm Fest – und dann sind alle weggegangen im ganzen Haus. Und da wollt ich auch weg. Und dann bin ich in so'm, da gibts so Fahrradkeller, und da bin

[1] Die Namen wurden hier wie auch in allen folgenden Fällen geändert.
[2] Wo nicht gesondert vermerkt, kann der vorherige Gebrauch von Alkohol, auf jeden Fall aber von Halluzinogenen wie Haschisch/Marihuana und LSD vorausgesetzt werden.

ich dann hingegangen. Und da kam dieser Typ halt auch und hat gesagt, ich hätt son schönes Kleid an. Und naja, dann bin ich halt ausgerastet. Mehr eigentlich nicht. Und dann hat meine Mutter mal 'n Vetter von mir aufgenommen, ne, der war, er konnt sich da bei seinen Eltern nicht mehr sehen lassen. Und der hat dann auch irgendwie – also gebumst hab ich nicht, ne. Aber es war trotzdem irgendwie nicht –"

Hast Angst gehabt?

„Angst, ja!"

Hast deinen Eltern auch nicht erzählt?

„Doch, später. Aber bei dem Nachbarn zum Beispiel hat meine Mutter mich irre verprügelt. Hat gesagt, das könnt ich nicht sagen. Und das ging nicht. Sie würd mir das nicht glauben. Und dann hatt ich einmal eins, das war, wie alt war ich da, acht oder neun, und da hat mein Bruder 'n Typen mit nach Hause gebracht. und da hab ich gebadet. Und da ham die meine Mutter gefragt, ob ich, ob sie mir zugucken könnten. Und da hat meine Mutter gesagt, ja. Und dann sind die reingekommen. Und dann bin ich irre sauer geworden. Und hab geheult. Und dann ist mein Vater ausgerastet und hat sich mit meiner Mutter gestritten. Das war irgendwie.. so plötzliche Aufklärung für meinen Bruder ...

... da hatt ich'n eigenes Zimmer. Und dann hab ich da aufm Bett gelegen, da war ich, ach drei oder vier Jahre, und hab da an mir rumgespielt irgendwie. Dann kam meine Mutter rein und hat gefragt: Was machst'n du da? Bin ich auch irgendwie ausgeflipt ..."

Was hat sie dann gemacht, außer gesagt: was machst du? Hat sie dich verprügelt oder irgendwas gemacht?

„Nee. Das weiß ich nicht mehr. Ich kann mich halt nur noch dran erinnern, daß sie gesagt hat: Was machst du denn da?, und daß ich mich irre erschrocken hab und irgendwas ganz Blödes gesagt habe. Aber was, weiß ich auch nicht mehr. –

Und außerdem bin ich eine Brillenschlange. Und dann hat se (Mutter) auch mal mich verprügelt und hat mir die Brille kaputt gemacht und hat meinem Vater gesagt, ich wär das gewesen..."

„Also ich hab versucht, mit in diese neue Gruppe (therapeutisches Kollektiv) einzusteigen. Aber das hab ich irgendwie nicht gepackt. Und bin ich halt in die X-Straße eingezogen.

Und will den einen Monat oder in anderthalb Monaten auch was machen, ne. Mich selbst da halten und irgendwie, mich voner Gruppe lösen, ne, voner Abhängigkeit voner Gruppe...
Ich hab halt die Erfahrung gemacht, daß es iner kleinen Gruppe gut ging, von 4–6 Leuten, daß aber, sobald mehr Leute dazukamen, das halt nicht mehr klappte. Das lag auch irgendwie mit .. da waren ziemlich starke Leute dabei, die, naja, irgendwo immer ne Führungsposition hatten, ne."

Was war denn deine Position in der Gruppe?

„Meine? Ich kann eigentlich nur sagen, daß ich mich ziemlich stark gewehrt habe, gegen Leute wie J., B. und V., ne. Position? Weiß ich garnicht... Also ich bin da überhaupt hingegangen nach E (= ein Land-Kollektiv der gleichen Selbstorganisation, in dem B. zuvor wohnte) mit so'm Ding im Kopf: Land!, ne. Eigentlich nur aus der Zweierbeziehung heraus, weil der Volker aufs Land wollte, und ich, naja, hab mir das halt auch geschnappt und bin mitgegangen, ne. Aber was ich eigentlich da genau wollte, wußt ich eigentlich garnicht."

Bist mehr mit Volker mitgegangen?

„Nicht nur Volker, irgendwie schon ne Flucht, glaub ich."

Vor was denn?

„Weiß ich nicht. Das hing wahrscheinlich auch mit dem Adrian (ihrem kleinen Sohn) zusammen. Also ich bin zwei Monate später aufs Land gezogen, da nach E., ne...
Bin eigentlich ziemlich ausgerastet hier. So gleich am ersten Tag als ich mit dem hier war, hab ich in der Küche gestanden und die Flasche fertig gemacht und plötzlich wußte ich überhaupt nicht mehr, was ich machen sollte. Und da bin ich abgehauen. Also ich hab den oben liegen lassen und bin, naja, hab ich mir gedacht, Stadt ist Scheiße .. und dann bin ich aufs Land gegangen ...
... in E war das eigentlich so, daß ich den Adrian ziemlich vernachlässigt habe irgendwie. Also ziemliche Abwehren gegen Adrian hatte, ne. Also ich hab nicht für mich die Möglichkeit gesehen, daß ich mal ausflippen kann wie andere Leute .. Da hab ich mich immer mehr gefangen gefühlt. Dann hab ich das so langsam abgeschoben, zum größten Teil auf die L., ne. Naja, und hier, als ich wieder nach B kam ..., da hab ich gemerkt, daß ich irgendwie ne bessere Beziehung zum Adrian .. wenn ich alleine bin, daß ich zu dem ne viel bessere Beziehung habe, weil ich dann weiß, du mußt, naja, der ist halt abhängig von dir ...

.. Das ist son Ding: da ist einmal die Gruppe und einmal das Kind, ne. Und dann stehste immer dazwischen. Also wenn die Gruppe nicht aufm Kind drauf ist, stehste immer dazwischen ...
... hab ich eigentlich bis zum fünften Monat verdrängt, daß ich schwanger war ...
..Also da gibts drei Leute, die Vater sein könnten. Aber das ist ziemlich schwierig, weil ich nach dem Entzug, äh, halt auch meine Periode so unregelmäßig gehabt habe, und dann irgendwann bin ich schwanger geworden. Aber in welchem Zeitraum, das weiß ich nicht .. Aber das mit dem Vater ist eigentlich ziemlich schwierig, ich mein, wenn drei Leute da sind, die sagen.. ich mein.. naja. Ich wehr mich eigentlich gegen 'n Vater für Adrian.. hab gar keinen Bock aufn Vater.. Für mich ist nicht so sehr *der* Vater, der das Kind gezeugt hat, sondern der, der damit zusammenlebt, ne. Hat eigentlich nichts mit Vater zu tun, vielleicht die zweite Bezugsperson oder so.
... Ich war vorher eigentlich gegen Zweierbeziehungen in der Schwangerschaft, hab da regelrecht dagegen gekämpft. Nachdem der Adrian geboren ist, war ich eigentlich nicht mehr so, ich mein, da hab ich angefangen, Zweierbeziehungen zu kriegen, ne.. Weil, als ich schwanger war, war ich eigentlich keine Frau, ne. Ich mein, ich war schon 'ne Frau, aber irgendwie keine. Also für die Typen war ich keine Frau."
War das schon, bevor du ins Release kamst, mit den Zweierbeziehungen?
„Da hatt ich gar keine. Also sehr kurzlebige. Da hab ich'n paarmal mit Typen zusammengewohnt, aber in einer Gruppe, nee."
Und wodurch ging das immer auseinander mit den Typen?
„Eigentlich durch Schießen, irgendwie. Also, ich hatte eigentlich nur zwei Zweierbeziehungen in der Zeit, wo ich gedrückt habe, ne. Die erste ist auseinandergegangen, ja, weil ich geschossen habe, ne, weil ich überhaupt keinen Bock hatte zu bumsen oder so. Und die zweite ist auseinandergegangen, da hab ich, äh, der Typ hat auch geschossen, ich mein, der war entzogen, als ich den kennengelernt hab, und der hat dann wieder angefangen zu drücken, und da hatt ich keinen Bock drauf, eigentlich .. Ich hab eigentlich nie, soweit ich mich zurückerinnern kann, nie ne feste Zweierbeziehung gehabt oder so, nur reichlich oberflächlich.. Ich war damals eigentlich lieber allein irgendwo."
Auch bevor du gedrückt hast?

„Hm".
Und sonst, früher (vor der Schwangerschaft)?
„Da hab ich gedrückt".

Über ihren Sohn Adrian und ihre Mutter:
„Meine Mutter wollte unbedingt, daß es 'n Mädchen wird und daß es 'Mutter' zu ihr sagt und naja, daß es ne zweite B. wird, die se halt anders rum erziehen kann, ne. Die dann nich mehr drückt und die dann inne Kirche geht."
Ist sie davon ausgegangen, daß das Kind zu ihnen kommt?
„Naja, sie hat das eben 'n bißchen anders ausgedrückt. Sie hat gesagt: Ich freu mich schon drauf, wenn ich das Kind in meine Arme schließen kann. Und dann bin ich jetzt Weihnachten zum ersten Mal mit dem Adrian dahin gefahren. Und da lag meine Mutter wieder im Krankenhaus. Die ist eigentlich ziemlich kühl gewesen, also kalt. Die Beziehung ist weg, eigentlich, ne. War ne Fremde für mich. Ich glaub, das hing mit dem Adrian schon zusammen. Und sie wollte unbedingt, daß ich den Adrian auch dalasse und wieder nach B fahre, ne, zumindestens für ne Weile. Die hat auch ziemlich viel Schritte so eingeleitet, um mich aus'm Release rauszuholen: daß immer, wenn ich komme, sie mich pflegen müßte.. und daß ich verkommen wäre und mein Familienleben, und daß das nicht der richtige Umgang für'n schwangeres Mädchen wär und für'n Kind halt .. Als ich den Brief gefunden hab, hab ich sie gefragt, was ist denn dies? Dann hat se sich irre entschuldigt und hat gesagt, das hätt'se nicht abgeschickt und das hätt se nicht so gemeint .. Eigentlich sprech ich nicht mit ihr darüber, nur über ihre Krankheiten."
Wie ist es mit deinem Vater?
„Zu dem hab ich ne ganz gute Beziehung, jetzt, nach dem Adrian. Irgendwie ne bessere Beziehung.. Der findet es überhaupt okay, daß ich hier bin. Ich mein, eigentlich .. ist denen das scheißegal, ich kann machen, was ich will, ne. Aber ich hab jetzt, als ich das letzte Mal da war, hab ich mich mit meinem Vater zum ersten Mal auseinandergesetzt. Ich hab mich dagegen gewehrt, gegen seine Autorität. Hab ich eigentlich nie gepackt. Und hab mit ihm darüber gesprochen. Obwohl ich da nicht viel weiter gekommen bin, weil er irre verbohrt ist."
An anderer Stelle sagt B. über ihren Vater:
„Meinen Vater bewundere ich eigentlich, ne; also den hab ich sehr gern gehabt .. Mein Vater ist ein sehr kühler Typ. Sehr realistisch,

ne, irgendwie. Sagt nicht viel. Also redet eigentlich kaum, ne. Nur ganz wichtige Sachen ... Da ist die Sache, daß ich meinen Vater gern hab, aber andererseits, manchmal ihn überhaupt nicht gern habe. Und ich weiß nicht warum, ne, weil mir das nicht klar ist."
Wieder an anderer Stelle: Der Vater habe ihr ,,eigentlich immer leid getan. Auch jetzt tut er mir leid, daß er immer sowas macht" (d.h. neben der Berufsarbeit noch Hausarbeit).

,,Irgendwie ist es bei uns in der Familie so, daß meine Schwester abgehauen ist mit 16, und daß ich dann abgehauen bin, und daß mein Bruder abgehauen ist – der war im Heim – und daß meine Schwester jetzt inner gleichen Stellung ist wie ich damals, als ich da angefangen hab zu drücken. Die ist 11 oder 12 oder 13, und die macht halt alles. Die macht den ganzen Haushalt und kann nicht raus und ziemlich mies inner Schule dadurch, ne. Naja, ist auch nicht beliebt inner Familie."
Magste das noch erzählen, wie so die Situation war zu Haus, bevor du ausgezogen bist?
,,..Also da ham meine Eltern sich eigentlich nicht sehr gut verstanden. Hat meine Mutter irre viel gesoffen, und, naja das Übliche halt."
Was is'n das Übliche?
,,Die Mutter säuft, der Vater arbeitet, ab und zu gibts mal Streit... Und als sie dann da war (die kleinere Schwester), gabs einen Abend, da bin ich auf meine Mutter losgegangen, da hat mein Vater mich sogar unterstützt. Irgendwie versteh ich das erst jetzt, wo ich den Adrian habe. Da hat die Stefanie aufm Tisch gelegen, und da hat meine Mutter erst mal ausgerastet, hat geheult und hat also gesagt, ich hätte dich gleich in die Ecke schmeißen können.. Und da bin ich irre sauer geworden, weil ich dachte, die bringt jetzt die Stefanie um. Dann hab ich meine Mutter geschlagen. Dann hat mein Vater .. ist halt dazwischen gegangen. Und dann bin ich abgehauen. Dann kurz danach war dieser Unfall .. Dann bin ich ins Krankenhause gekommen.. Und dann bin ich wieder rausgekommen. Und dann hat mein Vater mich irgendwann mal irre verprügelt, und dann bin ich wieder, naja, da hab ich, was hab ich denn da gemacht? Ach ja, dann hab ich'n Selbstmordversuch gemacht (lacht) ...
Ich bin angefahren worden. Und da hat man dann getickt, daß ich drücke .. Und dann hat man meine Eltern benachrichtigt.

Aber da hatt ich keinen Bock drauf.. Konnten mich halt nicht besuchen. Die ham irre komische Sachen gemacht: Da sind die Bullen gekommen, und da hab ich als Kind immer Briefe geschrieben, an irgendwelche Pseudonyme. Also hatt ich ganze Beutel voll Briefe. Und die hab ich.. da hatt ich son großen Teddybären, da hab ich die Briefe versteckt.. hab immer mit dem zusammen geschlafen. Dann sind die Bullen gekommen und ham alles durchsucht und eben auch den Bären da zerrissen .. Meine Eltern ham denen auch die Briefe gegeben."

Was waren das für Briefe?

„Halt so, als wenn ich an jemanden schreibe, was läuft."

Das hast du schon gemacht, als du ganz klein warst?

„Als ich noch nicht schreiben konnte, hab ichs immer meinem Teddybären erzählt."

Berichtet vom Schießen, vom Entzug:

„Also der (Arzt) hat dann was ganz Komisches gemacht .. Als die dann rausgekriegt haben, daß ich gedrückt habe, da mußt ich diesen Entzug ja machen. Und dann ham die mich immer jeden Morgen nackt auf ne Bahre gelegt und haben mich runtergefahren innen OP. Und dann standen da Tausend Leute im OP, so rundherum an'n Wänden, dann iser auf mich zugegangen und hat da gekuckt, ob ich Einstiche hab oder so, und hat allen Leuten erklärt und hat mich immer gefragt, von wem ich das gekriegt hätte, ne, ich sollte die Namen sagen, dann würd mir nichts passieren .. Das ging so ungefähr eine Woche lang. Und dann hat er halt irgendwie getickt, daß ich da keinen Bock drauf habe ...

... Also da ham auch so, so, da war irgendwie ziemlich bekannt in B, daß ich den Entzug gemacht hab, da ham Schulklassen für mich gesammelt. Irgendwie total! Und auf der Straße ham mich hinterher Leute angesprochen, die ich überhaupt nicht kannte, und ham mich gefragt, wie es mir denn jetzt ginge und ob ich noch drücke. Ich mein, das ist ziemlich blöd... Das war mir alles zuviel, diese Arbeit und die ganzen Ärzte ... und diese Blicke und überhaupt diese Leute da in B. Und war eigentlich ziemlicher Druck, ne..

...Dann bin ich zu dem Typen gezogen. Und da hab ichs auch nicht lange ausgehalten. Also da hab ich wieder gedrückt. Da hab ich wieder gedrückt – der da in dieser Gruppe war, irgendwann ist der zu mir gekommen und hat gesagt, ich möcht mir'n Druck

setzen und ich schaff das nicht mehr. Und dann, naja, hab ich mir halt auch'n Druck gesetzt ... dann hab ich wieder angefangen."
Wie hast denn angefangen?
„Theoretisch eigentlich schon vorher. Aber praktisch hab ich angefangen nach som Krach, ne. Da hatt ich schon'n bißchen O, also hatt ich schon vorher, aber ich wußte nicht .. daß ich mal drücken würde. Das hab ich aufm Rummel geschenkt gekriegt."
(Über den ersten Schuß:)
Und dann haste dir selbst'n Schuß gesetzt oder haste das machen lassen?
„Nee. Das hab ich selbst gemacht. Das ist mir wahrscheinlich nur geglückt, weil ich sehr in Panik war, irgendwie. Ich meine, das zweite Mal ist mir das nicht mehr geglückt.. Das war'n sehr mieser Tag eigentlich. Also da bin ich vor Selbstmitleid zerflossen.. Hatte mit meinen Eltern Krach, aber hab das irgendwie provoziert, so daß ich mit allen Leuten Krach kriegen mußte, bis ich dann.. ausgeflippt bin. Und dann bin ich losgerast, ne.
(Gedrückt hat sie zu Hause im Keller) .. Die (Pumpe) hab ich mir im Sanitätshaus gekauft. Hatt ich eigentlich alles vorher schon. Aber nicht erst.. irgendwie geplant. Ich mein, das seh ich jetzt so. Da war auch'n großer Selbstzerstörungstrieb dabei, ne. Sonst hätt ich nicht geschossen. Weil ich irgendwie wußte, weißt du, wenn du lange drückst oder so, oder wenn du drückst, dann gehste irgendwann mal drauf, ne. Ich mein, das war mir damals eigentlich nicht so bewußt."

„Die (Spannungen zur Mutter) gabs, solange sie krank war.. Das war vielleicht so 10 oder 11 oder 9. Da fings an. Das so, weil sie Hausfrau und krank war. Und dann war se halt im Krankenhaus, ne. Und dann gabs da meine Geschwister und dann gabs da den guten Haushalt und der mußte irgendwie gemacht werden. Aber das ist ne Frau, die ist nie zufrieden, wenn se's nicht selbst macht. Also überhaupt nicht. Die hat auch öfter da in diesem Jahr Selbstmordversuche gemacht, ne.
... Daß ich die Arbeit machen mußte, das hab ich akzeptiert.. Nur, das war, daß ich halt keine Freizeit hatte, auch wenn ich nichts tun mußte.. wenn es fertig war. Mein Vater gesagt hat: Du kannst jetzt nicht raus. Und dagegen hab ich mich gewehrt.. daß ich nicht machen konnte, was ich wollte. Daß ich halt praktisch den ganzen Tag im Haus war, ne.

... So mit 10, 11 so, da war ich eigentlich mehr drauf, allein zu sein. Wenn ich Krach hatte mit meinen Eltern, hatt ich überhaupt keinen Bock, rauszugehen oder so. Also ich mein, zu Leuten zu gehen. Rauszugehn schon.
... Ich kann mich eigentlich nicht so sehr an die Zeit erinnern, wo ich gespielt habe, sondern wo ich mich mit Leuten unterhalten habe. Und das waren meistens Leute, mit denen ich mich nicht unterhalten durfte, mit denen ich nicht spielen durfte. Und deshalb ist das eigentlich sehr selten gewesen. Weils da ganz einfach Zwangsmaßnahmen gab, bei uns zu Haus, da wurdest du eingeschlossen oder so, ne."
Und wie wars in der Schule?
„Da war ich eigentlich ziemlicher Außenseiter, ne. Auch nicht sehr beliebt. Also ich kann mich nicht in Gruppen einklinken, da gabs immer Gruppen. Und hab mir auch den Zorn von Typen zugezogen, seltsamerweise.. Ich hab mich mal geprügelt mit'm Typ und zwar als Frau, verstehst du? Nach der Schule, dann wurd ich vorgeschickt.
... Eigentlich hatt ich kaum Kontakt zu denen (den anderen Mädchen), bis auf die Schule halt, morgens, aber sonst nicht. Ich hatte schon ne Freundin irgendwie, aber nie.. äh.. ich mein, ich hatte zwei eigentlich. Die eine .. hatt ich immer das Gefühl, die stand'n bißchen unter mir, in jeder Beziehung. Zu der konnt ich halt immer was sagen, was die nicht wußte, in punkto Aufklärung zum Beispiel.. Dieses andere Mädchen, das waren keine richtigen Freundinnen, das waren mehr Kontakte, daß die mir überlegen war."
Hast sie bewundert?
„Ja. Vorbild nicht, aber bewundert hab ich sie schon. Auch hauptsächlich ging das von ihren Eltern aus, weil die mehr Freiheit hatte als ich. Also viel mehr!"

Mutter–Vater–Beziehung:
„Daß meine Mutter meinen Vater sehr erpreßt hat.. durch ihre Krankheit. Und meinen Vater irgendwie psychisch und körperlich kaputt gemacht hat. Meinen Vater bewundere ich eigentlich. Also den hab ich sehr gern gehabt."
Was meinst du denn, hat ihr gefehlt (der Mutter)?
„Von Mitleid komm ich auf Wärme, vielleicht. Mein Vater ist'n kühler Typ. Sagt auch nicht viel. Nur ganz wichtige Sachen."

Was hat er gebraucht?

„Ich glaub Selbständigkeit. Ich hab nur immer mitgekriegt, wenn sie sich gestritten ham, es irre teuflisch zuging, ne. Also daß .. mein Vater war schon mal im Krieg verheiratet, das hab ich irgendwann erfahren, also meine Mutter hat ihm das immer vorgeworfen. Und hat auch'n Kind oder zwei Kinder .. Auf jeden Fall hat meine Mutter ihm das immer vorgehalten. Und also immer damit gearbeitet, ne.. Ich kann mir das denken, daß sie unheimliche Angst hatte, ne. Ich hab das immer so rausgehört, ne.

... Es gab mal so ein Jahr, da ham se sich jeden Samstag gestritten und jeden Freitag wieder vertragen und die ganze Zeit dazwischen kein Wort miteinander geredet.. Wir ham uns Samstags immer verzogen. So, das war wirklich so regelmäßig, da konntest du die Uhr nach stellen .. Und dann hat meine Mutter auch irre gesoffen. Hat mich abends manchmal um 12 ausm Bett rausgeholt oder um eins und hat gesagt, jetzt gehste mal dahin und holst irgendwas zu trinken. Und dann, wenn ich wiederkam, mußte ich iner Küche spülen, weil se das nicht gepackt hat, und dann konnt ich mich wieder ins Bett legen..."

Was hat der Vater fürn Eindruck gemacht, wenn er abends nach Hause kam?

„Der hat mir eigentlich immer leid getan. Auch jetzt tut er mir leid, daß er sowas immer macht, ne.. Meine Mutter.. lag die meiste Zeit im Bett und war krank. Und da mußt er halt auch noch andere Sachen machen. Meine Geschwister versorgen.. Auch von meiner Mutter. Gleich wenn er nach Haus kam, ging so ne Arie los, daß sie so viele Schmerzen heute gehabt hat und wo und wie. Und dann isse auch öfter umgekippt. Und dann hat mein Vater den Arzt geholt, und dann, sobald der Arzt kam, war sie wieder voll da. Und dann hat mein Vater die immer liegen gelassen. Dann isse irgendwann von selbst aufgestanden, wenn ihr das zu kalt wurde aufm Boden .. Sie hats mit allen Tricks versucht.

... Meine Mutter ist so'n Mittelpunktsmensch. Ein typischer Mittelpunktsmensch.

... Und wenn ich dann bei meinen Eltern bin ab und zu mal, und ich krieg dann Aggressionen mit, und komm dann halt einfach rein und sag, was issn los, was habtn ihr, dann krachts gleich.

... Ich glaub, meine Eltern.. die ham nicht mehr sehr viel für sich über. Überbrücken durch Fernsehen, durch Saufen, durch irgendwelche Sachen die Stunden, wo sie zusammen sind.

... Mein Vater ist ziemlich frustriert.. Der macht eigentlich garnichts. Der hängt unterm Pantoffel.
... Meine Mutter wollt ihn eigentlich garnicht heiraten.. Ich mein, die hat mir mal erzählt, wie sie zusammengekommen sind. Da hat mein Vater da gearbeitet und sie war Verkäuferin in irgendeinem Laden, und dann kam mein Vater jeden Tag vorbei und hat da was gekauft.. Sie hat sich gewehrt. Aber irgendwie hatten se doch Bock aufeinander. Ham sich nur irre dagegen gewehrt .. Hat sich erobern lassen.
... Worin sind wir uns ähnlich (B und ihre Mutter)? Doch auch! Aufmerksamkeit. Also bei meiner Mutter ist das wahrscheinlich sehr extrem.. Manchmal hab ich schon das Gefühl, jetzt ist meine Mutter in mir, ne ..."
Ob sie auch versucht habe, jemanden an sich zu binden?
„Ja, hab ich auch versucht, ja. Wie? Durch Erpressung.. Durch Taktik, nicht durch Erpressung... Also wie ich das gemacht hab, weiß ich nicht. Ich werd das wahrscheinlich immer machen ... Ich mein, ich hab jetzt drei Zweierbeziehungen im Release gehabt .. und da war immer ne ganze Portion Abhängigkeit dabei. Und diese Abhängigkeit hab ich ausgenutzt.. manchmal.
... Also ist beim Volker so gewesen.. da hab ich mich auseinandergesetzt, was meine Orgasmusschwierigkeiten anbetraf.. ich weiß nicht, inwieweit das Erpressung war. Ich hab ne Beziehung zum Volker gehabt, wo wir sexuell eigentlich ziemlich abhängig waren, aber ich keinen Orgasmus hatte, ne. Und irgendwann hab ich das nicht mehr ausgehalten. Dann hab ich das gesagt. Und dann ist der Volker sehr gut darauf reagiert, aber am andern Morgen hat er sehr mies darauf reagiert. Und dann war ich eigentlich sehr sauer.
... Ich würd nie wieder zu'm Typen sagen, ich hab keinen Orgasmus gehabt oder so .. weil ich Angst vor der Reaktion habe. Weil die Zweierbeziehung auseinandergegangen ist. Und die Zweierbeziehung danach auch auseinandergegangen ist, obwohl ich das nie gesagt habe ...
... Ich habs gesagt, weil ich das nicht mehr ausgehalten habe, weil das alles für mich Theater war, ne Arbeit irgendwie.. Ich mein, ich hab das gemacht, um mir Wärme damit zu erkaufen, ne. Das hab ich eigentlich immer gemacht, das hab auch mit'm Schuß gemacht. Wenn ich mit irgend'm Typen ins Bett gehe.. und der hat seinen Orgasmus, ne, dann weiß ich, du kannst danach mit dem

in einem Bett liegen, ne, und kriegst Wärme ab. Das ist erkaufte Wärme.. Auch als ich gedrückt habe, daß ich mit jemandem ins Bett gegangen bin und dafür meinen Schuß gekriegt hab und Wärme ... Für mich war das schon'n deal. Das ist halt so, daß ich mir von vornherein immer gesagt habe, du hast nichts davon, ne. Du hast die Arbeit, aber nachher haste halt die Wärme."

Nochmal zu Drogen:
„Ich hab mir den ersten Schuß nicht gesetzt, weil ich wußte, damit kannste verdrängen, dann ist das nicht mehr da. Das hab ich erst getickt, als ich mir den reingehauen hab, daß ich damit verdrängen kann. Also daß das dann nicht mehr so arg .. dann biste halt.. dann kannst du auch zu deinem Alten hingehen und.. doch schreien oder so. Aber als ich mir da den Schuß gesetzt hatte, da hatt ich irgendwie das Bedürfnis, naja, tot, ne. Das war für mich'n Ding, daß ich mich eigentlich umbringen wollte, aber doch nicht so, ne.
... Also bei shit bin ich sehr unsicher. Dann weiß ich nicht, wie ich mich hinsetzen soll, und bezieh alles auf mich, was die Leute sagen und naja, halt genau das Gegenteil vom Schuß für mich, Daß wenn ich aufm Schuß bin, ich sehr sicher bin. Irgendwem auch gegenübertreten kann, wenn auch passiv, einfach so mich anschreien lassen. Und auf shit, wenn mich da jemand anschreien würde, dann würd ich wahrscheinlich ausm Fenster springen... Bei trips, da bin ich auch unsicher. Und da bin ich irre gern allein, irgendwie, ne ..."

„Mir gehts im Moment so, daß ich das alles im Kopf habe, das alles irgendwie weiß, ne, also, was mit meinen Eltern läuft oder so, warum ich eigentlich geschossen hab. Aber ich kann das nicht rausbringen, ne. Geht irgendwie nicht, weil das Widersprüche sind.. Das sind irre Widersprüche..."

002 Bertold (Schweiz)

22 Jahre; bis 11 bei der Mutter allein; bis 15 bei Mutter und Stiefvater; bis 17 bei Verwandten, dann „endgültig selbständig" gemacht; B ist das älteste von 5 Kindern, unehelich geboren; die vier jüngeren sind Stiefgeschwister von B; mehrmals von zu Hause abgehauen, das erste Mal mit 14. Eltern Unterschicht; kann zur Alternative „erwünscht/unerwünscht" keine sichere Aussage machen; Lehre abgebrochen.

Nicht gedrückt, aber häufig O geraucht; gibt keine Präferenz an; mäßig auffällig (Knast und Psychiatrie wegen Drogen), mäßig gedealt; kein Entzug, keine Gelbsucht.

B lebt zur Zeit im Kollektiv; ist auf trips ziemlich ausgefreakt. Beeinflussungs- und Größenideen; flash-backs.
Schildert sich als oft isoliert; oft auf sich gestellt, eigene Wege, allein gehend. Andere hätten seine Ideen zu seinen eigenen erklärt. Fühlt sich ausgebeutet, alle ziehen von ihm und zu wenig umgekehrt. Bezweifelt Möglichkeit kollektiven trips. Steht oft als Zuschauer neben den Ereignissen. Er schaut, sieht sich intensiv die andern Leute (in der Gruppe) an – aber erzählt nichts von sich. Schildert öfters resignative Haltung. Will „für mich ins Reine kommen“, d.h. erst mal „in die Einsamkeit zurückgehen“.
„Das ist vielleicht auch ein Problem, das ich habe: ich habe immer andern Leuten geholfen. Wenn ich mal jemand brauchte, war niemand da.“ War 10 Monate im Knast in Marokko unter sehr widrigen Umständen: „mit 200 anderen in einem Raum“ und dennoch völlig allein. Fühlte sich im Knast von seinen Freunden und seinem Mädchen aus der heimatlichen scene völlig im Stich gelassen. Fühlt sich überdies von seiner Freundin ausgenutzt: Sie sei nur da, wenn Geld da sei, sonst nicht. Sieht aber, daß das Im-Stich-Gelassen-Werden auch mit ihm selbst zusammenhängt.
Als er W, seine ‘feste’ Freundin (relativ feste Beziehung, aber total ambivalent dabei) kennenlernte, war sie auf dem ‘black-magic-trip‘ (Vampire, wollte mit ihm auf ein Schloß ziehen usw.). „Ich hab das noch toll gefunden, oder!“ Er war damals 18, 19 und W 16, 17.
B ist mit 14 mal von zu Hause abgehauen, da wollten ihn die Eltern in die Psychiatrie einweisen. Hat sich ein paar Wochen in der Schweiz herumgetrieben, ist wieder gegriffen worden. „Und mein Stiefvater, der ist eine ziemlich reaktionäre Sau, der hat mit der Psychiatrie und Gittern gedroht. Dann war ich noch ne Zeitlang bei meinen Eltern, hab die Schule fertig gemacht und bin ausgezogen.“
B ging in eine Dorfschule. Dort war er am Ende „ziemlich verschrien“, weil er in der Schule „ganz andere Sachen im Kopf hatte, als nur in der Schule zu sitzen“.
Sein Stiefvater sei ein richtiger Preuße, so ein ganz komischer Mensch! „Der ist, bevor sie die Mauer gebaut haben (in Berlin),

mal rübergekommen und hat zuerst in Deutschland gelebt und hat da rumgesoffen, ist dann in die Schweiz gekommen, hat meine Mutter kennengelernt. Und meine Mutter ist ausgeflippt, hat ihn geheiratet – sie mußten sogar heiraten oder so irgendetwas – und das war für mich einfach das Ende meines Kinderparadieses. Da war ich 10, 11 Jahre, als diese Type (Stiefvater) kam." (Belacht sich selbst bei diesem Ausdruck) Er mochte ihn von Anfang an nicht und hat das auch seiner Mutter gesagt: „Aber ja, was sollte ich machen! Das ist doch ganz klar: Das ging mich nichts an und da darf man nicht drüber reden, das war einfach tabu.. 'Du bist noch viel zu jung dafür'!"
B hat noch vier Stiefgeschwister, die nach ihm kamen. Über sie sagt B, daß er sie sehr gern mag. „Und die stehen auf *meiner* Seite! .. Das hab ich mal sehr deutlich mitgekriegt: Ich war mal auf ein paar Tage zu Hause, und da kam dieser .. dieser Typ besoffen nach Hause am Morgen um vier und kam dann in mein Zimmer und hat da Lärm geschlagen, wollte mich rausschmeißen, wollte die Polizei holen und wollte mich einsperren und alles Mögliche. Und da sind die kleinen Kinder angerannt gekommen und haben sich da an meine Beine geklammert und haben sich gegen ihn richtig gewehrt.. Da wurde er wütend und ist es heute noch."
Der Stiefvater ist in den Augen von B in einem „kindlichen Stadium" steckengeblieben, „wegen allem gleich Krach schlagen", „ziemlich depressiv", „einfach ein wenig gestört".
Wie war dein Leben, bevor dieser Mann kam?
„Da war ich.. das war schön. Das war schön!"
Ob er den richtigen Vater kennengelernt habe?
„Nein, den hab ich eben nie kennengelernt... Ich hab mich da alleine durchgeschlagen. Meine Mutter ging arbeiten. Sie war da Packerin in einer Zigarrenfabrik .. ja. 11 Jahre lang."
Erinnert sich: „1951, als ich kam, wenn eine Frau da ein uneheliches Kind hat, da war das sowiewo eine schlechte Sache. Und die Verwandten selbst sind sich da in die Haare geraten." B ist auch eine Zeitlang bei Verwandten gewesen (von 15 bis 17), „die wollten Mutter und Vater spielen, aber ich hab sie nicht akzeptiert".
B hatte „große Ansprüche" an seine Mutter: „sie war die einzige.. mit der ich zusammen war". Infolgedessen bedeutet das Auftauchen des Stiefvaters und die Zuwendung der Mutter zu diesem Mann eine Enttäuschung für ihn:

Und wann war das?
„Ja, als ich merkte, daß sie sich immer mehr antörnen läßt von diesem Typ .. daß sie soweit.. daß sie eben schon die äußerlichen Formen annimmt von diesem Mann: ziemlich labil, gewisse Ausdrücke hat sie übernommen.. gewisse Gesichtsausdrücke.. Für mich ists ein richtiges Teufelswerk. Und das ist meine Hauptsache, oder! Gegen dieses Teuflische anzukommen!"
Bei deinem Stiefvater?
„Ja. Und bei mir selbst. Ich steh in einem ziemlichen Widerspruch zwischen Gut und Böse."
Glaubt, er selbst habe „überhaupt nichts" von seinem Stiefvater übernommen. Von den Verwandten sei ihm eingebleut worden, daß er ein uneheliches Kind sei, keinen Vater habe usw. Mit diesem Konflikt wird er heute dadurch fertig, daß er sagt: „Ich bin eben so in diese Welt hineingeboren worden und das kommt vielleicht nicht von ungefähr, daß es so ist." Der letzte Vaterersatz sei ein Onkel gewesen. Damals war B 15, und der sagte ihm: Komm zu mir; ich hab ein Zimmer. Darauf ist er zu ihm gezogen und auf die Kunstschule in B gegangen. Blieb dort ein Jahr. Zu Hause hätten sie immer auf ihm „rumgedrückt": „ich muß jetzt arbeiten gehen, ich muß Geld verdienen und wenn du mal heiratest und Kinder hast, dann mußt du ein Haus haben und das haben und das auch noch .. Und ich sträubte mich.. wahnsinnig dagegen.. und bin dann. . und hab gesagt: ich halt das nicht mehr aus, ich geh!" (Sowohl Kunstschule als auch Unterkunft und Verpflegung haben die Eltern gezahlt.)
Dann, nach einem Jahr Schule, hat B 2 Jahre bei einem Bildhauer gelebt, wo er die Freiheit hatte zu arbeiten und zu agieren, wie er wollte. Hier zahlte der Onkel Essen und Wohnung und B's Beziehung zu diesem Bildhauer war eine Art Lehrlingsverhältnis, aber B schildert die Beziehung als unbeschwert und gut: Anfangs sei es schön gewesen: sie hätten zusammen gesoffen, shit geraucht (damals fing B damit an), seien rumgefahren, zu Fußballspielen gegangen. „'s war richtig schön!" Später nicht mehr denn: dieser Bildhauer „wollte mir dann auch seine Lebensphilosophie eintrichtern". Um diese Zeit lernte er seinen Freund B und seine Freundin W kennen, und zwischen ihnen dreien bestand lange ein Dreiecks-Verhältnis.
B erzählt von Macht-Spielen mit Blicken: in der Straßenbahn z.B. schauen ihn die Kleinbürger alle an. Das sei manchmal schwierig

für ihn. Dann schaut er zurück. Unnatürliche Ruhe. „Und wenn ich wieder aussteige, dann weiß ich ganz genau, fangen sie an über mich zu reden."

Nochmals über die Beziehung zur Mutter:
Erinnert sich an seine Kindheit, daß er damals deutlich zu spüren gekriegt hat, daß er ein Kind ohne Vater war, und zwar über die Verwandten. Aber die Mutter sei für ihn da gewesen und habe ihn verteidigt. Weiß noch, daß er lange mit ihr im Bett geschlafen hat.
Was hast du heute für ne Beziehung zu deiner Mutter?
„Ja .. ich hab.. zwei Beziehungen zu ihr: Die erste, die Grund.. also die reellere.. also wenn ich sie jetzt so antreffe, dann ist sie eine Frau wie jede andere.. auf der Straße. Die mir die ganze Aggressivität entgegenschleudert.. Ich hab sie mal getroffen – ich war ziemlich stoned –, ging nach Hause, etwas holen, und da hab ich sie angetroffen und sie war einfach eine totale Bürgerin.. oder! Sie hat da Andeutungen gemacht, ich soll mich jetzt waschen und kämmen und zum Coiffeur gehen und den Bart abhauen! Alles diese Sachen!"
Früher hat er sie bewundert, „wie sie sich durchgefochten hat mit mir", sie hat ihn auch beschützt usw. Jetzt ist er, ohne daß er diese Worte direkt gebraucht, enttäuscht von ihr. Schildert, wie er sich mit ihr über den Wehrdienst auseinandersetzte, seine Lebenspraxis und -ansichten vertrat und sie ihn nur halb verstand, halb ablehnte. „Sie sieht heute noch in mir einen Spinner".
Erzählt von seinen Depressionen. Schildert nochmals sein typisches Reaktionsschema: der Aktive, der Macher, der sich für die Gruppe engagiert, der sich am Ende aber ausgebeutet fühlt, zu wenig Anerkennung bekommt und sich deshalb zurückzieht: Abhauen und ein paar Monate Ferien in Marokko machen.
Ist nach eigenen Worten auf trips „ziemlich ausgeflippt", hat „mit dem Wahnsinn gekämpft"; seine Freundin W war damals ebenfalls oft mit auf trip; sie hatte Omnipotenz-Erlebnisse.

Sonja (BRD)

20 Jahre alt; seit 15 nicht mehr zu Hause und „endgültig selbständig" gemacht; bis 3 vollständige Familie, bis 9 zusätzlich noch Verwandte, bis 15 wieder vollständige Familie; ist vor 15 nicht von zu Hause abgehauen. Eltern: aufsteigende Kleinbürger, mittellos aus der DDR nach Westdeutsch-

land gekommen („auf'm Aufstiegstrip"); kann zu ihrer eigenen Erwünschtheit/Unerwünschtheit keine sichere Aussage machen; 2 Lehren abgebrochen.
Drogenkarriere: zuerst A oral, danach A und O stark gedrückt, gibt A-Präferenz an; 2 Entzüge, einige Apothekeneinbrüche (Apos), voll gedealt, institutionell ziemlich auffällig, hat nach eigenen Worten andere gelinkt; eine Gelbsucht.

Lebt zur Zeit in einer Selbstorganisation Drogenabhängiger. Ihre Eltern („die Alten") sind 53 aus der DDR gekommen, haben nichts mitgebracht, mußten anschaffen. Vater hatte Maurer gelernt und später – aber noch in der DDR – einen Hof übernommen. S war 1953 ein halbes Jahr alt. Sie stand ihrem Vater näher (obwohl der „offenen Faschismus" propagierte), ihr älterer Bruder der Mutter (war „anhänglich an sie"). Der Vater hat wohl den Bruder, nie aber sie verprügelt. Die Alten machten ihr zuletzt Vorwürfe: was tust du, wie läufst du rum, was haben wir alles für dich getan!
Obwohl ihr Bruder heute square (bürgerlich angepaßt) sei, habe er früher ebenfalls gezogen, trips geworfen und gedealt – und zwar, als er noch zu Hause bei den Eltern wohnte. Er hatte damals seine Ware in seinem Zimmer im Schrank. Der Alte sei mißtrauisch geworden, habe shit gerochen, mal den Schrank vom Bruder aufgemacht, Geld und trips gefunden und alles verbrannt.
Als sie von zu Hause abhaute (damals nahm sie schon shit und trips), kam ihr Bruder mit, ging aber nach 14 Tagen zurück nach Hause, weil er sich (so Sylvia) nicht behaupten konnte, nicht allein fertig wurde. Seitdem findet sie ihn unwahrscheinlich beschissen, er sei den Eltern immer wieder in den Hintern gekrochen (wegen Geld z.B.). „Seitdem ist er auf'm andern Ding drauf".

Was S's Zukunft anlangte, so meinten die Eltern, es sei nicht gut für ein Mädchen, soviel zu lernen, sie heirate sowieso bald, es sei besser, einen Beruf zu erlernen. Die Kinder sollten lernen, mit Geld umzugehen; S sollte abwaschen und kochen. Wie bei den Alten: Erziehung und Haushalt die Mutter, Geld ranschaffen der Alte (dabei sei die Mutter auch noch von 8 bis 17 Uhr berufstätig gewesen). Der Alte interessierte sich nur für Pferderennen und Kartenspielen und hielt sich im übrigen aus der Erziehung raus.
S kann sich nicht erinnern, daß Mutter und Vater jemals „lieb zueinander" gewesen seien. Auch Handgreiflichkeiten zwischen den

Eltern seien vorgekommen, als der Vater eine Freundin hatte. Stets sei von Scheidung zwischen den Alten die Rede gewesen, aber sie ließen sich doch nie scheiden „wegen der Kinder". Nach S leben sie „unheimlich abgestumpft nebeneinander. Sie leben zusammen, weil's auf dem Papier steht, aber die geben sich beide überhaupt nichts. Ziehen sich höchstens noch an dem hoch, was sie kaufen können, wo sie mit angeben können. Mein Vater überhaupt: beim Autoputzen am Sonntag. 'Das beste Auto, was man sich für das Geld kaufen kann'. Dann prahlt er mit seinem Sohn, der's schon ziemlich weit gebracht hat. Allerdings, wenn sie auf mich zu sprechen kommen, dann verstummen sie ziemlich bald. Was ja auch verständlich ist!" (S war in ihrer Drückerzeit fünf Jahre von zu Hause weg. Jetzt wohnt sie wieder in B, wo auch ihre Eltern wohnen.)
Auf diese Beschreibung ihrer Eltern folgt bei S jedoch auch Selbstzweifel: „Immerhin fühl ich mich ja auch ziemlich angemacht, wenn man immer so.. als sowas hingestellt wird: Knast, Spritze, abhängig, Nervenklinik. Ich mein, manchmal zweifle ich ja wirklich an mir selber, ne. 's is ja auch so: die ganzen fünf Jahre, die ich weg war von zu Hause, da hab ich fast garnichts gebracht, ne."
Dann wieder: „Die Alten sagen nur: ich bin schwer erziehbar. Sie verstehen das nicht! 's war unmöglich, mit ihnen zusammenzuleben."
Ham sie Dinger von dir verlangt, die sie selbst nicht bringen?
„Ja. Im Umgang. Ich sollte immer cleanen Umgang, Freunde haben. Mein Alter hat sich selbst'n Scheiß um diese Forderung gekümmert, für ihn gab's die nicht. Er schleppte Säufer mit nach Hause, schmierige Verwandte, so'n Onkel, der Frauentyp war..."
S mußte immer sagen, mit wem sie verkehrte; ihre Eltern wollten immer wissen, wie die Eltern der Jungen und Mädchen waren, mit denen sie zu tun hatte. Wenn sie was Falsches machte, gab's Stubenarrest. S hatte „kein Vertrauen mehr" zu ihren Eltern. So habe die Mutter sie z.B. ausgefragt, und wenn S ihre Fragen ehrlich beantwortete, hat die Alte sie bestraft. Sie habe ferner S's Bruder unter Druck gesetzt, daß er S verpetzen solle. S fand das „unheimlich link". Deshalb habe sie kein Vertrauen mehr zu ihrer Mutter.
In späteren Zeiten habe der Alte ihr Geld dafür geboten, daß sie am Wochenende zu Hause bleibe – S fand das Scheiße, so als ob

sie gekauft werden sollte. Materiell sei es ihr zu Hause gut gegangen, deshalb könnten die Alten auch nicht verstehen, warum S so geworden ist; warum sie das Materielle ablehne usw.
Als S im vorigen Jahr auf Entzug im Krankenhaus lag, wollte die Mutter sie besuchen kommen. S wollte sie einfach nicht sehen, „weil ich ein schlechtes Gewissen hatte. Welcher Mensch zeigt sich schon gern in seinen Schwächen!"
Warum bist du abgehauen (von zu Hause)?
„'s war'n wahnsinniger stress. Jeden Abend Krach. Konnt es einfach nicht mehr aushalten.. Dann hab ich'n Typen getroffen, auf den bin ich wahnsinnig abgefahren. 's ist ne gewisse Art von Selbstbestätigung gewesen – das ist der Typ, der mich angeschossen hat – und da hab ich gesehen, daß man auch anders leben kann. Daß man machen kann, was man will, ne... Wie ich da auf dem Weg war, zu dem Typen, das war ein komisches Gefühl, das war richtig, als ob da .. die Nabelschnur einem abgeschnitten würde.. so hab ich aufgeatmet!" Danach habe sie nicht mehr an ihre Eltern gedacht, oder wenn, habe sie sich gefreut, daß sie weit weg waren.

Sie reden über Sadismus in Beziehungen, Leute link anmachen usw.: S sagt, die Eltern hätten ihr nur jahrelang vorgeworfen, was sie alles für sie täten. Seitdem haßt sie Situationen, wo andere zuviel für sie tun könnten, sie will sich nicht abhängig von anderen fühlen, auch von Typen nicht: „Sobald ich merke, daß ich von was abhängig werde, werde ich immer gemein und boshaft. Leute piekse ich von der Seite, versteckt; hab auch ein Gefühl dafür, wo ich sie treffen kann. Ich weiß auch, daß ich mir damit selber wehtue.. Da merke ich gerade, jetzt, wo ich erzähle, daß ich alle Beziehungen systematisch kaputtmache, daß ich gar keine Beziehung aufbauen kann, daß ich unfähig bin."
Auch die oben geschilderte Szene, in der die Mutter S im Krankenhaus besuchen will, stellt sich nun anders dar. (Nachdem die Eltern sie nun doch besuchen durften:) „Auch wie die Alten ins Krankenhaus kamen, hab ich mich richtig dran hochgezogen, daß sie geheult haben. Tat mir einerseits leid, war mir andererseits angenehm."
S meint allgemein, sie komme „besser mit Jungs als mit Mädchen zurecht". „Ich hatte in der Pubertät ne gute Freundin, die hat mir

nen Typen ausgespannt". Damals folgerte sie daraus für sich: „Mädchen sind link; ich weiß nicht, was ich mit Mädchen anfangen soll". An *eine* erotisch-sexuelle Beziehung zu Mädchen kann allerdings auch S sich erinnern: „Ich hatte auch mal ne homosexuelle Beziehung .. (da war sie abgehauen von zu Hause, wurde von den Bullen gesucht, gegriffen und erst mal drei Wochen in ein Heim gesteckt, bis die Eltern sie abholten. Im Heim baute sich – fast notwendigerweise – eine erotisch-sexuelle Beziehung zu einer Leidensgenossin auf).. weil ich mich dort ziemlich allein gelassen fühlte. Und da hab ich eigentlich auch unheimlich Angst vor, vorm Alleine-sein."

Du willst nicht allein sein, aber wenn sich eine Beziehung anbahnt, zerstörst du sie aus Mißtrauen, aus „Boshaftigkeit"
(= S's, vielleicht von der Mutter übernommener, Ausdruck für Ambivalenz in Beziehungen).

S antwortet bestätigend mit einem Beispiel aus dem sexuellen Bereich: Obwohl sie oben noch sagte, sie käme besser mit Jungen zurecht, meint sie jetzt auch hier einschränkend, Sexualität mit dem andern Geschlecht sei für sie eine „bloß oberflächliche Sache". Sie sei, sagt sie von sich selbst, bis heute „orgasmusunfähig".[3]

Interviewer weist darauf hin, wie er selbst Beziehungen zerstört, d.h. jene von S geschilderten Widersprüchlichkeit in Beziehungen bei sich selbst erkennt. S, staunend über sich selbst:

„Ja, ich finde das reichlich schockierend (= die vorangegangene Erkenntnis, daß sie selbst Beziehungen immer wieder zerstört), das gibt mir zu denken. Wie ich geschossen hab, da war das nicht so, ich wollt sogar schon heiraten, war auf so nem Sicherheitstrip. Gottseidank haben sie mich da kurz vorher inhaftiert (beide lachen). Verlobt war ich auch schon zweimal. Weil wir zwei nicht viel Kohle hatten."

Waren das auch junk-Beziehungen?

[3]Nach unserer psychoanalytischen Einsicht befindet sich S zur Zeit in einem psychosexuellen Entwicklungsstadium, wo ihre Libido zwar auf beide Geschlechter verteilt ist, aber auf beide gleich schlecht. Das heißt nach unserer Ansicht und in Überwindung der orthodoxen freudschen Einseitigkeit, daß S wahrscheinlich erst noch eine Phase glücklicher Heterosexualität erleben müßte, um zur von Freud vernachlässigten Stufe glücklicher Bisexualität zu gelangen.

„Das waren an und für sich *nur* junk-Beziehungen[4]. Mit einem Typ war ich drei Jahre zusammen. Mit dem Typ, der mich angeschossen hat, war ich verlobt und dann noch so'n Typ aus Luxemburg. Dem seine Eltern waren ziemlich reich und er hat groß gedealt und.. den mocht ich ganz gern, den fand ich sympatisch. Aber sein Geld war mir noch sympatischer (beide lachen)...
... Ich frag mich, warum Distanz?... Mit einem Typ von 'Birth Control' war ich anderthalb Jahre zusammen. Den hab ich wahnsinnig bewundert, was der so brachte. Der is von einem trip zum andern geflipt.. Was heißt 'Beziehung'! Den mocht ich gern, den hab ich bewundert, wollt mit ihm angeben, aber .. an und für sich hab ich mich nie mit ihm auseinandergesetzt. Der war auch nie da – ich bin auch mal mit ihm mitgefahren – aber er war nie *für mich* da ... Ich war auch immer unheimlich eifersüchtig. Zum Beispiel jetzt mit dem B, da konnt ich es einfach nicht ab, wenn er ein anderes Mädchen umarmt hat. Da war ich wahnsinnig sauer.. Ich wollt ihn einfach nur für mich alleine haben – so betracht ich's jetzt. Ich wollt ihn einfach bloß *haben* ... Das war auch ne Selbstbestätigung für mich.. daß ich mit ihnen (= Jungen) machen konnte, was ich wollte. Ich mein, es war zu Anfang unheimlich schön."
Dann waren die Leute auch immer abhängig von dir?
„Ja meistens. Ich such mir meistens solche Leute aus, ich hab da nämlich so ne bestimmte Art von Typen.. ich halt das für ne Vaterprojektion von mir. Mein Vater war.. ziemlich unterm Pantoffel, er hat gemacht, was meine Mutter gesagt hat.. Weil er einfach seine Ruhe haben wollte, ne. Und das übertrag ich auch auf Jungens ... Ja, ich zieh mich daran hoch, wenn ich merke, daß *von mir* jemand abhängig ist ... Ja, ich glaub, das ist ne kleine Rache: Ich war mal von Leuten abhängig, warum soll nicht jemand von mir abhängig sein! Andererseits fuckt mich das ab, weil ich merke, daß mir das auch nichts bringt."
(An dieser Stelle des Interviews kommt S's Freund B rein, ganz offensichtlich auch deshalb, weil er eifersüchtig auf I ist. S erhält Gelegenheit, die Beziehungs-Ambivalenzen, die sie zuvor verbal an sich selbst kritisierte, konkret durchzuspielen.)

[4] Junk-Beziehungen sind in den Augen der subkulturellen Sprecher solche, die auf hohem Abhängigkeitsniveau stehen, wo man aus Abhängigkeit alles macht.

S fährt fort: „Mein kaputtes Abhängigkeitsverhältnis hat sich in der Beziehung auf Drogen übertragen. Ich weiß nicht, was ich davon zu halten hab. Hab mich in gewisser Weise von Drogen abhängig gemacht, obwohl ich das hasse.. abhängig zu sein."
Hast du dich gegen die Drogenabhängigkeit genauso gewehrt wie gegen die Beziehungsabhängigkeit?
„An und für sich nicht, weil .. ja Drogen keine Gegenleistung bringen können.. 's ist ja bloß einseitig, ne!.. Von Drogen krieg ich auch keine Vorwürfe und Vorhaltungen."
W e g e n der Drogen!
„Aber nicht *von* Drogen!.. Vielleicht wollt ich da auch.. mit den Drogen diese Störungen abbauen, ne.. Vielleicht wollt ich durch die Drogen ein besseres Verhältnis zu meinen Mitmenschen haben.."
Interviewer erinnert an das Fragebogen-Item: Was wichtiger an Giften sei: ihre Wirkung selbst oder die damit verbundenen sozialen Beziehungen?, wo S die Wichtigkeit der Wirkungen betont hat. Wie sie sich das erkläre?
„Weil mir die Menschen egal waren. Im Grunde genommen waren sie mir nicht egal.. aber.. sie *wurden* mir egal durch die Drogen."
Auch S fühlt sich, wie die meisten Schießer, „bei shit und trips unsicher in Beziehungen. Richtig depressiv! Ich falle in ein richtiges Loch rein. Deshalb nehme ich auch keine trips mehr. Das reißt mich zu sehr auf.. daß ich Angst habe vor den flips, vor mir selber. Wenn ich geschossen hab, da war mir das vollkommen gleichgültig, da hab ich's nicht so mitgekriegt. Hab das halt mit dem Schuß überdeckt."

005 Siggi (BRD)

34 Jahre, seit 18/19 nicht mehr zu Hause bei den Eltern; seitdem verheiratet und wieder getrennt; nach eigener Aussage mit 11 „endgültig selbständig" gemacht von den Eltern; Eltern Oberschicht (OS); Vater physisch praktisch kaum präsent; Mutter kam durch die Nazis um, als S drei Jahre alt war; bis 3 bei der Mutter allein; bis 11 bei Pflegeeltern; bis 18 im Internat. Bis 11 nie von zu Hause abgehauen; kann zu „erwünscht/unerwünscht" keine sichere Aussage machen; noch keine Berufsausbildung gehabt.
Zuerst O gedrückt, danach O und A voll gedrückt, gibt O-Präferenz an; Drogenkarriere praktisch unauffällig, 2 Entzüge, voll gedealt, 2 Gelbsuchten.

S sieht seinen Vater auch heute noch alle paar Jahre einmal, steht auch nicht schlecht zu ihm. Sagt, die Situation mit Vater sei „zwar klar, wir sehen uns alle 10 Jahre mal, aber ich hab das Verhältnis noch nicht verarbeitet". Wenn sie sich träfen, würden sie sich besaufen und einen auslabern: „er erzählt von seinem Kummer mit *seiner* Frau, ich über meinen Kummer mit *meiner* Frau – 's ist der Herr Papa, das einzige Familienstück, was ich noch so habe.. Das letzte Mal rief er an, da haben wir vier Tage 'n Zug durch die Gemeinde gemacht .. Bier und Schnaps.. Er zahlt." Der Alte habe ihn auch schon in sein Geschäft ziehen wollen, er, S, habe aber nicht gewollt usw.

Wer hat dich denn erzogen?

„Erzogen? Überhaupt nicht! Es waren eben bloß der Gärtner da und diese Haushälterin (von 3 bis 11), die haben für mein leibliches Wohl gesorgt."

Als S 11 gewesen sei, habe sich sein Vater wieder verheiratet; S sei damals ins Internat gekommen. Damals bekam er eine Stiefmutter, von der er sich klar abgelehnt fühlte. Er erinnert sich: die konnte er nicht leiden, die kriegte selber ein Kind von seinem Vater, so entstanden Konkurrenz und Eifersucht. Sie habe versucht S zu tyrannisieren, habe Terror gemacht. Dagegen: „Wenn mein Vater da war, war sie lieb und nett". Sie habe auch in bezug auf S's verstorbene Mutter in Konkurrenz gestanden. S hat seine Stiefgeschwister kaum gesehen. Die Ablösung von der Familie ist nach S's Worten gelaufen, als er mit dem Internat fertig war. Vorher sei er in den Ferien immer noch nach Hause gekommen, seit seiner Zeit in Paris – wohin er anschließend ans Internat zum Studium ging – habe er jedoch die letzten schwachen Beziehungen total abgebrochen.

Als allgemeine Grundstruktur bei sich selbst beschreibt er folgendes Verhalten: Wenn Beziehungen unbefriedigend werden oder sind, „mach ich dicht. Ich verlasse mich in solchen Situationen nicht auf andere". Und später: „Wenn meine Erwartungen enttäuscht werden, so tut das weh. Mir ganz besonders, weil ich mit 19/20 so drauf kam, was mir in meiner Jugend fehlte: Nestwärme! Wenn das fehlt, suchst du in Beziehungen mehr als nur ne Tante zum Bumsen, und wenn's dann zum Bruch kommt, ist die Enttäuschung besonders groß."

S hat zum Zeitpunkt des Interviews keine intensiven zwischenmenschlichen Beziehungen, obwohl er in einer Gruppe lebt. Er

hängt durch, fühlt sich in der Gruppe allein, „in so'ner Situation mach ich dicht. Entweder ich gewinne oder verliere.. Weiß nicht, was das ist: mangelndes Vertrauen oder so, das ist anerzogen."
S erzählt von depressiven Phasen und fehlenden intensiven zwischenmenschlichen Beziehungen. „Wenn ich jetzt nochmals anfangen sollte (mit Drogen, insbesondere mit Drücken), dann bis zum bitteren Ende... Wenn ich down bin, dann will ich noch so'n Stückchen Selbstmord oder Überdosis... Bei anderen Leuten ist das nicht so heavy", meint S dazu. Er habe sich 5–6 mal eine Überdosis gesetzt, sei zweimal im Krankenhaus aufgewacht. Auf die Frage nach den Gründen der ersten Überdosis: „Damals ist ne starke Beziehung in die Brüche gegangen". Ferner seien zur gleichen Zeit zwei Leute verreckt und er habe einen Tiefpunkt in der Schule gehabt. Junk hatte für ihn klar die Funktion, Depression zu überwinden. Was S sonst über seine Drogen-Geschichte erzählt, ist so beschönigend und muß so vorsichtig interpretiert werden, daß wir den Rest hier weglassen.

006 Marianne (BRD)

20 Jahre, gegenwärtig auf Entzug in der Psychiatrie (weil sie ein Kind erwartet), wohnt aber noch zu Hause; bis 2 Heim, bis 18[5] nur bei der Mutter, hat ihren Vater nie kennengelernt; ist mit 19 zum ersten und einzigen Mal von zu Hause abgehauen und hat sich nach eigener Aussage noch nicht „endgültig selbständig" gemacht; Mutter kleinbürgerlich/stabile US; M bezeichnet sich als erwünscht; hat Lehre abgeschlossen.
Hat O voll gedrückt, A deutlich weniger, gibt O-Präferenz an; war mittelstark institutionell auffällig; 3 Entzüge; nicht gedealt; 1 Gelbsucht

M beginnt ihre Erzählung mit folgender Konstellation:

M	Freundin	Freund
$Mutter_1$	$Mutter_2$	$Mutter_3$

$Mutter_2$ ruft $Mutter_1$ an, ob M 14 Tage im Haus der $Mutter_2$ wohnen kann, weil sie in Urlaub fahre und ihre Tochter – M's

[5] M war sogar bis 20 Jahren nur bei der Mutter, da aber unser Fragebogen-Instrument nur bis 18 Jahre reicht, werden wir in diesem Fall wie auch in vergleichbaren anderen Fällen stets nur 18 Jahre als Obergrenze angeben.

Freundin – nicht allein lassen will. (Der Grund für diese Anfrage dürfte darin bestanden haben, daß die Freundin damals schon drückte – was M wußte –, und daß die $Mutter_2$ wohl eine Art Überwachung für ihre Tochter wollte.) Am gleichen Tag – so schildert M in aller Naivität weiter – kam $Mutter_3$ im Geschäft vorbei, wo M arbeitete, und bat M, sie solle sich doch mal um ihren Sohn kümmern, dem gehe es schlecht. Ihn will M damals noch nicht näher gekannt, wohl aber von ihm gewußt haben, daß er ebenfalls drückt. M kommt also am Abend ins Haus der Freundin und bringt diesen Jungen, ihren späteren (und auch jetzigen) Freund mit; diese setzt ihr am gleichen Abend den ersten Schuß. Man kann nicht umhin, hinter M's Schilderung eine glatte Verführungssituation zu wittern, obwohl M dies nicht gelten lassen will. Die Rolle der Mütter bleibt bei dieser Version völlig dubios. Immerhin erinnert sich M, daß ihre Freundin sie schon früher zum Drücken animieren wollte: „Probier's doch mal, 's ist saugut!" Aber M hatte sich bis dato immer erfolgreich gewehrt. Zur Wirkung des ersten Schusses meint sie: Sie habe sich dufte unterhalten, wie's bei shit nie bei ihr möglich war. Sie könne auch heute keinen shit (und trips erst recht nicht) mehr sehen. Hat auf shit Erlebnisse von Realitätsverlust gehabt, ist auf Schuß dagegen klar. Sagt, sie sei auf junk in der Kommunikation „hemmungsloser".

M's Vater war amerikanischer Besatzungssoldat; zur Heirat zwischen ihm und M's Mutter kam es nicht, obwohl der Vater anscheinend nicht völlig ablehnend war – hier scheint auch die Oma eine gewisse negative Rolle gespielt zu haben. Die ersten zwei Lebensjahre war M im Heim, da angeblich weder die Mutter noch die Großmutter (mütterlicherseits), die damals zusammen wohnten, Zeit für das Kind hatten (Mutter mußte arbeiten). Auch in den ersten Lebensjahren nach dem Heim war M wenig bei der Mutter, wurde hauptsächlich im Kindergarten großgezogen.

Ihre Beziehung zur Mutter schildert M im Interview im Stil der „heilen Welt" – daß sie z.B. die ersten beiden Lebensjahre im Heim war, fällt ihr erst am Ende des Interviews ein. Ihre heutige Beziehung zur Mutter charakterisiert sie so: „Wir sind mehr wie Geschwister zueinander", und: „daß ich ausziehe, das hab ich nicht nötig bei meiner Mutter". Dennoch hat man, wenn man die Oberfläche von M's Schilderung hinterfragt, den Eindruck einer symbiotischen, überfürsorglichen, auf jeden Fall ambivalenten Beziehung der Mutter zu M. Trotz des geschwisterhaften Verständnisses, von dem M spricht, hat sie sich mit ihrer Mutter weder über ihre ersten sexuellen Probleme, noch über ihre Drogenprobleme unterhalten können. Als die Mutter von M's Drogengebrauch zum ersten Mal erfuhr, sagte sie: „Ich häng mich auf!“ Auch danach ging's, wenn es Krach gab, immer ums Fixen. M meint dazu: „In *der* Beziehung hat mein Freund ne bessere Mutter, die versteht das voll und ganz“. Die verstehe auch den Zustand, wenn man einen Affen (Entzugserscheinungen) hat – was bei ihrer eigenen Mutter nicht der Fall sei. Diese sage im Streit dann: „'Du verdienst selbst dein Geld, kannst auch selbst dein Essen kochen', aber trotzdem macht sie's weiter... Sie hängt unwahrscheinlich an mir... Ich bin auch heute noch unwahrscheinlich an meine Mutter gebunden, bin noch nicht selbständig, bin noch direkt abhängig von meiner Mutter“. Ansonsten frage ihre Mutter aber nicht viel wegen Giften (was M gut findet), sie versorgt M, kocht für sie, wäscht ihre Wäsche usw. „Kann auch'n Grund sein“, meint M zögernd im Verlauf des Interviews, „daß ich nicht ausziehen will“. Bei ihrem Freund (mit dem sie offensichtlich eine total abhängige Beziehung hat – beide drücken, versuchen Entzüge, scheitern, wollen heiraten, haben die Zukunftsvorstellung bürgerlicher Zweisamkeit und Sicherheit) sei's noch schlimmer; seine Mutter sage: „'Du brauchst nicht von zu Hause weg, woanders ist's nie mehr so schön wie zu Hause, du kannst bis 50 oder älter hier bleiben'.“ Er habe zwar noch einen Vater, aber der habe sich nie um ihn gekümmert, sei Säufer. Auf Befragen bringt M noch selbst einige Beispiele für die Ambivalenz ihrer Mutter: So sage sie im Zorn, kannst deine Wäsche selber waschen, wäscht sie dann aber doch. Oder: Zieh doch aus, dann hab ich meine Ruh! „Ich wills tun, da reißt sie mir den Koffer aus der Hand“. Oder: M haut ab, die Mutter flippt aus. Als M wiederkommt, kocht sie ihr ein gutes Essen.

Was ihre Schulzeit anlangt, so erinnert sich M, daß sie ziemlich Schwierigkeiten wegen ihres fehlenden Vaters hatte; sie mußte Hänseleien über sich ergehen lassen. Ferner: „Ich war schüchtern Jungs gegenüber, obwohl sie mich interessiert haben“ ... „Interessiert haben sie mich schon, aber ich konnt nicht reden mit denen. Wenn ich meiner Freundin zugeschaut hab, die konnt sich unterhalten, durch das, daß sie'n Bruder gehabt hat. Da ging das wie geschmiert bei ihr. Und da hab ich es ihr abgeschaut.. die Gesten hab ich ihr abgeschaut und wie sie mit ihnen umgeht.. Die konnte blödeln, ich bin stocksteif dagestanden... Das (diese Schüchternhiet) hab ich praktisch erst durchs Schießen überwunden. Auch noch wie ich 16 war, konnt ich mich noch nicht richtig (mit Jungen) unterhalten. Auch nicht, als ich shit geraucht hab."

Die Freundin und der Freund, von denen M erzählt, stellen also langjährige Beziehungen für sie dar. Die Funktion der Freundin für M wurde wohl aus dem vorangegangenen Absatz deutlich; der Freund ist ihre erste und einzige langdauernde heterosexuelle Beziehung; mit ihm drückte sie jahrelang und versuchte sie auch mehrmals erfolglos zu entziehen, mit ihm erlebte sie Geborgenheit: Rückzug auf sein Zimmer (geduldet von den Müttern), Fernsehen, Schuß. Zur Zeit macht sie ihren dritten institutionellen Entzug wegen einer Schwangerschaft, die sie austragen will. Danach will sie ihren Freund (oder „Verlobten") heiraten.

Schießgifte, insbesondere O, wirken für sie in der Beziehung gratifizierend – sie betont immer wieder, daß sie ihr helfen, Hemmungen in der Kommunikation zu überwinden, „normal reden" zu können.

007 Miriam (BRD)

21 Jahre, seit 16 nicht mehr zu Hause und „endgültig selbständig" gemacht (mit Einverständnis der Eltern); mit siebzehneinhalb verheiratet, inzwischen getrennt; bis 16 vollständige Familie; mehrmals von zu Hause abgehauen, das erste Mal mit 10; Eltern: Mutter klar, Vater weniger klar Mittelschicht (MS); bezeichnet sich als erwünscht, noch keine Berufsausbildung.

Drogenkarriere: zuerst Alkoholphase (danach shit und trips), angefangen mit A oral, danach O voll gedrückt; gibt B-(Valium)Präferenz an; völlig unauffällig im institutionellen Sinn, jedoch zum Zeitpunkt des Interviews starke psychosomatische Störung: durch trip-Erlebnis ein gelähmter Arm, Lähmung hält bereits seit Wochen an; 1 Entzug, mäßig gedealt, andere nach eigenen Worten gelinkt, keine Gelbsucht.

Das Interview beginnt mit der Erwähnung von Konflikten zwischen der Großmutter mütterlicherseits und der Mutter, weil die Mutter nicht den „richtigen Mann" geheiratet hat. Diese Oma habe überhaupt „Autoritätsansprüche" gehabt, sie habe z.B. interveniert, wenn die Mutter ein „falsches" Kleid kaufte. M erzählt dann von Konflikten zwischen den Eltern: Der Vater sei „Roman-

tiker und Faschist", die Mutter „Pastorentocher". Die Eltern hätten sich bemüht und es auch 17 Jahre lang geschafft, sich nicht zu streiten. Sie seien gemeinsam in Konzerte gegangen, der Vater habe zu Weihnachten aus der Bibel vorgelesen (da die Mutter Pastorentochter sei) usw., bis vor einem Jahr, als der Vater einen Herzinfarkt bekam. Seitdem mache die Mutter ihm Vorwürfe, „fährt voll ab auf Emanzipationstrip, und das mit 43!" ... „Meine Mutter ist intelligenter, das hat sie früher zurückgesteckt, hat geschwiegen", jetzt hat sie den Spieß umgedreht und das Ruder ergriffen. „Jetzt ordnet sie sich nicht mehr unter, es geht ihr auch ums Geschäft" (ihres Mannes, in dem sie jahrelang mitarbeitete). Obwohl die Eltern Ruhe wahren wollten (eine „friedvolle" Atmosphäre, nach M's Worten), gab es doch etliche Konflikte, die offensichtlich nur vertuscht wurden: „Mein Vater war z.B. seiner Mutter.. hörig, fast, und aus dem Grund hat meine Mutter sehr viel einstecken müssen." Sie wollte „Volksschullehrerin werden, hat auch Abitur, aber.. sie blieb dann beim lieben Kurt im Geschäft". Daß sie sich so lange unterordnete, kann nach M's Meinung daher kommen, „daß sie Pastorentochter ist und in meinem Vater ihren Vater sieht.."
.. und sich der Autorität beugte, auf die hin sie erzogen wurde?
„Mhm, mein Vater *war* aber keine Autorität! Mein Vater ist überhaupt keine Autorität! Mein Vater ist an und für sich ein Schwächling... auch im Verhältnis zu meiner Mutter." Das zeige sich daran, daß er schweigt und zustimmt. Aber er liebe sie wahnsinnig und ordne sich (jetzt) völlig unter. „Wahrscheinlich kriegt er noch'n Herzinfarkt und dann ist alles klar."
Zum Aspekt der versteckten Konflikte meint M: Konflikte seien „durch Diskussionen" gelöst worden, „aber die waren beschissen, weil (untergründig und im Widerspruch zum rationalen dialogischen Postulat) so Gefühlsdinger liefen wie: hast du mich denn nicht lieb?" Weitere Beispiele, die ihr einfallen: Sie kommt – schon in späterer Zeit – erst regelmäßig gegen halb sechs am Morgen nach Hause und klettert durch ein Kellerfenster in ihr Zimmer, „das wußten meine Eltern ganz genau. Und eines Tages war das Fenster zu, so mußt ich meinen Vater rausklingeln, worauf er mich unheimlich schlug und ich schrie: 'Schlag nur zu! Du brauchst das! Du brauchst das!', worauf er voll ausgeflippt ist". Oder: „Ich klaute Geld und sie wußten, daß ich es war und wußte, daß sie es wissen undsoweiter, also das Hin und Her, und sie

warteten darauf, daß ich aufhöre, statt.. mir eine auf den Kopf zu hauen, verstehst du! Also unheimlich.. unheimlich.. das habe ich auch mitbekommen, unheimlich fein verzweigt, also das ist schon wahr, das ist nicht mehr Romantik, das ist schon.. solche Gedankenflüge.."

Danach philosophiert sie über die Beziehung ihrer Eltern: „In jedem Mann ist Weib und Mann, in jeder Frau ist das Gleiche und ..es kann auch genauso sein, daß der Mann die Frau ist und die Frau der Mann ... Er war der Mann im Praktischen und sie war der Mann im Geistigen."

Wie war das, als du mit 16 von zu Hause abgehauen bist?

„Ja, ich kam immer um 6 nach Hause und irgendwann kam ich auch *offensichtlich* um 6 nach Hause – seitdem mein Vater mich geschlagen hatte. Kam ich mit dem Taxi nach Hause für 20 Mark, weil ich im Geschäft meiner Eltern arbeitete. Da eröffnete mir meine Mutter: entweder du gehst nach G, Entziehung machen, oder du ziehst aus."[6]

An dieser Stelle wollen wir die vom Leser im folgenden zu überprüfende Hypothese anführen, daß M's Beziehungen zu Männern, von der Vater- bis zu ihren Partner Beziehungen, stets durch die Ambivalenz Stärke – Schwäche und entsprechend Idealisierung – Enttäuschung bestimmt ist (vgl. Kohut). Ebenso, wie sie nicht weiß, ob sie ihren Vater wegen seiner Schwäche lieben soll (nämlich seine Emotionalität, seine Sanftheit und Weichheit, siehe unten) oder verachten soll („Schwächling"), folgt in ihren Partner-Beziehungen regelmäßig auf eine erste Phase des In-den-Himmel-Hebens eine zweite Phase entsprechend tiefer Enttäuschung. Lassen wir M selbst erzählen:

Mit 17 habe sie angefangen zu drücken, zusammen mit ihrem Mann H. „Er war für mich die größte Autorität, der Weise, der die Droge nimmt, und zusätzlich auch die sentimentalen Dinge.. der sie erklärt, mich auf den rechten Weg führt... Er war Dekorateur,

[6] Die Mutter versuchte offensichtlich, M sehr detailliert zu gängeln. M weiß auch heute noch nicht, was sie von den Eltern halten soll: einerseits haben sie ihr irgendwo Freiheiten gelassen (die sie sich allerdings oft erkämpfen mußte), andererseits haben sie immer wieder auf neuen Ebenen versucht zu gängeln. Oder auch: die Tatsache, daß die Eltern theaterwirksam in gewissen Punkten die Zügel schleifen ließen, sollte nicht darüber hinwegtäuschen, daß dies eine demonstrative Gebärde war, um die fortbestehende grundsätzliche Repression zu kaschieren.

wir haben zu dritt in einem Raum gelebt, nichts zu fressen, keine Kohlen, aber herrlich und in Freuden gelebt... Mein Vater war für mich keine Autorität und kein Weiser, sondern ein unheimlich guter, lieber.. ja schwacher.." M bejaht dann: sie mochte ihn wegen seiner Schwachheit, weil er weich und gut war. „Und der H war für mich Autorität, in geistiger Hinsicht. Bis ich dann merkte, daß einiges nicht stimmte.. Sprüche wie: man schmeißt eben trips oder man schmeißt keine!.. Deshalb trennte ich mich letztes Jahr von ihm. Zog dann zuerst mal allein nach H, lernte dann innerhalb von 14 Tagen den größten scene-Typen aller Zeiten kennen" (Ironisierung, die aber dennoch ihre anfängliche Idealisierung ausdrückt). Schildert, wie sie aufeinander förmlich flogen, daß sie drei Monate mit ihm zusammenlebte, aber: „Ich kannte ihn also viel zu wenig, um zu wissen.. seine Reaktionen auf bestimmte Situationen zu kennen." So schlug er zum Beispiel „die ganze Wohnung voller schöner Dinge kaputt" (vielleicht spielte sie ihre Mutter an ihm aus?), „dabei konnte er alles, handwerklich, musikalisch.." Am Ende: „.. da riß der Faden, da hat er mich umbringen wollen.. ein Stilett an den Kopf geworfen und den Handwerkskasten hinterher. Da ham wir uns getrennt, danach fraß er Schlaftabletten wegen.. in der Hoffnung, daß man ihn hinterher wieder findet und verzeiht.. Ich hätte ihm verziehen, hatte ihm verziehen, wäre sogar da geblieben, aber er selber sagte, es könnte wieder vorkommen, so bin ich weg. Und hab deswegen angefangen zu drücken." (Das war, bevor M 17 war.) Erzählt, daß sie regelrecht rumgerannt ist, um einen Typen zu finden, der sie anpiekt – und das war schließlich wieder ihr Mann! „Da traf ich zufällig wieder meinen Mann wieder", fuhr auf ihr beider Kind ab, das damals bei ihm geblieben war und jetzt wieder bei ihm ist, „.. traf also meinen Mann, der mich immer noch liebte – *ich* hatte ihn verlassen! – und er fand das dufte, daß die Sache (Beziehung!) weitergeführt werden sollte.. also wenn ich jetzt zurückdenk: das muß daran liegen, daß ich ihn mit 16 kennenlernte und unheimlich an ihn gebunden war" (Hypothese: schließlich war er *auch* das Hilfsmittel, mit dem sie sich von zu Hause emanzipierte!). „Es war der erste Mann, der mich unheimlich faszinierte an Geist.. und Seele.. und sexuell ist er sowieso ein wahnsinnig geiler Typ, der den ganzen Tag fickt, und gab mir Geld, immer Geld, damit ich mit ihm 12 Stunden (auf A) ficken konnte. Wir haben uns dann getrennt, das ist jetzt 6 Wochen her, hab ich nicht mehr gedrückt."

Im Nachsatz dann: gestern allerdings habe sie einen Schuß gemacht, sie sei da auf trip gewesen usw. „Und im Moment bin ich hier (bei Release), um um Hilfe zu bitten." Ihr gehe es beschissen, sie habe keine Kohle mehr, sei unheimlich auf der Rolle, suche Arbeit, kriege vom Jugendamt 25 Mark die Woche und wisse nicht weiter. Erzählt von einem power-trip mit einem Bekannten, einem Anwalt, den sie von früher her in Erinnerung hatte, auch mal gebumst hat, und den sie jetzt wegen einer Wohnung angemacht hat. Der habe sie in eiskalter, „mörderischer" Art behandelt, daß sie ne Macke habe usw. „Wenn ich mit ihm gebumst hätte, hätte ich die Wohnung haben können, aber ich bumse nicht mit Männern wegen.." Und ihrem „größten scene-Typen" hat sie dieser Tage einen Brief geschrieben, „– unsere.. meine ganzen Möbel stehen noch dort – 'entweder wir treffen uns im Nirwana wieder oder .. du brauchst ne Frau mit sieben Brüsten und zwanzig Votzen'."
Auf die Frage, ob sie einen klaren Zusammenhang zwischen ihrer Situation jetzt und ihrem Elternhaus im Kopf herstellen könnte: Ja, sie habe Wagner gehört, ihr Vater habe sie auf Musik angemacht, er habe früher sehr dufte Schifferklavier gespielt, „Romantik und Drücken passen gut zusammen".[7]
Erzählt zur Vorgeschichte ihrer Drogenabhängigkeit: „Ich fing mit Alkohol an, hatte'n Freund, war jung, illusionsgeil, wollte mehr wissen ... fing mit 14 in der Schule wahnsinnig zu saufen an mit der Gruppe von diesem Freund.. Werbeatelier.. Danach wurde mal shit geraucht, das brachte mich vom Alkohol runter." Shit habe damals viel gebracht, „wir haben unser Bewußtsein benutzt, in den Fahrstuhl gestiegen und abgefahren, uns gegenseitig ange-

[7]Sie antwortet also mit einer Idealisierung (von bestimmten Teilen, würde Kohut sagen) ihres Vaters. Sie steht ambivalent zu ihm: halb idealisiert sie ihn, halb verachtet sie ihn, Und obwohl wir uns ebenfalls als Anhänger der kritischen Freudschen Tradition – im Gegensatz zur Neo-Psychoanalyse nordamerikanischer Prägung – verstehen, können wir nicht umhin zu bemerken, daß, was Kohut und mit ihm die orthodoxe Psychoanalyse so unbeholfen und kompliziert mit Teilidealisierung, guten und bösen Anteilen usw. erklären, nichts als eine schlichte Ambivalenz darstellt. Dies zeigt uns, daß der kategoriale Apparat der Freudschen Psychoanalyse zur Beschreibung dialektischer Prozesse – wie „Widerspruch" zum Beispiel – nicht immer gut geeignet ist.

törnt. Bis mal ein Horrortrip auftrat, der so stark war, daß ich hinterher meine psychischen Störungen hatte. Auf dem trip war ich so weit, daß ich dachte, ich wär'n Säugling."
Sagt, daß sie auch jetzt noch bei ihrem Mann, trotz Trennung und Scheidung, nach 10 Minuten schwach wird, es nicht aushält: die Beziehung war einfach zu intensiv. Sie würde an den Ambivalenzen ausflippen. Ihr jetziger Wunsch: „Ich möchte ins Nirwana und möchte nicht wiedergeboren werden", aber jetzt (sinngemäß) hänge ich halt noch in dieser Welt, „will noch leben, Spuren hinterlassen".
Erlebte auf dem vorletzten trip vor ein paar Wochen beim Klavierspielen: „mein Arm war garnicht mehr da für mich" (vgl. Kohut, Dissoziation eines Körpergliedes).

009 Detlef (BRD)

22 Jahre, zur Zeit im Knast, bis 18 vollständige Familie, betrachtet sich jedoch als prinzipiell noch zu Hause lebend, wenn auch nur als „geduldeter Gast"; nach eigener Angabe noch nicht selbständig gemacht; mehrmals abgehauen von zu Hause, das erste Mal mit 18; Eltern: Kleinbürger, denkt, daß er zum Zeitpunkt seiner Geburt sicherlich unerwünscht gewesen sei, weil damals die finanzielle Situation sehr schlecht war; Berufsausbildung abgebrochen.
Hat stark O gedrückt, A deutlich weniger, O-Präferenz; ziemlich auffällig; 1 Entzug, mäßig gedealt, andere gelinkt nach eigenen Worten; 2 Gelbsuchten.

Das Interview beginnt mit Angaben zur ökonomischen Situation der Orientierungsfamilie. Danach sind D's Eltern deutlich aufgestiegen: zuerst ging es ihnen sehr schlecht, sie wohnten in der billigsten Sozialwohnung; danach – so erzählt D nicht ohne Ironie – erlebte er den „totalen sozialen Sprung mit den Alten in die Neubau-Komfort-Wohnung". Nach dem Umzug dorthin habe er erstmal keine Kontakte zu den Gleichaltrigen dort gehabt, „dann war ich noch der Jüngste, die Alten sagten: geh nicht so weit weg, mach nicht dies und das". Erinnert sich, daß er Angst gehabt hat, nicht mithalten konnte bei den Spielen der peer-group, die damals anlagen. Auch als er hier in den Knast kam, hatte er wochenlang Angst, zusammengeschlagen zu werden – aber: „man muß sich halt durchsetzen". Kurz: er gibt ehrlicherweise zu, körperliche Auseinandersetzungen zu scheuen, und versucht, sich anders

(„geistig") durchzusetzen. D erinnert sich an Angst vor Strafen und Prügeln bei den Eltern und erzählt ein typisches Beispiel, wo er eine zerrissene Hose zu verbergen suchte. Er sollte mit Kindern der unteren US und der Randständigen nicht zusammen spielen. Seine ganzen Erinnerungsbeispiele laufen über Angst vor den Alten, mit zerrissenen oder dreckigen Klamotten heimzukommen, verbotenerweise gespielt zu haben usw. Die Eltern schienen also sehr kleinliche Disziplinierer gewesen zu sein – ein häufiges Merkmal erfolgreich aufgestiegener US. Der Vater habe 25 Jahre bei der gleichen Firma gearbeitet, eine goldene Uhr bekommen und sei stolz darauf. Auch die Sexual-Erziehung zu Hause schildert D als repressiv: Onanieren und Porno-Hefte sind Schweinerei. Der Vater habe sich bei der Alltagserziehung meist rausgehalten: laß Mutter mal machen!; habe nur bei großen Sachen eingegriffen. D ist seit 18 mehrmals von zu Hause abgehauen; er habe schon öfter vorgehabt, sich selbständig zu machen, das sei aber jedesmal „im Sand verlaufen".
Ebenso ehrlich wie seine Angst vor körperlicher Auseinandersetzung schildert er Eitelkeits- und Körperprobleme.
Sagt von sich, er sei ein 7-Monats-Kind gewesen; fühlt sich unerwünscht, weil es der Familie, als er auf die Welt kam, finanziell sehr schlecht ging. War nach der Geburt einige Monate von der Mutter getrennt aufgrund seiner vorzeitigen Geburt. Gegenwärtig fühlt er sich zu Hause als „geduldeter Gast", der „Filme vormacht". D's ältere Stiefgeschwister sind schon aus dem Haus. Die Mutter sei ziemlich krank: Unterleibskrebs, Schlafstörungen, Nervosität. Der Vater habe ein Magenleiden.

Zur Erziehung:
D erinnert sich an „wahnsinnige Kämpfe mit der Mutter", als er anfing, sich für Mädchen zu interessieren: „Erst mal dumme Fragen, was ihre Alten sind, dann um acht nach Hause, später um neun", die Mutter habe immer kontrolliert.
Als die Eltern seinen Drogengebrauch spitz kriegten, hätten sie zuerst zwei Wochen lang ganz repressiv versucht, ihn davon abzubringen, und nachher garnichts mehr gesagt. D erklärt sich das so, daß sie vielleicht aufgrund ihrer früheren großen Strenge ein schlechtes Gewissen gekriegt hätten (weil sie irgendwie mitgekriegt hätten, daß Drogenabhängigkeit mit Erziehung zu tun hat) und nun versuchten, durch das Gegenteil die Sache zu bessern.

Allgemein hat man den Eindruck ziemlicher elterlicher Inkonsistenz in den Erziehungspraktiken. D bringt einige Beispiele dazu. Als D anfing zu rauchen, verboten sie das zuerst, D rauchte natürlich trotzdem. Ein paar Wochen später kommt die Mutter in D's Zimmer, quatscht ihn um ne Zigarette an und sagt: aber laß Vater nix wissen! Ein weiteres Beispiel: Vater erwischt ihn mit Kippe und droht: aus deiner geplanten Camping-Fahrt wird ja nun wohl nix!, aber die Drohung bleibt folgenlos. Strenge wechselt also mit Laissez-faire ab, Regeln werden aufgestellt und am Ende doch umgangen, zudem sind die Eltern wohl selbst in manchen Punkten unterschiedlicher Meinung.
Als D 10/11 Jahre alt war, mußte die Mutter längere Zeit wegen einer Unterleibsoperation ins Krankenhaus, während der Vater weiter arbeiten ging. So mußte D neben seiner Schule auch noch den Haushalt versorgen, für den Vater Essen kochen usw. So weit so gut! Was ihn gekränkt habe, war, daß die Mutter, als sie wieder nach Hause kam (und da hatte sie von Morphium Entzugssymptome, beeilt sich D hinzuzufügen), sofort das Szepter wieder übernommen und ihn – entgegen seiner zuvor bewiesenen Selbständigkeit – wieder wie ein Kind behandelt habe. Was in D's Augen noch erschwerend dazukam: daß die Alten sich „nicht an die Regeln gehalten haben, die sie selbst aufgestellt haben". So habe die Mutter ihm vor ihrem Krankenhaus-Aufenthalt eingeschärft, ja nicht auf Vertreter-Besuche hereinzufallen (mach die Tür nie auf, wenn Vertreter kommen!), konnte dann aber selbst jenen Vertreter-Besuchen nicht widerstehen, die er, als er den Haushalt führte, erfolgreich abgewimmelt hat. Die Mutter sei oft ungerecht, „ihren Stimmungen unterworfen", der Vater „sehr streng, aber doch gerechter als meine Mutter ... er kümmerte sich aber auch zu wenig um mich."

Drogen:
Erzählt zweimal – wahrscheinlich zu seiner eigenen ideologischen Rechtfertigung – die Geschichte, daß seine Mutter nach ihrer Unterleibsoperation morphiumabhängig aus dem Krankenhaus kam. Wir können hier nur vermuten, daß er ihr diesen Punkt immer dann entgegengehalten haben dürfte, wenn es Streit um seinen eigenen Drogengebrauch gab. Wichtiger scheint uns die Tatsache, daß die Mutter diese ihre Abhängigkeit stets abgestritten hat.

Nach seinen eigenen Worten ist D in seiner ganzen Drogenzeit Einzelgänger gewesen (oder besser: geblieben), hat nur einen engeren Freund gehabt. Als er anfing, shit zu rauchen, ging er nicht in Diskotheken, sondern auf sein Zimmer, hat „eine Scheibe aufgelegt, mich aufs Bett gelegt, geträumt". Auch seine Mutter habe mal shit probiert, und das kam so: D hatte noch einen joint bei sich im Zimmer liegen, da kam seine Mutter rein, nahm ihn und rauchte ihn als Zigarette (die Eltern wußten damals bereits, daß D Haschisch rauchte). Als D danach ins Wohnzimmer kam, sei seine Mutter so fröhlich und locker gewesen, wie er sie noch nie gesehen hat; er hatte Spaß mit ihr. Später fragte sie D, was in der Zigarette gewesen sei; er sagte es ihr. Sie darauf: na, hab ich mir schon halb gedacht. „Später brachte sie es von alleine, ab und zu in mein Zimmer zu kommen: 'Na, brauchste noch Silberpapier oder Pfeifenreiniger?'" Das konnte, so D, allerdings auch nerven, wenn Freunde zum Rauchen bei D waren und sie ebenso reinkam. „Dann war immer so'n linker Spruch dabei, das merkte man genau. Sie hat mir dann auch die Taschen durchstöbert, wenn sie meinte, ich schlafe".
Über trips meint D, daß sie allgemein durchaus Gutes bringen können, er habe jedoch zuletzt einen Horrortrip gehabt und werfe seitdem keine trips mehr. Durch Drogen habe er tatsächlich ein neues, kritisches Verhältnis zu dieser Gesellschaft bekommen; „ich hab das Gefühl, daß ich mich nie wieder eingliedern kann". D weiß nicht, was er machen soll, wenn er wieder rauskommt; er habe keine Berufsausbildung gehabt, möchte gern was „Künstlerisches" machen. „Was ich durch Drogen in bezug auf mich und meine nähere Umwelt gecheckt hab, hab ich links liegen lassen; die Sachen in bezug auf die Gesellschaft hab ich gierig aufgegriffen. Das war'n Fehler von mir. Für mich gabs die kleinen Sachen nicht, obwohl ich immer noch am Zweifeln bin, ob psychisches Linken nicht linker ist als physisches Linken".

Eltern, D's Beziehung zu ihnen:
„.. untereinander, nach außen hin – auch zu mir – sehr harmonisch, wir gehören zusammen und so.. Dann auch einmal schlagartig nach außen hin und auch zu mir, auf einmal spürbar.. wenn wir z.B. mal Besuch hatten, zog sich meine Mutter mit der Gattin in die Küche zurück und dann: ja, der is ja knatterig, mein Alter, nun wird er doch alt, und so ne Sprüche dann. Da konnt ich

doch sehen.. es war nur ein Zusammenleben auf finanzieller Basis" (D's Vater ist 20 Jahre älter als seine Mutter).
Ham se dich fallengelassen zu Hause?
„Nee. Fallengelassen ham se mich nicht, obwohl manchmal sehr linke Sprüche gebracht worden sind zu Hause, z.B. 'lieber 'n Ende mit Schrecken als ein Schrecken ohne Ende' ... Zur Zeit 'n Kampf und so kleine Reibereien, das nervt mich total ... Ich erzähle zu Hause vom Knast usw., die Eltern: nicht so laut, nicht so laut, das könnten die Nachbarn hören ... Wenn ich jetzt rauskomm, kann ich unmöglich zu Hause wohnen, das gäb totalen Kampf."
Warum bist du überhaupt so lange zu Hause geblieben?
„Ich hatte öfter schon mal die Kohle zusammen, um mich selbständig zu machen. Dann kam wieder'n guter Gift-deal und das Geld war weg ... Ja, es war so echt am bequemsten ... Neulich bei Besuch sagten sie: es ist jetzt alles so teuer, wie stellst du dir das vor, wenn du rauskommst? ... Sie hatten totale Vorurteile, ja und trotzdem bin ich bei ihnen geblieben. Ich wußte genau, wenn ich sie bitte, würden sie Kohle rüberrücken, wenn auch vielleicht nicht so viel, wie ich gewollt hab. Das ist original, was mich am meisten abgestoßen hat zuletzt ...
Die Alten hatten Schiß vor Richtern und Gericht.. Sie haben immer durchblicken lassen, daß ich ihr Sohn bin, und wenn es mir dreckig geht, daß ich auf sie zählen kann. Aber als es mir dreckig ging.. je länger ich gezählt hab, umso mehr hab ich mich verzählt. Auf Entzug zu Hause haben sie zwar gutgemeinte Sprüche gebracht, aber das hat nur genervt." Als er ihnen das sagte, hätten sie sich drei Tage beleidigt zurückgezogen und eine totale Mauer aufgebaut. „Da sagte ich, Scheiß auf Entzug, bin aus'm Bett hoch .. und hab mir was gesetzt." Oder eine andere Geschichte: Weihnachten, zu Hause. D hat seine Pumpe und Ampullen (offen) auf dem Nachttisch liegen, am nächsten Morgen ist die Pumpe weg! Fragt er seine Alte: ja, sie war's. Fragt er, warum sie nicht die Ampullen genommen habe? Sie: um dich zu ärgern. Geht er sich eine Pumpe holen, obwohl die Mutter inzwischen eine Handtasche voll gesammelt hatte.
Gerade aus dieser letzten Szene meinen wir die wechselseitigen Abhängigkeiten und Provokationen im häuslichen Beziehungsspiel lesen zu können: D ist auf der einen Seite völlig abhängig und bequem bis zur Unterwürfigkeit, um zu Hause wohnen zu können; seine Emanzipationsversuche scheitern, das gesparte Geld

geht drauf für Gifte statt für Selbständigkeit. Auf der andern Seite terrorisiert er im Rahmen dieser grundsätzlichen Abhängigkeit seine Eltern (und sie ihn), so gut er kann. Man könnte sagen, seine Abhängigkeit besteht darin, daß er einerseits seine Alten ausbeutet, schamlos ausnutzt, ihnen 4–500 Mark aus der Urlaubskasse für Gifte klaut und gleichzeitig gegen sie opponiert, sie durch offenes Drücken zu Hause provoziert usw.
Mit welcher Heftigkeit – bis hin zur Mordlust – das Spiel zuletzt ausgetragen wurde, zeigt die letzte Episode aus D's Mund: Es geht um zwei Situationen körperlicher Auseinandersetzung zwischen D und seinem Vater. Das erste Mal, als D seinem Alten eine zurückhaut, wird der ganz ruhig und redet kein Wort mehr mit D. Das nächste Mal ertappt ihn der Vater, als D zu Hause Geld für Gifte klaut, und will D nicht aus der Tür lassen: ich hol die Polizei! du kommst hier nicht raus! Er haut dem „Alten eine rein, daß der zusammenklappt. Der klammert sich an meine Beine, da geb ich ihm von oben noch eine drauf und da lag er da." D steigt über ihn hinweg und geht aus der Tür.
Unser Gesamteindruck von D entspricht unserer zentralen Definition des „symptomatischen" Widerspruchs oder Konflikts: D versucht gegen seine häusliche Unterdrückung zu protestieren, tut dies jedoch mit den falschen Mitteln, so daß sein Protest ihn in größere Abhängigkeit stürzt als die, gegen die er protestiert hat. D versucht, sich ökonomisch durch dealen von zu Hause zu emanzipieren, fällt dabei immer wieder auf die Schnauze, muß sogar seine Eltern beklauen und landet zuletzt wegen dealen im Knast[8].

[8]An dieser Stelle wollen wir hypothetisch eine dreiteilige Typologie der Abwehr (und nicht Bewältigung) von Abhängigkeit vorschlagen:
1. Fälle wie 016 (siehe unten), wo die jeweils de facto unterstellte Abhängigkeit des Fixers von seinen Eltern noch offen ausgedrückt wird, nicht zuletzt weil er, wie wir vermuten, eine einschneidende Kränkung durch die Eltern subjektiv noch kaum erfahren hat;
2. Fälle wie 005 und 009, wo die unterstellte Abhängigkeit bereits zum Teil geleugnet (Ambivalenz) und die Kränkung, gegen die man sich wehren muß, schon andeutungsweise ins Empfinden und Bewußtsein gerückt ist; und schließlich
3. die Fälle von Heimerziehung, Erziehung durch Pflegeeltern und anderer offener Ablehnung des Kindes durch die Eltern, wo das Kind die Kränkung so deutlich erfahren hat, daß es die ursprüngliche Abhängigkeit voll leugnen muß.
Wir halten es für möglich, daß das subjektive Bewußtsein, ein erwünschtes oder unerwünschtes Kind zu sein, einen guten Indikator für das Ausmaß der subjektiv erfahrenen Kränkung abgibt.

010 Walter (BRD)

21 Jahre, zur Zeit im Knast, mit 15 ins Lehrlingsheim nach auswärts und seither nie wieder richtig zu Hause; zu diesem Zeitpunkt nach eigenen Worten auch endgültig selbständig gemacht; W hatte bis 5 eine vollständige Familie, lebte bis 9 nur bei der Mutter, bis 12 bei Mutter und Stiefvater, danach Scheidung der Eltern, bis 15 wieder nur bei der Mutter, ab 15 im Lehrlingsheim; bis 15 noch nie abgehauen von zu Hause; hält sich für erwünscht; Lehre abgebrochen. Eltern (Mutter) stabile US.
Hat stark O gedrückt, gibt O-Präferenz an; hat mittelstark gedealt, war institutionell stark auffällig, hatte einen Entzug, gibt zu, andere auch gelinkt zu haben; 1 Gelbsucht.

Beziehung zur Mutter:
„Wir führen beide'n eigenes Leben, schon ne ganze Weile, meine Mutter *ihr* Leben.. und ich hab eben meinen Stil. Und sie ist mit der Zeit immer unfähiger geworden, was dagegen zu tun, daß ich *mein* Leben führe. Sie hat überhaupt keinen Einfluß mehr auf mein Leben, schon lange nicht mehr ... Dadurch ist es überhaupt frei und locker geworden, wenn wir uns treffen, daß sie nicht mehr versucht, mir ihre Meinung aufzudrängen... Früher dagegen, wenn ich sie mal gebraucht hatte, war sie nicht da; wenn sie mir'n paar Klamotten zum Beispiel saubermachen sollte, hat sie sie mir vor die Tür geworfen, das war, wie ich mit 15, 16, 17 von F nach H ging."
In H, wo er seine Lehre beenden sollte, wohnte W zuerst im Lehrlingsheim. Da ging es ihm schlecht, er fühlte sich anfangs allein, hatte kein Geld. Hat dann die Drogen-scene kennengelernt, gedealt, Kohle gemacht. Dann verlor er bald sein Zimmer im Lehrlingsheim, kriegte eine Verhandlung wegen Schwarzfahren und rutschte so allmählich immer mehr in troubles rein. Als seine Mutter über die Behörde davon erfuhr, habe sie ihm nur Vorwürfe gemacht. Mit einem Wort: er fühlte sich zu jener Zeit von seiner Mutter im Stich gelassen.
„Meine Schwester, in der gleichen Situation (ebenfalls weg von zu Hause, ebenfalls allein auf sich gestellt in H), kam irgendwie besser zurecht." Als mögliche Gründe nennt W: sie war „härter" und „sie konnte sich besser unterordnen" (unter die mütterliche Autorität).
Wie kamst du in die Schießerscene?
„Heute hab ich noch in F gelernt, eine Woche später stand ich mit

dem Koffer in der Hand im Lehrlingsheim in H; das ging so schnell, so schnell konnt ich gar nicht denken .. dabei wollt ich in F bleiben, hab meine Mutter drum gebeten, wollte'n Zimmer in F haben und auf Lehre gehen, sagt meine Mutter, das ginge nicht, und schickte mich ins Lehrlingsheim nach H. Warum, weiß ich heute noch nicht!"
(Vielleicht Trotzreaktion von ihr: wenn du schon nicht zu Hause bleiben willst, dann ins Heim.)
Meinst du, daß sie dich loshaben wollte?
„Nee, das glaub ich nicht. Eher umgekehrt. Sie wollte doch uns Kindern nach H nachziehen. Sie wollte mich immer in der Nähe haben."
Dann erzählt W weiter, wie er in die scene kam: 30 m vom Lehrlingsheim entfernt war eine Diskothek, da lernte er die shit-scene kennen. Und zusätzlich: „Im Heim lag ich mit'nem Lehrling auf'm Zimmer, der rauchte shit. Zwei Tage später hab ich das erste Mal mit ihm geraucht. So fings an."
Gespräch darüber, ob W aus dem Grund in die scene geriet, weil er vorher isoliert war, wenig Kontakt hatte und in der scene so die erste Anerkennung bekam. Dies scheint bei W jedoch nicht zuzutreffen. Es ist – auch gemessen an seinen späteren Erzählungen – durchaus glaubhaft, wenn er sagt: „Ich war immer mit Leuten zusammen." Allerdings fügt er gleich hinzu: allein auf sich gestellt mit 16 in die große Stadt zu ziehen, bedeute ja auch Isolation.

Kindheit:
W's leiblicher Vater beging, als W fünf war, unter anderem wegen wirtschaftlicher Schwierigkeiten Selbstmord. W hat an ihn eine sehr gute Erinnerung, „weil mein Vater mich nie geschlagen hat und meine Mutter andauernd (geschlagen hat) und'n bißchen zu doll meiner Meinung nach, weil sie die Nerven verloren hat. Hat mich mit Gegenständen traktiert, mit Besenstielen, hat mich grün und blau geschlagen im wahrsten Sinne des Wortes. Wegen den belanglosesten Gründen. Sie brauchte nur'n nervösen Tag haben, das reichte schon." W kann sich nicht erklären, warum sie so die Nerven verloren hat; über Konflikte zwischen ihr und seinem leiblichen Vater weiß er nichts, „weil sie nie darüber redet. Sie redet niemals schlecht über meinen Vater, ich hab sie noch nie schlecht über meinen Vater reden hören. Ich hab sie zum Beispiel nie sagen hören, daß mein Vater sie mal geschlagen hat. Da mußt ich erst

20 Jahre alt werden, um zu erfahren, daß mein Vater meine Mutter doch mal geschlagen hat, aus Eifersucht. Das hat sie mal meiner Verlobten erzählt, mir nicht."
Ferner, ein immer wiederkehrendes Thema: „Wenn ich ehrlich bin, fühlte ich mich in meiner Kindheit immer meiner Schwester gegenüber zurückgesetzt." (Die möglichen Gründe erfahren wir weiter unten.) Die Mutter habe sich immer mehr mit seiner Schwester beschäftigt, z.B. wenn die mal Probleme hatte. „Ich konnte nichts erzählen, mußte mit allem selbst fertig werden. Das ist bis heute so geblieben ... Meine Schwester hat'n sehr guten Kontakt zu meiner Mutter, auch heute noch. Das zeigt sich daran, daß sie die letzten anderthalb Jahre wieder zu Hause wohnt" (eine zweischneidige Sache, diese „guten Kontakte"!). W fährt fort: „Ich durfte nicht mal meine Scheiß-Lehre in F zu Ende machen, meine Schwester dagegen kriegte ihre Privat-Sprachschule, das hat Tausende von Mark gekostet! Meine Mutter sagt zu mir, das Geld, das sie in mich reingesteckt hat, hat sie umsonst ausgegeben, weil aus mir nichts geworden ist." W erwidert ihr dann: „Kannst froh sein, daß aus mir'n Verbrecher geworden ist, deshalb koste ich dich seit meinem 15. Lebensjahr nichts mehr." (Das ist gewiß eine sehr deutliche Kränkungs-Reaktion bei W!) W's Empfinden einer Benachteiligung ist sehr ausgeprägt: Das Geld, das die Mutter seiner Schwester geben konnte, habe plötzlich bei ihm gefehlt, oder: „Ich mußte immer das nehmen, was übrig blieb. Das war bei mir immer nur Mist, was da übrig blieb. Das war mir damals auch schon klar und das hat mich immer'n bißchen .. ärgerlich gemacht. Naja, ich hab sie nie damit angemacht, ich hab mir mein Teil gedacht: Laß sie! Ich brauch sie nicht!"
Warum sie wohl die Schwester bevorzugt habe?
Er wisse es nicht, wolle nicht ungerecht sein, denke, es sei wohl eher Zufall gewesen. „Nur war ich halt der Leidtragende.. Nur glaub ich nicht, daß ich deswegen berechtigt bin, ihr daraus'n Vorwurf zu machen. Das hab ich immer nur gemacht, wenn sie angefangen hat, das alles auf mich zu schieben, auf meinen schlechten Charakter und was weiß ich nicht alles. Das kann ich nicht ab, weil ich genau weiß, daß es nicht so ist."
Später kommt W noch auf zwei weitere Kränkungen durch seine Mutter zu sprechen: „Aus dem Lehrlingsheim bin ich nicht nur wegen meinem Lebenswandel rausgeflogen. Ich wär sowieso raus-

geflogen. Ich wär sowieso rausgeflogen, weil meine Mutter seit drei Monaten das Lehrlingsheim nicht mehr bezahlt hatte ... ohne mir was zu sagen; das hab ich dann bezahlt." Oder: „Ich komme nach Hause, da liegen meine Sachen vor der Tür ... das vergißt man auch nicht so einfach ... Meine Mutter hat in dem Moment nicht zu mir gehalten, das nehm ich ihr übel."
W und der Interviewer suchen im folgenden immer noch die Gründe für die unterschiedliche Beziehung von W und seiner Schwester zur Mutter. W erzählt: Sein leiblicher Vater sei Bauer gewesen und habe wegen wirtschaftlichen Schwierigkeiten, und weil er den Haß und Neid der Nachbarn nicht mehr ertragen konnte, Selbstmord begangen. Statt den Hof zu verkaufen, habe er ein Ende gemacht. Er habe das damals aber nicht mitgekriegt[9], nur, daß seine Mutter immer weinte und der Vater angeblich „verreist" war. Mit ein Grund für des Vaters Selbstmord sei auch gewesen, daß seine Schwester damals wegen eines geplatzten Blinddarms im Krankenhaus auf Leben und Tod lag und der Vater sich Vorwürfe machte, nicht rechtzeitig genug mit ihr zum Arzt gegangen zu sein. Sie sei dann wieder „quietschvergnügt" aus dem Krankenhaus heimgekommen; „sie hat das schon eher gepackt, was das zu bedeuten hat, daß mein Vater nicht mehr da war". Über diese Periode sagt W: „Damit fing der Ärger an... Die Mutter mußte arbeiten, die Schwester und ich (es kam auch später noch eine kleine Stiefschwester dazu, aber auf die geht W kaum ein) mußten uns unser Essen mittags warm machen", dazu kamen Schulschwierigkeiten, dann habe die Mutter noch an Leute vermietet, die, anstatt die beiden Kinder zu versorgen (wofür die Mutter sie bezahlte), die Sachen selber fraßen – „meine Mutter war ja nie da!"

Stiefvater:
„Meine Mutter hat später neu geheiratet, und das war sowieso'n linker Säger – weiß auch nicht, wie sie an den geraten konnte!" Kommt er nach Hause – werd ich auch nie vergessen –, ich war da 10, 12, meine Mutter hat schon stundenlang gewartet, sagt er,

[9]Nach Kohut kann somit die Idealisierung des leiblichen Vaters unrelativiert aufrechterhalten werden. Damit ist die Grundlage dafür geschaffen, daß das spätere Eintreten eines Vater-Ersatzes ins familiäre Rest-System W doppelt stark kränken muß.

er hat die Lohntüte verloren, voll wie ein Eimer, legt sich ins Bett. Meine Mutter los mit dem Fahrrad, weckt mich, mitkommen, die ganze Nacht. All sone Dinger! Den hab ich gehaßt, den Typ, wie die Pest!" W schildert unverhohlen, daß er ihn für einen Idioten, Geldrauswerfer, Nichtskönner hält. Er habe eines Tages so einen Haß gehabt, daß er das Auto seines Stiefvaters an die Wand gefahren habe (da sei er zwischen 12 und 15 gewesen). Die Mutter habe ihn darauf halb tot geschlagen. „Nur sone Dinger! Der Ärger hörte da nicht mehr auf, seit mein Vater tot war, die ganze Zeit!"

„Und wie ich so 14, 15 war, da traf ich'n paar Jungs aus der Nachbarschaft, die gesoffen haben – zu Hause nervte mich das sowieso alles –, mit denen bin ich dann rumgezogen". Damals sei er jede Nacht um 12 besoffen nach Hause gekommen. „Ich mochte nicht zu Hause sein" ... „Bin aber gut zurecht gekommen, das lief auch gut mit meiner Lehre (in F). Wie das alles so'n bißchen anlief, sollt ich da wieder weg. Das wollt ich gar nicht! Ich wollte damals gar nicht nach H! Mir ging das soweit gut, hab Kollegen gehabt und so."

Mädchen:

„..lief eigentlich ganz gut. Ich hab Frauen kennengelernt, von denen ich früher dachte, an die kommst du niemals ran." Ja, er sei schüchtern gewesen, habe seine Schüchternheit mit coolness überspielt. W erzählt von seiner Verlobten:

„Das war'n Kapitel für sich. 'n ganz kaputtes Ding ... (die Verlobte) ist drei Jahre älter als ich .. das war nicht mehr so kindlich, alles 'n bißchen ernster als das, was ich vorher gekannt hatte." Schildert, wie sie sich am Anfang eher an ihn ranmachte als er an sie. „Hab mich breitschlagen lassen, und nach ein, zwei Wochen hab ich mich in die Frau verknallt." Es sei Liebe daraus geworden. „Vorher hab ich noch nie sone Gefühlsanwandlung festgestellt bei mir" (sagt auch vorher: am Anfang seien alle seine Frauenbeziehungen oberflächlich gewesen). Dann habe er gemerkt, daß eine Abhängigkeit draus geworden sei. Bis heute waren sie zweieinhalb Jahre zusammen. Sie habe ihn auch wieder zum Drücken verführt. Meint, deutlich empfunden zu haben, daß sie noch halb an ihrem vorigen Freund hing; und gerade, weil sie rumerzählt habe, daß er der größte Scheißtyp aller Zeiten sei, sei er stutzig geworden (er habe ihn selbst auch flüchtig gekannt). Als

sie bereits ein halbes Jahr zusammenlebten, habe er in ihrer Tasche Liebesbriefe an ihn gefunden, auch Briefe von ihm, „das hat mir'n unheimlichen Hammer mitgegeben .. da mocht' ich sie auch schon unheimlich gern, deswegen konnt ich das nicht mehr einfach mit Vernunft sehen und so".[10] W sei nur noch eifersüchtig gewesen. Er habe sich auch oft von ihr gelinkt gefühlt, und dann habe es Eifersuchtsszenen gegeben. Er habe stundenlang auf sie gewartet. Wußte aber auch, daß sie – wenn er sich zurückzog – „sowieso immer wieder kam". Hat ihr auch mal eine gehauen. Da fing sie wieder zu drücken an. „Da hat sie so egoistische Züge gezeigt, daß ich heute noch nicht weiß, was ich davon halten soll." Dann gab es Trennungsversuche: „Sie zog nach Hause und ich saß da und dachte: Wie kommt's, ich hab doch für uns beide junk besorgt, jetzt sitz ich allein da?" Nach vier Wochen war sie wieder da. „Denk ich: wenn Gift und Kohle da sind, ist sie auch da. Dacht ich: naja, wird sowieso nicht mehr lange Gift und Kohle da sein, drückste mit. Und so war das denn auch! Sie wieder nach Hause." Unheimliches Hin und Her. Rausschmeißen. Die Mutter seiner Freundin oder Verlobten verbietet ihm den Umgang mit ihrer Tochter usw. „Im Grunde genommen, daß ich wieder so reingekommen bin mit dem Drücken, das ist Resignation bei mir gewesen. Ich bin nicht mehr ganz fertig geworden mit den Problemen, mit meiner Frau, das ganze Generve." Deren Mutter habe auch stark auf seiner Verhandlung (vor Gericht) betrieben, daß W Knast bekam. Sie habe Dinge ausgesagt wie: „Er hat meine Tochter rauschgiftabhängig gemacht!"
Dann erzählt W eine andere Geschichte, wie er durchhing und nichts zu drücken hatte (er wohnte damals gerade wieder allein), sich mit Mühe ein Rezept für Clira(don) organisiert, aber keine Kohle hatte und sie vor der Apotheke gerade trifft, wie sie aus dem Taxi steigt und neue Klamotten anhat. Sie bringt'n Spruch, er flippt aus über ihren junk-Egoismus: das habe ihm vielleicht'n Schlag in die Magengrube versetzt! „Wie das *mir* geht, war ihr scheißegal, umgekehrt war das nicht so." Er wirft ihr auch vor: „Wenn sie allein war, da konnte sie plötzlich arbeiten." Wie stehe

[10] Eine Beobachtung, die wir in den Partner-Beziehungen der narzißtisch gestörten Jugendlichen sehr oft machen: entweder Liebesunfähigkeit oder, wenn doch eine Liebesbeziehung gelingt, dann stets verunsichert und bedroht. Typische Erscheinungsformen dieser Unsicherheit sind dann auf beiden Seiten Schneckenhausreaktionen.

es um die Möglichkeit, daß W sie mit seinem Versorgungstrip von eigener Selbständigkeit abgehalten haben könnte? Auch dazu fallen W Beispiele ein: sie habe dafür, daß er Stoff besorgte, die gemeinsame Wohnung saubergehalten, „morgens ein gekochtes Ei auf'm Tisch – da gewöhnt man sich auch dran". Sie sei mal sechs Wochen abgehauen gewesen, ist zurückgekommen, „sagt noch in der Tür: Wie sieht das denn hier aus!" W schildert mit Lachen ihre gegenseitige Abhängigkeit, ein richtiges Eheleben. Eine Zeitlang habe sie auch gearbeitet, da kam er nicht aus der Falle hoch, obwohl er's ihr versprochen hatte; dann log er ihr was vor.

012 Zacharias (BRD)

22 Jahre alt, noch zu Hause, bis 18 in vollständiger Familie, noch nicht abgehauen von zu Hause, nach eigenen Worten noch nicht selbständig gemacht; Eltern uMS; betrachtet sich als erwünscht; Berufsausbildung abgebrochen.
Viel O gedrückt, A weniger, gibt O-Präferenz an; mittelstark auffällig; 3 Entzüge; angeblich viele Apos, voll gedealt, andere gelinkt, 1 Gelbsucht.
Z lebt zur Zeit in einer therapeutischen Wohngruppe

Das Interview mit Z ist eines der wenigen, die zwar im Sinne unserer Kriterien (Tonqualität, Vollständigkeit der angesprochenen Themen) als „verwertbar" gelten können, aber keine symptomatischen Widersprüche zwischen dem Interviewten und seinem Sozialisationsmilieu (hauptsächlich: Eltern) zu Tage fördern oder doch wenigstens indirekt erschließen lassen. Für Z ist die Beziehung zwischen ihm und seinen Eltern heil – vielleicht ist sie es ja wirklich!?

Z ist nach seinen Worten „immer blendend" mit seinen Eltern ausgekommen, konnte mit jedem Problem zu ihnen kommen – nur nicht mit dem Drücken. Er habe auch nur ein einziges Mal Prügel von seinem Vater gekriegt und zwar, als der ihn mit der Nadel im Arm erwischt habe. Der Vater habe sich aber danach entschuldigt und hinterher hätten sie sich zusammengesetzt und die Sache beredet: Z sollte aufhören, so wie „der Alte" mit Rauchen auch aufgehört habe.
Z's Wohnsituation zu Beginn seiner Schießerzeit war so beschaf-

fen, daß er teils zu Hause, teils mit 3 oder 4 anderen Freunden zusammen in einer Wohnung wohnte (er hatte damals 150 Mark Lehrlingsgeld). Als der Vater mitgekriegt habe, daß sein Junge drückt, habe er sofort mit Rauchen (50–60 Zigaretten am Tag) aufgehört. Die Mutter dagegen sei nervlich so kaputt gewesen, die habe angefangen zu rauchen. Z hat dann aber sein weiteres Drükken vor den Eltern verborgen, „um sie nicht zu nerven". Seine Beziehung zu den Eltern sei früher gut gewesen, sei heute wieder gut, nur als er siebzehn war, hätten seine Eltern eine Zeitlang zu repressiven Mitteln (wie Telefonverbot) gegriffen, er durfte seine Freunde nicht mehr nach Hause mitbringen usw. Seit da habe er sich „auseinandergelebt" mit ihnen.
Wie ist deine Beziehung jetzt zu deinen Eltern?
„Ja, sie haben mich hierher gefahren (in die therapeutische Wohngemeinschaft), meine Mutter war am Heulen und hat (dem dortigen Arzt und seiner Frau) gesagt, 'Sie sind meine letzte Hoffnung!'" Die Einweisung hierher sei über den Bewährungshelfer gelaufen, er sei „eigentlich freiwillig" hier. „Hab dazu 'ja' gesagt, weil ich dachte, das (der drohende Knast) zieht sich noch'n bißchen raus. Hab vorher noch ne Apotheke, die ich zu Hause hatte, weggedrückt. Dann bin ich ne Woche später (hierher) gekommen, als ich eigentlich sollte, weil ich noch soviel zu Hause hatte." Die Eltern hätten ihn dann hierher gefahren, „letzte Hoffnung", siehe oben. „Weil sie unwahrscheinlich an mir hängen und.. ich häng auch an ihnen irgendwie. Ich hab's begriffen, daß sie's gut gemeint haben mit mir, obwohl's ziemlich viel Auseinandersetzungen gab in den letzten drei, vier Jahren."
Was meinten sie denn gut?
„Sie haben mir jegliche Freiheiten gelassen. Sie ham mich nicht gefragt, ich hab gesagt, ich geh da und da hin und.. wenn ich irgendwelche Probleme hatte, konnte ich damit kommen."
Siehst du sie ab und zu?
„Sie wollten jetzt am Samstag kommen, (der Arzt) hat es ihnen ausgeredet, er fand das nicht gut." Der Vater rufe aber jede Woche an. (Z ist seit zwei Monaten hier.)
Warum willst du zurück zu ihnen, wenn du hier raus bist?
„Hier pack ich's nicht."
Das mein ich nicht. Warum willst du nicht zu Leuten, in eine Gruppe?
„Ich hab jetzt im Moment kein Geld. Und ich will nicht auf der

Straße leben. Ich könnte bei Freunden leben, aber ich will das Verhältnis wieder schaffen, wie's früher war. Weil, wir haben uns'n bißchen auseinandergelebt."

Daß du Kohle von den Alten kriegst und zu Leuten ziehst, ist wohl nicht drin?

Z antwortet ausweichend und widersprüchlich. Man kann entnehmen, daß es die Eltern doch lieber hätten, wenn er zu ihnen nach Hause zieht. Er war, bevor er hierher kam, schon mal zweieinhalb Monate im Knast, er stellt sich vor, nun zu Hause endgültig mit dem Drücken aufzuhören.

Z hat zwei Jahre lang Bürokaufmann gelernt. Ist dann aus der Lehre geflogen, weil seine Chefs wußten, daß er abhängig war, er aber keine Kur machen wollte. Er habe dann die Prüfung nicht gepackt[11]. Hat dann in der Spedition und Buchhaltung der gleichen Firma gearbeitet, will jetzt die Prüfung nachmachen.

Z scheint die Entziehungskur in dieser Wohngemeinschaft tatsächlich nicht zu gelingen. Er säuft heimlich, ist psychisch abhängig von dem schweren Beruhigungsmittel (Mandrax), das der Arzt hier allabendlich verteilt (!). Er könne sonst nicht schlafen, rechtfertigt er sich. Auf Fragen nach der Mandrax-Gewohnheit in diesem Haus verteidigt er sich fadenscheinig: „Ich brauch sie halt". Später: „Wir wissen nicht, was wir abends tun sollen; zu glotzen hab ich keine Lust und .. was soll ich sonst machen hier?" ...

Wie war das Verhältnis zu den Eltern früher?

„Unwahrscheinlich gut". Sie hätten ihn aber nicht verwöhnt. Er kriegte ein geringes Taschengeld, hat nebenbei Zeitungen ausgetragen. Vom 14., 15. Lebensjahr an habe er auch mal Zigarettenautomaten geknackt, die Packung für 50 Pfennige verkauft. Ab und zu hätten sie sich auch besoffen. „Und wenn wir besoffen waren, dann waren wir ganz brutal." Die Alten hätten dazu aber bloß gesagt, das sei Scheiße, und dann habe er mit ihnen ein Bier getrunken und alles besprochen. „Meine Mutter hat alles für mich getan." Sie habe, als gelernte Schneiderin, ihm zum Beispiel die Anzüge fürs Büro geschneidert. Er habe auch Mädchen mit nach Hause bringen können, sei früh von den Eltern aufgeklärt worden: Er habe sich mit 11 ein Buch (über Aufklärung) gekauft, aber nicht viel begriffen, da hätten die Eltern sich Zeit genommen und

11 Die vielen kleinen oder größeren Widersprüche in Z's Aussagen haben wir unkorrigiert übernommen.

mit ihm gequatscht. Aber es sei nicht so gewesen, daß er alles gekriegt habe, was er wollte. „Mein Vater hatte unwahrscheinlich Ehrgeiz, daß aus mir was wird. Hat mich auf's Gymnasium geschickt, ich hab's seit der dritten Klasse nicht mehr gepackt .. wegen Latein ...
...Früher gabs überhaupt kein Verbot für mich ..."
Als Z das Gymnasium nicht schaffte (er scheiterte an der dritten Klasse zum zweiten Mal), sagte seine Mutter, wir werden schon einen Ausweg finden. Darauf habe er die neunte Volksschulklasse nachgemacht, danach zwei Jahre Handelsschule. Über sein Scheitern seien die Eltern enttäuscht gewesen, hätten es sich aber nicht anmerken lassen.
Haben sie keine Vorwürfe gemacht oder so?
„Später."
Ob sich diese Vorwürfe später wiederholt hätten? Nein, der einzige Streit sei der wegen des Drückens gewesen. Auf die nochmalige Frage nach dem Verlauf dieses Streits: Er habe seinen Eltern bis zu diesem Zeitpunkt sein Drücken erfolgreich verheimlicht. Als er immer schmaler und dünner wurde, habe sein Vater zuerst geglaubt, er arbeite zuviel. (Z, der damals bei seinen Freunden wohnte, gab vor, er würde abends noch arbeiten gehen. Damals traf er sich mit seinen Eltern noch circa zweimal die Woche.) Dann starb einer aus der Wohnung an Gift, da sei er sofort nach Hause, sei heulend angekommen und habe die Sache mit dem Drücken erzählt. Darauf sei er freiwillig in die Psychiatrie zum Entziehen gegangen, nach zwei Wochen wieder nach Hause, habe es dort nicht gepackt, zuerst mit Alkohol überbrückt, dann wieder angefangen. Später hätten ihn dann die Bullen im Schwimmbad gegriffen, Hausdurchsuchung, ein paar Ampullen gefunden, darauf das zweite Mal Bewährung. Wieder gesoffen, wieder angefangen und ein Jahr geschossen bis heute. Z gibt zu, daß er während seiner Schießerzeit reichlich Filme zu Hause vormachte. Shit durfte er zu Hause rauchen. Hatte aber „sehr viel Angst", zu Hause etwas von trips oder Schießen zu erzählen, „weil eben das Verhältnis immer gut gewesen war und .. ich wollt es nicht zerstören".
Übers Drücken: Er habe von Anfang an „'n Haß aufs Fixen" gehabt. „Hab mir den ersten Schuß nur setzen lassen, als ich'n Musterungsbescheid kriegte." Warum er damals einen Schuß gesetzt habe und sich nicht mit Alkohol oder shit vollgeknallt habe?

„Weil ich gehört hatte, daß du nach Schuß deine Ruhe hast." Erzählt dann auf der einen Seite, er habe auf dem ersten Schuß gekotzt (er mußte wegschauen, als er ihm gesetzt wurde) und auf der anderen Seite, der erste Schuß sei sehr dufte gewesen, deshalb habe er weitergemacht. „Dufte" sei gewesen, wie er nach dem Schuß von der Musik überschwemmt wurde, „ich konnt' eben nur die Nadel nicht sehen. Aber irgendwann hat sichs dann gelegt."
Nochmals zum Elternhaus:
Die Eltern hätten erzählt, daß sie's härter hatten als er. Die Mutter sei auf dem Bauernhof geboren worden, der Vater in der DDR, sie habe auf dem Feld gearbeitet, die Arbeit des Vaters sei ebenfalls hart gewesen. „Ich hätte ein besseres Leben als sie und sollte was bringen dafür." So ging Z vier Jahre zur Volksschule, hatte gute Noten, nach Rücksprache mit dem Rektor kam er aufs Gymnasium, das ging zwei Jahre gut, dann kam die Lateingeschichte (obwohl der Lateinlehrer garnicht so übel gewesen sei). Z war später bei der Berufsberatung, dort sagten sie, er sei nicht geeignet für was Technisches, er habe zwei linke Hände, also lernte er Kaufmann. Das hatte auch sein Vater ursprünglich gelernt, und Z wollte immer schon den Beruf seines Vaters ergreifen.
Was der Vater so von seinem Job erzählt habe?
Da wisse er nicht viel. Sein Vater sei Pressestenograph, habe 350 Silben gebracht, habe sich von klein auf hochgearbeitet. Sein Beruf mache ihm Spaß, er mache Überstunden. „Wir fingen an im Zwei-Familien-Reihenblook mit schlechten Möbeln und so", heute hätten sie ein Reihen-Eigenheim.
Z erzählt von der ersten Frau, mit der er geschlafen hat: es sei „ein bißchen peinlich" gewesen, sie sei „viel älter" gewesen, habe ihn „sozusagen vergewaltigt". Er habe das sofort seinen Eltern erzählt, sein Vater habe sie dann nach Hause gefahren. „Manche Wochenenden haben wir zu Viert verbracht, meine Eltern, sie und ich." Später hatte er, als er noch nicht drückte, ein Mädchen – er sehe erst jetzt, wie gern er sie mochte –, deren Eltern hatten ein Lebensmittelgeschäft. Die habe ihm jeden Tag 50 Mark gebracht, dafür habe sie ihm später Vorwürfe gemacht. Z kommentiert: „Ich nahm sie aus".

Z hat im Augenblick Angst davor, daß er wieder anfängt zu schießen. „Ich hab zweimal versagt. Das erste Mal hatte ich keinen

Entzug mehr und dachte, ich könnte es mir einteilen, nur das Wochenende und so." Wenn dann die Eltern merkten, daß er angeknallt heimkam, haben sie versucht, mit ihm zu reden. Er habe dann ja und amen gesagt, wollte Ruhe haben, ist abgehauen und hat sich noch nen Schuß gesetzt. Als seine Eltern ihn hier ablieferten, schärften sie dem Arzt ein: „'Was unser Sohn braucht, das zahlen wir!'"

Unseres Erachtens scheint das einzige Merkmal, das für unsere Narzißmus-Theorie relevant ist und das man sehr indirekt aus Z's Erzählungen entnehmen kann, darin zu bestehen, daß er mit der Angst vor Versagen zu kämpfen hat. Wie Z's Konflikte mit den Eltern tatsächlich verliefen, welches Ausmaß sie hatten, wagen wir nicht zu beurteilen.[12]

013 Martin (BRD)

22 Jahre, mit 15 abgehauen von zu Hause und „endgültig selbständig" gemacht; vorher mehrmals abgehauen von zu Hause, das erste Mal mit 12; bis 2 vollständige Familie, ab 2 bis heute Vater und Stiefmutter, zwischen 16 und 17 im Heim; Eltern US, betrachtet sich als erwünschtes Kind; Berufsausbildung abgebrochen; z.Z. im Knast.
O und A stark gedrückt; O-Präferenz; stark institutionell auffällig; stark gedealt, 2 Entzüge, andere zugegebenermaßen gelinkt, 1 Gelbsucht.

M hat seine Eltern seit 1968 (als er von zu Hause abhaute) nur vier-, fünfmal gesehen, „'n paar Stunden, mal auf'm Termin, zweimal in der Klinik, einmal besucht, um zu sehen, was der Bruder so macht. Hab auch keine Lust, da irgendwelche Verbindungen wieder herzustellen. Sie sagen zwar, ich könnte jederzeit wiederkommen, aber das liegt mir nicht, und da wohnen könnt ich schon gar nicht!" Schildert den letzten Besuch, der sehr kühl verlaufen ist. „Unsere Ansichten gehen total auseinander, das gilt noch stärker für meine Stiefmutter als für meinen Vadder" ... „Wir streiten uns praktisch nur. Wegen Nichtigkeiten. Sie haben mir schon ziemlich früh gedroht, daß ich aus'm Haus rausflieg, genau wie meine Schwester" (sie sei auch schon mit 15 weg von zu Hause ins Heim gekommen). Ihre Meinung sei, in jungen Jahren ordentlich straff

[12] Wir vermuten hier jedoch einen Fall so gut versteckter Widersprüchlichkeit (Negation der Negation), daß sie dem Betroffenen selbst noch nicht zu Bewußtsein gekommen ist.

erziehen. Streit habe es zum Beispiel wegen seinem Umgang mit Gleichaltrigen gegeben, so sollte M nicht mit Langhaarigen zusammensein. Stubenarrest. Auseinandersetzungen wegen seiner Haare, „ich kriegte einen Haarschnitt verpaßt, daß ich mich drei Wochen zu Hause einschloß – nur in die Schule und wieder heim." Er habe Prügel gekriegt, da kam der Hauswirt runter, „weil er denkt, mein Vater schlägt mich tot"; sein Vater schlug ihn auch mit einem Stock. Er trage ihnen aber deswegen nichts nach. Untereinander seien die Eltern sich im allgemeinen über seine Erziehung einig gewesen. Streit zwischen den Eltern habe es höchstens gegeben, weil der Alte ganz gern einen soff. Wenn er dann nicht zum Abendbrot erschien, war sie sauer. Aber auch er habe sie schon ganz schön angemacht. Er, M, habe jedenfalls Schluß gemacht mit seinen Alten. Er wundere sich nur, daß es Typen gebe, die trips werfen und drücken und dabei zu Hause wohnen. Das könnte er nicht!
Junk, trips:
M glaubt von sich, daß er nach dem Knast wieder anfängt zu drükken, weil: „das ist das totale Gefühl! Und ich meine, daß man früher oder später, mit Absicht oder nicht, mal zuviel setzt.. da hat man ja auch nichts verloren, ne!" Zur junk-Wirkung: „Bei mir ist das so, daß ich mich erst mal unwahrscheinlich gelöst fühle und daß ich auch mit den Leuten Gespräche führen kann."
Mit trips habe er aufgehört. Meint, mit trips könne man durchaus etwas lernen, aber nur bis zu einem gewissen Grad. Wenn man den überschreite, dann baue man wieder ab, was man gelernt hat. Er habe durch trips gelernt, meint er auf Rückfrage, „das linke Geschäft, das der Staat so macht", zu erkennen, den Leistungs- und Konsumdruck. Er habe auch Menschenkenntnis durch trips erworben. Ja sogar: „wenn du auf trip bist, siehst du das Schießen auf einmal anders". Zuletzt hatte er jedoch einen Horrortrip mit zeitweise angstvoll-unangenehmem Realitätsverlust. Dagegen verliere er den Durchblick nie auf Schuß.
Sieht in seinem Leben keinen Sinn mehr. Lehnt den kapitalistischen Staat mit seiner Maloche für nichts ab; möchte eigentlich eine Arbeit für sich finden, durch die er sich verwirklichen kann, weiß aber nichts.

Zum Elternhaus:
Sagt über seinen älteren Bruder: der sei zwar nicht bevorzugt wor-

den vor ihm, aber er glaube, daß es sich doch bemerkbar mache, daß sein älterer Bruder seine Mutter noch kennengelernt habe und und er, M, nicht. Der Bruder sei das reine Gegenteil von ihm: er habe die Volksschule geschafft und habe sich jetzt für acht Jahre bei der Marine verpflichtet.
Seine richtige Mutter sei bald nach der Geburt gestorben, „und mein Alter hat dann ihre Schwester geheiratet". Zur Stiefmutter: „Ich kam mit ihr nicht aus, ich kam mit meinen Alten besser aus. (Warum?) Ich seh das darin, daß das im Blut liegt ... Mit meinem Stiefbruder kam ich ja auch nicht gut aus, mit meiner (oben zitierten älteren) Schwester ja. Was ich mich mit meiner Schwester zu wenig gestritten hab, hab ich mich mit dem andern zu viel."
Zur Beziehung zur Stiefmutter sagt M: „das war alles eine einzige Misere", keine Liebe, nur Vorwürfe: die Eltern wollten nur das Beste. „'Nun schicken wir dich auf die Realschule, und du enttäuschst uns da'." Allgemein: Wenn was krumm gelaufen war, gabs erst mal Hiebe. Die Alter filzte, wenn M im Bett lag, seine Taschen. Sodann fällt ihm ein Vorfall ein, wo sie ihn zu Unrecht einer Sache beschuldigte, die er gar nicht getan hatte, wo sie später durch Augenschein ihr eigenes Unrecht einsehen mußte und trotzdem weiter geschimpft habe ... Sein Stiefbruder „war manchmal ein bißchen schadenfroh, wenn ich von den Alten eine reingekriegt habe".
M hat es dann nicht mehr zu Hause ausgehalten und ist immer häufiger abgehauen: „Wenn es zu extrem wurde, hab ich'n Satz gemacht. Haben sie mich wieder eingefangen, wieder abgeholt und wieder eingefangen und wieder abgeholt. Ich sag: warum sucht ihr mich überhaupt, dann seid ihr mich wenigstens los". Sie darauf: „du kommst in eine Erziehungsanstalt, wenn ...".
Nochmals: Streit zwischen den Alten habe es hauptsächlich wegen Vaters Saufereien gegeben. Er sei schon mal von einer Arbeitsstelle (als Küchenchef) geflogen, weil er zuviel gesoffen habe. Heute aber arbeite er sich eher kaputt, schaffe abends nach seinem Job als Kellner weiter. Auch deshalb gebe es viel Streit zwischen den Alten, weil er zuviel arbeite, an manchen Wochenenden nicht da sei.
Im folgenden erzählt M nochmal von seinem Stiefbruder und daß der insgesamt doch besser zu den Eltern stand als er. M führt das wieder aufs „Blut" zurück (man könnte vermuten, daß er diese Erklärungsweise von zu Hause übernommen hat). Auch M sollte

nicht[13] mit den Kindern der Ärmsten und Randständigen in seiner Nachbarschaft spielen. Als er es doch tat, hat ihn sein Stiefbruder bei den Eltern angeschwärzt. Zu den Eltern: M hat „keine Lust, wieder mit ihnen in Kontakt zu treten. Das ist, wie wenn ich sie gar nicht kenne."

M soll seine Stellung unter Gleichaltrigen beschreiben. In der Schule, beginnt er, sei er so etwas wie ein „Gruppenclown" gewesen, „nicht Anführer", aber man habe ihn wohl ganz gern gemocht. In der Berufsschule habe er dann Leute gekannt, mit denen er öfter einen saufen gegangen sei, mit denen konnte er besser reden als mit seinen Eltern. M ist dann nach der Berufsschule mehrmals von zu Hause abgehauen, wurde von der Schmiere aufgegriffen, lernte in der Arrestzelle einen Typen kennen, haute mit ihm ab. Sie haben keine Kohle, knacken ein Auto, werden wieder gegriffen, Knast. „Ich war gar nicht deprimiert, daß ich mich im Knast wiederfand ... Von da an gab's für mich nur noch diese Knackie-Atmosphäre". Von dort kam M ins Heim nach G (wie ein Knast, mit sieben Meter hohen Mauern und Gittern). Dort habe er anfänglich eine schwache Position in der Gruppe gehabt, da er weder in puncto körperliche Gewalt noch in Knast-Erfahrung habe mithalten können. Hat dort die erste shit-Pfeife geraucht, aber nichts gemerkt. Als M dort rauskam, fuhr er ein halbes Jahr zur See. Da sei es ihm ganz gut gegangen, nur habe er extrem zu saufen angefangen. Dann ging er wieder nach G zurück und stellte fest: „Vorher war das nur sone Rockercrew. Jetzt waren einige Fixer dort, die waren mir komischerweise gleich sympatisch". „Komischerweise", so erklärt er, „weil die meisten Rocker nicht auf Fixer stehen. Ich kann zwar nicht behaupten, daß ich mich damals als Rocker gefühlt hab, aber ich war mit den Leuten meistens zusammen". Dennoch mußte er erst nochmal in den Knast, wegen eines vergangenen Vorfalls: „Geh ich in den Knast – trips hatte ich vorher schon eingeworfen, auf See und so – und hab mir vorgenommen: wenn ich rauskomm, fang ich mit Schießgiften an." An den Schießern gefiel ihm, erläutert M, daß sie „irgendwie'n größeren Horizont hatten. Bei'n Rockern gings immer um daselbe: Raufereien und Saufen.

[13] – wie es offensichtlich besonders oft bei der aufsteigenden US vorkommt –

Dann wurde M entlassen, arbeitete eine Zeitlang auf der Werft, hörte auf und zog in eine Gruppe. Dort wollte er drücken, fand aber niemanden, der ihn anpiekte; deshalb fuhr er nach Amsterdam, dort klappte es dann. „Da wußte ich, daß ich dabei bleiben würde". Nachdem er wieder zu Hause in der Gruppe war, hätten bald alle dort gedrückt, Apos wurden geknackt, es wurde gedealt. Er wird erwischt, kriegt auf dem Verhandlungstermin ein halbes Jahr auf zwei Jahre Bewährung. Inzwischen hätten sie einen Arzt aufgetan, der Pola(midon) verschrieb; das wurde von der Gesundheitsbehörde gestoppt, sie stellten sich auf Rezepte um. Als das aufflog, wurde seine Bewährung in Knast umgewandelt. Zu den Giften meint er, er habe nicht auf speed gestanden, er möge das Aufgeputschte, Hektische nicht. Er bevorzugt klar O und schwelgt in Träumen von der nie versiegenden O-Quelle.

Zu seiner Freundin:
Sie kennten sich jetzt drei Jahre. Das Verhältnis zu ihr habe sich aus den Anfängen derart positiv entwickelt, „das hätt ich nicht für möglich gehalten, daß es sowas gibt". Sie hätten keine Geheimnisse voreinander. Sie drücke nicht, wisse aber, daß er drückt. Deshalb gebe es zwar Konflikte, unter anderem deshalb, weil er auf Schuß nicht mehr bumsen will oder kann, aber sie halte auch jetzt noch zu ihm. Zu seinem Verhalten bei solchen Konflikten sagt M: „Wenn ich merke, daß sich ein Streit entwickelt, dann – klick! – is nichts mehr!" Dann zieht er sich total zurück, hört nichts mehr, sagt nichts mehr.

015 Andy (BRD)

20 Jahre, zur Zeit im Knast, seit 17 nicht mehr zu Hause und „endgültig selbständig" gemacht; von Anfang an vollständige Familie, Eltern US, mehrmals abgehauen von zu Hause, das erste Mal mit 11; betrachtet sich als erwünscht, Berufsausbildung abgebrochen.
Hat stark O gedrückt, A weniger, O-Präferenz, mäßig bis ziemlich auffällig bisher, viele Apos, voll gedealt, andere gelinkt, 1 Entzug.

A's Eltern rauchten und tranken nicht (oder fast nicht), dafür habe seine Mutter reichlich Herztabletten und Schmerzmittel einwerfen müssen. Der Vater sei durch seine Arbeit und durch sein Hobby (Kaninchenzucht) voll ausgefüllt. A kommentiert: „Jedem das Seine!" – „Meine Mutter hat immer sone große Vermittlungsposition eingenommen, zwischen ihm und mir und zwischen den beiden. Konflikte hat das immer gegeben. Mich hat das nachher so genervt, daß ich ausgezogen bin". Zur ökonomischen Lage der Familie (vor noch nicht allzu langer Zeit): „Wie wir eingezogen sind in das neue Haus – keinen Urlaub mehr, 'wir müssen sparen' ... Wenn ich Taschengeld wollte: 'Ja, wir müssen mal sehen, nächste Woche, wir müssen erst das haben und das haben'. Alles fürs Haus". 1973 hätten seine Eltern ihren ersten Urlaub seit 1967 gemacht. Vorher hätten sie in einer Altbauwohnung in der Stadt gewohnt, da sei vor lauter Kindern kein Platz mehr gewesen. „Alles auf ei'm Haufen. Deshalb hat mein Vater gebaut. Da kam der Vierte gerade."

Zum Verhältnis zwischen den Eltern: „Meine Mutter war dauernd genervt, weil mein Alter soviel gearbeitet hat: sonnabends, sonntags – schon von Anfang an. Meine Schwester war noch zu Hause und meine beiden Brüder noch. Und unsereins fühlt sich mehr oder weniger in die Ecke gestellt. Die (Geschwister) wurden reichlich bevorzugt." Auf Rückfrage: „Das hab ich mir nicht nur eingebildet, das war wirklich so: Ich kriegte zum Geburtstag für 30 Mark, mein Bruder 'n Fahrrad für 150 Mark. Das fällt auf!" Zwischen den Brüdern habe es ab und zu Streitereien gegeben.

Zum Erziehungsverhalten der Eltern: „Meine Mutter sagt so, mein Vadder sagt so. Alles so verzwickt da: wenn ich ne Scheibe zerbrochen hab, sagt mein Vadder '14 Tage Stubenarrest', meine Mutter 'ach laß ihn doch!'" Seine Geschwister haben vom Alten „zwar auch ihr Fett gekriegt, mir kam das aber immer so vor, als ob ich 'n bißchen zuviel abkriegte. Deswegen hab ich *ihn* wieder abgelehnt ... Und der Ofen war aus, als ich 14 war, da knallte er mir 'n paar und sagte, ich krieg jetzt ne Woche Stubenarrest. Ich sag, du spinnst ..." Die Eltern gehen weg zum Einkaufen, „da bin ich in'n Kaninchenstall gegangen und hab drei von seinen Karnikkeln totgeschlagen" (was nun wirklich eine sehr plastische Kränkungsreaktion darstellt!). Der Vater sei „total ausgeflippt; er hat drei Wochen nicht mehr mit mir geschnackt. (Nö, er habe nicht geprügelt.) Ich hatte so'n Haß, ne! Seitdem ist der Ofen aus ... Wenn was war, hab ich mit meiner Mutter geschnackt, daß sie ihm das gesagt hat. Da lief nix mehr zwischen ihm und mir."

War er dir auch schon lange kein Vorbild mehr?

„Nö, ich will doch nicht so'n Arbeitstier werden wie der! Der

geht morgens zur Arbeit, kommt nachmittags wieder, macht er seine Kaninchen, ißt sein Abendbrot, setzt sich vor'n Ferner, 's dauert ne halbe Stunde: Schnarch! Pennt der Alte. Sonnabends gearbeitet, sonntags gearbeitet, ist restlos aufgegangen in seiner Arbeit ... Er hat geschafft, sie hat das Haus besorgt." Bejaht: Vater sei immer nur zum Prügeln da gewesen. Sie hätten nichts gemeinsam gemacht, auch die Eltern nicht. „Das Einzige war, daß die Alten zum Wochenende zusammen einkaufen gegangen sind, wir Kinder blieben zu Haus." (Das Haus hatte der Vater am Stadtrand auf dem Dorf gebaut, und zum Einkaufen am Wochenende fuhr man dann in die Stadt.) Das sei die einzige Abwechslung im Trott der Eltern gewesen, deren „einziges Lebenszeichen", „das totale Erlebnis" für sie. „Ich hab darüber nur gelacht, das war für mich so kaputt". Dabei wäre die Mutter ganz gern mal ausgegangen. Wenn sie dann ihrem Mann einen solchen Vorschlag machte, sagte der: „Neenee! Sonntag geht das nicht, da muß ich arbeiten. Darauf sagt sie: Du mit deiner Scheißarbeit und deinen Scheißkaninchen." Sie habe zum Beispiel mal ihre Tante in der Nähe besucht, die hatte Glühwein, Mutter und die Tante beduseln sich. Sein Alter kommt um vier von der Arbeit, kein Essen da, die Mutter weg. Als sie dann nach Hause kam, habe es Krach gegeben. Nein, geprügelt hätten sie sich nicht. Andererseits der Vater: Wenn seine Schwiegermutter mal zu Besuch kam („ne alte klapprige Tante, die immer nur erzählte, wie krank sie ist, und den Rest der Zeit erwartet sie, daß man sie bedauert"), steckte er bei seinen Kaninchen und kam nicht zum Vorschein.
A und der Interviewer lachen.
Da haste ihn ja mit den Karnickeln genau am Nerv getroffen.
„Sie konnten ja nichts dafür, aber ich hatte so'n Haß!"
Später erzählt A von den näheren Umständen beim ersten Abhauen mit 11 Jahren. Das sei damals gewesen, als *er* zum Geburtstag ein Geschenk für 30 Mark, sein Bruder dagegen ein Fahrrad für 150 Mark kriegte. Er habe das seinem Vater vorgeworfen.[14]
„Nachher lief das so weit, daß ich gegen das Fahrrad getreten hab. Da hat er mir eine geknallt. Da bin ich abgehauen und zwei Tage ziellos in der Gegend rumgelaufen. (Kränkung!) Wie ich wieder zu Hause war, meine Mutter: Ochgott! Wo kommst du denn her, wo hast du denn geschlafen, du Armer!"

[14] A drückt mit diesem Vorwurf symbolisch aus, daß er nicht genug (Liebe) von seinen Eltern bekommt.

Das sagt s i e. Und er?

„Na, bist wieder da?! Haben sie dich wieder aufgegriffen! Hatte das Gefühl, das war ihm scheißegal, ob ich wiederkomm oder nicht!“ (Kränkung!) ...

Ham se dich als Kind stark überwacht? Oder waren sie vor lauter Arbeit garnicht für dich da?

„Mein Vater schon garnicht. Meine Mutter schon. Sie wollte aber immer wissen, wohin ich ging ... Ich sollte mit soner Frau mit 11 Kindern, zwei davon schon im Knast, mit denen sollt ich nicht zusammenkommen.“ ...

Wie ist euer Verhältnis jetzt, wo du im Knast bist?

„Das war so: Ich komm in'en Knast rein, schreibe'n Brief nach Hause. Keine Antwort. Ich sag mir, macht nix, schreibe noch'n Brief. Keine Antwort, nichts! – das war im August (letzten Jahres). Weihnachten kommt'n Paket – eins hatt ich schon gekriegt von meiner Butze – von den Alten, war'n Brief dabei. Hab ich den Brief gelesen, und da stand da so ganz lässig: Wir dachten, du wärst schon wieder draußen, hörten, du seist in K, hörten jetzt erst, du bist noch drin, und sone Sprüche. Ich sag, komm, pack das Paket zusammen und schick das zurück. Hab'n Brief dazu geschrieben, die faulen Ausreden könnten sie sich sparen, wenn sie mich nicht wollten, dann brauchten sie das nur zu sagen, und seitdem hab ich nichts mehr von denen gehört.. Ich fand das so kaputt!! Ich fand das echt ne Anmache! 'n Paket schicken zu Weihnachten! Ooch! Ne moralische Pflicht erfüllen, damit sie'n gutes Gewissen haben!“

Drogen:

Wohnte zuerst in der Großstadt K, zog dann mit den Eltern ins eigene Häuschen an den Stadtrand. Dorf-/Kleinstadtszene dort. Geht zur Schule, in K zur Lehre, ist damals jeden Tag hin und her gependelt. Fängt zu Beginn der Lehre mit Gleichaltrigen in K an, shit zu rauchen. Dann kommt: Platten hören, Kinos, Diskotheken, Feten – alles hauptsächlich mit einem Freund. Auf einer Fete lernt er Fixer kennen. Nach der Berufsschule landet er voll in der Fixer-Scene, fährt abends nicht mehr heim usw. Fängt an zu schießen, weil Fixen „geil“ ist, die Fixer-Scene geiler als die anderen Szenen ist. Das heißt: er findet die Szene geil, obwohl der erste Schuß nicht besonders gut war. Bekommt irgendwann nichtsahnend seine ersten Entzugssymptome und weiß nicht, was los ist. Auf die Frage, was denn geil am Schießen sei: „Man checkt irgendwie alles anders, irgendwie besser.“ Man sehe viel mehr, z.B. in Beziehungen; man sei „kontaktfreudiger“, man könne sich viel besser unterhalten, sei viel freier, nicht so unter Zwang, schönes Wetter heute und so; man fühle sich gelöster und freier. Trips habe er einen oder zwei probiert, von denen hält er garnichts, hatte keine guten Erlebnisse mit ihnen.

Beziehungen zu Mädchen:
Sein erster Satz zu diesem Thema: „Die sind eins meiner Hobbies. Törnen gut an!“ Er habe keine Probleme in dieser Beziehung. Später gibt er aber zu, anfänglich schüchtern gewesen zu sein. Im übrigen handelt er das Thema ziemlich kurz ab: „Hatte mal 14 Tage ne Butze, die auch schoß.[15] Das ist Scheiße, nie wieder! Die ging an meine Gifte ran, das hab ich mir 14 Tage lang angesehen, dann hab ich sie angemacht: Ich schaffe nicht für dich an, besorg auch mal was!

Nochmal über das Zuhause:
Mit seiner älteren Schwester sei es ähnlich gegangen. Die sei auch von zu Hause ausgeflippt, habe gerade wegen der strengen Erziehung ein Kind gekriegt, daraufhin seien die Alten noch mehr ausgeflippt: Schon vorher habe sie kaum weggehen dürfen, jetzt habe der Alte geschrien: „‘Ich schmeiß dich raus!’ Darauf die Schwester: Mich brauchst du gar nicht rausschmeißen, ich geh von alleine!”. Dann erzählt er noch ein paar Beispiele für die unterschiedlichen Reaktionen von Vater und Mutter: Mit 14 sei er mal mit seiner Mutter nach K gefahren, Klamotten kaufen. Sie erlaubte ihm ein ausgeflipptes Hemd nach seinem Geschmack. Wie er damit heimkommt, brüllt ihn der Alte deswegen an, die Mutter: ach laß ihn doch! Oder mit den Haaren: der Alte schimpft, daß er rumlaufe wie ein Gammler, wie siehst du überhaupt aus!, und streicht ihm das Taschengeld. Dann hat er bei seiner Mutter Geschirr abgetrocknet und die hat ihm ein bißchen Geld zugesteckt. Der Alte immer: bei ihm wären solche Sachen früher nicht passiert, wir sind ganz anders erzogen worden! Er habe nach sei-

[15] Unser Eindruck ist, daß die meisten Typen, die das super-coole Wort „Butze“ verwenden, Abwehr in ihren Frauen-Beziehungen nötig haben. Tatsächlich schildert er ja auch eine enttäuschende Nur-junk-Beziehung.

nem Auszug noch einmal seine Mutter in K getroffen, die überredete ihn, mal zu Hause vorbeizuschauen. Als er kam: Wie wohnst du denn? Hast du auch genug zu essen? Du wirst ja immer blasser! Da hielt er's nicht mehr aus und haute nach einer Stunde wieder ab.
A's Lebenserfahrung: „'frei' ist man erst, wenn man praktisch nichts mehr zu verlieren hat".

016 Michael (BRD)

22 Jahre, zur Zeit im Knast, seit 21 weg von zu Hause, wohnte zuerst bei Freunden, dann kam der Knast, mit 20 endgültig selbständig gemacht; von Anfang an vollständige Familie. Eltern oUS bis uMS; vor 21 nicht abgehauen von zu Hause; betrachtet sich als teilweise unerwünscht; Berufsausbildung abgebrochen.
Hat O voll gedrückt, A weniger, O-Präferenz; war mäßig auffällig, 2 Entzüge, mittelmäßig gedealt, andere gelinkt, 2 Gelbsuchten.

Wir erinnern nochmals an das hypothetische Entwicklungsschema: 1. seine (jeweils unterstellte) Abhängigkeit von den Eltern noch offen auszudrücken; 2. sie bereits ambivalent zu schildern; 3. sie nur noch in total negierter Form schildern zu können. M gehört dann zum ersten Typus.
„Ja, meine Eltern haben mich im Knast besucht, ist aber nicht viel bei rausgekommen. 'Wie geht's dir denn' und so; nur so belanglose Dinge. Und wie man das in Zukunft eben abändern kann."
Was meinen sie zu deinem Drogengebrauch?
„... Mein Vater ist jetzt gleichgültig geworden. Er sagt, das hättest du eben früher erkennen müssen. Und obwohl ich mich mit meinen Eltern praktisch nie hab aussprechen können – höchstens mit meiner Mutter, und meine Mutter konnte mir nicht *die* Ratschläge geben, die wirklich richtig sind." ...
„... Ich möchte das ja auch lieber, daß ich mit meinen Eltern wieder gut stehe, weil man nie weiß, wofür ich meine Eltern mal wieder gebrauchen kann. Zum Beispiel wenn ich jetzt hier rauskomme oder so.. daß ich dann da wieder.. anfangs erst mal wieder unterkommen kann."
Ob er sicher sei, daß er nach dem Knast wieder nach Hause gehe?
„Dazu sind noch zu viele Dinge offen, die noch besprochen wer-

den müssen, einzelne Dinge: Warum mein Vater mich rausgeschmissen hat, ob das nötig getan hätte ..."

Wie war das denn damals?

„Das fing überhaupt so an.. damals auch schon so nach der Lehre. Dann hatte mein Vater sich erst mal schon damit abgefunden: na gut, Lehre fängst du nicht an, dann versuch halt zuerst mal ne Stellung zu kriegen, arbeitest dich da hoch – das ist ja alles möglich heute! Aber ich weiß nicht.. dann kam das eben hinzu.. Drogen und so damals."

Wußte er das?

„Ich weiß nicht, ob er das wußte. Er hat das wohl schon angenommen, weil ich abends immer so.. mit roten Augen und so. Hat auch mal gefragt: Drogen?, ich: nö! Dann kam das mit der Arbeit, weil ich Drogen nahm, daß ich immer gleichgültiger wurde und dann.. ich weiß nicht.. denn kam ich da nicht aus mit dem Chef da auf der Arbeit, mit den Leuten.. Gefiel mir die Arbeit nicht, hab ich wieder gewechselt, was heißt gewechselt, da hab ich erst mal aufgehört, zwei Monate garnichts gemacht, bin ich nur auf der scene rumgeflippt, hier gedealt, da gedealt. Denn hab ich mal wieder durch Zufall was gehört: sollst dich mal vorstellen, ganz guter Lohn.. Aber letztlich war das damals nur drauf aus, daß ich soviel wie möglich Geld verdien. Das war'n Fehler. Solche Arbeiten gibt das nicht, wo du wenig tust und viel verdienst ... Ja, das hat sich denn immer so zusammengeballt, bis mein Vadder eines Tages.. er hatte schon verschiedene Andeutungen gemacht: mach man so weiter, dich schmeiß ich bald raus und so .. dann isses passiert. Sagt er: versuch mal woanders dein Zimmer zu kriegen ... Geld hatte ich keins.." So wohnte er bei einem Freund. Als er das seinem Vater erzählt, sagt der: „'Na denn bleib man erst dort. Ich kann das mit dir nicht länger aushalten'." Dann habe er dort eine Zeitlang gewohnt. „*Das* war so'n Typ (der 'Freund')! Der hat gehört, daß ich schoß, er auch so ab und zu. Denn hat der sich davon versprochen, daß ich immer Gifte hatte, daß ich das (meine Miete) praktisch damit abtue. Ich weiß nicht: das mißfiel mir dann, also das nervte. Da bin ich gegangen ... Meine Sachen erst mal nach Hause gebracht und so. Hab ich meinen Eltern gesagt, daß ich jetzt bald was hätte, aber die Sachen müßten erst mal hierbleiben. Das haben sie denn auch getan. Damit wollt ich ja nur, daß ich erst mal.. erst mal nicht so viel Gepäck bei mir hatte, weiß ja nicht wohin damit."...

Was hatt'n deine Mutter da für ne Stellung gehabt, als du rausgeflogen bist? Hat sie den Alten unterstützt oder versucht zu vermitteln?

„Ja, ich weiß nicht. Mein Vadder hat meine Mutter sehr stark versucht zu beeinflussen. Wenn er was sagte, dann war das klar. Obwohl das meine Mutter sonst so nicht mitgemacht hat. Aber was sollte meine Mutter da schon tun!" ...

Wie war das früher bei Konflikten zwischen dir und deinen Eltern?

„Ach, bei Belanglosigkeiten, z.B. wenn ich zu spät nach Hause kam, hatte ja'n eigenen Schlüssel, alles! Aber nur.. ich weiß nicht, ob mein Vadder das aus Bock gemacht hat, mich ewig anzuschießen, oder ob er Ärger von der Arbeit hatte, ich weiß es nicht.. Sonst kannt ich meinen Vadder garnicht so." (Sagt später, die Disziplinierung und Anschießerei habe angfangen, als der Vater argwöhnte, daß M Drogen nahm.) „Wenn ich also später nach Hause kam, auf Zehenspitzen reinschleich – ich mein, das ist ja nun.. Verständnis gegenüber meinen Eltern, daß ich ruhig reingeh, ne![16] – aber dann kommt mein Vadder hoch: wenn du dich nicht da dran halten kannst, nehm ich dir den Schlüssel ab, nachts denn schließ ich ab, mach auch nicht mehr auf, kannst woanders pennen und so." Damals sei er so 17, 18 gewesen.

Erzählt, vorher sei es ganz leger gewesen mit seinem Vater in bezug auf Rauchen, Trinken und so. Erst seit Vaters Drogen-Argwohn: „Ab da hat er dann so indirekt versucht – also nicht so Schläge oder so – aber so durch Maßnahmen mich zu bremsen, daß ich nicht total abrutsch, ne. Aber ich hab mich nie weiter mit meinem Vater da drüber unterhalten. Ich wollt es auch nicht. Ab da fing das denn an ..."

Und wie wars in der Schulzeit?

„In der Schulzeit? Ja ziemlich streng: so und so mußt du das machen, dann kannst du auch am Wochenende mal wegbleiben. Und das hab ich dann auch alles befolgt. Aber als ich dann aus der Schule rauskam und mit der Lehre anfing.. da hatt ich denn auch mal das Verlangen, auch mal wochentags wegzubleiben. Anfangs war mein Vater noch tolerant. Aber als er dann das mit den Drogen argwöhnte ..."

[16] M hat die Fähigkeit entwickelt, Abhängigkeiten, die zu offensichtlich wären, auf der Zunge noch schnell zu seinem Vorteil zu wenden.

Wie war das mit den Konflikten wegen der Haare?
„Das war 67, da fing das an. Das war so die Zeit, wo das mit den Leuten losging. Also nicht, daß ich jetzt nach'm Modischen gegangen bin, ne, aber ich weiß nicht, weil ich ewig von meinen Eltern unter dem Zwang stand, daß ich kurze Haare tragen sollte – also höchstens 'n paar Zentimeter über die Ohren, ne, und wollte mal so, daß ich eben mal'n bißchen länger ... da hat mein Vater mich zum Friseur geschickt. Am Anfang ist er immer noch mitgekommen und hat gesagt: so und so wird das gemacht." Es sei auch schon vorgekommen, daß der Friseur nochmal nachschneiden mußte. „Da hab ich mich gegen aufgelehnt, ne. Also gegen angetrotzt, ne. Hab ich gesagt: jetzt bin ich schon älter, kannst du das nicht einsehen, daß ich auch mal'n bißchen längere Haare haben will!" (Damals gab der Vater dann nach.)
Wie war das, als du sitzengeblieben bist?
„Ja, das war von der 6. zur 7. Klasse. Ich war früher in der 6. Klasse der Klassenkasper. Kam mir lustig dabei vor. Mußte ewig Faxen machen, Faxen hinterm Lehrer. Alle haben gebrüllt. Ich weiß nicht, dann kam ich mir so.. mir so.. vielleicht braucht ich diese Bestätigung." Dann mußte er wegen „Konzentrationsmangel und so" die 6. Klasse nochmal machen. Die Eltern hätten „nicht allzu heftig" darauf reagiert. „Haben halt gesagt, daß es so nicht geht und so".
Wie bist du früher als Schüler gewesen?
„Ja, früher hat meine Mutter noch nicht gearbeitet. Da hat sie noch nachmittags Schularbeiten mit mir gemacht. Aber so in der 8. Klasse, als ich da war, da fing sie an zu arbeiten. Und ab da ging das denn eben auch nicht. Ich weiß nicht, das sind gerade die entscheidenden Klassen, 8. und 9., 7., 8. und 9. Da mußt ich eben alleine fertig werden."
Hast du Freunde gehabt damals?
(Pause) „Tja, eben die in der Klasse, die Klassenfreunde". Sagt dann aber, daß er zwar schnell Freundschaften schließe, geschlossen habe, daß es aber nicht so weit her sei mit ihnen. M erzählt dann von „Straßenbanden", wo er auch mitgemacht habe. Seine Position dort umschreibt er so: „Wenn es Kämpfe gab und die Häuptlinge sich gestritten haben, dann waren das andere Jungs ..."
Gabs da Situationen, wo du nicht zurecht gekommen bist in der Kindergruppe?

„Naja, Schlägereien und so, ne. Also.. da hatten wir gegenüber einen, dessen Eltern waren Polen, der war ganz komisch, auch vom Charakter her, so link. Da hatten wir'n Spielplatz um die Ecke mit ner Sandgrube, da hab ich mit nem Nachbarsjungen ne Burg gebaut, die hat er mit der Schaufel kaputtgemacht. Bin ich dran ausgeflippt. Hat er mir die Schaufel übern Kopp gehauen."

Wo bist dann hingelaufen?

„Tja, nach meine Mudder, ne. Hab gesagt, sie soll mal rübergehen.."

Hat sie gemacht?

„Ja. Ist rübergangen und hat mit der andern Mutter gesprochen." Einen richtig guten Freund habe er erst in der letzten Schulklasse gehabt. Danach hätten sie noch zusammen ihre Lehre angefangen – der Freund lernte Koch, M Konditor, „und denn hatten wir uns auch das erste halbe Jahr, wo ich gelernt hatte, regelmäßig abends getroffen"; sie hatten ihre Stammkneipe, haben ihr Bier getrunken und sich „dufte unterhalten". Bald darauf habe M andere Leute kennengelernt, „vielleicht waren das die verkehrten".

Wieso verkehrt?

„... shit rauchen und so. Weil, da gibt es bei uns in der Wohngegend so einige Wohnblocks, wo so ziemlich der unterste.. Arbeitsschutt wohnt, und wo alles denn drunter und drüber geht zu Hause. Solche Leute hab ich häufig denn getroffen ... die Mopeds knackten. Das gefiel mir sogar, weil ich nicht der Typ bin, der.. so die brutale Art." Dann hätten ihn später Arbeitskollegen auf einen Musik-shit-Schuppen aufmerksam gemacht. Dort habe es ihm von Anfang an gefallen, da habe er auch seine erste Pfeife (shit) geraucht, da habe man sich wirklich dufte unterhalten können. Die shit-Szene dort beschreibt M heute ambivalent: die Leute dort hätten einerseits viel Luftschlösser gebaut, andererseits sei der größte Teil ihrer Ansichten gut gewesen. M faßt seine Ambivalenzen zusammen: Er könne von diesen Leuten nur sagen, daß er besser mit ihnen ausgekommen sei. Weder Rocker lägen ihm, noch sein ehemaliger Schulkamerad, der „zielstrebig nach vorne" ging. Er stehe in der Mitte dazwischen: „Ich pendelte immer zwischen meinem Schulkameraden und den shit-Rauchern hin und her, bis ich schließlich ganz zu denen überging."

Was ihm bei den shit-Rauchern gefallen habe?

Es sei lustig gewesen, man habe viel gelacht. „Später war shit denn 'ne Droge, die mich irgendwie aus dem Alltag befreite ...

daß ich das nicht so kraß sehe alles, so furchtbar real. Aber in Wirklichkeit hab ich damit meine Probleme vor mir her geschoben, ohne sie irgendwie in Angriff zu nehmen, reinen Tisch zu machen; und so kam das denn immer mehr": Er habe immer mehr Geld für shit gebraucht. Deshalb habe er von seinem Lohn shit gekauft und angefangen zu dealen. „Da fing der Vater an zu merken, daß ich Drogen nehm; er wußte nur nicht, in welchem Maße". Als der Vater dann anfing, M mit Bildzeitungs-Informationen über shit zu bombardieren – wie gefährlich das sei, daß Haschisch abhängig mache und so –, da wehrte sich M: „Das konnt ich nicht ab. Obwohl ich nicht abhängig war. Weiß nicht, wo er das her hatte. Eltern übertreiben ja leicht in dieser Beziehung." Die Einstellung des Vaters gegenüber Haschern wurde dann immer aggressiver.

Freundin:
„Wir kennen uns jetzt 13, 14 Monate. Wir sind gut eingespielt. Ich weiß jetzt, wie ich sie anfassen muß und kann", und sie wisse es umgekehrt auch. Sie habe eine Fotolaboranten-Lehre gemacht. Sie sei das erste Mädchen, mit dem er längere Zeit zusammen sei; vorher seien es nur belanglose Freundschaften gewesen. Mal zusammen geschlafen, mehr aber auch nicht.
„Ich weiß nicht, vorher hatt ich auch mal das Gefühl, daß die ganzen anderen Mädchen, mit denen ich vorher gegangen bin, daß ich denen imponiert hab, daß ich schieße. Daß man praktisch erst dann zählte, wenn man gut im Arsch ist und total kaputt ist."
Warum ist (die Freundin) mit dir zusammen?
(Lange Pause) „Weil sie mich eben davon abbringen möchte, ne!"
Drückst du auch in ihrem Beisein?
„Ja."
Wie reagiert sie drauf?
„Sie reagiert nicht so drauf, daß sie mir irgendwie einredet, hör doch auf! Und das wäre ja auch verkehrt, denn ich würde nicht davon abgehen."
Man kann M's Erzählung immerhin entnehmen, daß Gifte ein zentrales Interaktionsthema zwischen den beiden darstellen. Auch mit seiner Freundin hat er sich allerdings, wie er nachher sagt, noch nie ernsthaft über seine Abhängigkeit, seine Ambivalenzen in bezug auf Gifte unterhalten.

Auch seine Zukunft sieht M ambivalent: er will einerseits von den Giften wegkommen und arbeiten, hat andererseits Sorgen, ob er's schafft. Er möchte, wenn er wieder raus kommt, mit seinen Eltern wieder „ins Reine kommen". Möchte auch mit seiner Freundin sprechen, „ob sie noch die Kraft aufbringt, mir weiter zu helfen". Er räsonniert: „Die Mutter würde vielleicht noch das Verständnis aufbringen (daß er zu Hause wohnen kann), der Vater nicht ... Ich hab ja meine Vorstellungen, aber ich brauch ja Hilfe."
Warum?
„Was sollt ich schon alleine ... natürlich, ich könnt zwar alleine auf Zimmersuche, aber wo bleib ich denn die erste Zeit?!" Er denkt sich: zuerst entweder Wohnheim oder zu Hause. Die Freundin wohne auch noch zu Hause, deshalb könne er nicht zu ihr ziehen, „sonst würd ich das auch schon in Betracht ziehen". Auch M kommt im Knast mit den Rockern nicht klar. Sie sind ihm zu oberflächlich und zu aggressiv.

017 Maja (BRD)

23 Jahre, zur Zeit in einer therapeutischen Wohngemeinschaft, seit 20 nicht mehr zu Hause; von Anfang an vollständiges Elternhaus, mehrmals von zu Hause abgehauen, mit 15 zum ersten Mal; mit 20 auch „endgültig selbständig" gemacht; betrachtet sich als unerwünschtes Kind; Eltern stabile US, hat Berufsausbildung abgeschlossen, ist verheiratet.
Hat zuerst angefangen O zu drücken, danach O und A voll gedrückt, O-Präferenz; institutionell mäßig bis ziemlich auffällig; 1 Entzug, mäßig gedealt, andere gelinkt, 1 Gelbsucht.

M beginnt mit der Schilderung ihrer gegenwärtigen Partnerbeziehung (Ehe): Stärkste Konflikte, sie reizt ihn, bis er die Beherrschung verliert, er verprügelt sie, das reizt sie noch mehr usw. (Das war wohlgemerkt der Stand der Dinge, bevor sie – vor einem Jahr – in das therapeutische Kollektiv zog. Ihr Mann ist zur gleichen Zeit in einem anderen Kollektiv zur Kur.) Sie sagt sinngemäß: sie habe sich als Partner immer weiche Typen gesucht und sich zugleich geärgert, daß sie nicht hart genug waren. Insgesamt fand sie ihre Beziehungen bisher unbefriedigend, zu oberflächlich: „Die Leute sehen immer in mir sone Schmusekatze – und ich wollt das auch sein, weil das so einfacher war. Ich glaub, ich hab

auch gar nicht versucht, Gespräche anzufangen, daß man den anderen besser kennenlernt." Sie weiß nicht, wie sie sich diesen Widerspruch erklären soll, daß sie einerseits von einem Starken als Schmusekatze verwöhnt werden wollte und nachher immer nur Schwachheit vorfand.
Tatsächlich, so stellt sich heraus, spiegelt M's Ambivalenz ihren Partnern gegenüber die konkrete Beziehung ihrer Eltern wider: auch ihre Mutter empfand ihren Mann als zu schwächlich. M glaubt auch zu fühlen, daß sie ihrer Mutter immer ähnlicher wird, und will das zugleich nicht: „Sie ist'n Typ, der macht ziemlich viele Leute kaputt, auch irgendwie die ganze Familie hat sie.. kaputtgemacht. Aber ich kann ihr das nicht übelnehmen, ich hab sie unheimlich lieb. Aber so werden wie sie – nö!, das möcht ich nicht! Aber ich merk das ja so, ich hab so viele Eigenschaften von ihr angenommen."
Was zum Beispiel?
„So die ganz linke Ironie, ne.. oder.. überheblich.. ja, überheblich: wenn man so manche Situationen bewußt ausnutzt."

Zu ihrem Mann, der wie gesagt in einer anderen Wohngemeinschaft zu entziehen versucht, hat sie augenblicklich keinen Kontakt. Sie empfindet, daß er stehenbleibt, nicht von der Fixe runterwolle. Sie dagegen wolle lernen; dagegen glaube sie nicht, daß er so weit sei, aufhören zu können. Jedoch denke sie, seit sie hier im Kollektiv ist, sie müsse jetzt ruhig sein, „dürfe ihm nicht mehr weiterhelfen, daß er alleine auf die Beine kommen soll".
Gefragt, wie sie sich kennengelernt hätten:
„Das war unter Drogen, in der scene, ne."

Ob sie schon von Anfang an in der stärkeren Position gewesen sei?
„Stärker insofern, als ich ihm geistig überlegen war." Die Basis jedoch sei gewesen: „Das war bei uns beiden so, das hat auf beiden Seiten gefunkt. Ich mochte ihn vom Aussehen leiden und er mich auch, das merkt man schon, das knistert." Danach folgt eine story, die viel über beider wechselseitige Abhängigkeit und die Funktion eines Kindes in einem solchen Abhängigkeitsspiel ausdrückt – eine Funktion, die das Kind bereits vor seiner Geburt und von den Eltern unbewußt zugewiesen bekommt: Die Geschichte beginnt damit, daß sie erwähnt, sie sei während der letzten sechseinhalb Monate ihrer Schwangerschaft clean gewesen, er dagegen habe sich „ab und zu ein Schüßchen" genehmigt.

Wie lief das?
„Jaa.. ich weiß nicht, wir haben uns das Kind gewünscht, um aufhören zu können – ziemlich eigennützige Idee, ne! Aber wir haben echt gedacht, das würden wir bringen... Die ersten drei Monate war ich noch voll auf der Nadel... ja und dann war's so, daß wir eingesehen haben, daß zumindest ich das ganz schnell bringen muß, naja, undsoweiter. Jedenfalls, ich war so sehr enttäuscht, ich dachte, er würde mitziehen." M bemerkt dazu, ihr Mann habe sich dem kommenden Kind gegenüber zurückgesetzt gefühlt[17], sei eifersüchtig auf das Kind gewesen. Sie hätten unheimliche Auseinandersetzungen deswegen gehabt. „Bin ich zu meinen Eltern gefahren und wieder zu ihm, und ein unheimliches Hin und Her war das. Er hat auch immer wieder gesagt, er könne sich mit dem Kind nicht abfinden. Ich kann das überhaupt nicht begreifen! ... Dann fingen wir beide gleichzeitig wieder an zu drücken" (als das Kind vier Monate alt war). Sie hätte dann so lange weitergedrückt, bis ihre „Eltern dazwischengefunkt" hätten: Sie hätten ihr angesehen, wie schwer es ihr gefallen sei, das Kind zu versorgen, daß es ihr unmöglich war, den Pflichten der Versorgung des Kindes nachzukommen, so daß sie in einem Gespräch beschlossen hätten, die Eltern würden das Kind versorgen, bis sie wieder clean geworden sei. (M ist bereits seit über einem Jahr in der therapeutischen Wohngemeinschaft, und ebenso lang ist das Kind bereits bei ihren Eltern.) Sie hätten eine Zeitlang noch versucht, so aufzuhören, daß sie das Kind wenigstens an den Wochenenden von den Eltern übernehmen könnten. Das habe aber nicht geklappt – auch ihr Versuch zu arbeiten sei gescheitert. Stattdessen hätten sie Apo geknackt. Jetzt sehe er wenigstens bereits eine gewisse Verantwortung für das Kind.
Ihr Mann habe keinen ausgelernten Beruf. Er habe mal dies, mal jenes gejobt. Ihre ganze Kohle sei für Schießgifte draufgegangen. Sie habe ihre Lehre fertig gemacht, habe noch einen Monat in

[17]Fraglich ist dann ja in der Tat, ob sie beide sich das Kind gewünscht haben und nicht primär nur M – eben auch als Durchsetzungs-, Bindungs- oder was auch immer -versuch ihrem Mann gegenüber. Werden auf der Basis solcher Unreife Kinder gezeugt und erzogen, ist das Selbstwertgefühl der Eltern so labil und schwach, daß sie sogar mit ihren Kindern um die Zuneigung ihres Partners konkurrieren, so braucht man sich über die Ursachen narzißtischer Störungen bei den Kindern nicht zu wundern.

ihrem Beruf gearbeitet, dann aber das Gefühl gehabt, zuviel arbeiten zu müssen und zuwenig zu verdienen (525 Mark brutto nach der Ausbildung sind in der Tat nicht eben viel – das war 1973). So sei sie abgehauen, obwohl sie mit ihrem Chef (Arzt) gut zusammengearbeitet habe. Sie habe sich aber enttäuscht gefühlt, als sich nach Beendigung ihrer Ausbildung herausstellte, daß er so knauserig war, so wenig zahlen wollte – obwohl er gut verdiente. Sie hätten, fügt M hinzu, beide sogar geheult, aber es sei nichts zu machen gewesen. Auf Rückfrage: Ja, er habe auch geheult; sie hätten auch heute noch Kontakt, sie gehe ab und zu in seine Praxis.
Danach habe sie eine Zeitlang in der gleichen Firma gearbeitet, in der auch ihre Mutter war. Dann sei sie zur Kur verschickt worden, und während des Kuraufenthalts habe sie ein Mädchen (eine Fixerin) getroffen, mit der sie sich über gemeinsame Bekanntschaften aus der Vergangenheit austauschen konnte. Die hätten inzwischen angefangen zu drücken. Das habe sie, M, nun interessant gefunden, „was ganz Neues". Und so kam sie noch während der Kur zu ihrem ersten Schuß. M begründet das damit: „Ich war auch neugierig auf die Typen, die dahinter (= hinter der Schießer-Szene) stecken". Damals habe sie aber überhaupt noch keinen Durchblick gehabt, was Schießen nun wirklich bedeutet und alles mit sich bringt. Hat sich mit dem Typen, der ihr den ersten Schuß setzte, verlobt, bald darauf aber wieder entlobt („er war mir langweilig geworden"). Kam immer tiefer in die Schießer-Szene rein.
Was haben die Leute für dich dargestellt, was fandest du gut an ihnen?
„... Da mußt ich mir auch zum ersten Mal.. praktisch Mühe geben, um aufgenommen zu werden" (in die Clique). Sie fand es toll, daß sie sogar eine In-group mit eigener Sprache bildeten. Schildert, wie sie sich schon äußerlich an diese idealisierte Clique anzupassen suchte, wie stolz sie war, als sie es „gebracht" hat, nach drei Monaten ihren ersten Schuß selbst zu setzen. Vorher hätten das immer diverse Typen gemacht. Die hätten das immer auch ungern gemacht, „‚überleg dir das genau mit dem Drücken, du bist viel zu schade dafür'." Anschließend schildert M den Ablauf dieser Beziehungen genauer: sie seien so beschaffen gewesen, daß sie zuerst immer versucht habe, diese Typen runterzubringen, ihnen die Rationen einzuteilen, was natürlich nie lief. (Das Ergebnis war, daß sie die dominante Mutterrolle, die sie einzuneh-

men versuchte, nicht durchhielt und selbst schwach wurde, d.h. ihren Vorsätzen untreu wurde und sich selbst einen Schuß setzen ließ. Auch die erotisch-sexuelle Komponente des Anpiek-Spieles läßt sich M's Schilderungen deutlich entnehmen.)

Gifte und Sexualität:
Zur Giftwirkung sagt M: „alles war leichter. Wollte mich dann auch nicht mit Leuten auseinandersetzen." Mit dem Bumsen habe sich allerdings auch durch die Gifte nicht viel geändert: „Ich hatte eigentlich noch nie sonderlichen Bock aufs Bumsen... Es ist mir nicht schwerer gefallen als sonst." Bejaht, sie hätte eigentlich erst mal nur Bock aufs „Knudeln und Schmusen" gehabt, und letzten Endes hätten immer die Typen eher Bock aufs Ficken gehabt als sie. Das kam dann für sie „so zwangsläufig ... mir hat das nichts gebracht. Mir wärs lieber gewesen, wenns nur beim Schmusen geblieben wär. Ich kann da einfach nicht drauf." Ja, sie habe in bezug aufs Ficken auch'n Film abgezogen, weil die Typen sich sonst „als Versager" fühlen. Sagt von ihrer Mutter, daß die auch Probleme hatte, Zärtlichkeit zu zeigen, liebesfähig zu sein ...
Warum hast du überhaupt geheiratet?
„Damit hab ich mich durchgesetzt gegen meine Eltern. Die haben damals nachgegeben." (Und so vererbt sich das Unheil auf die Enkel!) Ihre Eltern waren aber mit ihrem Mann nicht einverstanden; dessen Familie sei in ihren Augen „richtiges Pack" gewesen. Sie habe dann versucht, ihren Mann zu erziehen, was aus ihm zu machen.
M erzählt, sie sei schon öfter verlobt und kurz vorm Heiraten gewesen. Auch den Typen, den sie vor ihrem jetzigen Mann kannte, hätte sie beinahe geheiratet. Gegen den sei ihre Mutter ebenfalls negativ eingestellt gewesen (wenn auch aus anderem Grund), „weil sie sah, da is'n Typ, der könnte ihr irgendwie was.. 'n Widersacher sein". Anschließend erzählt M eine Geschichte von diesem Typen, die auch Licht auf die Beziehung zwischen ihrer Mutter und ihr wirft: M bringt ihn mit nach Hause zu ihren Eltern. Ihre Mutter entrüstet sich, wie sie nur einen solchen Typen mit nach Hause bringen könne. Sie kocht mit ihm vor den Augen ihrer Mutter einen O-Schuß und sagt zur Mutter: „Mutti, kuck mal, wie das geil aussieht". Er legt sich auf die Couch, setzt sich den Schuß und sagt zur Mutter: „Ich will nicht, daß Sie erleben, wie ich auf dem Affen (Entzug) hänge, drum muß ich mir'n Schuß

setzen", und die Mutter sitzt dabei und schaut zu. M fand an diesem „die Arroganz[18] in der scene dufte, wie er über den Dingen steht. Er war anerkannt, er war'n Typ ... Ja, er war stark, das fand ich gut." Erklärt, nee, mit dem habe sie nicht so rumgespielt. Der kam dann in den Knast. Ja, sie ging soweit, ihm Geld zu schicken, daß er sich die Zähne reparieren lassen sollte im Knast. Die Beziehung geht in die Brüche, weil er sie abblitzen läßt. M schildert zum Schluß nochmal die Beziehung zu ihrem Mann. Sie sei siebenmal zwischen ihm und ihren Eltern hin und her gependelt. Er könne sie nicht beschützen, sie habe sich oft für ihn geschämt, beides findet sie scheiße an ihm. Sie suche jetzt einen Typen, zu dem sie aufsehen könne.

018 Kay (BRD)

22 Jahre, zur Zeit im Knast, seit 20 nicht mehr zu Hause, mehrmals von zu Hause abgehauen, das erste Mal mit 16, mit 20 „endgültig selbständig" gemacht; hat keine Meinung zur Alternative „erwünscht/unerwünscht"; Eltern stabile US, Lehre abgebrochen; wechselnde Familiensituationen.
Mit O angefangen, dann O und A voll gedrückt, O-Präferenz; mittelstarke Auffälligkeit, 3 Entzüge, viele Apos, voll gedealt, andere gelinkt, 1 Gelbsucht.

Dieses Interview scheint uns in zwei Punkten sehr instruktiv: Einerseits schildert K sehr plastisch ein drogeninduziertes Rückzugsverhalten, andererseits kommt sehr deutlich der Abwehrcharakter seiner coolness zum Vorschein, die er in der Schilderung seiner Beziehung zur Freundin an den Tag legt. D.h. die coolness, die die Schilderung seiner Beziehung zur Freundin und zu Frauen (die „Alte", die „Butze", die „Titte") überhaupt beherrscht, steht in Widerspruch zu manchen Aussagen und Geständnissen, die ihm an anderer Stelle eher ungewollt entschlüpfen.

K wuchs bis zu seinem 6. Lebensjahr praktisch ohne Vater auf. Dieser verläßt bald nach K's Geburt die Mutter, heiratet K's Stiefmutter und fährt zur See. K war von 0 bis 3 allein bei der Mutter,

[18] Auch hier idealisiert sie anfänglich die Stärke und Macht ihres Partners. Im Gegensatz zu den übrigen Partnern, von denen sie erzählt, hatte sie bei ihm nicht die Gelegenheit, ihre Idealisierung zusammenbrechen zu sehen, da dieser Junge vorzeitig in den Knast kam.

von 3 bis 6 ohne Mutter und Vater bei den Großeltern, ab 6 bei der Stiefmutter, später kam dann noch der Vater dazu. Der Vater hing die Seefahrt erst an den Nagel, als ihn K's Stiefmutter darum bat, weil sie mit dem Jungen „nicht mehr fertig wurde". Der Vater kommt heim und wird zur disziplinierenden Figur: offene Verbote, Stubenarrest, Taschen filzen. Er säuft, prügelt seine Frau. K fängt, noch zu Hause wohnend, mit shit und Schießgiften an. Sagt, wenn er auf Gift war, nervte ihn das blöde Gequatsche vom Alten nicht mehr so.

Wie ist die Beziehung zu deiner Freundin?
„Sie hat gearbeitet tagsüber, ich war zu Hause oder hing irgendwo bei andern Leuten rum oder war in irgendeiner Kneipe drin, hab meine Gifte verkauft. Und wenn sie abends nach Hause kam.. also ich bin dann tagsüber einkaufen gegangen oder was sie mir denn da so aufschrieb, was ich einkaufen sollte, ja das hab ich dann erledigt oder was ich sonst noch für sie erledigen sollte."
Habt ihr irgendwas zusammen unternommen manchmal? Zusammen weggegangen oder ins Kino gegangen oder..
„Tja nun, ich hab sie gefragt, hast du Bock, heute mit da und da hin zu kommen? Wenn sie nein gesagt hat, gut, dann hab ich gesagt, dann geh dahin, wo du hingehen willst, dann geh ich dahin, wo ich hingehen will. Und so lief das denn auch, ja? Und wenn sie.. sie fragte mich denn auch, wollen wir heute da hingehen? Und wenn ich dann Bock drauf hatte, sind wir zusammen hingegangen, ja? Aber wir sind auch immer unsere Wege alleine gegangen."
Und abends, da ging das meist in Kneipen oder Diskotheken oder so?
„Och, das möcht ich garnicht sagen. Nachher, das letzte Jahr, saß.. das letzte dreiviertel Jahr bin ich selten weggegangen.. da saß ich meistens zu Hause, weil ich schon so kaputt war – zu Hause nur noch gedrückt."
Mit Leuten zusammen oder allein?
„Ja, da kamen die Leute meistens an, haben Gifte gekauft.."
Habt ihr sonst noch was gemeinsam unternommen?
„Ja, X-See, Y-See, sind wir oft hingefahren, rausgefahren nach Kalifornien bei L, da haben ihre Alten da'n Campingwagen auf'm Campingplatz, sind wir öfters rausgefahren. Oder rüber nach L zu ihrer Freundin."

Und wenn ihr das zusammen gemacht habt, hast du trotzdem regelmäßig weitergedrückt?
„Ja, ich mußte das ja, sonst hab ich'n Affen gehabt, dann hab ich sie total genervt. Dann war sie sowieso nicht zu sehen, wenn ich'n Affen hatte. Weil sie dann ja auch wußte, was anlag. Dann hab ich sie losgeschickt (zu dem und dem) oder zum Arzt oder was weiß ich."
Was findest du an ihr dufte?
„Was ich an ihr dufte finde? (lacht) Ich find sie eben gut, ne. Unheimlich cool, ne... Ich kann alles mit ihr bereden. Ich kann alles mit ihr reden. Und dann nervt sie nicht so rum wie viele Butzen, ne (lacht); sie hält die Klappe, ne. Und sie weiß auch, wann sie ruhig zu sein hat bei mir, weil sie sonst was auf die Birne kriegt oder was, ne ... Was mich dann nervt? Wenn sie dann rumnervt wegen irgendwas, was weiß ich, ne: wenn da irgendwas kaputt ist oder.. tja hm, was soll ich da jetzt erzählen?"
Hat sie dich auch genervt, wenn sie..
„Wenn ich sie angemacht hab oder was, oder wenn mir was nicht gepaßt hat, hab ich zu ihr gesagt: Hör zu, Frau, so läuft das nicht, wie benimmst du dich überhaupt – daß sie dann total ausflippte, ne. Führte dann'n irren Tanz auf, ne. Und sowas darf sie nicht machen bei mir, das weiß sie auch, dann ist sie ruhig, ne."
Hat's dich auch genervt, wenn sie gesagt hat, daß du aufhören solltest, oder so, zu drücken?
„Ja, ich meine, wir haben da drüber geredet, aber nachher, ich.. ich hab's ja tatsächlich versucht mit ihr, ja? Aber ich hab den Eindruck, sie hat's gemerkt, daß es gar nichts werden *kann*. Daß es nichts bringt, ja? Und.. sie hat weitergenervt dann, ja? Und da hab ich auch zu ihr gesagt: Hör zu, das hat keinen Sinn mehr, und wenn du weiternervst, dann mußt du hier raus, dann mußt du ausziehen, fertig!"
Hast du dir manchmal'n Schuß gesetzt, wenn sie dich genervt hat?
„Ja (lacht)."
Das war wie bei deinem Vater irgendwie: dann törnt dich das nicht so ab?
„Hm."
Was hat sie dann gemacht?
„... Tja, dann hab ich mich vollgepumpt, und dann bin ich gegangen. Dann bin ich in irgend sone Diskothek gegangen oder was weiß ich, und dann bin ich spät nachts nach Hause gegangen, hab

mich hingelegt. Und wenn ich nächsten Tag aufgewacht bin, hatt ich das überschlafen.. zum Teil vergessen, eben durch die Fixerei."

Und dann lief das wieder ganz gut zwischen euch?

„Dann lief das wieder ganz gut, ja."

Hast du noch'n anderes Beispiel, wo sie dich genervt hat, im Haus oder mit Freunden?

„Ja, mit meinen Freunden hat sie mich auch genervt. Das paßte ihr nicht, daß ich da mit gewissen Leuten zusammen war. Die gefielen ihr irgendwie nicht. Ich bin trotzdem immer wieder mit denen zusammengekommen, die gingen bei mir ein und aus, ne. Hab ich zu ihr gesagt: Hör zu, das sind *meine* Freunde, du hast doch *deine* Freundinnen oder was weiß ich, ne! Meine Freunde, das bleiben meine Freunde. Ich hab da keinen Grund drinne gesehen, mich da irgendwie von ihnen zu trennen, weil ich echt ein gutes Auskommen mit denen hatte und sie von früher her schon kannte."

Warst du auch mal eifersüchtig, wenn sie woanders hinging als du?

„Früher war ich mal'n bißchen eifersüchtig, wie ich nicht ganz soviel gedrückt hab, ja. Wie ich noch einigermaßen die Übersicht hatte. Und später dann.. da war mir das egal irgendwie, ne."

Hat sie auch mal was gesagt, wenn du mit andern Frauen was hattest?

„Sie?.. Jaa! (lacht) Ich war mal mit soner Butze im Bett gelegen (lacht), und da war sie.. sie sollte wieder nach I, oder ich weiß gar nicht mehr so genau, wie das war, jedenfalls sollte sie zwei Tage weg, und dann war ich früher schon mit soner Butze über längere Zeit zusammen, und die schlief dann diese Nacht bei mir. Und dann kam sie unverhofft (lacht) nächsten Tag schon wieder nach Hause. Und ich ging nichtsahnend an die Tür.. in Unterhosen (lacht).. mach die Tür auf, da steht sie vor mir und kommt dabei rein. Und ich hab auch gar nichts gesagt, und sie kommt denn da ins Zimmer rein und sieht die Frau da im Bett liegen, ne. Na, da war natürlich gleich erst mal Ende! Sie sagt dann nur zu mir: Komm mal mit vor die Tür (lacht). Ich vor die Tür, dann sagt sie: Entweder du schmeißt sie sofort raus oder ich geh, ne. An wem liegt dir mehr? Dann hab ich sie rausgeschmissen. Bin ich rein, hab gesagt: Steh auf, raus!, ne. Jaa.. so wild war das garnicht, ne. Sie hat nur gesagt, daß sie das Scheiß findet, ne, wenn ich das so heimlich mach. Dann soll ich ihr das sagen!"

Hast du ihr denn schon gesagt, wenn du mit jemand anders gebumst hast?
„Ob ich ihr das erzählt hab? Nö, nich immer" (lacht).
Dachtest du dann, daß sie wegflippt oder so?
„Du, ich hatte da irgendwie Bedenken, was heißt Bedenken, 'n bißchen Angst, daß ich sie.. irgendwie verlier oder was." (Er hatte Angst, daß sie's genauso machen würde wie die Frauen, die mit ihm für Gifte ins Bett gingen.)
Waren das (wenn K mit andern Frauen zusammen war) Situationen, wo das sexuell nicht so befriedigend war mit ihr?
„Janö, hauptsächlich, wenn ich (lacht) .. wenn ich Bock auf eine hatte irgendwie, ne. Die mir gefiel, was weiß ich!"
Da warst du in 'ner ganz guten Position (als dealer), die du ausspielen konntest, ne?
„Jaja. Ich mein, das hab ich ja auch ausgenutzt immer."
Das waren dann aber nie intensivere Beziehungen, das waren dann meistens nur Bums-Beziehungen, nicht?
„Ja. Wir haben nur gebumst und dann fertig, ne.. Wissen tut sie das wohl; es stört sie wohl 'n bißchen. Ich hab ihr zwar nie alles erzählt, aber.. sie ist ja auch in den Kreisen gewesen, ne. Und kriegt denn mal da was zu hören und da.. Aber sie hat mir das nie vorgeworfen oder was."
War sie für dich so wichtig, weil sie die Übersicht hatte? Mehr Übersicht als du (als du so kaputt warst)? Warum hast du sie in dem Moment nicht aufgegeben, als sie sagte: die oder ich?.. Da muß doch was gewesen sein, was dich da gehalten hat, ne?
„Ja weil.. weil mir die andere einfach nicht so viel bedeutet hat wie sie. Und da lag mir nichts weiter mehr an ihr. Ich wollte mit der einfach nur mal so zwei Tage verbringen und mehr nicht (lacht)."
Waren das meistens auch Mädchen, die gedrückt haben?
„Ja, meistens."
Was wär gewesen, wenn's mit deiner Freundin zu Ende gegangen wär?
„Weiß nicht! Überdosis vielleicht!"
Wars so, daß du dich durch sie mehr kontrolliert hast oder so? Die Sache durch sie mehr im Griff hattest?
„Janö, sie hatte mich auch irgendwie im Griff, ja? Aber sie hat denn selbst genau gesehen, daß das bei mir.. nichts mehr zu machen ist. Und sie hat das denn versucht, ein bißchen alles so in der

Waage zu halten, zu dosieren. Nicht daß ich total ausflipp da." (Hier wird hinter der gespielten coolness K's untergründige Abhängigkeit von seiner Freundin manifest.) „Wenn sie nicht da gewesen wär.. ich hatte ja immer mehr gedrückt, das wurde.. das nahm nachher extreme Ausmaße an, also (lacht).. lag ich da und hab mich vollgepumpt, ne."
Da war sie also wichtig für dich, weil sie dich so kontrolliert hat und garantiert hat, daß da nichts schiefgeht?
„Ja. Ich hatte nachher auch irgendwie.. keinen Antrieb mehr, ja.. Und sie war dann immer diejenige, die gesagt hat: Jetzt machen wir mal dies oder das, ne.. zum Schluß!"
Erst war's umgekehrt, wahrscheinlich?
„Jaja. Erst war's umgekehrt!.. Nachher hab ich sie irgendwie gebraucht, ne (lacht). Das wär ohne sie nicht mehr gelaufen." (Sinngemäß:) ob ihn das irgendwie belastet habe, daß er so passiv, so abhängig von ihr war?
„Nö. Überhaupt nicht! Ich war mir eigentlich voll meiner Situation bewußt, ne. Ich wußte das ja selbst, ne! Ich brachte das einfach nicht mehr.. daß ich irgendwie ganz schön kaputt war (lacht). Ich lag da und denn.. war das gut, ne. Und langweilig ist es nie gewesen!.. Ich brauchte keine Musik, gar nichts mehr, ne. Ich hatte aber keine Langeweile. Das war das Eigenartige, ne."
Ob beider Verhältnis bis jetzt zärtlich sei oder schon etwas abgestumpft?
„Ja, bei mir ist das wohl so gewesen. Ihrerseits nicht ... Das ist alles so'n bißchen.. auch jetzt durch den Knast: man entfremdet sich, das ist ganz klar!.. Aber was soll man machen?" (Pause)
In welcher Hinsicht, meinst du, hat sie dich gebraucht – am Anfang?
„Das war zu Anfang ne flüchtige Freundschaft wie jede andere auch. Daraus ist dann nachher mehr entstanden. Ich weiß auch nicht, was sie jetzt so an mir findet oder was, ne."
Ist das auch so übers Drücken und so, daß..
„Sie hat ja von mir nie was bekommen!" (Das sollte also gerade keine junk-Beziehung sein!)
(Sinngemäß:) ob er sie in dieser Beziehung auch versucht habe zu stabilisieren?
„Ja nun, sie konnte das zuerst garnicht verstehen. Sie sagt, das ist doch mein Leben. In meinem Leben mach ich das, was ich

will, ne! Wieso willst du mich vom Drücken abbringen? Das ist meine Sache, sagt sie. Naja gut, hab ich gesagt. Und dann bin ich mit ihr zusammengeblieben, und denn hab ich versucht, sie davon abzubringen. Und ich hab sie auch nicht davon abgebracht, aber.. sie hat sich jedenfalls nicht so viele Schüsse gesetzt, als wie wenn ich sie nicht kennengelernt hätte. Sie hat sich vielleicht in der Woche ein-, zweimal was gesetzt.. wenn ich da war. Denn ist sie auch immer zur Arbeit gegangen."

Über Gifte:
K meint, der Fragebogen sei „nicht schlecht, bringt aber im Endeffekt doch nix für mich". Mit dem Giften sei das so losgegangen: „Mein Alter war wieder mal besoffen. Hat mich halb tot geschlagen. Bin ich abgehauen, inne Diskothek in K gegangen und hab zum ersten Mal shit gekauft." Er zieht dann zum ersten Mal mit einem Freund durch, verspürt noch keine Wirkung: „mir wurde'n bißchen schlecht, mehr war da nicht." Der Freund sagt ihm, das sei oft so, dann müsse man eben weiter probieren. Er probiert weiter, es törnt ihn an, aber im Endeffekt bringt ihm das nichts. Sagt, shit macht ihn schlaff, er schaltet dabei ab; es wurde ihm öfter schlecht usw. Trips bringen ihm auch nicht viel; er mag die Halluzinationen nicht. Nachdem er beim letzten trip auf Horror kam (Zurückentwicklung zum Kleinkind; ein Ur-Erlebnis, wie sein Großvater seine Frau in einem schizophrenen Zustand mit der Axt erschlug; Mutismus; schizoide Zustände), nimmt er keine trips mehr.
Dann erzählt K seine Opiat-Geschichte: Er habe einen früheren Freund getroffen, der in H zu schießen begonnen habe. K fragt ihn, ob er ihm einmal einen Schuß setzen wolle, damit er's mal ausprobieren könne, „einmal und nie wieder". „Sind wir in seine Wohnung gegangen, hat er mir den Schuß gesetzt.. ja und das war schon mal der totale Orgasmus für mich. Deshalb hab ich auch weitergedrückt."
„Ja, ich hab ihn erst gefragt, und er war nicht ganz damit einverstanden. Er hat gesagt: Alter, ich will dich nicht süchtig machen. Ich hab gesagt: Alter, das machst du doch auch nicht. Ich will einmal 'n Schuß von dir haben und denn is gut. Ich will das nur mal ausprobieren; mal sehen, wie das is. Dann mach ich das auch nicht wieder. Irgendwie auf die Gefahren hat er mich schon aufmerksam gemacht. Naja, da sind wir bei ihm auf die Woh-

nung da gegangen, da hab ich gesehen, wie er sich'n Schuß setzte, und.. da hab ich genervt, da hab ich ihn so lange genervt, bis er mir auch'n Schuß gesetzt hat. Und das war Morphium, der erste Schuß.. Und danach hab ich mich so wohl gefühlt, innerlich so beruhigt alles.. zufrieden, daß ich das dann weitergemacht hab – gleich am nächsten Tag. Dann ging das denn immer so weiter."
An der Wirkung habe ihm gefallen die „Entspannung", die „Euphorie", „das hat mich total befriedigt".
Dann erzählt K, was er bei Opiaten besser findet als bei shit: „Erst mal, daß man diesen flash hat, ja? Und daß das alles irgendwie noch mehr ist, intensiver. Man ist mehr angetörnt als wie von shit. Und mir ist auch nicht schlecht geworden vom Schießen.. nichts dergleichen! Und daß es keine Halluzinationen hervorruft, die find ich auch nicht gut." Jedenfalls, seit dem ersten Schuß habe er gleich weitergemacht, habe sich selbst die Gifte besorgt. Als er immer mehr brauchte, habe er mit andern Fixern, aber auch alleine Apos gemacht. Auf die Frage, ob ihm damals der Gedanke an die Sucht und ihre Gefahren keine Angst gemacht habe, meint K: „Hab zwar auch mitgekriegt, wie sone Butze, also sone Frau in K abgegangen ist auf'm Schuß – deswegen hab ich auch nicht aufgehört. Also ne gute Bekannte von mir. Das is das Risiko dabei; und das Risiko muß man sehen... Hab mir auch einmal ne Überdosis gesetzt, das war zu Hause, bin im Badezimmer umgekippt... Am nächsten Tag bin ich in der Nervenklinik aufgewacht. Ich hab trotzdem weitergemacht... Ich seh da keinen Grund drinne, aufzuhören deswegen, ne."
Zu Beginn seiner Drückerzeit hat K gearbeitet, zu Hause gewohnt, sich ab und zu ein paar A-Schüsse gesetzt. Das sei eine Zeitlang ganz gut gelaufen. Eines Tages habe die Schmiere Hausdurchsuchung gemacht, Gifte gefunden und sei zu ihm in die Firma gekommen. Obwohl er seine Arbeit korrekt verrichtet habe, hätten sie in der Firma Terror gemacht. Da hat er „keinen Bock mehr gehabt zu arbeiten" und gleich am nächsten Tag gekündigt. Darauf habe er seinen zweiten Entzug gemacht, „also den hab ich nicht ganz freiwillig gemacht". „Dann bin ich aus der Nervenklinik entlassen worden, und hat meine Mutter mir so'n Ticket gekauft im Reisebüro, und da sagt sie: Fahr erst mal nach Finnland (wo K Verwandte hat) – weil sie auch irgendwie Angst um mich hatte, ne, das ist ja klar. Wollt ja auch nicht immer, daß ich rückfällig werde oder was weiß ich. Naja, ich hab mich gleich da-

mit einverstanden erklärt: Mach ich mir'n duften Urlaub da oben, da oben kannst du auch weiterdrücken. Sie dachte, ich würde genügend Abstand von den Leuten gewinnen, und da oben gibt's sowieso nichts zu drücken. Bin ich nach Finnland gefahren. Komm ich in Helsinki auf'm Bahnhof an, seh ich schon die ersten Typen da rumlaufen. Hab ich mir Gifte besorgt und bin zu meiner Tante gegangen. Dann war ich zwei Wochen da, und dann hatt ich auch keine Gifte mehr, und denn hab ich hier mit meiner Tante da geschnackt – hatt auch keine Kohle mehr: Ich würd für längere Zeit dableiben, so wie sich das meine Mutter vorstellte, daß ich'n halbes Jahr dableib. Hab ich mir von meiner Tante Kohle geben lassen, bin ich wieder zurückgefahren nach Deutschland.. weil ich weiter drücken wollte... Hab ich weitergedrückt. Ja und denn war ich wieder zu Hause, und zu Hause lief das auch nicht, immer Krach und Streit und.. haben sie mal ne Pumpe gefunden, machten da'n wahnsinnigen Aufstand, hab ich wieder'n Satz gemacht. Bis sie mich denn wieder eines Tages von der Schmiere abholen durften. Da haben sie mich sozusagen auf frischer Tat ertappt gehabt, ne. Und denn .. auf Druck meiner Eltern hab ich dann nochmal ne Entziehungskur gemacht.. sieben Monate. Ja und das hat auch nichts gebracht, ne. Also ich.. ich hab gedacht, ich würde vielleicht davon loskommen. Es war.. körperlich geht's einem besser dann, ja? wenn man keine Drogen nimmt, ja? Aber diese Entziehungskuren, die bringen einfach nichts, die sind alle für'n Arsch. Also ich bin nie von dem psychischen Verlangen befreit worden oder so. Also innerlich bestand immer wieder.. es war immer Druck vorhanden, wieder zu schießen, ne... Ja, die Kuren waren freiwillig (d.h. keine Zwangseinweisung), aber mehr auf Drängen meiner Eltern hab ich die gemacht."

K will auch jetzt nach dem Knast weiterschießen; er hat sich aufgegeben: bei ihm habe alles keinen Zweck mehr. Seine Freundin war zwischenzeitlich auch im Knast, lebt zur Zeit in einer therapeutischen Wohngemeinschaft in H. Sie will angeblich aufhören. Sagt K, er müsse mit ihr schnacken: Wenn sie ernsthaft aufhören wolle, müßten sie sich trennen. „Ich will nicht, daß sie wegen mir wieder anfängt." Später sagt er, er wolle ihr vorschlagen, mit ihm eine Reise in den Orient zu machen.

K schildert nochmal den Verlauf seiner letzten Entziehungskur: „Ja, die Kuren waren (formal) freiwillig, aber mehr auf Drängen meiner Eltern hin hab ich diese Kuren gemacht.

Also hast dich praktisch überreden lassen?
„Jaja. Ich war dann in der Gerichtlichen Medizin da in der (...) Drogenberatungsstelle mit meiner Mutter, die wollte mir da irgendwie helfen (lacht) – ich wollte mir da garnicht helfen lassen irgendwie. Denn haben die mich da so bequatscht, das hat mich so genervt, da hab ich gesagt: Gut, fang ich gleich an!... Da war ich drei Wochen, da waren abgemacht drei Wochen, war ich drin und dann wollt ich wieder raus, ja, und da wurd ich nicht entlassen. Da hab ich meine Mutter angerufen und hab gesagt: Ich bring mich um, ne, wenn du mich hier nicht rausholst! Wenn du mich hier nicht rausholst, find ich schon'n Weg, hier rauszukommen."
Man redet über das Thema: Filme vormachen zu Hause. „Erst mal wieder Ruhe zu Hause" – genau so habe er damals gedacht, sagt K. „Kam ich immer wieder raus (aus der Institution) und wurd ich immer wieder rückfällig."
K erzählt am Ende des Interviews, daß er anfänglich dringend seine Freundin von den Giften abhalten wollte, daß ihm das aber genauso wenig gelungen sei, wie ihr umgekehrt. Jedoch bestünde bei ihr noch Hoffnung, bei ihm nicht mehr. Als er damals in den Knast gekommen sei, habe sie voll angefangen zu drücken.

019 Betty (BRD)

28 Jahre, seit 15 nicht mehr im Elternhaus und „endgültig selbständig" gemacht, verheiratet, geschieden; 1 eigenes Kind, das mit 2 Jahren starb; bis 3 vollständige Familie, bis 4 Vater und Muttterersatz, bis 5 wieder vollständige Familie, bis 7 nur bei Mutter, bis 10 vollständige Familie, bis 13 nur Mutter, bis 15 bei Mutter und Stiefvater; mehrmals abgehauen von zu Hause, das erste Mal mit 10; Eltern (Mutter) oUS bis uMS; betrachtet sich als unerwünscht, Berufsausbildung abgeschlossen.
O voll gedrückt, A oral, zuletzt starke B-Phase oral; mäßig auffällig, 4 Entzüge, wenig gedealt.

B erzählt zu Beginn des Interviews von Selbstmord-Absichten, sie denke daran, „in die Kiste zu springen... Wenn jemand ein Mittel hätte, schnell und schmerzlos: sofort!" Und: „das Gräßlichste, was es gibt: was zu schlucken und danach wieder aufzuwachen". Sagt von sich, daß sie den Weg des geringsten Widerstandes gegangen ist: sich bei Schwierigkeiten sofort zu entziehen. Fühlt sich zur Zeit willensschwach, unfähig, Frustrationen zu ertragen. Man könne gar nicht mit Worten beschreiben, wie gut und erleichternd ein O-Schuß ist: „Du gewinnst vorübergehend Kraft, aber es macht dich auch sehr kraftlos." Drücken helfe über Depressionen hinweg, erleichtere Probleme. „Ich bin ziemlich müde, mir Mühe zu geben... Die Droge ist mir wichtiger als alle Beziehungen"; bejaht: „ja, ist auch Beziehungs-Ersatz... Die Droge frustriert dich nicht so wie Beziehungen", sie belebe außerdem die Fantasie.

Die Eltern, B's Beziehung zu ihnen:
Welche Rolle hast du gespielt?
„Ich hab überhaupt keine Rolle gespielt, höchsten als Prellbock und Erpressungsmittel."
Wie haben sich deine Eltern kennengelernt?
„Meine Mutter hatte Hunger. Und mein Vater war ziemlich gewieft auf'm Schwarzmarkt. So haben sie sich kennengelernt. Und meine Mutter hat mir erzählt, sie mochte ihn nicht. Fand ihn irgendwie ganz witzig, aber irgendwo war er ihr ziemlich unangenehm – sagt sie!" (Die Mutter habe damals Krankenschwester gelernt.) „... Er hat sie verführt. Das Bumsen war gräßlich für sie. Das hat denn auch gleich hingehauen.. das ist meine Entstehungsgeschichte. Das hab ich ihr auch mal zurückgegeben, daß sie mir sowas erzählt hat. Da hat sie mir vorgeworfen: du bist wie dein Vater! Hab ich ihr gesagt: Hättst ja nicht mit ihm bumsen brauchen."
Zwischen den Eltern habe es große Eifersuchtskonflikte gegeben. Das ging so weit, daß die Mutter auszog und Vaters Freundin eine Zeitlang im Haus wohnte. Damals war B drei Jahre alt. Über diese Zeit erzählte ihr auch ihre Mutter, sie habe Betty in der Zeit, als die Freundin beim Vater wohnte, öfter besucht. B habe ihr dann am Bahnhof nachgeheult.
Die Großeltern mütterlicherseits waren gegen den Mann, den B's Mutter heiratete. „Sie hätte (wegen des Kindes) nicht heiraten müssen", betont B immer wieder; die Großeltern hätten schon klar gemacht, daß sie B nehmen würden. Deshalb glaubt B auch ihrer Mutter nicht ganz, wenn die sagt, sie hätte ihren Mann nicht gemocht. Der wiederum, weiß B zu erzählen, habe ein Techtelmechtel mit der Mutter ihrer Mutter gehabt – die sei damals auch noch jung gewesen.

Ihr Vater sei, so hörte B ihre Mutter erzählen, sehr pingelig gewesen: „'Die Äpfel müssen fürs Kompott in Achtel und nicht in Viertel geschnitten werden'." Und wenn die Mutter von B's Mutter zu Besuch kam, hielt die dann zu ihm. B's Mutter schloß daraus: da *war* irgendwas zwischen den beiden!
„Und seit *ich* mich an ihn erinnern konnte, hat er genervt, genervt, genervt. Da kam er besoffen nach Hause und hat meine Mutter vollgequatscht, und die hat sich dann in Herzanfälle geflüchtet. Und er wußte dann immer nicht, was er tun sollte; *ich* war da schon eingespielt auf solche Situationen, wurde geweckt: Tu was für deine Mutter! Kuck sie dir an! Ja, und da hab ich die Fenster aufgerissen und kalte Umschläge gemacht. Ja, und dann kehrte langsam aber sicher 'n bißchen Frieden ein. Hab ich ihr ne Suppe gekocht."[19]
Ob der Vater die Mutter auch verprügelt habe?
„Nee, hat sie nicht angefaßt! Aber mich! Wenn er mich verprügelt hat, ging meine Mutter dazwischen. Und er war ziemlich brutal. Mit nem Stock mit so'n paar Lederriemen hat er zugeschlagen."
Später gesteht B: „Ja ich hab sie natürlich auch gegeneinander ausgespielt. Zum Beispiel, daß ich gesagt hab – mein Vater kam von der Arbeit, und ich wollte noch draußen spielen –: läßt' mich noch draußen spielen? Er sagt ja, und vorher hat meine Mutter nein gesagt."
Warum hat er gesoffen, was meinst du? Oder von Anfang an schon?
„Nee, du, er hatte ne ganz miese Kindheit..."; er sei unehelicher und unerwünschter Sohn eines reichen Gutsbesitzers mit einer Magd gewesen, sei abgeschoben worden zu „beschissenen" Adoptiveltern und soll sehr hart erzogen worden sein. Hatte geheiratet, ein Kind, trennte sich von seiner Frau, und als er zurückkommen wollte, war sie bei der Bombardierung von Dresden umgekommen. Daran sei er ausgeflippt, habe angefangen zu saufen. „Rich-

[19] D.h. die Mutter beruhigte sich, nachdem die Koalition mit ihrer Tochter sichergestellt und demonstriert war. Sobald sie aber B nicht mehr braucht – sei es als Koalitionspartner gegen einen Dritten, sei es um sich selbst zu trösten –, läßt sie sie fallen. Das wird sich wiederholt bei späteren Situationen zeigen. Eben diese Verhaltensweisen, die wir in unserem Sample öfters bei Fixer-Eltern antreffen, machen das labile Selbstwertgefühl, die mangelnde Zuwendungsfähigkeit und die ausbeuterischen elterlichen Beziehungen aus, die später beim Kind zu narzißtischen Störungen führen.

tig ausgeprägt wurde das aber erst mit meiner Mutter". B habe mit 9, 10, 11 Jahren ihrer Mutter „geraten", sich scheiden zu lassen, weil das mit der Sauferei des Vaters immer schlimmer wurde. Die Mutter habe der Tochter versprochen: „Okay, dann ziehen wir nach Bayern (wo sie einen Mann kennengelernt hatte), dort haben wir ein eigenes Häuschen, und da hab ich auch mehr Zeit für dich. Und dann sind wir nach Bayern gegangen, aber von Zeit war nicht die Rede... Der Typ (Freund der Mutter) war da, das ging aber ziemlich schnell zu Ende, weil meine Mutter anfing zu leben. Eine jüngere Tante von mir (20) und meine Mutter und ich wohnten dort in einer Wohnung (der Typ nicht in der gleichen Wohnung) und ich war wieder Nebensache. Und da hab ich mich ihr entzogen, von ihr nicht mehr anfassen lassen und gar nichts mehr. Immer nur aggressiv zu ihr gewesen oder.. ganz bewußt, wenn sie nur'n bißchen zärtlich werden wollte zu mir, sie sofort weggestoßen und zwar ganz.. rabiat... Ich hatte mir aber schon Ersatz geschaffen" – und zwar waren das ältere Nachbarn, die ein bißchen für B sorgten. B betont nochmals, was für eine „Enttäuschung" diese Situation für sie war, und welchen Trost ihr die „Zuwendung" der Nachbarsleute bedeutete. „Habe meine Mutter an nichts mehr teilhaben lassen. Und sie wiederum.. wenn sie irgendwas gesagt hat, hab ich auch mit Trotz reagiert", und dann reagierte die Mutter eben wieder mit „Stubenarrest" oder ist B mit dem Besen hinterhergelaufen. Die Mutter habe gearbeitet und 'n paar Typen gehabt, „sie hat eben ihr Leben gelebt" und hatte zuwenig Zeit für B. „Sie kam erst abends heim, und da mußte ich ins Bett." Auf die Frage, ob die Mutter denn nicht gemerkt habe, daß sie B's Bedürfnisse ignoriert: „Nee, sie hat das nicht gemerkt, hat auch kein schlechtes Gewissen gehabt. Sie hat nur gemerkt, daß ich trotzig wurde, und darauf hat sie mit Strafe reagiert." B sieht ganz klar die Zusammenhänge: „Ich *wollte* sie ja strafen. Ich wollte ja vielleicht auch irgendwo, daß sie's merkt. Ich hab sie ja *bewußt* immer weggeschubst. Ich hatte schon das Verlangen, daß sie mich umfaßt, aber das hab ich unterdrückt."[20] B fährt fort: „.. hab ich bewußt gemacht. Und dann, als sie den Typen hatte (mit dem sie die zweite Ehe einging, B's jetziger Stiefvater) – da war ich 13 – da begann sie eifersüchtig zu werden.. auf

[20]Hier ist die ganze Soziogenese einer Abwehrreaktion, eben der coolness in Beziehungen, in drei, vier Sätzen treffend ausgedrückt!

mich![21] Und das versteh ich heut noch nicht!" Danach gefragt, erklärt B genauer: „Vielleicht, weil ich jünger war als sie. Sie war älter als er, 10 Jahre; er war 10 Jahre älter als ich". Und tatsächlich bahnt sich eine Verführungsszene an, bei der allerdings die Rolle, die B spielt, nicht sicher auszumachen ist – wahrscheinlich wüßte B sie selbst nicht genau anzugeben.
Als B 14 war, kamen die Mutter und der Typ eines Abends ziemlich besoffen heim. Die Mutter geht ins Bett und schläft ein, der Typ kommt an B's Bett und will B verführen. „Und dann hat meine Mutter das wohl irgendwie gecheckt und kam ins Zimmer.. auf mein Bett zu, und hat mich angekuckt!.. angekuckt!!.. und hat gesagt: 'Das könnte dir wohl so passen!'" Nach diesem Vorfall habe die Mutter ihr mal die Haare verschandelt, „Löcher in die Haare geschnitten". „Wenn ich mal länger als nur zum Kämmen vorm Spiegel stand, war der Teufel los... Ich bin auch zur Konfirmation als einzige mit flachen Schuhen losgelatscht.. die andern hatten schon so hohe Schuhe.. ich wollte ja auch!"
B ging dann mit der Berufsschule/Lehre aus dem Haus. Sie wählt den gleichen Beruf wie ihre Mutter, wohnt im Schwesternheim (mit ca. 16). Damals hat sie ihre Mutter noch ab und zu besucht, „aber nicht zu häufig, weil der Typ (Stiefvater) mich dann natürlich auch angemacht hat. Das konnt ich ihr nicht sagen, das hätt sie mir nicht geglaubt.. Heute glaubt sie's mir."
Mit 16/17 beginnt sie ihrer Mutter häufiger Vorwürfe zu machen. Ihre Mutter entgegnete dann: du bist genau wie dein Vater. B darauf: so schlecht wird der wohl auch nicht gewesen sein, sonst hättste nicht mit ihm gebumst! Szenen, Heulen. „Und ich war Sündenbock! Oh, ich war häufig in der Sündenbockrolle!" Und in diesem Zusammenhang beschreibt sie nochmals treffend die Selbstbezogenheit der Mutter: „Wenn sie sich mit ihm (Stiefvater) gestritten hat, war *ich* im Kommen (in ihrer Gunst).. War das mit *ihm* alles okay, war *ich* Sündenbock; war bei ihm alles Scheiße, war ich groß im Kommen". Sie habe aber mittlerweile gelernt, fügt B hinzu, diese positive Seite der mütterlichen Zuneigungsschwankungen (Ambivalenzen) illusionslos zu betrachten

[21]In den Eifersuchtsspielen (s. auch am Anfang zwischen Mutter und Großmutter) werden die zentralen Altersrollen-Grenzen durchbrochen.

und sich nicht mehr wie früher falsche Hoffnungen zu machen.[22] „Wenn sie dann angerufen hat, ich sollte kommen, hab ich halt mit ihr geredet.. und da hab ich mich auch nicht verweigert. Aber ich hab mir auch keine Illusionen mehr gemacht, daß es so bleibt. Ich wußte: wenn das mit den beiden wieder klar ist, dann bist du wieder dran."

Zu den eigenen Partnerbeziehungen:
B war Männern gegenüber anfänglich (wie könnte es auch anders sein?) „sehr ängstlich und zurückhaltend, hab mich also kaum von ihm anfassen lassen und so. Also ziemlich gestört." Sie fährt fort, von ihrem ersten Typen zu erzählen: „ich fand ihn nicht schlecht und nicht abstoßend. Aber ich hab eben Angst gehabt, mich anfassen zu lassen überhaupt. Über so'n Küßchen auf die Wange gings nicht hinaus. Dann hat der Typ wohl nur (lacht über sich selbst) die Möglichkeit in einer Heirat oder Verlobung gesehen, denn nach einem halben Jahr kam der schon damit."
Die Affäre ging vorbei und nach diesem Typ hat sie dann nur noch auf cool geschaltet: „..darauf geachtet, daß mein Interesse an einem Typen nicht zu weit ging. Hab mich nach diesem Typ sehr bemüht, keine intensiven Beziehungen zu irgend jemandem aufkommen zu lassen." Und wenn das Interesse zu groß wurde, habe sie, statt dem nachzugeben, eher dafür gesorgt, daß die Beziehung auseinander ging und sie selbst dabei dem andern den Schwarzen Peter zuschieben konnte (z.B. nach Fehlern bei ihm gesucht). „Die wollten alle heiraten (lacht). Und wenn's soweit war.. ich bin zu Verabredungen nicht mehr gekommen, pampig geworden, hab einfach den Typ ganz cool behandelt... Damit macht man jemanden ganz schön kaputt!" Sie hatte jedoch zuletzt seit zweieinhalb Jahren eine „total neurotische" Beziehung zu einem Typen. Von dem konnte sie nicht freikommen – das zeige sich daran, daß, wenn sie versuchte, eine andere Beziehung einzugehen, sie bei diesen andern Typen regelrecht nach Fehlern suchte (s.o.). B mag lieber „femininere Männer".

Zum Zusammenhang Drogen – Beziehungen:
Shit habe sie zuerst geraucht, als sie einen dealer kennenlernte.

[22] Mit andern Worten: sie hat sich gegen mögliche Kränkungen schützen gelernt.

Zunächst habe sie Angst gehabt, dann sei es ihr gut gegangen. Die Beziehung sei aber auf der Küßchen-Ebene geblieben.
O habe sie zuerst geraucht. Das Drücken sei damit losgegangen, daß sie einen Rezeptblock geklaut habe, ein Typ habe ihn gefälscht und ihr einen Teil abgegeben. Dann habe sie angefangen, ganz wenig zu drücken. Der erste Schuß sei „tierisch gut" gewesen. Sie habe ihn im Park gemacht: „Ich fühlte mich so eingeschlossen in was ganz Schönes. Ich war richtig geschützt.." Sie sagt anschließend, das sei ebenfalls ein dealer gewesen, der sie auf O gebracht habe. Der habe sie auch auf die Rezeptsache angemacht.
Anschließend ging sie nach M und stieg dort voll in die harte Drogenszene ein. Dort habe sie einen Typen kennengelernt, der habe zwar auch gedrückt, sei aber nicht der „king" in der scene gewesen. Der sei auch nicht abhängig gewesen. „Mit dem hab ich auch ab und zu mal gebumst, zuerst für Stoff, später nicht mehr nur deswegen." Sie wird schwanger, will zuerst abtreiben, beschließt aber im letzten Moment, das Kind doch zu behalten. (Auch hier wird dem Kind, wie fast immer – auch in sogenannten „normalen" bürgerlichen Beziehungen –, eine von Eigennutz diktierte Rolle zur Stabilisierung der Beziehung zugeschrieben.) Sie heiratet diesen Typen, die Beziehung läuft eine Zeitlang ganz gut. Sie bekommt von einem Arzt Valium verschrieben (wahrscheinlich um den Entzug zu erleichtern) und wird, nach eigenen Worten, „valiumsüchtig". Dann kann sie den Typen nicht mehr ausstehen, „flippt" psychisch aus und kommt für vier Monate in stationäre Behandlung in die Psychiatrie. Das Kind kommt zur Welt, stirbt im Alter von 2 Jahren wegen ärztlicher Fehldiagnose (Meningitis). B flippt wieder aus, beginnt unheimlich zu saufen und Unmengen Schlaftabletten zu schlucken. Als das Kind schon tot war, habe sie ihm noch Kleider gekauft. Der Typ dagegen habe ganz anders reagiert, habe alles verdrängt. Daraufhin macht B einen Suizidversuch mit Tabletten. Zur gleichen Zeit, als sie die Tabletten schluckte, so erzählt B, habe ihre Mutter das „Gefühl" gehabt. „daß mir was passiert sei". Die Mutter habe deshalb bei B angerufen, und als sich niemand meldete, habe sie (von außerhalb) telefonisch eine Freundin von B zu ihrer Tochter geschickt. So wurde B gefunden.
B kehrt nach diesem Klinikaufenthalt zu ihrem Mann zurück, er macht ihr Eifersuchtsszenen, sie trennt sich von ihm und zieht

nach H, wo die Mutter sie bei der Scheidung unterstützt: „Die konnte meinen Mann nie leiden. Hat mir viel geholfen mit der Scheidung, hab damit gar nichts zu tun gehabt und er ist schuldig geschieden."
Nach der Scheidung hatte sie wieder eine starke Drogenphase (wieder in Verbindung mit einem Typen), viel shit und O geraucht, ab und zu geschossen.
Erzählt zum Schluß noch, daß sie bei ihrem ersten trip auf den Horror kam: die Gesichter ihrer Umgebung zerfielen wie Kalkmasken, sie hatte Angst.

020 Gregor (Schweiz)

24 Jahre, mit 17 von zu Hause fort und endgültig selbständig gemacht; Eltern stabile US, zuvor aber viel ökonomisches Auf und Ab; empfindet sich eher als unerwünscht: „ich passierte einfach"; ist vor 17 schon mehrmals von zu Hause abgehauen, das erste Mal mit 15; Lehre abgeschlossen. A-Präferenz, hat nicht viel gedrückt, dafür jahrelang stark A (oral) genommen; stark gedealt, ziemlich auffällig.

G erzählt zu Beginn, daß er im Alter von 12/13, als seine jüngere Schwester zur Welt kam, sich viel auf der Straße rumtrieb. Mutter und Vater seien arbeiten gegangen. Ab 13 hätten sie dann bei ihm an Aufsicht nachholen wollen, was sie vorher versäumt hatten. In seiner Kleinkinder-Zeit hätten die Eltern ebenfalls gearbeitet. Er kam tagsüber in die Kinderkrippe und wurde abends abgeholt. Er habe früher beide Eltern gleich stark abgelehnt, fühle sich heute aber insgesamt seiner Mutter näher; seinen Vater beschreibt G als autoritär. Er sei mit 17 von zu Hause abgehauen, weil seine Eltern zu restriktiv waren. Seinen Vater habe er früher total abgelehnt; heute könne er, G, wenigstens ein gewisses Maß an Verständnis für seine Situation aufbringen.
Nach G's Meinung hätte die Ehe seiner Eltern schon längst getrennt sein sollen: der Vater sei ewig fremdgegangen, die Mutter habe sich zu Hause isoliert. Meint, der Vater habe oft aus Trotz mit einer anderen Frau geschlafen, die Mutter hab sich dann zurückgezogen usw. Der Vater sei „recht verschlossen", so daß die Mutter an seinem Verhalten oft ausgeflippt sei. Auf der anderen Seite hänge die Mutter auch heute noch am Vater, liebe ihn noch und wolle auch nicht die Pension verlieren. Die Eltern hätten ihre

Konflikte sehr heftig, aber offen ausgetragen – so heftig, daß sie auch mal aus einer Wohnung rausflogen.
G erinnert sich an diverse Ängste, die er in seiner Kindheit hatte. Zum Beispiel Trennungsängste: Seine Eltern gehen abends weg, er muß ins Bett; er bekommt riesige Angst und rennt ihnen im Nachthemd nach. Ferner litt er an elterlicher Überfürsorglichkeit, was seine Kleidung anlangte; so mußte er im Sommer im Anzug rumlaufen. Ähnliche Leiden waren auch ökonomisch bedingt: Als spitze Schuhe in Mode waren, bekam er keine: „die sind doch in sechs Wochen durchgekickt". So mußte er irgendwelche klobigen Schuhe anziehen und wurde dafür von seinen peers diskriminiert. Sodann durfte er seine (geschenkten) Jeans nie vor den Eltern anziehen. Hat sich deshalb immer im Keller umgezogen: „war mit 15 in einer Halbstarken-Gang und mußte immer meine Kleider im Keller anziehen". Schließlich weiß G auch von intensiven Körperängsten zu berichten. Auch seine Frisur war zu Hause ein Problem: Die Mutter wollte ihm nachts, als sie ihn schlafend glaubte, die Haare heimlich mit der Schere abschneiden. Die Eltern hätten ihm dann über lange Zeit hinweg immer wieder das Haare-Abschneiden einreden wollen.
„Für mich wars ein Müssen, in die Schule zu gehen. Mir sollte es einmal besser gehen als ihnen – das alte Theater! Und eigentlich wollten sie einen Gymnasium-Schüler." G setzte es dann gegen seine Eltern durch, nach Beendigung der schulischen Pflichtjahre eine Lehre zu machen, die er auch beendete. Kurz darauf bekam seine Freundin ein Kind – er war damals noch nicht 18 und hat bis zu diesem Zeitpunkt zu Hause gewohnt –, worauf G erst mal nach Marseille abhaute, wo er zum ersten Mal shit rauchte. Danach hat er in Italien mit einer Gruppe ein halbes Jahre lang Musik gemacht. Anschließend fuhr er wieder nach Hause und hätte die Freundin wegen des Kindes beinahe geheiratet. Die habe jedoch das Kind nicht gewollt, wollte es zur Adoption freigeben, da hat er sich von ihr getrennt. Danach kam die Zeit, „wo ich abgefuckt bin – also speed ...".

Nochmals zum Elternhaus:
G erzählt, daß die Mutter mindestens einen Suizidversuch mit Schlaftabletten gemacht hat. Er wohnte damals ganz in der Nähe seiner Eltern und der Vater kam bei ihm vorbei und fragte G, was er machen solle. G glaubt, daß dies bei der Mutter die letzten ver-

zweifelten Versuche waren, in der verfahrenen Beziehung zu ihrem Mann doch noch etwas zu ändern. Sie habe auch öfter zu G gesagt: ich bring mich jetzt um, so geht das nicht weiter. Er meint ferner, mit ihrem Selbstmordversuch habe sie den Vater bestrafen wollen.

Anschließend erzählt er von seinen Großeltern väterlicherseits: das seien wahnsinnig gute Menschen gewesen; eine Zweierbeziehung, die bis zum Schluß (Tod beider Großeltern nacheinander) fruchtbar und liebevoll gewesen sei. G erinnert sich an keine strukturellen Konflikte zwischen den Großeltern väterlicherseits und seinen Eltern. „Und der einzige Grund – das ist wohl das Übliche –, weshalb es Reibereien gab, war ich: Wenn mich mein Vater ungerecht behandelte, war mein Großvater der erste, der dagegen einschritt." (In der ersten Zeit haben G's Eltern bei seinen Großeltern gewohnt.)

G hing sehr an seinem Großvater, der hätte sich immer auf ne dufte Weise durchgebracht. Er habe sich als Auslandsschweizer in Frankreich eine Existenz aufgebaut, die sei durch den Krieg zusammengebrochen, bei Kriegsende sei er Invalide gewesen, sei mit Schnürsenkeln über Land getippelt und habe G dabei mitgenommen. „Ich denk viel an ihn zurück. Es hat mich auch schwer getroffen, als er starb." Auch die Großmutter beschreibt er sehr positiv. Er sei anfänglich fast nur bei den Großeltern gewesen, während die Eltern arbeiten gingen.

Danach seien die Eltern voll auf den Arbeitstrip gekommen, Existenz aufbauen und sichern, und das habe die elterliche Beziehung kaputtgemacht. Aber das sei nicht der einzige Grund für die elterliche Entzweiung gewesen: „mein Vater war echt unehrlich.. in den ganzen Beziehungen und so ... Jede Zweierbeziehung, die nicht auf Ehrlichkeit aufgebaut ist, wird zusammenbrechen."

Was für'n Typ is er so?

„... er hatte es schwer. Ich mußte noch seine Briefe korrigieren, da er bis zur vierten Klasse französisch erzogen wurde und dann mit seinen Eltern in die deutsche Schweiz verpflanzt wurde. Aber er war ein Organisationstalent." Hat sich in Vereinen, Clubs organisatorisch hervorgetan: auf dem Sportsektor, als Präsident der christlich-sozialen Gewerkschaft in B. Habe auch keinen richtigen Beruf erlernen können, weil er aus ökonomischen Gründen nach der Schule gleich arbeiten mußte.

G glaubt, daß sein Vater ziemlich von Anfang an fremdging, und die Mutter habe das nicht gewußt. Als sie es plötzlich erfahren habe, sei das wohl ein wahnsinniger Schlag für sie gewesen, denn sie sage ja heute noch, daß sie ihn liebe. Das sei bis jetzt so weitergegangen, daß er nebenbei eine Freundin hatte, „und die Freundinnen werden immer jünger, oder?... (Der Vater) hat auch immer seltener mit ihr (Mutter) geschlafen. Ich hab meiner Mutter schon lange gesagt, sie soll versuchen, sich zu trennen von ihm. Sie haben jetzt quasi 25 Jahre nebeneinander miteinander gelebt. Meine Mutter will auch einfach nicht auf die Pension verzichten.. Aber eben jetzt haben sie sich wohl getrennt, als ich das letzte Mal da war. Die Mutter wohnt jetzt mit ihrer Schwester zusammen, die sich ebenfalls von ihrem Mann getrennt hat." Die Mutter sei auch „regelmäßiger Gast" in den verschiedenen Kollektiven, in denen G bis heute gewohnt hat. Sie habe die Gruppe regelmäßig mit Konfitüren und Kuchen versorgt. „Ich weiß, sie findets echt aufgestellt, was hier passiert." Er habe von der Mutter den Eindruck, daß sie bei ihrem letzten Treffen zum ersten Mal gelöst gewesen sei, seitdem die jahrelangen Konflikte mit ihrem Mann an die Oberfläche gekommen seien.

G schildert glaubhaft, daß er mit Gleichaltrigen und später mit Mädchen keine besonderen Probleme gehabt habe; bei den Gleichaltrigen sei er sogar im Lauf der Zeit in eine gewisse Führungsrolle hineingewachsen. Dann kommt er nochmals auf die Drogen zu sprechen: Er habe nie bis zur körperlichen Abhängigkeit gedrückt, nur einmal habe er vom Opiumessen drei Tage Entzugserscheinungen gehabt. G gehört zu den Interviewten, die mit dem klarsten Bewußtsein aus ihrer Phase intensiven Drogengebrauchs hervorgekommen sind. Früher, sagt er, sei er speed-freak gewesen und habe es immer genossen, wenn er in den Spiegel sah und so abgefuckt wie möglich aussah. Dann habe er einen großen Bewußtseinsumschwung erlebt, der dazu führte, daß er seine körperliche Basis nicht länger vernachlässigte und von den Drogen runterkam (ausgenommen gelegentliches Haschischrauchen). Interviewer und G unterhalten sich über Abhängigkeiten in Beziehungen. G's Einsicht, die er umzusetzen trachtet: der Kampf gegen gesellschaftliche Abhängigkeiten beginnt auf der Ebene der alltäglichen Lebensorganisation, d.h. mein Leben als Kollektivmitglied, meine Arbeit und zusätzlich vielleicht eine Zweierbeziehung. Die Gesprächspartner unterhalten sich über Leben auf dem

Land; G meint, daß dazu, wenn es nicht zum bloßen Rückzugstrip ausarten soll, sehr viel Verantwortung bei den Beteiligten gehört. Diese Verantwortung und Selbständigkeit sieht er augenblicklich bei den Mitgliedern seiner Gruppe im Durchschnitt noch nicht gegeben; so brächten es wahrscheinlich nur die wenigsten, regelmäßig in der Frühe aufzustehen und das Vieh zu versorgen.
Die sehen nur den Speck und nicht den Weg dahin.
„Ja, die wissen nur, daß die Milch aus dem Migros[23] kommt."

021 Herbert (BRD)

22 Jahre, gegenwärtig im Knast, wohnt aber noch zu Hause; von 0 bis 5 Erziehung durch Verwandte, ab 5 bis heute vollständige Familie; nach eigener Meinung noch nicht selbständig gemacht; mehrmals von zu Hause abgehauen, das erste Mal mit 15; Eltern: oUS; keine Meinung zu „erwünscht/unerwünscht"; Berufsausbildung zweimal abgebrochen.
O geraucht, A oral, mäßig auffällig, mäßig gedealt, wenige Schüsse gesetzt bekommen.

Beziehung zu den Eltern:
Die Eltern besuchen ihn im Knast. Sagen, er solle sich gut halten, nicht frech zu den Beamten sein, damit er bald rauskomme. Sagen ferner: das war ja zu erwarten gewesen, daß du in den Knast kommst. H entgegnet auf solche Ratschläge und Ermahnungen garnichts mehr: „Ich bin irgendwie ziemlich kalt geworden. Mich interessiert das überhaupt garnicht mehr." Denkt dann bei sich, wenn die Alten solche Sprüche loslassen, „daß sie vielleicht ihren Teil dazu beigetragen haben". Es sei nicht möglich, mit ihnen ehrlich über Erziehungsfragen, ihren Anteil an seiner jetzigen Situation usw. zu reden. Erst im Knast sei ihm bewußt geworden, daß bei den meisten Knackis die Gesellschaft schuld ist. Er habe Drogen damals aus Neugier genommen oder vielleicht, weil er benachteiligt worden sei.
In welcher Weise benachteiligt?
„Ja, in der Firma vielleicht; beim Sport; als meine Schwester zur Welt kam (H war damals 12), war ich im Hintergrund." Ferner war er enttäuscht darüber und fühlte sich zurückgesetzt, daß wohl der Opa (der nicht ins Altersheim wollte), nicht aber er zu Hause

23 Schweizer Ladenkette

ein eigenes Zimmer haben durfte. H mußte im Wohnzimmer schlafen. Er habe sich zwar bei den Eltern immer wieder darüber beklagt, die sagten aber: wir können deswegen doch nicht extra umziehen. Dann habe er seinen Ärger halt runtergeschluckt. Wegen seiner Wohnsituation hatte er auch Angst, Freunde mit nach Hause zu bringen. Die Freundin konnte er nur mitbringen, wenn die Eltern im Urlaub waren. „Ich hab, glaub ich, zuviel in mich reingefressen" ... „Wenn ich auf Droge zu Hause war, konnte mich nichts mehr anmachen, da war mir das echt egal". Dann wollte er mal ausziehen, das habe sich aber wieder zerschlagen, weil der Typ, mit dem er zusammenziehen wollte, sich anders entschied und mit einem Mädchen zusammenzog.
H hat 1972 das ganze Jahr über nicht gearbeitet, aber zu Hause gewohnt. Sagten die Eltern: Geh zum Arbeitsamt, such dir ne Arbeit. Er: Jaja, fuhr morgens los, kam abends wieder und sagte, er hätte Arbeit. Seine Grundsituation zu Hause: Er hat in sich reingefressen, sich von den Eltern völlig entfremdet und sich zurückgezogen, „aus Rücksicht" und Angst Filme vorgemacht und gelogen. Er habe immer Rücksicht nehmen müssen, habe z.B. nie die Musik hören können, die er wollte.

Als der Vater entdeckte, daß H Drogen nahm – er fand mal ein Stück shit –, wollte er das Stück zur Polizei bringen, drohte auch, wenn das nochmal vorkomme, würde er H zur Polizei schleifen. H sagte darauf: ja, das seh ich ein, kommt nicht mehr vor – sei aber „unwahrscheinlich schockiert" gewesen, daß sein Vater ihn zur Polizei hat bringen wollen. Immer wenn er dann in der Folgezeit später nachts nach Hause kam, sei die Mutter aufgestanden, ins Wohnzimmer gekommen, habe Licht gemacht, ihn kontrolliert und gesagt: na, hast wohl wieder was genommen! Er erzählte dann immer: ich nehm das Zeug nicht mehr, nahm aber fleißig weiter. Er konnte seinen Film aber nur soweit durchziehen, daß er Ruhe für einen Tag hatte. Am nächsten Tag ging das wieder von vorn los. Der Vater habe auch mindestens zweimal seine ganzen Sachen durchsucht. Ansonsten sei aber kein offenes Wort über das Durchsuchen, über Drogen etc. geredet worden; es gab nur Ermahnungen. „Da hab ich jaja gesagt, und da ist das für mich gelaufen." Sein Vater sei in Diskussionen immer so „verbissen", fühle sich immer im Recht.

Was hält dich davon ab, den Film, den du zu Hause vorspielst, reißen zu lassen?
„Wahrscheinlich, daß mich meine Eltern dann nicht mehr aufnehmen würden. Ich müßte dann meine Zeit hier voll absitzen." Die Eltern seien ihm aber sonst egal. „Der einzige, der mir vielleicht nicht egal ist, ist meine kleine Schwester."
Drogen, meint H, „haben mir überhaupt nichts gebracht", seien ein großer Reinfall gewesen: „hab meine Lehre dadurch versaut, bin hier durch die Drogen". H hat shit und trips benutzt, um wegzudröhnen, abzuschalten – eine ungewöhnliche Art, Halluzinogene zu gebrauchen: „Brauchte unheimlich viel Haschisch (am Schluß), um ein bißchen hochzukommen." An manchen Tagen habe er nur drei Pfeifen geraucht, an anderen 10–15. Trips hat H in ähnlicher Weise benutzt, hatte trip-Remissionen. Einmal hat er zu Hause (!) vier Meskalin-trips geworfen; wollte daraufhin aus dem Fenster springen (was keinesfalls überrascht); die Mutter habe ihn festgehalten. Er sei dann ausgeflippt, die Eltern brachten ihn zum Arzt, wo er Beruhigungsspritzen kriegte. Allgemein habe er, wenn er Konflikte mit seinen Alten zu erwarten hatte, vorher einen trip eingeworfen. Zum Beispiel wenn er wußte, jetzt würden sie wieder davon anfangen, warum er nicht arbeite. Oder wenn er sich gehengelassen, geschrieen hatte und dann abgehauen ist und schon wußte, wenn ich wieder heimkomme, dann gehts weiter: In solchen Fällen hat er schnell ein paar Pfeifen geraucht, dann „hab ich das garnicht mehr mitgekriegt".
Der folgende Dialog zeigt sehr deutlich H's aufgesetzte coolness und deren Abwehrcharakter:
„Ich find das nicht gut, wenn man die Beherrschung verliert und sich total gehen läßt; ich finde, das kann man lernen. Ich hab das versucht, aber'n paarmal hab ich das nicht geschafft..."
Das heißt, daß du dich von vornherein immer als Unterlegener fühltest? Daß, wenn du geschrieen hast, du merktest, daß du noch mehr unterlegen wurdest?
„Genau! Daß dann meine Eltern vielleicht sehen, daß ich denn.. äh.. doch ziemlich schwach bin. Daß ich mich..hm.. gehenlasse, ne.."
Du fühltest dich stärker, wenn du nichts sagtest?
„Ja. Irgendwie ja! Ich hab denn vielleicht nur den Kopf geschüttelt oder 'jojo' gesagt.. vor mich hingegrinst vielleicht."

H berichtet, wie es zu seinem ersten Abhauen kam: „Kurz vor meinem 15. Lebensjahr hab ich mal ne Tracht Prügel gekriegt – und damals fühlte ich mich schon zu groß dazu. Da hab ich meine Sachen gepackt und bin abgehauen. Wie ich wieder nach Hause kam, lief alles prächtig, wunderbar! Meine Mudder war froh, mein Vadder war froh, und die ham sich Sorgen gemacht und da pipapo und da nochmal. Und so.. nach einer Woche, da lief das wieder den alten Rhythmus: So, nu tu mal das! Räum mal wieder den Schrank auf!"

Später sei er noch ein paarmal nach Dänemark getrampt, ein paar Wochen geblieben, „bis ich dachte, so, jetzt mußt du wieder zurück!" Der Vater lag schwer kaputt im Krankenhaus. „Da dacht ich, Mensch! Du mußt jetzt zurück! Sonst klappt der Vadder zusammen. Meine Mutter is *auch* nervlich ziemlich schwach..."

Wie ist das jetzt: geben dir deine Eltern zu verstehen, daß sie enttäuscht sind von dir, oder daß du mit ihnen rechnen kannst?

„*Hier* wollen sie mir sagen, daß ich mit ihnen rechnen kann. Aber ich bin jetzt schon so viele Male enttäuscht worden, daß.. nach 'ner gewissen Zeit hat sich immer der alte Rhythmus wieder eingespielt, ne."

Freundin, Mädchen:

Das Kapitel „Beziehungen zum andern Geschlecht" ist bei H ebenfalls ganz deutlich durch Enttäuschungen, Abwehr von Gefühlen und Rückzug gekennzeichnet: er sei angepiekt worden von einer „Butze", die aus Amerika zurückkam. Die habe ihn regelrecht angemacht. Sie hätten sich ein paarmal getroffen, wobei sie ihm ab und zu einen speed-Schuß gesetzt habe. Danach sei der Kontakt auseinandergegangen: „Ich hab sie ne Zeitlang wieder getroffen, dann hab ich gehört, daß sie mit so'nem andern Typen zusammen sein sollte, dann.. hab ich mich auch weiter nicht mehr drum gekümmert."

Kurz bevor er in den Knast kam, habe er noch seinen „Idealpartner" kennengelernt: „Sie gibt sich so, wie sie ist und.. vor allen Dingen läßt sie sich nicht so schnell von ihrer Meinung abbringen."

Willste mit ihr was zusammen machen, wenn du hier raus kommst?

„Nö. Die hat sich vor kurzem verlobt (lacht verlegen). Jo, aber das macht nichts! Ich mein, sie hat gesagt, wenn ich irgendwelche

Sorgen hab oder Probleme hab, ich kann jederzeit zu ihr kommen. Un den.. Typen, mit dem sie sich verlobt hat, den kenn ich auch gut, mit dem hab ich zusammen Fußball gespielt. Ich meine ..ich finde das nicht gut von ihm.. daß sie.. ja sie hat Glück gehabt, daß sie so'n recht guten Typ erwischt hat – er genauso! Hhh! Warum soll ich da irgendwie'n Haß auf ihn oder sonst wen.. (lachtweint)."

Bist du traurig über ihn?

„Och traurig! Phh! Zuerst war ich natürlich schockiert[24], aber .. naja, hab ich mir gesagt: warum? Wenn sie glücklich miteinander sind, warum sollen sie sich nicht verloben und später heiraten!"

Hast du das Gefühl, daß du zunächst durch die Drogen und dann durch hier (Knast) gefühlsmäßig abgestumpft bist?

„Ja! Total!"

Kannst du dir vorstellen, daß du dich unheimlich in'n Mädchen verknallen könntest?

„Im Moment.. im Moment kann ich mir das beim besten Willen nicht vorstellen! Ich hab schon zu 'nem Kumpel von mir gesagt – der ist hier und konnte das garnicht verstehen –: ich würd jetzt, glaub ich, kaum weinen können oder sehr traurig sein, wenn irgendjemand, meine Eltern, meine Mutter oder mein Vater sterben würde.. könnte auch kein Mitleid haben."

H hatte bisher eine feste Freundin. Mit der war er drei Jahre zusammen. Sie sei total gegen Drogen gewesen, ansonsten hätten sie sich gut verstanden. Er habe ihretwegen versucht, mit Drogen aufzuhören. Habe die Szene gewechselt, bürgerliche Klamotten angezogen und es so ein halbes Jahr lang ausgehalten. Dann konnte er es nicht mehr ertragen und rutschte tiefer als zuvor wieder in die Drogen rein. Nach diesem gescheiterten Versuch, ihren Wünschen entgegenzukommen, habe *er* in ihrer Beziehung „das Ruder in die Hand genommen"; sie habe dann nur noch jaja gesagt. Er habe ihr dann heimlich einen trip in die Cola getan, danach hatte sie kein Vertrauen mehr zu ihm; die Beziehung ging ein halbes Jahr, bevor H in den Knast kam, auseinander.

[24] In H's gefühlgebremstem Sprachduktus ist dies offensichtlich die Bezeichnung für tiefste Enttäuschungs-Erlebnisse

022 Philip (BRD)

22 Jahre alt, seit 18 nicht mehr zu Hause und endgültig selbständig gemacht; von 0 bis 18 vollständige Familie, vorher nicht von zu Hause abgehauen; Eltern MS, hält sich für erwünscht, noch keine Berufsausbildung. In letzter Zeit öfter O gedrückt, vorher viel A oral, Halluzinogen-Präferenz; fast unauffällig, gibt 2 Entzüge an, mäßig gedealt, 1 Gelbsucht.

Die Unterhaltung beginnt mit dem Bereich Sexualität. P schildert, daß er zuerst eine sexuelle Schüler-Lehrer-Beziehung zu einem Typen hatte (wo er der abhängige Teil gewesen sei), daß er lange Zeit Mädchen gegenüber zu schüchtern war, sie romantisiert habe, daß er schließlich lange Zeit trennte zwischen Mädchen „zum Ficken und sonst nichts" und Mädchen „mit nem duften Draht und Romantik, aber ohne Ficken". (Dachte bei dieser letzteren Sorte Mädchen, „wenn ich mit ihr schlafe, geht irgendwas kaputt".) Diese Zweiteilung war also die Rationalisierung seiner sexuellen Hemmungen. Die erste intensivere Beziehung zum anderen Geschlecht hatte P mit einem Mädchen, das älter war als er: „Ich war auch nicht der Typ, auf dem sie stand, aber ich hatte ja ne Wohnung."
Lebte in D allein und „ziemlich isoliert", während er noch auf die Oberschule ging. Soziale Beziehungen habe er nur in den Ferien gehabt, wenn er nach Hause nach B fuhr. Als er wieder mal nach B kam, rauchten plötzlich alle Leute, die er kannte, shit. Zurück in D fängt er an, mit shit zu experimentieren, nimmt auch häufiger speed-Pillen morgens zum Hochkommen, sodann probiert er Pillen auf Codein-/Morphin-Basis in Verbindung mit Halluzinogenen und nach einem halben Jahr schließlich den ersten trip (auf dem hatte er keine Halluzinationen, wohl aber das Erlebnis intensivierter Kommunikation). Nach diesem trip nimmt er vier Monate lang keinen mehr, beginnt jedoch zu schießen: „Lernte einen Typen auf der Straße kennen, der wohnte zwei Häuser weiter, und wir waren uns vorher noch nie begegnet. Und dann schoß ich auch, ne. Hab mir von ihm den Schuß setzen lassen." Seit P mit shit und trips angefangen habe, sei er nicht mehr gut gewesen in der Schule. Das hieß für ihn: „Hatte zwar noch Interesse am Stoff, aber die Schule als solche.. hatte das Gefühl, da wird man programmiert.. zum angepaßten Bürger." Schildert die Beispiele: Deutschunterricht als Kulturgut, keine kritische Haltung, Einengung. Auf der anderen Seite habe er aus shit

und trips unheimlich viel gelernt: „Hab auf einmal alle Sachen ganz anders gesehen." Er habe den Konsumzwang gemerkt, „daß unsere Konsumgesellschaft ne unheimlich hohle Sache ist. Ich kam auch auf Natur, hab zum ersten Mal den Wald gesehen, mit dem ich vorher nichts anfangen konnte." Durch trips habe er „Gefühle" kennengelernt und „Einsichten" gehabt.

P erzählt weiter zum Schießen: Bevor er den Typen kennenlernte, der ihn anpiekte, dachte er, Opiate und Schießen seien identisch mit abgefuckten Typen, Opiumhöhlen und so. Aber: „Der Typ war ganz normal – und der schoß!" Zuerst habe er ab und zu mit ihm gedrückt – einmal die Woche, dann ein bißchen öfter. „Das gemeinsame Schießen hat uns verbunden: er suchte Kontakt und ich auch. Ich suchte'n Freund. Das war der erste Typ, mit dem ich richtig reden konnte." Sein, P's, anfängliches Verhältnis zum Schießen sei durchaus reserviert gewesen: „Es gehörte halt dazu. Wir waren zusammen, er hat geschossen, dann mußte ich auch. Ich fand's auch nicht Scheiße, das Schießen; 's war schon gut, war aber nicht besser als kiffen. Wie er weg war, in der Klapsmühle, hab ich auch aufgehört. Ich war aber unheimlich am Rotieren, als er weg war... Er hat halt geschossen, da hab ich auch geschossen. Hätt er gekifft, hätt ich auch gekifft. Also mir war alles recht, ne." Schildert dann, wie er allmählich beim Schießen zum ersten Mal „Abhängigkeit von Drogen" merkte, wie er sich Gedanken machte. Schießen war ihm unheimlich geworden, die Wirkung sei ganz gut gewesen, zwar „nicht der Hit", aber ganz dufte; aber alles, was damit zusammenhing, Bullen, dem Zeug hinterher rennen, abhängig werden, das habe ihm Angst gemacht. Daraufhin habe er aufgehört. Später habe er dann wieder angefangen.

Vorher habe P nur oberflächliche Beziehungen gehabt; mit dem Schießer hatte er die erste intensivere Kommunikation. „Wenn ich mir das aber hinterher überlege, war das auch Illusion: der war immer voll.. Damals war's aber gut; ich hatte jemanden, mit dem ich über alles labern konnte."

Danach ging P zurück nach B. Dort hatte er keine Wohnung, wollte mit der Schule aufhören, blieb dann aber dabei und wechselte die Schule. In B sei mehr action, aber auch mehr Flipperei als in D gewesen: Er sei immer angetörnt gewesen. P verbrachte seine Zeit in einer Clique von fünf Jungen; die hätten auch gedrückt, und ihre Beziehung sei durch latente Homosexualität

gekennzeichnet gewesen: Zwei Typen seien richtig schwul gewesen, das sei aber über lange Zeit nur unter der Oberfläche gelaufen. Beim Drücken jedoch hätten sie ein duftes feeling zusammen gehabt. „Da fingen auch ein paar sexuelle Dinge an, als wir geschossen haben. Wenn mich ein Typ gestreichelt hatte, hatt ich nichts dagegen, fand ich ganz gut." Erst später habe er mal mit einem Jungen geschlafen, das sei „ganz gut" gewesen, aber „ziemlich hektisch". Der andere sei ziemlich schnell befriedigt gewesen, dann sei es aber „hohl" geworden, „verkrampft" und „hektisch". P hatte damals überhaupt keine Freundin.
P wohnte zu jener Zeit bei einem Freund und dessen ausgeflippter Mutter, die auch kiffte; dort hätten sie zu zehnt mit einer Platte shit und Rotwein zwei Tage lang rumgehockt, aber mit „ziemlichen Spannungen". „Und da hab ich dann so richtig die wohltuende Wirkung des Opiums gemerkt, konnt mich nichts mehr nerven." P wiederholt: er habe immer nur ganz vorsichtig gedrückt, hatte ne unheimliche Angst davor, abhängig zu werden. „Hab einfach zu viel abgefuckte Leute gesehen. Das Zeug sollte nicht mein ganzer Lebensinhalt werden." Trips habe er viele genommen, über 200. P habe auf trip „seine Sozialisationsscheiße" gesehen. Dachte, er könne sie mit trips kaputt machen und neu anfangen. P suchte stets nahe, offene Kommunikation und Bewußtseinserweiterung; er war sensibel für alle Verschlossenheiten, Abwehren, Spannungen in Beziehungen. „Schießen war nicht das, was ich unter Bewußtseinserweiterung verstand." Und: nicht alle Kommunikation, die über Drogen lief, sei bewußtseinserweiternd gewesen. P's Mutter wußte, daß ihr Sohn shit, Tabletten, trips nahm; nur vom Schießen hatte sie keine Ahnung. Die Eltern hätten ihn seinerzeit in B besucht; hätten auch, als er mit der Schule aufhören wollte, den Schulwechsel für ihn organisiert.
P erzählt von einem guten Mescalin-trip, den er hatte: „...da merkte ich, daß man beim Sterben nur den Zustand wechselt, daß man unsterblich ist, daß nichts passieren kann... ich merkte auch, daß ich mit den Leuten machen kann, was ich will."
P sieht viele Schwächen bei sich bereits sehr deutlich (wobei das Umsetzen der Einsichten auf einem anderen Blatt steht); so sagt er von sich, Beziehungsängste und sexuelle Ängste, „die hab ich einfach weggedrückt". Er habe Angst vor Kontakten mit Mädchen gehabt; bei Typen sei das anders gewesen, die hätten *ihn* angemacht. „Ich bin bei Problemen immer ausgewichen, hab

mich immer gedrückt, war immer passiv. Das will ich überwinden."

Beziehung zu den Eltern:
P hat sehr deutlich ein Gefühl für das, was wir konsistente oder widersprüchliche Kommunikation über verschiedene Ebenen hinweg nennen: „..daß du auf allen Sinnen, die du hast, das Gleiche empfängst". Schildert widersprüchliche Kommunikation bei seiner Mutter:
„Oder sie sagt: 'sicher, ich seh's ja ein, ist ja gut für dich, daß du von zu Hause weggehst', ne, und da drunter, das kriegst du dann so mit: 'Bleib doch hier!', verstehst du, oder Aggressionen.."
Jaja, denn sie ist ja immerhin 'deine Mutter': 'Kind, ich bin doch mal deine Mutter, ich kann nicht anders!'
„Hmm! Das's ne irre Entschuldigung!"
Das's ne linke Entschuldigung!
„Die hab ich ja auch mal akzeptiert.."
Ja, ich auch mal..
„Dacht ich, ja, sie ist ja meine Mutter, sie kann nich anders.."
Ja, es ist so link, damit wickeln sie dich total ein!
„Ja, und ich bin immer.. ich bin auch jetzt noch eigentlich.. manchmal im Widerspruch, wenn ich so überlege, in der Beziehung zu meinem Alten, da komm ich immer nich auf einen Nenner, ne. Weil, also manchmal denk ich immer, naja, er hat mich also an'n Arsch gemacht, aber er konnt nich anders. Und dann kommt immer der Zweifel: vielleicht konnt er doch anders?" Jedenfalls weiß er noch sicher von sich: „Hab den Alten gehaßt, hab gedacht, Interesse hat der sowieso keins an mir!" Inzwischen habe sich seine Beziehung zu ihm geändert: „Der Alte hat sich mit der Arbeit ziemlich kaputt gemacht, hat Selbstbestätigung draus gezogen, Überstunden gemacht und all sowas. War nicht tariflich angestellt, hat nur ne Pauschale bekommen, da waren Überstunden mit drin; die haben ihn da ziemlich ausgenutzt. Er hat irre psychosomatische Störungen gehabt, ne, und mit Unmengen von Drogen bekämpft und im Krankenhaus gelegen und so'n Scheiß. Und von daher.. ich weiß nicht, ob das mit mir zusammenhängt, da haben wir uns mal lange drüber unterhalten, da hat er sich geändert. Hat erst mal'n coolen job gemacht, denkt an sich, läßt sich nicht mehr vollquatschen, bekämpft jetzt nicht mehr seine Leiden, sondern weiß, wo sie herkommen. Auch die

Mutter, die hat neulich mal angerufen – es gab mächtig Krach –, sie weiß nicht mehr weiter. Was sie machen sollte; ob sie mal abhauen sollte? ...Aber sie sind ziemlich isoliert, sie kann nicht abhauen, kennt keine andern. Durch ihre eigenen Abhängigkeiten blicken sie nicht durch!" P glaubt, er könne seine Alten noch ändern, die Interviewerin widerspricht. P darauf: „Naja, damals hab ich's missionarisch gemacht. Hoffte auch, daß sie aufhören, mich zu nerven." Er hänge noch an seiner Mutter: „Abhängigkeiten.. Man ist ja nicht nur von Drogen abhängig! Von allem, von Beziehungen; kannst auch Kuchen fixen."

P und die Interviewerin sprechen im folgenden von Abhängigkeiten in ihren eigenen Partnerbeziehungen:
Ich glaub, du hast unheimlich Angst vor Abhängigkeiten, auch vor Mädchen, ne?
P bejaht. Er wolle Beziehungen ohne Abhängigkeiten. Aber Abhängigkeiten abzubauen mache den Leuten Angst. P fragt die Interviewerin, wie es ihr gegangen sei.
Ich hab angefangen zu drücken mit R (ihrem Freund), ich hab aufgehört zu drücken mit R: Bin zu Release gegangen; hab dort aufgehört zu drücken und hab eine Beziehung mit R angefangen. Jetzt hab ich aufgehört mit R und hab wieder angefangen zu drücken.
„Hast ihn als Ersatzdroge genommen?"
Richtig.
„Umgestiegen! von M(orphium) auf R!"
Interviewerin lacht.
Wenn ne Beziehung in Verpflichtungen ausartet, dann isse am Arsch.
„Aber darauf wirste doch konditioniert!..."
Vor R hatt ich immer Angst davor, daß ne Beziehung zur Verpflichtung wird. Vor R war ich mit nem Jungen nie länger als'n paar Wochen zusammen. Jetzt bin ich wieder von ihm getrennt, jetzt denk ich wieder genauso: Ich will nich mehr längere Zeit mit nem Jungen zusammen sein oder mit nem Mädchen.
P erzählt nochmals von seinen Schwierigkeiten mit dem anderen Geschlecht: Er habe erst mit 17 zum ersten Mal mit einem Mädchen geschlafen; vorher habe er nur mit Typen zu tun gehabt. Wenn ihm ein Mädchen gefiel, habe er vor lauter Angst, sich auszudrücken, lieber das Gegenteil gemimt oder Interesselosigkeit ge-

zeigt und sich zurückgezogen: „Ich hatte immer Schwierigkeiten mit meiner Rolle – und zugleich haßte ich die Filme, die ich abziehen mußte" (also extreme Widersprüchlichkeit in den Beziehungen zum andern Geschlecht). „Ich kann das auch nicht! Das ist mein grundsätzlicher Beziehungswiderspruch von früh an, von 6–7 Jahren an, den ich bisher noch nicht grundsätzlich gelöst habe." P erzählt diesen Widerspruch nochmals konkreter: „Also ich hab's nicht fertig gebracht, wenn da zum Beispiel 'n Mädchen war, wo ich dachte, also die... irgendwie sieht sie unheimlich schön aus und bewegt sich auch irgendwie geil und ganz dufte, und ich hab auch Bock, mit ihr zu schlafen, ihr zuliebe nun genau das zu sagen, was ich da gedacht habe. Ne.. ich meine, das war ja nun damals.. die Filme, die sie alle hören wollten, da kam ich mir so blöd bei vor, und deswegen hab ich auch die Filme nicht gebracht. Vor allem, ich hatt auch immer Schwierigkeiten mit.. mit..mit meiner Rolle. So, also.. weeßte, das heißt, es gab da irgendwie so.. das is immer noch! Ich weiß nicht.."

Die beiden unterhalten sich nochmal über Drogen; die Interviewerin muß zugeben:
... mit e i n e m ? Mit b e i d e n Beinen steh ich noch in der scene!, und jetzt interviewt P *sie*. Interviewerin will das Tonband ausschalten, P verhindert das; er dreht die Rollen um[25].
P hat eine recht differenzierte und reflektierte Meinung über Drogen. Er sieht sie als mögliches Vehikel an, um die Kommunikation zu intensiveren, will auf keinen Fall in den häufigen Fehler verfallen, mit Drogen Konflikte nur abzuwehren und Filme vorzumachen. Über Opium-Rauchen:
„Da kommt so'n großer warmer Mantel, und der hält dich und da bist du richtig sicher und geborgen.. Und die ganzen Hemmungen, die du sonst so hast, die sind alle weg."
Das ist doch beim Schießen auch so!
„Naja, du dröhnst nicht so weg." Darauf unterhalten sich die beiden darüber, daß man so oder so schießen könne: „Verstehst du, da hab ich geschossen, um wirklich zuzumachen, abzuwehren, wegzudonnern. Früher hab ich grad so'n bißchen gedrückt, gerade soviel, um Sicherheit zu kriegen." Speed und harte Drogen, die einen wegdröhnen lassen, die nicht kommunikativ sind, seien „irgend so'ne Angebergeschichte". So habe er zum Bei-

25 Die Lebensgeschichte der Interviewerin erscheint unter 047.

spiel mal auf H(eroin) ne Tante aufgerissen, „auf einmal waren wir im Bett, und ich hatte gar keinen Bock." Und speed: „Da fährst du auf'n Ding ab, es ist dir aber gar nicht mehr bewußt, was du eigentlich machst." Zum Schluß erzählt P: „Erst die letzten zwei Jahre, als ich wegdröhnen wollte, hab ich mir die Schüsse selbst gesetzt. Vorher hab ich sie mir setzen lassen."
Ja, warum?
„Naja, fand ich geiler. 'n Schuß is doch'n sexuelles Ding."

023 Reinhard (BRD)

19 Jahre, zur Zeit im Knast, vollständige Familie von Anfang an; mit 16 von zu Hause abgehauen und „endgültig selbständig" gemacht; Eltern US; „erwünscht", Berufsausbildung abgebrochen; mehrmals abgehauen, zum ersten Mal mit 14.
Zuerst A oral, seither öfter A und O gedrückt; Präferenz: A und O gleichgewichtig; mittelstark auffällig, wenige Apos, mäßig gedealt (kein Entzug, keine Gelbsucht).

Auf seiner Verhandlung habe der Richter mit R's Vater gesprochen. Der Richter fragte den Vater: Na, welche Strafe würden Sie ihm (R) geben? „Sagt mein Vadder: 'die höchste Strafe, die's gibt!' ..."
„Ich war auch vom Alten aus immer das schwarze Schaf – und zwar von Anfang an." Dieser habe seine Schwester, als das einzige Mädchen unter den Kindern (R hat noch drei jüngere Geschwister), lieber gehabt. R habe sich aber die Bevorzugung seiner Schwester „nicht so anmerken lassen". Dagegen: „Mit meiner Mutter stand ich immer ganz gut." R meint, daß sein Vater heute ihm gegenüber Schuldgefühle habe.
Was meinst du mit „schwarzes Schaf"?
„Ich wurd immer vernachlässigt". R erzählt, zwischen den Alten habe es viel Konflikte gegeben. Wenn der Alte betrunken war, habe er sich mit seiner Frau gestritten, habe sie auch geschlagen. Das habe er als Kind schon mitgekriegt (zum Item „das erste angstvolle Kindheitserlebnis" gibt R eine solche Szene an). „Das war grausam! Hab manchmal die ganze Nacht nicht geschlafen. Wenn der Alte besoffen nach Hause kam, ham se sich geprügelt, Schreien, meine kleine Schwester zitterte am ganzen Körper." Sie seien damals noch zu jung gewesen, um dazwischen zu gehen:

„Ich hatte selber Angst." R vermutet, daß Eifersucht das zentrale Konfliktthema zwischen seinen Eltern war: Der Vater glaubte, seine Frau ging fremd – was R nicht für wahrscheinlich hält. Der Vater habe seine Eifersucht daran festmachen können, daß sie auf einem Fährschiff zwischen der BRD und Dänemark gearbeitet habe. Außerdem sei sie noch relativ jung gewesen und habe gut ausgesehen. Der Alte dagegen sei dick! Als R 17 war, sei seine Mutter mit dem Schiff abgehauen und nicht wiedergekommen – R hält auch Selbstmord für möglich. „Am Schluß hab ich auch zu meiner Mutter gesagt: Warum hast *du* bloß geheiratet!? Sie: naja, weiß nicht undsoweiter. Vielleicht auch, weil das Kind – in dem Fall ich also – dazwischen kam."
Wenn die Alten Streit hatten, sei sie manchmal zu R gekommen und habe geweint: ich mach das nicht mehr mit! Manchmal hätten sie beide die ganze Nacht nicht geschlafen, wenn der Alte unterwegs war, hätten immer gewartet, bis er kommt. Das sei so gegangen, bis R 13 war. Ab diesem Alter erinnert sich R an einen Einschnitt: er sei mal aus der Schule nach Hause gekommen, da habe der Alte die Mutter geprügelt, worauf R den Alten die Treppen runterschubste. „Dann wollte er auf mich losgehen. Ich bin abgehauen."

R fing mit dem Drücken an, nachdem seine Mutter weggelaufen war. Das war für R „'n ganz schöner Schock! Hab ein Jahr lang Tag und Nacht dran gedacht, und manchmal denk ich jetzt auch noch dran. Dabei ist das jetzt schon zwei Jahre her. Aber ein Jahr lang hab ich Tag und Nacht jeden Tag dran gedacht, ne. Ordentlich Gifte genommen, ne!" Auch der Alte sei ganz schön geschafft gewesen und habe geheult, als die Mutter abgehauen war.
Hast du das vorher eigentlich auch schon gemacht, Gifte genommen?
„Ja, aber nicht *so*, ne: zum Schluß war's mir nachher alles egal, ne. Hatte zu nix mehr Lust."
R hatte zum Schluß, als er noch zu Hause wohnte, mit seinen Eltern nichts mehr laufen. Er wohnte separé im Keller in einem eigenen Zimmer und kam nur noch zum Essen und Schlafen nach Hause. Er fing an zu drücken, als er noch zu Hause wohnte. Eines Abends – damals war die Mutter schon weggelaufen – kam sein Vater zu ihm in den Keller (er hatte irgendwie erfahren, daß R

drückte), sah die Pumpe liegen, riß ihn an den Haaren hoch und sagte: „'Was soll ich jetzt mit dir machen? Soll ich dich umbringen?'" Der Vater schlägt ihn, R wehrt sich nicht („was hätt ich machen sollen!"); nachdem der Vater gegangen ist, haut R ab von zu Hause.

Der Vater habe sich „praktisch überhaupt nicht um mich gekümmert". Als R seine Lehre machte (Bäcker), habe ihn seine Mutter ab und zu gebeten, mal zu Hause bei ihr vorbeizukommen. Er kamm dann, aber immer nur, wenn der Alte auf Arbeit war. Dann hätten sie geschnackt. Aber er habe seine tiefsten Probleme (mit Drogen) für sich behalten.

Wenn R jetzt mal Urlaub kriegt, weiß er überhaupt nicht, wo er hingehen soll: Sein Vater, bei dem seine jüngere Schwester noch wohnt, will ihn nicht haben; die anderen Geschwister seien aus dem Haus und hätten entweder noch keine Wohnung oder er wisse nicht, wo sie wohnten. R bejaht, daß sein Vater wohl auch Probleme gehabt habe: Die Schule habe er nur bis zur fünften gemacht, er konnte weder richtig schreiben noch lesen. Er sei nach dem Krieg gleich zur See gefahren, sei Fischer gewesen – immer 14 Tage von zu Hause weg.

R sei in seinen kindlichen peer-groups zwar nicht Anführer, aber doch ganz beliebt gewesen. Er sei öfter mit Älteren zusammen gewesen. Mit 14, 15 hätten seine ersten Mädchenerfahrungen begonnen: nach seiner Erzählung eine Art Prestige-Ficken mit viel Alkohol in einem Keller, den sich die Jungs ausgebaut hatten. Er habe noch nie eine feste Freundin, auch noch nie Ärger oder Konflikte mit Mädchen gehabt. „Es ließ mich kalt", wenn sie mit einem anderen bumste; „das war mir echt so scheißegal!" Erst die letzte Freundin sei ihm „nahe gegangen... Die mocht ich wirklich sehr gerne, ne. Und.. da war ich auch ziemlich fertig" (als sie mit einem andern bumste). R erzählt dann noch von seinen Orgasmus-Problemen: keinen hoch kriegen, Angst zu versagen. Er mochte es nicht, wenn die Mädchen aktiver waren als er.

Drogen:

Shit: man war zusammen und lachte – das fand er gut. Bei LSD das gleiche, nur viel stärker. Speed: „hab ich mehr geredet, wurde lebhafter im Unterschied zu LSD. Hab mich viel wohler gefühlt". Valium habe er nur genommen, um vom trip runterzukommen. Er habe auch Horror-trips mit Paranoia gehabt. Auf (O-)Schuß

fand er gut: das Kribbeln im Körper (flash); danach habe er sich irgendwo hingeknallt in die Ecke und nichts mehr wissen wollen.
R war auch auf Drogen auf der Arbeit. Er habe den Sohn seines Meisters auf Drogen scharf gemacht. Der habe damit Pech gehabt. Als der Meister die Zusammenhänge checkte, habe er ihn rausgeworfen.
Danch hat R einen Apo-Bruch gemacht, weil er weder Drogen noch Geld hatte.
R ist resigniert in bezug auf seine Zukunft. Er kann sich nicht vorstellen, immer zu arbeiten, kann sich auch nicht vorstellen, mit einer Freundin zusammenzuleben: „Das nervt doch auf die Dauer!" Weiß nicht, wohin er gehen soll.

024 Rudolf (Schweiz)

34 Jahre, mit 17 Jahren fort von zu Hause und „endgültig selbständig" gemacht; bis 11 vollständige Familie, bis zwölfeinhalb im Heim, die Eltern trennten sich, bis 15 bei Vater, bis 17 bei Mutter; einmal für eine Nacht von zu Hause abgehauen; Eltern MS; betrachtet sich als „erwünscht"; Berufsausbildung abgeschlossen.
Nie gedrückt, aber viel A oral (ebenfalls B), A-Präferenz; mäßig auffällig (auch Knast), mittelstark gedealt.

Das Verhältnis zur Mutter sei jetzt besser als früher. Heute akzeptiere sie die Notwendigkeit von R's Arbeit (in einem Kollektiv für drogenabhängige Jugendliche); sie habe auch Verständnis für R's politische Arbeit und Haltung, obwohl sie selbst eine andere Richtung vertrete. Sie unterstützt R in größeren Zeitabständen materiell nicht unwesentlich. Sie findet, so R, sogar sein eheloses Zusammenleben mit seiner gegenwärtigen Freundin besser, als wenn sie verheiratet wären.
R ist bereits geschieden; seine Eltern sind geschieden. Sein Vater habe nach der Scheidung wieder geheiratet, sei aber bald darauf gestorben; sein Vater sei insgesamt 6–8 mal verheiratet gewesen. Bei ihm sei es immer so gegangen: er habe geheiratet, habe angefangen zu saufen, habe eine andere kennengelernt, Scheidung, Heirat, wieder Saufen usw.. Mal habe *er* sich scheiden lassen, mal die Frau. Im letzten Fall habe sich R's Mutter von ihm scheiden lassen.
In der Zeit, als R bei seinem Vater wohnte (zwischen 12 und 15),

habe er nie mit ihm über Beziehungsprobleme reden, ihn etwa fragen können: warum bist du so und so zur Mutter. Dabei hätte er gerne darüber gesprochen, warum er seine Mutter geschlagen habe und sie sich schlagen ließ.

Mit 17 sei er abgehauen nach B (BRD) an die Kunsthochschule. Vorher sei ein Kleinkrieg und Hin und Her gewesen, zu welcher elterlichen Partei die Kinder kommen sollten. Der Vater wollte R behalten, weil die Mutter darunter leiden würde, wenn R bei ihm wäre; die Mutter wollte ihn vom Vater weghaben, weil sie nicht wollte, daß er so würde wie der. R schildert seinen Vater ambivalent: in gewisser Weise schwach und unverantwortlich: „Er hat einfach gelebt, wie's gekommen ist." Die Mutter habe deshalb Geld und Haus verwalten müssen. Auf der andern Seite hat er von seinem Vater auch den Eindruck von „Kraft" und „Persönlichkeit" gehabt. Die Mutter habe ihn, R, in bezug auf die Kunstschule idealisiert und „höher eingeschätzt, als ich bin".

R war 22, als sein Vater starb. Von seinem Vater ist R mit fünfzehneinhalb abgehauen, als dieser wieder geheiratet hat und die Stiefmutter R mit ihrem religiösen Fimmel tyrannisierte. Hier erlebt R in bezug auf seinen Vater wohl auch eine gewisse Enttäuschung: „Und ihm hab ich's einfach nicht abgenommen, daß es ihm ehrlich war mit dem religiösen Eifer seiner neuen Frau. Die war ursprünglich Dienstmädchen bei uns und ist dann mit ihm weggezogen. Aber bei mir und für die ganzen Nachbarn wurde immer Theater gespielt. Es ist auch nachher wieder ein Dienstmädchen gewesen! Aber seine Beziehungen zu diesen Mädchen hat er immer total verheimlicht." Zum Beispiel hat R erlebt, daß sein Vater an Sylvester, ohne ein Wort darüber zu verlieren, auf das Mädchen gewartet habe. Es sei 12 Uhr geworden, und als sie nicht kam, sei er ausgeflippt und habe die Wohnungseinrichtung kaputt geschlagen. Dieses Mädchen, also R's Stiefmutter, die auf seine Mutter folgte, sei etwa 25–30 Jahre jünger als sein Vater gewesen, und er habe sie nur dadurch halten können, daß er den religiösen Film von ihr mitmachte. R sei Auseinandersetzungen mit dieser Frau aus dem Weg gegangen; er sei höchstens absichtlich nicht in die Kirche gegangen oder zuhinterst gestanden, wenn er vorne stehen sollte. Er habe, nachdem er sich von ihm getrennt hatte, seinen Vater noch einmal gesehen, als er mit 21 aus B zurückkam. Sie seien beide im gleichen Geschäft gestanden und hätten kein Wort miteinander gesprochen. Es sei ihm unmöglich gewesen, mit seinem Vater zu reden. R hatte dabei das Gefühl, vor etwas davongerannt zu sein. Obwohl er, als er noch bei seinem Vater wohnte, bereits dessen Widersprüche – z.B. den Religionsfilm – gesehen habe, sei es ihm ebenfalls unmöglich gewesen, diese anzusprechen. Allerding: „daß alles nicht gestimmt hat", sah er erst später so klar.

R's Beziehungen zu Mädchen:
„Frauen waren zuerst ein Objekt für mich, das war auch das, was ich bei ihm gesehen habe. Eine Beziehung zu den Frauen hatte ich anfangs kaum. Das siehst du ja auch an den Frauen: Zum Beispiel meine erste Frau war 20 Jahre älter, ein Dienstmädchen. Ich hab mit ihr geschlafen, fertig! Es wurde überhaupt nicht mehr darüber geredet."
R hat dann – wie der Vater – in B ebenfalls den Frauen, mit denen er schlafen wollte, Filme vorgemacht. Als er aus B zurückkam, dachte er, bisher seien seine Fick-Beziehungen nur Scheiße gewesen; er sei ins andere Extrem verfallen und habe geheiratet (mit 22). Das sei damals so gelaufen, daß die Schwiegereltern ihm und ihrer Tochter gedroht hätten, sie würden sie anzeigen (was in dem betreffenden Kanton möglich ist, wenn irgendjemand an dem unehelichen Zusammenleben zweier Partner Anstoß nimmt), so haben sie eben geheiratet. „Für sie war ich die Möglichkeit, von zu Hause wegzukommen." R's Frau stand damals total unter der Fuchtel ihrer Mutter, die ihr bis 24 noch vorgeschrieben habe, welche Kleider sie anziehen, wohin sie in Urlaub fahren solle usw.
Zu seiner gegenwärtigen Partner-Beziehung sagt R, das Mädchen sei zu stark gebunden an ihn, es laufe ein Film ab. Das Mädchen hat gerade ein Kind von ihm bekommen. „Sie weiß einfach nicht wohin. Dadurch, daß sie schon so lange bei mir ist, ist es ihr unmöglich gewesen, sich selbständig zu entwickeln... Sie ist abhängig von mir. Ich glaub kaum, daß ich von ihr abhängig bin." Die Versuche, die er unternommen habe, um ihr zur Selbständigkeit zu verhelfen, hätten bloß bewirkt, daß sie sich noch mehr an ihn band.
Aber du hast ein Kind mit ihr zusammen. Das ist was, was ich nicht versteh.
„Ja! Das ist was ganz Beschissenes. Das ist eben die Prinzipienlosigkeit von mir gewesen..." Er habe zu ihr gesagt, „das mußt

du entscheiden, was du willst. Und jetzt ist das Kind da, und sie ist noch abhängiger von mir – eine ganz vertrackte Situation."

R's gegenwärtige Partnerin hat – wie beide erzählen – ebenfalls ein rigide disziplinierendes Elternhaus gehabt und ebenfalls die Beziehung zu R dazu benutzt, sich von zu Hause zu emanzipieren. R schildert weitere Probleme ihrer Beziehung: Früher habe er gedacht, er könne sexuell ungezwungen mit ihr leben, heute sei sie eifersüchtig. Er habe Angst vor Szenen mit ihr: So sei er während ihrer Schwangerschaft eines Abends mit anderen zusammen auf eine Sitzung im Rahmen einer politischen Arbeitsgemeinschaft gegangen, die in der Wohnung einer Frau stattfand, die er mochte und die seine Freundin immer schon zum Objekt ihrer Eifersucht gemacht habe. Als R nach Hause kam, hatte sie eine Überdosis Schlaftabletten geschluckt. Später ist R, um seine Freundin zu beruhigen, aus dieser Arbeitsgruppe ausgetreten.

Drogen:
R habe mit speed begonnen, als er als road-manager für eine Musik-Gruppe Veranstaltungen organisierte. Er sei selber noch nicht recht dahintergestiegen, warum er gerade auf speed so abgefahren sei. R nennt zwei mögliche Gründe: „sicher hat die Trennung von meiner Frau eine Rolle gespielt", und ferner glaubt er, daß sein Amphetamin-Gebrauch „mit dem Leistungsdenken zusammenhängt". R wollte Bewegung, reisen, Leute kennenlernen. Angefangen speed zu werfen habe er die letzten zwei Monate, die er mit seiner Frau zusammenlebte. Er habe acht-, neunmal aufhören wollen mit speed.

025 Anna (BRD)

22 Jahre, zur Zeit in einer therapeutischen Wohngemeinschaft, hat vor der Gruppe hier mit ihrem Mann zusammengelebt; mit 18 von zu Hause fort und „endgültig selbständig" gemacht; mehrmals von zu Hause abgehauen, mit 16 zum ersten Mal, Eltern US, betrachtet sich als „erwünscht", Berufsausbildung abgeschlossen; vollständige Familie von Anfang an.
Hat O und A voll, aber auch B häufiger gedrückt; eher A-Präferenz, mäßig auffällig, 2 Entzüge, mäßig gedealt, andere gelinkt, 1 Gelbsucht.

A beginnt ihre Schilderung damit, daß sie ihre veränderte Beziehung zu ihrer Mutter beschreibt: In den ersten Lebensjahren sei

die Beziehung zwischen ihrer Mutter und ihr ganz eng gewesen, dann sei ein Wendepunkt gekommen, und dann sei ihr allmählich der Vater, der ihr in den ersten Jahren fast völlig fremd war, nähergekommen als die Mutter – allerdings auch nicht ohne heftige Ambivalenzen, wie sie später erzählen wird. Das Verhältnis zu ihrer Mutter verschlechterte sich schließlich so, daß, „als ich eine halbe Stunde zu spät nach Hause kam, sagte meine Mutter gleich, ich sollte mich (als Nutte) registrieren lassen." Oder: Wenn A nach Hause kam, stand ihre Mutter bereits an der Tür und erwartete sie: „Hauch mich mal an!" Wenn A dann geraucht hatte, gab's Ohrfeigen. Die Mutter habe auch oft die „Strafen in die Wege geleitet", der Vater habe sie „ausgeführt". Und: die Mutter habe beim Vater gegen A intrigiert.
„Als meine Mutter Urlaubsvertretung machte – da war ich drei, mit drei vier Jahren fing das an.. mit drei kam ich auch das erste Mal ins Krankenhaus, meine Mutter schickte mich in den Kindergarten beziehungsweise hab ich dann bei meiner Großmutter gelebt – und da weiß ich noch, daß ich dann unheimliche Angst hatte, daß meine Mutter nie wiederkommt." (In den ersten sechs Jahren seit A's Geburt lebten ihre Eltern bei der Großmutter mütterlicherseits im Haus. Als die Mutter anfing zu arbeiten, sei A fast nur noch von ihrer Oma erzogen worden.) „Weil sie nämlich, wenn sie mich bestraft hat, Äußerungen gemacht hat, so: Jetzt geh ich weg und komme nie wieder, dann hast du deine Mutti mal gehabt, und so. Und dann stand ich da am Zaun und hab den ganzen Tag nur geweint. Das waren damals so die brutalsten Erlebnisse.. von meiner Mutter praktisch.. allein gelassen zu werden." Das setzte sich bis zur Schule fort, wo A, im Schullandheim lebend, übergroßes Heimweh nach zu Hause entwickelte – also die Trennung von ihrer Mutter nicht verkraften konnte.
A's Elternhaus war bürgerlich in dem Sinn: „Nach außen sollte alles in Ordnung sein.. Das kam mir gerade bei meinen Eltern so stark vor, nach außen hin die gute Fassade zeigen zu wollen." Sie habe gefühlt, wie die Eltern gleichzeitig unheimlich gehemmt und verklemmt und angstvoll miteinander umgingen, und habe sich gesagt, so wolle sie nicht sein. Deshalb habe sie immer das Gefühl gehabt, ein grundlegend anderer Typ als ihre Mutter zu sein, „... und deshalb die Spannungen zwischen meiner Mutter und mir voll zum Ausdruck kamen, auch in diesem Konkurrenz-Verhalten: daß ich mich zu meinem Vater hingezogen gefühlt

habe.. Und zwar als Kleinkind hatte ich die totale Beziehung zu meiner Mutter; mein Vater arbeitete außerhalb, kam nur an Wochenenden nach Haus und hat mich dann so.. ungerecht behandelt. Wenn er gute Laune hatte, dann durfte ich mir ruhig einmal (was rausnehmen, sonst nicht) ..."

A weiß noch, daß sie von ihrer Mutter als Kleinkind (3–4) viel Zuneigung und Zärtlichkeit bekommen hat, andererseits auch schon früh, wenn die Mutter niedergeschlagen war, sie getröstet hat (z.B. hatte die Mutter Angst vor Gewitter, A hat sie beruhigt). A's Beziehung zur Mutter verschlechterte sich weiter, als A in die Schule kam. Zuerst – ihre Eltern waren bei Schulbeginn umgezogen – hatte A keine Spielkameraden und hing deshalb stark an zu Hause, später besserte sich dieser Zustand. Der Vater spielte damals für A eine Nebenrolle, war „unerreichbar". Damals begann es, daß sie ihn auch nicht mehr umarmte, weil sie sich dabei gezwungen fühlte. „Wenn ich in der Schule versagte, wurde ich von meiner Mutter abgelehnt. Ich habe deshalb gelernt, mein Bedürfnis nach Zuneigung zu verdrängen. Ich hab das so gesehen: wenn meine Mutter selbst irgendwie Trost brauchte, dann kam sie auf mich zu oder äußerte sich dahingehend, mit mir schmust du ja garnicht mehr, du hast mich nicht lieb und so... Damals fing das bei mir an, daß mir das irgendwie unnatürlich vorkam... da hab ich diese Geborgenheit einfach verdrängt, und dann mich automatisch gegen meine Eltern aufgelehnt habe, so in die Trotzreaktion reinkam[26]. Wenn ich bestraft wurde, fand ich das ungerecht, nur aufgrund meines Versagens, daß ich da mal ne fünf in Mathe hatte.."

Das Gespräch kommt auf Strafen. A sei von ihrem Vater nur ein einziges Mal geschlagen worden: Sie habe damals ihren Vater so gereizt, „da blieb ihm praktisch gar nichts anderes übrig, als mich zu schlagen. Und während des Schlagens hat es mir Spaß gemacht, ihm durch meine Blicke zu verstehen zu geben, daß er unter mir steht in der Situation... Und dann bin ich in mein Zimmer gegangen und hab dann erst zu weinen angefangen, weil ich ganz schön fertig war. Und dann kam mein Vater zu mir, und dann haben wir praktisch das erste Mal miteinander gesprochen, und er hat dann auch gleich gesagt, daß ihm das leid tut, aber daß er in dem Moment praktisch keine andere Möglichkeit hatte.. Und seit-

[26] Auch hier also, genauso wie später beim Vater, eine Enttäuschungs- und Kränkungsreaktion.

dem hat er mich nie wieder geschlagen. Nur noch so Sachen wie Stubenarrest, eine Woche lang um sieben zu Hause sein.."
„Meine Mutter hat mich mit 18 bekommen". Sie habe A's Vater mit 17 kennengelernt, habe auf die Aussteuer gespart, sich eingeschränkt. Dann sei das Kind gekommen, anfänglich habe es wohl mit der Familien-Vorstellung geklappt, später sei ihre Arbeit dann als selbstverständlich angesehen worden, sie habe nicht die Anerkennung und Befriedigung bekommen, die sie erhofft hatte, und sei verbittert geworden. Sie habe ihr, A, dann vorgeworfen: jetzt hast du wieder neue Ansprüche, willst ein Paar Schuhe, du kostest uns zuviel. „Damals entstand bei mir das Gefühl: Du bist zwar da, aber nun beginnst du (den Eltern) unangenehm zu werden."
Die Großmutter mütterlicherseits hatte ihren Mann im Krieg verloren, dann aber selbständig das Haus wieder aufgebaut, drei Kinder versorgt und wollte sie nun nicht fortlassen. Das habe sich besonders beim jüngsten Bruder von A's Mutter gezeigt: da habe sie alles darangesetzt, um ihn im Haus zu halten. Ihre Mutter habe sich praktisch durch die Schwangerschaft die Heirat erzwungen; die Großmutter sei denn auch anfänglich gegen A gewesen. A's Eltern haben wie gesagt die ersten sechs Jahre ihrer Ehe bei dieser Großmutter gewohnt.
Der Vater habe eine Großtante mit einem Häuschen gehabt. Für die waren Vaters Frau und A die schwarzen Schafe. „Ich durfte, wenn ich mal da war, auch keine Kinder mitbringen, die könnten ja auf die Obstbäume klettern. Im Garten hab ich statt Unkraut die Petersilie rausgezogen, aber wegen solcher Sachen bin ich vom Vater auch gleich geschlagen worden. Der war voll abhängig von dieser Großtante und Großonkel, weil er sein ganzes Kapital ins Haus gesteckt hatte, und es sich nicht hat beglaubigen lassen... Schließlich starb die Großtante, dann gab's da noch so Erbschleichereien, dann hat er das Haus erst mal so umgebaut, wie er's zu ihren Lebzeiten nie durfte. Dann kriegte meine Mutter Brustkrebs, dann wußte er, daß die Mutter unheilbar krank war. Alles brach ihm zusammen, er hat sich umsonst abgerackert. Er kriegte 'n Herzinfarkt, seine Tochter drogenabhängig." A war bei der Beerdigung ihrer Mutter vollgedrückt. Das sei der Wendepunkt beim Vater gewesen, da habe er angefangen, ein bißchen nachzudenken.
Konflikte zwischen den Eltern:
„..meist war ich der Grund", und das verlief dann so: „Der Vater

kam von der Arbeit geschafft heim. Meine Mutter hatte nichts Besseres zu tun, als ihm zu erzählen, was ich wieder ausgefressen hätte, und daß ich sie als Mutter nicht mehr respektiere. Dann hat er erst mich angemacht und hinterher meine Mutter auch... Das fand ich auch gut. Von daher hab ich meine engere Beziehung zu Vater, auch wenn ich das nicht offen gezeigt hab. Da hab ich gedacht: Mensch, der Alte ist doch ganz dufte! Jetzt kriegt sie auch noch eins aufs Dach!"

„Meine Mutter kluckte die ganze Zeit im Haus rum, hatte gar keine anderen Interessen mehr. Sie machte ihm Eifersuchts-Szenen, die allerdings nicht offen ausgetragen wurden, wo ich nur merkte, daß meine Mutter bedrückt war: Mensch, hat er da nu irgendwo ne Frau, ne Arbeitskollegin?" A hält für möglich, daß das zutraf, weiß es aber nicht: „ich schätze ihn erotisch ziemlich hoch ein".

„Es kam mir manchmal so vor, als wenn sie ihn auf 180 brachte und dann in dem Moment, wo ihm – er hat das unheimlich geduldig ertragen – aber wo es dann bei ihm überkochte, dann kriegte sie dann volle Kelle zurück, und in dem Moment duckte sie sich dann. Aber dieses Spielchen trieb sie immer wieder.."

Mit welchen Mitteln hat sie denn versucht zu erreichen, was sie wollte?

„Indem sie deprimiert rumlief.. indem sie total.. 'ja, ich werd nicht verstanden, ich tu ja alles und mache hier alles in Ordnung, komme vor lauter Haushalt nicht zu meinen eigenen Interessen, und das wird nicht anerkannt'. Dieses Nicht-anerkannt-Werden kam bei jeder kleinen Situation voll raus. Als Mutter nicht anerkannt und als Frau nicht."

An der Ecke hattest du ja auch ne Handhabe gegen sie, da war sie ja verwundbar?

A bejaht; deswegen habe sie ja damals auch mit 13 zu ihrer Mutter gesagt, ich kann dich als Mutter nicht akzeptieren. „Wenn ich was gemacht hatte, was sie ablehnte, und von dem ich auch wußte, daß sie's ablehnte, und es trotzdem machte, daß sie dann solche ausfälligen Sprüche (wie z.B. den mit dem 'registrieren lassen') mir gegenüber brachte.. total aggressiv und total unbeherrscht! Und aufgrund dieser Unbeherrschtheit hab ich sie dann wieder festgenagelt. War praktisch auch so'n Kreislauf. Vater war denn so der Prellball: er konnte nicht zu mir, weil er dann Angst hatte, meine Mutter würde sich verletzt fühlen; er hat mich manchmal auch.. ja einmal hat er mich erpreßt, und zwar hat er gesagt: Wenn du dein Verhalten Mutti gegenüber nicht änderst, bist du als Tochter für mich nicht mehr vorhanden. Und das hab ich natürlich denn auch wieder so richtig so.. ich konnte das zwar verstehen irgendwie, daß das sein muß aufgrund meines Verhaltens, aufgrund der Situation meiner Mutter, aber ich konnte das nicht akzeptieren. Und hab dann diese Schwäche (meines Vaters) natürlich irgendwie voll gesehen und hab sie dann in solchen Momenten, wo mein Vater unbegründet mich bestraft hat, voll wieder rausgebracht... In Situationen beispielsweise, wo mein Vater schon total wütend und ausgeditscht vor mir stand, hab ich ihn noch provoziert. Und zwar nicht, indem ich ihn..weinerlich um Begnadigung gebeten habe, sondern dann ihn in dem Moment bis zum Gehtnichtmehr provoziert habe. Ich stand also vor ihm, und meine Augen, das merkt ich richtig, da war also ein Haß drin, ne! Und so eine Erniedrigung, daß mein Vater das manchmal schon gesagt hat: kuck mich nicht so an! Je länger ich ihn ansah, desto wilder wurde er. Und ich manchmal auch schon Schläge eingesteckt habe und gesagt habe: Mensch, du tust mir leid! – so voll ihm noch eine reingehauen! Es war natürlich unangenehm für mich, geschlagen zu werden, aber ich hab denn immer hinterher gedacht: Haha! Dies arme Schwein, kann ja garnicht aus seiner Haut... Und dann hab ich natürlich die totale Verarschung draufgehabt: alles, was für mich dann unangenehm geworden wäre, immer so hingedreht, daß sie praktisch von dem, was in mir vorgeht, garnichts mehr mitgekriegt haben..."

Ambivalenz dem Vater gegenüber:

„Und dennoch, obwohl ich meinen Vater so zur Sau gemacht hab, ihm gesagt hab, du Arsch... dennoch hab ich ihn akzeptiert. Weil, in diesem Unbeherrschtsein hab ich Parallelen zu mir gesehen." (A interpretiert *diese* Art von Unbeherrschtheit als „Zeichen von Lebendigsein".) „Und vor allen Dingen konnte er im Gegensatz zu solchen Situationen unheimlich gut sein." Zum Beispiel hatte er die Fähigkeit, angetörnte „Sprüche" und „Gags" zu bringen, Stimmung zu machen, „im Gegensatz zu meiner Mutter, die dann vor lauter Hemmungen kein Wort rausgekriegt hat, bei jeder Kleinigkeit errötete und so..."

„... Meine Mutter hatte ihn insofern unter der Fuchtel, als sie wußte: wenn sie jetzt Hilflosigkeit und Schwäche zeigt, dann ist er voll da... Aber im Grunde genommen stand sie doch unter ihm.

Und das, was ihr fehlte, hat sie bei mir gesehen."
A wiederum fehlte, daß, wenn sie Probleme hatte, sie nie damit zur Mutter kommen konnte. Da hieß es: „Wenn du mit nem Kind ankommst, stehen deine Koffer vor der Tür." Sexualität in der Familie: „nach außen hin lief nichts". A hat als Kind, als die Eltern weg waren, mal pornografische Hefte gefunden: „Und dann brach natürlich diese ganze scheinheilige Welt meiner Eltern voll zusammen" (mit ca. neun Jahren). A hat ihrer Mutter das später mal gesagt, da sei diese mit rotem Kopf aus dem Zimmer gerannt. Auch als die Mutter sah, daß A sich zum Mädchen mit Sex entwickelte, habe sie dieses Thema A gegenüber nur „ins Schmutzige" gezogen. „Hab ich ihr auch schon gesagt: Mensch, heute, da hab ich mit fünf Männern hintereinander gebumst, das war geil!"

Abhauen von zu Hause, Partner, Heirat:
Mit 18 hat A ihren späteren Mann P auf einer Sylvester-Party kennengelernt; ihre Eltern waren damals verreist. Als die Eltern heimkamen, ging es gleich wieder mit den Schimpfereien los. Da sei sie drei Tage zu P abgehauen. P sei sofort ihr „Ideal-Typ" gewesen; sie sei voll auf ihn abgefahren und die Dinge, die er tat: seine coolness, sein Aussehen, sein Umgang mit Drogen, seine Sicherheit (Idealisierung!). P habe damals schon gedrückt. Wenn er sich seine Schüsse setzte, sei sie schon ziemlich geil darauf gewesen, das auch zu probieren. Alles sei neu und ideal für sie gewesen. Sie hatte bis zu diesem Zeitpunkt eben mal gezogen, war aber noch nie angetörnt gewesen. „Nach den drei Tagen dacht ich, mußt dich mal wieder zu Hause blicken lassen. Ich hatte unheimliche Angst, aber die Reaktion meiner Eltern war, überhaupt nichts zu sagen. Kam für mich völlig unerwartet... Sagte ich, wenn euch so wenig an mir liegt, daß ihr überhaupt nicht mit mir sprechen wollt, kann ich ja gleich wieder gehen." A ist dann wieder zwei Tage abgehauen, kam wieder zurück und kriegte ganz sanfte Vorwürfe zu hören: es hätte dir ja was passieren können usw. A sagte, „ich hab einen duften Typen kennengelernt, und wenn ihr die Beziehung kaputt machen wollt, habt ihr eure Tochter für ewig verloren." Diese konsequente Haltung sei für ihre Mutter ganz neu gewesen; früher habe sie immer zu A gesagt, kannst ja von zu Hause abhauen, und A sagte dann: wieso denn, ich hab's doch gut hier, ist ja bequem. A sei dann nach zwei Wochen, als P eine Wohnung aufgetrieben hatte, zu P gezogen. Der Vater habe das

mehr toleriert als die Mutter – er sei immer toleranter gewesen.
A erzählt von P: Sie hätten anfänglich sehr offen über ihre sexuellen Bedürfnisse geredet. Sie sei damals erfahrener mit dem anderen Geschlecht gewesen, da sei es soweit gekommen, daß sie sich gegenseitig die Partner vorrechneten, mit denen sie schon geschlafen hätten. P in dem Stil: da hab ich ja noch 20mal fremdgehen gut. Sie sei immer auf älteren, erfahreneren Typen gestanden, sei jedoch andererseits von diesen immer ausgenutzt worden. Typen gleichen Alters, „auf gleicher Stufe", habe sie dann zu fühlen gegeben, daß ihr nichts an ihnen liegt: „Hör zu, du bist mir noch zu jung, dich kann ich nicht für voll nehmen.." A erzählt dann von der allmählichen Zweisamkeits-Isolation, in die sie mit P, ihrem Mann, geriet. Er sei praktisch allein auf die scene gegangen. Sie hatte ihre Boutique (A hat eine Schneiderlehre mit Erfolg, als Beste ihres Jahrgangs abgeschlossen), die stank ihr aber auch bald, weil sie alles allein machen mußte. „Und dann spielte sich alles, was mich so.. bedrückte, das drehte sich alles um P. Ich hatte praktisch keine Möglichkeit, mir irgendwelche Interessen außer P aufzubauen... Ich hatte ne Zeit, als P noch nicht in U-Haft saß, sondern noch draußen war, da hab ich zwei Monate kaum geredet (Depression). Ich *konnte* garnichts mehr sagen. Ich stand da nur am Fenster, hab auf die Straße gekuckt, hab die Leute vorbeilaufen sehen. Wenn sie zu mir in den Laden kamen, dann saß ich da immer nur, 'n Kloß im Hals, Tränen in den Augen und hab gedacht: was müssen die Leute glücklich sein!" A fühlte sich damals unaufhaltsam in ein Loch fallen. Morgens sei sie schon sauer gewesen, daß sie überhaupt aufwachte. Interviewer und A unterhalten sich über Rückzugs-Tendenzen beim Drogengebrauch, und daß das mit shit genauso laufen könne wie mit harten Giften. A erzählt von eigenen Depressionen und dem Gefühl der Antriebslosigkeit: Wenn nicht wenigstens shit am Morgen dagewesen sei, sei sie deprimiert gewesen. Dann habe sie drei Stunden lang telefoniert mit jemandem, anschließend Musik gehört und sonst weiter nichts.
P war derjenige, der sie angefixt hat. Er habe gedealt, habe ihr den Stoff eingeteilt: „'Das und das darfst du drücken, mehr gibts nicht. Machst dich sonst kaputt.' Dann hab ich ihn aber auch wieder gelinkt" (hat ihm Stoff geklaut).
P sei zu Hause der Jüngste gewesen, seine Mutter habe ihn ideali-

siert („in ihm den totalen Mann gesehen"), „und wenn er Scheiße gebaut hat, hat sie ihn immer noch entschuldigt."
A kommt nochmals darauf zurück, daß sie immer Männer gesucht habe, zu denen sie aufblicken konnte. Bei P sei es auch so gewesen. P hat sie quasi bevatert; sie wurde zwei bis drei Jahre lang von ihm mit Giften versorgt.
A erzählt von Konflikten in ihrer Beziehung zu P: Sie hätten sich manchmal zehnmal am Tag in den Haaren gehabt, sich beworfen, mit allem, was erreichbar war. Zehn Minuten später hätten sie sich wieder in den Armen gelegen, Tränen, Reue: Wenn wir draufgehen, dann gehen wir zusammen drauf. Oder: P war im Knast, „da mußte ich notgedrungen dealen. Von ihm aus sollte ich aufhören. Als er wieder rauskam, hab ich ihm vorgemacht, ich wär clean. Er hat mir aber angesehen, daß ich es nicht war. Er fragte, hast du was? Gib her! Ich geb es ihm. Kaum hat er den Schuß drin, macht er mir Vorwürfe, daß ich ihn wieder draufgebracht hab."
A erinnert sich an ihr Debut in der Schießgift-Szene: „Am Anfang auf der scene war ich total unsicher... Ich hab kaum was gesagt, die Leute wußten gar nicht, wer ich bin; und kaum geredet, nur so die belanglosesten Sachen, und da stand ich natürlich auf der scene als großes Rätsel. Und allein 'das Rätsel' zu sein, das fand ich so gut, daß ich mich dann sofort in diese Rolle reingespielt hab: so, ich lasse euch alle nur bis auf fünf Meter rankommen und dann is aus... Ich fand die Typen auf der scene zuerst doll. Und dann gings so langsam los: Klick! Wieder ein Image im Eimer!" (Idealisierung und Zusammenbruch)

Drogenkarriere:
A begann mit einer Alkoholphase; sie habe die Nervereien von ihren Alten fortgesoffen. Dann kamen Captas (Captagon), AN-1. „Das gab mir unheimlich viel... Alkohol hat mir zwar geholfen, meine Hemmungen und Schwierigkeiten abzubauen, aber ich konnte es noch nicht so äußern. Auch dieses Unkontrollierte war Scheiße am Alkohol. Auf speed konnte ich die Leute klar ansprechen" (speed-Kontakt kriegte sie durch eine Freundin auf der Berufsschule). Auf speed hatte sie keinen Hunger mehr; dies und die Aktivität habe sie gut gefunden. Zuletzt habe sie zum Frühstück zehn AN-1 eingeworfen, im Büro dann nochmal; zuletzt habe sie die übliche speed-Paranoia, wenn auch nur in leich-

ter Form, gekriegt. Dann habe sie auch mal einen durchgezogen, aber nichts gemerkt, „Dann kam P, der hat O gefixt". A wollte das auch ausprobieren. P habe sich zuerst geweigert – er hatte aber vorher schon ganz schön viel Mädchen angepiekt –, dann habe er ihr doch den ersten Schuß gesetzt. A erinnert sich noch ganz deutlich an ihren ersten Schuß. Dadurch, meint sie, sei ihre Abhängigkeit von P auch so ausgeprägt; ausgeprägter, als wenn sie selbst schon geschossen hätte. A empfand dann das O als sehr weich, angenehm und entspannend.

026 Dörte (BRD)

19 Jahre, bis 12 vollständige Familie, bis 13 Heim und nach eigenen Worten „endgültig selbständig" gemacht; dann in verschiedenen Gruppen bis heute; mehrmals abgehauen von zu Hause, das erste Mal mit 11; Eltern: oUS/uMS; teilweise unerwünscht; noch keine Berufsausbildung.
Hat stark O gedrückt, noch keine Bekanntschaft mit A; O-Präferenz; mäßig bis ziemlich auffällig, 2 Entzüge, voll gedealt, andere gelinkt, mehrere Gelbsuchten.

D lebt zur Zeit in einer Selbstorganisation drogenabhängiger Jugendlicher. Ihre gegenwärtige Beziehung zu den Eltern schildert sie folgendermaßen: „Wenn sie weg sind, ist die Beziehung gut, wenn sie da sind, streiten wir uns." Zwischen Mutter und Vater bestehe ein Konkurrenzkampf um die einzige Tochter: „'Meine Tocher! Meine Tochter!'" Die Beziehung zum Vater sei „ganz gut". Zur Zeit schreiben sie sich, er empfiehlt ihr Bücher, sie schickt ihm Informationen über Release. „Wir haben'n ganz guten Briefkontakt."
D sieht ihre Eltern sehr selten und wenn, dann meist den Vater: „Wenn der Geschäftsreisen macht, kommt er vorbei... Ja, wenn ich meine Eltern sehe, bedrückendes Schweigen.. Dann, nach einer Stunde, fängt meine Mutter an zu kritisieren: 'Wie siehst du schon wieder aus! Willst du nicht arbeiten gehen?!'" Aber im Grunde könne der Vater, außer in Briefen, mit D auch nicht viel anfangen. Auch mit dem Drogenproblem nicht. Dabei sei er selber krank und ausgeflippt und fresse Valium. „Mein Vater und ich sind uns ziemlich gleich. Ich sehe so aus wie er, wir haben denselben Charakter.." Aber D's Beziehung zu ihrem Vater sei sehr schlecht gewesen, als sie 14,15 war. Heute sei sie „nicht mehr so trotzig" ihm gegenüber.

Mit 13 ging D von zu Hause weg, durfte in ein Schüler-Kollektiv in F ziehen und besuchte weiter die Schule. Das sei „aus praktischen Gründen“ geschehen, Konflikte mit den Eltern hätten bei ihrem Auszug nur am Rande mitgespielt (was, wie wir später sehen werden, nicht ganz stimmt): die Eltern hätten auf dem Land gewohnt, und D hätte jeden Tag eine Stunde zur Schule fahren müssen. So aber konnte sie sich den Schulweg sparen, wohnte in der Stadt und fuhr nur am Wochenende nach Hause.

Elternhaus:
„Mein Vater ist stark, meine Mutter ist ganz schwach, aber die können beide nicht ohne einander leben: Mein Vater braucht jemanden zum Draufhacken, meine Mutter kann ohne Befehle nicht leben. Das ergänzt sich sehr gut, ne. Ich bin dann der Störenfried dazwischen, weil ich beide Seiten seh und unheimlich sauer bin, wenn der Alte auf der Alten rumhackt und die Alte ihm gehorcht.” Sie habe das als Kind allerdings nicht so deutlich gesehen, das fing erst mit der Schule an.
„Wenn die sich stritten, handelte es sich meistens um mich. Wenn mein Vater auf mich sauer war, bin ich zur Mutter gerannt und umgekehrt. Wenn sie mich haute, sagte er: warum schlägst du denn das Kind... und wenn er, sagte sie: das wär doch nicht notwendig... Ich hab es früh gelernt, die auszunutzen, die Alten, irgendwo.”
D hat zuerst auf einem Hof gewohnt; beide Eltern haben damals den ganzen Tag gearbeitet, da sei sie überhaupt nicht erzogen worden: „da hab ich meine Eltern nur abends erlebt: daß immer der Zwang da war, sich zu waschen und dann ins Bett zu gehen“. Erst nachdem die Eltern umgezogen seien, habe D sie regelmäßig gesehen. (D's Vater hat Schreiner gelernt, danach einen Hof bewirtschaftet, dann „hat er körperlich versagt“ und umgesattelt auf Bauzeichner.) Damals war D sechs Jahre alt.
Da konnte er (dein Vater) sich mehr um dich kümmern?
„Nö, da fielen wir uns mehr auf den Wecker.”
Mit dem Umzug der Eltern kam D auch auf die Schule. Dort wurde sie erst mal wegen ihres anderen Dialekts von den Kindern aufgezogen, war isoliert. „Dann hab ich ne Zeitlang nur gelesen, da bin ich nie rausgegangen, nur immer alleine mit dem Hund.” Erst als D 10 und älter war, sei sie wieder mehr mit Leuten zusammengekommen.

Zur Beziehung der Eltern untereinander fällt ihr noch ein: „Wenn meine Mutter badet, schließt sie sich ein im Bad, damit mein Vater nicht reinkann. So'n Verhältnis ist das ungefähr." Als D noch ganz klein war, sei sie immer zum Vater ins Bett gekrochen; der habe mit ihr gespielt und ihr Geschichten erzählt. Aber später sei nichts mehr gelaufen. Das Bad wurde immer abgeschlossen, „ich hab nur durchs Schlüsselloch gekuckt, aber nie was gesehen." Im Alter von 10 bis 13 sei sie regelmäßig nach der Schule nach Hause gekommen, habe gegessen und sei gleich wieder mit Spielkameraden abgehauen. Die Schularbeiten habe sie „vergessen", sei rumgezogen, habe Streiche mit den anderen ausgeheckt. Mit 13 sei sie dann ins Schülerkollektiv in F gezogen; die Leute dort seien viel weiter als sie gewesen: politisch, Musik usw. „Hab mich auch angestrengt, richtig reinzukommen." D kam sich anfangs vor wie ein „Nesthäkchen", vom Lande, unbedarft. Im Kollektiv fing sie an, shit zu rauchen.
Vorher, mit 11, 12 sei sie schon ein paarmal von zu Hause abgehauen, aber immer wieder zurückgekommen. Mit 12 sei sie abgehauen, um nach Amsterdam zu fahren. Unterwegs wurde sie gegriffen und kam erst mal – bis ihre Eltern sie abholen würden – in ein katholisches Heim. Hier ist auch die zentrale Stelle in D's sonst karger Schilderung, aus der wir auf starke Konflikte zwischen ihr und den Eltern schließen können: „Hab dort gewartet, daß meine Eltern mich abholen. Haben sie aber nicht gemacht." In diesem Heim sei sie ein halbes Jahr geblieben, danach zog sie ins Kollektiv. Ihr Vater habe damals Herzanfälle gekriegt. D erinnert sich, als die Bullen sie schnappten, habe der Vater angerufen und einen Herzanfall am Telefon gekriegt. Schreit die Mutter durch den Hörer: Wenn er jetzt stirbt, bist du dran schuld! „Ich glaub, das war irgendwie'n Racheakt, daß sie mich da nicht abgeholt haben"
Hast du das damals schon als Rache empfunden?
„Ja, aber dicke, du! Da drin zu sitzen, das war ja beknackt."
Als sie zurückkam, wohnte sie erst noch kurzfristig zu Hause. In der Zeit mußte sie sofort nach der Schule heimkommen, hatte Ausgangssperre, durfte nur auf den Hof, „um Mülltonnen auszuleeren". Als sie im Schülerkollektiv wohnte, stand sie unter der Aufsicht einer Fürsorgerin, die monatliche Berichte über sie schrieb. In diesem Kollektiv wohnte D bis 18. Bis zu dieser Zeit ist sie

auch immer noch in regelmäßigen Abständen zu Hause erschienen, um ihre Wäsche zu waschen, was zum Futtern einzupacken usw. Als ihre Eltern mal shit bei ihr entdeckten, wollte ihr Vater sie bei der Polizei anzeigen. Sie habe ihm das ausgeredet, so sei er nur zum Sozialamt gegangen. Darauf hatte sie eine Zeitlang wieder eine Fürsorgerin am Hals.
D erzählt, daß ihr anfänglicher Drogenkonsum im Schülerkollektiv bei ihr stark prestigebedingt war. Sie mußte einfach mitrauchen, um dort anerkannt zu sein – jedenfalls stellte sich das ihr so dar. Nach dem ersten shit, den sie mit 13 geraucht hat, machte sie auch bald mit O (ebenfalls geraucht) Bekanntschaft: „Das hat uns verbunden, war ein Geheimnis gegenüber den Eltern, da kam ich mir erwachsen vor."
Nach 18 zog D in ein neues Kollektiv; hier begann sie shit zu dealen. Dann kam der erste Schuß, und obwohl ihr dabei schlecht wurde, empfand sie zugleich: „das war sowas Anziehendes". Dann ging es Schlag auf Schlag: D fliegt von der Schule wegen dealen und kiffen, kommt an eine neue Schule, macht ein Sozialpraktikum bei Diakonissen (das waren „Teufel"), hält es dort nicht aus, hat ihren ersten Entzug, fliegt von dieser Schule ebenfalls, haut zwei Monate nach Griechenland ab, kommt zurück nach F, hat wieder einen Entzug. Bleibt aber von da ab clean, verkriecht sich mit einem Typen einen Sommer lang im Zelt an einer einsamen Stelle auf dem Land, macht ab und zu Brüche, um sich zu ernähren. Nachdem der Sommer vorbei ist, zieht sie in eine andere Großstadt, sucht sich über den Winter eine Arbeit, findet eine als Serviererin, wird wegen der Brüche von den Bullen gesucht, verkriecht sich in einer Schauspielerscene, zieht mit einem von den Leuten nach B und landet bei Release.
D sagt heute von sich: „Ich hab das immer noch nicht verkraftet, daß ich damals vom Land weggezogen bin... Ich hab früher als Kind... keine Beziehung zu Erwachsenen gehabt, nur zu Gleichaltrigen und zu Tieren, zu denen hab ich heute noch den besten Bezug." (D hatte tatsächlich nach dem Umzug ständig Tiere um sich, die sie versorgte: Hunde, Katzen, Meerschweinchen.) „Ich glaube, das liegt daran, daß sich meine Eltern nicht intensiv genug mit mir beschäftigt haben... In mir lebt noch vollkommen das Land." Sie wisse auch heute noch nicht, wie sie sich Erwachsenen gegenüber verhalten soll. Sie fühle sich völlig fremd, renne in der Stadt herum wie ein Tier.

028 Perry (BRD)

20 Jahre, bis 9 bei Eltern und Verwandten, bis 15 Mutter und Stiefvater, bis 19 Heim, dann „endgültig selbständig" gemacht; Eltern US; unerwünscht; nicht von zu Hause abgehauen; 3 Lehren abgebrochen; zur Zeit im Knast.
Drogenkarriere begann mit A-Phase oral, gibt auch A-Präferenz (oral) an; seit einem Jahr auch viel O (oral); inzwischen begonnen zu drücken; mäßig auffällig, stark gedealt, 1 Apo, andere gelinkt.

P sagt zu seinem leiblichen Vater „Produzent", zu seinem Stiefvater „mein alter Herr": „'Produzent' sage ich, weil er sich sein Leben lang nicht um mich gekümmert hat", er habe auch bei Unterhaltszahlungen Schwierigkeiten gemacht. „Er wollte mich auf dem Unterhaltsprozeß zu sich 'in eine geordnete Familie' überführen. Bei dem Gedanken daran muß ich lachen, weil er schon fünf Kinder hat, Krach mit seiner jetzigen Frau hat. Er ist kleiner Fuhrunternehmer – wahrscheinlich wollte er eine billige Arbeitskraft. Deshalb meine etwas abfällige Bemerkung 'Produzent'... Für meine Mutter scheint es damals eine große Befreiung gewesen zu sein, als sie sich von meinem Produzenten hat scheiden lassen": Prügel, Brutalität in der Ehe.
P's Stiefvater ist jetzt 38, 39, „vielleicht steckt in der Bezeichnung 'alter Herr' eine gewisse Sympathie ihm gegenüber: Wenn man andere Leute vielleicht hassen kann, so hab ich ihm gegenüber nie irgendwelche Haßgefühle gehabt" (wohl aber gab's auch zwischen P und ihm ordentliche Szenen, und P wurde von ihm enttäuscht; s. unten). „Das war eher eine Sache des Laufenlassens... Wenn ich später mal vom Heim aus zu Besuch gekommen bin, haben wir ein prima Verhältnis entwickelt. Nur auf die Dauer ist das halt nix, dieweil .. ich prima mit ihm auskomme, wenn ich ihm nen Film vorspiele." P unterhält sich in solchen Fällen mit seinem 'alten Herrn' über Fußball und Politik, aber selbst interessiere ihn das eigentlich nicht.
Was hat er dir sonst bedeutet?
„Wenn ich Stuß oder irgendwelchen Unsinn verzapft hatte, daß ich ne Tracht Prügel oder sonstigen Ärger von ihm bekommen habe! Obwohl Schläge selten waren... Einige Zeit haben wir uns sehr in Ruhe gelassen." Das sei schon durch die Schichtarbeit des Stiefvaters bedingt gewesen: „Er ist um 11 nach Hause gekommen, hat sich ins Bett gepackt, ich kam in der Regel erst 4, 5

Stunden später an... Das hat also unser Aneinander-vorbei-Leben weitgehend ermöglicht." Die Mutter dagegen war die ganze Zeit über zu Hause. Über sie erfuhr der alte Herr auch, was so tagsüber passiert war. Sie habe mal ein 30-Gramm-piece shit bei P gefunden, wohl geargwöhnt, was es war, und habe es vor P's Augen weggeworfen. Durch solche „kleinen Reibereien" zwischen „Mütterchen" und ihm „ist das ganze Familienleben in die Brüche gegangen".

An dieser Stelle ist anzumerken, daß P's Schilderung seiner Erlebnisse und Beziehungen sowohl inhaltlich als auch im Tonfall durch eine Untertreibung, Abkühlung und Zurückhaltung gekennzeichnet ist, wie wir sie selten angetroffen haben. Seine Gefühlsäußerungen sind reduziert auf Witz, Ironie und Zynismus, und seine Schilderungen sind durchsetzt mit ständigem ironischen Lachen über die Situationen und die eigenen Understatements.

Die Mutter:

Sie habe lange Zeit, als er schon im Jugendwohnheim lebte, gedacht, er sei der „Saubere, Brave, Ordentliche". Erst als er immer öfter total angeknallt nachts nach Hause kam, habe sie Verdacht geschöpft, daß er Drogen nehme. P hat ihren Verdacht aber eine Zeitlang zerstreuen können, indem er sich vor dem Heimkommen Schnaps über den Mantel kippte oder damit den Mund ausspülte.

„Durch meine Mutter bin ich bis vor kurzem selbst nicht durchgestiegen. Ich wußte selbst nicht, was anlag bei ihr. Sie ist der asiatische Typ: lächelt dich von vorne an, und von hinten, so unterm Arm durch, drückt er den Revolver ab (Enttäuschung)...

Ja, sie hat Spielchen mit mir insofern gemacht, als sie mich manchmal wie'n unmündiges Kind behandelt hat... Mir hat diese Behandlung einfach nicht gefallen, die sie mir hat angedeihen lassen, also indem sie mich versorgt und be-sorgt hat. Also es hat nur noch gefehlt, daß sie mir abends, wenn ich losgegangen bin, die Brote einpackte...

Ich glaube sogar, sie hat mich jetzt immer noch gern...

Sie hat mich konkret durch ihre zeitweilige Hysterie..hat sie mich gestraft. Manchmal ist sie ausgestiegen wie ein Teufel. Dann ist sie auf mich losgegangen mit dem Kochlöffel. Das hat dann zwei Stunden angehalten, danach kam bei ihr die Phase der Depression, wo es ihr leidtat, wo sie aber nicht den Mut gefunden hat, darüber zu sprechen." Die Phase nach dem Kochlöffel oder ihr symboli-

sches Strafen beschreibt P folgendermaßen: „Sie hat so getan, als ob ich überhaupt nicht da wäre. Ich weiß nicht, ob du dir das vorstellen kannst: das kann schon ziemlich zermürbend wirken... Auf der einen Seite kommst du prima mit der Frau aus, auf der andern Seite.. springt sie dich an und haut auf dir rum – also ich mein, daß sie mir beileibe weniger körperlichen als vielmehr seelischen Schmerz zugefügt hat...
Mein alter Herr hingegen, der hat das so gebracht, der hat mir immer Moralpredigten gehalten – er nannte es immer 'Standpauken' –, die haben manchmal ne Dauer von anderthalb bis zwei Stunden gehabt. Da hab ich dann immer dagesessen und – meinen alten Herrn zu zitieren – 'Dackelaugen' gemacht. Hab ich'n richtig treudoof angekuckt und immer jaja und amen gesagt... Das ist der Zwiespalt in der Familie gewesen: Meine Mutter ist kurz gesagt das Nervenbündel mit der Revolverschnauze gewesen, und mein alter Herr ist die Ruhe in Person gewesen. Das einzige Mal, wo ich ihn hab aus dieser Rolle fallen sehen, das ist bei der Fußball-Weltmeisterschaft gewesen. Das ist das einzige Mal gewesen – und das war noch unter ziemlichem Alkoholeinfluß – daß er die Rolle, die er die ganze Zeit gespielt hat, einmal hat fallenlassen. Da ist er richtig herzlich und fröhlich gewesen. Genauso: ich hab ihn nur drei- oder viermal herzlich lachen sehen."
P habe von ihm, solange er ihn kennt (von 6 Jahren ab), „höchstens 10 Trachten Prügel bekommen". P sagt von sich, er habe seine Alten gegeneinander ausgespielt. Das habe er mit 13, 14 wohl zu doll getrieben, so daß die Alten sich dachten: solidarisieren wir uns lieber gegen ihn. Als Beispiel nennt P: was er beim einen nicht kriegte, holte er sich beim andern. Danach stritten die beiden miteinander und P stand als „lachender Dritter" da. „Also wie oft haben sich die Leute wegen mir gestritten! Und ich hab dann am Rande die fliegenden Fetzen eingesammelt... Also mein Mütterchen, die konnte reden wie ein Maschinengewehr, während sich mein alter Herr einer Sachlichkeit bediente, das war ja manchmal erschreckend!"
P erzählt dann, wie er nur noch ausbeuterische, auf seinen eigenen Nutzen zielende Beziehungen mit seinen Eltern einzugehen lernte: Man erreiche immer, was man wolle, „wenn du die Interessen der Leute kennst. Bei meinem Alten war's Fußball. Denn kann ich ihm in puncto Fußball kommen. Und meine Mutter für die Küche ... Du mußt halt nur wissen, wie du die Leute anpacken mußt!...

... Nun kam später noch meine Schwester dazu. Und die war denn nun ein Trumpf-As in meinem Ärmel, ne... da hab ich später meine Schwester gewissermaßen als Werkzeug gebraucht. Hab die vorgeschickt, um die Lage zu sondieren oder um die mürbe zu machen durch irgendwelche Störaktionen... Es hat immer eine Strategie beinhaltet, das war wahnsinnig!" (Seine Schwester sei damals 6 gewesen, als er sie „gebrauchte".)
Der „Tropfen", der für P in seiner Beziehung zum Stiefvater das „Faß zum Überlaufen" brachte, war ein „Leberhaken", den ihm sein alter Herr verpaßte, und der ihn „an den Schrank gestellt" habe. „Da muß er sich wohl mal ganz furchtbar vergessen haben... und da muß er sich wohl mal ganz bös geirrt haben, und das hat dann wie gesagt einen Knacks gegeben in mir (Enttäuschung!), und da hab ich mir gesagt: so, jetzt sorgst du erst mal für den dementsprechenden Abstand." Daß P vorher zu seinem Stiefvater wenigstens ansatzweise eine gute Beziehung gehabt haben und daß dieses Erlebnis tatsächlich einen subjektiv wahrgenommenen Bruch in seiner Beziehung zu ihm vervollständigt haben muß, geht daraus hervor, daß P sich lachend vieler guter Spielsituationen erinnert, die er früher mit seinem alten Herrn hatte: Dieser habe ihn mitgenommen auf den Fußballplatz, zum Angeln, habe mit ihm auf dem Flur mit einer Konservendose gekickt usw. „Aber ich würde sagen, daß er zu früh resigniert hat."
Nochmals zur Mutter: „Zeitweise bin ich mit der Frau wirklich gut ausgekommen. Auf der andern Seite sind da diese Phasen gewesen, wo wir uns also gegenseitig hätten anspringen können..."
„Später hab ich dann gedacht, warum sollst du eigentlich auf die Leute (Eltern) Rücksicht nehmen, sollst du deren Nerven schonen, wenn deine selbst dran glauben müssen! Und da hab ich denn also einen unwahrscheinlichen Zynismus entwickelt in der Zeit und hab denn dermaßen zurückgefunkt, daß das Verhältnis total in die Brüche gegangen ist (mit 15, 16) ... Nun kamen da noch die Drogen hinzu: ich hab damals Koks geschnupft wie ein Weltmeister."
Als P mit (illegalen) Drogen – und zwar mit shit – begann, war er 14. Das shit-Rauchen habe bei ihm bewirkt, daß er gegenüber seinem Elternhause „das Blatt vor dem Mund weggenommen" habe.
Und wie kamst du ins Heim?
(Immer lachend über seine Untertreibungen) „Wir hatten damals so'n kleinen Disput". P hatte eine deftige körperliche Auseinan-

dersetzung mit seinem Stiefvater, und um „den nötigen Abstand" zu wahren, „hab ich gesagt: Stop! Ich geh ins Heim! Ich ruf den Fürsorger an. Ich hau ab!"

Hast d u gesagt?

„Hab ich selber gesagt! Darauf hat man mich mit 16, mit 15 elf Zwölftel in ein Jugendwohnheim in H gesteckt."

Vorher habe er allerdings durch sein Verhalten unbewußt bereits eine Situation herbeigeführt, daß die Eltern äußerten: „'Wenn du keinen Bock mehr hast hierzubleiben – du kannst jederzeit weggehen! Wir sind jetzt so weit, wir halten dich nicht mehr'."

P erzählt, daß Mütterchen und alter Herr sich früher vorgestellt hätten, er solle „was Besseres werden". Nun sei er aber bei der Aufnahmeprüfung für die Oberschule durchgefallen. „Dann hab ich zu den Eltern gesagt: Paßt auf, die Prüfung zur Realschule besteh ich." Hat er auch, angeblich als einer der Besten, große Freude zu Hause. Nach einem Jahr war die Freude vorbei: „Ich bin faul wie eine Sau gewesen, besoffen in der Schule gesessen"; er habe keine „Einstellung" zur Schule gehabt. Ist sogar mal eingebrochen in die Schule, um schlechte Zensuren abzuwenden; kam zur Volksschule zurück und hat sie abgeschlossen. Das Abschlußzeugnis habe er in die Lungenheilanstalt nachgeschickt bekommen (er hatte damals 60–80 Zigaretten am Tag geraucht). „Den ganzen Bau hab ich unter Drogen gesetzt."

P sagt von sich, er habe seinen Stiefvater lange Zeit „größer gesehen, als er eigentlich war". Das sei aber von ihm selber ausgegangen, der Stiefvater habe zu dieser Überhöhung nichts getan.

Lehrzeit, Heim, Drogen:

P ist nach seinem Auszug von zu Hause in ein Jugendwohnheim gezogen, hat auf eigenen Wunsch eine Lehre als Koch angefangen. Die hat er fünf Monate durchgehalten; er mußte für minimales Geld in einem bekannten Restaurant in H täglich 10–14 Stunden Dreckarbeiten machen. Zu der Zeit hat P gekokst. Irgendwann kam es zu Handgreiflichkeiten mit seinem Vorgesetzten mit dem Ergebnis, daß P kündigte und zugleich gefeuert wurde. Darauf hat er vier Wochen im Wohnheim blau gemacht, bis man ihn zwang, eine neue Lehre anzufangen. Er macht Autoschlosser, feiert zu lange krank, wird gekündigt. Kommt in ein halboffenes Heim und beginnt, dort wohnend, eine technische Lehre. Hat inzwischen einen „schwunghaften Rauschgifthandel in diesem Heim zustande gebracht". Das fiel auf, P wurde angezeigt wegen Drogen- und Waffenbesitz. „Schußwaffen", so kommentiert P, „haben mich von jeher fasziniert. Bin begeisterter Schütze. Alles, was mit Pistolen, Revolvern, Gewehren zusammenhängt, übt einen magischen Reiz auf mich aus." P kommt in die Arrestzelle, wird dem Haftrichter vorgeführt, landet in einem Durchgangsheim (kriegt offensichtlich Bewährung). Danach findet er sich wieder in einem Lehrlingswohnheim, von wo aus er versucht, seine Lehre fortzusetzen. Fliegt auch dort raus, zieht in eine andere Stadt, kommt in ein voll kriminelles Milieu, macht Brüche, angeblich auch Panzerschränke, gibt viel Geld aus und konsumiert viel, hat neben seinem Drogendeal auch noch Fahrzeug- und Waffendeal laufen. Zur Drogenkarriere: Bei P dreht es sich hauptsächlich um Amphetamine (oral) beziehungsweise das wirkungsverwandte Kokain (schnupfen). P steht nicht sehr auf Drücken, hat Angst vor dem Einstich. Mit 15 hat er mal zwei Koksschüsse bekommen und später aus Neugier ein paarmal M(orphium) gedrückt.

Beziehung zu Gleichaltrigen:
P hat fast immer nur Beziehungen – so auch peer-Beziehungen – auf Ausbeutungs- und deal-Basis kennegelernt. Das sei doch normal in dieser Gesellschaft, meint er dazu. „Im Erziehungsheim wie auch im Gefängnis kann meiner Meinung nach keine echte Freundschaft herrschen." Allerdings, einen echten Kumpel habe er auch erlebt, der sei sogar für ihn in den Knast gegangen. P habe ihn besucht und auf ihn eingeredet, aber der habe angeblich drin bleiben wollen. „Was ist Freundschaft? Der Begriff ist dehnbar wie ein Gummiband." Und: „Vertrauen beruht meiner Meinung nach auf Unwissenheit... Und Unwissenheit stelle ich mit dem Gilb (Gelbsucht) und Cholera und Blattern auf eine Stufe. Zumindest is es was, was ich auf keinen Fall haben möchte." P kommt nochmals auf den „einzigen Freund" zu sprechen: der sei tot, sei auf H(eroin) abgekratzt. „Ist aber auch ein Ochse gewesen, haben ihm oft gesagt, er solls nicht zu weit treiben... Aber wenn du jetzt meinst, daß ich in riesige Tränen ausbreche – is nix!"

Beziehungen zu Mädchen:
„Das is ein Thema! (lacht) Angefangen hat das mit der großen Nummer, die wir zu siebt abgezogen haben in der Schule mit dreizehn." Das Mädchen wurde schwanger. Die Clique: „Wir wissen

von nichts!" Aus dem Spiel sei mit 14, 14 1/2 Ernst geworden. Von „Verhältnissen" könne man erst mit 16, 17, 18 reden. In der Berufsschule hätten sie in den Schultoiletten gefickt.
Naja, jetzt erzählst du stories. Ich wollte mit dir über ne echte Beziehung reden!
„Naja, is mir einmal ein Ding passiert, paß mal auf, seitdem bin ich unwahrscheinlich vorsichtig. Ich hab einmal einen Menschen.. was heißt 'Menschen', das war ein 17jähriger Vogel, ist damals gleichaltrig gewesen, den hab ich rollstuhlreif gehauen, obwohl ich kein Schläger bin. Und zwar aus folgendem Grunde: ich hab damals ne Frau kennengelernt, und verliebt bis über beide Ohren! Das ist die große Jugendliebe scheinbar gewesen. Und die Beziehung ist nicht auf Drogen begründet gewesen – ich mein, ich hab damals konsumiert wie ein Beknackter. Und das Mädchen hat damals versucht.. also ist ne Zeitlang mit eingestiegen, mit meinen Lieblingsdrogen Koks, shit, trips hat sie ne Zeitlang mitgemacht, und dann hat sie eines Tages gesagt: Paß mal auf, Junge, das bringt doch überhaupt nichts! Und von da ab versuchte sie's halt ganz systematisch mir auszureden. Ich hab meinen Trott weitergemacht, wir sind trotzdem noch ne Zeitlang zusammen geblieben. Ich muß sagen, es war eine bildschöne Zeit! Eines Tages – ich darf garnicht dran denken – hat der Vogel die Kleine vergewaltigt, und da hat sie sich, bewußt oder unbewußt, vor den LKW geworfen... Im Krankenhaus ist sie nach zwei Stunden gestorben[27]. Woraufhin ich mich besoffen habe wie eine Sau. Dann bin ich los und hab den andern dermaßen zugerichtet.. ich weiß nicht, das kann man gar nicht.. also ich kanns zumindest schlecht mit Worten schildern, vielleicht verstehst du, was da vorgegangen ist! Aber da hats irgendwo'n kleinen Knacks gegeben. Und seit dem Zeitpunkt – das haben mir mehrere Leute bestätigt – zeichne ich mich durch eine unwahrscheinliche Gefühlskälte aus." Auf Rückfrage bestätigt P noch einmal, daß es so gewesen sei, wie er geschildert habe. Erzählt die Geschichte nochmals in allen Einzelheiten. Er sei ein Jahr mit ihr zusammen gewesen. Er habe ihr, als er von der „Vergewaltigung" erfahren habe, gesagt: „Ich bring ihn um! Ich hau ihn tot!" Er habe ihr darauf versprechen müssen, diesen Typen nicht anzurühren. Im Anschluß an die Schilderung sagt P: „Das ist der einzige Punkt, der mich ziemlich mitnimmt, original!

[27]Ob das Ganze ein Unfall war, ob ein Selbstmord aufgrund der Vergewaltigung, ob die Vergewaltigung überhaupt eine war oder nur im Bewußtsein von P so erschien, ließ sich im Interview nicht klären. Wichtig ist jedoch P's Reaktion auf den Verlust seiner ersten und bisher einzigen Liebesbeziehung.

Sonst ist mir alles egal! ... Was meinst du, wie lange ich erst mal gebraucht habe, um das zu vergessen!"
Wieso vergessen? Offenbar war das die einzige Beziehung, die dir was gebracht hat!
„Ja, seitdem hab ich mir gesagt: sei vorsichtig, mein Junge! Sei vorsichtig! Das passiert mir auch nicht noch mal. Gebranntes Kind scheut Feuer!"
Ja, was passiert dir denn nicht noch mal?
„Daß ich mich überhaupt noch mal in irgend so eine Beziehung einlasse, obwohl sie wunderschön gewesen ist. Aber ich laß mich nie wieder in so eine tiefe Beziehung ein."
Den Grund seh ich nicht!
„Den Grund siehst du nicht?"
Ja.
„Aus dem ganz einfachen Grund, weil ich das Übel an der Wurzel packen will. Verstehst du das?"
Ja, wo war bei ihr das Übel denn?
„Na, bei ihr ist kein Übel gewesen! Das Übel ist nur gewesen halt, daß ich mich dermaßen in die Frau verliebt habe, und daß es mir anschließend 'n ziemlichen Tiefschlag versetzt hat."
Und das möchtest du verhindern?
„Und damit mir das nicht nochmal vorkommt, geh ich ganz zurück und fang nicht irgendwo in der Mitte an, verstehst du? Und seitdem zeichne ich mich durch eine unwahrscheinliche Gefühlskälte aus. Das ist vielleicht Idiotie, aber es ist meiner Meinung nach die wirksamste Weise, sich selbst zu schützen. Zumindest *mich* selbst zu schützen – das ist ne individuelle Schutzmethode vielleicht, vielleicht Blödsinn, aber da laß ich mich von keinem von abbringen."
(P zur Rollstuhl-Prügelei: „Ich brauchte einfach'n Ventil, um das Ganze irgendwie abzuriegeln. Irgendwas mußt ich nun machen, sonst wär ich verrückt geworden.")

029 Till (BRD)

21 Jahre, lebt zur Zeit in einer therapeutischen Wohngemeinschaft; von Anfang an vollständige Familie, seit 15 nicht mehr zu Hause und „endgültig selbständig gemacht", seit 15 bis heute in verschiedenen Gruppen; einmal von zu Hause abgehauen mit 14; teilweise „unerwünscht"; Eltern uMS; noch keine Berufsausbildung.

Zuerst begonnen mit O (oral), danach A (oral), in letzter Zeit beides gedrückt, O-Präferenz; mäßig auffällig, 1 Entzug; mittelstark gedealt, andere gelinkt, mehrere Gelbsuchten.

T auf die Frage nach der Beziehung zu seinen Eltern: „Ich lege weder besonderen Wert drauf, noch lehne ich es ab, meine Eltern zu sehen." Die Beziehung zu seinen Eltern sei ziemlich konfliktreich: Es gebe regelmäßig Streit über zu lange Haare, schmutzige Jeans, bestimmte Verhaltensweisen. Hat auch mal zurückgehauen bei seiner Mutter, zuletzt als er 18, 19 war. Ansonsten brülle sie in der Gegend rum, beginne zu heulen: „Dann lach ich kräftig... Meine Mutter spielt die Legislative, die treibende Kraft, mein Vater die Exekutive." Die Mutter schreie auch den Vater an, buttere ihn unter. Er habe seine Eltern teils gemocht, teils gehaßt, mit 15 sei er von zu Hause abgehauen.
„Ja, ich schleppe auch heute noch meine Eltern in bestimmten Verhaltensweisen mit mir rum: Statt mit sauberen Sachen lauf ich im größten Dreck rum." Meint von sich selbst, daß er nach seinem Auszug erst mal umgekehrt abhängig von seinen Eltern war – totale Negation, zu radikal: Auch bei seinen Ausgeh- und Schlafenszeiten habe er zuerst das genaue Gegenteil von dem gemacht, was er zu Hause sollte. Und schließlich: „Hab mir zu Hause ne ziemlich dicke Haut zugelegt, und nachdem ich abgehauen bin, ne ziemlich dünne".
Eine Abwehrhaltung beobachtet T bei sich auch Mädchen gegenüber: „Hab ne Mauer gegenüber Mädchen aufgebaut. Als ich sah, wie sich mein Vater gängeln ließ von meiner Mutter, hab ich gedacht, besser selber treten, als getreten werden. Wollte mich nie von Mädchen abhängig machen, hat aber nie geklappt. Ich habe nie ne nahe Beziehung gehabt – immer Vorsicht und Distanz."
Dann schildert T die wichtigste, eineinhalbjährige Beziehung, die er zu einem Mädchen hatte: Trennungsdrohungen, Streit, Versöhnungen. Die Trennung sei von ihr ausgegangen, das habe ihn getroffen. Die Folge sei bei ihm ein Rückfall in die alten Verhaltensweisen gewesen, nämlich ein halbes Jahr nur noch Bums-Beziehungen gehabt zu haben. Das Mädchen habe Macht über ihn gehabt, also hat er's anderen Mädchen heimgezahlt.
Wieso hatte sie Macht über dich?
(Überlegt lange.) „Kann's nicht genau sagen.. Sie war das Gegenteil von meiner Mutter, nicht robust, sondern zärtlich, süß. Weder

ich konnte sie rumkommandieren, noch sie mich." T definiert sich aber insgesamt als unterlegener Teil der Beziehung: „Sie konnte weggehen, ich nicht." Die Streitigkeiten zwischen ihnen drehten sich darum, daß T mit anderen Frauen schlief, es ihr aber nicht erzählte. Sie erfuhr's dann von Dritten, war sauer, er haut 2, 3 Wochen ab, kommt wieder, Versöhnung. Ein anderer typischer Konfliktfall: junk-Neid. „Sie schoß auch, aber teilte mal nicht mit mir. Machte sich'n Schuß und sagte mir nichts davon."

T's Beziehung zu seinem Vater war „an sich recht gut". Er sei 15 Jahre älter als T's Mutter (jetzt 60), habe sie geheiratet, als er 33 war und sie 18. Mit seinem Vater verstehe er sich gut, T und er trinken ab und zu ein Bier zusammen. Sobald aber die Mutter dazukomme, gebe es zwischen T und ihr Krach, und der Vater verziehe sich. Die Beziehung Vater – Mutter – Sohn wird vielleicht am besten durch das folgende Bild charakterisiert: Vater sagt zu T: „Du weißt doch, wie deine Mutter ist, ich muß jetzt ein ernstes Wort mit dir reden.." Oder auch: Die Mutter betreibt, daß T vom Vater eine Abreibung kriegen soll. Daraufhin gehen Vater und Sohn in ein Zimmer und simulieren im Einverständnis eine Prügelszene: T schreit und der Vater tut so, als ob er ihn prügele. Allerdings gab es auch mindestens eine offene Koalition zwischen Vater und Sohn gegen die Mutter: T sollte seine Samtjacke und seine Jeans (Ausdruck seiner Lebensweise), die seiner Mutter nicht gefielen, fortschaffen. Als er das nicht tat, kam es soweit, daß seine Mutter ihm, als er im Badezimmer saß und sich die Haare mit einem Föhn trocknete, den er seiner Mutter vorher zu Weihnachten geschenkt hatte, den Föhn auf dem Kopf zerschlug. T geht daraufhin zu seinem Vater und erzählt ihm das. Der nimmt die Mutter beiseite mit dem Resultat, daß sie drei Tage zu ihren Verwandten abhaut. Das habe die Mutter öfter gemacht; sie sei „cholerisch".
T fügt ein weiteres Charakteristikum zum Bild seiner Mutter hinzu: Ihr „Tabletten-Schränkchen hatte ernorme Ausmaße". Sie konnte nach T's Meinung „Krankheiten recht gut steuern, also auch wirkliche Herzbeschwerden kriegen... wenn sie sich zu wenig beachtet fühlte". Auf Rückfrage meint T: „Ja, sie hat wohl zu wenig Liebe und Anerkennung gekriegt in der Familie", und: „Das ist mir schon klar, daß ich eigentlich die Verhaltensweisen von meinem Vater reproduziere ihr gegenüber – und andern

Frauen gegenüber." So sagt er zu seiner Mutter, wenn sie auszuflippen droht: „Danke an deine Gesundheit."

T urteilt über sich: „Bei mir ist ne gewisse Unfähigkeit zu echten Beziehung vorhanden, die gewollt ist, die mir bewußt ist." Er kranke daran, „daß ich Sachen nicht rauslasse". T geht von vornherein mit Skepsis an Beziehungen heran: er rechnet schon prinzipiell damit, daß sie nicht gut gehen, und freut sich, daß sie klappen, solange sie klappen. Will einerseits Beziehungen so intensiv wie möglich erleben, sagt sich andererseits immer, morgen kann's aus sein.
Mit 14 habe er zum ersten Mal mit einer Frau gefickt, „das heißt, sie mit mir". Dann gab's die üblichen Schulfreundschaften, aber die haben nie länger als drei Monate gehalten.
Wie ging's immer auseinander?
„Einfach so, ohne große Streitereien.."
Wie ging die lange Beziehung auseinander?
„Sie hat sich'n Schuß gemacht, ohne mir was zu geben. Ich kleb ihr eine. Nächsten Morgen treffen wir uns wieder im Lokal, ich total besoffen, sie mit nem andern Mädchen und nem Typ."
T setzt sich in die andere Ecke im Lokal, sie holt ihn rüber an ihren Tisch. Bald sind sie alle total besoffen, wollen zu einem Typen fahren, der was zu drücken hat. Unterwegs bauen sie einen Unfall, hauen ab zu T nach Hause. Seine Freundin schläft besoffen auf dem Bett ein, er fickt daneben mit der anderen Frau „aus Rache für den Schuß". Seine Freundin wird wach, murmelt was von 'sie wolle umgebracht werden' und schläft weiter. Als sie wieder wach wird, haut sie ab – für immer. T's Fazit: *den* Film wollte er sich nicht nochmal ankucken. Danach hat er nur noch die bewußten „Bums-Beziehungen". Später habe er dann noch eine „PH-Studentin" kennengelernt; bei der hat er sich entzogen. Als er sich danach mal ein „Konsum-Schüßchen" setzte, gabs Konflikte mit ihr. Dann hat er sich erst mal keine weiteren Schüsse mehr gesetzt, aber es ging ihm „unheimlich auf die Eier", daß ihn einer so bevormunden wollte. Also hat er sich von ihr getrennt.

Nochmals zum Vater:
Sein Vater sei „halt unheimlich lasch". Ihm „scheint so irgendwie sein süßes Lächeln angeboren zu sein". T schildert ein Bei-

spiel der väterlichen Abwehrleistungen: Vaters Lächeln scheine nicht ehrlich zu sein, das merke man daran, „er trinkt jeden Abend regelmäßig seine 3, 4 Flaschen Bier. Er sitzt dann nur noch so im Sessel, die Füße auf'm andern Sessel, und lächelt dann sanftmütig vor sich hin. Dann holt er vielleicht noch ne Flasche, dann sagt Muttern, er soll nicht noch eine trinken, und im selben Maß, wie er Vorwürfe kriegt, wird sein Lächeln immer breiter." Sein Vater habe schon, bevor er die Mutter heiratete, gesoffen und gespielt. Und auch während der Ehe habe er durch Saufen und Spielen alle Jahre mal alles Geld durchgebracht, und die Mutter habe ihn dann immer aus irgendwelchen Kneipen und Bordellen rausgeholt. Sie habe dann irgendwann mal kräftig auf den Tisch gehauen, und seitdem verwaltet sie das Geld.

T erinnert sich an eine Phase der Vernachlässigung und Isolation: Als er ca. neun Jahre alt war, seien die Eltern mit ihm umgezogen. Er habe dabei alle gleichaltrigen Freunde und Bekannten verloren. Seit dem Umzug bis zu T's Auszug von zu Hause habe die Mutter mitgerarbeitet. Als sie tagsüber nicht da war, konnt T oft nicht ins Haus und mußte auf der Straße bleiben.

Drogen:
T hat mit 15 mit Amphetaminen (oral) angefangen, immer 4–5 Captagon eingeworfen. Danach machte er mit shit Bekanntschaft: „Hab an sich keine besonders positive Einstellung zu Halluzinogenen. Ich hab, bevor ich geschossen hab, gerne trips genommen. Seit ich geschossen hab, hat sich das geändert. Ich hab vor 3, 4 Jahren den letzten trip genommen." T erzählt dann, wie er sich mit zunehmendem junk-Gebrauch immer mehr vom gemeinschaftlichen trip-Einwerfen isoliert hat, schließlich zuletzt nur noch allein und mit Angst einige wenige trips genommen hat, auf den Horror kam und dann aufgehört hat. Dann begann T, shit zu dealen, schließlich kam der erste Schuß: Ein Typ, der nur den ganzen Tag im Bett lag und Rezepte ausfüllte, habe ihn laufend angemacht, er solle doch mal probieren. T wehrte zuerst ab, ließ sich aber schließlich doch einen Schuß setzen, um auch mitreden zu können. Danach hat er längere Zeit erst mal nicht mehr gedrückt. Eine Ahnung von der Art und Weise, in der Drücken Prestige verleihen kann, bekommt man bei der folgenden Geschichte: „Ich war mit ner Frau befreundet, die nicht schoß. Die saß dann in

meiner Wohnung rum und kuckte zu, wie ich mir Schüsse gesetzt hab, die Nadel aus dem Arm gezogen und mich dann sichtlich befriedigt in meine Kiste zurückgelegt hab." Die wollte dann auch einen Schuß von T...

Fühltest du dich denn wohl? Wußtest du nicht, daß du abhängig warst?

„Rein theoretisch wußt ich das schon!"

Wann hast du gemerkt, daß du abhängig warst?

T antwortet: als seine Rezept-Quelle versiegte, weil der Typ verhaftet wurde. „Da merkte ich dann, daß es mir ohne Stoff schlecht ging." Und er erinnert sich: „Schlimm ist, wenn ich in K morgens losging ohne einen Pfennig in der Tasche, die ganze scene abklapperte und abends noch keinen Schuß aufgetrieben hatte."

(Hier bricht das Interview wegen eines technischen Defekts ab.)

030 Jochen (BRD)

28 Jahre, zur Zeit in einer therapeutischen Wohngemeinschaft, seit 22 nicht mehr zu Hause und „endgültig selbständig" gemacht; mit 22 geheiratet, eineinhalb Jahre verheiratet, seit 3 Jahren geschieden; bis 6 vollständige Familie (Vater gestorben), bis 8 nur bei Mutter, bis 18 Mutter und Stiefvater; Eltern beide Male uMS/MS; weiß nicht recht, ob erwünscht oder nicht; zweimal von zu Hause abgehauen, das erste Mal mit 17; Lehre abgeschlossen.

O und A voll gedrückt, schwankend in der Präferenz zwischen O und A; mäßig auffällig, 8 Entzüge, einige Apos, voll gedealt, andere gelinkt, 1 Gelbsucht.

J berichtet gleich zu Anfang des Gesprächs mit einigem Stolz, daß er in einem Film („Faust"-Film) eine Rolle als Fixer gespielt habe: „Es hat mir Spaß gemacht, mich selber darzustellen, das Fixen... Ich war der einzigste Fixer, den sie kannten, und ich hab dann die Rolle da gespielt", eine kleine Rolle, wie er später sagt. Die Leute, die den Film machten, seien „gute Freunde" gewesen: sie Grafikerin, er Fotograf und Frauentyp. Er habe sie kennengelernt, als er shit dealte. Bejaht später, daß er sie in gewisser Weise ausgenutzt habe. „Gute Freunde" stimme nur bedingt; er wisse genau, daß sie eigentlich einer anderen scene angehörten.

Aber: „Ich hab denen Leben in die Bude gebracht." Nein, dort hätten nicht lauter Fixer verkehrt. „Das wollt ich vielleicht gar nicht, daß allzu viele Schießer da sind, wo ich bin. Vielleicht wollt ich auch zeitweise nur der einzigste sein."

Eltern:
„Ach weißt du, das ist ein ganz komisches Verhältnis, was heißt 'komisch'! Die haben sich damit abgefunden, weil ich mich früh selbständig gemacht hab, obwohl ich vielleicht zu Hause noch gewohnt hab, ne, aber ich war immer viel weg. Das ist nun mal so, daß es unheimlich negativ ist. Wir haben uns nix mehr zu sagen... Weil meine Eltern sich auch nicht denken können, daß sie..hm.. von *mir* lernen könnten.. ihren Standpunkt zu revidieren..
Was ist denn ihr Standpunkt?
„Sie leben halt ihr Ding da runter.."
So ganz normal?
„Ach, normal ist das ja nicht mal! Normal ist für mich, wenn der Mann nach der Arbeit heimkommt und die Frau hat das Essen gerichtet, und er trinkt sein Bier und sie setzen sich vor den Fernsehapparat. Aber bei uns passiert noch mehr – was nicht heißt, daß es besser ist. Im Gegenteil! Bei uns werden unheimlich exakte Spielchen gespielt. Irgendwelche Standpunkte werden durchgezogen, die an sich gar nicht so wichtig sind. Daß's zum Beispiel unheimlich sauber ist im Haus, daß unheimlich von der Kohle gequatscht wird, wie wichtig die ist" (dabei hätten sie genug, der Stiefvater sei Werbegrafiker). Heute herrsche zwischen ihm und seinen Eltern eine unheimlich kühle Atmosphäre, eigentlich schon immer, nur habe er früher die strafende und distanzierte Haltung seines Stiefvaters als berechtigt angesehen. „Mitgenommen am Verhalten des Vaters hat mich weniger, daß er mich bestraft hat, wenn ich was ausgefressen hatte, sondern daß er seinen Frust aus anderen Bereichen an mir ausgelassen hat. Wenn er zum Beispiel Krach mit meiner Mutter hatte, hat er's an mir ausgelassen. Meine Mutter hat sich da nicht weiter drum gekümmert. Die hatte selber soviel Probleme... Heute die Alten, die wissen genau voneinander: Wenn der Partner *den* Film bringt, bring ich den. Alles total eingespielt." Am schlimmsten sei heute: „Ich kann nicht offen mit ihnen reden. Wenn ich offen rede, flippen sie aus. Dagegen, wenn ich rede wie sie wollen, ist alles klar. Das letzte Mal wo ich mit ihnen reden wollte, war: bevor ich hierher kam, mußte

ich einen Entzug machen. Es war aber erst in drei, vier Tagen ein Bett frei." Daraufhin habe ihm seine Mutter Geld gegeben, damit er die Wartezeit mit junk überbrücken könne. „Da wollte ich offen mit ihr übers junken reden, und daß sie mir so nicht geholfen hat." Anschließend gibt J aber zu, daß er, falls sie ihm das Geld nicht gegeben hätte, sie vielleicht doch gedrängt hätte, das zu tun. Sagt selbst dazu: „verzwicktes Spiel".
Es bedrücke ihn, daß die Mutter eigentlich einen anderen Sohn verdient hätte; einen, der nicht schießt, der finanziell gesichert ist usw. (Aus J's Worten klingt: der kein Versager ist.)
Zu seiner Erziehung weiß J noch, daß er sich überwacht und eingeengt fühlte: Er sollte immer nur im großen Garten seiner Eltern spielen, und er versuchte, mit nicht allzu großem Erfolg, die Spielkameraden in den Garten zu ziehen. „Ich war eher'n stiller Typ, hab viel gelesen".
J erinnert sich angstvoll an die Sonnenbrille seines Stiefvaters, den er mit sechs Jahren bekam; er habe ihm nie in die Augen sehen können. „Ich hab ihn eigentlich immer – auch unterbewußt – immer abgelehnt, das ist mir schon klar." Viel an seinem eigenen Verhalten, die Ablehnung bürgerlicher Erwartungen, hält J für eine Reaktion auf seinen Stiefvater. Dennoch kann er nicht umhin, manchmal die väterliche Potenz zu bewundern; zum Beispiel: „Autofahren tut er Spitze, ohne Schau. Das einzige, was er ohne Schau macht." J's Beziehung zu ihm ist also ambivalent; neben der Bewunderung hat J seinem Stiefvater auch „gemeine Fallen" gestellt, das heißt, er hat ihn kalt auflaufen lassen, hat ihm gegenüber unvermittelt von Nähe auf Distanz geschaltet.
Als J mit 17 von zu Hause abhaute, versuchte er sich an einem ähnlichen Potenz-trip, wie er ihn an seinem Vater bewunderte: er klaute einen Sportwagen und fuhr damit nach Frankreich. Er wurde geschnappt, kam in den französischen Knast. Als seine Eltern ihn dort besuchten, hätten sie mit den Bullen gescherzt und lockere Schnacks gemacht: „Es ging ihnen nicht nah – ich war enttäuscht!"

J hat eine Goldschmiedelehre abgeschlossen, arbeitete anschließend bei seinem Meister, dann in einem größeren Betrieb. Damals lebte er noch zu Hause und sein Bewußtsein sei auf Häuschen, Auto, Familie gerichtet gewesen. Dann lernte er seine Frau kennen, war eineinhalb Jahre verheiratet, ein Kind. In der Zeit hätten sie beide viel gelernt, auch, daß es so (Heirat, Häuschen usw.) nicht das Richtige ist. Mit dem Schießen ging es nach der Trennung von seiner Frau los: „Ich hatte schon ein paar Schüsse gemacht, da lernte ich eine Arzthelferin kennen, die schoß. Ich wollte sie vom Schießen runterbringen, sie hat mich reingelegt. Damals war ich mit Leuten zusammen, die nur törnten, und ich hab oft erlebt, wie Schießer reinkamen und in zwei Minuten die ganze Situation kaputt machten, und ich war auf dem trip: Jetzt haste ne Schießerin gerettet!"

Auch J spricht von junk-Beziehungen und definiert sie so: „du brauchst 'n Typen nur, um durch ihn an junk zu kommen". Sagt an anderer Stelle von sich selbst, er habe sich „die Leute ausgesucht, die für mich von Vorteil waren: ob sie'n Auto hatten, ob ich bei ihnen schlafen konnte." Auch seine Beziehungen zu Frauen waren berechnender Natur: „Früher, wie ich viel geschossen habe, richtig süchtig war, hab ich versucht, sie durch Reden zu faszinieren.. Die meisten hab ich angepiekst und dann fallengelassen."
Es wundert ihn und er fragt oft, wieso er sich so regelrecht habe kaputtmachen können. Seine Frau zum Beispiel sei so dufte gewesen, er hätte so vieles machen können, und dennoch habe er sich kaputt gemacht. Die Beziehung, die er braucht, schildert er so: „Wenn mich jemand versteht und akzeptiert, auch wenn ich Scheiße bringe, wenn er *die* Kraft hat, dann ist gut."

031 Beatrice (BRD)

21 Jahre, gegenwärtig wieder zu Hause und noch nicht selbständig gemacht nach eigener Aussage; vollständige Familie von Anfang an; nicht abgehauen; teilweise unerwünscht; Eltern oUS/uMS; Berufsausbildung abgeschlossen.
Quasi-Opiat-Abhängigkeit (Valoron, oral), wenig A (oral), seit kurzer Zeit begonnen, O zu drücken; O-Präferenz; 1 Entzug (nicht gedealt usw.).

B erzählt, ihre Mutter wolle nichts mehr von ihr wissen, schicke sie mehr oder weniger ausgesprochen weg und verbiete ihr das Haus (B wohnt zwar nicht bei ihren Eltern, besucht sie jedoch regelmäßig, nimmt Lebensmittel mit und erhielt früher auch Geld),

während der Vater immer noch versuche, ihr Vorschriften zu machen.
Willst du noch was von ihr (der Mutter)?
„Nö, ich weiß ganz genau, das sind vier oder fünf Jahre, die haben so viel kaputt gemacht bei uns zu Hause – durch meine eigene Schuld natürlich, das ist mir klar – aber, das kann gar nicht wieder in Ordnung kommen, das ist ausgeschlossen." Das mache sie traurig: „Das wird eben nischt. Das brauchen wir gar nicht zu versuchen, das ist ausgeschlossen. Wenn ich abends oder so nach Hause komme, dann ist das Erste, was meine Mutter sagt: na, was machst du denn hier?" Sie wolle B nicht mehr sehen, schmeiße sie zwar nicht richtig raus, aber gebe ihr zu verstehen, daß sie nicht wiederkommen solle. B gehe in letzter Zeit auch nicht mehr oft nach Hause, „nur wenn es ganz und gar nicht anders geht".
Wenn sie dann heimkommt, müsse sie einen Film vormachen: müsse „besonders freundlich sein, intellektuelles Zeug reden, davon verstehen sie dann zwar kein Wort, aber sie denken, oha!, unsere Tochter macht Fortschritte und.. ich muß immer wieder sagen, ich nehm keine Tabletten mehr, ich hab damit aufgehört."
Fragen sie das immer?
„Jedesmal, das ist immer das Erste." So zu lügen falle ihr schwer.
Was würde passieren, wenn du ehrlich wärst?
„Davon abgesehen, daß sie mich rausschmeißen würden, würden meine Eltern dann selber körperlich oder seelisch ziemlich weit runter sein, wenn sie das erfahren."
Hast du das Gefühl, du machst ihnen ziemlich viel Kummer?
„Ja."
Zeigen sie dir das deutlich, daß du ihnen weh tust?
„Ja, meine Mutter ist so'n Typ, die ganz gerne zeigt, wenn es ihr schlechtgeht und..deshalb redet sie nur davon.. daß ich sie nochmal ins Grab bringe und alles Mögliche."
Ist das so quasi ein Mittel, um dich unter Druck zu setzen?
„Ja."
Und du meinst, irgendwie setzt sie's ein, wenn auch vielleicht nicht absichtlich?
„Mhm"
Der Vater sei, verglichen mit der Mutter, eher „leichtgläubig", d.h. er glaubt ihr schneller als die Mutter, wenn B sagt, sie habe mit Tabletten aufgehört. „Das beruhigt ihn dann." Wenn er dann

wieder einen Rückfall von B erlebt, ist er „vollkommen zerschlagen", viel mehr als B's Mutter, weil er sich so sehr an diese Illusion geklammert hat. B meint, ihr Vater möge sie noch zum Teil; ihre Mutter dagegen wolle in der letzten Zeit manifest nichts mehr von ihr wissen.

B hat zwei ältere Schwestern und einen jüngeren Bruder. Ihre älteste Schwester sei immer ihr Vorbild gewesen und auch als solches von den Eltern hingestellt worden. Heute sei sie angepaßt, mit Familie, einem zweiten Kind; sie und ihr Mann hätten gerade ein Haus gebaut. Zu ihr hat B keine gute Beziehung. Die zweitälteste Schwester sei ebenfalls drogenabhängig; zu dieser hat B eine gute Beziehung. Der jüngere Bruder (16) wohne noch zu Hause. Er hält sich aus dem Familienkonflikt mit B raus – ansonsten habe sie aber eher eine gute Beziehung zu ihm. Sie besteht darauf, zu ihm eine gute Beziehung zu haben und nicht neidisch auf ihn (gewesen) zu sein, obwohl er angeblich klar vor ihr bevorzugt wurde (wie die älteste Schwester), weniger Schläge kriegte usw. Zur „Vorbild"-Schwester sagt B: „Die hatte jeden Abend nen anderen Mann... war in der Boutique und hat sich die besten Kleider gekauft... und war umschwärmt und umhimmelt" und die Beste für die Eltern. „Vielleicht hab ich sie tatsächlich deswegen gehaßt, aber trotzdem ist sie mein Vorbild gewesen."

Mit 19 sei B mal eine Zeitlang von zu Hause ausgezogen, mit ihrem Freund in eine eigene Wohnung. „Wollte dabei in erster Linie von den Eltern weg", „alles" habe ihr gestunken. Damals habe sie schon Tabletten genommen, und die Eltern hätten ihr ständig ihren Drogengebrauch vorgeworfen – diesen Vorwürfen wollte sie zuallererst entgehen. Allein, dieser ihr Emanzipationsversuch scheitert: Ihre Eltern hätten zwar ihren Auszug sogar noch unterstützt, aber sie und ihr Freund können nur drei Monate in der Wohnung wohnen bleiben, weil ihnen das Geld ausgeht. Der Grund: sie seien beide unheimlich auf Tabletten abgefahren, und alles Geld – ein paar Tausender für die Einrichtung – ging für Tabletten drauf. Sie kauften damals die Tabletten in der Apotheke; 70–80 Tabletten am Tag kosteten 50 DM. Schließlich kam's in B's Firma „ins Rollen"; ihr Chef wandte sich an ihren Hausarzt, sie solle eine Entziehungskur machen. B kommt darauf in die Psychiatrie.

Die Eltern wissen, daß B's Schwester ebenfalls abhängig ist. Sie behandelten sie angeblich genau wie B auch.

Nach der Beziehung der Eltern untereinander gefragt, meint B, deren Beziehung sei gut, es habe zwischen ihnen nur ein paar Streitigkeiten wegen Kleinigkeiten gegeben; auch deshalb, weil sie beide „übernervös sind". B glaubt sogar, ihre Eltern liebten sich.

Zum Verhältnis Eltern-Schwiegereltern: „Die Mutter von meinem Vater war'n unheimlicher Teufel (lacht) – das heißt, ob das stimmt, kann ich nicht hundertprozentig sagen. Ich hab auch einiges mitbekommen. Meine Mutter hat die Frau unheimlich gehaßt, das weiß ich genau."

Warum?

„Weil sie angeblich unheimlich schlecht ist, weil sie zum Beispiel – was sogar stimmte, da bin ich beigewesen – daß sie die Kinderkarre mit Inhalt auf die Straßenbahnschienen gestellt hat, als die Straßenbahn ankam, und schnell weggelaufen ist..."[28]

Also deine Mutter hat die Mutter deines Vaters gehaßt. Wie findet er das denn, daß seine Frau seine Mutter nicht mag?

„Kann er nichts machen." B schätzt in der Ehe ihrer Eltern ihre Mutter als den stärkeren Teil ein. Sie könne das aber nicht konkretisieren, sehe das eher gefühlsmäßig.

Ob es Schläge, Strafen gegeben habe, und *wann?*

„Als ich mich schmutzig gemacht hab."

Und später?

„Wenn ich zu spät nach Hause gekommen bin. Oder wenn ich irgendwas verloren hab."

Wie sie sich dabei verhalten habe?

„Ich bin weggelaufen."

Ob die Eltern gleichmäßig gestraft hätten oder einer stärker?

„Das hat alles die Mutter übernommen."

Wie kommt's, daß er (Vater) nie dagegen Stellung bezogen hat?

„Er weiß gar nicht ganz genau, was da überhaupt alles vorgefallen ist... Wir haben einmal versucht, es ihm zu erzählen, da ist meine Mutter hysterisch geworden und hat sich hingeschmissen und hat geheult und ihre Kinder, was das für Schweine sind, daß die sowas sagen überhaupt. Und das hat Wirkung auf meinen Vater gemacht. Seitdem glaubt er ihr das auch."

Wie reagierst du in solchem Fall?

[28] Gleichgültig, ob die Geschichte so stimmt oder nicht – sie zeigt auf jeden Fall das Ausmaß der Widersprüchlichkeit zwischen Mutter und Schwiegermutter!

„Wenn ich seh, daß sie anfängt zu heulen, dann reagier ich überhaupt nicht mehr, dann geh ich raus."
Warum gehst du dann raus, warum kannst du's nicht vertragen?
„Weil sie mir trotzdem ganz plötzlich leid tut..."
Auf die Frage nach der Art der Bestrafung, ob es für bestimmte Dinge bestimmte Strafen gab, ob mal mehr oder weniger gestraft wurde usw.:
„Gerade so, wie's kam".
Waren die Eltern uneinheitlich im Bestrafen, mal mehr, mal weniger?
(Nach kurzem Überlegen) „Ja, auf jeden Fall. Zum Beispiel, wenn man ne Tasse kaputtschmeißt oder so.."
.aus Versehen..
„..aus Versehen natürlich, das ist klar, dann kriegt man gleich eine ordentlich geknallt, ne."
Gleich?
„Ja. Sie sieht's, kommt rein, was hast du gemacht, wumm! Aber wenn man genau das gleiche nochmal macht, und es ist zum Beispiel ne Tante dabei oder so, ne, dann: was hast du jetzt schon wieder gemacht!, sagt sie dann. Und dann wird das alles aufgehoben.. und dann ist nichts. Ist superfreundlich, ne, und hinterher kommt überhaupt nichts..."

Hast du mal versucht, mit deinen Eltern über deine Probleme, über dein Dich-allein-Fühlen zu reden?
„Ja. Da bin ich reingegangen und hab gesagt, ob wir uns nicht mal in aller Ruhe darüber unterhalten sollten – wir hatten uns vorher sehr stark drüber gestritten, ne – und daß ich eben selber auch den Willen hab aufzuhören. Und da sagten.. erst mal dauerte das ne Weile, bis sie überhaupt von der Zeitung hochkuckten – was mich schon dermaßen genervt hat, daß ich am liebsten wieder rausgegangen wär, da kommt man sich vor wie so'n Bettler oder was ähnliches, ne! Und dann kuckten sie hoch, und dann mußte ich das ganze nochmal sagen – oder halt: tja, was wird denn nun, deine ganzen Anzeigen, und dann fingen die mit dem ganzen Scheiß an, was ich sowieso jetzt schon hab, ne, und hättest du und wärst du.."
Wie hätte denn das Gespräch deiner Ansicht nach verlaufen sollen, was hätte für dich dabei rauskommen können? Du hättest gern gewollt, daß das Gespräch ne andere Richtung nimmt, nich?

„Ach das.. wäre an sich sowieso zwecklos gewesen, davon abgesehen. Ich wollte auf jeden Fall versuchen, daß ich mit meinen Eltern irgendwie ein ganz klein bißchen klar komme, daß ich ihnen irgendwann auch mal sagen kann, wenn ich nach Haus komme, ich hab eben gerade Tabletten genommen, ich hab auch noch welche in der Tasche, und die werd ich auch noch brauchen. Und daß sie dann sagen, ja, is gut. Aber.. ich weiß nich..."

Vater ist Polier. Sie bejaht, er sei ziemlich kaputt, wenn er abends nach Hause komme. Er sei bald nach dem Krieg zu seiner heutigen Firma gekommen, sei heute 25 Jahre dort. Er fluche zwar auf seine Arbeit, sie mache ihn kaputt, aber das müsse er eben in Kauf nehmen.

Peer-group:
Hast du Freunde gehabt früher, als du klein warst?
„Wenn ich mit Leuten zusammen war, dann waren das immer Dreier-Cliquen. Das bedeutet, daß die beiden ersten, die zusammen waren, befreundet waren.. und zu dritt haben sie dann vielleicht mal was unternommen. Aber die Dritte ganz hinten war ich dann jedesmal."
Hat dir das gefallen?
„Nein, das fand ich furchtbar!"
Hast du versucht, da irgendwas zu ändern, soweit man das kann, wenn man klein ist?
„Ja, soweit man's kann (lacht). Ich hab's versucht, ja, aber es ist trotzdem nie was.."
Was hast du versucht?
„Ich bin.. einfach dazwischen gegangen... und hab versucht, ein Mädchen – jetzt speziell eins dann nur – auf meine Interessen aufmerksam zu machen.. komm, gehen wir doch mal dahin..."
Das habe aber nie so richtig geklappt. Sie könne nicht sagen, warum die Gleichaltrigen sie ablehnten; glaubt, die Leute lehnten sie damals völlig gedankenlos ab. Das sei in allen drei Schulen so gewesen, wo sie war. Sie habe auch nie eine gute Freundin gehabt. Der Junge, mit dem B die Tabletten eingeworfen hat, war zugleich ihr erster Freund:
Wie hast du ihn kennengelernt?
„Das ist damals der Freund von meiner Schwester gewesen."
Von der großen, der ersten?

„Ja."
(Beide lachen.) *Ist ja dufte. Und hast du ihn ihr ausgespannt?*
„Das würd ich garnicht schaffen, ihr etwas auszuspannen." Die Schwester habe ihn quasi abgetreten. Sie habe ihn gemocht; die Beziehung sei aber wegen der Drogen auseinander gegangen. Seitdem hat sie keinen neuen Freund mehr gehabt (das ist zwei Jahre her); seitdem habe sie Schwierigkeiten im Bett, keine Freude am Ficken, ja, es ekele sie geradezu davor. B stellt richtig: vor drei Jahren fing das an.

Drogen:
Nachdem sie das erste Mal shit geraucht hatte, legte sie eine lange Pause ein, „weil ich ne widerliche Wirkung hatte."
Was war das?
(lacht) „Horror!"
Wie hat sich das gezeigt?
„Ich konnte mich nicht bewegen, und was das Schlimmste war, ich konnte nicht sprechen, ich konnte kein Wort rauskriegen. Ich weiß nicht, ob das schon mal jemand gehabt hat so: Ich hab versucht, ich hab mich so angestrengt, was zu sagen, aber es kam nichts raus."
Warst du allein?
„Nein, mit einem Typ noch zusammen."
Was wolltest du denn sagen?
„Weiß ich nicht. Wahrscheinlich, daß ich Angst hab.."
Ist das ein paar mal passiert?
„Das ist das dritte Mal. Nur einmal war das so stark. Das Mal davor.. da merkte ich überhaupt gar nicht viel. Und dieses eine Mal.. danach hab ich dann auch aufgehört für ne ganze Zeit, ne."
Und heute?
„Da hab ich zwei Zigaretten (Gras) geraucht, und da hab ich auch Depressionen bekommen: Das Zimmer wurde immer kleiner (lacht), das war ganz ulkig. Und.. beim zweiten Mal war's ähnlich und beim dritten Mal war's dann ganz gut..."
... *Wie bist du dazu gekommen, Valoron zu nehmen?*
„Ja, durch meine (älteste) Schwester und meinen Schwager.. Mein Schwager hat's verschrieben bekommen, richtig regulär vom Arzt... hat dann gesagt, das ist gut, das Mittel, das müssen wir mal ausprobieren. Und an einem Sonnabend-Abend haben wir uns hingesetzt und haben das allesamt ausprobiert."

Fandest du es gut beim ersten Mal?
„Nö, das erste Mal hab ich Sodbrennen gekriegt... dann hab ich's aber trotzdem nochmal gemacht, das war schon besser."
Warum hast du's nochmal gemacht?
„Das weiß ich auch nicht, das frag ich mich selbst auch..."
... Als du's das nächste Mal gut fandest, das Valoron, was fandest du gut daran?
„Daß es von damals bis jetzt so geblieben ist, daß man sehr froh ist und so und daß.. man plötzlich keine Sorgen mehr hat..."
Was hast du für Sorgen?
„Oh, ich hab unheimlich spezielle Sorgen..."
Als du anfingst, was hattest du da für Sorgen, die dann weggingen?
„'Sorgen' kann man das nicht nennen.. daß es im Alltag unheimlich leer ist.."
Hat es dir auch geholfen, mit Leuten besser klar zu kommen?
„Das Valoron? Ja doch!" (Dennoch ist B lieber alleine geblieben, wenn sie sich mit Valoron angetörnt hat, hat „Musik gehört, ein Buch gelesen, ne Zigarette geraucht und nachgedacht".) Als sie mit Valoron begann, habe die Wirkung circa zwei Stunden angehalten. Jetzt hat sie sich schon daran gewöhnt, und 20 Tabletten wirken bei ihr nur noch 20 Minuten, eine Viertelstunde. Vor einem halben Jahr habe sie auch mal den ersten Schuß probiert, „weil ich in bestimmte Kreise gekommen bin, die waren schon 10 Jahre dabei. Weiß nicht, die Atmosphäre war auch so klasse (lacht) oder was weiß ich."
Warum „klasse"?
„Weil man wußte, da kommt jetzt irgendwas, was du noch nicht kennst... Naja, und da hab ich auch mitgemacht."
Und hat es deinen Erwartungen entsprochen? Du fandest es gut – was war gut?
„Ich weiß nicht.. alleine der erste Moment danach.. der ist ja nun unwahrscheinlich klasse irgendwie. Und was danach kommt, das ist noch schöner oder fröhlicher oder glücklicher, als wenn du Valoron genommen hast."
Zwei Ergänzungen: Mit den „Sorgen" und dem Ärger, den sie mit Drogen abwehrt, meint B: wenn der Kopf von Tabletten brummt; wenn sie von ihrer Mutter ständig eingeschränkt und eingeengt wird. Wenn sie das nervt (und sie hat, wie sie sagt, nur noch eine ganz geringe Toleranzgrenze), wirft sie 20 Tabletten ein, und dann ist die Welt wieder in Ordnung. Ferner war es schon immer

B's Wunschtraum, ein Junge zu sein: „Jungen dürfen mehr". Das fängt für sie mit so Kleinigkeiten an wie: in ein Lokal alleine gehen zu können, ohne gleich angemacht zu werden, usw.

033 Benno (Schweiz)

24 Jahre, zur Zeit in einer Selbstorganisation drogenabhängiger Jugendlicher; seit 18 nicht mehr zu Hause und „endgültig selbständig" gemacht; bis 3 vollständige Familie, bis 4 bei Verwandten, bis 7 vollständige Familie, bis 8 bei Verwandten, bis 12 vollständige Familie, bis 18 nur bei der Mutter, weil Vater schwer krank, mit 19 für zwei Jahre Erziehungsaufsicht (Bewährungshelfer); das erste und einzige Mal mit 15 von zu Hause abgehauen; Eltern US (Dienstleistung), betrachtet sich als unerwünscht; Berufsausbildung abgeschlossen.
O oft geraucht, A seltener (oral), nicht gedrückt, Halluzinogen-Präferenz, keine Entzüge, voll gedealt, wenig auffällig.

Drogen und Dealen:
B erzählt zum Dealen: Er sei skeptisch geworden gegenüber der Vorstellung, durch Dealen Geld für Projekte der Lebenssicherung zusammenbringen zu wollen. B dealt jetzt nicht mehr, bekommt ab und zu was geschenkt (shit). In letzter Zeit sei er vor lauter Arbeit wenig zum shit-Rauchen gekommen. „Ursprünglich hab ich mir von Drogen die große Erleuchtung erwartet. So groß war sie nicht, aber ich habe tatsächlich durch Drogen gelernt und genieße sie noch ab und zu wie ein gutes Glas Wein zum Essen. Ich betrachte das Shillum (Rauch-Rohr) immer noch als Kommunikationsmittel, als Träger von gemeinschaftlichen Ideen oder überhaupt als Träger der Idee der Gemeinschaft... Aber wenn du zuviel rauchst, kommt gar nichts raus."
B hat eine Lehre an der Börse gemacht, war auf dem besten Weg, straight und erfolgreich zu werden, ist dann aber ausgestiegen.

Zur Erziehung:
Vorweg sei gesagt, daß er die Mutter als Valium-abhängig bezeichnet. B beginnt seine Schilderung mit dem Hinweis auf Ähnlichkeiten zwischen sich und seiner Mutter. Er habe früher mit ihr oft Bergtouren gemacht. „Und dann hat sich immer gezeigt, wie's eigentlich gehen *könnte* für mich. Aber wenn sie arbeitete, war's wieder unerträglich."

Der Vater war angeblich in der Erziehung von B und seinem (um 6 Jahre) älteren Bruder viel toleranter. Es gab deshalb Konflikte zwischen den Eltern über die Erziehung der Kinder: „Meine Mutter hat einfach immer geglaubt, mein Vater wolle sich nicht mit mir auseinandersetzen, er wolle sich's bequem machen. Dabei hat er sehr viel Zeit für mich verwendet.. Ich erinnere mich, er hat mir stundenlang Geschichten erzählt, einfach so aus'm Kopf."
Bejaht, daß die Mutter wohl das Gefühl hatte, alles werde auf sie abgeladen, Erziehung, Arbeit usw. „Ich glaub, daß das richtig ist. Ich hab mir das als Kind nie überlegt, aber ich glaub, daß meine Mutter sich lange Zeit so vorgekommen ist. Also sich überlastet gefühlt hat und auch gedacht hat, daß alles nur noch an ihr hängt – wegen der Krankheit meines Vaters. Ich mein, wenn meine Mutter und mein Vater schon von Grund auf ein besseres Verhältnis gehabt hätten, ein klares Verhältnis gehabt hätten, wär's alles ein bißchen besser abgelaufen. Aber.. als die Krankheit noch dazukam, war die Problematik zu groß."
Die Eltern hätten sich in späteren Jahren „sehr heftig gestritten.. 's ging meistens um Geld... Ich erinnere mich an eine Szene, als ich krank war, irgend ne Grippe hatte, und meine Eltern sich da irgendwie über Geld gestritten haben, sich so selbst Geld nachgeworfen haben, und im gleichen Sinne um mich. Daß ich selbst heftig geschrieen habe."
Welche Rolle hast du in dem Konflikt zwischen den Eltern gespielt?
„Es war die ganze Zeit bis zum Schluß jetzt so – es hat sich nie mehr grundlegend geändert –, daß ich einfach von meinem Vater beschwatzt worden bin und von meiner Mutter beschwatzt worden bin und mich einfach immer raushalten wollte.. also ich mein, beide Elternteile gleich.. äh.. respektierte." Er habe nie Partei ergriffen: „Ich hab das bewußt von 11, 12 an begriffen, daß mich beide auf ihre Seite ziehen wollen, und bin auch immer dementsprechend zwischen meinen Eltern gestanden." Er habe zur Mutter gesagt, Vater ist mir genauso lieb, und umgekehrt.
Und wie war's wirklich? Wem standest du näher?
(lange Pause) „Ja.. ich glaub, ich war schon näher beim Vater. Ich hab auch in gewissen Zeiten, als er dann schon im Pflegeheim war, hab ich mich eigentlich am meisten um ihn gekümmert von der Familie."
Mit zunehmender Krankheit des Vaters wurde die Beziehung zwi-

schen den Eltern immer schlechter. B glaubt, daß die Krankheit des Vaters psychosomatisch verstanden werden müsse. Der Vater wurde krank, als B ein Jahr alt war. B selbst vermutet, daß sein Vater beim Versuch, sich von seinen Eltern unabhängig zu machen, irgendwie traumatisch gescheitert sei. Vor einem halben Jahr sei sein Vater gestorben.

B sieht seinen Vater ganz klar als lieben, aber ineffektiven Mann und Vater. Einerseits erinnert sich B vieler guter Situationen mit seinem Vater, als er, B, klein war; andererseits „sehe (ich) meinen Vater in erster Linie im Rollstuhl, Pflegepersonal, Krankenhausatmosphäre". Der Vater sei „oft abwesend" im Rollstuhl gesessen, sei früher ebenfalls Schlaftabletten-süchtig gewesen. „Ich weiß, daß er mir früher oft Geschichten erzählt hat, die beinhalten, daß er als Vater seiner Rolle nicht voll gerecht werden kann, und daß er mir in Form von Geschichten irgendwie klarmachen wollte, daß ich mich mit meinem Bruder zusammentun soll und daß wir uns durchbeißen müssen." B's Bruder ist Lehrer und sei „sehr enthaltsam"; er trinke praktisch keinen Kaffee, habe nie geraucht, erst recht keine illegalen Drogen genommen. „Es ist eigentlich so, daß eine intensive Auseinandersetzung zwischen meinem Bruder und mir jetzt mehr stattfindet." Zugleich würden sie sich aber auch jetzt wechselseitig mehr anerkennen als früher. B meint jedoch klar zu sehen: „Mein Bruder konnte sich nie richtig lösen vom Elternhaus, vor allem von der Mutter – er wohnt auch jetzt noch im gleichen Haus wie meine Mutter."
Das Klima im Elternhaus sei so beschaffen gewesen, daß man viel voneinander wußte, aber nicht darüber sprach. „Zum Beispiel, daß ich shit rauchte und gedealt habe, wußte meine Mutter von Anfang an, weil ich mich nicht bemüht habe, es zu verheimlichen. Aber darüber zu sprechen, das braucht sehr viel... sie weiß es, aber verdrängt es im Grunde." B bejaht, daß er mit seiner Mutter große, strukturelle Konflikte hatte:
„Ich könnte dir auch hier keine rationalen Gründe (der Konflikte) nennen, außer dem einen, den mir mein Vater in seinen letzten Jahren mehrmals deutlich gesagt hat, daß meine Mutter mich auf keinen Fall auf die Welt bringen wollte, und daß mein Vater das hart und auf brutale Art und Weise durchgesetzt hat. Und ich also ein ausgesprochen unerwünschtes Kind gewesen bin von der Mutter her, während mein Vater ziemlich Freude hatte, daß ich da

noch gekommen bin... Meine Mutter flippt heute noch aus, wenn ich mit ihr reden will."

Warum wollte sie dich nicht?

Mein Bruder ist 44 geboren, danach hatte sie 47 eine Fehlgeburt, hatte wohl Angst."[29] B erinnert sich auch, er sei für seine Mutter die ganze Zeit über ein „schwieriges Kind" gewesen, „schwer erziehbar" in ihren Augen, eben abgelehnt. Er erinnert sich weiter, daß er mit seinem Vater viel intensiver und länger Körperkontakt hatte als mit seiner Mutter; daß er ihn oft noch geküßt habe, als dieser schon invalide und krank war; daß er schließlich wohl seinen Vater, nie aber die Mutter nackt gesehen habe.

B hat unter den heftigen Konflikten seiner Eltern sehr gelitten: „Es ist oftmals darauf hinausgelaufen, daß ich mich in mein Zimmer zurückgezogen und geweint habe." Anfänglich, so weiß er noch, hatte er keine Angst vorm Alleingelassen-Werden; „die brach aber so mit 7, 8 stark hervor, als ich ein Jahr bei Verwandten wohnte". Mit 3, 4 Jahren hatte B Albträume.

Gleichaltrige:

B erinnert sich an eine „Periode zwischen 10 und 13, 14 Jahren, wo ich etwas Kontaktschwierigkeiten hatte". Er hat damals viel Sport gemacht, entdeckte dann aber, daß die Sporttypen nicht seine Szene sind. Er sei immer mit älteren Kindern zusammen gewesen – was man gemeinhin als Randposition interpretieren kann. Und tatsächlich erläutert B: „Ich war immer dabei als.. als.. 'der Kleine'.. So im Schutz der Großen vordringend." B weiß auch noch, daß er sich im Umgang mit den Arbeiter-Kindern zu weich, zu weiblich vorkam. Anführer bei den Spielen waren immer die anderen. Er hat sich bei Prügeleien lieber rausgehalten. Schließlich schildert B eine Freundes-Beziehung (mit 20 Jahren), die dem Schema Idealisierung und Zusammenbruch der Idealisierung folgte.

Mädchen:

B ist bald nach seinem Auszug von zu Hause (18) mit einem Mädchen zusammengezogen. Das Mädchen hat keinen Vater gehabt, während B „große Probleme mit der Mutter" hatte. B's Mutter

[29] Nach dem, was B erzählt, könnte bei der Mutter zusätzlich noch das Gefühl der Überlastung und der Ineffektivität ihres Mannes eine Rolle spielen.

hatte am Anfang stets an den Kleidern seiner Freundinnen etwas auszusetzen. B dazu: „Du kannst immer einen Grund finden."

034 Bruno (BRD)

21 Jahre, lebt zur Zeit in einer Selbstorganisation Drogenabhängiger, seit 20 nicht mehr zu Hause und „endgültig selbständig gemacht"; von Anfang an vollständige Familie, jedoch ab 16 „keinen Bezug" mehr zum Elternhaus; mehrmals von zu Hause abgehauen, das erste Mal mit 14; Eltern deutlich US; weiß nicht, ob erwünscht/unerwünscht; hat noch 2 ältere und 2 jüngere Geschwister; vier verschiedene Berufsausbildungen abgebrochen.
Fing an, A zu drücken, 1 Jahr später O; beides voll gedrückt; A-Präferenz; ziemlich auffällig vor, aber unauffällig in der Drogenphase; 3 Entzüge, mäßig gedealt, andere gelinkt, 1 Gelbsucht.

B erinnert sich an eine frühkindliche Situation, wo er von der Großmutter so böse und mörderisch angeschaut wurde, daß er angstvoll heulend zu seiner Mutter flüchtete. Weiß ferner, daß er gern in Scheiße, Knete und Pisse spielte, und daß er dafür, ohne zu wissen warum, auf die Finger gehauen wurde (von wem? Oma?). Die Mutter dagegen sei ganz „tolerant" gewesen, die hatte sogar einen lockeren Spruch dafür parat, als er nach der Pubertät anfing, mit Mädchen zu gehen. Sie habe auch nichts gegen Selbstbefriedigung gehabt bei den Kindern. Zur Mutter habe er eine ganz gute Beziehung, zum Vater eine schlechte.
Der Vater, den B später sehr autoritär schildern wird, habe zuletzt in Erziehungsfragen wie „Ausgang" „total resigniert": „'Mach halt, was du willst, wir können dich sowieso nicht halten!'" Ursprünglich habe der auch gewollt, daß B was Ordentliches lerne, eine Familie gründe und ein regelmäßiges Einkommen nach Hause bringe. B sollte es einst besser haben als er. Sein erstes Lehrgeld empfand B als wichtigen Einschnitt in seinen Emanzipationsbestrebungen. Vorher hätten die Eltern ihm noch seine Kleidung vorgeschrieben. Das Scheitern der Lehre mit dem Resultat, den Eltern wieder auf der Tasche zu liegen, betrachtet B als Abhängigkeit. In der Lehre war B seit 16; seit damals wohnte er in B in verschiedenen Wohngemeinschaften, benutzte bis 20 allerdings sein Zuhause als Refugium, wenn er Probleme hatte. Hatte aber ein „Scheißgefühl", wenn er heimkommen mußte.

Als er sich mit 16 die Haare wachsen ließ, kamen immer „Anspielungen von meinem Alten... nee, von meiner Mutter nicht.“ B kommt ins Nachdenken: „... Meine Mutter hat ne sehr ambivalente Beziehung zu meinem Vater. Also die mochte überhaupt nicht so gern mit ihm zusammen sein.“
Seit wann weißt'n das?
„Das hab ich eigentlich schon früh gewußt, seit ich 14, 15 war... Da war immer ne Ahnung da; drüber gesprochen haben wir erst vor anderthalb Jahren mal.“ Die Mutter habe eine „ganz andere Einstellung“ mitgekriegt als der Vater (s. unten: Statusdifferenz, sie Gymnasium, er Volksschule), habe andere Einstellungen usw. Diszipliniert wurde B hauptsächlich von seinem Vater. Wenn er Konflikte mit ihm hatte, „wußt ich genau, daß ich meine Mutter einspannen kann“. Die Mutter habe auch immer versucht „auszugleichen“, die „Differenzen mit meinem Vater auszubügeln“. In der Zeit von 16 bis 20 wollte der Alte B, wenn er nach Hause kam, oft rausschmeißen; die Mutter vermittelte dann.
B erinnert sich an folgende Situation, die sich öfter wiederholt habe: Die Eltern hätten sich abends nebenan in der kleinen Wohnung gestritten, und B habe mitangehört, wie der Vater ihn seiner Frau praktisch zum Vowurf machte und die Mutter dann B gegen den Alten verteidigte. „Von daher hab ich'n viel stärkeren Haß auf meinen Alten mitgekriegt... Also zu meinem Vater hab ich so'ne Scheißbeziehung, daß ich einmal – da hab ich allerdings schon geschossen – da wußt ich mal nicht, wo ich schlafen sollte, da kam ich nach Hause, mein Vater macht die Tür auf, kuckt mich an, so, mit seinem typischen.. also mein Vater hat die Augen von meiner Oma.. Da hat mich das so angestunken, und da hab ich gegen die Tür getreten, da hat er ein volles Ding mitgekriegt, die Tür ins Gesicht gekriegt, hat sich langgelegt. Hab ich erst mal dagestanden, hab ihn angekuckt, so.. so kalt und verächtlich, wie ich überhaupt konnte, dann hab ich die Tür zugemacht und bin gegangen. Das trägt er mir heute noch nach... Da war so ein Haß drin, in dem ganzen Ding, der kam so richtig schön zur Entladung.“
In der Zeit vor seiner Drogenphase ist B wegen Einbruch in Zigarettenladen, Ladendiebstahl und Körperverletzung zu Bewährungsauflagen verurteilt worden.
B hat Buchbinder-Lehre, Töpfer-Lehre, Geldschrankschlosser-Lehre und zuletzt Bauschlosser-Lehre begonnen und wegen Bock-

losigkeit, autoritärem Klima, Nicht-Zusagen usw. wieder abgebrochen. Drogen, deals und Reisen kamen ihm auch dazwischen. Fing in seiner Lehrzeit mit Amphetaminen (oral) an.
Interviewer und B kommen wieder auf die Eltern zu sprechen.
B erzählt eine weitere Auseinandersetzung mit seinem Vater: Als er wieder mal zu Besuch zu Hause war, habe er sich einen Schuß gesetzt; der Vater erwischt ihn dabei, greift einen Stuhl und geht drohend auf B los. B greift sich ebenfalls einen Stuhl und sagt: Komm! Der Alte läßt ab. Ansonsten habe der aber im großen ganzen nicht körperlich gestraft. B habe auf Schuß das hilflose Verhalten seines Vaters sehr distanziert und belustigt wahrgenommen.
Die väterlichen Strafen, die so allgmein üblich waren: Stubenarrest, kein Fernsehen. B habe auf solche Strafen trotzig reagiert; Verbote wurden nie begründet.
Der Vater habe ein psychosomatisches Symptom: eine alte Wunde am Bein, die immer wieder aufbricht. Ferner Gallen-, Herz- und Kreislaufleiden. Die Mutter habe seit über 10 Jahren Gallen- und Kreislaufleiden („vom fetten Fressen"). B über den Vater: „Wenn's schönes Wetter ist, geht er raus aus sich. Wenn's regnerisch ist, dann ist er drin, zurückgezogen, grübelnd, und das sind dann so meist die Phasen, in denen das Bein wieder anfängt, offen zu werden und so Todesgedanken.. und Depressionen."
Der Vater habe phasenweise ziemlich stark gesoffen. B hat auch Vorwürfe von ihm zu hören gekriegt: „'Mein Herz! Du bist schuld'" usw. „Da stand da immer der Anspruch hinter: Sei der kleine brave Junge, den wir gern haben möchten, dann ist Pappis Bein auch heil, dann hat er keine Beschwerden mit dem Herzen mehr." Heute sei das so, „daß das gegen meine kleinen Brüder, die noch zu Hause wohnen, genauso als Druckmittel eingesetzt wird... Irgendwie ist das ja auch so, die ganzen Abhängigkeiten, in denen die beide (Eltern) stecken, in denen sie sich beide auch offensichtlich nicht wohlfühlen, daß dadurch halt irgendwie.. irgendwie muß ja was raus, ne? Wenn zum Beispiel keine Aggressionen abgelassen werden können oder verdrängt werden.. dann muß sich das ja irgendwie bemerkbar machen!" B sieht diese Zusammenhänge ebenfalls seit eineinhalb Jahre. Andererseits kann er seine Eltern auch verstehen: „Die haben's nie anders gelernt, sind halt in so'nem Schema drin... Das müßte ihnen überhaupt erst mal bewußt sein, daß sie in so'nem Schema drin sind!" Seine

beiden kleineren Brüder (15 und 16), die noch zu Hause wohnen, täten ihm leid; ihm fällt dabei ein: „Die fangen jetzt an, sich mit Waffen zu befassen" – „ein Wunder" eigentlich, daß das bei ihm selbst nicht ebenso gelaufen sei. Trinken würden sie auch ziemlich viel. Sein älterer Bruder habe bereits troubles wegen Waffen gekriegt, und seine Schwester sei mit der Ladenkasse abgehauen – also alle Kinder reagieren offensichtlich symptomatisch auf die elterliche Atmosphäre!

B wiederholt: „Mit meinen Eltern hab ich zur Zeit überhaupt nichts mehr zu tun." Er habe sie zum letzten Mal vor einem halben Jahr gesehen. Wenn sie sich aber sähen, „spielen wir uns gegenseitig'n Film vor... *Mein* Film sieht so aus, daß ich halt unheimlich auf Distanz bin, auf keine Fangversuche mehr eingehe – die laufen ja irgendwo noch ganz stark..." Er sei eben 10 Minuten zu Hause, trinke ne Tasse Kaffee und haue dann wieder ab. Er könne über Dinge, die ihn echt beschäftigten – wie zum Beispiel Release –, nicht mit den Alten reden. Dann kommt es, „daß ich die ganzen Dinger (Forderungen, die sie an ihn herantragen) ganz schroff zurückgebe... abwehr, ne."
Als B mit 16 auszog, flüchtete er in erster Linie vor dem häuslichen Klima. So ließ zum Beispiel der Vater seine Aggressionen vom Arbeitsplatz in autoritärer Weise zu Hause raus. Er habe zu Hause „nur Untergebene" haben wollen". Das sieht dann so aus, „daß er bedient werden will, daß er bestimmt, wie der Familienablauf zu sein hat – halt der unbeschränkte Monarch!... Meine Mutter setzte dem kaum Widerstand entgegen", nur in Ausnahmefällen kommt's zum offenen Krach, dann reagiert sie hysterisch (sie schmeißt Tassen, er schreit). Daraufhin gibt's ein, zwei Tage lang Distanz zwischen den Alten, dann wieder langsames Einlenken.

Wenn die Mutter mal was durchsetzen wollte, welche Technik wand sie dann an?

„Sie hat Situationen ausgenutzt, wo er gute Laune hatte" (z.B. wenn sie mal ein neues Kleid haben wollte).

Vermutlich bei seinem Auszug – der genaue Zeitpunkt ist an dieser Stelle des Interviews unklar – hat B sich gegen die väterliche Autorität aufgelehnt, hat dem Vater Vorwürfe gemacht und hat ihm gesagt, daß seine Erziehung seine ganzen Kinder verdorben habe. (B sagt dazu: er wußte, daß dies eine wunde Stelle bei seinem Vater war; dieser habe es wohl geahnt, aber nicht wahrhaben wollen, daß er an der negativen Entwicklung seiner Kinder ziemlich viel Anteil hatte.) „Wollte mich irgendwie lösen damals, wußte auch nicht, wie ich's ihm anders beibringen sollte. Ehe er wie sonst mit dem Jugendamt drohte ('wirst schon sehen, wer die Hosen anhat!'), hab ich lieber den totalen break gemacht und hab's drauf ankommen lassen... Irgendwo wollt ich auch, daß es ihn flippt, wenn ich ausziehe." Auch jetzt habe sich die Mutter wieder in ihrer Schlichter-Rolle versucht; „irgendwie war sie schwach, ich wollte immer, daß sie meinem Vater stark gegenüber stehen sollte".

B beschreibt seinen Vater als „engstirnige, verbockte Autorität", gegen die er sich wehren mußte. Zwischendurch habe er allerdings Einschübe guter Laune gehabt. „Hab in der ersten Zeit gar nicht durchgeblickt, was mit meinem Vater los war. Erst so mit 14, 15. Da hab ich erst kapiert, *warum* ich mich gegen meinen Vater auflehnte... Er war ungeheuer verbissen, weil aus meinen anderen (älteren) Geschwistern nix geworden ist und er jetzt wollte, daß die restlichen Kinder, die er hat, daß die mal unerhört gut werden, unerhört groß werden."

B fällt ein anderes Bild seines Vaters ein: Er „kommt verdrossen von der Arbeit heim und mäkelt dann am Essen rum, obwohl es gut war; *das* fehlte, und *das* fehlte... Er hat sich immer als was Hohes dargestellt und nie gezeigt, daß er auch Schwierigkeiten hat, hat immer alles auf andere geschoben und sich selbst dabei als gekränktes Kind hingestellt." So richtig habe er das erst mit 17 begriffen, als er angefangen hatte, Haschisch zu rauchen.

B erzählt, daß der Vater dadurch drohte, daß er „was Kaltes, Drohendes in den Raum stellt: wenn ihr nicht pariert, dann aber..." Einmal habe ihn der Vater windelweich geschlagen, so daß er drei Wochen im Bett bleiben mußte. Die fünf Geschwister seien sich einig gewesen, daß der Vater ein Tyrann sei. Mit 14 fingen sie an, dem Alten Geld zu klauen, „also versteckt Schaden zuzufügen" – Dinge, die ihn nervten, von denen er aber nicht wußte, wer sie angestellt hat. Obwohl der Vater im allgemeinen nicht schlug – außer ein paar Ohrfeigen –, hätten die Kinder „oft wahnsinnige Angst gehabt" vor ihm. Vater sei öfter vor Wut „bebend" in der Wohnung rumgelaufen; wenn der Alte ausflippte, hat sich die Mutter verkrümelt. B's „Ventil"

zu der Zeit sei eine Szene von Arbeitskollegen gewesen, die ab und zu einen soffen, drei Tage nicht zur Arbeit gingen und rumkrakeelten.
Die Mutter sei aufs Gymnasium gegangen, der Vater einfacher Arbeiter gewesen. „Irgendwo ham se sich gesucht und gefunden, andererseits kam er sich immer klein vor ihr gegenüber". Die Mutter pflegte dann auch mal bei Konflikten mit dem Alten zu sagen, „wenn ich damals nicht geheiratet hätte, dann könnt ich heute das und das.. Sie wußte auch genau, daß sie ihn da treffen kann... Er dann: altes Arschloch, Sau – also da kamen Sachen raus, die ich von meinen Eltern gar nicht gewohnt war!" Als Ausgleich für ihre irdischen Leiden (das ist *unsere* Vermutung!) „hat sich (die Mutter) in die Kirche gestürzt, Katholizismus und so überirdische Sachen.." Sie habe versucht, B in die Religion zu pressen; so sei er früher (gezwungenermaßen) Ministrant gewesen und sei in die Beichte gegangen – aber nicht im Ernst.
Der Vater stammt vom Land, hat auf dem Bau gearbeitet, kam dann in die Stadt nach B, obwohl er lieber auf dem Land geblieben wäre. Irgendwann habe er einen Herzinfarkt gekriegt, seitdem sei es aus mit Kneipen und Freunden und er sei häuslich geworden. Heute trinkt er täglich seine zwei Pullen Bier; wenn er ausflippt, säuft er auch mal'n Wochenende durch. Dann habe er auch zweiwöchige Phasen, wo er Unmengen von Tabletten frißt: Kreislauf-, Schmerz- und Schlaftabletten. Er ist seit 30 Jahren in ein und derselben Firma; er mache zwar aus der Arbeit eine Ideologie, arbeite aber selbst nicht gerne. Wegen seines Beines sei er „von den 30 Jahren 15 Jahre krankgeschrieben" gewesen; fluchte auch zuweilen über die Scheißarbeit.
B erlebte auch einige Situationen (ca. mit 17), wo er mit seinem Alten bei Bier und Zigaretten zusammensitzen und über dessen Arbeit quatschen und politisieren konnte. „Da war'n Draht da." Das waren Situationen, „da brauchte man nicht über Verständnis zu reden, das war dann einfach da... Da kam's mir oft vor, als wenn er sich bei mir ausgeheult hat, seiner Seele so richtig freie Luft gelassen hat: Arbeit is Scheiße, Probleme mit dem Chef, und die anderen Kollegen sind Scheiße. Er würde ja den ganzen Scheiß am liebsten hinschmeißen, aber das geht ja och nich, wenn er die Familie nicht hätte, dann könnt er anders, wenn er früher nicht geheiratet hätte, wär wahrscheinlich was ganz anderes aus ihm geworden." Das sei alles widersprüchlich bei ihm gewesen; auf der

anderen Seite habe er gesagt: man muß halt heiraten, allein sein kann man nicht, Familie und Heim ist das Beste. „Das hing von der Situation ab, wie er reagierte."

Peer-group:
B sagt von sich, er sei früher „Straßenjunge" gewesen. Er erklärt die Hierarchie der Straßenjungen: da gebe es drei, vier Obermakker; drei, vier Handlanger der Obermacker; drei, vier Fußabtreter der Handlanger – das ist dann eine Bande. Er sei in der Handlanger-/Mitläufer-Position gewesen; er erlebte die Machtkämpfe innerhalb der Bande sehr bewußt. Als dann die Mädchen am Entwicklungshorizont auftauchten, wurde die peer-group anders strukturiert. Dann hieß es: wer die schärfste Tante abgeschossen hat, sei der Größte. Man habe wechselseitig versucht, sich Tanten auszuspannen, es gab Keilereien deswegen. „Ich fand das immer albern irgendwo. Hab mich da ziemlich rausgehalten, und bei mir fings dann erst an, als ich die V kennenlernte." Bejaht, daß er den Film auch deswegen albern fand, weil er keine Frau hatte.
Zwischen dieser V und B entwickelte sich bis in B's Drückerzeit hinein eine extrem ambivalente Beziehung: er war von Anfang an ungeheuer verliebt in sie, hat aber in der ganzen, über Jahre dauernden Beziehung nicht ein einziges Mal mit ihr schlafen können; wurde von ihr immer wieder hingehalten, gelockt, abgewiesen usw. Nachdem sie anfänglich mit ihm gegangen war, versetzte sie ihn mit dem stärksten Typen der Bande. Er habe sich vorher wohl mal zusammen mit Freunden bei Mädchen abreagiert, aber mit V war's anders: „Petting, mehr lief nicht. Das machte sie ja gerade so interessant für mich." In seiner ganzen Drückerzeit hat B überhaupt nicht mehr gebumst.
B beginnt zu schießen mit und wegen V. Sie hatte sich von ihm (wieder mal) getrennt und angefangen zu drücken. B geht zu ihr hin mit dem Wunsch und Bewußtsein, sich von ihr anfixen zu lassen, um die Beziehung zu retten und vielleicht sogar mit ihr zu schlafen. Er bekommt den Schuß von ihr, auch die Beziehung geht irgendwie weiter, aber mit Ficken ist nichts. Drei Tage lang läßt er sich jeden Tag von V einen Schuß setzen, aber: „auf'm Schuß tötest du ja Gefühl!" Schließlich drückt B in einer kleinen Gruppe von Freunden zusammen mit V weiter. In dieser Gruppe hätten sie eine regelrechte Fixer-Philosophie aufgebaut:

Opium sei das „göttlichste Gift Gottes"; und allen „Götterkindern", die auf der „Suche nach Nirwana" sind, müsse man das Gift weitergeben. Die Gruppe machte es sich geradezu zur Aufgabe, möglichst viele Leute anzupieken, und entwickelte bis ins Letzte verfeinerte Techniken, um ihre Opfer ja auch sicher zu fangen. Zur Wirkung von O sagt B: „Du bist nicht im Gestern, nicht im Morgen, sondern nur im Heute" – was besagt, daß man sich keine Gedanken machen muß. Das Problem mit der Sexualität scheint in der Beziehung zwischen B und V wohl zweiseitig gewesen zu sein: Mit V war es so weit gekommen, daß für sie Ficken sogar „viehisch" und „menschenunwürdig" geworden war. „Aber sie ist heute noch dabei, Typen mit Lust anzufixen", bemerkt B dazu.
Als es mit B so weit gekommen war, daß er die ersten Entzugserscheinungen hinter sich hatte, nur noch alle 14 Tage mit Einlauf scheißen konnte und dergleichen mehr, wollte er sich endgültig entziehen. Er versuchte eine Klinik aufzutreiben, rannte rum, wohnte wieder eine Zeitlang zu Hause und erzählte schließlich nur seiner Mutter, daß er drückte. Die habe es auch für sich behalten; der Vater aber habe es dadurch erfahren, daß er eine Unterschrift für die Klinik geben sollte. Wieder großer Krach, und Vaters Reaktion war: die Unterschrift geb ich nicht usw. B's größere Nähe zur Mutter wird auch dadurch offenkundig, daß sie mal einen Joint mitrauchte, den B gebaut hatte. Er habe seine Mutter selten so locker erzählen und aus sich rausgehen hören wie damals. B erinnert sich: Der Entzug, clean zu werden, „war'n totales Abenteuer für mich... da waren auch irgendwie unheimlich viele Stufen (= Entwicklungs- und Einsichtsschritte) drin."
B's Erzählung ist durchsetzt von starken Existenzängsten: Er macht sich Sorgen, von was er in Zukunft leben solle, wie er eine sinnvolle Arbeit finden könne.

036 Peter (BRD)

22 Jahre, bis 5 in Heimen, bis 8 nur bei Mutter und Oma, bis 17 in Heimen, dann „endgültig selbständig" gemacht; ist in dieser Zeit mehrmals abgehauen (wenn auch nicht von „zu Hause" im engeren Sinn); Mutter US; betrachtet sich als unerwünscht; Berufsausbildung abgebrochen.
Zuerst O und A oral genommen, drückt seit über einem Jahr; stark auffällig, 1 Entzug, viele Apos, mittelstark gedealt.

P wurde in seiner Sozialisation praktisch nur herumgeschoben: von der Mutter zur Oma ins Heim, und das mehrmals hin und her. Entsprechend hat er sechsmal die Schule gewechselt; die Volksschule hat er nicht zu Ende gemacht. Seine Mutter kommt aus der Klasse der Armen und Abhängigen; sie hat alle möglichen jobs gemacht, von Serviererin bis Nutte (das letztere, als P fünf Jahre alt war).

B ist zur Zeit des Interviews noch voll am Drücken: zwar versucht er aufzuhören, aber sein Bewußtsein von seiner Abhängigkeit ist noch so strukturiert, daß er eine Entschuldigung für jeden Schuß findet, den er sich macht. Er stellt sich im Gespräch völlig schwankend dar, mal stark, mal schwach; mal bejammert er sich, mal lobt er sich.

Sagt, die Sucht liege schon irgendwo in der Familie: „mein Vater war Morphinist, meine Mutter Alkoholikerin." Die Eltern (s.u.) haben sich früh getrennt; sein Vater lebt noch und habe reichlich Kohle; P hat ihn das letzte Mal vor zwei Jahren gesehen.

P lebt zur Zeit in einer Gruppe; seine Mutter, die in der gleichen Großstadt wohnt, hat P im letzten Jahr etwas häufiger als jeden Monat besucht. Jedesmal, wenn sie Geld kriegte, gehe er mit ihr einen saufen.

Sein Vater habe zu seiner Mutter am Wochenbett gesagt: „'Wenn du das Kind verschenkst, heirate ich dich sofort'"; sie hatte damals schon drei Kinder zur Adoption freigegeben. Über den Vater: „Die Sau hat mich vier Tage vor Weihnachten ins Heim gebracht." P kriegte von ihm Prügel mit einem Spazierstock mit Eisenspitze; sein Vater habe dazu gesagt: „'Damit hat mein Vater *mich* geprügelt, also wird das für dich auch gut sein'."

Zur Beziehung Vater–Mutter: „Soviel ich von meiner Mutter weiß, hat mein Vater sie immer wieder aus den Pinten rausgeholt, weißt du! Aber er konnte ja auch nicht viel sagen, weil er selber abhängig war." Die Beziehung zwischen seinen Alten sei unheimlich kaputt gewesen: zuerst wollten sie heiraten, dann wollte der Vater nicht, weil er andere Tanten hatte. So habe er P's Mutter mitten in der Nacht aus dem Bett geworfen, weil er mit einer anderen Frau pennen wollte. Er zahle heute noch für P's Unterhalt.

P's Mutter habe mal eine Kommune nebenan besucht und sich dort mit den Leuten richtig gut unterhalten. Einer von ihnen gab ihr 50 trips zum Aufbewahren. Als P am nächsten Tag seine

Mutter besuchte, sagte sie zu ihm: ich hab was für dich! So sei ihre Einstellung zu Drogen. Sie habe auch mal was mit ihm geraucht. Sie wußte, daß P drückte, aber konnte nicht viel dazu sagen: „dufte fand sie's nicht, aber... wenn sie mir was über's Schießen erzählt hat, hab ich ihr was vom Alkohol erzählt; was sollte sie mich da anmachen!"
„Die Oma (väterlicherseits) und mein Vater sitzen in K, meine Mutter und ich sitzen in M. Meine Mutter sagt: die da oben in K; in K sagen sie: die da unten in M. Deswegen bin ich auch zu meiner Mutter abgehauen, weil die in K so auf meine Mutter geschimpft haben." Und: „Wenn ich im Westend mit meiner Mutter über die Straße geh, meinen die Leute, wir wären ein Pärchen." Die Beziehung zu seiner Mutter findet P dufte.

Über Gifte:
P hat verbal sehr viele Zusammehänge begriffen, deren Umsetzung jedoch bereitet ihm Schwierigkeiten – selbst das sieht er noch. Er habe insgesamt achtmal versucht zu entziehen, nur der letzte Entzug (im Knast) war ein Zwangsentzug. P ist es auch klar, daß Drücken Kommunikationsschwierigkeiten ausdrückt. Hat sich seit seinem letzten Entzug (Knast) vor drei Monaten drei Schüsse gesetzt (wie er sagt); glaubt, er könne auf diese Weise aufhören – was erfahrungsgemäß sehr unwahrscheinlich ist. „Es muß ja mal ohne das Zeug klappen – es liegt ja nur an mir! Ich bin zu faul, zu bequem, zu feige, Drücken ist viel einfacher. Ich hab mir halt die bequemere Art ausgesucht."
Über den Beginn seines Drückens erzählt P: Er habe bis zu jenem Zeitpunkt nur trips geworfen und geraucht, kam damals nach M und wohnte bei einem Typen und dessen Mädchen; beide drückten bereits. P hatte Bock auf das Mädchen, kriegte aber keine Kommunikation zu ihr, also fing er auch an zu drücken, in der Hoffnung, dann liefe was. Und er bestätigt, ohne Drücken hätt er nie so'ne dufte Kommunikation mit ihr gehabt. Jedoch muß auch P feststellen: Schießen und Bumsen „vertragen" sich nicht: „Wenn man vollgeschossen ist, braucht man das nicht", und er fährt sehr cool fort: „Ich hätte zigmal bumsen können, aber ich wollte nicht; entweder gefiel mir die Tante nicht, oder ich wußte, ich bin vollgeknallt, hat doch keinen Zweck!" (Die dritte Möglichkeit, daß er ihr nicht gefällt, scheint für P manifest nicht zu existieren!)

P erzählt noch eine Geschichte vom Vater: Als er, P, schon auf der Nadel war, sei er nach K gefahren, um den Vater zu besuchen und um Geld anzumachen. Da habe er den Vater angeknallt angetroffen, der habe auch gedrückt. Der Vater habe, als P ankam, gesagt: Hast du was gedrückt – das sieht man doch!
P lebt im Augenblick vom Dealen – „so lange, bis ich in den Knast geh". Hat früher auch mit junk gedealt, jetzt angeblich nicht mehr.

037 Horst (BRD)

21 Jahre; Familienverhältnisse: totales Chaos: von 0 bis 2 bei Großmutter mütterlicherseits, bis 5 vollständige Familie, Vater stirbt, bis 6 bei Mutter und Oma, bis 9 bei Mutter und Stiefvater, Eltern geschieden, bis 11 bei Mutter, bis 17 bei Mutter und neuem Stiefvater; mit 17 „endgültig selbständig gemacht"; nicht sicher in bezug auf die Alternative „erwünscht/unerwünscht"; vor 17 nicht von zu Hause abgehauen; aufgewachsen in US-/Kleinbürger-Milieu in Kleinstadt, Lehre abgeschlossen.
Fing mit O an, nahm später aber auch viel speed, hat beides gedrückt, O-Präferenz, praktisch unauffällig; 4 Entzüge, einige Apos, mittelstark gedealt, hat andere mehrmals stark gelinkt (auffliegen lassen), 2 Gelbsuchten.

Zu seiner Beziehung zu den Eltern: „Ich mein, ich habe damals schon Auseinandersetzungen provoziert..." H wollte seine Eltern „bestrafen", „für das, was sie mir angetan haben". Er wollte „Freiheit" und schildert – auch im übertragenen Sinn –, wie er sie sich nahm: „Meine Mutter hat das Hoftürsche abgeschlossen, isch hab immer'n Weg gefunde, drüberzuklettern."
„Manchmal hat sie mich behandelt wie ihr Baby, ne – ich bezeichne das als 'Mädchen' –, manchmal hat sie meinen Bruder bevorzugt, das hab ich sehr stark mitgekriegt." An den Einschränkungen der Mutter „war was Verstecktes dran."
In H's ersten Lebensjahren war seine Mutter praktisch nicht für ihn da; in der Zeit ist er von seiner Großmutter (väterlicherseits) erzogen worden. Bei H's Geburt hätten sein Vater und seine Mutter unehelich zusammengelebt; er sei also unehelich auf die Welt gekommen. H's älterer Stiefbruder, dessen Vater amerikanischer Besatzungssoldat war, lebte damals bei der Großmutter mütterlicherseits, während H wie gesagt zur Mutter seines Vaters kam. Später hätten seine Eltern dann geheiratet.

Der Vater von H's Stiefbruder mußte wieder in die Staaten zurück, aber H weiß, daß er wohl seine Mutter heiraten wollte. Inzwischen kam H's Vater irgendwie ins Spiel, H ist unterwegs, und die Großmutter mütterlicherseits habe verhindert, daß ihre Tochter nach Amerika ziehe. Es kann sein, daß die Mutter nur mit H's Bruder nach Amerika gehen wollte, es kann aber auch sein, daß – wie H erzählt – die Oma mütterlicherseits ihn „entführt" habe: jedenfalls blieb die Mutter da und warf von da ab H bei passenden Gelegenheiten vor: „'Wegen dir bin ich dageblieben.. wegen dir, du hast mein Leben versaut'." Das „wegen dir" habe sie gesagt, weil H im Lauf der Zeit oder phasenweise die negative Seite der Ambivalenz ihr gegenüber offenbarte, sich dann „total gegen sie gestellt" hat: „Ich bin stark von der Großmutter (mütterlicherseits) beeinflußt worden." H war, so steht zu vermuten, Spielball in der Konflikt-Beziehung zwischen seiner Mutter und deren Mutter.
Die Mutter blieb also da, heiratete H's Vater „und hat eine unglückliche Ehe geführt – zumindest hab ich das so mitgekriegt. Mein Vater hat sie immer verdroschen und so, ne."
Die Mutter sagte zu H bis zu dessen 8., 9. Lebensjahr: „Du kannst deinen Namen XY (Name seines Vaters) nicht ableugnen. Das war ne klare Distanzierung von mir." Ebenso habe er das „wegen dir" bewußt zum ersten Mal in dieser Zeit gehört. (Vergleiche oben: H's Vater starb, als H sechs war; die Mutter heiratete kurz darauf zum zweiten Mal. Diese Ehe wurde geschieden, als H neun war. Als H elf war, heiratete die Mutter zum dritten Mal.) H empfindet seinen Bruder als „stark vorgezogen" von der Mutter; „um das Bild objektiver zu machen: meine Großmutter hat zum Beispiel mich aber auch extrem bevorzugt".
H's Verhältnis zu seiner Mutter hat sich offensichtlich erst seit seinem 8., 9. Lebensjahr verschlechtert; vor dieser Zeit sind ihm auch Kindheitsszenen erinnerlich, wo er die Mutter lieb hatte.
Auf die Bevorzugung seines Bruders durch die Mutter hat er dadurch reagiert, daß er seine Mutter „diskriminierte", d.h. durch Nichtbeachtung strafte – worin er durch seine Großmutter noch unterstützt wurde. Als er die Ansichten und Haltungen der Großmutter übernahm und seiner Mutter gegenüber äußerte, habe er einmal unheimlich Dresche von der Mutter gekriegt. Und wenn er Krach mit seinem Bruder hatte, habe der ihn bei der Mutter verpetzt. Sein Bruder „macht genau den Scheißfilm wie mein Alter,

mein jetziger Alter". H versteht sich mit seinem Bruder auch heute überhaupt nicht; führt als Beispiel des völligen Unverständnisses Gespräche mit seinem Bruder über Drogen an.
Insgesamt erlebte H seine Mutter sehr strafend; kriegte viel Dresche von ihr oder: „'warte, heut abend kommt dein Alter!' "
H lernte es bald, die Großmutter gegen die Mutter, später den Alten gegen die Mutter auszuspielen; d.h. er lernte, um zu seinem Recht zu kommen, Rollen zu übernehmen, die nicht seinen ursprünglichen Bedürfnissen entsprachen, dazu die Erwartungen des Anderen zum Zwecke des Überlebens genau zu erkennen und entsprechende „Filme" abzuziehen.[30]

H's letzter Stiefvater, aufgestiegen in eine sichere kleinbürgerliche Position, hielt ihn zum Lernen und Arbeiten an: „Junge, du lernst doch nicht für mich, du lernst doch nur für dich!" Die Mutter sei stolz auf diesen Mann und seinen Aufstieg und erzähle davon allen ihren Nachbarn.

H sagt von sich, er habe unter seinen Schulkameraden erst Prestige bekommen, als es mit Frauen losging. Dann erzählt er von seinen ersten sexuellen Erfahrungen und daß seine Alten (auch seine Mutter) sexuell verklemmt waren, ihn selbst auf Fragen hin nicht aufgeklärt hatten, höchstens mal so zufällig ein Aufklärungsbuch hinlegten. Sexualität kam offen nie zur Sprache. Er kriegte auch mit sechs eine von der Mutter gehauen, als er sie zufällig mal beim Ficken beobachtete und hinterher fragte, was sie da mit dem Onkel „Bäuschelsche auf Bäuschelsche" getrieben habe. Die Eltern hätten auch versucht, seinen Umgang dahingehend zu kontrollieren, daß er nicht mit „schweinischen" Jungen zusammenkommen solle. H's erste sexuelle Erfahrung in oder nach der Pubertät war eine Verführung durch eine ältere Frau; danach habe er drei Jahre lang nicht mehr mit einem Mädchen geschlafen. Er erzählt von seinen sexuellen Hemmungen und Ängsten: „kleines Glied", wie lange er unaufgeklärt war, z.B. nicht wußte (als er

[30] Der subkulturelle Gebrauch von Begriffen wie „Film", „Szene", „Theater" usw. zur Beschreibung von Interaktionen drückt gewiß auch die schmerzliche Lebenserfahrung aus, daß man sich mit den unehrlichen, niemals selbstlosen, stets zweckgerichteten (Tausch-)Beziehungen zwischen Menschen ironisch arrangiert hat. So sind die „junk"-Beziehungen der Prototyp der beschädigten Eltern-Kind-Beziehungen.

schon nach der Verführungsszene mit Mädchen geschlafen hatte), daß die Frau auch einen Orgasmus hat. Er hatte ferner Angst, „so ne irre Angst zu versagen“. H hat „noch nie... richtig schön gebumst“, zwar auf speed schon wie ein Wilder gefickt, aber er empfindet, daß er noch nie echte Befriedigung hatte.

Drogen, Drogenwirkung:
H sagt von sich, er habe mit Schießen Probleme überdeckt; die Wirkung des Schießens: „ich hab dann kein Gefühl mehr.. zu dem Problem“. Und: durchs Schießen hat er „oberflächlich intensivere Beziehungen zu Menschen gekriegt“. So konnte er auf Schuß seine Frauenprobleme „bis zu einem gewissen Punkt“, „oberflächlich“, nämlich durch lockere Umgangsformen lösen. Es konnte ihn dann auch niemand anmachen; er war dann „ohne Gefühl“, „was kann der mir schon!“. Er kennt genau die typischen coolen, zurückgenommenen und gefühlsflachen Fixer-„Predigten immer im gleichen Tonfall“.
Er habe schon vor dem ersten Schuß das Gefühl und Bewußtsein gehabt: hier droht Abhängigkeit. Aber er habe halt dieses Gefühl mit allen möglichen Abwehrtechniken beiseite geschoben. So dachte er vor dem ersten Schuß: „Das ist jetzt das totale Abhängigkeitsverhältnis, du gibst deine Freiheit auf. Als der Schuß aber drin war, ne: naja gut, ich bin ja abhängig, aber naja gut, ich bin auch stark!“
H beschreibt sich zuerst als O-Freak; Amphetamine kamen erst später. Bei seinem ersten turkey (Entzugssymptome) dachte er, er hätte Grippe. Vom ersten Schuß bis dahin dauerte es ein halbes Jahr. Erst dann kam erstmals wieder ernsthaft der Gedanke bei ihm hoch, „das ist ja Scheiß!“. H schildert die zwei Seiten des Schießens: einerseits „das geilste Gefühl, das es gibt“, andererseits: „du gehst durch Schießen total an'n Arsch“, Nervenzusammenbrüche, Selbstmordgedanken und auch ein Suizid-Versuch; ferner: „du gehst körperlich kaputt“, Entzugserscheinungen. Seine Erfahrung: „Du kannst nicht kontrolliert schießen“. Erzählt vom O- und Heroin-flash: Wärme, Kribbeln; der sexuelle Bezug dieses Gefühls und der Pumpe. Dieses Gefühl fehle völlig bei speed: Kick im Kopf, labern, man sieht Zusammenhänge. H macht zum Beispiel auf speed locker ne Frau an: „Kannst irre lange ficken auf speed – aber auch wieder ohne Gefühl!“ H war auch schon so weit, daß er wegen des O-Schießens nicht mehr

ficken konnte. Hat auch gelegentlich speed und O gegenseitig kompensatorisch eingesetzt, zum Beispiel um den speed-Abfuck nach dem Höhenflug abzufangen. Mit O habe er oft nur neben der Frau gelegen und sie gestreichelt, nie gebumst. Auf speed sei er, verglichen mit O, aktiver, habe gezeichnet, geschrieben und gefickt.

038 Ernst (BRD)

23 Jahre, zur Zeit im Knast; sagt von sich, er sei noch nicht selbständig; von Anfang an vollständige Familie; betrachtet sich als erwünscht; Eltern MS; mehrmals von zu Hause abgehauen, zum ersten Mal mit 15; mehrere Lehren angefangen und abgebrochen.
Hat O und A gleich häufig und stark gedrückt, O-Präferenz, stark auffällig; 1 Entzug, viele Apos, voll gedealt, 1 Gelbsucht.

E wohnte lange zu Hause, hatte dann kurz eine eigene Wohnung, wohnte dann wieder zu Hause und kam von dort in den Knast. Seine Mutter ist Angestellte beim Sozialamt, sein Vater Musiker in einem großen Symphonie-Orchester. E hat drei ältere Schwestern.
Gefragt, warum er, nachdem er bereits seine eigene Wohnung hatte, wieder zu den Eltern zurückgezogen sei, antwortet E: „Ja ich war ziemlich down." Er hat sich dann zu Hause bürgerliche Klamotten angezogen und so getan, als sei er clean. Darauf hätten die Eltern seine Arztkosten (Hepatitis) bezahlt. Seine Mutter sei damals „sehr besorgt um mich und meine Gesundheit" gewesen. „Hat gesagt: ist egal, was und wie, aber komm nach Hause!" Darauf ist E nach Hause gekommen, bald darauf aber wieder ausgezogen, und zwar zur Mutter seines Freundes. Die sei Sozialpädagogin, „für die sind wir ihre Kinder" – was E „dufte" findet und was er sucht. Diese Frau toleriere sein und seines Freundes Fixen, sei für beide zum Arzt gerannt usw. Dieses Klima imponierte ihm: „Nicht so wie zu Hause!" Er erzählt, wie's im Gegensatz dazu zu Hause war: Er wollte breit (= vollgedrückt) autofahren, da klatscht ihm die Mutter eine und will ihm die Autoschlüssel wegnehmen. Sagt E zu ihr: „mach Platz hier, oder..." Er hat auch mal das neue Auto seiner Mutter kaputtgefahren.
E ist der Ansicht, er hätte in den anderthalb Jahren außer Haus selbständig gelebt und könnte jederzeit selbständig leben. Er er-

zählt aber auch, daß er immer noch mit Zuhause rechnet: da hat er sein Bett, sein Zimmer, kann Kohle kriegen, will das Haus erben und schließt auch nicht aus, deswegen Kompromisse mit seinen Eltern einzugehen. Hofft, daß seine Mutter ihn, wenn er aus dem Knast kommt, besser versteht und nicht nur „auf alten Sachen rumreitet". Kurz: er möchte wieder nach Hause, „wenn meine Mutter mich will".

Zum Fixen steht E ambivalent: manchmal hat er die letzte Pumpe in den Ofen geworfen; zuletzt hat er immer gekotzt beim Drükken.
E hat vor fünf Jahren angefangen zu drücken: damals sollte er eines Abends mit einer Gruppe auftreten und Musik machen. „Hatte damals Schwierigkeiten mit der Hand... Da ist'n Typ gekommen, der hatte Ampullen." Darauf sagte ein Mitspieler, der schon gedrückt hatte, zu E: nimm, das ist'n Schmerzmittel, kannst wenigstens auftreten. Darauf hat sich E den ersten Schuß setzen lassen. Die Wirkung sei nicht besonders gewesen, aber die Schmerzen waren weg. Dann wochenlang nichts, dann der zweite Schuß, dann wieder wochenlang nichts, und dann gings los. Eineinhalb Jahre später gings mit dem Kotzen los; beim flash mußte er sich plötzlich übergeben. E gibt selbst zwei mögliche Gründe dafür an: erstens eine heimliche Abwehr gegen das Drücken; zweitens habe er in der Drückerzeit mit keiner Frau Kontakt gehabt, hatte auch kein Bedürfnis danach. Auf jeden Fall habe er gemerkt, daß er sich durchs Drücken körperlich kaputt macht. Bei einem Entzugsversuch sei er auf Valoron hängengeblieben.

E berichtet von seinen musischen Interessen, Malen und Musik, schwärmt vom Lesen und allein Spazierengehen, also alles – bis auf Musik, die er aber auch oft alleine macht – isolierte Aktivitäten, die seinen Rückzug aus sozialen Beziehung (s. unten) symbolisieren.

Zu den Eltern sagt er noch: Er habe einmal Selbstbeschreibungen von sich gemacht; die habe seine Mutter gefunden und zerrissen. Die Eltern hätten ihn nicht bestrafen können, weil er ihnen sonst gedroht habe, abzuhauen. Deshalb habe er auch zu Hause immer getan, worauf er Bock hatte: in puncto Haare, Klamotten usw. hat er sich durchgesetzt.

Die Mutter habe ihn zwar nicht verstanden, habe ihn aber als den einzigen Sohn „behalten wollen". „Ich sollte immer was werden... Ich hab das natürlich ausgenutzt."

Gifte:

E sagt von sich, er habe die Gifte an die Stelle von Beziehungen gesetzt: in der Zeit, wo er drückte, sei mit Mädchen praktisch nichts gelaufen. „Meine Geliebte ist das Gift", an Mädchen und Beziehungen habe er „überhaupt nicht gedacht. Ich mein, da waren zwar Mädchen, aber ich weiß nicht .. überhaupt kein' Bock!"

Vorher habe er zwar Mädchen kennengelernt, aber die seien jung, unselbständig gewesen. Nur das letzte Mädchen vor der Drückerphase sei gut gewesen. „Wir hatten zwar körperlichen Kontakt, aber.. weißt du, ich hab ne unheimlich gute Beziehung zu H (d.i. sein Freund, bei dem er zuletzt wieder wohnte).. da war sie eifersüchtig." Sie habe auch keine Gifte genommen, nur shit geraucht. Er habe sie manchmal nach Hause geschickt, wenn er mit H drükken wollte. Sie dachte dann, er würde mit H schlafen (was er auch tat), und wurde eifersüchtig. Seine einzige richtige Beziehung sei überhaupt nur die zu H gewesen.

Später in der Drückerzeit hat E ein Mädchen kennengelernt, die habe ihn zum Teil von seiner ausschließlichen Beziehung zu H runtergebracht. „Sie ist jetzt mit nem Typen zusammen, der nur Haschisch raucht, das ist in meinen Augen 'n Laumann, der hat noch nichts anderes auf die Beine gestellt." E bemerkt lachend dazu: „Ich mein, ich hätt von ihr auch was anderes erwartet." Aber das sei ja doof von ihm gewesen: er gehe in den Knast und erwarte zugleich, daß dabei eine Beziehung bestehen bleibe. Als sie Schluß machte, sei er „sehr sauer gewesen am Anfang"; „jetzt ist es mir egal".

Die von ihm am meisten geschätzte Wirkung bei Opiaten (die er vor Amphetaminen bevorzugt) sei „Träumen". In dieser Beziehung sei O viel differenzierter als shit. Die höchste Befriedigung: „da mach ich die Augen zu und klapp nach innen". E hat speed geworfen und auch mal Koks gedrückt; er zieht aber das „ruhige Zurücklehnen" bei Opiaten vor: „Die Energien zieh ich eben aus dem Kopf. Und laß mir in meinem Kopf was ablaufen. So bleiben mir vielleicht in diesem Moment die Wege erspart.. die denk ich mir bloß."

Ja, das ist die Illusion.
„Mhm."
Am Ende des Gesprächs sagt E von sich, er sei „zurückgezogen", „allein", „ein bißchen ego". Er hält es für unmöglich nach seinen Erfahrungen, daß zwei Menschen auch nur in einem Punkt sich voll treffen, voll verstehen könnten.

039 Hannelore (BRD)

27 Jahre, seit 18 nicht mehr zu Hause und „endgültig selbständig" gemacht; vollständige Familie von Anfang an, mehrmals von zu Hause abgehauen, das erste Mal mit 15; betrachtet sich nur als teilweise erwünscht; Eltern US/Kleinbürger; Berufsausbildung abgebrochen.
Starke Amphetaminphase (oral), zuletzt O ganz wenig gedrückt, danach starke Barbituratphase (oral); gibt B-Präferenz an (Valium); kaum auffällig, kaum gedealt.

H hat zwei ältere und zwei jüngere Geschwister. Zur Ehe ihrer Eltern meint sie, die Heirat sei „gezwungenermaßen" erfolgt, „nämlich durch meine älteste Schwester". Der Unterschied zwischen Vater und Mutter habe darin bestanden, daß sich der Vater eine sichere Position erarbeiten wollte und dadurch die Familie vernachlässigte, während die Mutter mehr Wert auf ein gutes Familienleben gelegt habe. Deswegen habe es Konflikte zwischen den Eltern gegeben. Die Großeltern väterlicherseits hätten Druck auf H's Vater ausgeübt, weil sie der Ansicht waren, daß er mit *der* Frau nicht die Position erreichen würde, die sie sich für ihn vorstellten. Auch „von den Geschwistern meines Vaters liefen Intrigen gegen meine Mutter". Die ersten Jahre ihrer Ehe hätten die Eltern bei H's Großeltern väterlicherseits gelebt, und das sei „ziemlich heavy" für H's Mutter gewesen. Die Mutter sei dann als erste mit den Kindern nach Westdeutschland abgehauen (aus West-Berlin). Der Vater wollte gegen den Druck seiner Eltern beweisen, daß er es – auch mit einer großen Familie und dieser Frau – doch zu was bringen könne. Er habe oft den Beruf gewechselt, um mehr Geld zu machen, sei aber materiell eigentlich gescheitert, habe am Ende trotz vieler Versuche nur Schulden gehabt.
In ihren ersten sieben Jahren hat H auf dem Land gelebt; sie hat diese Zeit in guter Erinnerung. Dann hätten ihre Eltern in einer

Großstadt im Ruhrgebiet eine Kneipe betrieben, und von diesem Zeitpunkt an sieht H das Familienleben kaputt gehen. Über die Lebensgeschichte ihrer Mutter weiß H zu berichten, daß diese zu Hause habe „Aschenputtel" spielen müssen, darauf mit 18 von zu Hause abgehauen sei und dann in Kneipen gearbeitet habe.
Eine richtige Wohnsituation sei in der Kneipe im Ruhrgebiet kaum gegeben gewesen. Die Kinder lebten über der Kneipe, kriegten den ganzen Lärm mit, gegessen wurde nur unregelmäßig, und wenn, dann im Hinterzimmer der Kneipe. H erinnert sich, daß Vater und Mutter in der Zeit immer „verbitterter" wurden. Die Kneipe wurde wieder aufgegeben, als H 12 war; der Vater machte darauf einen Vertreter-Job und war nie zu Hause. Kam er mal heim, dann war „fürchterlicher Krach hinter verschlossenen Türen"; die Mutter fühlte sich sitzengelassen, er warf ihr vor, sie würde nicht genügend mitmachen.
H habe Angst vor ihrem Vater gehabt. Sie habe ihn mal mit 11 oder 12 gesagt, daß er Scheiße baue; darauf habe er mit Zynismus reagiert. Seit der Zeit habe er „immer Distanz" zu H gehabt, und zwar zu H stärker als zu den anderen Kindern, weil nur sie ihn angegriffen habe. H stand der Mutter näher, der Vater habe andere Lieblingskinder gehabt.

H lernte Hotelfachschule und absolvierte ihre Praxiszeit in der Schweiz. Der Vater habe ihr anfänglich prophezeit: das wirst du doch nicht durchhalten; sie hielt diese Zeit aber durch, obwohl sie in der Schweiz gar nicht gut zurechtkam. In der Zeit hat sie schon Tabletten geschluckt (wahrscheinlich Tranquilizer).
Nach der Schweiz kam sie zurück in eine norddeutsche Großstadt, „da lief eigentlich überhaupt nichts mehr mit Tabletten oder so". Nur noch „so Kopfschmerzgeschichten, hab ich ziemlich viel geschluckt.. und gefressen. Ich hab 30 Pfund zugenommen in der Zeit." H sparte dann Geld, um mit einer Freundin nach Berlin zu gehen. Sie kam mit ihr dort an, und „nach drei Tagen hatte ich voll die scene kennengelernt" (damals war erst ein Fixer dabei). Beide Mädchen haben die Kneipen abgeklappert, weil sie eine Wohnung suchten; H rauchte zum ersten Mal shit. Schließlich fanden sie eine Wohnung bei einem Maler, der war Alkoholiker, während H mehr zu der frühen ausgeflippten Törner- und Protest-Szene tendierte – und dort auch Anschluß fand. Dann gab es auch Eifersuchtsszenen mit der Freundin, weil H – ohne

selbst erklären zu können, warum – schneller die ausgeflippten Typen kennenlernte.
H begann damals viel speed (Rosimon) und shit zu nehmen. Sie sagt von sich, sie sei damals abhängig von den Typen gewesen. Sie sucht sich einen job im Krankenhaus und kriegt ihn auch. Sie lernt einen Typen kennen, der drückt, und zieht mit ihm in ein Fabrikgebäude. „Hab ihm das Zeug besorgt aus dem Krankenhaus... Das war wieder so'ne totale Abhängigkeit: Mich hat das einfach fasziniert, was der so getrieben hat, und dann kam noch so'n Verantwortungsding ihm gegenüber bei mir hinzu."
Dennoch – und das ist wieder die häufig anzutreffende Ambivalenz – war H „geil" auf einen ersten Schuß von ihm, und zwar vor allem deshalb, weil „ich das Gefühl hatte, ich komm nicht an ihn ran" (das alte Lied: durch die Gifte zieht er sich aus sozialen Beziehungen zurück, sie kann ihm erst nahe sein – denkt sie! –, wenn sie auch drückt; das Endergebnis ist, daß beide einander fern sein werden.) Zum Beispiel sei das erste Ficken mit ihm gut gewesen, „aber in dem Moment, wo dann Kommunikation laufen sollte, kam nichts, er war weg auf Schuß". Schließlich macht er ihr den ersten Schuß, mit dem Ergebnis, daß sie umfällt. H hat auch an die paar folgenden Schüsse keine Erinnerung, sie ist immer umgefallen. Schließlich kriegt sie Depressionen und fühlt sich abhängig von dem Typen. Meint: ich muß da raus. H hat sehr darunter gelitten, als sie merkte, daß sie zu ihrem Drücker-Freund keine echte Beziehung kriegen konnte – und das war umso schlimmer für sie, als dies ihre einzige Beziehung zu der Zeit war: „sonst (war ich) immer ängstlich und zu, und Minderwertigkeits-Geschichten". Sie hat dann eine Phase gehabt, wo sie wochenlang nicht schlafen konnte, nur aus dem Fenster starrte und ständig Bilder vor Augen hatte, „wie ich mich am besten selbst zerstören könnte". Danach hat sie einen neuen Freund kennengelernt und ihm in dieser Phase „völlig die Verantwortung für mich überlassen". Sie hatte damals auch genug von Männern überhaupt; sie dachte bei diesem neuen Freund anfänglich: „Wenn der Typ jetzt gleich mit dir schlafen will, dann is aus!" Als er das nicht wollte, klappte die Beziehung. Neben diesem Freund fand sie später noch eine zweite starke Beziehung zu einem anderen Typen, lebte von dem ersten getrennt. In dieser Periode nahm sie shit und Valium. Schließlich wurde ihre Mutter vor einem Jahr todkrank und wollte so lange nicht sterben, bis H die Verantwortung für ihre

jüngere, spastisch gelähmte Schwester übernommen hätte. Dieser Verantwortung fühlte sich H bald nicht mehr gewachsen, was ihren shit- und Valiumkonsum ansteigen ließ.

040 Theo (BRD)

17 Jahre, zur Zeit im Knast, bis secheinhalb vollständie Familie, bis 14 Mutter und Stiefvater, bis 15 Heim, bis 16 zu Hause, dann ausgezogen, „endgültig selbständig" gemacht, ein halbes Jahr in eigenem Zimmer gewohnt, dann Knast; mehrmals von zu Hause abgehauen, das erste Mal mit 14; Eltern (Mutter) aufsteigende US; betrachtet sich als unerwünscht; Berufsausbildung abgebrochen.
Beginnt mit O oral, gleichzeitig viele trips, dann starke B-Phase oral, zuletzt A ziemlich häufig gedrückt, Halluzinogen-Präferenz; institutionell ziemlich stark auffällig, kein Entzug, voll gedealt, andere gelinkt.

Beziehung Eltern – Großeltern: „Die Großeltern von mei'm richtigen Vater haben Vorurteile gegen meine Mutter gehabt"; so sagten sie zum Beispiel, sie sei „zu jung". „Die Mutter von meinem Vater wollte für ihren Sohn was Besseres haben als Frau". Die Großmutter habe denn auch T zuerst abgelehnt, mochte ihn dann doch, sei aber heute wieder von ihm enttäuscht. T's Vater sei häufig weg gewesen, hatte wenig Zeit, die Mutter habe auch gearbeitet, infolgedessen sei er oft von Oma und Tante versorgt worden. „Mein' richtigen Vadder kenn ich aus der Zeit auch kaum, war selten da... zu Weihnachten". Die Eltern ließen sich bald scheiden, T bekommt zwischen sechs und sieben einen Stiefvater. Gefragt, wie das mit der Scheidung gewesen sei, meint T: „ohne großen Aufwand"; die Mutter blieb in der gleichen Wohnung wohnen. Er habe sehr wenig mit seinem richtigen Vater zu tun gehabt, „deshalb hat mich das auch nicht groß getroffen." Seinen Stiefvater hat T von Anfang an nicht gemocht: „Plötzlich war da ein Fremder. Vorher war ich mit meiner Mutter allein, und jetzt war das jemand, der mir auch noch Scherereien machte. War nicht besonders schön!" Mit seiner Mutter dagegen „kam ich immer ziemlich gut klar".
Dein Stiefvater und du konntet überhaupt nicht miteinander. War deine Mutter hin und her gerissen zwischen der Zuneigung zum Stiefvater und dir?
„Sie waren in dem Punkt Erziehung ziemlich einer Ansicht. Meine

Mutter nicht ganz so autoritär wie mein Stiefvater. Dadurch haben sie sich mehr oder weniger in die Wolle gekriegt. Dadurch wurde ich auch zum Störfaktor.."

..Ja..

„.. mehr oder weniger... das hab ich so empfunden, das lag ziemlich klar auf der Hand."

Das ist das Ding, an dem du ausgeflippt bist?

„Ja... Dann waren da ziemlich grobe Auseinandersetzungen zwischen mir und meinem Stiefvater, uns dreien so.."

Wann ungefähr?

„Ja, das war ziemlich spät, so um 10 oder so... Und ich hab gesagt, du bist überhaupt nicht mein Vater, und er dann, du hast hier überhaupt nichts zu sagen, und dann gab's Krach zwischen meiner Mutter und dem Stiefvater."

Ist sie ne schwache oder ne starke Frau?

„Nee, ich glaub doch, daß sie ziemlich seelisch kaputt gegangen ist bei diesen Auseinandersetzungen. Sie mußte einstecken. Sie hat mir auch erzählt, daß sie da nicht viel machen kann und schon wegen der finanziellen Sachen und wegen meinem kleinen Bruder und so." Der Stiefvater habe die Situation auch ziemlich ausgenützt: „entweder er hatte recht oder: 'ich geh'!"

Und dann hat sie nachgegeben notgedrungen?

„Jaja, wegen meinem kleinen Bruder". Der Stiefvater habe sich schließlich ganz aus T's Erziehung zurückgezogen und zur Mutter gesagt: „Nö, mach du das alleine – und dann ging das mit mir schief, mit den Drogen und so."

T hatte viel Krach mit den Eltern wegen der Schule. Mit 11, 12 wechselte er von der Volksschule über ins Gymnasium, scheiterte, ging mit 13 auf die Mittelschule, scheiterte wieder und beendete mit 14 die Volksschule. Die Eltern seien enttäuscht gewesen, als er das Gymnasium nicht schaffte, „der Alte ist ausgeflippt, hat einen Monat lang nicht mehr mit mir gesprochen... Danach erfuhren die Alten, daß ich Drogen nahm, wieder großer Ärger, der Alte wollte mit mir zur Kripo gehen." (Hier scheint ein typischer Kreislauf vorzuliegen: Je mehr die Eltern T unter Leistungsstreß setzten, desto mehr versagte er, desto enttäuschter waren sie usw.)

T erinnert sich, daß er in der Schule „Einzelgänger" war; erst durch seinen Drogengebrauch bekam er Prestige unter seinen

Klassenkameraden: Sein Einzelgängertum „ging in der Schule los. Ich war nie so richtig sportlich, hab nicht Fußball mitgespielt", und: „ich war später eher mit Älteren zusammen". Durch seinen Drogengebrauch bekam T jedoch endlich die Anerkennung, die er schon lange suchte. Er habe als erster in der Klasse shit geraucht und wurde „zum Mittelpunkt"; und er sagt explizit: er habe nicht etwa deshalb angefangen zu rauchen, weil er die Drogenwirkung gut fand. Nachdem er begonnen hatte, shit zu rauchen, sei er nicht mehr regelmäßig zur Schule gegangen, und dann hätten die Schwierigkeiten zu Hause begonnen.

Als T's Vater zur Kripo gehen wollte, habe ihn seine Mutter gedeckt. Daraufhin hätten sich seine Eltern gestritten. Das Endergebnis sei gewesen, daß der Vater sagte: „'Wenn du auch noch seinen Drogengebrauch deckst, dann halt ich mich raus. Soll er in sein Verderben rennen, ich wasche meine Hände in Unschuld'." Von da ab habe T zu Hause nur noch mit seiner Mutter zu tun gehabt. Die Beziehung zum Stiefvater wurde „cool": er habe mit ihm kein Wort mehr gewechselt; wenn sie sich auf der Straße trafen, hätten sie einander nicht mehr gegrüßt, sie hätten einander wie Fremde behandelt. Deshalb habe es wieder viel Konflikte zwischen seinen Eltern gegeben. „Die Mutter stand zwischen meinem Stiefvater und mir, hielt später mehr zu mir." Der elterliche Konflikt wurde so groß, „daß sie von zu Hause weg mußte. Und in dem Moment hat sie dann zu mir gehalten, hat sich offen zu mir gestellt... Ich bin dann zweimal von zu Hause abgehauen, einfach weil mir das alles zu viel wurde zu Hause. Einmal, da bin ich freiwillig wiedergekommen, meine Eltern telefoniert, gesagt, komm man wieder und so – also meine Mutter (hat das gesagt)! Das zweite Mal bin ich wieder weg, weil das mit meinem Vater gekracht hat und so, und da haben sie mich mit der Polizei holen lassen. Mit dem Peterwagen nach Hause gebracht, dann wieder Riesenkrach und dann Heim. Dann bin ich in zwei Tagen im Heim gewesen."

Oh, das ging schnell!

„Tja. Alle zwei Wochen mal nach Hause, ein bißchen Fröhlichkeit vortäuschen.. Ich sollte dann (vom Heim) aus ne Lehre anfangen, und bevor es dann dazu gekommen ist, da war wieder was mit der Polizei, mit BTM[31] so, und mein Vater wieder durchgeschmort.

31 Verstoß gegen Betäubungsmittelgesetz

Ich wieder raus, dann war ich ne Zeitlang draußen und dann auf Zimmer gewohnt und dann sollt ich wieder nach Hause." Zu Hause trifft er ein Arrangement mit dem Stiefvater: Wenn er die Lehre macht, keine Drogen mehr nimmt, sich die Haare abschneidet, um 11 Uhr abends zu Hause ist und Rücksicht nimmt, dann darf er zu Hause wohnen, Alkohol trinken und auch ne Freundin mit nach Hause bringen. Das habe er drei Monate druchgehalten, dann zog er wieder auf ein eigenes Zimmer und brach die Lehre ab. Zuerst jobte er, fing nebenbei an zu dealen, hört bald ganz mit jobben auf, lebte sechs Monate nur vom Dealen, wird dann zusammengeschlagen, weil er andere gelinkt hat, wird deshalb von den Bullen erwischt, kommt ins Krankenhaus und darauf gleich ins UG und sitzt seitdem im Knast.

041 Gerda (BRD)

20 Jahre, zur Zeit in einer therapeutischen Wohngemeinschaft, seit 9 Monaten von zu Hause weg und „endgültig selbständig" gemacht; vollständige Familie von Anfang an, Eltern uMS/Aufsteiger; nur teilweise erwünscht; mehrmals von zu Hause abgehauen, zum ersten Mal mit 14; Berufsausbildung abgeschlossen.
Hat Opiate voll gedrückt, seltener A gedrückt, häufig B oral, deutliche O-Präferenz, mäßig auffällig, 1 Entzug, mäßig gedealt, selbst andere gelinkt und auffliegen lassen, 1 Gelbsucht.

Das Interview beginnt mit der Beziehung zwischen G und ihren Eltern. G sagt, sie müsse sich immer stark zeigen, dürfe keine Schwäche eingestehen, sonst würde sie von ihren Eltern abgelehnt. Wenn sie zeige, daß sie Hilfe brauche, würden die Eltern sie zurückweisen, indem sie ablenken; der Vater z.B.: „‚Du, es tut mir furchtbar leid, aber im Augenblick hab ich keine Zeit für dich' ... kuckt dann in die Zeitung... Dann zieh ich mich zurück auf mein Zimmer und laß mich von denen auch garnicht mehr ansprechen. In dem Augenblick möcht ich sie.. nö, bestraf ich sie einfach für ihr Verhalten... Oder ich geh weg. Aber ich kann sie einfach nicht mehr vor Augen haben."
Ist es mal dazu gekommen, daß du sagst: Scheiße, ihr laßt mich hängen?
„Nö, so ehrlich war ich zu denen nie... Vor allen Dingen, weißt du, zwischen meinen Eltern und mir ist auch ne unheimlich große

Distanz.. schon immer gewesen, ne. Das hat sich erst in dem Augenblick wirklich wesentlich verändert, in dem sie gesehen haben, daß ich einfach bemüht bin, damit aufzuhören, Drogen zu nehmen. Da hat mein Vater zum Beispiel viel für mich getan: Hat viel telefoniert, hat versucht, für mich'n Platz zu bekommen, damit ich ne Entziehungskur machen kann, und hat auch versucht.. ja Ärzte zu finden, die uns da unterstützen. Und hat auch wirklich.. hat da nicht resigniert, ne! Und hat mir auch geholfen.. ich hab ne Zeitlang mal ziemlich viel geklaut, ne.. hat auch.. ja hat das eigentlich mit versteckt... Da hab ich wirklich das erste Mal das Gefühl gehabt, daß er mich versteht. Das erste Mal shit.. tja wirklich das erste Mal!"

Tja, aber im großen ganzen läuft der Film auch heute noch?

„Jaa.."

..du mußt auf gesund machen, sorglos, heil..

„..ich mach auf gesund... und wenn ich jetzt zum Beispiel hier weggehen würde, dann würd er unheimlich enttäuscht sein."

G wiederholt, sie habe ihr Gefühl, die Eltern kümmerten sich zu wenig um sie, nie offen besprochen, sondern nur durch Rückzug gezeigt. Erst in jüngster Zeit (in einem Brief) habe sie ihren Eltern offen Vorhaltungen gemacht. Damals hatte sie solche Wut auf ihre Eltern, daß sie in ihrem Zimmer (in der Wohngemeinschaft) Sachen kaputt geworfen hat.

G erzählt von ihren Aggressionen, die sie früher gegen ihre Eltern hatte: Als sie zu spät nach Hause kam, brannte im Wohnzimmer noch Licht, „kam (der Vater) aus dem Wohnzimmer rausgestürzt und hat mich fürchterlich beschimpft: Ich würd mich rumtreiben, und was ich mir dabei dächte und so weiter und so fort. Da bin ich wirklich hochgegangen, bin ich total aggressiv geworden und hab ihnen vorgeworfen, daß sie spießbürgerlich sind und.. und.. daß sie mir einfach nicht passen, daß sie mir einfach stinken..."

„... Über Gefühle hab ich mit meinen Eltern mein ganzes Leben lang nicht gesprochen! Ich hab ihnen auch nie meine Gefühle gezeigt. Ich hab meine Eltern zum Beispiel.. nie geküßt.."

Und sie umgekehrt?

„Ja, meine Mutter hat mich manchmal in den Arm genommen und .. wollte mir'n Kuß geben. Aber das.. wollt ich dann nicht mehr.. Und dann hab ich sie auch mal zurückgestoßen, und zwar.."

Warum wolltest du's nicht?

„Weil ich sie in *den* Situationen einfach nicht lieb *hatte* oder lieb haben wollte!.. Aber daß da Gefühle (bei den Eltern) für mich da sind.. das kann ich einfach nicht glauben! Dann würden sie zu anderen Zeiten anders sich mir gegenüber verhalten."
Hast du ihnen das jemals gesagt?
„Ja."
Was haben sie darauf geantwortet?
„Daß das nicht stimmt und daß ich mir das einbilden würde.. Daß es meine Schuld wäre, weil ich.. weil ich sowieso nie da sei.. Dann fing mein Vater an, daß ich nur fordern würde und niemals bereit sei, auch selber was zu geben.. und daß ich sowieso nie da wäre. Und wenn ich da wäre, wollt ich immer nur haben!"
G kann sich nicht erinnern, daß sie sich früher geliebt oder geschützt von den Eltern fühlte. Nein, sie fühlte sich im Gegenteil ständig von ihnen eingeengt, „mir wurde immer was aufgezwungen, was ich gar nicht machen wollte. Dagegen hab ich mich einfach so gewehrt, daß ich immer trotzig geworden bin, mich zurückgezogen habe."
Welcher Art die Einengung gewesen sei?
„Wie ich mich zu verhalten hätte, daß man das und das vor Verwandten nicht sagt, zum Beispiel 'du bist aber dick', und 'das Kleid find ich nicht schön', und 'ich mag das gar nicht, wenn du kommst'. Sagten sie, daß sie keine Lust hätten, sich mit mir zu blamieren."
Wenn G sich so „daneben benahm", wurde das „überspielt":
„Erst mal traf mich'n strafender Blick von meinem Vater.. da wagte ich meine Mutter schon gar nicht mehr anzukucken; aber die hat mich so lange angekuckt, bis ich auch mal hochkuckte, ne. Und in dem Augenblick hab ich mich auch wieder für das, was ich gesagt habe, geschämt.. weil mir dieses 'Schämen-Müssen' einfach aufgezwungen wurde.. Und denn hab ich auch irgendwie Aggressionen entwickelt und hab die Kaffeetasse hingeknallt und gesagt: 'So ne Schieße hier!', und dann bin ich rausgegangen."
Was passierte dann?
„Haben sich vor den Leuten vermutlich entschuldigt und, wenn die Gäste wegwaren, mir ne Predigt gehalten, daß ich mich rüpelhaft benehme, und ich sollte mich nicht wie'n Junge, sondern endlich wie'n Mädchen benehmen!..."
Die Mutter wollte doch einen Jungen haben, war das nicht so?
„Meine Mutter wollte'n Jungen und hat mir auch bei jeder Gele-

genheit zu spüren gegeben, daß mein Cousin ihr viel wichtiger ist als ich. Und daraufhin hab ich mich auch so benommen wie'n Junge: Ich hab mit Autos gespielt und..."

Der Cousin konnte „alles besser als ich". G habe deshalb alles Weiche und Mädchenhafte abgelegt und wollte so sein wie ihr Cousin. Sie hat ihm regelrecht abgeschaut, wie er sich in bestimmten Situationen verhielt. Wenn er zum Beispiel was ausgefressen hatte, habe er die Mutter angeschrieen; die nahm ihn dann aber in den Arm oder lenkte ein, gab Fehler zu. „Aber bei mir war das einfach nicht so!"

Was haben die gemacht, wenn du schriest?

„Sie haben zurückgeschrieen und haben gesagt.."

..Benimm dich nicht wie'n Junge..

„.. benimm dich nicht wie'n.. wie'n.. Junge, ja genau!..."

„... Meine Mutter wollte'n Jungen haben, das weiß ich genau."

Warum?

„Weiß ich nicht.. auf jeden Fall ist es bei meiner Mutter so!..."

...

Dein Vater ist doch auch Trinker, nicht, hast du erzählt?

„Ja."

Bringt d i r das was ein?

„Nee. Meine Mutter macht ihm dann ständig Vorwürfe. Sie sagt, daß er lasch ist.. und daß er schon das vierte Mal in diesem Jahr krank wäre.. und daß es schwer für sie zu ertragen wäre, so einen Mann zu haben, der überhaupt kein Mann im Grunde genommen ist."

G über ihre Tante (die Mutter von G's Cousin): „Ich hab sie bisher falsch gesehen: Sie hat mir also.. sie wollte mir Gefühle entgegenbringen, aber die Gefühle, die sie mir entgegengebracht hat, die waren unecht. So hab ich das empfunden.. Das waren keine echten Gefühle, sondern sie hat mir.. vielleicht Gefühle gegeben, weil sie nicht wollte, daß ich ganz.. ganz konkret merkte, daß sie meinen Cousin lieber hat."

Hast du mit dem Cousin auch um die Liebe deiner Tante konkurriert?

„Ja, nee, eigentlich nur um die Liebe meiner Mutter. Aber neidisch war ich im Grunde genommen da drauf, daß er von zwei Müttern Liebe kriegte und ich das Gefühl hatte, ich bekomm von überhaupt niemandem Liebe. Aber die Liebe, die er von meiner

Mutter und von seiner Mutter gekriegt hat, die hab ich wiederum von.. von meinem Vater gekriegt." Sie will ein Beispiel dafür erzählen, gelangt aber zu einem ganz anderen Schluß: „Da kannst du mal sehen, ich finde, daß mein Cousin da irgendwo ne unheimliche Stellung in der Familie hatte.. Ich fühlte mich da einfach immer unheimlich zurückgesetzt!"
G weiß noch, daß ihr Vater früher mehr zu ihr gehalten hat als ihre Mutter. Er habe ihr gegenüber auch zugegeben, „daß meine Mutter nie sehen würde, wenn *ich* was mache, sondern immer die Leistungen, die mein Cousin bringt.. mit den Leistungen, die ich bringe, vergleichen würde.. Das hat er meiner Mutter unheimlich vorgeworfen... Sie hat dazu eigentlich gar nicht konkret Stellung genommen... ist dem ausgewichen, indem sie gesagt hat, daß mein Vater und ich, daß wir das falsch sehen würden."
Ist deine Mutter stärker als dein Vater?
„Ja, in mancher Beziehung schon. Sie kann zum Beispiel besser mit Geld umgehen... Ja, ich weiß nicht, ich finde auch, daß mein Vater so.. so Angst vor ihr hat... Zum Beispiel, daß er.. mein Vater trinkt nun ganz gern, ist wie gesagt beim Bau tätig, dort kriegen sie oft Sachen als Werbegeschenke. Aber selbst wenn er zwei, drei Flaschen Whisky die Woche nach Hause brachte, hat er nie zugegeben, daß er die Flaschen vielleicht gekauft haben könnte, sondern er hat immer zu meiner Mutter gesagt, daß er sie geschenkt gekriegt hat... Nö, das stimmte nicht."
Mußte er seine Abhängigkeit gegenüber deiner Mutter verheimlichen?
„Mhm. Meine Mutter kann das überhaupt nicht ab, wenn jemand schwach ist.. Ich konnte nie schwach sein, ich konnte.. konnte mich nie bei meiner Mutter ausweinen. Wenn ich anfing zu weinen, da bin ich lieber in mein Zimmer gegangen und hab da geheult, weil ich es ihr einfach nicht zeigen konnte.. Auf jeden Fall am Anfang war das so. Und jetzt ist es eigentlich so gewesen, daß meine Mutter viel geweint hat, weil sie einfach nicht glücklich mit meinem Vater am Schluß war... Er hat getrunken, ihr viel Kummer gemacht... sie fühlte sich auch vernachlässigt von ihm."
Zum Schluß sei G dann für die Mutter zum Vater gegangen und habe ihm gesagt: „Du, so geht das aber nicht weiter, du machst die Mutter kaputt." Nein, die Mutter selber hätte nicht zum Vater gehen können. Sie habe immer nur gesagt: „'Ich halt das nicht mehr aus, ich laß mich scheiden, das geht nicht mehr'... Über

manche Sachen konnte meine Mutter mit meinem Vater nicht reden. Meine Mutter ist ziemlich sachlich... mein Vater ziemlich emotionell, da kommen solche Gefühlsstauungen aus ihm raus, da fängt er an zu schreien und zu brüllen. In dem Augenblick kann meine Mutter nicht weitersprechen, weil sie die Gefühle, die da kommen, nicht nachvollziehen kann und dann das Gespräch abbricht... Wenn das zum Beispiel um Geld ging... sie warf ihm vor, er würde zuviel Geld für sich verbrauchen, hätte noch ne Freundin, würde es verspielen. Da ging mein Vater nun total hoch. Stritt alles ab. Und das bekräftigte meine Mutter nun noch mehr in ihrer Annahme."

Das sind ja irre Dinger, die da laufen!

„Mhm. Aber ehrlich gesagt, das berührt mich alles nicht mehr."

Aber es muß dir mal nahe gegangen sein?

„Ja, unheimlich nahe.. Aber jetzt nicht mehr!... Ich hab nie jemanden gehabt, mit dem ich reden konnte... 's war ne unheimliche Distanz zwischen mir und meinen Eltern.. besonders zu meiner Mutter."

Warum konntest du nicht mit deinem Vater reden?

„Erst mal, weil mein Vater fast auch nie da war, soviel gearbeitet hat... Wenn er nach Hause kam, war er wirklich.. ja war er wirklich unheimlich down.. und hat getrunken.. Und in dem Augenblick hab ich auch überhaupt keine Lust gehabt, zu ihm zu gehen, obwohl ich unheimlich oft das Bedürfnis hatte... Ja, genau, weil ich einfach das Gefühl hatte, daß er selber so viele Probleme hat, und wenn ich ihn jetzt noch mit meinen belaste, dann bricht er völlig zusammen."

Zwischenspiel: Über den Cousin

G habe oft Krach mit ihm gehabt, „wir haben uns oft geprügelt, unheimlich oft!.. Weil er mich genervt hat, weil ich es einfach nicht ertragen konnte, daß er da ist, weil ich einfach das Gefühl hatte, er nimmt mir was.. er nimmt mir unheimlich viel weg..." Deshalb habe sie ihm *ihre* Zuneigung ebenfalls völlig entzogen: „Mir hat es einfach Spaß gemacht, ihn zu erpressen und.. und zu sagen, wenn du dies und das nicht machst, dann geh ich eben zu deiner Mutter und sag ihr das." G schildert einen typischen Kindheitskonflikt zwischen ihr und ihm: „Eigentlich hat er angefangen, indem er irgendwas, was mir gehörte, an sich gerissen hat und damit weggelaufen ist. Und dann bin ich wie eine Furie hinter ihm hergelaufen, völlig wütend, aufgelöst, total.. aggressiv und.. dann kam erst alles raus. Und wenn ich so fünf Meter hinter ihm war, da hat er den Gegenstand auch noch weggeworfen, verstehst du! Dann bin ich hinter ihm hergelaufen und hab ihm eine geklebt." G meint, andererseits hätten sie sich auch gemocht. Er habe sie in gewissen Situationen beschützt.

Weiter zu Eltern, Männer-/Frauenrolle:
Wie haben sich die Eltern kennengelernt, warum haben sie geheiratet?
„Geheiratet haben sie sich glaub ich aus dem Grund, weil ich unterwegs war.. Ich glaub schon, daß sie sich am Anfang geliebt haben."
Haben sie's damals schon irgendwie bereut?
„Ja, meine Mutter. Rein gefühlsmäßig muß ich das sagen..."
...
Dir geht's übrigens ebenso mit deinen Männern (wie der Mutter mit dem Vater), das geht mir gerade durch den Kopf.. daß du auch nicht auf Typen kannst, die schwach sind..
„Nee, kann ich nicht!.. 'n Mann muß für mich eben stark sein!"
Kannst du selber schwach sein?
„Nee, kann ich nicht! Ich hab unheimliche Schwierigkeiten, das hab ich selber versucht in der Gruppensitzung zu verarbeiten vor ein paar Tagen.. 's wahnsinnig: ich kann keine Schwäche zeigen, weil ich einfach das Gefühl hab, daß mich dann keiner mehr lieb haben kann."
G schildert dann den Prozeß der Umkehrung ihrer Gefühle, Widerspruch/Abwehr:
„Doch, ich *kann* weinen. Aber am liebsten ist es mir, daß dann keiner dabei ist. Wenn jemand dabei ist, dann werde ich so total.. außer wenn ich jemanden lieb habe. Dann kann man das ruhig sehen. Aber.. wenn ich jemanden nicht lieb habe, oder wenn ich ihn auch lieb hab, aber das Gefühl habe, er hat *mich* nicht lieb, dann kann ich das nicht ab, wenn der das sieht. Dann wehr ich mich dagegen, indem ich sage: Geh raus! Laß mich alleine! Raus! – da kann ich richtig aggressiv bei werden.. Auf der andern Seite erwarte ich dann wieder, daß derjenige dann drin bleibt. Also in dem Augenblick.. wie soll ich das sagen.. stark ist. Indem er sich einfach da drüber hinwegsetzt, was ich sage.. Weil ich in dem Augenblick, wo ich weine, ja doch irgendwel-

che Hilfe erwarte." Früher habe die Mutter immer zu ihr gesagt: „'Was heulst du denn schon wieder!'" Erst seit der Drogengeschichte weint die Mutter dann manchmal mit. Die Mutter habe auch gesagt: Bist ne richtige Heulsuse!
G beschreibt sich dann so, daß sie immer zu Extremen neige, nie das „gesunde Mittelmaß" finde. Weiter sagt sie:
„Ich liebe meinen Vater mehr als meine Mutter."
Weiß sie das?
„Ich glaub, ja!"
Kränkt sie das?
„Ja, das kränkt sie.. Schon aus dem Grund, weil sie meint, daß sie nicht genug Liebe von meinem Vater bekommt und in den letzten Jahren versucht hat, die Liebe, die sie von meinem Vater nicht bekommt, bei mir zu holen. Da hab ich mich aber genauso verhalten, wie sie sich immer mir gegenüber verhalten hat: daß ich ihr zwar Hilfe angeboten habe, aber rein rationale Hilfe, ohne irgendwelche Gefühle drin.. Hab ihr praktisch Tips gegeben. Wie jemand, der bei der Telefonseelsorge anruft, ohne irgendwelche Gefühle dabei zu haben, ohne daß mir das wehtut, wenn sie zum Beispiel weint.. Und da hab ich ganz zum Schluß noch das Bild vor Augen, als ich in L verhaftet worden bin (und als sie nicht zu ihrem Typen gehen konnte, weil sie verkracht mit ihm war, und auch nicht zu ihren Freunden in der scene, weil sie nicht wollte) und zu Hause angerufen hab und gesagt hab, kann ich nach Hause kommen.. und ich unbedingt zu meinem Vater eigentlich wollte. Und da bin ich nach Hause gekommen, mein Vater war nicht da, weil er mich vom Bus abholen wollte, ich bin aber mit dem Taxi gekommen, und da hat meine Mutter mir unheimliche Vorwürfe gemacht: Sie hätte das *immer* gewußt, und jetzt wäre es sogar schon so weit, daß ich verhaftet worden wäre, und das wär ne totale Schande, und im Grunde genommen wollte sie überhaupt nichts mehr mit mir zu tun haben, aber da sie sich mit meinem Vater nicht total überwerfen wollte, und da mein Vater – wie sie das ausdrückte – 'nicht auf ihrer Seite stand, sondern auf meiner', sei ihr das praktisch egal, ob ich da wäre oder nicht."
An anderer Stelle sagt sie: sie könne ihren Vater gut verstehen, daß er trinke, weil er vom Leben nichts gehabt habe.
„Das war so: wenn wir drei zusammen waren und ich hatte zum Beispiel ne fünf in Mathe geschrieben, daß mein Vater sich erst mal verpflichtet fühlte, auf mir rumzuhacken.."

Warum verpflichtet?
„Meiner Mutter gegenüber, weil sie's einfach von ihm gefordert hat.“
Das war sein job als Vater?
„Ja. Dann hat er erstmal auf mir rumgehackt, dann ging meine Mutter in die Küche.. da hat er mir hinterher gesagt: 'Die spinnt ja mal wieder! Aber das mußt du verstehen und so weiter, ich hab keine Lust, mich schon wieder mit deiner Mutter zu zanken und.. du weißt ja, wie das gemeint ist.. aber streng dich trotzdem mal'n bißchen an'. Aber er hat mir das in einem Ton gesagt, daß ich eingesehen hab, daß das vielleicht nötig ist. Aber meine Mutter hat mich sowieso immer schon als totale Null hingestellt. Aber richtig unterhalten konnt ich mich mit meiner Mutter sowieso nicht. Höchstens über *die* Sachen, die sie als schlecht empfunden hat; da konnt ich stundenlang mit ihr drüber reden.“

Der Vater mag zwar vorwiegend mit der Tochter gegen die Mutter koaliert haben, aber auch der umgekehrte Fall kam vor – vielleicht war er wirklich sehr schwach und traute sich weder dem einen, noch dem anderen gegenüber seine Meinung durchzuhalten:
„Da fällt mir jetzt im Augenblick ein, daß.. wenn ich nachts zu spät nach Hause gekommen bin zum Beispiel, daß meine Mutter... dann die Rolle von meinem Vater übernommen hat. Und zwar hat mein Vater gesagt, er könnte nicht einschlafen, wenn ich nicht da bin, das würd ihn unheimlich fertig machen.. Und ich könnt mich doch nicht herumtreiben, ich bin doch erst 16, und das geht doch einfach nicht – und wenn ich nach Haus kam, hat mein Vater nie was gesagt. Überhaupt nichts! Nichts gesagt!!... Und zum Schluß war ich so konfus durch die ganze Situation, die zu Hause war: immer nur.. entweder hat einer von den beiden auf *mir* rumgehackt, oder sie sind wie die Geier über sich selber hergefallen. Und dann war dann wieder mal so ne Pause dazwischen, wo die 'happy family' war, ne.“
Aber nicht echt?
„Nicht echt. So total erzwungen. Deswegen war ich fast nie zu Hause...“
Einerseits mache die Mutter G Vorwürfe wegen ihrer Unselbständigkeit („'ich tu und mache alles für dich'!“), andererseits sage sie, wenn G mal selbständig was machen wolle, zu ihr: „Das

kannst du sowieso nicht, dann läuft der Pullover sowieso ein, gib ihn mal her, ich wasch ihn!" Den Vorwurf der Unselbständigkeit habe die Mutter ihr „nicht in *dem* Augenblick, wo sie die Arbeit gemacht hat, zu verstehen gegeben, sondern immer erst hinterher".

Partnerbeziehungen, Gleichaltrige in der Drogenscene:
G erzählt von einer Beziehung mit ihrer Freundin P in der Drogenscene, in der sie selbst den manifest stark abhängigen Teil darstellte. P sei fast wie ihre Mutter gewesen; sie habe G geschickt reglementiert.
Kurz zuvor hatte G sich noch folgendermaßen charakterisiert: Sie habe sich immer starke Bezugspersonen gesucht, mit denen sie sich entweder im positiven Sinn identifizieren konnte, oder gegen die sie sich im negativen Sinn mit den Schwächeren solidarisiert habe.
Über ihre Beziehung mit ihrem Freund R (auch in der Drückerzeit) weiß sie zu berichten: „Ich war immer unheimlich eifersüchtig. Das mochte'n Mann sein oder ne Frau sein... Und das wußte er ganz genau. Und das hat ihm unheimlich Spaß gemacht, das auszunützen. Das war so eine Abhängigkeit von dem R! Daß ich wochenlang nicht geschlafen hab!" G erinnert sich an große Beziehungsschwierigkeiten und Ängste in ihrer Beziehung zu Jungen nach der Pubertät.
Vorschläge, da und da hinzugehen, Jungen aufzureißen usw., kamen einseitig von ihrer Freundin P. G stand dann, während P mit Jungs einen losmachte, nur in der Ecke und dachte: „Wann hört das bloß auf!" „Und das hat sich total geändert, als ich gedrückt habe: Ich konnt mich mit Leuten unterhalten und.. ich hab mich einfach viel wohler gefühlt, auch viel sicherer. Und ich fühlte mich da auch auf niemanden angewiesen... Ich mein, jetzt fällt mir das nicht mehr schwer.. Leute anzusprechen, aber zu dem Zeitpunkt war das ein ganz schönes Problem. Ich weiß auch nicht, aber ich hatte auch gar keine .. gar keine Lust, mich mit jemandem zu unterhalten."
Ein paarmal hat G Amphetamine gedrückt, aber nicht so gern. „Ich mußte allein sein, konnt nicht haben, wenn andere mich vollquatschten." Sie habe auf speed auch Angst gehabt, sie würde noch überdrehter, als sie ohnehin ist. Ihr Grundbedürfnis sei vielmehr gewesen: „Ich wollt mich immer betäuben."

In der ersten Zeit habe sie alle Drogen, die sie brauchte, von P bekommen. Sie habe eigentlich immer gut Geld gehabt, habe mit P in Berlin eingekauft und verdealt. Sie hätten mehrere gute connections gehabt. Solche „connections“ seien aber im Grunde „linke“ Beziehungen: „Hab da immer meinen persönlichen Vorteil drin gesehen. Hab denen'n Film vorgespielt, aufgrund dessen, daß ich was haben wollte: 'Hallo Gisela, dufte, daß ich dich sehe!', und so in dem Stil. Obwohl ich manchmal kein Bock hatte, sie zu sehen, verstehst du; aber ihr das nicht so offensichtlich zeigen wollte, daß ich nur wegen den Giften da bin, und daß sie mich als Person, als Mensch gar nicht interessiert.“
G erzählt, sie habe unheimlich oft versucht aufzuhören, es aber immer nur drei Tage durchgehalten. Gegen Ende habe sie zwei Flaschen Po(lamidon) und fünf Gramm Heroin die Woche gebraucht, um nur einigermaßen normal da zu sein. „Angetörnt war ich (damals nur), wie ich zehn Meter Po[32] am Tag weggedrückt hab.“
Wenn es ihr schlecht ging, habe sie sich so vollgeschossen, daß sie ein paarmal mit dem Kopf an die Wand geknallt sei. Einmal habe sie sich eine Überdosis gesetzt, „da haben sie mich aber gefunden. Da hab ich überhaupt keinen Bock mehr gehabt.“ Sie habe aber „noch nie 'n ganz bewußten (Suizid-)Versuch gemacht“.

042 Werner (BRD)

22 Jahre, drückt seit vielen Jahren, seit 19 nicht mehr zu Hause und „endgültig selbständig“ gemacht; vollständige Familie von Anfang an; betrachtet sich als unerwünscht; 2 Berufsausbildungen abgebrochen, Eltern oUS. Hat A und O stark gedrückt, gibt A-Präferenz an, ziemlich auffällig, 7 Entzüge, kaum gedealt, 2 Gelbsuchten.

W's Schilderung ist geprägt von den Grundtendenzen Resignation, Galgenhumor und leben, solange man noch kann. W drückt schon sehr lange – er ist einer der ersten Drücker in der scene einer Millionenstadt gewesen – und seine Selbstdarstellung schwankt zwischen Extremen einer desillusionierten Lebensperspektive mit selbstidealisierenden Einschüben.
Darauf angesprochen, was er gerne sein möchte, antwortet W, er

32 = 10 cm^3 Polamidon

möchte in den Augen der Leute was darstellen. Er möchte, daß die Leute ihn sehen und sagen, so möcht ich auch sein. Er möchte auch gern ein Frauentyp sein, weiß aber zugleich von sich, daß er die Frauen, die er eigentlich will, nie kriegt. Er hat heute generell die „Paranoia" drauf, daß die Leute ihm gegenüber nicht ehrlich sind – zum Beispiel wenn sie sich ihm zuwenden. Auf der positiven Seite verbucht er für sich, er stelle etwas dar, habe eine gewisse „Position" in der scene. Es gebe echt Leute, die hätten Bock, ihn kennenzulernen; aber die kämen nicht dazu, „weil ich mich immer so unnahbar geb". Und nochmals seine Wünsche: er möchte gern reich, ein Frauentyp und ein geiler Musiker sein, „wo sich die Leute freuen, wenn man zurückwinkt". Auf der anderen Seite verwirft er seine Wunschträume, kaum daß er sie geäußert hat, als Illusion: er werde nie reich, Frauentyp usw. sein, er sei der letzte Dreck, könne nichts, sei faul, könne einzig durch Sprüche imponieren. „Ich weiß genau, daß ich's zu nichts bringe, hab aber den Weg gefunden, mir den Anschein von Prestige zu geben... Ich hoffe, daß ich bald nicht mehr lebe, echt!" Sagt von sich, er mache sich alles so bequem wie möglich, das Leben habe aber keinen Sinn mehr für ihn. Hält sich für einen Außenseiter, er stehe im Abseits, tue aber nichts dagegen, alles sei ihm egal.

Über die Eltern:
Die Eltern wohnten, bis W sechs Jahre war, im Haus einer Tante. Die Mutter sei in dieser Zeit für W kaum dagewesen, er sei von Tante und Vater erzogen worden.
W gibt zu Beginn seiner Erzählung ein Bild seines Vaters aus den letzten Jahren: er sehe ihn vor sich, alt, auf den Tisch gebeugt, die Flasche neben sich, wie er sich selbst bemitleidete, daß er nichts vom Leben gehabt habe. W liebte seinen Vater (der vor nicht allzu langer Zeit gestorben ist) und verachtet seine Mutter. Der Vater habe ihn verhätschelt – vielleicht zu sehr, darum sei er, W, so bequem (der Vater hat W monatlich so viel Geld gegeben, wie W verdient hätte, wenn er gearbeitet hätte; also hat er aufgehört zu arbeiten).
Seine Mutter sehe er gegenwärtig selten, „es gibt auch keinen Grund, hinzugehen", sie sei „weg vom Fenster", habe einen „schmalen Horizont". Sie sei mehrmals in die Psychiatrie eingeliefert worden. Er habe Mitleid, nichts als Mitleid mit der Mutter. „Von Liebe brauchst du garnicht sprechen, die war noch nie da.

Nie! Sie hat mich als kleines Kind ja schon geprügelt wie'n Schwein." W erinnert sich an eine Situation, wo er als kleiner Junge mit ihr Roller fuhr, hinfiel, sich das Gesicht aufschlug, daß er blutete. Da seien die Leute stehen geblieben und hätten ihn angeschaut. Darüber sei sie ganz wild geworden[33] und habe ihn zusätzlich zu seinen Schmerzen noch verprügelt. Sie sei auch total „achtlos" mit ihm als Kind umgegangen: „Sie hat mich zum Beispiel mal in der Kinderkarre – das weiß ich selber nicht mehr, das hat mir meine Tante erzählt – unter einem Gerüst stehen lassen, wo die Leute gearbeitet haben, und wo immer so Sachen runterfielen, weißt du. Darunter hat sie mich echt locker stehenlassen und ist weggegangen und hat irgendwas besorgt... Man denkt doch, ne Mutter denkt zuerst an ihr Kind – ja, an die Eier! Und sie dachte, sie kann das gut machen hinterher mit Süßigkeiten. Damit hat sie mich denn vollgepfropft."

W erzählt, daß er Angst hat, jemandem zu sagen,daß er ihn lieb hat, weil er fürchtet, der andere könnte das nicht erwidern. Er wolle sich keine Blöße geben. Wenn er das doch mal getan habe, dann sei er hinterher „wochenlang link". Seine Mutter hat er „seit jeher als linkes Weib in Erinnerung", fühlte sich nie geliebt oder akzeptiert von ihr. „Nur mein Vater, der war unheimlich gut und zärtlich. Und *wenn* ich irgendwo geschlafen hab, war's mein Vater und nicht meine Mutter. Und wenn mich jemand auf'n Schoß genommen hat, war's mein Vater und nicht meine Mutter. Zu Geburtstagen kriegte er von ihr meist nichts, vom Vater eine Kleinigkeit. Wenn er krank war, hat sie ihn nicht umsorgt, sondern eher beschimpft, daß er ihr im Weg sei. „Du, heute könnte sie abklappen: Ich könnte einfach nicht mal ne Träne vergießen!"
Die Mutter habe epileptische Anfälle gekriegt, darauf sei sie in die Psychiatrie eingeliefert worden. W besucht sie: „Zuerst hat sie sich höllisch gefreut – das kenn ich aber, wenn sie in der Scheiße hängt und ich komm." Wenn W dann geht, „geb ich ihr flüchtig 'n Kuß auf die Wange, aber echt mit Widerwillen, muß ich zuge-

[33] W schildert noch öfter strukturgleiche Szenen, wo er mit seiner Mutter in der Öffentlichkeit war, die Leute ihn aus irgendwelchen Gründen anschauten und seine Mutter auf dieses Anschauen paranoid reagierte. Leider haben wir zuwenig Information, um diesen Sachverhalt richtig zu verstehen.

ben! Ich mag sie nicht gerne berühren, echt nicht! Ich betrachte sie auch nicht als meine Mutter.“ W hat ihr sogar, als er bei ihr war und sie einen epileptischen Anfall hatte, Geld geklaut: „Du ich komm mir deswegen nicht schlecht vor.“ Er besuche sie im übrigen nur, wenn er Geld oder was zum Essen braucht. Er schenkt auch mal seiner Mutter „aus Mitleid“ was, „so, wie wenn ich 'm Penner ne Mark geb“. Einmal habe er sie angeschrien, da habe sie so laut „Hilfe!, Mörder!“ geschrien, bis die Nachbarn die Polizei holten.
W's Vater „war für mich Mutter und Vater zugleich“. Der Vater hatte am Ende Asthma und Bronchitis und lag todkrank in der Wohnung. „Und sie hat linke Dinger gebracht! Mein Vadder, ne Zeitlang hatte er das mit der Bronchitis und da konnt er nicht mehr aufstehen, und da hatte er immer so'n – hört sich jetzt'n bißchen widerlich an – aber..'n Eimer zum Reinspucken, weil der laufend geröchelt hat und so weiter.. Den hat sie ihm mal über 'n Kopf gekippt ... (Die Mutter) ist'n Arschloch für mich, das ist kein Mensch für mich!“ Sie habe auch in der ganzen Ehe nicht kochen gelernt, habe auch nichts im Haushalt getan, das habe der Vater getan.

Peers, Partner, Mädchen:
W gibt offen zu, daß er versucht, sich von Frauen aushalten zu lassen. Er habe eigentlich noch keine Liebesbeziehung gehabt. Er habe auch einer Frau, die ihm Gifte besorgte, Filme vorgemacht, wie sehr er auf sie stehe usw. W weiß von sich, daß er zu Frauen fies ist. Dennoch erwarte er insgeheim, daß sie seine Fiesheit übersehen und dahinter seine Liebe sehen und ihn trotzdem gern haben. „Ich laß nun wahnsinnig den Fiesen raushängen gegenüber Mädchen oder laß den Frauentyp raushängen praktisch: ne! Tu so, als wenn: Naja, wenn du eben abhaust, dann geh ich jetzt mal kurz los und hol mal den Lolly oder so, ne! Blödsinn!... Du kannst ja echt irgendwo nicht schwach sein und zeigen, daß du sie brauchst... Ja, ich hab Angst davor, daß die das ausnutzt. Das isses! Und deswegen denk ich lieber, dann benehm *ich* mich eher fies.“ W schildert mit eigenen Worten seine Unsicherheits-Abwehr-Maske gegenüber Frauen, seine coolness und Fiesheit als Abwehr möglicher Kränkung: Er verhalte sich der Frau gegenüber nach dem Motto „ich kann genügend Frauen haben“, „ich bin nicht auf dich angewiesen“.

Mit 16 war W das erste Mal verlobt. „Total geiles Mädchen... die war 19, ich war 16". (W gab sich ihr gegenüber aber als 18 aus.) Zwei Jahre seien sie zusammengewesen. Ihre Eltern hätten sie beide schließlich auseinandergebracht, „weil die gemerkt haben: also damals ging das schon los, daß sie mich ausgehalten hat, ne.[34] Da hab ich auch nicht gearbeitet. Obwohl ich selber Kohle hatte, von meinem Vater und so. Aber sie hat einfach immer gelöhnt für mich und hat mir Klamotten gekauft." Mit dieser Frau hat W auch zum ersten Mal richtig gefickt. Er beschreibt die Zeit mit ihr als schön. „Und das war ne tierische Frau. Sie sah geil aus. Wenn ich mit ihr wegging, haben sich die Leute umgedreht, und das fand ich gut, ne." Als sie anfingen sich zu streiten, ging's um „Eifersuchtssachen... Die kamen wahrscheinlich eher von mir aus.. Irgendwie.. ach schon in Kleinigkeiten! Wenn sie mit nem Typ geredet hat, da hab ich mir Wunder was dabei gedacht... An sich bin *ich* mehr gekommen, wenn wir uns gestritten haben" (will sagen, *er* habe eher die Versöhnung angestrebt). Was W mit den Worten „die Eltern haben uns auseinandergebracht" beschreibt, trug sich so zu, daß sie ihrer Tochter den Umgang mit W verboten (weil sie W „für eine Art Zuhälter" hielten) und diese sich fügte – was sie vielleicht nicht unbedingt hätte tun brauchen mit 19, 20! Auf jeden Fall: W war daraufhin „über Monate kaputt".

W begann in der Zeit zu drücken (66/67), als er mit ihr zusammen war, habe auch in ihrer Gegenwart gedrückt. Er sei damals stolz darauf gewesen, „ich kam mir hart, männlich vor, wenn sie mal hinguckte und dann schnell weg: 'Igitt!'."

W sieht sich so: er brauche praktisch jemanden, der ihn abgöttisch liebe, der alles für ihn tue: dann sei er so dreiviertel überzeugt, daß der andere ihn möge. Sowas brauche er aber nicht, um den anderen zu kommandieren, sondern nur, weil er sich so minderwertig fühle, daß er nicht glauben könne, der andere wolle die Beziehung wegen ihm, W selbst, und nicht nur wegen eines Nutzens, den er aus W ziehen kann. Entsprechend hat er auch Angst, daß er von Mädchen ausgenutzt wird.[35] „Und wenn ich dann

[34] Hypothese: nur wenn die Frau das für ihn tut, kann er – wenigstens einen Moment lang – an seinen Wert glauben.

[35] Was in unseren Augen keineswegs im Gegensatz zu seinen eigenen ausbeuterischen Mädchen-Beziehungen steht.

auch noch verliebt in sie wär, dann wär ich total im Arsch." Und er will alles, nur kein „Arschkriecher" sein. Er stellt sich vor, die Frau verließe ihn (wie's wohl in der geschilderten ersten Beziehung der Fall war, wo er die Realität mit den „Eltern" als Ursache verbrämt), „und ich wär der totale Clown gewesen – davor hab ich unheimliche Angst".

Nach dieser ersten Beziehung habe er eine Türkin, A, kennengelernt, die voll abhängig von ihm war. Er hat ihr durchs Drücken imponiert, sie lief ihm nach; sie lebten eine Zeitlang zusammen. Er hat sie auf offener Straße verprügelt, wenn sie ihm kein Geld geben wollte. „Und sie hat das alles in Kauf genommen, irgendwie.. Bis sie mich dann vor die Entscheidung gestellt hat: entweder du hörst auf zu drücken, oder wir gehen auseinander. Ich natürlich gesagt, ich hör auf – aber heimlich weitergemacht." (Auch A war älter als W.) Sie habe manchmal für eine bekannte Zeitschrift Modell gemacht. „Das war natürlich gut für mein Image, so was brauch ich." Sie habe ihn anfangs auch bemuttert, das Blut abgetupft, wenn W drückte; die Leute angeschrieen, sie sollten ruhig sein, weil W auf Schuß sei usw. „Oder wenn ich mal zu lange die Augen zu hatte, da hatte sie gleich Angst, daß es mir schlecht geht." Das alles fand er gut. Sie habe ihn ausgehalten, sei immer für ihn da gewesen, habe seine Wäsche gewaschen, habe ihn ins Bad geschickt, wenn er zu dreckig war.

Danach kam (die nächste Freundin) B. Er hat sie dadurch kennengelernt, daß er hörte, sie hätte speed zu verkaufen. W schildert den Beginn der Bekanntschaft und liefert zugleich ein Parade-Beispiel für die coolness und die ausbeuterischen Beziehung der Szene harter Schießgifte und ihrer zutiefst verunsicherten Gebraucher:

Er fragt sie also nach Menge und Preis. Sie macht ihn an: „'Hör mal zu, kannst in'ner Stunde wiederkommen! Mal sehen, ob du was (woanders) kriegst' .. Da bin ich natürlich hochgegangen, ne. Und fing denn an und so. Naja, da kamen denn die dummen Sprüche und so: Schon geschossen, als du noch im Kindergarten warst, und solche Sachen... Ich hab sie höllisch angemacht. Ich denk: du weißt wohl gar nicht, wer ich bin! Damals war ich noch stolz drauf.. daß ich so einer mit von den ersten war. Und da kommt dann irgend so'n Huhn und macht auf die Art an – obwohl,ich war ganz freundlich zu ihr anfangs, ne!... Ja und.. da hab ich sie ziemlich link angemacht jedenfalls.. ich weiß nur noch, daß ich der Sieger geblieben bin (lacht), das weiß ich ganz genau, freut mich immer noch! Und..ja, nächsten Tag war ich wieder da.. da saß ich irgendwo hinten am Tisch.. ja und da kam sie plötzlich an und so und fing an, mich da vollzulabern: Es täte ihr leid, sie hätte das gestern nicht so gemeint. Da hatte sie wohl in der Zwischenzeit gehört, daß ich doch wohl schon etwas länger dabei war – das war für sie unheimlich wichtig! –, und da hat sie mich gefragt, ob sie bei mir schlafen könnte. Da hab ich gesagt, jaa. Sie hätte auch noch Cibas (speed), sagt sie." Dann habe er bald gemerkt, „daß sie der totale Aufreißer ist in puncto Gift. Das war eigentlich der ausschlaggebende Punkt, ne. Weil, als ich sie kennenlernte, war sie irgendwie keine Schönheit, das ist sie heute nicht und war sie noch nie, ne." (Sie hatte vom speed-Drücken das Gesicht voller Pickel, all so'n Mist.)

Drogen:
W hat vor seiner Phase illegaler Drogen bereits in seiner Schulzeit stark Alkohol getrunken; trank auch nach Entzügen. Der erste Schuß war speed, der dritte Morphium; bei Morphium habe er sich übergeben und „Scheiße" gedacht. Danach habe er drei Jahre nur Amphetamine gedrückt. „Amphetamine und ne Frau ist das Geilste, was es gibt." Amphetamine machten bei ihm gute Laune, da sei er freundlich, könne einen losmachen, sei lustig, könne „den Lebemann raushängen lassen". „Nichts nervt dich, du kannst hierhin, dahin flippen... Du kannst einfach alles! Hast nicht mehr das Gefühl, dich lächerlich zu machen. Du stehst über den Dingen. Traust dich Sachen, die du dich sonst nicht traust" (speed = Macht, Potenz). Auf der anderen Seite habe er schon reichlich die speed-Paranoia erlebt: da glaubt er, die anderen Leute würden ihm ansehen, daß er auf speed sei, und denken, daß er sich merkwürdig benehme. Dann kriege er Angst und fange an, sich tatsächlich merkwürdig zu benehmen. In diesem Stadium könne er auf speed überhaupt nicht mehr mit Leuten reden.[36] W stand, wie gesagt, zuerst nur auf speed („der kick, er ist besser als 'n Orgasmus; das ist das Geilste bei Amphetaminen"); er habe erst sehr spät gemerkt, daß O „auch ganz geil

[36] Diese speed-Paranoia als die übliche Folge übermäßigen speed-Gebrauchs ist der genaue Umschlag der Amphetamin-induzierten Potenz in ihr Gegenteil – wieder ein Beispiel eines dialektischen Prozesses!

sein konnte": Vor allem kriegte er mit O seine speed-Paranoia weg.
Mit shit weiß er nicht so recht was anzufangen, da fühle er sich matschig und albern und völlig unsicher. W erzählt, wie Schießen für ihn bedeutete, Status zu bekommen, sich über die shit-scene zu erheben. W schildert sich in diesem Zusammenhang wieder einmal euphorisch, idealisierend: Prestige durch Schießen, „bin auch heute noch stolz drauf", „war ne kleine Berühmtheit", „Leute haben getuschelt, wenn sie mich sahen". Erzählt stolz, wieviel Ritalin er wegdrücken konnte, ohne sich flachzulegen.
Kurze Zeit darauf sagt er jedoch: „Ich beneide die ganzen Leute, die schon den Abflug gemacht haben" (= sich totgedrückt haben), und: „Ich bin sowieso ganz unten, was macht es dann, ob ich saufe oder schieße. Ist doch alles egal!"
Die Gifte hat W immer über Beziehungen bekommen (auch das ist ein Punkt, der in unseren Augen sehr wesentliche Persönlichkeitsdifferenzen unseres Fixer-samples ausdrückt: wie man sich die Gifte beschafft – auf eher selbständig-aktive oder eher unselbständig-passive Weise); er mußte nie dealen und nur ganz selten kaufen. W erzählt in diesem Zusammenhang von einer Drücker-Beziehung zu einem Freund, der groß dealte: „Er konnte vor mir den großen Mann spielen, konnte mir auch die Gifte zum Aufheben anvertrauen", und W hat dafür Stoff von ihm gekriegt – das war die Grundstruktur der Beziehung (W weigert sich allerdings, die Beziehung *nur* derart instrumentell zu definieren). Dafür habe der Freund viel größere troubles mit Mädchen als W gehabt: „(Er) tat zwar immer so: 'Kein Bock auf die Fotze!', aber ich hab ihm das nicht geglaubt." Auch von seinen Freundinnen hat W häufig die Gifte, die er brauchte, bekommen.

Nochmals zu den Eltern:
W sagt von sich mehrmals, er habe „noch nie" eine Beziehung zu seiner Mutter gehabt. Auch nicht in den ersten fünf, sechs Lebensjahren: „da war das meine Tante und mein Vater". Sie hätten zu Hause Körbe von Familienfotos, und auf keinem einzigen sei er mit seiner Mutter oder in deren Nähe zu sehen, bis auf eines. Er habe geheult noch mit 18, wenn der Vater mal ne Stunde später nach Hause gekommen sei, und habe Angst gehabt, daß ihm was passiert sei. Nicht so bei der Mutter. „Ich bin an und für sich'n unheimlich weicher Typ... nur laß ich's nicht immer gleich raus-

hängen.“ Zur Mutter: „Ich hab doch nie *gemerkt*, daß es meine Mutter ist; erst wie ich richtig bei Verstand war, war's mir klar: gut!, das ist meine Mutter, sie hat mich geboren... Vorher war mir das gar nicht klar; das war ne Frau für mich irgendwie..“ W „haßt“ sie, „weil sie ewig schlecht zu mir war“. Er habe immer Prügel gekriegt. Die Mutter flippte immer aus, wenn die Leute sie und ihr Kind (auch als W schon an Größe seine Mutter überragte) anschauten. „Früher hab ich laufend von ihr gekriegt, laufend! ... Mein Vater hat auch nichts weiter gegen gemacht, der kam dann und hat mich'n bißchen getröstet.“

Wie war das mit deinem Vater, warum hat er nichts dagegen gemacht?

„Ja, er hat sich da wohl nicht richtig durchgesetzt. Der war erst recht auf'm Mitleidtrip mit ihr: ‘Armes Kind, aus'm Waisenhaus‘ – meinte er *sie* mit, ne! Insofern hat er sich bemüht, gut zu ihr zu sein – was er auch war! Ich kenn eigentlich keinen, zu dem mein Vater schlecht war...“

Als dein Vater starb, was passierte da in dir?

(Überlegt lange) „Ich weiß nicht, wie ich das ausdrücken soll... Ich hab mir das eigentlich nie vorstellen können, daß mein Vater weg ist. Für mich war er doch immer da... Ich bin doch nie auf den Gedanken gekommen, daß er auf einmal.. bumm!, da ist er nicht mehr da. Sondern nur meine widerwärtige Mutter.“

„Sie meinte immer, ich würd sie nicht lieben. Hab ich sie gefragt, wieso sie so dumme Fragen stellen kann wie ‘ich würd sie nicht lieben’, wo sie einzig schlecht zu mir ist!“

Hattet ihr so'n Gespräch?

„So ungefähr. 'n richtiges Gespräch gabs bei ihr nie. Sie erzählt Sachen, die *sie* will. Du kannst reden, das hört sie sich garnicht an...“

„Du, eifersüchtig ist sie heute noch, auf Mädchen, mit denen ich zusammen bin“.

Interviewer und W erörtern, ob der Vater (in manchen Punkten) schwächer war als die Mutter. Er hatte doch geduldet, wenn sie W schlug. Aber nicht in seiner Gegenwart!, meint W. Er ist der Ansicht, dieses Nachgeben sei keine Angst vor ihr gewesen, sondern was anderes – aber *was*, vermag er nicht zu sagen. Der Vater sei schon über 50 gewesen, als W noch ein kleiner Junge war; er sei sehr liebevoll zu W gewesen, habe trotz seines Alters Fußball

mit ihm gespielt und andere Sachen mit ihm gemacht, wann immer er Zeit hatte. Der Vater sei mit ihm rumgetobt. W habe jeden Morgen Süßigkeiten von ihm bekommen.[37] W kann die Frage nicht beantworten („du, das is'n Ding, was ich selber gern wissen möchte"), warum der Vater bei so einer Frau geblieben sei. „Da bleibt eben nur 'Mitleid' (als Grund), was anderes fällt mir nicht ein." W habe oft vom Vater 4-500 Mark im Monat gekriegt, auch Klamotten. Er sei von ihm verwöhnt worden. Er habe es materiell immer gut gehabt. Schon in der Schule habe er immer die meisten Süßigkeiten gehabt, später immer die geilsten Klamotten. W sagt von sich: die Verwöhnungstendenz vom Vater „konnt ich schamlos ausnutzen". Bekräftigt aber, daß er dennoch bis ans Ende seinen Vater geliebt habe.
Warum hast du ihn dann gelinkt?
(Überlegt lange) „Weil ich mich wahrscheinlich mehr geliebt hab."

Trotz all dieser Liebesbeteuerungen kommt W quasi durch die Hintertür darauf zu sprechen, daß zu Beginn seiner Drückerzeit Auseinandersetzungen zwischem ihm und seinem Vater begannen: „Das war da, wo ich ins Heim gekommen bin."
Da wurd es wohl irgendwie auch'n permanenter Streit?
„Ja, es wurd ne Zeitlang 'n permanenter Streit, solange ich eben noch weiter gedrückt hab und so.. Hat sich eben das Ding, daß er mich eben mal im Suff ins Heim hat bringen lassen.. das hat sich dann bei mir irgendwo aufgestaut, weißt du! Nee – das war ja noch früher mit dem Ding mit dem Heim! Das war ja schon 66/67 oder so. *Da* hat das ja schon angefangen![38] W sei damals „durch Vaters Schuld" ins Heim gekommen. Drogen und drohende Verwahrlosung hätten sie damals zum formalen Anlaß genommen.

[37]Womit die Mutter W ja offensichtlich auch für sich gewinnen wollte! Konkurrenz um die Gunst von W zwischen Mutter und Vater? Viele Hintergründe von W's Erzählungen bleiben leider unklar; wir tendieren jedoch insgesamt dazu, die Familienkonstellation „ineffektiver Vater" (alt/krank) plus „ablehnende Mutter" zu unterstellen.

[38]Damals habe der Vater im Suff eine Karte an das Sozialamt geschrieben, weil er sich im Suff immer so ärgerte und über W's Drogengebrauch aufregte. Diese Szene entbehrt auch nicht einer gewissen Ironie: der Vater schwärzt besoffen seinen Sohn wegen Drogengebrauch beim Sozialamt an!

Der Beginn des Konflikts ist wohl darin zu sehen, daß W, als er anfing, Drogen zu nehmen, immer seltener zu Hause war. W formuliert das so: „Da mußt ich ihn meiner Mutter überlassen, wo er nicht mehr aufstehen konnte." Aber lassen wir W die Geschichte des Konflikts selbst erzählen.

Sein Vater sei eines von 13 Kindern gewesen und habe – das hat W von seiner Tante gehört – „immer am meisten auf die Fresse gekriegt". So wollte er es ganz bewußt mit seinem Sohn W nicht machen. Zwar: Der Vater habe ihn auch schon auf die Fresse gehauen, „aber es tat ihm dann irgendwann leid. Dann kam er an und gab mir Geld oder sowas, ne." (Die Zuwendung schien in dieser Familie stark veräußerlicht gelaufen zu sein.) „Damit versuchte er's natürlich auch! Er war sich auch nie sicher, ob ich das merk, daß er mich gern hat oder so. Er hat das auch mehr in Geschenken auszudrücken versucht, ne. Aber ich hab's auch so gemerkt. Das war mir wahnsinnig wichtig mit ihm. Und das war's auch später noch, als ich gedrückt hab... Nur da eben war ich *so* wenig zu Hause und da mußt ich ihn meiner Mutter überlassen (siehe oben)... Ich kam mir immer so beschissen vor, daß ich einfach.. und manchmal, wenn er krank wurde, wenn er'n Anfall hatte und wieder kurz vorm Ersticken war, bin ich nicht dageblieben. Ich bin weggerannt. Das ist gar nicht so lange her, da war ich schon 18, 19 oder so. Ich bin weggelaufen, weil ich nicht sehen wollte, wie er krepiert." (Nur ein kurzer Hinweis auf mögliche Zusammenhänge: W kränkt seinen Vater, indem er nicht mehr viel zu Hause ist. Vater hat Asthma = psychosomatisches Symptom, will W durch Krankheitsanfälle an sich binden. Mutter stülpt Vater Spucknapf = Krankheit über den Kopf.)

Aber bevor du angefangen hast, zu drücken, war das Verhältnis zu deinem Vater in Ordnung?

„Ja, vielleicht lag das auch daran, weil vorher.. war *er* das eben, der bestimmt, irgendwo, verstehst du? Natürlich hab ich getan, was er gesagt hat.. ich mein, so im großen ganzen, ne.. Und später war's eben so, daß es nicht mehr ging. Daß ich dann nur noch da saß und: He, erzähl man! Is schon in Ordnung! – aber was soll's, ne."

Meinst du, das hat ihn traurig gemacht oder geärgert?

„Bestimmt! Er hat wohl gedacht, nach der Menge, was er für mich getan hat – und er hat ne Menge für mich getan! –, müßt ich mich wahrscheinlich dankbarer zeigen."

Wollte er dich abhängig machen?
„Vielleicht. Vielleicht wollte er das... Was heißt.. natürlich hat er's gemacht, klar war ich von ihm abhängig, unheimlich! Solange ich ihn hatte, hatt ich doch keine Sorgen!"[39]

W fährt fort, vom Vater zu erzählen: er habe alles selbst besorgen müssen. Er kam von der Arbeit heim und mußte noch Essen kochen. W erinnert sich nicht, daß die Eltern sich je berührten. Die Nähe seines Vaters mochte W gern, vor seiner Mutter hatte er Ekel. Der Vater habe sich durch Alkohol kaputtgemacht. Er habe schon früher mal als Steward viel gesoffen und habe wieder angefangen, als W zu drücken begann. W wehrt sich jedoch heftig gegen die vom Interviewer angedeutete Möglichkeit, daß zwischen dem Beginn von W's Drücken und seines Vaters Saufen irgendwelche Zusammenhänge bestünden. W sagt von sich: Wenn er (Vaters) Geld hatte, sei er nicht zu Hause gewesen; „wenn ich keins mehr hatte, bin ich nach Hause gekrochen". Sein Vater habe sich im Suff laufend selbst bedauert.

Zum Schluß des Gesprächs erzählt W noch einmal über sich:
Er habe früher, zu Beginn der Schulzeit, „reichlich auf die Fresse gekriegt, weil die andern merkten, daß ich feige bin." Der Vater habe ihn damals schon verhätschelt, habe ihn – sogar gegen seinen, W's, Willen – mit dem Fahrrad in die Schule gefahren und noch möglichst in der Klasse abgeliefert (für den Schulweg habe man höchstens fünf Minuten gebraucht). W habe erst später durch sein Maulwerk unter seinen Kameraden eine gewisse Anerkennung gefunden. So sei er zum Beispiel vorlaut in der Schule gewesen und habe dadurch die Leute auf seine Seite gebracht. Wenn er früher Dresche kriegte, sei er zu seinem Vater gelaufen; er erinnert sich nicht, jemals zurückgeschlagen zu haben, wenn er von seinen Kameraden Prügel kriegte. Er habe aber selbst auch keine Jüngeren verprügelt; er habe versucht, Beschützer zu finden.
Es tue ihm gut, wenn ihn zum Beispiel ein Jüngerer gut finde.

[39] Hypothese: Der Widerspruch (Abhängigkeit) kehrt sich gegen den Vater: Mit eben jenem Geld, das er W – vielleicht aus schlechtem Gewissen – gibt, um ihn an sich zu binden, haut sein Sohn ab und trägt es auf die Szene; tut also genau das, was der Vater mit dem Geld-Geben vermeiden will.

Das gehe doch jedem so: „Genauso wie *ich* so sein möchte wie andere. Und das zwar nie zeige, ne.. also eben das wär ja gegen mein Image, ne, das geht ja unmöglich! Dann könnt ich meine überhebliche Art nicht mehr raushängen lassen, wenn ich das einmal zeigen würde!"
Früher, so in der 8., 9. Klasse, habe er eher ältere Freunde gehabt. Hatte dort „ne ziemlich untere Position".
„Ich tu mich immer raus": suche immer Eindruck zu schinden, versuche mich in den Mittelpunkt zu stellen. „Sicher fühle ich mich da nie." Er sei aber niemandem hinterhergerannt, und das wolle er auch nie! Auch keinem Mädchen sei er hinterhergerannt.
W hat sich über Geld Zuneigung von den Gleichaltrigen erkauft: „Dann kam so die Zeit, wo ich so'n bißchen rummachen konnte mit meinem Geld, daß ich Leute auch eingeladen hab und so..."
„Nee, meinen Eltern waren meine Freunde nie recht, ich weiß nicht warum. Die haben wahrscheinlich irgend so'n Besitzanspruch an mich gehabt, ne. Haben sich wohl vorgestellt, daß ich laufend irgendwas mit denen machen müßte und so.. zumindest mein Vater. Also irgendwie muß er so'ne Art abgöttische Liebe mir gegenüber gehabt haben.. denk ich mir... Bei dem sei *der* Fehler drin und beim andern jener."

043 Kurt (BRD)

19 Jahre, zur Zeit im Knast, vollständige Familie von Anfang an; seit 15 immer hin und her zwischen Elternhaus und Wohnung bei Freunden, hat zuletzt vor dem Knast seine Eltern regelmäßig jede Woche gesehen; mit 15 nach eigenen Angaben „endgültig selbständig" gemacht und – obwohl man von Abhauen eigentlich nicht reden könne, weil er nicht kontrolliert worden sei – auch zum ersten Mal abgehauen; Eltern: Mutter US, Vater MS.
Hat O und A stark gedrückt, O-Präferenz; stark auffällig, 5 Entzüge, viele Apos, zeitweise ganz vom deal gelebt, andere gelinkt, 1 Gelbsucht.

Dieses Interview gehört ebenfalls zu den wenigen, die – obwohl verwertbar im Sinne technischer Kriterien und der Vollständigkeit der angeschnittenen Themen – die unterstellte Widersprüchlichkeit in der Sozialisationsgeschichte des Abhängigen nicht deutlich genug zu Tage fördern.

K beginnt mit der Schilderung seiner Beziehung zu den Eltern: diese Beziehung sei in den letzten Jahren kaputtgegangen. Er wünscht sich jetzt im Knast aber, daß sich eine Beziehung neu entwickelt.
Sein Vater sei ein Arbeitstier, das wandelnde Pflichtbewußtsein. Er habe resigniert in bezug auf K, während sich die Mutter mehr Sorgen um K macht, aber auch zugleich hofft. K über sich: „irgend'n Film laß ich immer noch ablaufen" (zu Hause).
Was waren die Konflikte, als du das erste Mal mit 15 ausgezogen bist?
„Wegen der Drogen, spät heimkommen, nicht zur Schule gehen – aber hauptsächlich Drogen."
Und vorher? Ob sie da ein harmonisches Familienleben geführt hätten? K verneint. „Weil, erst mal glaub ich, daß die Ehe zwischen meinen Eltern ziemlich kaputt ist und mein.. Alter, der trinkt ab und zu ganz reichlich, und da wird er wahnsinnig aggressiv und.. flippt eben aus." Es kommt K so vor, als lebe der Vater nur für die Arbeit, als sei das seine einzige Befriedigung, und das sei zu wenig, und deshalb trinke er vielleicht auch.
„Die Mutter hat'n bißchen mehr Sinn fürs Familienleben, und da bringt er eben nix" – hauptsächlich deshalb gebe es Krach zwischen den Eltern. Wenn sie ihm entsprechende Vorwürfe macht, dann erwidert er: einer muß ja schließlich schaffen! Sie habe sich schon gegen diesen Zustand gewehrt, aber irgendwie sei das bei ihr in Resignation geendet.
Der Vater hätte auch mal ne Freundin gehabt, während bei der Mutter nie was Entsprechendes vorgekommen sei – sie hält alles brav aus. K glaubt, wenn die Kinder nicht gewesen wäre, hätten sich die Eltern schon vor ein paar Jahren scheiden lassen.
Die Mutter habe 11 Geschwister gehabt und sei nur auf die Volksschule gegangen; der Vater habe nur noch einen Halbbruder gehabt und sei aufs Gymnasium gegangen. Die Oma (welche, ist nicht klar) wohne noch mit im Haus, aber am Rande. Wenn sie nervt, sagt der Vater zu ihr: mach die Tür zu! Sie kocht allein und ißt allein und fühle sich mit 78 nicht wohl, wenn sie nicht arbeitet.
Der Vater habe ein Büro; niemand hetze ihn außer er sich selbst. Wenn er besoffen sei, schimpfe er über die viele Arbeit. Sein Geld lege er in Grundstücken an für die Kinder. Die Mutter sage ihm, er solle weniger arbeiten, habe sich aber mit seinem stress abgefunden.

Der Vater habe K immer Predigten gehalten; diskutieren könne man mit ihm nicht.
Wenn der Alte besoffen sei, gebe es richtigen Krach zwischen den Eltern mit Türenballern, Aggressionen wegen Kleinigkeiten.
K meint, größeren Einfluß auf ihn habe wohl eher die Mutter gehabt, genauer: „am Anfang wohl meine Mutter, später gar keiner mehr". Dieses „später" beginnt mit 12–14 Jahren. Der Vater habe ihm früher oftmals mehr durchgehen lassen.
K's jüngere Schwester werde bereits anders erzogen als er – die Eltern versuchten, mehr auf sie einzugehen.
Früher habe er durchaus das Gefühl gehabt, gemocht zu werden. Dann aber, als er etwa 12 war, habe es unheimlichen Konflikt zwischen den Eltern gegeben (damals stand die Scheidung an). Sie hätten morgens, mittags und abends auf ihn eingepredigt, er solle ordentlich sein, keine langen Haare tragen, solle was leisten. Vor allem der Vater hätte gern gehabt, daß aus K was „Ordentliches" würde.

Drogen:
K war in seiner Drogenzeit auf dem Konsumtrip: drücken, dealen; Geld machen; sich leisten, worauf man Bock hat. Auch K's Drogenphase begann mit Alkohol. Mit 14 habe er ziemlich viel gesoffen, war mit Älteren zusammen; damals begannen die Eltern, seinen Umgang zu kontrollieren. K drückte bereits, als er noch zu Hause wohnte. Die Mutter habe ihn, obwohl sie von seinen Apobrüchen ahnte, gedeckt; als die Schmiere nach Hause kam und Fragen stellte, habe die Mutter bestätigt, er sei in der betreffenden Nacht zu Hause gewesen. In dieser Beziehung wollte sie ihm echt helfen, „nicht so sehr wegen Schande und so". Das findet er auch sehr gut bei seiner Mutter und gar nicht selbstverständlich. Sie habe ihm auch, als er zu Hause mit nem Affen rumhing, Polamidon vom Arzt geholt.
K vermutet, daß die Leute in der scene ihn wohl als ziemlich link angesehen hätten. Er habe auch ziemlich viel gelinkt – das müsse man immer, wenn man schießt und durchkommen will. Zum Beispiel habe er Pillen für trips verkauft und auf die tour.
K bezeichnet sich als Opiat-Schießer. Er mag die O-Wirkung lieber und: bei A gehe man auf die Dauer mehr kaputt.
Den speed-kick findet er allerdings auch sehr geil: „in'n Düsenjäger rein und ab!" K kennt jedoch auch die speed-Paranoia: da

hatte er Angst, mit Leuten zu reden und ihnen in die Augen zu schauen. Bei speed stand er auf Pervitin: „unheimlich geil. Man kommt sich wie'n king vor, läuft alles, flippt alles... man kann gut reden".

K hat zuletzt – was auch für seine Beziehungen bezeichnend ist (seine Isolation in der scene, er wird als linker Typ angesehen usw.) –, wenn er Apos gemacht hatte, sich zu Hause allein eingeschlossen und das Zeug weggedrückt. Nichts verkauft, das sei „zu gefährlich" gewesen.

Beide Zwangsentzüge hatte K nach Gelbsuchten; beim ersten ist er abgehauen (und hat weitergedrückt), und auch nach dem zweiten hat er weitergedrückt. Sein Vater habe ihn „mit Gewalt" zur Entziehung gefahren; K fand das link von ihm. Die Mutter hoffe noch auf Einsicht bei K, der Vater habe resigniert.

Die Mutter sei so nervös, daß sie Valium nehme und häufig ausflippe. Angefangen habe das mit den Ehekonflikten. Sie sagt, ohne Valium könne sie nicht schlafen.

K hat von sich das Gefühl, daß er es noch nicht schaffe, aufzuhören. Er sei schon zu oft gescheitert. Er sieht auch keine Hoffnung in Beziehungen. Er klagt darüber, daß man hier im Knast immer Filme vormachen müsse, über seine Schwächen nicht reden dürfe, sondern immer stark erscheinen müsse.

Partnerbeziehungen:

K sagt von sich, er habe sich noch nie richtig verliebt. *Ein* Grund dafür könnte nach seiner Ansicht sein: „Ich glaub, ich bin ziemlich egoistisch." Seinen Egoismus sieht er darin: „daß ich mir die Dinge nehm, die ich haben will".

Er habe auch vor seiner Drücker-Zeit keine längere Beziehung gehabt. Angepiekt hat ihn seine jetzige Freundin, mit der er ein Jahr zusammen ist (sie ist ein Jahr älter als er). Auf dem ersten Schuß hat er sich übergeben, „aber trotzdem fühlte ich mich irgendwie geil".

046 Bernd (BRD)

21 Jahre, bis 17, als er sich „endgültig selbständig" machte, vollständige Familie, vor 17 nicht von zu Hause abgehauen, betrachtet sich als „erwünscht"; Eltern US; mehrere Berufsausbildungen abgebrochen, dann eine letzte abgeschlossen.

Begann mit A, später O, beides stark gedrückt; A- bzw. Koks-Präferenz (gedrückt), voll gedealt, 2 Entzüge, einige Apos; andere gelinkt und auffliegen lassen; 1 Gelbsucht.

Auch dieses Interview muß zu den wenigen gezählt werden, die im Sinne der genannten Kriterien als verwertbar zu definieren sind, aber trotzdem zu wenig Informationen erbrachten. Wir führen es hier der Vollständigkeit halber auf; der Leser mag es, ebenso wie die anderen Fälle dieser Art, getrost überschlagen.

Zwischen seiner Mutter und ihm, „da war einfach unbeschränktes Vertrauen da in jeder Beziehung"; sie habe ihm in der Erziehung „durchwegs" Liebe gegeben. Wie allerdings das, was B „Vertrauen" nennt, in Wirklichkeit aussah, enthüllen die folgenden Sätze:
Sie habe ihm sogar eine Flasche Jetrium (Opiat) in die Klinik geschmuggelt.
Was hat sie sich denn dabei gedacht?
„Die hat noch keine große Erfahrung gehabt, damals, sie *mußte* mir also einfach vertrauen." Sein Junken habe sie „absolut nicht kapiert, hat sie absolut nicht verstanden. Sie war zu allen Sachen bereit, aber absolut hilflos.. Sie konnte sich den Vorgang vorstellen (die Injektion), das Werkzeug (die Spritze), aber *warum* ich da rein gekommen bin.. nichts!" Auch als er in den Knast gekommen sei, habe sie ihm nicht konkret helfen können.
Zum Vater: „Das war ne Zeitlang so: Also ich bin erst mal weg – das war ihm nicht recht. Dann bin ich hin und wieder mal aufgetaucht, da hat er mich immer mehr oder weniger davor (vor die Alternative) gestellt: Entweder – Oder! Entweder du kommst hier ganz zurück – hat mir das auch teilweise sehr, sehr klar auseinandergelegt: *daß* ich da wohnen kann, kostet weniger, arbeiten: dazu muß ich nicht in irgend'ner Stadt wohnen, sondern kann ich auch da wohnen –, und wenn ich ihm das erklärt hab, und es ging aber in die Richtung, daß es *nicht* geht, ja?, dann ist er immer wieder auf das Ding hingekommen: Entweder – Oder! Entweder hier oder überhaupt nicht!" Er habe B also – so empfand dieser es zumindest – praktisch ausgeschlossen von zu Hause.
Nur einmal habe er eine Ausnahme gemacht, als B hilfesuchend zu Hause ankam und einen Entzug machen wollte. „Und da hat

er aber wieder Bedingungen gestellt. Also: wenn du jetzt wieder anfängst, kommst du hier nicht wieder rein... Das ist nie zu ner Einigung gekommen, da kann man anfangen, wo man will.“ B wollte zum Beispiel für einen Reisepaß die Unterschrift des Vaters; der habe sie ihm verweigert.
B ist der Ansicht, „ne ziemlich problemlose“ Familiensituation gehabt zu haben, „seltsamerweise, ja.. Es ist vieles nicht ausgesprochen worden, es gab.. im weitesten Sinne viele Tabus... Ich hab zum Beispiel nie wirklich intensiv über mich geredet oder so. Genauso, wie du jetzt mitbekommen hast, daß ich verschiedene, ganz selbstverständliche Dinge von meinen Eltern nicht weiß, ja..“
Du weißt zum Beispiel auch nicht, ob sie Konflikte gehabt haben?
„Doch, das weiß ich, daß es da Konflikte gibt zwischen meinen Eltern, also dieses Hüh-Hott-Ding: Die Mutter sagt ‘nein’, und der Vater sagt ‘ja’, oder umgekehrt, doch, doch... klar! Daß mein Vater auch zeitweise ’n bißchen dazu hingegangen ist, meiner Mutter so’n bißchen die Schuld in die Schuhe zu schieben, also: Du hast da zuviel nachgegeben! Hättest mich mal machen lassen, wär das nicht passiert!“ In der Familie habe kein Zweifel darüber bestanden, daß der Vater in wichtigen Punkten das letzte Wort hatte. „Ich hab keine schlechte Beziehung zu meinem Vater.. aber es fällt mir zum Beispiel schwer, mit ihm überhaupt zu reden.. mit meiner Mutter überhaupt nicht.. Bei meiner Mutter ist das ganz einfach offener.“ Außerdem vermutet B, es sei nicht alles so gelaufen, wie es sich der Vater vorgestellt habe, deshalb „verdränge“ dieser vielleicht seine Zuneigung auch ein bißchen.
Zum Thema Sexualität im besonderen und Familienklima im allgemeinen sagt B: „.. es waren ganz, ganz klare Verhältnisse: Man war einfach informiert, auch wenn es nicht gesagt wurde.“ Schließlich: er habe „ne wahnsinnig gute Kindheit gehabt“: Dorf, gute Gegend, Fluß, Wiesen, Wald, er habe ein Boot gehabt. B kann sich an keine herausragenden Konflikte mit seinen Eltern erinnern, sondern nur an allmähliche Entfremdungsprozesse.

047 Heidrun (BRD)

23 Jahre, vollständige Familie von Anfang an, mit 20 „endgültig selbständig gemacht“, betrachtet sich nur als teilweise erwünscht; oft abgehauen von zu Hause, das erste Mal mit 14, Eltern MS bis oMS, Vater vor kurzem gestorben.

A zuerst oral, danach O stark gedrückt, O-Präferenz; mäßig auffällig, 1 Entzug, einige Apos; mittelstark gedealt, andere gelinkt, 2 Gelbsuchten.

H kam nach zwei Fehlgeburten zur Welt; der Vater hätte lieber einen Jungen gehabt. H's Vater war bei der Heirat 45 Jahre alt, die Mutter 27. Er sei in den Augen der Mutter ein „Luftikus" gewesen, weil er immer mit irgendwelchen Mädchen rumpoussiert habe, während die Mutter, nach H's Meinung, wohl keine einzige Bekanntschaft neben der Ehe hatte.
Ein weiterer Streitpunkt zwischen den Eltern habe darin bestanden, daß der Vater seine Eltern finanziell mehr unterstützte, als es der Mutter recht war. „Da gabs tierisch Streit; da hat sie ihm mal mit der Bratpfanne über'n Kopf gehauen." Die Mutter habe seine Eltern sowieso nicht leiden können, weil die immer über andere Leute traschten.
H's Mutter habe in der Erziehung von H immer eher nachgegeben, zu Kompromissen geneigt, der Vater sei strenger gewesen. Auch darüber hätten sie sich gestritten. Diesen Streit habe H jedoch hinterher oft wieder von ihrer Mutter zu spüren bekommen: „nur wegen dir" haben wir uns gezankt usw. In den Augen der Mutter seien sie eine „ganz normale Familie" gewesen.
Als H in der Pubertät mehr Freiheiten haben wollte, hätten die Eltern sie weiter einzuengen versucht. Sie hätten immer auf diejenigen gleichaltrigen Freunde von H verwiesen, die noch weniger durften als H, während H immer diejenigen aufzählte, die mehr durften als sie.
H sagt von sich, sie habe ihren Eltern nie etwas von sich erzählt. Sie habe durchaus schon damals das Gefühl gehabt, daß ihre Mutter der „kaputtere Teil" der Eltern gewesen sei. Sie sei der einzige Grund gewesen, warum sie, H, nachts nach Hause gekommen und nicht einfach weggeblieben sei, weil sie wußte, „meine Alte sitzt im Wohnzimmer und wartet auf mich.. Bei meinem Vater war mir's ganz egal.. der war unheimlich hart... Auch wenn er einsah, daß er Unrecht hatte, sagte er das nie."
H erinnert sich daran, daß sie immer, wenn ihre Eltern Verwandten-Besuche machten, mitkommen mußte. „Wenn ich ein langes Gesicht machte: 'du kannst uns doch nicht alles verderben!' Da gabs schreckliche Szenen, aber ich mußte immer mit." Ihre Eltern seien immer bestrebt gewesen, in der Verwandtschaft ein gutes Familienleben vorzuführen.

H's Familie ist nach unserem Dafürhalten ein gutes Beispiel versteckter Widersprüchlichkeit oder – damit verwandt – sehr sublimer psychischer Zwangsmittel. So überrascht es nicht, daß neben feineren Formen des Versteckens und Leugnens von Widersprüchen Lüge und Theater das Familienklima bestimmen. H sagt von sich: „Ich hab eigentlich immer die Eltern angelogen." Die seien sich strukturell uneins gewesen, wenn's um die Erziehung ihrer Tochter ging. H gehört auch zu denjenigen Kindern, die es notgedrungen lernten, „Mammi" gegen „Pappi" auszuspielen. Allerdings: „Wenn ich was wollte, ging ich zuerst zu Mammi." Ziemlich spät habe sie es auch gelernt, dem Pappi einen Film vorzumachen, d.h. ihm zu zeigen, genauer, ihn in dem Glauben zu wiegen, daß sie mehr Vertrauen zu ihm habe, und ihn auf diese Weise einzuwickeln, wenn die Mutter was verboten hatte. „Wenn ich was wollte, daß ich ihn dann so ungefähr um Rat fragen mußte.. naja als Freund und so, das wollte er wohl gerne. Wenn ich das machte, dann hat er auch ganz anders reagiert.. wenn er merkte, daß ich ihm Vertrauen entgegenbrachte – was ich dann natürlich nicht machte, weil sich dann irgendwas in mir auflehnte oder so."
Es scheint wohl auch etliche Konkurrenz um das knappe Gut „Liebe" in dieser Familie gegeben zu haben – bis hin zu Verführungsszenen (H empfand bei dem folgenden Vorfall das zwanghafte Moment im väterlichen Verhalten sehr genau): „Als ich'n Busen kriegte, fragte mein Vater, ob er da mal anfassen dürfe." H fand das hinterher „unheimlich beschissen". „Und er machte noch irgend'n dummen Spruch von 'kleinen Erbsen' oder so." Der Vater habe auch versucht, ihr zu imponieren, habe ihr ferner eifersüchtig einen Freund verboten. Auf der anderen Seit hatte H das Gefühl, der Vater möge sich nicht (er wollte ja wie gesagt einen Jungen).
H kommt wieder auf die Erziehung zu sprechen. Sie zitiert einen stereotypen Spruch: „'Wir wollen doch nur das Beste für dich! Du sollst es doch mal gut haben! Du wirst das später noch einsehen und uns dankbar dafür sein'." Während der Vater tagsüber nie zu Hause war, habe die Mutter ihr oft mit der Drohung Angst eingejagt: „'*Das* erzähl ich deinem Vater!'" Manchmal hat H sie rumgekriegt, nichts zu erzählen. Dann kommt H nochmals darauf zu sprechen, daß sie gelernt habe, wie Vater und Mutter „zu nehmen" seien. „Aber weißt du, ich bin ja auch nicht konsequent gewesen! Ich hab ja auch andauernd nachgegeben und sowas alles.

Ich hätt ja auch sagen können: Was, ich soll mit zum Geburtstag! Ich denk nicht dran! Und hätt sitzenbleiben können."
Ein gutes Beispiel für die Heimlichkeiten, die die Interaktionen in H's Elternhaus bestimmten, ist folgende Geschichte: H hatte ein Zimmer mit Terassentür. Über die Terasse ist sie immer abends abgehauen und in der Nacht oder am Morgen heimgekommen. Das ging ein paar Jahre gut, ohne daß die Eltern etwas merkten. Als sie's dann merkten, hätten sie ein Türschloß anbringen lassen. „Das konnt ich aber aufmachen mit Schraubenzieher und so. Als sie das dann gemerkt hatten, mußt ich umziehen auf den Boden – da haben sie ein Zimmer ausgebaut." Aber zum Pinkeln mußte ja die Ausziehtreppe zum Boden untenbleiben – folglich ist H auf diese Weise abgehauen.
In späteren Zeiten, wie gesagt, machte es sich die Mutter zur Angewohnheit, auf H zu warten. Wenn sie dann nach Hause kam, sagte die Mutter „Fein, Kind, daß du jetzt zu Hause bist. Komm, setz dich her, erzähl noch was, wir trinken noch ne Flasche Wein'. Und wenn ich nicht kam, erst morgens um sechs kam, dann saß sie da immer noch mit ner Flasche Wein. Sie saß völlig demonstrativ da mit ner Flasche, der Aschenbecher quoll über: 'Da bist du ja. Ich hab mir solche Sorgen gemacht! Nicht so laut, damit dein Vater das nicht hört!'" H kam dann mit Sprüchen wie: letzte Bahn verpaßt, zu lange bei der Freundin geblieben usw. Jedenfalls die Eltern wollten nicht, „daß ich mich rumtreib. Unter 'rumtreiben' verstanden sie alles, von dem sie nicht wußten, wo das stattfand."
Die Grundstruktur von H's Erziehung bestand mit einem Satz darin, daß laufend Verbote gesetzt wurden, die ebenso regelmäßig umgangen wurden.
Und warum hast du nicht mit ihnen gebrochen?
„Wegen meiner Mutter, weil die mir was vorweinte, weil ich da schlechte Gefühle hatte.. Das war's!" Der Psycho-Zwang der Mutter ging bis zu dem Vorwurf: „'Kind, du bringst mich noch in den Tod. Denk doch auch mal an deinen Vater und an mich!'" Auch H drückte bereits, als sie noch zu Hause wohnte. Als sie zu Hause eine Entziehung versuchen wollte – der Vater war da kurze Zeit zuvor gestorben –, sagte die Mutter: „'Ach Kind, das hat ja alles keinen Zweck mehr, wir bringen uns beide um!'" Andererseits, meint H, war sie auch ganz „merkwürdig". „Als ich anfing zu drücken.. und wenn ich dann völlig verzweifelt war oder sauer oder nicht zur Schule ging und das auch sagte... sagt sie:

'Ach Kind, wir trinken erst mal ne Flasche Wein!' Und dann saßen wir morgens um neun oder zehn bei ner Flasche Wein. Und dann vielleicht auch noch ne zweite, und lachten wir beide auch schon wieder... Sie hat noch Entschuldigungen geschrieben.“ Zuletzt koalierten Mutter und Tochter offen gegen den Alten.
Sie (Mutter) war ziemlich inkonsequent, nich?
„Sie war immer dazwischen, mal da, mal da; hin und her gerissen.. während mein Vater stur auf der einen Seite stand und ich eigentlich stur auf der andern Seite. Und sie eigentlich doch auf der Seite von meinem Vater stand, aber ich bin ja nun ihr Kind.. flupp! *Er* war ein unheimlich sturer Bock!... Sie leidet ja auch unheimlich gerne mit mir dann... Ich wär gewiß viel früher von zu Hause abgehauen, wenn meine Mutter nicht gewesen wär... Wenn die doch tot wär, oder was weiß ich, was ich ihr gewünscht hab. Aber das kann ich ihr nicht antun. Das denk ich immer noch, aber nicht so stark.“ Die Beziehung zum Vater dagegen sei – zumindest in den letzten Jahren – eindeutig und ungebrochen schlecht gewesen: Er habe sie nie gelobt; „hat immer nur was gesagt, wenn was falsch war... Ich hatte mit meinem Vater überhaupt nichts.. also ich hab ihn gehaßt... Also was mein Vater sagte, war grundsätzlich falsch für mich. Da hört ich grundsätzlich gar nicht erst hin, weil ich's gar nicht annehmen konnte. Ich hatte überhaupt kein Verhältnis zu ihm.“ Er „war ja immer der Held der Familie“, und H sieht sich, wie sie ihm, ohne echtes Gefühl, „Küßchen“ gibt. Zur Konfirmation hat sie eine Uhr von ihm gekriegt, die sie heute noch trägt: die sei „das Einzige, was ich hab von meinem Vater“. Sie trage auch heute immer noch den Vater mit sich rum, reagiere allergisch auf jegliche Verbote und tue genau das Gegenteil von dem, wozu man sie zwingen will. In ihrer primären Partner-Beziehung arbeitet sie sich auf diese Weise mit der väterlichen Autorität ab.
Daneben hat sie lockere Gift-Beziehungen mit jüngeren, schwächeren Typen, die ihr nichts vorschreiben können.

049 Maria (BRD)

17 Jahre, von 0 bis 7 vollständige Familie, bis 8 bei Verwandten, bis 14 wieder vollständige Familie, bis 15 Heim, bis heute wieder vollständige Familie; nach eigenen Worten noch nicht selbständig gemacht, betrachtet sich als erwünscht; oft von zu Hause abgehauen, zum ersten Mal mit 12; Eltern uMS; Berufsausbildung abgebrochen (wegen Drogen rausgeflogen).

Angefangen mit A oral, danach O und A stark gedrückt; O-Präferenz; mittelstark auffällig, 6 Entzugsversuche, voll gedealt, andere gelinkt, 1 Gelbsucht. M lebt zur Zeit in einer therapeutischen Wohngemeinschaft.

M schildert ihre Eltern, besonders ihre Mutter, als überbesorgt. Der Vater sei in der schwächeren Position von beiden; nach M hält er sich aus der Erziehung raus und säuft regelmäßig am Wochenende, was die Eltern auf die einzige, so schwierige Tochter schieben, obwohl sie sich seit Jahren völlig auseinandergelebt haben und auch die Arbeitssituation des Vaters nicht die beste sei (darüber war nicht mehr zu erfahren). M erhält aber zur Zeit noch regelmäßig Zuschüsse von zu Hause, außerdem Geld vom Sozialamt.
Die Mutter kaufe ihr auch heute noch alle Kleidung, „sie kennt meinen Geschmack ungefähr". M erzählt, daß sie alles, was sie nicht von der Mutter bekam, sich vom Vater holen konnte, und umgekehrt. Sie sei von der Mutter von allen Seiten bedient und gepflegt worden, auch als sie einen Affen hatte und zu Hause im Bett lag. Auf der anderen Seite (siehe unten) fühlte sich M deutlich von den Eltern abgeschoben und vernachlässigt.
M ist nach ihren Worten seit 12 in der „scene". Damals ist sie mit einer Freundin für zwei Wochen von zu Hause abgehauen und wurde von der Polizei zurückgebracht; in dieser Zeit fing sie an, Haschisch zu rauchen und trips einzuwerfen. Später läuft sie immer wieder davon; auf die Frage nach dem Grund ihres Weglaufens antwortet sie: „Ich weiß nicht, aber wir haben nach irgendetwas gesucht, daß wirklich etwas passiert zwischen den Menschen." Mit 13 verbringt M ihre Zeit bereits mit Fixern, ohne allerdings selbst zu drücken; mit 14 kommt sie in ein Heim (FEH). Dort werden die Mädchen, wenn sie nicht richtig spuren (sich zum Beispiel weigern, eine Arbeit zu tun), in nasse Sachen gewickelt und kalt abgebraust. Nach 11 Monaten kommt sie unter Beteiligung ihrer Eltern und eines Anwalts wieder raus und wohnt wieder zu Hause. Sie fängt, weil sie etwas tun muß, eine Lehre an, fliegt wegen Drogen raus, beginnt zu arbeiten, hört aber bald wieder auf. In ihrer Lehrzeit beginnt sie zu drücken; als ihre Eltern über die Mutter einer Freundin davon erfahren, bekommt sie von ihnen Vorwürfe zu hören: „'Du bist doch unsere einzige Tochter, wir haben alles für dich getan, wie kannst du uns das antun!'" Auf dem Umweg über eine Selbstorganisation, von

der sie enttäuscht ist, kommt M schließlich in die therapeutische Wohngemeinschaft, in der sie jetzt lebt; sie hat dabei zwei Jahre Arbeitsauflage. Ihre Eltern seien froh, daß ihre Tochter weit vom Schuß sei und auf „dem Lande" aufhören könne.
M empfindet ihre Eltern als ausgesprochen unglaubwürdig; als kleines Kind sei sie oft zur Großmutter geschoben worden. Das spielte sich dann so ab, daß die Eltern mit ihr die Großmutter besuchten, dann sagten, sie würden dableiben, „und wenn ich dann vom Spaziergang zurückkam, waren sie weg." Auch nachts habe sie sich oft allein gefühlt, und ebenso hätten die Eltern sie ins Heim abgeschoben, welches M für ihr Drücken verantwortlich macht. Lediglich materiell hätte sie bei ihren Eltern alles gehabt.

Partnerbeziehungen, Sexualität:
Zum ersten Mal habe sie mit zwölfeinhalb mit einem Fixer gebumst, und zwar nicht aus eigenem Bock, sondern weil's halt so kam und er wollte. Er habe kein Verständnis für ihre Angst gehabt, ein Kind zu bekommen. Später mit 15 habe sie dann eine etwas länger dauernde (halbjährige) Beziehung zu einem Jungen gehabt, der sie jedoch immer schlug, weil sie aufhören sollte zu drücken. Heute ist sie so weit, daß sie allen Typen mißtraut, sie kommt sich augenutzt vor oder vermutet bei ihnen einen Mitleidsfilm. Bumsen bringe ihr nichts, sie habe noch nie einen Orgasmus gehabt. Sie sagt: „Ich verlier immer mehr meine Idealvorstellungen, es gibt keine echte Beziehung zwischen Leuten."

Drogen:
Zu Beginn ihrer Schießerzeit hatte sie einen Freund, der ihr den Stoff umsonst gab. Später hat sie dann für ihren Eigenbedarf gedealt, auch auf Kommission genommen und dann selbst alles weggedrückt – also gelinkt. Infolgedessen bekam sie Schwierigkeiten mit Dealern. Aus Geldknappheit sei sie auch mal auf den Autostrich gegangen. Von der Wirkung her lehnt sie die Halluzinogene ab; auch empfindet sie die Leute, die bevorzugt shit und trips nehmen, als „intolerant" gegenüber Schießern.

050 Robert (BRD)

24 Jahre, bis 6 vollständige Familie, bis 17 Mutter und Großmutter, bis 18

nur bei Mutter; seit 20 von zu Hause weg und „endgültig selbständig" gemcht; betrachtet sich als „unerwünscht"; ist ab 17 öfter von zu Hause weggeblieben (abgehauen sei nicht das richtige Wort, weil niemand ihn halten wollte); Eltern (Mutter) oUS/uMS; ist zur Zeit in der Berufsausbildung. Hat O und A stark gedrückt, O-Präferenz; wenig auffällig, 2 Entzüge, stark gedealt, andere gelinkt und auffliegen lassen.

Roberts Mutter lebte zu Beginn ihrer Ehe in England; dort bekam sie von ihrem Mann zwei Kinder, R und dessen jüngeren Bruder. Sie trennte sich von ihrem Mann, als R sechs Jahre alt war. Die näheren Umstände der Trennung seien systematisch totgeschwiegen worden, waren Familientabu. Es hieß für die Kinder nur: Wir fahren in Urlaub nach Deutschland, die Großmutter besuchen. „Wir blieben immer länger hier, kamen schon zur Schule, und ich hatte immer noch die Vorstellung, wir würden zurückgehen, wir wären ne intakte Familie. Und die Mutter wußte natürlich ganz genau, daß dem nicht so war, und es hat, glaub ich, drei oder vier Jahre gebraucht, bis ich gemerkt hab, daß sie ihren Ehering nicht mehr trägt, und da hab ich sie gefragt. Aber es war ne beschissene Situation, sehr unerträglich!..."
„Ich bin geboren worden, als sie 18 war." Dann hat sie eine Krankenschwester-Ausbildung angefangen, aber abgebrochen, wegen der Heirat und des Kindes. Jetzt kommt sie also zurück zu ihrer Mutter nach Deutschland, aus deren erster Ehe sie stammt. Die war, weiß R zu erzählen, „sehr beschissen". Seine Großmutter sei von ihrem ersten Mann (sie war damals in Mexico verheiratet) sehr drangsaliert worden. „Und meine Großmutter hat also an diese erste Ehe und die Kinder aus der ersten Ehe wahrscheinlich ganz.. zwiespältige Erinnerungen. Kein gutes Gefühl dabei. Hat dann ne zweite Ehe noch gemacht, daraus drei Kinder." Diese Ehe sei sehr glücklich gewesen, nur sei der zweite Mann nach sechs Jahren Ehe durch einen Unfall ums Leben gekommen. „Und diese zweite Ehe und die Kinder aus der zweiten Ehe sind irgendwo die Erinnerung an den geliebten Mann und werden unheimlich hoch gehalten, sind irgendwo.. was Unantastbares. Und da gabs als'n Konflikt: meine Mutter kommt zurück.. irgendwie die ganzen negativen Erinnerungen.. die erste Ehe.. schlimme Zeit. Kommt zurück in das Haus, wo die.. wo Töchter aus der zweiten Ehe leben und die Großmutter. Kommt noch mit zwei Kindern an.. ist irgendwo gescheitert, ne, und's war..'s war also

irgendwo beschissen. Die Töchter aus der zweiten Ehe, besonders die älteste Tochter aus der zweiten Ehe wurde unheimlich verwöhnt, nicht, eben der Erinnerung wegen an den Mann.. und da gabs unheimliche Neid- und Eifersuchtsdinger.. unter den Töchtern, ja?"

Hatten die denn auch Kinder?

„Inzwischen ja. Damals noch nicht. Die sind sehr jung gewesen, die jünste ist fünf Jahre älter als ich, die älteste acht, neun Jahre." (Die Schwestern seiner Mutter sind dem Alter nach praktisch seine Geschwister. Über allen thront die Großmutter: Altersrollen!)[40]

R fährt fort: „.. unheimliche Rivalitäten und Eifersuchtskämpfe unter diesen Töchtern aus den verschiedenen Ehen... um die Gunst der Großmutter, ja." Er habe immer deutlich empfunden, daß seine Mutter von der Großmutter abgelehnt worden sei. Gibt als Beispiel: „Es hingen Bilder von den Töchtern aus zweiter Ehe und vom zweiten Mann im Schlafzimmer der Großmutter, aber keins von meiner Mutter, nich. Und das hat mir unheimlich wehgetan. Da hab ich angefangen zu heulen, als ich gecheckt hab, was das bedeutet." Seine Mutter sei zur Großmutter gezogen, „weil sie nirgends anders hinkonnte". Ja, sie habe die Ablehnung durch die Großmutter sicher gemerkt, und es habe sie sehr angegriffen. Ihm fällt ein anderes Diskriminationsbeispiel ein: „Wenn's darum ging, wer wäscht ab nach dem Essen?.. Meine Mutter hats gemacht! Wahrscheinlich auch zum Teil, weil sie ne Gastrolle hatte, keine Kohle hatte.. und die andern sind sitzengeblieben."

Befragt, ob er eher mit der Mutter gegen die Großmutter koaliert habe, oder ob er zwischen Mutter und Großmutter gestanden sei, meint R, im großen ganzen sei's wohl eher auf eine Koalition gegen die Großmutter hinausgelaufen, aber so klar seien die Verhältnisse nicht gewesen. Die Großmutter habe zum Beispiel einen großen Teil von seiner und seines Bruders Erziehung übernommen, als seine Mutter arbeiten ging, nachdem R sieben war.

An seinen Vater erinnert sich R so gut wie nicht mehr. Er weiß nur noch, daß er aus der beschriebenen Situation heraus anfangs

[40] Die Situation von R's Mutter kann man praktisch so sehen, daß ihr Versuch der Emanzipation von zu Hause gescheitert ist: Sie kommt nach gescheiterter Ehe mit Kindern zur Großmutter zurück, muß sich zu Hause unterordnen.

immer nach England zurück wollte. R sagt heute: „Irgendwo muß das ein unheimlich starker Typ gewesen sein, hab nur noch so'n paar Bilder von ihm: Gewehrschießen, Motorradfahren, trägt mich ne Steilküste runter... und ich bekam einfach nichts über diesen Kerl raus" (in einer Psychoanalyse). R erinnert sich noch, daß ihn in seinen Träumen ein Typ mit einem Gewehr verfolgte.[41] R weiß ferner noch, daß sein Vater nach dem Krieg als Deutscher nach England gegangen, zuerst LKW-Fahrer, dann Verkäufer gewesen sei und äußerlich so richtig dem germanischen Ideal (dem R keineswegs nachhängt) von groß, blond und stark entsprochen habe.

R kommt wieder auf die Situation bei seiner Großmutter zurück. Er habe „irgendwie das Gefühl, es ist ein unheimlicher Männerhaß in der Familie bei Großmutter und Mutter". (In der Tat waren sein Bruder und er die einzigen männlichen Wesen unter lauter Frauen – was wohl nicht unbeträchtlich zu seinen Geschlechtsrollen-Schwierigkeiten beitrug, von denen weiter unten die Rede sein wird.) Als seine Mutter mit den Kindern bei der Großmutter ankam, habe diese etwa in dem Sinne reagiert: „'Ich hab's immer gewußt!'" (Dennoch bestand neben diesem Männerhaß unbeschadet die Idealisierung jenes zweiten Ehemannes der Großmutter!) In der Tat habe R's Mutter in Großmutters Haus keinerlei weiteren Umgang mit Männern gehabt – R kann sich in dieser Beziehung an gar nichts erinnern. Dann fällt ihm aber ein, daß sie wohl mal auf einer Ferienreise einen Typen kennengelernt haben muß, den sie vermutlich gern hatte. R erinnert sich an einen langen Briefwechsel zwischen ihm und ihr, schließt auch nicht aus, daß sie eine sexuelle Beziehung gehabt haben könnten. Auch habe sie vor fünf Jahren R's Vater in England besucht. Ansonsten aber: „Es war ein totales Frauenhaus! Es war kein Mann im Haus! Und die Frauen waren alle wie die Hühner!... Du, da kam kein Typ ins Haus. Das (= die Liebschaft) hat sie auf ner Ferienreise abgemacht, aber da kam auch kein Typ ins Haus. Sie blieb auch nicht über Nacht weg... Du, sie war unheimlich verhärmt in der Zeit... Du, wir schliefen auch zu dritt (Mutter mit ihren zwei Kindern) in einem Zimmer, das war halb so groß sie das hier."

[41] Hier scheint ein Paradefall des Kohut'schen Mechanismus der Idealisierung des Vaters vorzuliegen, die – in diesem Fall aus Gründen der elterlichen Trennung – nicht relativiert werden und somit bis heute ungebrochen beibehalten werden konnte.

Vaterfiguren habe es in seinem Leben erst wieder ab 17, 18 gegeben (zum Beispiel der Klassenlehrer); er habe sie jedoch die ganze Zeit über gesucht, auch in seinen Freundschaften. So habe er eigentlich immer *einen* Freund gehabt, der älter als er gewesen sei und von dem er gelernt habe, und daneben habe er immer mehrere gleichaltrige Freunde gehabt, mit denen er eine anders geartete Beziehung unterhielt, unter denen er auch eine andere Rolle innehatte. Mit dem älteren Freund sei das Verhältnis immer vertrauter und offener gewesen, mit den gleichaltrigen habe er mehr auf spielerischer und Jux-Basis verkehrt. Zu seinen peergroup-Beziehungen meint R: er stand immer irgendwo außen, aber seine Position wurde akzeptiert, er hatte Einfluß von dieser Position aus, und draußen stand immer noch der ältere Freund, an dem er sich orientierte.
Er sei auf seine Geschlechtsrolle überhaupt nicht vorbereitet worden. Als ihm der Bart wuchs, habe er Angst bekommen und nicht gewußt, wie man sich rasiert.
Zu seiner materiellen Situation bemerkt R, daß er anfangs kein Geld hatte und sich seinen Klassenkameraden gegenüber zurückgesetzt fühlte. Dies sei ihm umso mehr zu Bewußtsein gekommen, als das Haus seiner Großmutter (die selbst nicht unbetucht – Haus, Erbschaft usw. – gewesen ist) in einem reichen Viertel stand und seine Bezugsgruppe sich aus Kindern reicher Leute zusammensetzte. In seiner späteren Drücker- und dealer-Zeit kommt R denn auch eingestandenermaßen auf einen Geld-/Konsumtrip.
R hatte von sich das Gefühl, daß er mindestens zeitweise seine Mutter stützen, ihr den Mann ersetzen mußte – stärker, als das bei seinem knapp jüngeren Bruder der Fall war. Seine Tanten waren beinahe Schwestern für ihn, er habe auch ab und zu bei ihnen im Bett geschlafen. Er habe auch oft das Gefühl gehabt, seine Mutter möge seinen Bruder lieber als ihn. „Meine Großmutter mocht sicher mich lieber." Andererseits habe R, wenn die Großmutter seinen Bruder angeschissen hat, sich schützend vor diesen gestellt. Er habe jedoch immer das Gefühl gehabt, er bekomme von der Mutter nicht die Liebe, die sein Bruder kriegte.
Warst aber dann großmütig, daß du ihn vor der Großmutter beschützt hast!
„Ja, 's war auch immer was Falsches dran."
Auf jeden Fall hatte R im Sub-System „Mutter plus 2 Kinder" stets die Rolle des Älteren, Verantwortlichen inne, der zugleich

ein bißchen neidisch war auf seinen jüngeren Bruder. Diesen Neid konnte er aber nicht rauslassen. Früher allerdings hätten sie sich viel geschlagen. Das Konfliktthema: der Bruder nahm R Sachen weg, und R hatte das Gefühl: „(Mein Bruder) nimmt mir was weg."

Mädchen:
Mädchen gegenüber habe er lange Zeit immer nur eine „stille Liebe" gehegt. Als typisches Beispiel erzählt R von einem Mädchen, mit dem er mal wochenlang im Ferienlager zusammen war, das er aus der Ferne liebte und dem er nur „stille Verehrung" entgegenbrachte. In der ganzen Zeit hätte sie kein einziges Wort gewechselt, nur nach dem Lager habe er ihr einen Brief geschrieben. R bezeichnet sich auch heute noch als schüchtern – andere Jungs seien ihm in diesem Punkt voraus. Diese Schüchternheit gegenüber Mädchen begann mit 14, 15 problematisch für ihn zu werden: „Die andern gehn auf Parties, oft schon ne Freundin, ich nicht. Ich hab bis dahin noch nie'n Mädchen an der Hand gehabt. Ich wußte noch nicht mal genau, wie man küßt." Er habe riesige Angst gehabt, abgewiesen zu werden, und zugleich die Mädchen heiß begehrt. „Damals habe ich mir eingeredet, ich würd nie mit nem Mädchen schlafen können, und hab so das ganze Problem für mich gelöst." Zu der Zeit fand er auch körperliche Mängel bei sich, von denen er annahm, daß sie ihn in den Augen der anderen herabsetzen müßten.
Endlich hatte er seine erste Freundin, aber diese Beziehung beinhaltete noch keine Sexualität. Dann kam die zweite, die hat immer mit ihm gespielt, wohl auch selbst Angst gehabt: Immer, wenn sie kurz vorm Ficken waren, hat sie abgewehrt und R fürchterlich frustriert. Sie hat ihn so Monate lang hingehalten. Als diese Beziehung in die Brüche ging, wußte er nicht mehr weiter, dachte, er müsse sterben. „Einsamkeit" sei „sowieso eine Grundbefindlichkeit" bei ihm, aber damals habe er sich besonders einsam gefühlt. Er hatte „totale Depressionen", „Magenschmerzen", eine „Magenschleimhautentzündung" und besuchte eine ambulante verbale Therapie.
Danach habe er Musik gemacht, sei aufgetreten, „da kamen die Mädchen zu *mir*." Seitdem habe er häufiger die Erfahrung gemacht, daß eher die Mädchen auf *ihn* zugingen als er auf sie. Allerdings mag er es auch nicht, wenn sie ihm blind, verzückt –

also in abhängiger Manier – in die Arme fallen. Meistens sei die Situation jedoch so gewesen: „Da war'n Mädchen, für mich begehrenswert; hab abgewartet, sie war zurückhaltend, von andern auch begehrt, hat sich verweigert, und ich wollt sie immer haben. Wollt aber nichts dafür tun und wollt, daß *sie* zu *mir* kommt, daß *sie* ihre Schranken überwindet..“ Allerdings möchte er dabei immer noch ein bißchen das Gefühl haben, eine Eroberung zu machen. „Und erobern will ich immer – ohne *den* hier (macht eine Kraft-Geste) machen zu müssen... Meistens bin ich in der abwartenden und kühlen Haltung, also meist isses 'n Scheiß Image-Ding, was ich drauf hab.“ Er komme erst entgegen, wenn er merke (d.h. *deutliche* Zeichen sieht, die seine Unsicherheit überwinden), daß sie kommt. Diese Ängste hätten bis heute nie aufgehört. Auf jeden Fall fand R über die Musik (die einhergeht mit dem ersten Haschisch-Rauchen) wenigstens eine Freundin „zum Anfassen“ (R erlebt ganz bewußt die Stufen körperlicher Nähe bis zum genitalen Kontakt). Die erste sexuelle (genitale) Beziehung habe er mit 18 gehabt. (Damals hat er schon O gegessen.) Er saß mit anderen vor einem Lokal der Drogen-scene, da fiel ihm ein Mädchen um den Hals und sagte, sie fände ihn schön. Diese Beziehung mit A – so hieß das Mädchen, das fünf Jahre älter war als er – war für ihn die erste, einschneidende sexuelle Beziehung zu einem Mädchen.

Bevor R über diese Beziehung weiter erzählt, kommt das Gespräch auf die Frage, ob seine Mutter eifersüchtig auf seine Freundinnen gewesen sei. R meint zuerst, das wisse er nicht, sie habe jedenfalls nie was gesagt. Dann korrigiert er sich: „Doch, du, irgendwo war (bei R) die Angst immer da, ganz klar, seit jeher schon: Ich kann meine Mutter nicht allein lassen.“

A's Vater habe gesoffen, sie war verhärmt, „war der leise stille Vorwurf – wie meine Mutter!“ Sie seien neun Monate zusammen gewesen. Die Beziehung ging auseinander, als er mit ihr einen trip warf und auf den Horror kam: Er sieht auf dem trip eine Parallele zwischen A und seiner Mutter, sieht alles voller Blut, Krankheit; er will kotzen, „von unten drängt es hoch, von oben wird's abgewehrt – Ende!“ – „Daraus habe ich die Erfahrung für mich gezogen: meine Beziehungen zu Mädchen klappen nie. Ich schaff das nicht, bin angeknackst.. Meine Mutter stellt sich auf irgendeine Weise doch wieder in den Weg.. und unheimlich das Gefühl: was will ich dann vom Leben!, ne.. Weißt du, genau die Sache:

die Mädchen waren immer wahnsinnig wichtig, zentral.. und ich bin nie rangekommen, weißt du, so wie früher, was ich sagte: ich hab sie immer unheimlich begehrt und hatte totale Angst, ne. Hab dann die psychoanalytische Therapie abgebrochen. Nach dem Bruch mit A bin ich noch'n paarmal hingegangen, dann: ich schaffe es doch nicht (mit Frauen)[42]. Dann zwei Monate später den ersten Schuß gemacht.. Weil.. ich..wollt einfach nicht mehr leben. Ich dachte einfach: Was soll's! Wenn du nicht lieben kannst, was willst du dann? Ich hatte echt gedacht, das sei das Zentrale: Wenn du keine Beziehung zu den Leuten haben kannst, wenn du immer alleine bleibst, dein Leben lang, dann lohnt es nicht. Dann.. dann hatt ich irgendwie den Gedanken: Sterben und Umbringen – nicht bewußt, nich, aber nicht mehr leben wollen." R bejaht, dieses Schießen und das Fortsetzen habe für ihn einen Rückzug auf sich selbst, ja Sterbenwollen bedeutet. „Ich hab immer gesagt: die Probleme sind in *mir!* Dabei sehe ich heute

[42] Was das Geschlechtsrollen-Lernen und speziell die Phase der genitalen Organisation anlangt, möchten wir hier eine Anmerkung machen, die den kritischen Gehalt der freudschen Psychoanalyse grundsätzlich bewahrt, gewisse sekundäre bürgerliche Einschränkungen von Freuds Denken jedoch aufhebt (vgl. zum Folgenden auch Interview 057). Wir unterstellen hier hypothetisch eine Reife-Skala der post-phallischen Organisation, die vom Pol größter Unreife, dem gänzlichen Unvermögen, sich genital zu entäußern, über die nächste Entwicklungsstufe nur-gleichgeschlechtlicher genitalsexueller Interaktion, schließlich über die Stufe nur-heterosexuellen Austauschs reicht, der befriedigend oder unbefriedigend sein kann. Auf eben dieser Stufe befriedigender nur-heterosexueller genitaler Interaktion ist Freud, gemäß den Begrenzungen seiner Epoche, ideologisch stehengeblieben. Wir sehen hingegen hinter dem freudschen Denk- und Erfahrungshorizont eine vorläufig letzte Stufe genitaler Interaktion, diejenige bi-sexuellen Austauschs, der jedoch wohlgemerkt auf der Grundlage befriedigenden heterosexuellen Verkehrs aufbauen muß. Wir denken also bei dieser letzten Stufe nicht an das oft zu beobachtende Beispiel einer Entwicklung, die bei der Phase unbefriedigender Heterosexualität stehengeblieben ist und nun (aus Frustration) durch eine Phase zunehmender gleichgeschlechtlicher Betätigung abgelöst wird – nie die Phase befriedigender Heterosexualität durchlaufen hat. Die genannten vier Stufen der genitalen Entwicklung sind nur als Grob-Stationen zu betrachten; in der empirischen Wirklichkeit werden Mischformen (zum Beispiel vorwiegende homosexuelle Betätigung gemischt mit schüchternem heterosexuellem Austausch usw.) vorherrschen.

klar: zwar sind diese Kämpfe in mir; aber sie haben soziale Ursachen und müssen sozial aufgehoben werden."

Drogen:
R's Mutter begann, als R circa zwei Jahre vor dem Abitur stand, eine Ausbildung als Sozialarbeiterin. Während R in der letzten Klasse für sein Abitur paukte, büffelte seine Mutter für ihre Prüfung. Eben in dieser Zeit war es auch, daß R aus Frustration und Verzweiflung über seine Beziehungsunfähigkeit anfing zu drücken. Nach bestandener Ausbildung ging es seiner Mutter besser; R, der ihr für die Prüfung pauken half, kam zwei Wochen vor dem mündlichen Abitur zur Entziehung nach B in eine psychiatrische Klinik (wo er mit dem dortigen Oberarzt die schlimmsten Erfahrungen in bezug auf autoritäres Verhalten machte). Trotz dieser widrigen Umstände bestand er sein Abitur.
In der neunten Klasse war R sitzengeblieben: zu dieser Zeit hatte er mit einer Clique gesoffen, sich herumgetrieben. Nach dem Sitzenbleiben waren seine Freunde alle eine Klasse über ihm – da begann ihn die Schule zu nerven mit dem Resultat, daß er ab der 10. Klasse aufs Leistungsprinzip abfuhr, sich zusammennahm und ein guter Schüler wurde. In der gleichen Zeit begann er shit zu rauchen und zu dealen und Musik zu machen; seine Entwicklung bis zum ersten Schuß siehe oben.
Auf seinem ersten Schuß, den ihm die Freundin seines Bruders setzte (sie hat bis heute nie gedrückt, sagte aber damals, sie wisse, wie man mit der Spritze umgeht, sie könne das), hat er sich übergeben und nichts gemerkt. Interviewer und R unterhalten sich über die Gründe, warum man in solchen Fällen (negative Wirkung auf dem ersten Schuß) trotzdem weitermacht. R denkt nach und meint: „.. du hängst in der Luft.. Sowie du schießt, hast du ne zugewiesene soziale Position, hast'n Bild von dir selber.. hast bestimmte Fragen, die du nicht mehr stellst, bestimmte Ansprüche, die du nicht mehr so rausbringst wie früher – also Mädchen sind gestorben zum Beispiel.. Das muß ich alles damals so gedacht haben."
Auch R bezeichnet die Amphetamine (Rosimon, Benzedrin), die er anfänglich ausschließlich gedrückt hat, als ein „Leistungsding". Auf A habe er einen vollen deal aufgezogen, „konntest tausend Mark am Tag verdienen.. bin ich total dran ausgefreakt... Es war total anstrengend: nachts noch im XY sitzen und Stoff verdealen

und morgens zur Schule gehen. Und das ging eben garnicht anders als nur mit Benzedrin."
Später fuhr R für einen deal ins Ausland und unterwegs wurde ihm der Stoff geklaut. Und obwohl er nie O schießen wollte, war er dann am Zielort in der psychischen Bereitschaft, den ersten O-Schuß zu nehmen. „Der war so geil, die totale organische Ruhe, keine Verspannung mehr, alles körperlich und'n flash haben."
So fing er an, O zu drücken. Nach einem dreiviertel Jahr hatte er den ersten Affen und kam zur besagten Entziehungskur nach B.[43] Zu dieser Kur habe er sich entschlossen, weil er kurz zuvor

[43] Über die Ignoranz, den Hochmut und die interaktive Distanz bürgerlicher Institutionen im Umgang mit Drogenabhängigen könnten wir bereits aufgrund unserer eigenen Erfahrungen ein gesondertes Buch schreiben. Wir wollen statt langer Abhandlungen an dieser Stelle ein einziges Erfahrungsbeispiel nennen, das – obzwar sehr kraß – das lügnerische Moment des bürgerlichen Therapie-Anspruchs sehr deutlich vor Augen führt. Es handelt sich um den sogenannten „Therapiehof Bad Boll", den wir 1973 im Rahmen einer Interview-Reise besuchten, und wo in einem abgewrackten Kurhaus der Jahrhundertwende, mitten im Wald gelegen, ein Arzt ohne Approbation (Werner) mit seiner Frau eine florierende Drogen-„Therapie" betrieb. Er hatte einen Vertrag mit dem Land Nordrhein-Westfalen geschlossen, wonach er auf einer üppigen Tagessatz-Basis Jugendliche, die, statt in den Knast zu wandern, zu ihm geschickt wurden, von ihrer Sucht zu heilen versprach. Diese „Therapie" bestand zu einem nicht geringen Teil darin, daß er die Jugendlichen als kostenlose Arbeitskräfte zum Ausbau der vergammelten Gemäuer in Bad Boll ausbeutete und so seiner eigenen Profit-Sucht, gut kaschiert unter einem würdigen Habitus à la Kräuterpfarrer Künzle, in die Tasche spielte – genauer vielleicht der Profitsucht seines Ehedrachens. Seine bessere Hälfte, die hinter den Kulissen die Drähte zog, war wie der Teufel hinter der armen Seele hinter dem Geld her; und als sie Lunte roch, daß wir von den Verhältnissen dieser wurzelseppischen Enklave im Muschterländle zuviel Wind bekamen, verdächtigte sie uns, den Jugendlichen Drogen zuzustecken, und drohte uns rauszuschmeißen. Der Fall lag aber so, daß die Jugendlichen sich ihre Drogen fleißig selbst beschafften; sei es heimlich, nämlich Alkohol oder Schießgifte, welche letzteren sie aus Freiburg bezogen, sei es ganz legal, indem sie ihre Tagesration Mandrax einwarfen. Diese bereits zitierten Mandrax-Tranquilizer, die Werner als Betthupferl so freigiebig verteilte, hatten zur Folge, daß die halbe Mannschaft abends weggedröhnt und mit gläsernen Augen durch die Gänge torkelte oder ins Fernsehgerät glotzte. Werner stand im Ruf, mit den minderjährigen Drückerinnen Verhältnisse zu haben, und einige Jugendliche erzählten uns, sie würden Werner erpressen: wenn sie ihre Mandrax nicht kriegten, würden sie auspacken. Werner selbst, der nicht mal von den primitivsten Voraussetzungen des körperlichen Entzugs eine Ahnung hatte, reagierte auf Kalfaktor-Basis. Er ist ins damals lukrative Drogengeschäft umgestiegen,

ein Mädchen, S, kennengelernt hatte und sich sagte: „Wenn du S haben willst, mußt du aufhören zu schießen."
Trotz der negativen Erfahrungen in der Klinik in B hält R drei Monate durch und lebt anschließend mit S zusammen (mit der er sich verlobt). „Sexuell hats da auch nicht ganz gestimmt - immer noch unheimliche Mauer." Als R, in der Hoffnung, diese „Mauern" einzureißen, mit S einen trip nimmt, gesteht sie ihm, sie hätte mit ihm im Bett noch nie einen Orgasmus gehabt, „hat mir also die ganze Zeit was vorgemacht". Daraufhin beginnt R wieder zu schießen – und nicht nur das, er piekt auch S an.
In der folgenden Zeit dealt R weiter und fährt auf den Konsumtrip ab. Er beschreibt das so: Nachts kommt ein Anruf, 'n Ki(lo shit), R aus dem Bett und die Frau vernachlässigt wie ein „echt linker Geschäftsmann". Als er dann wegen eines deals ins Ausland fuhr und wiederkam, war sie ausgezogen. (Heute findet R das gut von ihr, daß sie sich sein Verhalten nicht gefallen ließ.) Daraufhin habe er noch mehr gedrückt, „wie'n Blöder".
Zu seiner Beziehung mit S meint R: „Mir fällt gerade ein, warum ich so abhängig von ihr war: weil sie so bildschön war. Hat Preise gewonnen (R und Interviewer lachen), Fotomodell und so Sachen. Das hat mich nun echt unheimlich geflippt, weil sich alle die Hacken nach ihr abliefen... irgendwie war die Frau teuer (lacht).. Sie war sich ihrer selbst bewußt, ja. Und das war genau unsere Interaktion. Sie war Schauspielerin auch, sie konnte unheimlich gut schauspielern.. Irgendwo konnt sie mit mir spielen. Sie wußte ganz genau, daß ich irgendwo auf sie flieg.. irgendwo konnt sie mich auch benutzen" (was R mit ihr ja auch – wenn auch in anderer Form – tat).
Und was fand sie an dir gut?
„Du, ich hab unheimlich was dargestellt.. in der scene. Wir hatten'n Lokal, wir hatten ein großes Auto, wir hatten ne große Wohnung, wir hatten Geld, wir konnten damit um uns schmeißen, ich spielte damals immer noch Gitarre.. ab und an (lacht über seine Selbstbeschreibung): Typ!, ne.. Scheiße!"
Diese Situation hielt nicht mehr lange an: das Geld ging flöten,

nachdem er zuvor mit zweifelhaften Methoden reichen Privatpatienten mit irgendwelchen Herz-Kurven die Kohle so lange aus der Nase gezogen hatte, bis er Schwierigkeiten bekam.

die Kneipe wurde zugemacht, die Wohnung gekündigt, beim deal gelinkt worden, schließlich die Freundin weg. Am Ende war nichts mehr zu drücken da, R bekam einen Affen. „Bin zu meiner Mutter gegangen, tagelang vor mich hin gekotzt. Sie wußte Bescheid, hat mich gepflegt. Sie hatte mich vorher abgeschrieben“, die Beziehung war tot und vorbei. Auf diesem Entzug kam die „Wende“ in R's Beziehung zu seiner Mutter· „Sie hat voll zu mir gehalten. Sie wachte mit andern um die Uhr tagelang an meinem Bett. Wenn ich hochfuhr, saß sie an meinem Bett.“ Da habe er gemerkt: „Sie war wirklich da für mich, keine halben Sachen.“ R wiederholt: „Sie war wirklich da für mich. Da fing echt'n neues Leben an.“ R ist seit Jahren clean und einer der Autoren unserer Untersuchung.

051 Pancho (Schweiz)

32 Jahre, seit 27 nicht mehr zu Hause und endgültig selbständig gemacht; bis 6 bei Mutter und Verwandten, bis 18 bei Mutter und Stiefvater; bis 27 nie von zu Hause abgehauen; Eltern deutlich US (früher materielle Not); teilweise unerwünscht.
O und A voll gedrückt; A-Präferenz; stark auffällig, 2 Entzüge, 2 Apos; nie gedealt, 1 Gelbsucht.

P wollte ein Mädchen sein; er spricht von seiner Schüchternheit Mädchen gegenüber; er hat mit 22 zum ersten Mal mit einem Mädchen geschlafen; emanzipiert sich sehr spät von zu Hause; zur Zeit lebt er völlig isoliert in einer Dachkammer.
Die Mutter sei mindestens „moralisch“ die stärkere Person von seinen Eltern gewesen. Die Großeltern mütterlicherseits hätten geflucht, daß ihre Tochter so einen Typen wie ihren jetzigen Mann geheiratet habe. Sie hätte – solche Geschichten hat P immer gehört – den Doktor heiraten können, der ihn auf die Welt gebracht habe, „ohne weiteres, sofort!“ Und sie hat einfach einen genommen, der kein Geld hat. Sein Vater saufe, „weil es nicht mehr so harmonisiert“ zwischen den Eltern. Seine, P's, Mutter sei von ihren Eltern völlig unaufgeklärt in die Welt geschickt worden; es hätte vielleicht was Besseres aus ihr werden können. Seine Mutter habe auch ihn, P, völlig unaufgeklärt bekommen. Sie habe mehrere Schwestern gehabt. Die älteste habe sie von den Großeltern (und deren Hof) weggeholt und ins Heim gesteckt, an-

geblich: „weil sie gesehen hat, daß es mit der Großmutter nicht mehr ging, daß sie zu alt war, um die Mutter zu erziehen" (vielleicht hat die älteste Schwester auch nur den Hof haben wollen?). P sagt von sich, er sei zu Beziehungen nicht fähig. Das sei schon losgegangen, als er noch Kind war: Er war streng überwacht, hatte kaum Spielkameraden, hat dafür „gelesen, gelesen, gelesen". „Mußte zwangsläufig meine Gefühle unterdrücken". Durfte nicht zu andern Kindern, weil sie aus dem „falschen" Quartier oder Milieu kamen – dabei waren die Eltern selbst materiell krasse Unterschicht. Auch in der Schule sei er isoliert gewesen, weil die andern in der Klasse alle aus anderen Wohnquartieren kamen. Interviewer fragt sinngemäß, ob P's Isolation aus einem Mißerfolgserlebnis in Beziehungen stamme.
„Nein, nein, ich selber probier's schon garnicht mehr, sondern ich laß das drauf ankommen, auf die andern. Das ist etwas, das ich als Erfahrungstatsache gesammelt habe."
In seiner Pubertät sei in puncto Beziehungen einfach nichts da gewesen. Er sei in dieser Zeit „ständig depressiv" gewesen, mußte (er gebraucht den gleichen Ausdruck wie oben) „ständig Gefühle unterdrücken". Später sagte er sich dann: „Es geht nicht! Du darfst nicht!" Und dann hat er „alles wieder runtergewürgt, bis es eben vorbei war... die Depressionen, die starken". Dann sei zuerst eine Alkoholphase gekommen, und danach sei er zufällig an die Gifte gelangt (Opiate). „Ich wollte leben, hatte immer Depressionen.. mit dem Codein waren sie weg. Woher sie kamen – das weiß ich jetzt!"
P bejaht, er sei sein Leben lang auf einem unheimlich isolierten trip. „Es wär mir vielleicht schon möglich gewesen, mich gegen die Eltern durchzusetzen, mit den Spielkameraden und so.. aber da hab ich einfach nichts gemacht, mich einfach gefügt – und dann hat sich die Frage gar nicht mehr gestellt später."
Zu seinem Stiefvater sagt P: „mit 14, 15 so kam dann die Konfliktsituation, wo ich gemerkt hab, das ist nicht mein Vater. Drauf kam, das ist er nicht, und dies so ein, zwei Jahre in mir rumtrug, bis es mal rauskam." P bestätigt, daß diese Erfahrung ein Schock für ihn war.
Wieso warst du so lange noch zu Hause? Du warst bis 27 noch zu Hause?
„Wegen der Mutter.. Ich hatte nicht den Mut, ich war total unselbständig, ich kannte mich überhaupt nicht, meine Fähigkeiten

und so. Ich bin auch jetzt immer noch am Rumprobieren..."
Du sagst einerseits, du seist total unselbständig, und auf der andern Seite, wenns sein muß, kannst du dich immer durchsetzen..
„..jaja.. aber eben, es braucht die extreme Situation, sonst setze ich es nicht ein. Es ist auch bei andern Sachen so, ich hab schaurig viel Reserven für den Notfall, und sie sind auch für den Notfall gerechnet und nicht für den Normalverbrauch." P schildert dann eine solche Extremsituation, wo er mal durchgedreht ist bis zu dem Punkt, wo er fähig gewesen wäre, sich aufzuhängen: „Ich wußte, ich hätte mich am andern Morgen aufgehängt." Da hat er „die Notbremse gezogen". Wenn er da keine Reserven gehabt hätte, hätte er sich aufgehängt. „Ich seh die Sinnlosigkeit an sich... Zu existieren ist vom rationellen Standpunkt aus eigentlich sinnlos", und trotzdem macht er weiter. (P sagt bei anderer Gelegenheit, er könne und wolle noch unheimlich viel lernen, andern helfen usw.)

Beziehungen, Isolation:
Du sagst, du bekommst von niemandem Impulse, die wachsen alle bei dir. Wieso siehst du nicht, daß das ein Prozeß ist, der...
„.. ja natürlich! Es kommt von außen rein. Ich lerne, ohne daß die andern geben wollen – das ist der Unterschied! Ich bekomme nichts, ich nehme, oder! Das ist der Witz! Ich habe niemanden, der mir gibt, ich kanns nur zwangsläufig einfach nehmen, weil ich einfach schaue und sehe und höre... Wenn ich im Spunte (Kneipe) sitz, hör ich, was die Leute am Nebentisch schwatzen – automatisch ist es so, daß ich anfange, mich reinzumischen.. höchstens.. aus einem Bedürfnis heraus nach Mitteilung, weil ich die nicht habe, oder! Ich hab zum Teil ein Mitteilungsbedürfnis und zum Teil ein Aufnahmebedürfnis. Zum Teil ein schauriges Mitteilungsbedürfnis – auf eine Art – nur ist das gehemmt. Einfach aus der Angst heraus, ich werde mich lächerlich machen.. weil *ich* mich einfach mitteile. Ich find, wenn man sich mitteilt, teilt man ein Gefühl mit – automatisch ein Gefühl! Das ist das einzige, wo ich mich beherrsche. Aber sobald es auf ein anderes Gebiet geht, da kann ich so Schwankungen machen, so Extreme, die von einem Extrem ins andere gehn.. effektiv infantil! Wie bei einem Kind, das nicht fähig ist, seine Gefühle normal.. einzusetzen.. weil ich es gar nicht kann.. Ich frag mich effektiv, ob ich es (Gefühl, Kommunikationsbedürfnis) überhaupt noch hab.

Ich hab das Gefühl, ich müßt es haben, weil es die andern auch haben.. und ich habs gar nicht. In vielen Sachen frag ich mich, hab ichs nur, weil's die andern.. weil es dazugehört, zum Normalen; weil ich das Gefühl hab, man muß es haben..."
Interviewer fragt etwas später sinngemäß, wo die Ursache für P's „Interesselosigkeit" gegenüber Beziehungen liege.
„Nein! Es ist nicht Interesselosigkeit.. Weißt du, wie verzweifelt ich suche?! Ich suche so verzweifelt, daß mir nichts anderes übrigbleibt als Interesselosigkeit! Daß die Leute sich alle an den Kopf greifen und sagen: der spinnt!"

P erzählt dann später von der schwierigen materiellen Situation früher zu Hause. Der Vater sei oft arbeitslos gewesen, es gab knapp genug zu essen. Oftmals habe die Familie mit zwei Kindern mit 90 sfr die Woche auskommen müssen. Die Mutter nähte die Kleider für die Kinder selbst. Etwas später bezeichnet sich P als „Egoist".

„Ich lebe nur, weil mir meine Selbstmorde nicht geglückt sind.. Ob ich leben will, entscheide ich von Tag zu Tag; in letzter Zeit besauf ich mich sehr viel, damit ich garnicht dran denken muß, ob ich leben will oder nicht...
Beziehungen sind mir nicht wichtig.. Ich hatte selten Beziehungen, oder ich hatte überhaupt noch nie Beziehungen.. Wichtig ist mir nur, daß ich lern, daß ich alles sehe, was es gibt, daß ich alles ausprobier – ich glaub, es gibt nicht mehr viel für mich."

054 Richard (Schweiz)

21 Jahre, von Anfang an vollständige Familie, jedoch zwischen 8 und 9 für kurze Zeit im Heim, seit 18 nicht mehr zu Hause und „endgültig selbständig" gemacht, vorher nicht von zu Hause abgehauen; Eltern US; bezeichnet sich als unerwünscht; stark auffällig bereits vor seiner Drogenphase; lebt zur Zeit in einer Selbstorganisation.
O und A stark gedrückt; Präferenz für O und Halluzinogene; einmal Entzugssymptome, aber kein Entzug; mäßig auffällig, ziemlich stark gedealt; andere gelinkt.

Bezeichnet heute seine Beziehung zu beiden Eltern als gut; seine weitere Schilderung dieser Beziehungen hat den Tenor: die

größten Konflikte und Enttäuschungen sind vorbei, man hat sich allseits etwas abgekühlt und kommt nun gut miteinander aus.
Zur Mutter: Sie komme öfter in der Gruppe, in der R jetzt wohnt, vorbei zum Kaffeetrinken, bringe manchmal Kuchen mit, und R und sie quatschen einen aus. Sie toleriere R's Haschisch-Rauchen, seitdem er sie über das übliche Illustrierten-Niveau hinaus aufgeklärt habe. Meistens komme sie allein, ohne den Vater.
Und ist e r auch schon dagewesen?
„Jaja. Aber.. das ist schwierig. Aber er ist oft auch ein aufgestellter (= angetörnter) Typ gewesen..." Vor zwei Jahren habe er noch gesagt: „Sauen und Gammler und Banditen seid ihr! und so Zeug. Seit damals ist er aber auch langsam auf den Geschmack gekommen. Und hat sich mal überwinden können, bei uns vorbeizuschauen, wie wir leben und so. Und da hat er gesehen, daß wir praktisch die gleiche Ordnung haben wie daheim. Da war ihm das gleich." Sinngemäß: es gehe nicht ohne Ambivalenzen bei ihm ab, aber es gehe.
Bevor R von zu Hause auszog, hatte er Krach mit dem Vater wegen Geld. Der hatte, als R im Knast war, gerade kein Geld, „und da hat er mein Geld (das R sich durch Dealen verdient hatte) genommen[44] und konnte es mir nicht zurückzahlen, und da bin ich fürchterlich sauer geworden und hab das gerade als Gelegenheit benützt zum Ausziehen. Und dann bin ich ausgezogen, und dann sagte er, ich brauchte auch nicht wiederzukommen, um was zu holen, und ich hab gesagt: da brauchten sie gar keine Angst haben! Obwohl ich dann das erste halbe Jahr schon mal wieder 500 Stutz (Franken) von der Mutter ausgeliehen hab. Aber das ist alles längst vorbei; ich könnt meinen Vater auch garnicht mehr (fragen), ich bekäm nichts, ich will auch nicht.. das ist vorbei..."
„Dann hat ihm das bewiesen, daß ich allein leben kann und er dann: ja, komm lieber heim, und so. Und jetzt besuche ich sie eben ab und zu, 's kommen noch ab und zu Rechnungen, oder ich hol was oder schau einfach, wie's ihnen geht." R sagt dann auf

[44] R erzählt später, wozu sein Alter das Geld brauchte. Weil die Geschichte so schön ist, bringen wir sie hier im Original:
„Er hätt Schulde cha.. und hätt müsse villiecht in d'Kischte (Gefängnis) und so, wenn er nit cho zahle. Da hätt'r de Stutz (Geld) gno. Weiß au nit, er hätt so's Züügs cha: do hätt er mol'm Schiedsrichter eine datscht bei eme Match, un des hätt e G'richtsverhandlig gäe, und er isch so.. fanatisch, oder?"

Rückfrage: die heutige Beziehung zu seinen Eltern sei so beschaffen, daß er, wenn Not am Mann wäre, zwar immer noch heimkommen könnte, aber prinzipiell würde er's vermeiden wollen. Er habe jetzt eher eine kollegiale Beziehung zu den Eltern, besonders zu seinem Vater.
Vorher hätten seine Eltern in ihrer gesamten Erziehung die „Paranoia" gehabt, er könne auf die schiefe Bahn kommen; erst im letzten Jahr habe sich das gebessert. R schildert noch einen typischen Konflikt mit seinem Vater aus der Zeit, wo R anfing, Drogen zu nehmen; der Vater habe ihn anläßlich der Manson-Tate-Geschichte beschimpft: Ihr seid alle dieselben Schweine, lange Haare usw. Die Stellung der Mutter in solchen Konflikten: „neutral.. ja, dämpfend. Wenn mein Vater sich angegriffen gefühlt hat oder sich nicht mehr richtig verteidigen konnte, fing er an zu schreien. Das hat mich früher immer ausgefreakt, dann war ich einfach eingeschüchtert. Dann fing ich langsam an, mich zu wehren, Gegenargumente zu bringen, dann gab's immer laute Auseinandersetzungen. Wollte kein Hampelmann mehr sein, hab dann einfach zwei Wochen nicht mehr mit ihm geschwätzt."
Konflikte zwischen den Eltern hätten ihren Ursprung darin gehabt: „Mein Vater liedert mit andern Frauen rum, und das macht meine Alte schaurig sauer. Dann macht sie Krach."
Zum Vater: „Ich seh auch jetzt noch gewisse Parallelen zwischen mir und meinem Vater, im Guten wie im Schlechten. Ich mein, mein Vater ist.. relativ.. ein Vorbild. Ich mein, für mich ist nicht *der* Vorbild, der den besten Posten hat; bei mir zählt mehr, daß man sich gut durchmischlen (durchbringen) kann.. und das hat er auf eine Art *schon* getan."
R kommt nochmal auf den Vorfall mit dem Geld zu sprechen (der ihn damals doch wohl ziemlich getroffen haben muß): Jedesmal, wenn R seinen Vater wegen des Geldes fragte, gab's Krach; deshalb habe er aufgehört zu fragen. Sein Vater habe sich durch R „persönlich bloßgestellt gefühlt; und da war seine Reaktion, mich zusammenzuscheißen, damit ich ruhig bin".

R begann zu dealen, als er in die Lehre ging. Er habe sein Geld so gut zusammengehalten, daß es zu Hause nicht auffiel. Er habe es in Wertsachen, zum Beispiel in einer teuren Stereo-Anlage angelegt und gesagt zu Hause, er habe das Zeug als heiße Ware ge-

kauft. Dagegen hatten sie dann nichts einzuwenden – der Vater machte das auch, wenn er was brauchte. Außerdem habe er in der gleichen Zeit ja auch Geld verdient, so hätten sie zu Hause nie so genau durchgeblickt, wieviel Geld er eigentlich hatte. Er habe das alles relativ cool gemacht; das einzige, auf das er nicht sonderlich achtete, war, den Stoff zu Hause zu verstecken. Deshalb habe die Mutter beim Kleiderputzen oft dope (Haschisch) in seinen Taschen gefunden. Sie habe das zum Teil weggeworfen, zum Teil auch nicht, habe aber nie großes Aufheben drum gemacht. Sie habe wohl auch gedacht, die 5- und 10-g pieces Haschisch seien für seinen eigenen Verbrauch. „Sie ist auch klüger als mein Vater: Sie hat genau gewußt, daß, wenn sie zur Schutzaufsicht ginge, die ich damals gehabt hab, und (wegen der Drogen) fragen würde, sie dann nicht.. die richtige Antwort bekommen würde." (Die Schutzaufsicht hat R als Jugendstrafe bekommen.) Der Bewährungshelfer sei ein „komplettes Arschloch" gewesen; „der tauchte nur alle zwei Monate mal auf und sagte, ich solle die Haare schneiden, sonst würd ich nicht akzeptiert". Und „mein Vater ist sowieso sauer auf diese Leute", er habe dauernd mit dem Bewährungshelfer Auseinandersetzungen wegen R gehabt. Schließlich habe sein Vater diesem gedroht, wenn er nochmal auftauchte, würde er ihn rauswerfen. Später, als R bereits 21 war, hatte er noch 20 Tage abzusitzen; das Gericht wollte diese Reststrafe nicht mehr berücksichtigen, da habe dieser Bewährungshelfer alles drangesetzt, daß R die Strafe doch noch absitzen mußte.
R hatte nach seinen Erzählungen ziemlich starke Konflikte mit Lehrern und der Schulautorität; dennoch packt er die Schule, schließt auch die Lehre ab und ist heute dabei, seine Situation sehr realistisch einzuschätzen und zu handhaben.

Partnerbeziehungen, Mädchen:
R erinnert sich noch, daß seine Freunde und peers bereits ein Jahr lang eine Freundin hatten und er noch nicht. Das habe ihn so beschäftigt und geängstigt, daß er schon dachte, er sei „abnormal" – er habe gesehen, was seine älteren Freunde machten und wie sie lebten, und sei daran fast verzweifelt. Er habe dann mit seiner Mutter über dieses Problem geredet, und die sagte ihm: wart noch ein Jahr, dann wirst du's schon packen! (das ist nun wirklich die beste Antwort auf R's Problem, die man sich vorstellen kann). Damals sei er 15 gewesen.

Schließlich kommt R auf ein Vorkommnis zu sprechen, dem wir im Rahmen unserer Theorie die wichtigste Bedeutung zumessen: Er sagt von sich, er sei ein unerwünschtes Kind, und begründet diese seine Ansicht mit einem Erlebnis, das er mit 8, 9 Jahren hatte. Damals habe die Mutter mitarbeiten müssen, und der Vater habe ihn nicht haben wollen, und da wurde R ins Heim gesteckt. „Ich hatte einfach panische Angst – Waisen und so! Waisen, das hatte ich schon gehört, sind die, die keine Eltern haben und so.. Da hab ich irgendwie kombiniert.. mir gesagt, da stimmt etwas nicht. Und das hat mir schon einen psychischen Knacks gegeben!... Sie haben schon ab und zu nach mir geschaut (die Eltern, als er im Heim war). Aber je mehr mich einer tröstete, umso mehr hab ich geheult.. Ich hab probiert, sie zu vergessen.. da hab ich immer Tränen in den Augen gehabt. Wenn mich einer sah, hat er gesagt: was hast du denn? Und ich habe nicht mit dem dann reden können.. ich hab nicht gewußt, was ich hab, oder? Und das hat mir nichts gebracht, das hat mich höchstens noch mehr abgestellt... Ich denk daran zurück wie an einen trip!"

Wie lang war das?

„Ich weiß nicht, ein Monat oder zwei. Mir kam's irrsinnig lang vor! Und ich glaub auch, daß die (Eltern) mich damals gar nicht mehr haben wollten..." Damals stand R im Heim tagelang am Fenster und schaute auf den Rhein und das Münster auf der anderen Seite und hatte Tränen in den Augen und „total Angst" gehabt. Hat im Heim auch mit den anderen Kindern „keinen Kontakt gehabt. Garnicht gewollt, weißt du! Ich hab mir nicht denken können, daß es besser würde, wenn ich davon (von seinem Schmerz) reden würde, oder? Im großen ganzen hab ich mich eigentlich zu langsam entwickelt." R erinnert sich, daß von dieser Zeit an seine Eltern „wegen irgendetwas laufend Krach" hatten; kann sich erinnern, daß die Mutter weinte, „und dann bin ich ab und zu bei der Tante, also der Schwester meiner Mutter gewesen... Ich bin viel eingeschüchtert worden, als ich klein war.. also erschrocken, darum bin ich so verschlossen."

Auf welche Art eingeschüchtert?

„Ja erschrocken! Wenn zum Beispiel Krach war daheim.. da bin ich verschlossen. Ich hab heut noch Probleme. Wenn zum Beispiel was raus soll, ein Problem, das ich hab, dann ist das schaurig schwer, bis ich das herausgedruckst hab. Weil ich das Gefühl hab, sie (Mutter, Freundin?) kann mir nicht helfen dabei... Und das ist auch Konfliktstoff mit den Lehrern gewesen, weil sie nicht wußten, wo sie dran sind."

Drogen:
R sagt von sich, daß er im Drogengebrauch „nie der Vorderste", der Erste, Richtungweisende in der Clique war. Andere seien in der Beziehung immer führend gewesen.
Er habe einmal drei Tage einen Entzug gehabt, ohne zu wissen, was anlag (damals hat er O gegessen). Das sei im ersten Lehrjahr gewesen, wo er in den Ferien vier Wochen in der Türkei hängenblieb und, zurückgekehrt nach Hause, nicht mehr durchblickte (eben Entzug hatte).
Zum ersten Schuß habe ihn eine Freundin (A-Drückerin) verführt; genauer: er habe sich verführen lassen und sich den ersten Schuß selbst gesetzt. Damals hatte auch die ganze Freundesclique begonnen, speed zu drücken. R bejaht, er habe deutlich aus Prestigegründen heraus begonnen zu drücken – die andern waren älter, haben es vorgemacht, da mußte er es nachmachen.

055 Birgit (BRD)

22 Jahre, zur Zeit in einer therapeutischen Wohngemeinschaft; seit 19 nicht mehr zu Hause und „endgültig selbständig" gemacht; verheiratet, jetzt verwitwet; bis 6 vollständige Familie, bis 18 nur bei Mutter (uMS); betrachtet sich als erwünscht.
Hat O und A voll gedrückt, O-Präferenz; mäßig auffällig; 4 Entzüge, 1 Apo, wenig gedealt, 2 Gelbsuchten.

B wohnte zuletzt mit ihrem Mann in einer 2-Zimmer-Wohnung und sah in dieser Zeit ihre Mutter im Durchschnitt jede Woche mal. Sie sagt von sich, sie mache der Mutter einen Film vor. Sie fühlt sich zur Zeit nicht mehr abhängig von ihr, weiß aber, daß sie es finanziell noch ist. „Das ist vielleicht die einzige Abhängigkeit, die ich zur Zeit noch habe."
„Bin mir aber noch nicht hundertprozentig im Klaren, was da so mit meinen Elternbeziehungen läuft... Ich weiß nur, daß ich unselbständig erzogen worden bin, daß ich immer.. wahnsinnig abhängig von meiner Mutter war.. in jeder Hinsicht. Und daß ich einfach nie die Kraft dazu gehabt habe, mich davon zu lösen, obwohl mir das irgendwo.. seit meinem 17. Lebensjahr bewußt war,

was es ist. Aber die Kraft dazu, daß ich mich davon löse, die hab ich nie gehabt. Irgendwie zu Hause auszuziehen, das war mir alles viel zu bequem. Ich hab mein Zimmer gehabt und hab mein Fressen gehabt, brauchte nicht zu arbeiten.. naja, so die ganzen Sachen, das war für mich unwahrscheinlich bequem. Ich war schon immer sehr bequem, ne! Immer den Weg gegangen, der..."
Magst du sie eigentlich?
„Ich mag sie irgendwo.. sie ist besorgt um mich. Das geht mir in einem gewissen Grad auf die Nerven. Aber dann sag ich ihr: bitte laß das! Dann läßt sie das, aber sie versteht das nicht so richtig, aber sie .. läßt es denn. Oder wenn sie schmusen will, daß ich dann ne Abneigung zeige, daß ich das nicht mag; 'meine kleine Katze' und solche Sachen, daß ich da abwehre, daß ich das nicht mag. Ich begründe das aber nicht, weil ich darin keinen Sinn sehe. Kuck mal, das ist jetzt so: ich könnt ihr belegen, was sie falsch gemacht hat, ne.. aber.. sie kanns nicht mehr ändern. Warum soll sie mit dem Bewußtsein rumlaufen, Mensch, ich hab soviel falsch gemacht!... Ich hab kein Bock, sie irgendwie zu belasten, indem ich ihr das wiedergebe, was ich weiß... Da seh ich keinen Sinn drin...
...'s ist ja doch alles Scheiße! Ich hab ja die Zeit erlebt, von meinem 6. Lebensjahr bis eben, bis 19, als sie jetzt wieder geheiratet hat, mit Typen. Und als Kind hab ich das so gesehen, das hat mich tierisch angemacht, ich war auch unwahrscheinlich eifersüchtig.. also..tja! Jetzt sehe ich das alles ganz anders, ich versteh sie vollkommen.."

Beziehungen zu Partnern, Jungen:
B sucht Beziehungen, „wo ich mich fallen lassen kann, wo ich das Gefühl habe, die nutzen mich nicht aus, wenn ich mich fallen lasse... Bei mir ist das einfach so: ich geh zu wenig auf meine Gefühle ein, die kommen. Ich laß sie nicht spontan raus... Und das muß ich einfach noch lernen, meine Gefühle spontan rauszulassen und mir *hinterher* vielleicht mal Gedanken zu machen, was waren das eben für Gefühle, ne. Daß man sie aber erst mal rausläßt, wenn Gefühle überhaupt da sind. Das ist bei mir auch so'n Problem.."
Du würdest von dir sagen, daß du oft die Erfahrung gemacht hast, ausgenutzt worden zu sein, wenn du Gefühle gezeigt hast?
„Ja, überleg doch mal: draußen (außerhalb der therapeutischen

Wohngemeinschaft) zum Beispiel, wenn ich jetzt'n Typ kennenlernen würde und.. ich lerne hier offen und ehrlich zu sein, meine Gefühle zu zeigen – draußen krieg ich doch voll einen übergebraten! Der Typ denkt doch: die Alte ist voll auf mich abgefahren, die kannst du über die Rolle ziehen von hinten und von vorne, ne. Da muß ich doch cool.. also'n coolen Abstand bewahren, ne! Ich kann mich nicht offenbaren und sagen: ich mag dich unwahrscheinlich gern.. das kann ich doch nicht, ne! Und das hast du draußen gelernt; hier lernt man, Gefühle hochkommen zu lassen, aber was man auch lernen muß, ist, damit umgehen zu können, ne."
B kann mit den Schwächen der anderen im Kollektiv nicht fertig werden; sie fühlt sich – ohne allerdings das Wort zu gebrauchen – zu schnell desillusioniert, wenn bei allen (Typen) so schnell die Schwächen rauskommen. Ihr Ideal sind selbstsichere Partner; und sie erzählt dem Interviewer, daß sie sich aus Enttäuschung jetzt auch sexuell völlig bremst und zurücknimmt. De facto reduziert B ihr Verhalten in der Gruppe auf eine Art mütterliche Rolle.
B hatte insgesamt nur eine „feste", aber problematische Beziehung bisher, nämlich die zu ihrem verstorbenen Mann. Sonst habe sie höchstens mal ausprobiert, ob Typen noch auf sie abfahren, habe aber nichts investiert. Hatte auch jetzt, seit dem Tod ihres Mannes, nur Kurzbeziehungen. „Den Gedanken hab ich mir auch schon oft gemacht, ob ne Person mein Interesse wieder so weit wecken könnte, daß es .. für mich eben kein flip ist, sondern daß ich da mehr reingebe, daß ich dafür etwas tu, daß ich daran arbeite an dieser Beziehung. Momentan kann ich das nicht beurteilen."

B erzählt nochmals konkrete Beispiele, wie sie mit ihren Gefühlen nicht zurecht kommt, zum Beispiel Zuneigung nicht spontan zeigen kann, sondern immer erst reflektieren muß, ob sie wohl keinen Fehler macht; wie sie sich auf jemand freut und, wenn der vor ihr steht, Angst hat und ihre Freude nicht zeigen kann. Das verstehe sie nicht, was das ist. Interviewer und B unterhalten sich über ihre Probleme in Beziehungen. B sieht nochmals deutlich ihr Problem, „daß man mit der Zeit drauf hat, daß man jedes Gefühl hinterfragt, bei andern Personen und bei sich selber auch. Daß man da so.. von Gefühlen Abstand kriegt, immer das Gefühl der andern definieren will: Kann da das und das nicht hinter stekken?, Mutter wird traurig und so. Da machst du eigentlich jedes Gefühl zunichte im Grunde genommen..“ Man dürfe sich nicht selbst Probleme schaffen, indem man alles und jegliches hinterfragt.

056 Enrico (BRD)

19 Jahre, zur Zeit in einer therapeutischen Wohngemeinschaft; von Beginn an vollständige Familie, ab 16 häufiger von den Eltern getrennt, nach eigenen Worten mit 17 1/2 „endgültig selbständig“ gemacht; erwünscht; Eltern OS.
Begann mit A oral, danach kurze Zeit, aber relativ stark O gedrückt, O-Präferenz; praktisch nicht auffällig (sicher auch wegen Intervention des Vaters); 1 Entzug, stark gedealt, gelinkt.

E's Eltern entstammen der peruanischen weißen Oberschicht, sein Vater Diplomat. Die Familie hat sieben Kinder, E ist der jüngste. E besuchte nur Privatschulen; wenn er Konflikte mit der Schule oder der Bürokratie hatte, hat sein Vater sehr viel für ihn abgebogen. E hat seine Schulausbildung und seine Berufsausbildung abgebrochen; er bezeichnet heute die Beziehung zu seinen Eltern insgesamt als gut. (Nebenbei: in den Kreisen seines Vaters war Kokaingebrauch durchaus üblich; nach dem Essen serviert der Diener auf einem Silbertablett Koks für den Hausherrn und seine Gäste.) E ist mit seinen Eltern sehr viel gereist; von 0 bis 10 lebte er in Lima; bis 12 1/2 auf den karibischen Inseln; bis 13 1/2 wieder in Lima; bis 17 in Italien; bis heute in der BRD.
E's Elternhaus ist großfamilienartig-patriarchalisch organisiert, vergleichbar etwa Oberschichtfamlien in den romanischen europäischen Nationen, das heißt starker Zusammenhalt der Verwandten, relativ starke Rollentrennung zwischen Mann und Frau, geringe formal-gesellschaftliche Emanzipation der Frau. E bekam seine älteren Brüder als Vorbild hingestellt; und zwar, seit er 13 war, shit zu rauchen und trips zu nehmen begann und sich mehr und mehr gegen die elterlichen Konventionen auflehnte. In dieser Zeit begannen auch die Schwierigkeiten mit den Eltern; E erinnert sich, von 13 bis 15 1/2 (später nicht mehr) etwa zehnmal Prügel von seinem Vater bezogen zu haben.
Mit 13 1/2 kam E mit seinen Eltern nach Italien und begann mit

ca. 15 allein in Europa herumzureisen. In Italien hatte er seine erste und bisher einzige feste Mädchen-Beziehung, eine US-Amerikanerin, mit der er etwa zwei Jahre zusammen war. In dieser Zeit habe er kaum etwas mit Drogen zu tun gehabt, ab und zu mal einen durchgezogen, „weil ich zufrieden war, weil ich jeden Tag zufrieden war mit dem, was ich gemacht habe.. Da hab ich mich richtig gefreut zu leben.“ Dann, als E 17 1/2 war und seine Eltern nach Südamerika zurückgingen, hat er sich von ihnen „getrennt“.
Genuer: er hat seinem Vater gegenüber durchgesetzt, daß er in Europa bleiben konnte; er wollte mit dem Mädchen zusammenleben. Der Vater stimmte zu unter der Bedingung, daß E einen Beruf ergreife; E entschied sich für Hotelkaufmann und begann in der BRD seine Lehre. In dieser Zeit ging die Beziehung mit dem Mädchen in die Brüche, da habe er wieder mit Drogen angefangen, zuerst jeden Tag voll durchgezogen, dann schließlich die letzten sieben Monate von heute an gerechnet stark gedrückt.
Als E in Europa zurückblieb, bekam er monatlich Geld von seinen Eltern (ca. 600 DM), begann auch zu dealen, so daß er immer genügend Kohle hatte. Seit damals (17 1/2) habe er „nichts mehr gemacht, was mich befriedigt hat. Alles war mir egal.“ Er stand am Nachmittag auf und hat bis morgens durchgemacht. Hatte in der BRD einen Lehrlingsvertrag, packte die Lehre nicht wegen Drogen, war immer krank geschrieben. Hat die Lehre abgebrochen und macht jetzt hier in der Wohngemeinschaft seinen ersten Entzug, völlig unzufrieden mit den letzten Jahren seines Lebens.

Eltern:
Die Eltern waren „Autorität“ für ihn. E meint, die Beziehung zu ihnen sei auch heute noch so, daß er immer wieder zu ihnen kommen könnte. Er bejaht, sie hätten ihn eigentlich immer stark kontrolliert, zum Beispiel „heute abend kommst du um neun nach Hause! Morgen gibts kein Fernsehen, weil du um zehn gekommen bist, und solche Sachen.“ Auch habe er erlebt, daß sie „einfach verschlossen waren, nicht akzeptierten, was ich machen wollte“. Die Prügel, von denen oben die Rede war, habe er von seinem Vater gekriegt; wenn der abends heimkam, habe

ihm die Mutter erzählt, was E tagsüber angestellt hatte, und dann hat er „Terror" gemacht: du gehst jetzt auf dein Zimmer usw.! E setzt hinzu: er finde es zwar prinzipiell schlecht, wenn die Eltern ihre Kinder schlügen, aber als *er* geschlagen wurde, habe er es verdient gehabt.
E erinnert sich auch an eine Zeit, wo er sich jeden Tag mit seinem Bruder prügelte. Dennoch hat er das Gefühl, seinen Geschwistern gegenüber nicht zurückgesetzt worden zu sein; im Gegenteil, er meint, er verdanke seinen Eltern sehr viel: „Ich kann froh sein, daß ich so eine Familie gehabt habe.. Ich habe Rauschgift angefangen, nicht weil ich Probleme hatte, sondern vielleicht, weil es Spaß gemacht hat, vielleicht auch, weil es verboten war.. aber ich hab auch was gelernt – bis ich voll drin war." Später sagt E nochmals: er finde seine Familie gut, nicht so gut allerdings die damit verbundene Kontrolle. Das Verhalten seines Vaters ihm gegenüber kommentiert er: „Dein Sohn ist dein Sohn – gut! Aber er *gehört* nicht dir!" So aber sei sein Vater mit ihm verfahren, und genau das wolle er, E, mit seinen Kindern nicht machen.
Nach E's Schilderungen haben ihn seine Eltern im großen ganzen konsistent erzogen, d.h. sie behielten die Erziehungsprinzipien in der Zeitdauer bei und widersprachen auch einander nicht in bezug auf E's Erziehung. E hatte ständig Schul-Schwierigkeiten, hat alles Mögliche angestellt; er ist auch auf shit und trips in die Schule gegangen. Diese Schwierigkeiten hatte er bereits ab zehn Jahren; von 10 bis 12 ist er zweimal von der Schule geflogen. Stets haben ihm Geld und Protektion seines Vaters wieder geholfen, problemlos eine neue Schule zu finden. In der Schule hat er oft gefehlt, oft krank gemacht, und ab 15, 16 hat er immer am ehesten von allen Klassenkameraden den Mund aufgemacht gegenüber den Lehrern. Zwischen 11 und 12 war er von zu Hause weg in einem Internat, hat aber seine Eltern jedes Wochenende besucht.

Beziehung zu Partnern, Mädchen:
Seine ersten sexuellen Erfahrungen hatte E mit Prostituierten – ebenfalls für die Verhältnisse romanischer Oberschichten nichts Außergewöhnliches. Über seine Beziehung zu der Amerikanerin sagt er heute, er sei damals zu „egoistisch" gewesen. Er wohnte damals zu Hause bei seinen, sie zu Hause bei ihren Eltern; sie sei

bei seinen Eltern voll akzeptiert gewesen. E betont nochmals: in diesen beiden Jahren sei er zufrieden gewesen, habe viele Pläne gemacht, sei aktiv gewesen. Dann sei er nach Deutschland gekommen, habe sie neun Monate lang nicht mehr gesehen, dann habe er sie für zwei Wochen besucht und am Ende sei die Beziehung vorbei gewesen.
Hast du ein bißchen auch angefangen zu drücken wegen dieser Geschichte?
„Nicht nur deswegen!.. Aber ich habe angefangen, mein ganzes Leben mit ihr zu planen, alles mit ihr zu tun, und als sie nicht mehr da war (und seine Eltern waren ja auch nicht mehr da!), da hab ich mich allein gefunden... Aber weißt du, sie fehlt mir ja sehr. Manchmal, wenn ich meine Sachen durchsehe, da hab ich so viel Sachen, die mich an sie erinnern."
Seit dem Verlust seiner Freundin schildert sich E lustlos und depressiv. Im Moment lautet seine Ansicht über sich selbst, „daß ich total nix bin. Daß ich vielleicht vom Durchblicken weiß, was ich bis jetzt gemacht hab, und daß ich vielleicht in Ideen gut bin.. aber daß.. ich bin gar nicht zufrieden, ich bin Scheiße... Ich weine wie ein Kind. Aber ich hoffe, daß ich den Weg wieder finde." Dann erzählt E von Suizid-Gedanken: einerseits habe er Angst, andererseits sehe er ständig die Möglichkeit einer Überdosis. „Aber es gibt noch so viel zu leben!"

Drogen:
E hat seit dem Alter von 13 wie gesagt Erfahrung mit illegalen Drogen (Cannabis, vermutlich Gras sowie trips). Mit seiner amerikanischen Freundin habe er ab und zu shit geraucht, gegen Ende der Beziehung habe er dann gemerkt, „daß etwas nicht stimmte", wenn sie beide (oder er allein?) einen durchzogen: „irgendwas, daß wir nicht mehr richtig in Kontakt kommen konnten."
Seit dem Verlust seines Mädchens bis zu seiner Schießer-Zeit sei er völlig isoliert gewesen, hatte niemanden zum Reden (auch keine Beziehung zu Mädchen). Jemanden zum Reden habe er erst in Verbindung mit den Giften gefunden; und durch die Gifte habe er auch gelernt, leichter mit Leuten zu reden, sie besser zu „analysieren". Besonders habe er *einen* Typen kennengelernt – vorher war E „ganz verloren" –, mit dem er sich voll identifizierte und der ihn aufs Schießen brachte. Mit dem Schießen fing ein „ganz neues Leben" für E an. Dieser Typ war zwei Jahre

älter als E, hatte schon drei Jahre gedrückt, drei Entzüge gehabt, „macht sich kaputt, aber ich hab ihn richtig.. so geliebt.. war jemand, von dem ich sagen kann, daß er mein Freund war. Ist ganz ruhig, sieht ganz gut aus und .. der ist da für dich.. volle Zeit da."
Auch E mußte erleben, daß sich Drücken und sexueller Verkehr ausschließen: „Man verliert das Interesse". Wenn in seiner Drückerzeit zum Beispiel ein Mädchen bei ihm übernachtete, dann hätten sie sich was erzählt, dann „Gute Nacht" und weiter nichts mehr.

057 Erika (Schweiz)[45]

22 Jahre, von 0 bis 5 (Mutter gestorben) bei Vater allein, von 5 bis 18 in fünf verschiedenen Heimen; mit 11, 12 einmal aus dem Heim abgehauen; mit 18 selbständig gemacht, betrachtet sich als unerwünscht; Berufsausbildung abgeschlossen.
Begonnen mit A oral, danach O stark gedrückt, O-Präferenz, institutionell stark auffällig; 4 Entzüge, 1 Apo, mäßig gedealt, selbst gelinkt, 3 Gelbsuchten.

E lebte in der Zeit von 0 bis 5 nur bei ihrem Vater. Als E 5 war, wollte der Vater sich (nach dem Tod seiner Frau) wiederverheiraten. Seine zukünftige Frau stellt ihn vor die Alternative: entweder deine Tochter verschwindet, oder wir heiraten nicht. Er schiebt seine Tochter ins Heim ab und beginnt unter dem Diktat seiner neuen Frau einen rapiden sozialen Aufstieg. Seiner Frau gegenüber wird er zum „Pantoffelhelden", sie „modelliert" ihn. Sie wollte keinen einfachen Arbeiter, also besucht er jahrelang Abendkurse und bringt es zum Direktor eines größeren Bauunternehmens. Heute sei er zwar Millionär, habe aber keinen einzigen Freund, sei völlig allein, habe Gallensteine und Herzbeschwerden.

Stiefmutter: „... ich hasse sie nicht, weißt du. Sie ist für mich soo blöd... Weißt du, das Schlimme war.. das Schlimme ist, wenn du.. jetzt ist das egal, jetzt kenn ich das, ich weiß, ich kann mich danach richten. Aber als Kind, als Kind kannst du das nicht! Ich

[45] An diesem Gespräch waren drei Interviewer beteiligt (I_1, I_2, I_3).

weiß noch.. ich hab so.. ich schreib ihr jetzt, ich hab schon zwei Briefe geschrieben, früher hab ich fast nur Gedichte geschrieben – und ich weiß noch, schon als kleines Kind, ich hab ihr immer so Briefe geschrieben und Gedichte und hab es ihr heimlich aufs Kopfkissen gelegt.. weil ich sie wirklich brauchte! Und sie hat mich gleich nicht gemocht oder irgendwie.. Es war so *kaputt*, weißt du! Ich will sie nicht.. ich will sie da nicht schlecht machen oder so . . "

(I_1) *Wie meinst du, du habest sie gebraucht?*

„Ich hatte niemand anders! Weißt du, ich hab so geschrieben.. ich weiß noch, so ein Gedicht. Ja, daß ich weiß, daß es wahr ist, was sie sagt, ich sei schlecht und nicht ganz normal – mit acht Jahren hat sie mich zu einem Psychiater geschickt – aber um normal zu werden, müsse sie mir helfen und so, sie sei doch jetzt meine Mutter.. und all das Zeug. Scheiße! Aber ich war wirklich verzweifelt! Und auch in den Heimen: Ich weiß noch, jede Woche habe ich einen Brief nach Hause geschrieben, ich will nur einmal Besuch wie die anderen – und sie kamen nie! Gut, sie waren konsequent, das ist in Ordnung; aber für mich war das damals wirklich schwierig. Weil viele im Heim hatten wirklich keine Eltern, das war traurig; sie hatten einen Vormund oder Pflegeeltern. Ich *hatte* Eltern, und sie kamen nicht, sie wollten nichts wissen und.. das war wirklich nicht lustig! Auch vor den anderen, da gab es wirklich Schwierigkeiten. Weißt du, ich mußte ins Dorf in die Schule gehen, weil im Heim hatte es nur so eine Spezialschule, weißt du, für solche, die die Schule machen bis in die vierte Klasse. Und ich mußte ins Dorf in die Schule gehen, da gab es immer Schlägereien und.. und.. und Worte wie ‚Anstältler', ‚Zuchthäusler' und so. Und da wollt ich oft nicht mehr in die Schule gehen und das ganze Zeug nicht mehr mitmachen. Und hab gedacht, wenn ich jetzt zu Hause wär, bei meinen Eltern, dann wär ich wie die andern. Und damals hatt' ich wirklich Schwierigkeiten!"

(I_2) *Wie hast du darauf reagiert?*

„Ganz einfach: ich hatte immer jemanden, an den ich mich hängte, sei's ein Erzieher oder eine Erzieherin oder die Heimleiterin oder ich weiß nicht was. Später vielleicht eine Freundin, Schulfreundin oder sowas und.. und noch später die Droge, weißt du, das ist so einfach.. Morphium oder Heroin – das ist die wahre Liebe.. und seien es die Eltern oder die Erzieherin oder ein Freund – ich will nicht böse sein – aber wenn du nicht fähig bist, eine Beziehung zu haben, eine gute Beziehung, dann ist wirklich die Droge die einzige wahre Liebe ... Verstehst du, also zuerst hatt ich einen Freund, das war mir wirklich ernst und so, der erste Freund und so; und dann nachher, weißt du, er war so auf dem Geld-trip: in zwei Jahren hab ich einen Lamborghini, in drei Jahren hab ich meinen Privatclub und so – und er war noch in der Lehre, und ich habe fast nichts verdient! (lacht) Und das ging einfach nicht, wir hatten mit allem Schwierigkeiten, mit dem Geld und.. und dann hat er immer angefangen zu sprechen: Geh doch auf den Strich und so! Und da hab ich angefangen zu fixen, und da hatt ich einfach kein Geld für das Gift, weil ich dauernd steigern mußte – da bin ich halt auf den Strich gegangen und so. Und da hab ich wirklich.. da hat mir alles abgestellt, auch den Freund hab ich aufgegeben und die Leute, das war mir alles so egal. Ich wollte nur noch das Geld und das Gift und schlußendlich.. hatt ich beides.. oder gar nichts mehr! Hatte gar nichts mehr!"

(I_2) *Bist du heute völlig desillusioniert, was Beziehungen angeht?*
„Ja, weißt du, ich hab jetzt die vierte Entziehungskur gemacht in diesem Scheiß-Haus, in diesem Scheißpalast da, am Hügel, in diesem Burghölzli und.. verstehst du, dieser Typ (in ihrer jetzigen Wohngruppe), mit dem ich hier zusammenwohne – sein Alter, weißt du, er ist Pfarrer –, er ist so gut, er ist so tolerant, es scheißt mich so an, weil das gibt es wirklich nicht. Und auch die andern (in der Gruppe), sie sind wirklich.. sie sind politisch engagiert, sie schreiben ihre Flugblätter, sie schreiben ihre Zeitung, sie machen das, sie rennen hier, sie rennen dort, sie machen da mit, ich.. verstehst du, ich.. das interessiert mich nicht, ich gehöre nicht hierher, ich bin wirklich überflüssig hier, verstehst du, ich bin überflüssig hier und.. und alles was sie machen: ich sehe, es ist gut für sie! Mich interessiert es nicht, ich will meine Ruhe! Ich.. ich hab im Sinn, nach Indien zu gehen jetzt dann.. Ich hab es nochmal probiert, als ich wegkam von diesem Irrenhaus, von dieser.. psychiatrischen Klinik. Da hab ich dem Arzt gesagt, ich muß jetzt noch dreimal in der Woche gehen in die Therapie und Gruppentherapie, so Süchtigen-Gruppe und so. Und.. ich spinn einfach allen etwas vor, ich hab gesagt: ja ich arbeite jetzt. Gut, ich arbeite, zwei Stunden am Tag.. höchstens. Und jetzt will ich nach Indien. Ich hab immer

noch.. ich weiß nicht, ich hab immer noch Hoffnung, bevor ich.. 's weiß niemand, aber ich hab schon längst wieder angefangen. Es war jedesmal so. Jetzt hab ich noch ein wenig Skrupel wegen den anderen (in der Wohngruppe) und so. Ich gehöre einfach nicht in dieses Scheißsystem! Ich kann mich da nicht anpassen, ich kann nicht arbeiten.."

(I_1) *Weil du nicht weißt, wofür!*

„Ich weiß genau wofür – deswegen!... Ich hab das immer mit der Ehrlichkeit. Ich hab immer irgend was mit der Ehrlichkeit im Kopf. Ich möchte immer ehrlich sein und daß die andern zu mir ehrlich sind. Aber wo ich hinkomme, muß entweder ich ein Ding vorspielen, oder die andern spielen ihr Ding. Und.. weißt du, ich habe Schallplatten-Verkäuferin gelernt. Und da steh ich tatsächlich im Schallplatten-Laden und erzähle irgendeiner Scheißtante, daß Heintje gut singt, und daß ich diese Heintje-Platte auch habe, nur damit sie sie kauft und der im Büro oben mehr Umsatz hat.. nein, ich kann's nicht mehr, tut mir leid! Aber hier bin ich abgeschrieben, tut mir leid!... Und das ganze.. weißt du, in diesem Scheißpalast da oben, da war ich zuerst in einer geschlossenen Abteilung.. Das war noch gut. Weißt du, da kannst du machen, was du willst, also wirklich, du bist entschuldigt ein für allemal. Wenn du auf allen Vieren herumkriechen willst, kriechst du halt auf allen Vieren herum! Das ist wirklich gut! Und da hab ich.. einmal, nach etwa zwei Monaten, hat es mir ausgehängt, ich hab wieder so Depressionen gekriegt und so, da hab ich dem Oberarzt einen Tritt in den Arsch gegeben. Und dann war ich für etwa drei Monate in der Zelle. Da kannst du scheißen, spülen kannst du nicht. Und dann, wenn du Durst hast, kannst du trommeln, bis deine Fäuste weh tun – es kümmert sich niemand drum. Die spinnen! Die spinnen!"

(I_1) *Ich hab schon verstanden, warum du „Irrenhaus" sagst, das ist mir auch klar.. aber du hängst einfach voll durch, was soll man da sagen!?*

„Verstehst du, das interessiert mich schon, was da an politischen Sachen läuft, das ganze (Mieter-Initiativen-)Zeug. Nur ist es *mein* Scheiß, der mich noch mehr interessiert.. Wenn ich diesen Scheiß nicht ablegen kann, dann werd ich nie mit einem andern Scheiß beginnen. Denn sonst.. sonst ist es wirklich schizophren! Da kann ich geradesogut nach Indien gehen, wirklich, das ist doch klüger.[46]

[46] E ist seit zwei Jahren clean und macht – neben Arbeit mit Drogenabhängigen – auch politische Arbeit.

Weil, ich war lang genug im Knast! Auch im Knast! Weißt du, das kommt auf dasselbe heraus. Kann auch den 'Hegibach' besetzen, dann bin ich am gleichen Ort, wie wenn ich ein Kilo Morphium oder Heroin deale. Ich hab das gesehen, wirklich!" (Sie meint damit, in beiden Fällen kommt sie in den Knast.)

(I_2) *Du, aber .. ich find, ich seh wirklich den Zusammenhang darin, daß es darum geht, daß du wirklich außer der Droge noch nie Liebe gekriegt hast. Und noch nie ne Beziehung hattest. Immer bist du irgendwie zur Oberflächlichkeit gezwungen worden – entweder liefs über Geld oder so.. die Sachen, die du erzählt hast. Und hier (in der Gruppe) laufen auch keine Beziehungen, hier stehst du auch am Rand und siehst dem politischen Treiben irgendwo zu, als wenn du aus'm Weltraum kämst, ne. Weil es völlig an deinen Bedürfnissen vorbei geht.*

„Nein, verstehst du, dieser Typ hier.. ich hab immer gedacht: wenn es einmal so ist, wie's jetzt ist, dann ist es gut. Und jetzt.. wär es eigentlich soweit und.. und ich bin nicht mehr fähig. Ich bin nicht mehr fähig für so eine Beziehung, ich glaube kein Wort, verstehst du! Ich glaube kein Wort! Ich möchte, ich strenge mich an, ich tue alles, aber .. schlußendlich: es tut mir leid! Es läßt mich kalt! Wirklich! Ich möchte das nicht, aber es läßt mich kalt!"

...

„Wahrscheinlich ist es so.. ich gehe immer noch zu diesem Psychiater – also ich bin wirklich verdorben von diesem Typ – aber er sagt immer, was ich will, das gibt es nicht."

(I_2) *Das kennt er selber nicht besser!*

„Nein, ich glaub es jetzt wirklich: er hat recht gehabt."

(I_1) *Na sag doch mal, was du willst!*

(I_2) *Sie will Liebe, soviel seh ich auf jeden Fall mal..*

„Ich will einfach.. ich weiß nicht.. ich will endlich mit mir zufrieden sein.. Weißt du, wenn ich mit mir zufrieden bin.. dann hab ich zum Beispiel keine Angst mehr vor andern Menschen, dann brauch ich nicht mehr zu fixen.. Dann brauch ich nicht mehr den Flip mit Indien zu haben, weil das ist wirklich ein Blödsinn. Ich wollte schon mal nach Indien gehen und bin einfach liegen geblieben in Afghanistan, im Hotel. Jeden Morgen um neun Uhr in die Apotheke gerannt vis-à-vis."

(I_2) *'s gibt ein sehr duftes Ding von Morgenstern..*

(I_1) *.. mit den Ameisen?*

(I_2) *.. mit den beiden Ameisen. Wie fängt das an?*
(I_1) *Es waren mal zwei Ameisen,*
die wollten nach Australien reisen.
Bei Altona, auf der Chaussee
taten ihnen die Füße weh.
Da verzichteten sie weise
auf den letzten Teil der Reise..
..und Altona ist kurz nach Hamburg!
„Also hier, in dieses kapitalistische Scheiß-System.. paß ich wirklich nicht! Bin ich überflüssig."
(I_2) *Aber du b i s t hier!*
„Hier bin ich überflüssig!"
...
„Weißt du, wirklich ganz ehrlich – also das würd ich wirklich nicht zugeben, aber 's ist wirklich so – also was mich freut: mich freut das Fixen. Ich hab aufgehört, aber ich weiß nicht, was ich jetzt tun soll. Ich mache dies und jenes und verteile hier ein Flugblatt und .. gehe hier etwas putzen, ein Fenster.. das freut mich nicht.
(I_2) *Kuck mal, also ich seh das doch klar so: Du sagst, du paßt nicht in das System, und du kannst das nicht machen, weil du mit völliger Klarheit die Widersprüche siehst, du hast das an dem Beispiel der Schallplattenverkäuferin.. und du erzählst einer Tante was von Heino.. hast du das klar gemacht. Und so was passiert dir laufend.. Und es i s t so! In dem Punkt bist du nicht verrückt, sondern es ist das System. Das ist echt klar. Und der Punkt, der dir fehlt.. wenn ich's richtig sehe, oder den wir uns einbilden, die wir ein bißchen mehr zurechtkommen, ist: Du kannst die Widersprüche nicht ertragen, weil du kein Ziel dahinter siehst. Wenn du wüßtest, für welches Ziel es sich lohnen würde, diese Widersprüche wenigstens kurzfristig zu ertragen, dann ging es ja! Das ist genau das, was du suchst! Denn die Widersprüche s i n d da, es fragt sich nur, wie du dich zu den Widersprüchen stellst! Klar, man kann sich zu den Widersprüchen stellen, wie du's eben gerade sagtest: alles Scheiße! Das ist nicht mein Platz, ich geh nach Indien. Das ist die eine Möglichkeit. Aber in deinem Kopf verwirfst du sie ja auch zugleich, ich meine, du bist der wandelnde Widerspruch! Und siehst zugleich, es geht nicht ...*
„Ja, aber ich habe nicht das Gefühl: es geht nicht, nach Indien

zu gehen, weil ich dort genau die gleiche bin wie hier oder so, sondern ich..

(I_2) .. *du kommst keinen Schritt weiter für dich!*

„Jaja, aber das hat nicht das Ausmaß, daß ich nun das Gefühl habe, es hat einen Sinn für mich, *hier* zu leben und hier etwas zu tun. Sondern daß ich mir sag: ja was will ich dann überhaupt, wenn ich auch nicht nach Indien kann, dann.. dann beginn ich wieder mit meinem.. meinem ich weiß nicht wievielten Selbstmordversuch oder meiner Überdosis..!"

(I_2) *Nee! Aber da kommt nur'n Typ daher und sagt dir: Indien ist Flucht. Und das sagst du dir selber! Da brauchst du nicht mich dazu, das weißt du! Und jetzt stehst du da und sagst: Ach, jetzt kann ich nicht nach Indien gehen! Wo soll ich dann hingehen! Hier auch nicht und so.. Es passiert nur das, daß dir gesagt wird: das alles sind Surrogate, alles sind Fluchtwege, und du stehst da und siehst mal, daß dir alle Fluchtwege verbaut sind. Und was machst du dann? Ja dann die Überdosis – das ist wirklich die letzte Flucht, die kann dir niemand nehmen!*

„Ja gut, gut! Also gut: Ich kann auch.. mich damit abfinden oder hier und da in eine Sitzung gehen oder ein Flugblatt.. und dann kann ich noch 40 Jahre lang oder 50 in einem Büro arbeiten – vielleicht auf der Schweizerischen Bankgesellschaft – und mit 60 kann ich dann unters Tram kommen oder in der Badewanne ertrinken, oder was ich will.. Das.. also bitte nein!"

(I_1) *Du machst immer so extreme Alternativen!*

„Ja, ich seh vielleicht nur die!"

(I_1) *Oder du kannst vielleicht'n Ziel finden und bleibst hier.*

(I_3) *Du sagst, sie macht sich irgendwelche Pläne, und da kommt'n Typ daher und wirft sie um..*

(I_2) *..sie macht das selber!*

(I_3) *..nach meinen Erfahrungen von Depressionen.. die verlaufen immer phasenweise. Du hast sie mal, sie bauen sich immer mehr auf, immer stärker, dann werden sie weniger, und ne Zeitlang hast du gar keine. Und.. ich weiß nicht, wie's ist, weil ich nicht gedrückt hab, aber mir kommt's so vor, als ob diese Zwischenphasen, wo du keine hast, als ob die immer kürzer werden und ganz wegfallen . . . Auch der Zeitplan, wo du an eine angetörnte Idee glaubst, der wird auch immer kürzer: Dir fällt was ein, das findest du aufgestellt, zack!, kommt irgendwas dagegen!*

(I_1) *Was war denn Indien zuerst für dich? „Indien" ist so'n Wort, aber was wolltest du da?*
„Verstehst du, ich habe Freunde dort in Benares. Und es waren Fixer, wirklich so wie ich, sie lebten mit mir zusammen und so. Und sie schreiben mir Briefe und schreiben: ja sie hätten das nie fertiggebracht, und nun hätten sie aufgehört, sie brauchten das nicht mehr. Sie haben sich ein wenig in den Hinduismus hineingesponnen.."
(I_2) *.. naja, das ist i h r e Flucht, i h r Ersatz!*
„Gut, aber es geht ihnen gut!"
(I_1) *Das find ich auch, Mann! Das mußt du mal akzeptieren! Weil es geht ihnen gut..*
(I_2) *Du, das glaub ich, ist möglich!*
(I_1) *D u setzt dich ins Cafe und es geht dir gut dabei! Das ist ne dufte Flucht, ne!*
(I_2) *Es ist auch ne dufte Flucht, da stimm ich zu, okay..*
(I_1) *.. und der Hinduismus ist in dem Sinn auch ne dufte Flucht!*
(I_2) *Gut! Soviel seh ich ja auch, ja. Also ich bin nicht so blöd, daß ich den Hinduismus ablehne oder sonst was in der Richtung. Über den Punkt brauchen wir gar nicht zu reden! Aber daß es eine Flucht ist, ebenfalls, das ist ganz klar!*
(I_3) *Du mußt immer irgendwas finden, wo du dich dran aufhängen kannst, damit es dir gut geht..*
(I_2) *Neenee! Nicht diese absolute Relativität! Ich kann auch so argumentieren, ich kann mit Innen/Außen argumentieren: daß hier die volle Extraversion ist und daß hier der volle speed ist in dieser Gesellschaft – alles Oberfläche, alles nach außen! Und genau so ist das andere alles nach innen, ja? Und wenn ich mein Lebensziel nennen sollte, was ich schon öfter gemacht hab, dann würd ich sagen: ich möchte beides. Ich möchte nie in e i n e Richtung abfahren. Und in dem Sinn würd ich auch niemals Hinduist werden. Ich wär froh, ich hätt Hinduismus drauf, ja, und ich könnt ihn anwenden, wo ich ihn brauche, und ich wär froh, ich wär in Indien, ich würd es bringen, so und so lange nach Indien zu gehen! Aber ich möchte nicht in dem Sinn ausflippen. Ich möcht die Vermittlung haben. Weil die Vermittlung mehr als nur eine Seite ist.*
(I_3) *Du hältst dich vielleicht für stark genug, das zu bringen, aber andere usw...*
(I_2) *Vielleicht! Ich halt mich nicht für stark genug. Ich möcht es gerne sein...*

(I_2) *Außerdem glaub ich: wer da unten was checkt, das wirklich checkt, der kommt wieder her.*
(I) Ja.. ja. Aber jetzt malst du auch'n Indien-Reisenden, den's bisher fast auch noch nicht gibt.. selten.
(I_3) *Aber weißt du, du bist ja auch nicht da (wo du hinwillst)!*
(I_2) *Nee! Ganz gewiß nicht! Ich bin völlig einseitig hier! Ganz klar!*
(I_1) (zu E) *Sieh mal, das Interessante war doch, daß du selber, während du das von Indien gesagt hast, hast du immer so'n bißchen abfällig davon geredet. Laß uns doch da mal weitermachen.*
„Weil ich mich wehren muß, dorthin zu gehen."
(I_1) *Warum glaubst du das?*
„Verstehst du, ich hab immer gedacht.. 's ist blödsinnig, aber ich hab immer.. ich habe viele Kollegen hier.. und alles Fixer. Und letzte Weihnachten war ich so mit meinem Freund zusammen und einem Kollegen und.. da haben wir mal so Bilanz gezogen – ja an Weihnachten. Und da haben wir gesehen, jetzt brauchen wir wirklich pro Person mindestens 500 sfr am Tag – nur für das Gift! Das läßt sich nur klauen und.. und ich habe das nicht mehr durchgehalten. Und die Entzugskuren haben alle auch nichts mehr genützt und so weiter. Und da haben wir so richtig cool haben wir an diesen Weihnachten alle drei den Entschluß gefaßt: Jetzt machen wir einfach eine Überdosis! Und.. da haben wir das gemacht – ich wohnte da eben bei der F, und da kam der Mann von der F nach Hause und hat den Notfall angerufen.
(I_1) *Wart ihr da alle bei F?* [47]
„Ja, und da kam da so ein Krankenwagen und hat uns ins Spital gefahren und der eine, der ist auf meinen Knien verreckt. Und nachher ging ich vom Spital aus zur Beerdigung, und da hab ich mir gedacht: Jetzt mach ich noch mal eine Entzugskur. Und.. und bei dieser Beerdigung hab ich irgend so.. mir vorgestellt – da waren all die freaks und die Fixer und die Kollegen und Freunde – und da hab ich.. das war etwa der fünfte, den ich kannte.. und da hab ich mir wirklich gedacht, wer ist der Nächste? Ich will es nicht sein und all das. Und da hab ich mir vorgenommen, noch eine Entziehungskur zu machen, aber gleichzeitig hab ich.. die Beerdigung, die Eltern und das ganze Theater gesehen. Und dann kam ich wieder mit den Gedanken – das beschäftigt mich schon seit Jahren – kam ich so nach Indien

[47] F ist Mitarbeiterin bei der Drogenberatungs-Stelle.

und hab so an Benares gedacht, heilige Stadt am Ganges, wo du aufgelesen wirst auf der Straße und wirst verbrannt und keiner darf dich fotografieren.. Das hat mich fasziniert! Und deswegen: meine Indienreise ist wirklich eine Reise. Ich erwarte nichts .. ich möchte.. ich möchte sterben dort. Aber das ist nicht neu, ich wollte das schon, als ich noch keine Ahnung hatte vom Fixen und vom Gift.. hab ich meine Selbstmordversuche gemacht."

(I_1) *Ich glaub dir das nicht, daß du sterben willst.*

„Es ist so. Weißt du.. ich sag das vielleicht oberflächlich, ich hab mir das so angewöhnt, ich bin angewiesen, daß man mich nicht ernst nimmt, so von den Psychiatern, aber.. ich gebe mir wirklich nicht mehr ein Prozent Chance."

. . .

(I_1) *Was war denn mit der Überdosis?*

„Ja, der eine ist gestorben."

(I_1) *Erst mal mit dir?*

„Mit mir? Ja, ich war noch ein bißchen im Spital.."

(I_1) *Neenee, fang mal vorher an. Du hast dir den Schuß gesetzt und dann?*

„Ja, dann hab ich Angst gekriegt ... ja also das geb ich nicht gerne zu; heute scheißt es mich an, daß ich Angst bekommen hab, oder? Ich hab schon Angst bekommen und.. ja und dann kam dieser Typ nach Haus und hat den Notfall angerufen.."

(I_1) *Was war vorher, als du die Angst hattest?*

(Pause) „Ja weißt du, es kamen mir.. Sachen in den Sinn.. so.. so wie Blitze gehabt.. es kam mir so in den Sinn, so Sachen, die ich gemacht hab.. und was es eigentlich war, daß es eben nichts war. Ich hab.. ich habe es nicht bereut, trotz der Angst, weißt du? Ich hatte nur Angst, daß es wirklich.. daß es auch diesmal nicht geht. Und.. und schlußendlich hab ich.. hab ich – das ist eben das Eklige – habe ich, bevor ich das Bewußtsein verlor, hab ich doch noch irgendwie gedacht, daß es.. wenn es schon in meinem Kopf existiert, eben wirklich existieren muß (nämlich das, was sie immer suchte). Und daß eben gerade Michael, der vorher mein Psychiater war.. daß er eben nicht recht gehabt hat (nämlich mit seiner Behauptung, daß es das, was E suche, gar nicht gebe). Ob ich jetzt nomal bin oder nicht – heute interessiert es mich wirklich nicht mehr –

aber wenn es in meinem Kopf existiert, dann existiert es wirklich. Aber ich hab trotzdem schon gesehen, daß ich wirklich nicht leugne, daß ich nicht aufhören kann. Und wenn ich nicht aufhören kann, daß es.. hier auf jeden Fall nicht geht, Weil.. verstehst du, das hat mich wirklich kaputt gemacht, jeden Tag so meine 500 Franken zusammenklauen und dann warten bis 11, 12 Uhr, bis endlich dieser Scheißkerl kommt und.. und du ihm das Geld in den Arsch stopfen kannst, das ganze Drum und Dran. Dann nach Hause rennen mit den großen Pupillen und dann am andern Morgen wieder arbeiten.. Ich hab das wirklich nicht mehr gesehen. Und dann war ich nicht einmal high oder so, sondern einfach, weil's mein Körper brauchte! Ich war einfach wieder normal nachher!"

Sexualität:
E erzählt von ihrem ersten sexuellen Erlebnis: „Ich schäm mich. Es war so ein blöder Lehrer, da hatten wir so einen blöden Dubel.. ein Sauhund, also wirklich! Der war zuerst Pfarrer.. und dann wurde er Lehrer, und dann hat er in unserem Heim Schule gegeben. Und da.. ich muß noch korrigieren, ich war 12.. und da hat er.. mit Knaben so Fotos gemacht.. und zum Fernsehen in seinem Zimmer konnten sie gehen und so. Und bei mir hat.. also ich war das einzige Mädchen.. ich war richtig noch nicht aufgeklärt und unterentwickelt und weiß nicht was. Und da hat er.. verstehst du, ich wollte immer in die Sekundar-Schule. Und meine.. die Frau von meinem Vater hat immer gesagt: *Meine* Kinder gehen dann in die Sekundar-Schule, und du bist sowieso zu dumm.. Und zum Trotz wollt ich in die Sekundar-Schule. Da hab ich einfach alles gemacht, damit ich ohne Prüfung reinkomme – ich hab so Prüfungsangst. Und da hat er mal gesagt, ich hätte im Diktat soundsoviel Fehler, und ich müsse um acht im Schulzimmer sein und so.. Da ist das Heim und da ist das Schulhaus, und in der Nacht ist wirklich niemand mehr dort. Und da bin ich gegangen, und ich hab gewußt, daß das nicht stimmt, weil.. ich hab nie Schreibfehler gemacht. Weißt du, ich kann nicht rechnen, ich kann nicht Geografie, aber Schreiben kann ich einfach. Ich hab damals schon gewußt, daß etwas nicht stimmt, aber ich.. Bin ich hingegangen und so und dann.. Und kurz darauf – er hat immer gesagt, wenn du etwas sagst, dann schreib ich dir ein Zeugnis und

dann kommst du nicht in die Sekundar-Schule und so. Und da hab ich, hab ich einfach nichts gesagt und.. es ging mir *so* schlecht! Ich mußte immer wieder in die Schule zu ihm. Und dann hab ich eines Tages die Periode bekommen und nicht gewußt, was das ist. Da hab ich gedacht.. er habe mich jetzt kaputt gemacht, jetzt bin ich kaputt und so.."

(I_1) *Er hat mit dir geschlafen?*

„Jaja – gefickt halt! Und dann hab ich ihm gesagt – das weiß ich noch, an einem Sonntag – jetzt kann ich nicht mehr kommen, ist mir egal, wenn ich nicht mehr auf die Sekundar-Schule gehen kann: es ist alles kaputt, da kommt Blut und so.. Und dann nachher hat er mich zusammengeschlagen und so. Und dann bin ich zu den Heimeltern, zu ‚Vater' und ‚Mutter', haben wir gesagt, da bin ich zu der Mutter gegangen, zur Heimmutter und hab ihr alles erzählt. Da hat sie mir eine Strafe gegeben und hat gesagt: Daß du eine Lügnerin bist, das hat uns deine Stiefmutter schon gesagt; aber daß du eine so dreckige Fantasie hast, das hätten wir nie gedacht. Und dann hab ich eine Strafe gekriegt. Und dann hab ich nichts mehr gesagt. Und dann hab ich einen Nervenzusammenbruch gekriegt" (später präzisiert E, diesen Zusammenbruch habe sie während der Gerichtsverhandlung gegen diesen Lehrer bekommen). „Und dann bin ich weggegangen einfach, dann bin ich bis an die Grenze gegangen, nach Schaffhausen, dann hatte ich kein Geld mehr, dann kam die Nacht, und dann hab ich wieder angerufen im Heim, den Vater, und habe gesagt, ich bin im Restaurant hier, und daß er mich holen soll. Und dann bin ich wieder gegangen. Aber eben .. dieser Lehrer.. da kam dann einmal die Polizei.. ein anderer, ein Typ, der war schon 20, und der war aus dem Heim, der ist auf die Fürsorge oder ich weiß nicht was gegangen und hat alles erzählt. Da kam die Polizei. Nachher hat er sieben Jahre Zuchthaus gekriegt. Ich mußte immer vor den Untersuchungsrichter. Und der hat immer gesagt, wenn ich was gesagt hab: Hat der Angeklagte noch etwas zu sagen? Und da hat er immer gesagt: Die ist nicht normal, die sagt immer so Zeug."

(I_2) *Du hast ne ganze Menge Leute gehabt, die dir eingeredet haben, du seist nicht normal was?... Hat dir mal jemand erzählt, daß du normal bist? Aber nicht normal im Sinn von.. naja, du weißt schon!*

„Ja eben! Da bin ich wirklich nicht normal, das hab ich jetzt gesehen."

Der erste Freund (Fortsetzung Sexualität; Beziehungen):
„... mit 15 hab ich den kennengelernt."
(I_1) *Und mit dem hast du von Anfang an geschlafen oder erst später?*
„Nein, von Anfang an."
(I_1) *Und wie lange hat die Beziehung gehalten mit ihm ungefähr?*
„Zwei Jahre."
(I_1) *Wann hast du angefangen, auf den Strich zu gehen für ihn?*
„Erst mit 18."
(I_1) *Warst du mit ihm da nicht mehr zusammen?*
„Nein.. aber ich konnte es einfach nicht vergessen.. *Er* war nicht mehr mit *mir* zusammen."
(I_1) *Aber du hast dich noch an ihn gebunden gefühlt?*
„Jaja. Ich hab immer noch gehofft, er kommt wieder. (Pause) Sicher!!"
(I_1) *Und in der Zeit, wo du gehofft hast, er kommt wieder, hast du auch mit Drücken angefangen?*
„Jaja.. Da hab ich einen Freier gehabt und.. bäh! Da mußt ich schnell ins Badezimmer, und dann hab ich schnell gekotzt, und dann hab ich schnell einen Schuß gemacht, und dann bin ich wieder gegangen. So, du!"
(I_1) *Wieso ist dein Freund weggegangen?*
„Ja, er hatte immer Angst.. weißt du, er war so auf dem Geldtrip – ich hab's ja schon gesagt – er wollt in zwei Jahren einen Lamborghini, in drei Jahren einen Privatclub, in vier Jahren (lacht) und so.. Und dann hat er immer so Frauen gekannt, so verheiratete, so 30jährige Frauen mit Geld, so Cafe-Besitzerinnen oder weiß der Teufel was. Und dann hat er immer gesagt, sie gibt mir mehr und so. Und ich war noch in der Lehre, und ich hab gearbeitet den ganzen Tag, ich war fertig mit der Lehre.. ich hab ihm immer alles gegeben. Ich hab von morgens acht Uhr bis abends um halb sieben Uhr als Verkäuferin gearbeitet, und von abends um sieben bis nachts um eins hab ich noch serviert, oder? Und es war immer noch zu wenig. Du, das war so ein.. mit der Zeit wurde ich richtig krank."
(I_1) *Was fühlst du denn jetzt ihm gegenüber?*
„Irgendwie.. veracht ich ihn. Also jetzt ist er im Gefängnis. Er hat gedealt und so; aber ich weiß genau, er könnte jetzt wiederkommen und könnte irgendetwas erzählen – ich würde wieder machen, was er sagt."

(I_2) *Meinst du wirklich?*
„Nicht wirklich.. Nein, ich weiß es nicht. Aber.. irgendwie kommt mir das trotzdem immer.. weißt du.. es war nicht schön, und es war nicht gut, und ich war sicher nicht glücklich und so – wir hatten immer Schlägereien – aber.. irgendwie.. vielleicht hat mich das doch fasziniert.. ich hab trotzdem eben vielleicht gerade an den Schlägen und dem Theater hab ich immer noch das Gefühl gehabt, es ginge um mich, obwohl ich weiß, daß es ums Geld ging und so. Aber.. aber das war noch ein gutes Gefühl. Ich redete es mir einfach ein, bis ich's glaubte. *Jetzt* kann ich das nicht mehr.. Ich habe wirklich etwa drei Jahre gewartet. Es ist wirklich.. als ich in dieser Klinik war, ist er mich immer besuchen gekommen, hat mir Geschenke gebracht und so.. und da hab ich's gesehen, weißt du, er hat jetzt.. unterdessen hat es ihm irgendwie ‚klick' gemacht, hier, und er hat gemerkt, daß ich wirklich etwas investierte und so. Und jetzt war er *der*, den ich eigentlich wollte mit.. mit 16 Jahren. Aber *ich* war nicht mehr dieselbe."
(I_2) *Ich versteh: jetzt unter diesen Umständen könntest du ihn auch wiedersehen, klar! Aber damals.. gut, es war auch Liebe da damals, und du hast dich sofort, weil du Liebe nie hattest, hundertfünfzigprozentig von ihm abhängig gemacht. Ich mein, heute wär die Situation vielleicht anders.*
„Jaja."
(I_1) *Du, was dich am meisten an ihm angetörnt hat.. du hast so was gesagt wie: er hat richtig Gefühle gezeigt, in den Schlägereien und so. Da hast du zum ersten Mal gemerkt, daß jemand da ist, oder gedacht, daß jemand da ist. Meinst du, das war das Wichtigste an ihm?*
„Ja, ich hab eben daran geglaubt, daß es *das* ist. Ich weiß, daß es damals.. ich hab ihm doch Geld gebracht, obwohl er immer sagte, es sei zu wenig und Gottfried Stutz und so! Aber er wollte einfach mehr, und er hatte schon Angst, daß er auch das noch verliert, was ich ihm bringe. Aber ich hatte wirklich immer das Gefühl, es ginge um mich.. Ich hab nicht drunter gelitten, ihm das Geld zu geben.. das war mir weniger wert.. ich hab das gern gemacht."
(I_1) *Und das Gefühl hast du heute auch? Es ist nur der Kopf, der sagt, daß es nur ums Geld ging?*
„Ja jetzt in bezug auf ihn nicht mehr."

Fortsetzung Sexualität – Beziehung zu Mädchen:
(I_1) *Wann hast du denn das erste Mal mit Mädchen geschlafen?*
„Ja nachdem das da in die Brüche ging mit diesem Freund.. mit 17 und so."
(I_1) *Und wie ist das gewesen?*
„Hat mich schon mehr.. erfreut."
(I_1) *Wie hast du denn das Mädchen kennengelernt – kannst du das erzählen?*
„Aus (einem Lokal). Weißt du.. das sind alles die Leute aus dem Untergrund. Es sind so einige wenige Restaurants gewesen, wo man verkehrte in Z. Man hat alle gekannt. Es waren nicht nur Fixer, es waren auch sonst.. irgend Ausgeflippte und so. Und das Mädchen, das war wirklich.. gut. Wir hatten da noch zusammen gewohnt und so.. und sie kam.. schon lange Zeit vor mir kam sie dann in diese.. psychiatrische Klinik, weil sie .. sie wurde.. Da hatten wir diesen Club, der jetzt (XY) heißt, und da verkehrten diese Leute alle, und da kamen auch oft die Rocker, so um zwei, drei, die haben der Reihe nach alle vergewaltigt (lacht). Und da ist sie dann irgendwie.. hat sie angefangen so komisch und so, und dann ist sie dann schon etwa ein halbes Jahr vor mir ist sie in diese Klinik gekommen.
(I_1) *Weißt du, mich interessiert daran was: ich hab schon ziemlich viele Jungen kennengelernt, die ich gern mag, oder in die ich vielleicht verliebt bin oder so. Ich hab nie mit ihnen richtig schlafen können, obwohl ichs ein paarmal versucht hab. Und jetzt würd ich gerne wissen, ob das für dich ein ganz neuer Schritt war, oder ob es ganz leicht ging, oder was da los war.*
„Es ging ... nicht leicht. Aber ... ich hab einfach das Risiko auf mich genommen, und schlußendlich hat es mich aufgestellt."
I_2 sagt sinngemäß: ihm ginge es auch so, obwohl er vom Kopf her wisse, daß es möglich sein müsse, Erfahrungen sammeln usw.
„Weißt du, ich glaub, es kann schon sein, wenn es für dich mehr eine Erfahrung ist als ein Bedürfnis, daß das ..."
(I_2) *Klar, das ist nur im Kopf!*
(I_1) *Bei mir war's durchaus schon ein Bedürfnis. Bin mit nem Jungen im Bett gelegen und.. der hat mich angefaßt.. es hätt mich eigentlich aufstellen sollen, weil ich ihn mochte. 'n bißchen hat's mich auch aufgestellt. Hab auch'n Orgasmus gehabt.. aber ich konnt mich dann nicht fallenlassen. 's war eben.. sehr mechanisch irgendwie.*

„Glaubst du nicht, daß da noch recht viel unsere ganze Erziehung mitspielt?"
(I_1) *Sicher glaub ich das, aber was hilft's mir! ... Hat sie dich führen können, hat sie dir's leicht gemacht?*
„Es war komisch. Ich hab zuerst gar nicht dran gedacht. Wir sind nach Hause gegangen, da haben wir so gequatscht.. und Sachen erzählt irgendwie, das war so gut. Ich habe dann.. ein gutes Gefühl gehabt und habe gedacht, jetzt will ich einfach nicht nach Hause gehen, jetzt komm ich zu dir. Sie hat gesagt, es ist gut und so. 's war mir wirklich kein Bedürfnis, ich hab mir keine Gedanken gemacht oder so, wegen Mädchen, aber.. nachher hatt ich schon das Bedürfnis. Für mich war es schon eine Erfahrung – also gut, das kam natürlich auch von meinen Freund und so. Ich hab nachher gedacht, also eine Frau weiß viel besser, was eine Frau braucht und das ganze Zeug drum und dran. Und das war schon so, daß wir einander recht aufstellen konnten und.. recht gut, weißt du, auch das Ganze.. alles ablegen konnten irgendwie. Viel besser, als ich das kann, wenn ich mit jemandem das erste Mal zusammen bin oder so."
(I_2) *Hast du mit ihr denn keinen Orgasmus gehabt?*
„Schon nicht, aber es ging mir einfach gut. Weißt du, das ist eben schon der Unterschied, das ist also ein großer Unterschied, und das unterscheidet sich bei mir wirklich bei den Frauen von den Männern, weil.. mit den Mädchen – nicht mit allen – mit zwei, drei Mädchen hatte ich wirklich recht gute Beziehungen, auch im Bett oder sexuell und so. Aber bei den Männern regelmäßig, da bekam ich.. weißt du, nur zum Beispiel.. es ist blödsinnig, aber.. so.. wenn jemand auf mir liegt oder so, da bekomm ich so Platzangst und keine Luft mehr.. auch sonst, ich kann mich, ich habe das gelernt, so auf der Straße und auch sonst, bei den Dealern, weißt du, wenn ich kein Geld hatte, mich zu überwinden, aber.. s'ist eben doch anders, wenn ich morgens, oder wann es ist, mitten in der Nacht, nach Hause gehe oder auf die Toilette und heule und so, als wenn ich denke, ich hatte es ja jetzt gut und so, und ich möchte wiederkommen. Als wenn ich denke, wann *muß* ich das nächste Mal. Und das war für mich schon wichtig, die Erfahrung zu machen, daß es eben nicht so sein muß. Jetzt ist es schon nicht mehr so, daß sich das *so* unterscheidet, die Männer von

den Frauen, es.. kann beides bei beiden der Fall sein, und ich weiß das auch. Aber damals war das recht wichtig. Ich hatte wirklich.. ich hatte wirklich 'n Horror. Hab auch damals aufgehört, auf den Strich zu gehen, und hab auf mich genommen, daß ich meinen Freund verliere. Ich konnte wirklich nicht mehr .. das Theater und.."

(I_1) *Wann bist du denn das letzte Mal auf den Strich gegangen?*
„Ja etwa vor einem Jahr ..."

(I_2) *Hast du das Gefühl, du würdest es wieder machen?*
„Jaja. Jetzt bin ich *so* in einer blöden Lage, hab so Schulden, weißt du, Gerichtskasse und so Zeugs. Jetzt überleg ich's mir wirklich. Ich kann auch nicht hier hinkommen, ich müßte direkt ein Zimmer mieten oder ... Und weißt du, so Zeug ist damit verbunden."

Zur Kritik der bürgerlichen Psychiatrie:
„Nach dem Spital ging ich in die psychiatrische Klinik, und gerade in so einer psychiatrischen Klinik hast du einfach zwei Möglichkeiten: Weil.. weil, verstehst du, man trampt (= trampelt) auf dir, bis du entweder – anders gesagt, man sagt dir dauernd, du bist der letzte Mensch, bis du's entweder glaubst, oder du sagst, du bist der erste und stellst das Gleichgewicht her. Oder man trampt auf dir, bis du entweder ein Zertrampter bist oder .. oder du läßt dich nicht zertrampen und dann bist du gesund."

(I_2) *Du, da wollen wir mal Klarheit schaffen in dem Punkt! Da stimm ich dir völlig zu, das seh ich auch so, und das ist völlig korrekt. Das ist auch nicht die Alternative. Die Psychiatrie ist nicht die Alternative. Die Psychiatrie ist kaputt..*

(I_3) *.. da beweist dir niemand, daß es das gibt, was du suchst.*

(I_2) *.. mindestens die bürgerliche Psychiatrie, mindestens das Burghölzli!*[48]

(I_3) *.. da kümmern sich Leute um dich, die dich überhaupt nicht kennen.*

„Verstehst du.. da gibt es im Jahre 1973 so ‚Arbeitstherapie'. Da bist du in einer Zelle, auf einer geschlossenen Abteilung, da kommen so am Morgen – also du brauchst es nicht zu glauben, ich sag nur, daß du nachschauen kannst, Längstraße 31 – da

[48] **Eine der angesehensten und traditionsreichsten bürgerlichen psychiatrischen Institutionen Europas – das muß man sich bei den folgenden Schilderungen immer vor Augen halten!**

kommen so am Morgen so eine Kiste mit irrsinnig vielen Schnüren. Und du kannst den Tag so Knöpfe (= Knoten) in die Schnüre machen. Und.. und das ist ‚Arbeitstherapie'. Und am nächsten Tage gehen die.."

(I_2) *.. kannst die Schnüre wieder aufmachen, wie?*

„. . . ja, auf die nächste Abteilung. Die können die Schnüre wieder aufmachen."

(I_2) *Echt wahr?*

„Ja. Du, bis vor drei Wochen!"

(I_2) *Das ist ja ein echter Horror! (lachen) Das ist die führende psychiatrische Klinik!*

„Und wenn du noch irgendwie nicht allzu schizophren.. ich mein', wenn deine Stimmen, oder was du dann hast, nicht zu .. schlimm sind, dann kanst du noch in die Fabrik. Es hat so eine Extra-Fabrik, die stellen so für die Ciba-Geigy, weist du, so.. weiß nicht was, Roche[49] und so, stellen die so.. da kannst du so Säcke kleben, Medikamenten-Säcke kannst du kleben oder Zahnstocher abfüllen in Schächtelchen. Das kannst du einen Monat machen, acht Stunden am Tag, und dann kriegst du – diese Fabrik macht 33 000 sfr Profit im Monat – und als Arbeiter oder Patient kriegst du, wenn du halbtags arbeitest, eine halbe Schokolade im Monat, und wenn du ganztags arbeitest, ein Paket Zigaretten. Verstehst du! Und ich.. ich konnte das wirklich nicht. Zuerst hab ich dem Psychiater, also meinem Fall-Arzt, gesagt, ich gehe nicht, und dann hat er mich gezwungen, und dann bin ich einfach zwei Tage am Boden gelegen und hab keinen Laut getan.. und dann ist es einfach dem Abteilungschef zu blöd gewesen und dann sagte er, ich brauche nicht mehr zu kommen. Hab ich gesagt, dem Arzt, ich schreibe ein Buch, da hat er mich in Ruhe gelassen."

(I_2) *Nein, Mensch!*

„Also wirklich.. verstehst du, wenn mich jetzt die Polizei erwischt.. ich kann nicht mehr in den Knast, ich bin jetzt haftunfähig. Ich hab mal.. weißt du, als ich in (XY) war, das ist ein Frauengefängnis – wenn du mehr als fünf Monate hast, mußt du dorthin, sonst kommst du ins Bezirksgefängnis –, da hatte ich so eine Paranoia, also ich hab gedacht.. also ich konnte das nicht überleben. Da hab ich .. so mit einer Rasier-

[49] Hoffmann-La Roche

klinge hab ich alles aufgeschnitten (lacht). Da bin ich immer noch nicht gestorben, dann hab ich die Matratze angezündet und hab mich draufgelegt. Bin ich so mit Brandwunden und so Zeug ins Spital gekommen. Also ich wollte dort nicht mehr sterben, ich wollte einfach weggehen. Und ich hab gewußt, daß ich zuerst ins Spital komme und nachher wieder in die psychiatrische Klinik. So ist es auch gegangen. Aber in der psychiatrischen konnt ich auch nicht mehr weggehen.. kam ich einfach in die Zelle. Aber eben, jetzt ist es einfach so, daß ich wirklich endlich weggehen muß oder.. ich weiß nicht was. Es muß ein Wunder geschehen."

Genese eines Rückfalls:
Das Schema: Konflikte wachsen an, Rückzug auf sich selbst.
(I_1) *Aber ich möcht vorher noch mal auf den Punkt ein bißchen deutlicher: Du bist aus der Klinik gekommen, bist hierher gekommen, der Typ hat dich rausgeholt. Und jetzt bist du den ersten Tag hier und brauchst nicht zu schießen, kommst irgendwie klar, den zweiten Tag kommst du auch noch irgendwie klar, und am dritten Tag kommen Depressionen und jetzt sagst du: weil du nicht arbeiten konntest ...*
„Nein, da hab ich noch nicht gearbeitet, aber es war eben schon das, daß ich auf einmal gemerkt habe, aha, jetzt bin ich da (hier in der Gruppe) und.. und jetzt bin ich da verpflichtet da, mit jemandem zu schlafen, obwohl ich das gar nicht will. Ich bin verpflichtet, das und das zu machen, obwohl ich gar nicht will. Und jetzt bin ich wieder genau gleich da, als ob ich bei irgend.. irgendeinem Chef bin und nicht sagen kann, daß ich das gar nicht will – der Chef versteht das wirklich noch eher als die Leute hier!
(I_2) *Du, was hast du denn zu der F (von der vorhin die Rede war) für ne Beziehung? Kannst du's der auch nicht sagen, daß du hier falsch bist?*
„Du, ich hatte eine recht gute Beziehung.."
(I_2) *„Hattest"?*
„Ja."
(I_1) *Ist die in die Brüche gegangen?*
„Ja weißt du.. ich weiß nicht, ob du den Peter kennst, den Typ, mit dem sie verheiratet ist.. er ist so ein Typ.. er kann stundenlang kann er dir Vorträge halten, zum Beispiel über

Eifersucht – er ist Arzt. Da denkst du: ja, der hat überlegt, der ist wirklich.. Und dann nachher hat er einmal Nachtschicht, und dann alle halbe Stunde läutet das Telefon: Oh, F, bist du allein! Sag mal, wenn du einen Freund hast, ich bin nicht eifersüchtig.. Da war ich noch bei Michael in der Therapie, und da hat er.. da hab ich nie schlafen können, und der Michael wollte mir keine Medikamente geben, weil er gedacht hat, naja, jetzt will ich da.., und so. Und danach hat er (Peter) immer gesagt: Hör zu, Erika, wenn du nicht schlafen kannst, dann komm doch zu mir und dann plaudern wir ein bißchen und dann nachher kannst du schlafen. Und.. und ich hab die F von Anfang an recht gut gemocht.. hatte auch nicht das Bedürfnis, da mit Peter irgendwie.. zu ficken oder so. Und dann bin ich nie gegangen. Und eines Nachts, eines dunklen Nachts, bin ich hellwach, da ist er unter die Decke gekommen, da hab ich ihm gesagt: es scheißt mich wirklich an, geh in dein Bett und so! Und dann war er mir furchtbar böse; etwa zwei Monate hat er nicht mit mir gesprochen, und nachher hat er immer drauf gepocht, daß ich jetzt geh. Und hat recht viele Freundinnen und so. Und die F, die war wirklich.. die hatte nur noch gekocht und nach den Kindern geschaut, am Morgen ist sie aufgestanden, hat das Morgenessen gemacht und die beiden geweckt und so. Das hat mir wirklich abgestellt. Und.. weißt du, sie ist wirklich zu gut, sie hat immer alles gemacht."

(I_1) *Und meinst du, heute ist das Verhältnis so zu der F, daß du auch nicht mit ihr reden könntest, wie's hier ist?*

„Doch, doch! Verstehst du, ich geh ziemlich oft zu ihr jetzt, wo sie jetzt wohnen.. aber immer einfach, wenn Peter Nachtschicht hat."

(I_1) *Na kuck mal, sie denkt doch jetzt immer noch, daß du hier ganz gut aufgehoben bist, daß du bald in die Polit-Scene einsteigst, und den ganzen Schmarrn glaubt sie doch!*

„Woher weißt du das?"

(I_1) *Hat sie gesagt. So richtig scheinst du nicht mit ihr sprechen zu können, also mit gar niemandem eigentlich. Bleibt nur die Fix.*

„Nein, aber ich kann das doch nicht sagen! Sie arbeitet immerhin in (der Drogenberatungsstelle), und (diese Stelle) ist eine Zweigstation vom Burghölzli und ich.. und ich.. ich kann einfach mir nicht leisten, so etwas zu sagen, auch meinem Arzt nicht, ich habe wirklich immer Angst ... Der Arzt, der hat das schon gemerkt und hat gesagt: ha, kommen Sie doch wieder, bevor Sie wieder rückfällig werden und so. Ich bin schon lang rückfällig geworden! Und.. und also *noch* einmal, also.. nein! Also wirklich, da lauf ich Amok, das nächste Mal! Und es hat eben auch nichts genützt, es ist jetzt das vierte Mal – es hat nichts genützt. Ich hab mir gesagt: entweder jetzt oder nie! Ich sag's mir immer noch, ich hab immer noch das Gefühl, ja, jetzt geht es schon."

(I_1) *Wie hoch bist du dosiert inzwischen?*

„Ja, ich mach immer noch erst einen Schuß.. aber eben Heroin, das hängt an."

(I_1) *Seit knapp drei Wochen, und da mußtest du noch nicht erhöhen?*

(Pause) „Ja, also gut.. nein, also ich bin wirklich bei einem Schuß, aber ich hab die Dosis erhöht. Aber.. verstehst du, ich muß auch schauen: man darf nichts sehen. Ich muß da immer hinten suchen und.. Aber verstehst du – du glaubst das ja doch nicht – aber ich möchte das wirklich nicht. 's scheißt mich wirklich an und so.. und jetzt bin ich auch nicht so körperlich .. jetzt hab ich mich schon erholt und so.. Verstehst du, am Morgen, wenn ich mit dem Tram zur Arbeit geh.. ich hab das schon probiert, in ein Tram zu gehen: ich muß aussteigen nach zwei Stationen. Ich bring das einfach nicht mehr."

(I_2) *Ich seh nur, daß du schon wieder ringsum von Zwängen umstellt bist. Das ist wie ein Schachspiel: du kannst immer wieder weniger Züge tun, bist schon fast matt ...*

(I_1) *Die Züge, die jetzt noch kommen, die sind doch schon alle vorgeschrieben!*

„Ich weiß, auf was es herauskommt. Aber ich hab.. entweder .. entweder spiel ich sowieso allen einen Streich.."

(I_1) *Du spielst nur immer dir'n Streich!*

„Nein, das glaub ich nicht! Wenn ich mir einen Streich spiele, dann kann es nur schlechter werden ..."

(I_1) *Du kannst natürlich sagen, das Burghölzli ist schlechter als 20 Heroin-Schüsse ...*

„Nein! Ich find beides gleich schlecht.."

(I_1) *Ich mein', was kostet ein Gramm Heroin zur Zeit? 500 Franken?*

„Dreihundert."

(I_1) *Das ist reichlich viel für vier Schüsse..*
„Du, aber.. das mußt du schon auch sehen: ich sehe wirklich keine große andere Möglichkeit.."
(I_1) *Ich glaub, solange du in 'ner Umgebung bist, wo du irgendwo lügen mußt, was vormachen mußt, Theater, so lange kannst du auch nicht ohne Gift auskommen.*
„Du, dann kann ich jetzt noch.. heute abend mir die Kugel geben. Du kannst doch hingehen, wo du willst auf dieser Welt ..."
(I_1) *Ich glaub, das muß nicht immer so viel sein, wie du hier vorspielst. Ich glaub schon, daß es ehrlichere Situationen gibt .*
(I_2) .. *selbst in diesem System..*
(I_1) .. *wo die Leute auch nicht so sehr von d i r abhängig sind, wie der Typ hier. Der ist ja total von dir abhängig, will dich ja. Dadurch ist das ja so gegenseitig und hoffnungslos. Du kannst schon dahin kommen.. wo Leute nicht so von dir abhängig sind.*
„Ja, verstehst du, ich glaub dir das, nur hab ich das noch nie gesehen ..."

Enttäuschung in Beziehungen:
„Verstehst du, also heute glaub ich, daß ich diese Beziehung nur haben konnte oder aufrechterhalten, weil ich mich anschließen konnte. Aber die Initiative zu ergreifen, da hab ich wirklich nicht mehr den Mut dazu. Es liegt mir nicht. Ich glaub da zu wenig an den anderen oder so. Es ist mir zu wenig wichtig vielleicht, es liegt mir gar nicht so viel dran."
(I_3) *Da glaubst du ja selbst nicht dran!*
„Ja doch!.. Es liegt mir.. ja es liegt mir wenig dran, weil mir viel dran liegt; und weil mir viel dran liegt, mag ich.. hab ich.."
(I_2) .. *hast du aufgegeben!*
„Jaja!"
Am Ende dieses Gesprächsabschnitts:
(I_1) *Weißt du, was für'n Eindruck du auf mich machst, jetzt, seit wir uns kennen?*
E weint lange.

E vergleicht sich mit ihrem Vater:
(I_1) *Wie meinst du, daß er ist, wie du und du wie er?*

„Er ist feige, weißt du, und ängstlich, unsicher irgendwie. Seine Droge ist jetzt einfach die Arbeit, aber auch das.. aus einem Minderwertigkeitskomplex heraus. Du kannst ihm etwas sagen, weißt du, so politische Diskussionen.. und du weißt genau, er greift dich nie an. Aber er gibt dir auch nicht recht. Er ist so der Typ: Ja, du hast recht, ich versteh schon, aber..! Und du kannst ihm etwas sagen, ganz deutlich – er sagt nicht, du bist ein Schwein, das stimmt nicht oder so; er beginnt so zu zittern, heult fast, wirft die Hände."

(I_1) *Und das kannst du auch alles bei dir wiederfinden?*

„Ja, ich bin auch nicht so.. ehrlich eigentlich, sonst wär ich jetzt gar nicht mehr hier.. Ich bin auch feige, oder!.."

(I_2) *Klar, du sagst von dir, du bist feige. Das ist das Ding mit dem Verstecken ...*

„Ja, und auch so: ich hab mir schon überlegt, zum Beispiel die Selbstmordversuche (sinngemäß) die gehen nicht daneben, wenn du nicht feige bist. (Weiter wörtlich) 's gibt viel so Sachen. Auch mit den Leuten: ich will niemand wehtun. Indem ich niemand wehtu, tu ich oft noch mir weh ..."

Die unehrlichen und ausbeuterischen Beziehungen der Drogen-Scene:

E erzählt, daß zwei Leute sie an die Bullen verpfiffen hätten.

(I_1) *Hast du denen was verkauft?*

„Nein, eben nicht!"

(I_1) *Wie war denn die ganze Geschichte?*

„Naja, sie hatten Schulden (bei E) und.. und ich hab ihnen.. zuerst hab ich immer geschenkt und geschenkt, und dann konnt ich nicht mehr und dann hab ich auf Kredit gegeben, und dann hab ich gesagt: jetzt, wenn du schon die Schulden nicht bezahlst, bezahlst du, was du jetzt kaufst. Dann ... irgendwie.. sie sind nicht zur Polizei gegangen, aber sie wollten einen Bruch machen, die Typen, und es ist nicht gelungen, und dann haben sie.. sie haben nicht nur mich verpfiffen, aber mich auch.

(I_1) *Und die Polizei hat sie dafür laufen lassen?*

„Nein, nein! Sie hatten schon so Versprechen gemacht, die meistens nicht.. zum Beispiel da.. das mit diesem Anarchisten-Theater, was das letzte Jahr passierte: da haben sie auch vor Gericht oder in den Verhören gesagt: ja, nenn die Namen, dann kommst du besser weg! Dort hat tatsächlich einer gesungen und bekam zwei Jahre und die anderen bekamen (weniger).. In der Verzweiflung, auf dem Entzug – also, ich bin entschuldigt (lacht), nein, ich bin nicht entschuldigt! – hab ich so.. bin ich vor dem Turm (Lokal) gestanden, hab nichts gehabt. Hab ich zu jedem gesagt: Brauchst du trips, brauchst du shit? Und nachher haben die mir das Geld gegeben, so 200 Franken, hab ich gesagt, ich komme gleich wieder, und bin zum hinteren Ausgang rausgegangen."

(I_1) *Hast mal jemanden wiedergetroffen, den du gelinkt hast?*

„Ja, du! Ich hab dann recht auf's Dach bekommen!"

(I_1) *Was heißt: „auf's Dach bekommen"?*

„Naja, Schlägereien und so."

(I_1) *Bist richtig verprügelt worden?*

„Ja.. aber ich mach's jetzt noch manchmal."

(I_1) *Wie kommst du denn zur Zeit klar mit dem Geld?*

„Überhaupt nicht; ich komm überhaupt nicht klar. Ich hab immer zu wenig."

(I_1) *Woher kriegst du das Geld jetzt?*

„Jetzt arbeite ich (Putz-Job)."

(I_1) *Das reicht doch nicht!*

„Eben nicht! Darum muß ich immer so.. so Geschäfte machen, vermitteln mit jemandem, der nicht existiert. Ich hab schon, du.. ich hab schon (lacht) Assugrin gefärbt und (als trips) verkauft. Ich hab gesagt: du, ich weiß nicht, ich hab das bekommen, ich hab nicht probiert. So hab ich immer gesagt zur Sicherung. Dann hab ich auch mal kein Assugrin mehr gehabt, dann am Sonntag, da hab ich Käse noch gefunden im Kühlschrank und hab so (lacht) ‚piece'-chen gemacht aus Käse, und in Silberpapier hab ich die eingewickelt. Und dann hab ich die einfach so in die Hände gedrückt, und hab das Geld genommen und bin gegangen.. Das hat aber niemand nachgeschaut! Ich schau immer nach!.. Ich kann das nicht verstehen. Nur.. sie können mir dankbar sein, haben wieder etwas gelernt, oder? Das passiert ihnen nur einmal, daß du mit Käse dastehst für 50 Franken (lachen)."

058 Ludwig (Schweiz)

22 Jahre, total chaotische Familiensituation; im Groben: von 0 bis 6 Pflegeeltern, bis 13 bei Mutter und Stiefvater, bis 15 häufiger Wechsel zwischen Eltern und Pflegeeltern, bis 17 Heim; mit 17 endgültig selbständig gemacht; Mutter: aufgestiegene US; betrachtet sich als unerwünscht, zum erstenmal mit 11 von zu Hause abgehauen, später noch öfter; 2 Berufsausbildungen abgebrochen.
Reichhaltige Drogenerfahrung, oral in allen Arten, geschnupft usw., aber wenig gedrückt (wenn, dann O); stark gedealt, auch gelinkt.

L hat starke Sprachstörungen (Stottern). Er wurde von seiner Mutter sofort nach seiner Geburt in Pflege gebracht; er sieht eher diese Pflegeeltern als seine Mutter als die richtigen Eltern an.
L und die beiden Interviewer beginnen das Interview mit einer Unterhaltung über Partnerbeziehungen. L schildert sich folgendermaßen: früher sei er sehr eifersüchtig gewesen; heute sage er, wenn er merke, daß seine Freundin auf einen andern steht: geh doch hin zu ihm. Er bringe das ganz cool. (Tatsächlich scheint es uns, daß er einen naiven Männerstandpunkt ideologisch in Emanzipationsforderungen verkleidet, mit denen er seine Partner überfordert.)
Zu L's Lebensgeschichte: Er wurde unehelich geboren, kommt unmittelbar nach seiner Geburt zu Pflegeeltern. Inzwischen heiratet die Mutter, aber nicht L's leiblichen Vater, sondern einen anderen Mann. Mit drei Jahren kommt L ein halbes Jahr zu den beiden, danach bis 6 wieder zurück zu seinen Pflegeeltern. Als L sechs ist, heiratet seine Mutter zum zweiten Mal, und von 6 bis 13 lebt er bei ihr und deren zweitem Mann. Als L 13 ist, läßt sich seine Mutter wieder scheiden: L geht wieder ein halbes Jahr zu seinen Pflegeeltern, lebt auch teilweise mit seiner Mutter allein. Mutter heiratet zum dritten Mal einen Mann mit Geld. Von 15 bis 17 lebt L im Heim, dann Knast und Psychiatrie; danach in verschiedenen Gruppen.
„Meine Mutter hab ich nie toleriert.. nie als Mutter gesehen."
Die Beziehungen zu seinen Pflegeeltern, die er eigentlich als seine Eltern ansieht, dauerten an, bis L 19, 20 war. Damals – sie sind „streng katholisch" – kam seine Drogensache raus, er brach die Lehre ab usw., und das war nach L's Meinung wohl zuviel für sie.
L ist das erste Mal mit 11 von zu Hause abgehauen; danach

nochmals mit 14 – damals ist er direkt von der Schule aus nach Frankreich getrampt, hat die Opferstöcke in den Kirchen ausgenommen, um Geld zum Leben zu haben. Als er sich eine neue Hose kaufen wollte, weil die alte zerrissen war, und mit einer Tasche voll Kleingeld bezahlen wollte, erregte er Verdacht und wurde „gebustet" (busted).
L erzählt von seiner Mutter zugleich mit Stolz und Reserviertheit:
„... also, eine Zeit war sie im Irrenhaus Krankenpflegerin, eine Zeit war sie Serviertochter, eine Zeit war sie Taxichauffeuse – übrigens die erste in B; die erste in B, die's gab! ..."
Muß ne gute Frau gewesen sein..
„Das is ne starke Frau, sah wahnsinnig aus.."
Ja..
„..ziemlich stark. Ich mein, sie ist total kalt im Gefühl, das ist die Scheiße, aber sie hat was zu zeigen ... Die hat mit 18 hat sie die Motorradprüfung gemacht, auf ner Harley-Davidson (??), kannst dir vorstellen! Damals! Die Typen sind ausgefreakt!"
Hat sie schon immer gute connections zu Typen gehabt?
„Da war'n Ding, das weiß ich noch genau: In der Schweiz bekommst du Schüler-Stoff, wenn du minderbemittelt bist, also Kleider von der Schule, die bezahlen dir das.. im Kleidergeschäft. Und die hatte damals 'n Mann, der hatte mehr Geld als das Minimum. Also hätt sie nichts gekriegt. Und was macht die? Die bumst mit dem Fürsorger und kriegt den Schülerstoff."
Sie sei wohl „ziemlich intelligent" gewesen, das schließt L daraus, daß sie ihrem Mann, der kaufmännischer Angestellter war, sagte: „ ‚Du bist ein Dorftrottel, das begreifst du nicht ganz!' " Vielleicht sei sie sogar ins Gymnasium gegangen (das weiß L nicht so genau – sicher aber idealisiert er seine Mutter): „ich hab mich selten für sie interessiert". L's leiblicher Vater, den sie nie geheiratet hat (s.u.), war Briefträger und Schreiner. Nochmals zur Mutter: „Ich weiß nur, daß sie ne recht gute Frau war, mit wahnsinnig vielen Männern. Das erzählen mir auch meine Pflegeeltern."
Aber für dich relativ wenig Zeit gehabt hat damals ...
„Nee, die hab ich, glaub ich.. das erste Mal, wo ich mich an sie erinnern kann, daß ich sie kenn, ist von dem halben Jahr nach den drei Jahren. Da seh ich sie zum ersten Mal in meinen Bildern ..."

Hast du ne Ahnung, ob du damals 'n erwünschtes Kind warst oder nicht? Vermutlich eher nicht?
„Ich denk nicht! Ich weiß nur, das hat mir meine Pflegemutter erzählt, daß sie mich verheimlicht hat. Sie hat (...) angehabt, daß man den Bauch nicht sieht, und die Mutter von ihr wußte, bis sie heiratete, also nach drei Jahren, nichts von mir. Wußte nicht, daß ich hier bin."
Hat sie dich auch an einem anderen Ort zur Welt gebracht?
„Sie ist sowieso schon lang nicht mehr bei den Eltern gewesen. Sie ist, glaub ich, mit 16 oder Maximum 17 ausgedropt von den Eltern; die wohnten in S und sie ist nach B gezogen."
Ist sie echt ausgedropt da?
„Aber eben auf die Art, wie's viele Frauen machen: sie ist damals schon emanzipiert und hat auch leider die Stellung vom Mann eingenommen – nicht die Gleichberechtigung, sondern die alte Stellung vom Mann. Und dazu kommt, daß sie frigide ist, also gefühlskalt.."
..das sagt sie selber dir gegenüber?
„Nee, das sagen ihre späteren Männer. Die haben dann langsam Komplexe, weil sie sie nie befriedigen konnten. Sie sagt von sich nicht, daß sie's ist. Aber die Männer sagen das. Der eine hat sechs oder sieben Jahre mit ihr gewohnt, also verheiratet, und sie nicht ein einziges Mal befriedigt war."
Und weißt du sonst was über Konflikte zwischen ihr und ihren Eltern oder so, als du zur Welt kamst?
„Ich weiß nur, daß es bei uns irgendwie in der Familie.. meine Großmutter, von der Mutter her, die ist fünfmal verheiratet."
Die hat bestimmt Verständnis gehabt (lachen)!
„Ja klar, die hat auch mit ihr (L's Mutter) wieder Kontakt gehabt – später. Das war ne recht robuste Frau."
Hast du sie noch erlebt?
„Die hab ich erlebt!"
Im guten Sinn erlebt oder wie?
„Ach, das is ne Frau, wie kann man das erklären? Die ist größer als ich – die ist 1.99 und ich 1.97, aber ich kann mich hinter sie stellen, daß du mich nicht siehst. So'n Ding! Raucht glaub ich seit 30 Jahren Gauloises, oder seit 25 Jahren, Gauloises blau, ohne! Und ist Alkoholikerin!"
Aber noch nicht ganz kaputt körperlich?

„Nö, die ist total fit.. Ich hab sie seit vier, fünf Jahren oder sechs sogar nicht mehr gesehen. Damals war das ne Frau: wenn du ihr auf den Hintern klopfst, war was los. Die hat, glaub ich, drei oder vier Männer überlebt. Die haben den Schirm zugemacht, und sie hat wieder geheiratet. Also nicht, daß sie sich fünfmal geschieden hat! Sie hat's klüger gemacht, sie hat sie echt ins Grab gebracht."
Seine Mutter sei total gegen das Arbeiten gewesen. Mit ihrem zweiten Alten sei's zum Beispiel so gewesen: er hat gearbeitet, sie hat ab und zu'n Job gehabt – nicht weil sie mußte, sondern weil sie wollte. Sie habe auch nie ein Eheleben geführt, sondern immer rumgebumst, mit wem sie wollte.
Und der Alte?
„Er hat's dann auch mal versucht, einmal, und dann hat sie sich scheiden lassen" (alle lachen).
Das ist echt gut, das mal anders rum zu sehen!
„Das war noch so, du: Ich mußte.. die hat'n Privatdetektiv engagiert, um dem Mann nachzugehen, um Beweise zu haben für das Gericht, mit welcher Frau er sie betrüge. Der Privatdetektiv ist dem falschen Mann nachgelaufen, hat also nicht den Vater beschattet, sondern den Falschen. Da hat sie mich engagiert, als Junge; ich hab den Vater beobachten müssen. Bin ihm nächtelang nachgelaufen."
Bist ihm auf die Spur gekommen?
„Ja klar! Ich hab das damals gern gemacht. Klar bin ich dem nachspioniert, ins Fenster reingeguckt, bin auch raufgeklettert, den Balkon oben, hab geguckt, was sie machen, ob sie jetzt bumsen oder nicht und die Sachen. Und dann der Mutter genau durchgegeben, was sie tun.. Das lief auf das hinaus bei Gericht, daß er sagte, sie habe ja ihr Leben lang herumgebumst, und sie sagte, das stimmt nicht, du hast keine Beweise.. und sie hatte Beweise."
Hat sie sich echt so durchgesetzt ihm gegenüber?
„Ja.. sie war der Mann! Sie war der Mann!" (Die Männer seien ihr unterlegen gewesen, „außer einem Typ, mein echter Vater (Idealisierung?). Den hat sie auch nie rangekriegt zum Heiraten. Der hat gleich gedacht: Ich bums noch, okay, aber nicht zum Heiraten.. Und jetzt hat sie auch'n alten senilen Opa geheiratet.."
.. mit Kies?

„..mit Kies, ja.. Das ist auch noch'n Ding! Sie hat von sämtlichen Männern, die sie hatte, für mich Alimente bezogen – zur gleichen Zeit. Sie hat mich von keinem adoptieren lassen .. Nur den Namen übernehmen, das durfte der Vater, aber mich selbst nicht. Und dann nach der Scheidung, da hat dann jeder neue Typ wieder Alimente bezahlt. So hat sie vier-, fünfmal die Alimente für mich gekriegt.. Da kannst du leben mit der Zeit von!"
Den letzten Mann (den senilen Opa) habe sie geheiratet „nur unter der Bedingung, daß sie Güter-Zusammenlegung machen. Daß sie also, wenn er stirbt, erbt oder umgekehrt, wenn sie sich trennen, die Hälfte kriegt.. Er ist Millionär, oder? Er hat Stutz! Schönes Landhaus, Pferde.. Er ist Direktor von der Chemischen.. Und jetzt hat sie natürlich, was sie will. Jetzt hat sie drei bis vier junge Gärtner (alle lachen) und all so Sachen. Das ist ne scharfe Frau! Sieht aus wie.. kennst du Zizi Zola?"
Nee.
„Das ist ne französische Sängerin, früher, mit so kurzen Haaren.."
So Pagenschnitt?
„Nee, ganz kurz. So drei, vier Millimeter. So sieht die aus!"
Wie alt ist sie?
„Ich weiß nicht genau, 42 oder 40. 40 glaub ich."
Warum gehst du nie hin?
„Ach komm! Weißt du.. ich hab mich so mit dem Alten da verkracht, sowieso, oder? Weil, er ist'n seniler Bock.. der Typ, den sie jetzt hat, ne. Er hat sein Leben lang nie gearbeitet, ja? Seine Eltern, die haben schon wahnsinnig Geld gehabt, eigene Kliniken und so. Und er hat einfach dann die Chemische übernommen, also ist reingeschleppt, als Sohn und so! Hat nie gearbeitet, und umgekehrt sagt er mir: Geh arbeiten, du mußt arbeiten und so. Das war der vierte oder fünfte Vater.. und wieder'n neuen Namen und wieder.. und er wollte mich jetzt adoptieren, also er hat keine eigenen Erben, wollte mich als Erben reinziehen in das ganze Geld. Mich hat das *so* angekotzt, hab gesagt: Komm Mann, hör auf!"
Das hat doch nichts mit i h r zu tun. Warum siehst du s i e nie? Ihr könntet doch Böcke aufeinander haben. Sie ist doch dufte, sagst du doch!
„Nee, die ist nicht dufte, du! Sie ist ne starke Frau, ganz klar!

Sie ist ne dufte Frau, um zu erzählen, was sie macht und so. Aber.. die ist kalt, weißt du! Ich hab die nie als Mutter akzeptiert, weißt du! Ich hab nie Gefühle gehabt ihr gegenüber."
Sie kommt auch nie an und will wissen, was du machst?
„Neenee! Für die bin ich schon lange nur.. ein Mittel, um mehr Alimente zu bekommen oder weiß der Teufel was! Sie ist ne starke Frau, aber ne Scheißfrau! Als Mutter! Danke, du! Ich bin bedient in der Beziehung!"
L bejaht, daß er dieses Problem mit sich rumtrage; Liebe, Mutterliebe habe er nur von seinen Pflegeeltern gekriegt.
Kannst du mal von denen 'n bißchen erzählen?
„Die waren streng katholisch, Kirchengeher. Ich war selbst nachher auch noch sieben Jahre Ministrant und so Scheiß. Und sie ist ne wirklich gute Frau, ne echte Mutter, so ne kleine Helvetia: Große Brust und alle Kinder ran, ne! Die ist wirklich echt gut, und die hat mich auch angenommen als eigenen Sohn. Ich war für sie genauso wie die andern Geschwister. Das war die Familie für mich da. Und jetzt auch.. ich weiß genau, wenn ich hingehe, kriegt sie Tränen in die Augen. Aber ich kann nicht mehr hin irgendwie, weil, 's ist zu viel für sie auch. Sie hat jetzt'n Herzfehler und hat das ganze Tamtam miterlebt, daß ich stark Drogen nehme, daß ich rein nicht mehr arbeite." Sie glaube nicht mehr, daß L es packe, ein ordentlicher Mensch zu werden, so wie sie das verstehe: „Sie hat damals in der Lehre, hat sie gesagt, jetzt wird doch noch was aus dem guten L, ja? Jetzt noch 14 Tage, dann tickt er's" (L ist nach seinen Worten 14 Tage vor der Gesellenprüfung aus der Lehre abgehauen). „Und das.. Böse war: ich war der beste Lehrling in der Firma."[50] Der Lehrmeister habe ihn hoch geschätzt, er komme „Spitze" durch (die Prüfung). „Und ich hab 14 Tage vorher hab ich gesagt: Ciao, mitnander! 's war ne Acid-Sache" (Acid = Säure = LSD).
Was war das für ne Lehre?
„Spengler ... ‚Klempner' auf deutsch."
Erzähl das nochmal, die Acid-Sache.
„Das war für mich der Ausdrop! Es hat sich über Jahre hin

[50] Bei L hat man den Eindruck, daß er vom narzißtischen Widerspruch Depression – Euphorie im Gegensatz zu den meisten Interviewten nur die euphorische Seite manifestiert.

angestaut, oder? Die ganze Sache in der Gesellschaft sehen und dann nicht wissen, was machen.. der ganze Scheiß. Daß nichts mehr von Beziehungen da ist und so. Und immer mehr und mehr. Und ich hab dann 1971 heavy acid genommen, wirklich viel, so am Tag zwei, drei, durchgehend. Ein Tag kam's dann hoch, ne!"

Bist auch auf acid zu dem job gegangen?

„Ja klar! Voll!"

Hattest du Schiß vor der Prüfung?

„Nee, im Prinzip nicht.. Ich mein, sicher, das Gefühl in dir.. Aber wie gesagt, ich war'n prima Lehrling und hätte also nicht Angst haben brauchen wegen der Prüfung. Ich mein, ich wär garantiert easy durchgekommen. Aber eben, ich hab dann das Ganze gesehen – wie im Film war das. Da hab ich sofort Schluß gemacht. Ich hab damals die Freundin gehabt, durch die ganze Lehre durch die eine Freundin. Bin stark mit ihr gegangen, wirklich. Enge Beziehung gehabt, eben ne Zweier-Beziehung. Und hab dann mit der fertig gemacht auch. Einfach gesagt: Mann, nächste Woche fahr ich nach Spanien. Und die hat das nicht mehr getickt, und der Lehrmeister kam in die Nervenklinik drei Tage. Er ist ausgeflippt total. Er war im ‚Großen Rat' in B als ein hohes Tier in B und ist echt'n guter Typ, wirklich – also menschlich gesehen. Und der hat sich jetzt gefreut, wieder mal nach Jahren 'n Spitzenlehrling zu haben, und hatte den schon ringsum bei jeder Firma rausgehängt: Ich hab jetzt'n Lehrbub, der macht Spitze, der kommt auch in die ‚Ränge' rein. Und dann läuft der dem 14 Tage vor der (Prüfung) weg! Das hat er nicht mehr getickt."

Interviewer fragt nach den Hintergründen des Weglaufens, ob er eine gute Beziehung zu ihm gehabt habe?

„Ja sicher. Er war Mensch, das ist selten im Betriebsleben."

Hatte das auch mit ihm was zu tun?

„Nein, das war nur ne Sache mit mir selbst. Weil, ich hielts da nicht mehr aus.."

Naa?!

„..Ich sah Beziehungen, die da in der Luft hingen – ich hab ziemlich viel mit Mystik gearbeitet, ziemlich viel mit Ausdrop-Sachen, mit Leary und den Sachen, wahnsinnig acid geworfen um die Zeit.. irgendwie mußte das kommen! Und ich sah praktisch von einem Tag auf den andern, praktisch von einer

Stunde auf die andere lief ein Film vor mir ab: Wohin ich komm, wenn ich weitergeh in dem Beruf, wohin ich komm, wenn ich mit der Freundin heirate und der ganze Scheiß-Krimskrams. Für mich gab's da nur noch die eine Konsequenz: Nichts wie weg!"

Nochmal auf Prüfungsangst als mögliche Ursache seines Abhauens angesprochen, meint L: Er habe auch vorher schon Prüfungs-Stress-Situationen gehabt: jedes Jahr die Zwischenprüfung. Im ersten Jahr habe er mittel abgeschnitten, und die nächsten Lehrjahre sei er immer Spitze gewesen. Die Interviewer insistieren: warum er gerade zu *dem* Zeitpunkt abgehauen sei usw.: „Es kam auch dadurch: Ich hab die Lehre nicht für mich gemacht. Ich hab die Lehre nur für meine Freundin gemacht. Schon von Anfang an.. Ich sah, wohin ich komme. Ich sah, daß ich abends vor dem Fernseher sitze und Pantoffeln anhab, und den ganzen Krimskrams." Später sagt L: er habe auch aufgehört, weil die Behörde ihm die Arbeit zur Auflage gemacht hat.

Kannst mal sagen, wie sich bis dahin die Beziehung zu deiner Freundin entwickelte? Also in e i n e m Sinn warst du doch total abhängig?

„Totale Abhängigkeit! Ich war ein Eifersuchtsgockel 1a! Ich hab Prügeleien gehabt wegen andern. Die haben da die Frau angeschaut und ich: kuck dahin! Also ausgeflippt, wirklich! Und mit der Zeit kams so weit, daß ich geträumt hab von anderen Frauen beim Verkehr mit ihr. Und nicht mehr sie gesehen hab, sondern andere. Aber trotzdem die Verbindung da war. Und sie war das Einzige auf der Welt, was ich hatte.. Du, ich hab mich nachher noch lange besonnen: Hast du's recht gemacht? Aber heute seh ich, das war das Einzige. Ich hab da irgendwie gesehen auf dem acid, daß, wenn ich jetzt die Prüfung mach, dann hab ich'n Stempel drin, dann hab ich'n Beruf. Und bei jeder Krise, die ich mit mir selber hab, geh ich wieder zurück, fall ich wieder zurück und komm nie weiter.. Wenn ich sie nicht hab, hab ich den Zwang nicht, irgendwie höher zu kommen, weiter zu kommen. Und ich seh heute: gut! Ich mein, ich hätt sicher die 14 Tage machen müssen, dann hätt ich den Brief in der Hand. Aber es geht um das, daß ich damals ausgedropt bin.. Für mich war das irgendwie ne Lebenswende."

Zum Pflegevater:
„Ein guter freak, wirklich! Ist, glaub ich, 65 oder 68 Jahre alt, hat ne eigene Buchbinderei gehabt sein Leben lang. Ein-Mann-Betrieb, hat so gearbeitet, daß jeder zu essen hatte, aber nicht, daß er reich wurde, und hat nebendran mit Natur viel gemacht. Hat selbst angebaut, Gärten gehabt, Vieh – also Kleinvieh gehabt: Hühner, Kaninchen und so. Cooler Typ. Der hat'n Landtrip in der Stadt gemacht.."
Kannst du über die beiden nur Gutes berichten?
„Sicher.. Das ist die ideale.. Kleinbürger-Familie gewesen.. Im Prinzip war ich ne Art Sonderkind dort" (unter den sieben eigenen der Pflegeeltern). L erzählt, daß, als er kam, der Pflegevater keine weiteren Kinder wollte, aber aus Sentimentalität, weil sein erster Sohn, der (wie der Pflegevater auch) L heißen sollte, tot auf die Welt kam, der Pflegevater ihn dann gern genommen habe.
Hast du das Gefühl, er hat es (L in Pflege zu nehmen) irgendwie ihr zuliebe getan?
„Nee, das war von beiden her'n ego-trip: Vom Vater war ich sein erster Sohn.. und die Mutter wollt einfach Kinder haben". Sie sei halt streng katholisch, „sie würd für den Papst von B nach Rom auf den Knien gehen". Sie habe immer drauf gepocht, daß L in die Kirche geht. Ihr Mann sei frei in dieser Beziehung gewesen und habe immer gesagt: Verzieh' den Bub nicht! Laß ihn selber kommen! Sie sei ne Frau gewesen, die aus Besorgnis weinte, wenn die Kinder – nicht nur L – nicht um acht nach Hause kamen. Sie habe nie geprügelt, höchstens mal'n Klaps gegeben. „Sie war im Prinzip genau das Gegenteil von meiner eigenen Mutter.. Ich würd noch gerne hingehen, weil ich sie noch liebe, aber ich weiß, das wär zuviel für sie, sie würde mich nicht mehr verstehen." Alle anderen Kinder hätten jetzt eine Existenz, nur L nicht. Irgendwie habe er sich, so fügt L noch hinzu, selbst in dieser sehr großen Familie noch als Einzelkind gefühlt; er war bevorzugt, Liebling des Vaters und der Mutter (er war auch das jüngste der Kinder dort).
L sagt von sich, er habe trotzdem „lange, lange" das „moralische Ding" gehabt: „mich liebt keiner auf der Welt ... (Später) in den Heimen, da hab ich nächtelang geweint, wirklich! Aber irgendwie eben ist das Austausch-Ding dann gekommen. Hab ich gesagt: He Mann! Es braucht dich praktisch niemand lieben;

wenn du dich selber liebst, ist das genug ... Damit ist dann die ganze Scheiße von früher weggegangen." (Besser kann man die Entstehung der narzißtisch gestörten Eigenliebe nicht ausdrücken!)
Praktisch hast du dann zum ersten Mal geliebt (jemand anderen) bei deiner Freundin?
„'s war die erste.. starke Liebe. Und wo ich merkte nach all den Jahren Herumziehen, daß mich jemand gern hat."

Nochmals zu L's leiblichem Vater:
„Mein echter Vater war *der* Mann meiner Mutter. Sie wollte ihn haben, doch er sah, wie sie ist, und sagte sich: Mit dir bums ich nur, aber nicht heiraten. Und deshalb, kann sein, daß ich (...) auch extra gemacht bin, damit sie ihn halten könnte."

L bringt sein Stottern mit einem Schock-Erlebnis in seiner Kindheit und mit der Trennung von seinen Pflegeeltern mit sechs Jahren in Verbindung; er erinnert sich ferner an Nägelkauen, er sei „immer verkrampft" gewesen, und er weiß noch, daß er mit sieben ein Bild gezeichnet hat und stundenlang mit verkrampftem Mund und geballten Fäusten davor stehenblieb. Ihm ist ferner sein Gefühl gegenwärtig, als er mit 15 ins Heim kam. Damals dachte er: jetzt hast du die ganze Welt hintergangen, jetzt mußt du dich auch allein rausboxen. Hat dann auch ein Ding im Heim drehen und danach abhauen wollen, ist aber erwischt worden und kam in Jugendknast.

Sexualität, Beziehungen:
L erinnert sich an Schläge, als er als kleines Kind bei Doktor-Spielen (wechselseitiges Anschauen und Anfassen der Genitalien) erwischt wurde. Mit einer Frau schlief er zum ersten Mal mit 14 $^1/_2$: Sie war älter und hat ihn verführt. Danach erinnert er sich an Prestige-Ficken in der Gruppe in Parkanlagen. In der Zeit von 15 bis 17 (vor dem Heim), als er von seiner Mutter „rumgeschickt" wurde, paßte ihm das gut, er fühlte sich frei. Dabei kam L mit seinen Freunden und Mädchen in eine Zuhälter-Szene, wohnte zuletzt (vor dem Heim) in der leeren Drei-Zimmer-Wohnung seiner Mutter. Damals habe er ihr 1.200 sfr geliehen, die wollte sie ihm nicht zurückzahlen, und das ist nach L's Schilderung einer der Hauptgründe gewesen, warum

sie ihn ins Heim brachte. „Gut" am Heim war, daß er dadurch aus der Zuhälter-Szene rauskam. Nach dem Heim wechselte L in ein Lehrlingsheim. Dort lernte er die Tochter des Heimleiters kennen und hatte mit ihr die erste intensive Liebesbeziehung, von der er oben sprach. Ihr Vater habe ihm vertraut, und er, L, durfte nach seinen Worten den Heimleiter seinen Mitinsassen gegenüber vertreten. L erzählt dann von einer Phase großer Eitelkeit, einer schwulen Phase mit Schminken. Heute ist er in seiner Partnerwahl bisexuell.
Seine Beziehung zur Mutter faßt er am Ende zusammen: „Wenn ich sie heute sehen würde, wäre die Beziehung kalt." Er habe keinen Haß auf sie, er verstünde sie sogar, sie sei einfach so erzogen worden wie er selber. Er habe nur einfach keine Gefühle mehr ihr gegenüber.

059 Gisela (BRD)

21 Jahre alt; seit 17 nicht mehr zu Hause und seitdem auch endgültig selbständig; mit 13 zum ersten Mal und danach noch öfter abgehauen von zu Hause; betrachtet sich als mindestens vom Vater unerwünscht; Berufsausbildung abgeschlossen.
Mäßige A-Phase (oral), O zunehmend gedrückt und Barbiturate (oral), O-Präferenz, institutionell unauffällig, keine Entzüge, nicht gedealt, andere gelinkt, keine Gelbsucht.

G erzählt, daß sie bei Mutter, Großmutter und Tanten aufgewachsen sei, und der Vater hatte „nichts zu sagen. Er sorgte eben für die Brötchen und war den ganzen Tag weg". Die vorherrschende Meinung bei ihr zu Hause war: „Männer, die sind alle tütelich, schlapp, die wollen alle nur das Eine. Sieh zu, daß du was Anständiges wirst!" „Ja, ich war verlogen, richtig verlogen."
Wie meinst du, verlogen?
„Gegenüber den Männern, den Typen. Daß wir da irgendwelche Sachen durchgezogen haben, unter dem Deckmantel der Verschwiegenheit, weil dich die Männer verraten könnten ..."
Männer galten als „minderbemittelte Wesen, total unfähig, nur fähig dazu, zum Unterhalt beizutragen, aber sonst als Typ überhaupt nicht akzeptiert". Zumindest die Oma sei dieser Meinung gewesen. Die Oma ist auch immer über den leiblichen Vater von G hergezogen, hat ihn verachtet und gehaßt.

Warum hat deine Mutter sich von deinem Vater getrennt?
„Der Vater hat eine Freundin gehabt und die Mutter ist fürchterlich daran ausgeflippt, hat sich sofort scheiden lassen."
Über ihren Stiefvater meint G.:
„Zu Weihnachten gab's'n Kuß. Das war'n irrer Typ. Das war von meiner Mutter wahrscheinlich auch anfangs so.. naja, sie war also jahrelang alleine und hatte jetzt auch Torschlußpanik, daß sie nicht versorgt im Alter ist, und da war zufällig er da und da hat sie ihn genommen – war ja auch ein Vater für ihre Tochter."
Und warum hat er sie genommen?
„Ich glaub schon, daß er sie gern gehabt hat. Aber er ist ein ganz anderer Typ als meine Mutter. Unheimlich konservativ. Faschistisch teilweise. Zu Fixern meinte er, daß man sie alle an die Wand stellen müßte."
Er weiß nicht, daß du gedrückt hast?
„Nee."
Deine Mutter weiß es auch nicht?
„Nee."
Hast du's verheimlicht?
„Ja! Das tu ich auch heute noch. Ich weiß nicht warum. Vielleicht aus Rücksicht (!). Vielleicht, um Schwierigkeiten aus dem Wege zu gehen. Ich glaube, sie würden ziemlich daran ausflippen, wenn sie das wüßten. Vor allen Dingen hätten sie dann wieder einen Sündenbock, und zwar den G (der jetzige Freund). Auf den hat sie sowieso einen unheimlichen Haß."
Warum mag sie ihn nicht?
„Er kommt aus dem Erziehungsheim und das war natürlich ein gesellschaftlicher Abstieg, daß ich, die Tochter, mit einem Heimzögling was zu tun habe. Da gab's also irre, irre Szenen und Auseinandersetzungen. Aber ich meine, ich hab damals eigentlich das gemacht, was ich wollte."
Hast du dich da durchgesetzt?
„Ja, ich hab mich zielbewußt durchgesetzt in der Beziehung. Anfangs natürlich wirklich mit Heimlichkeiten, und alles abgestritten und: nein, ich versteh nicht – in Wirklichkeit war's doch so! – aber's war mir eigentlich egal, wie ich's gemacht hab, Hauptsache, ich hab's gemacht."
Ja. Das ist im Grunde doch etwas sehr Verstecktes, wie du das gemacht hast. Das wiederholt sich.

„Ja, das wiederholt sich hier auch, daß ich nicht auf das anmachen kann, was ich will, sondern daß ich rumdrucksen muß und so."

War der G dein erster Freund?

„Ja, die vorher waren nicht so stark. Da sind auch noch unheimliche Abhängigkeiten in der Beziehung zu dem G. Auch von ihm zu mir."

Wie zeigt sich das?

(Seufzt) „Das zeigt sich oft an Kleinigkeiten. Das zeigt sich auch daran, daß damals, als er angefangen hat zu schießen, da hat er kurz vorher Schluß gemacht, weil er also meinte.. Da hat er unheimlich viele Trips geworfen, ich war unheimlich dagegen, dachte, das macht süchtig, und da ist er schier dran verzweifelt, und da hat er unheimlich viel Trips genommen und auf so'nem Trip hat er dann Schluß gemacht mit mir, hat also gemeint, das sei für ihn erledigt, die ganze Angelegenheit, und hat das psychisch unheimlich überspielt, da ist er im Grunde aber unheimlich dran ausgeflippt, weil er gewußt hat, daß das Ganze gar nicht aufgelöst war, gar nicht wirklich verändert war. Es hat sich im Grunde nichts verändert in unserer Beziehung. Und.. aus dieser Situation heraus hat er dann angefangen zu schießen. Naja, nach einer Zeit sind wir dann wieder zusammengekommen."

Und er als Schießer?

„Und er als Schießer, ja. Und also, ich hab dann zwischendurch auch viele Trips genommen, und ich hab mich unheimlich verändert durch die Trips, die waren 'ne andere scene damals.. Und.. aber ich hatte immer irgendwie noch die Vorstellung, daß ich.. daß ich da'n Kind kriegen könnte. Ich mußte aufhören.. ja, ihn auch irgendwo erpreßt, ne, also wenn du nicht aufhörst, dann geht's nicht mehr. Und.. naja, dann hat er also x Versuche gemacht aufzuhören, das hat aber nie geklappt, immer wieder rückfällig geworden.. da liefen unheimlich beschissene Sachen ab. Und da hat er mir auch den ersten Schuß gesetzt, und.. ich hab mich wahnsinnig dagegen gewehrt, ne, und ich wollte es im Grunde genommen gar nicht, überhaupt nicht."

Aber andererseits mußt du es doch gewollt haben.

„Ja klar, hab ich's auch gewollt! Ich war.. ich mein, es war was Neues, das kannte ich nicht, ne. Ich hatte nur irrsinnige Angst davor, vor dem, was da passieren kann: abhängig werden."

Aber immerhin: irgendwo mußt du es gewollt haben, und was ist es gewesen?
(Seufzt; Pause) „Weiß nicht."
Weißt du noch, was du dir davon versprochen hast, davon daß du'n Schuß nimmst, daß du anfängst zu drücken? (Pause) Ich weiß es bei mir noch relativ gut, ich wollte eigentlich nur Ruhe haben, endlich keine Nerve mehr mit meinen psychischen Dingern.
„Ja, das.. ja, das stimmt! Ich hab damals.. zu der Zeit hab ich gearbeitet, und das war in 'nem anderen Ort.. und da bin ich also dauernd zwischen der Arbeit und der scene und zu Hause und dem G.. das war also wirklich ein widerlicher stress, das Ganze."
Weil du ständig hin und her geflippt bist?
„Jaja, wirklich keinen Mut mehr gehabt, denn die Trips.. dann hab ich mal abschalten müssen, aber nicht können."
Ja.
„War eigentlich ein dauerndes Hin und Her. Ja.. und aus dieser Situation heraus hab ich dann 'n Schuß gemacht und.. bin einerseits wahnsinnig darauf abgefahren, ne, fands unheimlich gut. Auf der anderen Seite hab ich mich so dagegen gewehrt, und da hab ich fürchterlich gekotzt auf dem Schuß und.. als ich dann von dem Schuß runter war, hab ich mir gesagt: Nie wieder! Nie wieder! Und so ging das eigentlich die ganze Zeit, aber mit dem ‚Nie wieder' geht's nicht."
Wieso geht's damit nicht?
„Weil ich damit immer auf die Schnauze gefallen bin. Weil ich mir also gesagt habe: Nie wieder mache ich mir einen Schuß. Bis zur nächsten Situation, wo ich also meinte, daß ich jetzt also.. vielleicht einen kriegen könnte. Abschalten wollte. Bis zu der Situation.. Naja, und dann war ich unheimlich frustriert, wenn ich doch 'n Schuß gemacht hatte."

Du hast aber Schluß gemacht mit ihm (dem Freund G)?
„Das war.. da hat er Schluß gemacht.. Da hat er über mich beschlossen."
Und warum?
„Ja, das war eben deshalb, weil ich damals noch auf einem ganz anderen Dampfer war, so.. Heiraten mit zwei Kindern, Häuschen bauen und so."

Ihr habt doch geheiratet letzten Endes?
„Ja, das war vor einer Woche, im Knast, in der Kneipe." (lacht verlegen)
Ist wahr?
(lacht weiter) „Das war sehr lustig. Das war unheimlich komisch."
Wolltest du das?
„Ja, wir wollten's beide."
Ihr wolltet's beide?
„Weil wir schon seit länger zusammen sind. Aber naja, meine Eltern waren dagegen."
Jetzt sind sie nicht mehr dagegen?
„Nö, ich bin 21."
Jetzt kannst du's tun!
„Jetzt kann ich's tun!"
Seit wann bist du 21?
„Seit Juli."
Hast' ja prompt gemacht, ne?
G lacht.
Fühlst du dich besser jetzt, wo du ihn hast?
„Ich hab ihn doch nicht in dem Sinn! Ich mein, es war auch irgendwo so'n.. naja, so'n Handel an meinen Eltern."
Zahlst du ihm (vermutlich dem Stiefvater) was heim?
„Ja, er war ganz schön abgefuckt, als ich ihm das gesagt habe."
Keine gute Basis für ne Heirat, oder?
„Nö, eigentlich nicht. Aber ich seh die Heirat jetzt auch nicht so, als daß man zusammenbleiben muß oder so. Also, das seh ich eigentlich überhaupt nicht.. Was da noch alles passieren kann, passieren wird. Einfach weil, ja es sind wirklich so starke Abhängigkeiten da, und.. wenn die Abhängigkeiten da sind, wird er wahrscheinlich wieder schießen, ne.. also ich weiß wirklich nicht mehr, ob unsere Beziehung weiter so bestehen kann, wie sie jetzt ist, oder bisher war, das weiß ich also wirklich nicht! Und ich hab auch nicht die Illusion, daß sich durch die Heirat irgendwas ändert."
Wie war das, als du von zu Hause weggingst? Bist einfach abgehauen?
„Nönö, das war, da bin ich.. da lief das immer Scheiße mit meinem Vater, da ging das also echt nicht mehr. Seitdem meine Mutter mit dem verheiratet ist, hab ich mit dem Mann Ärger.

Vor 2 Jahren, zu Weihnachten, habe ich also kaum 10 Worte mit ihm geredet. Also nur ‚Guten Morgen', ‚Guten Tag' oder so, aber wirklich nichts weiter. Das war also wahnsinnig bedrückend. Nur Verbote, die er ausgesprochen hat: daß ich also dahin nicht mehr gehen soll, sondern dahin. Ich sollte mir mal die anderen angucken, was die alles gut machen.. und daß er mir nachspioniert hat, was ich tue.. mich also unheimlich beschissen gemacht hat oder so. Ich bin also das beschissenste, verdorbenste Subjekt, was man sich nur vorstellen kann.. Und das hab ich einfach nicht ausgehalten. Und dann bin ich weg nach M, der G kam dann nach und wir sind zusammen nach B gezogen. Es ging eigentlich darum, daß ich nicht mehr dableiben konnte wegen meinem Vater! Wegen meiner Mutter auch. Weil sie ja mit ihm zusammen lebt, seine Frau ist, und auf der anderen Seite hat sie mich gesehen, sie hat sich eigentlich wahnsinnig am Schluß auf mich fixiert. Hat also alles auf mich übertragen, alle Zuneigung, alle.. wirklich alles. Und das war einfach unheimlich stark, war'n duftes feeling. Und dann bin ich dann weg, weil's dann nicht mehr ging."

Ich möchte nochmal fragen, wie das mit dir und deiner Mutter war.

„Also, mein Verhältnis zu meiner Mutter: sehr tief!"

Ja, echt?

„Ja, ich glaube schon.."

Von beiden Seiten?

„Ja, sehr intensiv.."

Hast du bei ihr im Bett geschlafen?

„Ja, früher. Und als kleines Kind sehr viel.. ähm.. als Kind herumgeschmust und gestreichelt und sehr intensiven Kontakt gehabt. Und dann auch, als wir zusammen geschlafen haben. Ich mein, ich hatte.. also sexuell hatte ich eigentlich nichts mit ihr, das war Erotik, ne. Und als sich meine Eltern geheiratet haben, also dann bin ich dann.. aus dem Schlafzimmer ausgezogen und bin dann in mein.."

Hörte es deshalb auf?

„Ja, da hörte es auf, ganz abrupt."

Wie fandst du das?

„Ja, grausam!"

Du wärst gerne bei ihr geblieben?

„Ja, ich mein.. ich hab meinen Vater gesehen als jemanden,

der mir meine Mutter wegnimmt, ne. Vor allem, der sich dann auch noch in mein Bett legt. Und da bin ich also ziemlich dran ausgeflippt."

Hast du das deiner Mutter gezeigt?

„..ich hab's ihr gezeigt, indem ich mich zurückgezogen hab (!). Also sie hat mich dann nicht mehr verstanden.."

Hast du ihr das nicht gesagt?

„Ich hab's damals selbst nicht so gewußt, ne. Also ich hab's wirklich nicht gewußt. Ich war unheimlich.. ich bin dann wirklich so von einem Extrem ins andere gefallen, daß ich also von einem Moment zum anderen nichts mehr gesehen hab.. also überhaupt nicht mehr wußte.."

Die Beziehung war vorbei?

„Ja, die war tot, die gab's nicht mehr. Also ich hab mich unheimlich verlassen gefühlt. Hab das dann aber auch selbst noch gesteuert, indem ich mich zurückgezogen hab. Also wir nichts mehr zusammen gemacht haben. Wenn die abends weggegangen sind oder so, daß ich mich dann also in mein Zimmer eingeschlossen habe, gelesen habe, irgendwas gemacht hab."

Und wie hast du dich deinem Stiefvater gegenüber verhalten in der Situation?

„Och, überhaupt.. also.. furchtbar kaputt, also.. ich hab ihn verachtet."

Hm.

„Gehaßt."

Und wie hat sich das gezeigt, daß du ihn gehaßt hast?

„Nicht beachtet."

Also gar nicht?

„Übersehen.. ich sollte dann auch.. also meine Mutter hat mich dann, vor der Heirat hat sie mich dann also gefragt, was ich denn zu ihm sagen wollte: Papa oder Onkel, und dann meint ich also: lieber Papa, weil ich Illusionen hatte. Also: naja, vielleicht wird's ganz gut. Dann aber, als es soweit war – die haben kirchlich geheiratet – dann ist es in der Kirche so gelaufen: als wir rauskamen, hat meine Mutter zu mir gesagt, jetzt geh mal zu deinem Papa und gratulier ihm mal, und gratulier mir auch mal! Das hab ich nicht gemacht, ich hab also weder ihr gratuliert noch ihm. Das hat eine fürchterliche Szene vor der Kirche gegeben."

Konntest du nicht, oder wolltest du nicht?

„Ich weiß nicht, ich hab's nicht gemacht, ne, ich konnte nicht, ich wollt nicht, fürchterlich da rumgeheult.. ich hab einfach in ihm jemand gesehen, der mir die Mutter wegnimmt, ne.. Und da ist meine Mutter dann ausgeflippt und hat also irgendwo versucht, mich zu zwingen, und dann hab ich das aber immer noch nicht gemacht und.. das lief dann auch später so weiter: Wenn ich also abends ins Bett ging, dann sagte sie zu mir: ‚Geh mal rein zu deinem Papa und sag ihm ‚Gute Nacht' oder irgendsowas.."

Wenn du solche Sachen nicht gemacht hast, was gab's drauf?

„..ein langes Gesicht. Dazu kam: ‚Ja, du hast das nicht gemacht, was ich wollte' ..."

.. das ist aber traurig!

„Entzug! Da wurde ich irgendwie bestraft. Wenn ich's dann mal wirklich hab – was also vielleicht 2–3mal der Fall war –, dann war sie also unheimlich froh, daß ich's gemacht hab, ne, und dann war wieder alles gut. Und wenn ich's dann nicht mehr gemacht hab – zum Schluß auch – dann.. so gequält: ‚Was tust du mir an, Kind!' "

G sagt ferner: Sie sei früher Außenseiter gewesen in der Schule, einerseits hart und rauh, fast wie ein Junge, andrerseits link und hinterhältig, dabei nett zu den Leuten, auf die's ankam. Ihr linkes Verhalten drängte sie in die Außenseiterrolle. Sie hatte immer eine beste Freundin, wobei diese jeweils engste Beziehung sehr lange hielt. Früher, so mit 3, sei sie zur Puppe erzogen worden, dafür sei vor allem die Oma verantwortlich, sie habe einen „Reinlichkeitsfimmel" gehabt. Später sei sie wie ein Junge erzogen worden.

060 Michaela (BRD)

16 Jahre alt; mit 11 ins Heim gekommen, seitdem nicht mehr zu Hause; mit 14 endgültig selbständig gemacht, danach vor allem in Gruppen; Mutter deutlich US; betrachtet sich als „unerwünscht"; noch keine Berufsausbildung begonnen.
Anfangs starke B-Phase (oral), danach begonnen, O und ganz selten A zu drücken; spricht von A-Präferenz; institutionell stark auffällig; 1 Entzug, keine Apos, nicht gedealt, gelinkt zu haben wird verneint, 1 Gelbsucht.

Die Mutter ist Nutte, der Vater Soldat. M sieht ihre Mutter heute nur noch selten; wenn sie mal zu ihr geht, wird sie von der Mutter verwöhnt, aber sie kann dort nicht von ihren Sorgen erzählen, sie muß einen Film laufen lassen. Heute meint M eine gewisse Distanz zur Mutter gewonnen zu haben, früher sei sie „abhängig" von ihr gewesen, früher habe die Mutter ihr „weh tun" können, heute nicht mehr. Die Mutter hat sie viel geschlagen, so sehr, daß M Krämpfe kriegte; der Arzt wurde dann gerufen, der gab eine Spritze und die Krämpfe gingen weg. M ist dann nach Jahren nochmal zur Mutter gegangen, hat „ihr das alles an den Kopf geschmissen", und seitdem sei dieser Punkt zwischen ihnen geklärt. Heute akzeptiert die Mutter notgedrungen M's Lebensweise.
M ist im Alter von 7 Jahren von der Mutter weggegangen; schon vorher, als sie allein mit der Mutter lebte, war sie auch nicht viel mit ihr zusammen, da die Mutter auf den Strich ging, selten zu Hause war. Sie kam dann zur Großmutter (wo auch schon der „große Bruder" war), aber bei der Mutter gefiel es ihr besser, dort gab's kein so straffes Reglement. Sie ist deshalb wieder zur Mutter zurück, aber die war gerade furchtbar besoffen, hat rumgeschrien usw. M ist wieder abgehauen und zur Großmutter zurückgegangen. Sie hat sich aber nach der Mutter gesehnt. Bei der Großmutter hat sie sich nicht an die Kontrolle gewöhnen können, „daß ich, wenn ich gekommen bin, sagen mußte, wo ich gewesen war". Aber sie sei lieber bei der Großmutter gewesen als im Heim, das hat sie der Großmutter auch gesagt; aber ins Heim gekommen ist sie trotzdem. „Sie (die Großeltern) haben mich nie gemocht, haben mich so wenig wie möglich erzogen, haben mich geschlagen." Oft ist sie auch für Dinge bestraft worden, die der Bruder ausgefressen hatte – er war gleich nach der Geburt zu den Großeltern gekommen. Wenn er Geld klaute, dann war's immer M. Geklaut haben aber beide sehr viel. Die Großmutter hat immer sehr schnell mit dem Kochlöffel zugeschlagen. Der Bruder ist zur Toilette gelaufen und hat sich eingesperrt, M hat das nicht gebracht. „Da hab ich für ihn dann immer noch mitgekriegt. Da ging's mir immer schlechter." In dieser Zeit (mit 11 Jahren) ein Selbstmordversuch, ins Krankenhaus, kurz darauf ins Heim. „Ich wollte da weg. Mein Vater hat den Leuten dort verboten, mich rauszulassen. Dort war ich immer eingesperrt."

Mutter und Vater haben sich immer geprügelt, meistens waren sie besoffen. „Das ging dann so, daß ich irgendwo stand, und daß mein Vater und meine Mutter sich beschimpft haben, und daß ich da irgendwo in der Mitte stand, und dann plötzlich bin ich gefragt worden: ‚Gehst du jetzt zu deiner Mutter oder gehst du zu mir?' Ich bin dann natürlich zu meiner Mutter gegangen, weil ich die noch etwas besser kannte als meinen Vater. Vor dem hab ich wahnsinnige Angst gehabt." In solchen Situationen bekam sie dann regelmäßig Prügel. Sie ist von der Mutter ohne ersichtlichen Grund geschlagen worden. „Die war halt total besoffen. Sie hat von den Männern Prügel gekriegt, dann hat sie halt mich gehauen." Wenn M von der Mutter geschlagen wurde und diese wieder wegging, hat M den kleinen Bruder vertrimmt oder hat sich den Lippenstift der Mutter genommen, sich vor den Spiegel gestellt und unter Schreien ihr ganzes Gesicht rot beschmiert, oder ist zur Großmutter abgehauen. Meistens war sie jedoch eingesperrt, die Mutter schloß die Wohnung ab, wenn sie wegging. Oft war M eine Woche lang eingesperrt, es ging ihr dann „wahnsinnig dreckig. Wenn's nichts mehr zu fressen gab, hab ich Zahnpasta gefressen." Es ging ihr eigentlich immer schlecht, von 5 bis 10 wohnte sie „in einer Baracke, bei Zigeunern, da machen die Typen dich an, oder es war nichts zu essen da, oder in der Schule gehts dir nicht gut". Im Heim war sie immer der Sündenbock, der die anderen Mädchen verdirbt. „Dann bin ich irgendwann total ausgeflippt und hab angefangen, Tabletten zu fressen und zu schießen – aber mehr Tabletten." Sie kam darauf in die Psychiatrie, hatte dort unheimliche Angst. Dort fing sie an, speed zu fressen. Sie war schon als kleines Kind in die Psychiatrie gekommen, die Mutter meinte, „ich sei nicht ganz richtig im Kopf". Der Mutter soll es bei der Arbeit sehr schlecht gegangen sein, sie hat immer Prügel von den Freiern gekriegt, diese haben M auch oft verprügelt.

In der Schule war M Außenseiter; wenn sie versuchte, Freunde zu gewinnen, kam sie sich vor, als wollte sie sich „einschmeicheln", sie war das „schwarze Schaf", obwohl sie bei spontanem oder organisiertem Widerstand gegen die Lehrer nie mitgemacht hat, „da hatte ich keinen Bock drauf". Es gab keinen einzigen Lehrer, mit dem sie sich verstanden hat. „Das waren immer so ganz alte, die haben immer Kontakt mit dem Jugendamt aufgenommen, und das Jugendamt ist auch gegen mich, und da haben sie sich irgendwie so gegen mich versteift. Ich war dann immer der Sündenbock der Klasse. Oft ist Geld weggekommen, das war dann ich. Dann ist ein Brief geschickt worden, und zu Hause hab ich dann Prügel gekriegt. Ich hab gesagt, ich war's nicht, das hat mir aber herzlich wenig geholfen." Sie hat sich dann allmählich darauf eingestellt, zu Unrecht bestraft zu werden. Beim Spielen der anderen Kinder war sie nie richtig dabei, oft war sie zu Hause eingesperrt, wenn nicht, hat sie meist nur dagesessen und zugeguckt. Im Heim hat sie Kontakt gefunden mit einem Mädchen, mit ihr ist sie zweimal abgehauen. In der Gruppe, in der sie jetzt lebt, hat sie ihren ersten richtigen Freund kennengelernt. Aber es läuft nicht so, wie es soll. Dazu erklärt sie: „dann steht er rum und erzählt vom Schießen. Ich kann's nicht haben, wenn einer dasitzt und nur vom Schießen erzählt." Sie konfrontiert ihn aber deshalb nicht. Neulich kam der Freund (unter der Kennummer 036 ist das Interview mit ihm zu lesen) mit einem Mädchen und noch einem Freund zu ihr in die Wohnung und haben sich dort einen Schuß gemacht, das hat sie unheimlich „angemacht" – sie ist zur Zeit clean –, aber sie hat sie nicht rausgeschmissen. „Du, ich kann nicht, das ist es ja! Ich hab mir überlegt, daß ich mir auch mal Schüsse gemacht habe und daß mich das sicher auch stören würde, wenn mich da jemand rausschmeißt, und ich mag die ja eigentlich ganz gern." Die Auseinandersetzungen mit ihrem Freund gehen immer um das gleiche Thema: Er schießt, sie aber nichtmehr, trotzdem mag sie ihn gern. „Der kann unheimlich lieb sein."

Drogen:
Mit 11 Jahren fing M an, Schlaftabletten und Betäubungsmittel zu nehmen. Die Medikamente standen bei ihrer Großmutter herum, die Großmutter nahm selber viel Tabletten. M hat dann versucht, sich mit Schlaftabletten umzubringen, sie wollte dadurch verhindern, daß sie ins Heim gesteckt wird. Seit dem Krankenhausaufenthalt, welcher dem Selbstmordversuch folgte, nimmt M Schlaftabletten, sowohl zum Einschlafen als auch tagsüber zum Antörnen. Das tut sie auch heute noch, vor allem wenn sie arbeiten muß und „abschalten" will; „weil es mir zuviel wird". Mit 14 Jahren lernte sie, während eines Aufenthaltes

in der Psychiatrie, Süchtige kennen. „Das waren dufte Leute, die da ihren Entzug gemacht haben." Die haben sie angetörnt. „Und nach dem Kiffen hab ich dann angefangen zu drücken." Der erste Schuß war ein O-Schuß, er wurde ihr gesetzt von einem Mädchen, die zum Entzug im gleichen Krankenhaus war. Nach diesem ersten Schuß ging es M nicht gut, sie mußte sich erbrechen usw. Sie wußte, daß sie süchtig werden könnte, sie kannte die Gefahren, aber es war ihr egal. In dieser Zeit meint sie zu dem Mädchen, das sie angeschossen hat, eine gute Beziehung gehabt zu haben, aber es ging zwischen ihnen beiden im wesentlichen nur um Drogen, sonst war sie allein.
Ihre Lieblingsdrogen waren Amphetamine, sie kann die von ihr geschätzte Wirkung aber kaum beschreiben. „Es geht mir gut, ich bin dann so'n bissel weg." Heute nimmt sie häufiger noch Mandrax und raucht Haschisch, auch hier kann sie die Drogenwirkung kaum beschreiben. Von Zeit zu Zeit besäuft sie sich sinnlos. Auf die Frage, ob sie auch schon LSD genommen habe, gibt sie widersprüchliche Antworten, einmal sagt sie, sie habe nur einen Trip genommen, ein anderes Mal, sie habe eine richtige Trip-Phase gehabt. Aufgrund von Drogenwirkungen wäre sie fast schon einmal gestorben, nach einer Kombination von Opiaten und Schlaftabletten lag sie 2 Tage besinnungslos im Krankenhaus.
Insgesamt war sie 6 Monate in der psychiatrischen Klinik, dort hat sie das Eingesperrtsein nicht ausgehalten, ist ausgeflippt, hat das Zimmer demoliert.

061 Marcus (Schweiz)

26 Jahre; bis 2 vollständige Familie, bis 4 Verwandte (Tante im Tessin), bis 5 1/2 Heim, bis 6 1/2 vollständige Familie, bis 10 mehrere Wechsel zwischen Heim und Familie, bis 11 Heim, bis 15 vollständige Familie, bis 19 Internat; zog mit 21 endgültig von zu Hause aus und machte sich selbständig; mehrmals abgehauen, zum ersten Mal mit 6; Eltern OS; ziemlich auffällig vor der Drogenphase; steht in der Berufsausbildung (Studium).
Alkoholphase, shit und trips, speed gedrückt; O gedrückt; O-Präferenz; unauffällig in der Drogenphase; nicht gedealt, nicht gelinkt, 1 Gelbsucht.

M fühlt sich heute von seinem Vater abgelehnt, zugleich ver-

suche der aber, ihm noch ständig Vorschriften zu machen. Der Mutter fühlt sich M eindeutig näher stehend, kann aber nicht offen und ehrlich mit ihr umgehen. (Von gewissem Interesse: der Vater habe Kokain probiert; ein Onkel von M sei Kokser gewesen.)
M drückt schon seit längerer Zeit, aber immer relativ kontrolliert und unauffällig im institutionellen Sinn. Das Bedürfnis zu drücken überkomme ihn, wenn er zum Beispiel „Probleme mit seiner Freundin" habe oder sonst in „irgendeinem stress" stehe, das „Gefühl" habe, er „werde jetzt krank", „habe zu wenig Energie", „flippe aus".
M beschreibt spielerisch die Wirkung des speed-Schusses auf ihn: „Du kennst die Geschichte von ‚Superman', der sich – ratsch! – schnell umzieht und – booom! – ist er da, so geht das. Dann bist du gleich du selbst in Kubik, ja? Und.. und die Leute – ich mein, sie merken nicht warum – aber du merkst doch, daß du einen ganz anderen Einfluß auf deine Umgebung hast. Unheimlicher power, ja!"
M meint, den Weg *alleine* zu machen sei „für jeden Süchtigen das Charakteristische – daß er ja total isoliert" sei. „Die Beziehungen brechen zusammen.. auch wenn du deine Drogen-Ingroup hast, bist du gerade in dieser Gruppe isolierter denn je."
Am Anfang dieses Interviews entwickelt sich eine sehr gute Diskussion über Abhängigkeiten, Rückzug, Isolation, die Funktion der Illegalität und die Möglichkeiten und Begrenzungen des Kollektivs, die von M mit einem sehr hohen Einsichtsniveau – auch in bezug auf seine eigenen Abhängigkeiten – geführt wird. Dennoch – wie auch seine Geschichte zwei Jahre nach dem Interview zeigt – täuscht er sich trotz hoher verbaler Einsicht über sich selbst. Er schwankt in seiner Selbstdarstellung zwischen Beschönigung, Idealisierung (Euphorie) und depressiven, bis zu Suizidgedanken reichenden Selbstbildern.
M's Vater ist erfolgreicher Arzt, schluckt Schlaftabletten, solange sich M erinnern kann. Er ist für M das nie erreichbare, kalte, dominierende Vorbild, das er zugleich haßt und dem M dennoch in seiner Berufswahl nachstrebt. M meint: „Mein Vater weiß, was mit mir los ist (Drogengebrauch). Und er droht mir damit, daß er mich bei der (Ärztekammer) und bei der Polizei anzeigt. Immer! Ständig, ständig..! Ich hab gedacht: wahrscheinlich geh ich ja hopps. Aber ich hab mir das niemals zugegeben, oder:

Also, dann mach's doch umso eher, wenn ich schon hochgeh!"
M hat Suizid-Vorstellungen: „ . . . und 'n Schuß – und dann ist's wieder weg. Ich mein, die etwas schnellere Konsequenz vom Fixen ist, daß man's gleich tut."
M's Familiensituation ist gekennzeichnet durch ständiges Hin- und-Her-geschoben-Werden – und zwar von früh an. Mit sechs Jahren ist er ein paar Tage zu einem Spielkameraden abgehauen; allerdings haben dessen Eltern seine eigenen Eltern ohne sein Wissen telefonisch benachrichtigt. Typische Strafen im Alter von 6 bis 10 seien gewesen: Spielsachen wurden konfisziert. „Man hat mir was geschenkt, und zwei Tage später wurde es wieder konfisziert." Oder: „Vater hat einfach nicht mehr mit mir gesprochen so und so lange. Und ich hab immer ein wahnsinnig schlechtes Gewissen gehabt."
M hat, wie gesagt, bis zu zwei Jahren in der vollständigen Familie gelebt. Danach hätten sich seine Eltern zeitweilig getrennt, nicht offiziell getrennt, aber eben nicht mehr zusammen gelebt. In dieser Zeit sei der Vater auch unter anderem als Offizier beim Militär gewesen. In der Zeit bis zu sechs Jahren ist M viermal in Kinderheimen und dazwischen immer wieder zu Hause gewesen.

Vater:
Der Vater habe unheimlich viele Probleme dadurch bewältigt, daß er sich in Arbeit gestürzt habe. M erinnert sich, seinen Vater zwischen vier und zehn Jahren sehr bewundert zu haben: da wollte er wie er hoher Offizier und Arzt werden.
Wodurch kam der Bruch dann, daß dein Vater nicht mehr Vorbild war?
„Das war so: meine Eltern haben sehr handfeste Streitigkeiten gehabt, und ich stand irgendwie gefühlsmäßig auf der Seite der Mutter."
Im Folgenden geht M näher auf die Beziehung zwischen seinen Eltern ein: „Mein Vater ist 13 Jahre älter als meine Mutter und er hat mit knapp 40 geheiratet . . . Er ist das letzte von sieben Kindern aus einer ziemlich armen Familie und war einfach wirtschaftlich erst in dem Alter in der Lage (??).."
..eine Familie zu ernähren..
„Ja. Hat ein ziemlich wüstes Leben geführt vorher, soviel ich weiß."

Mit Frauen?
„Ja. Und hat das genossen. Und.. meine Mutter – ich hab das eigentlich immer sehr funktionell gesehen – meine Mutter war die Sekretärin und hat den ganzen Bürokrams gemacht, ja?"
Immer untergeordnet?
„Jaja. Meine Eltern waren nie.. ich hab nie gesehen, daß meine Eltern zärtlich waren zueinander.."
Und was fand er an ihr? Was brauchte er?
„Weiß ich nicht.. ah, meine Mutter ist vielleicht ein sehr mütterlicher Typ."
Und sie an ihm?
„Ich weiß nicht, ich weiß nicht! Natürlich schon, er hat ne gute Stellung gehabt; es war auch gerade zur Zeit des Krieges, daß sie geheiratet haben.. Hat auch gut ausgesehen, mein Vater."
Und deine Mutter auch?
„Meine Mutter auch.. Vielleicht hat sie das gebraucht, 'n autoritärer Typ.. Offizier, ja?"
Und worüber gingen dann nachher die Auseinandersetzungen, von denen du sprachst? Oder wann setzten die ein?
„Also ich kann mich erinnern, als ich ganz klein war, da gings um außereheliche Beziehungen."
Was heißt.. du kannst dich erinnern? Hast du's damals schon gewußt?
„Ja. Also das ist eine meiner ersten Erinnerungen, daß mein Vater meine Mutter verprügelt und ihr vorwirft, daß ich gar nicht *sein* Kind sei, sondern daß sie zu der Zeit mit irgend.. irgendeinem amerikanischen GI oder sowas gezogen ist, und daß ich von dem sei. Das hat immer wieder die größten Schwierigkeiten gegeben wegen dem."
Was glaubst du denn?
„Nein, das ist nicht so, glaub ich nicht!"
Und damals, hat dich das irgendwie beschäftigt?
„Ja. Ich hab dann wirklich nicht gewußt: ist das mein Vater? (im Alter von drei, vier Jahren) Meine Mutter hat mir immer gesagt, das sei nicht wahr.. ich hab's ihr dann geglaubt."
Hattest du den Eindruck, deine Mutter warf dir was vor?
„Nein.. meine Mutter hat dann immer Migräne gehabt; ich hab dann oft das Gefühl gehabt, *ich* sei schuld, weil ich was ausgefressen habe." Heute erklärt sich M die Eifersucht seines Vaters aus dessen stark ausgeprägtem Besitzdenken.

Ist das dir gegenüber auch aufgetaucht, der Besitzanspruch?
„Ja, absolut!"
Wie denn?
„Daß ich überhaupt nie frei entscheiden konnte, was ich zu tun habe. Mir wurde das Gefühl gegeben, daß ich immer fragen muß. Und dann wurde was erlaubt oder nicht, und auch wenn's erlaubt wurde, hatt ich ein schlechtes Gewissen dabei ..."
Weißt du noch'n paar konkrete Sachen, wo du fragen mußtest?
„Ich weiß nur noch, daß ich mich mit 16 noch nicht getraute, nach 10 Uhr (abends) nach Hause zu kommen. Daß ich ein schlechtes Gewissen hatte, wenn ich noch mit Freunden irgendwo war. Und das einfach nicht genießen konnte, weil ich immer an die Eltern denken mußte – das weiß ich noch ganz genau."
Weil du Angst vor ihnen hattest oder Angst hattest, ihnen weh zu tun?
„Beides.. Ich hatte Angst.. das war dann so: die Konflikte der Eltern gingen dann sehr früh über die Kinder los. Wenn ein Kind was ausgefressen hatte, mußte die Mutter den Kopf hinhalten." M bejaht, es seien vom Vater Vorwürfe gekommen wie: *deine* Kinder, *deine* Familie! und so.

Beziehung Eltern – Schwiegereltern:
„Also die Familie meiner Mutter ist für meinen Vater quasi tabu. Kontakte hat er da überhaupt keine. Als meine Großeltern mütterlicherseits noch lebten.. mein Vater hat nie Kontakt gehabt mit denen.. mein Vater ist Jude und meine Mutter nicht. Sie ist dann übergetreten.."
Ihm zuliebe?
„Ihm zuliebe, ja. Damit die Kinder auch so erzogen werden können. Und.. der Großvater mütterlicherseits war Polizist. Und.. da hat mein Vater sowieso Schwierigkeiten – alles was der Exponent eines möglichen Faschismus ist, da sieht er rot. Andererseits ist er hoher Offizier aus Loyalität seinem Staat gegenüber: ‚das ist wieder was gaanz anderes!', meint er. Und.. eigentlich.. ich weiß erst seit einigen Jahren was über die Familie meiner Mutter. Ganz am Anfang wurde das also sorgsam vor mir abgeschirmt. So die Schwestern meines Vaters, die haben sehr viel bei meiner Erziehung mitgewirkt.. die Tanten, ja? Da waren einige Tanten. Und der Kontakt war eigentlich nur zur väterlichen Familie vorhanden."

Wie war's umgekehrt? War deine Mutter in der väterlichen Familie anerkannt? Oder war sie da auch Außenseiterin?
„Sie war Außenseiterin. Man hat ihr quasi.. eben, ich kann mich erinnern, diese Tanten, die haben sich da so als meine Mütter aufgespielt. Daß meine Mutter da gar nicht.. rangelassen wurde."
Auch in den ersten zwei Jahren – die Mutter habe damals gearbeitet – sei er oft bei einer Tante gewesen, die in der Nähe wohnte. Seine Mutter habe Streit gehabt mit dieser Tante, „weil die mich nicht mehr hergeben wollte". Bejaht die Vermutung, daß die Eltern schon damals ziemlich viel Konflikte hatten. Ins Heim sei er, trotz der vielen Tanten, die sich um seine Erziehung hätten kümmern können, vielleicht deshalb gekommen, „ich hab eine von den Tanten, die hab ich schon beinah zum Wahnsinn gebracht."
Mochtest du gern zu den Tanten gehen, oder kamst du dir verschickt vor?
„Oft! Einfach verpackt und weggesandt, ja. Man hat mich einfach ins Tram reingesetzt mit 2, 3 Jahren, und an der Station haben sie mich rausgeholt." Ins Kinderheim sei er auch deswegen gekommen, weil seine Eltern oft in Ferien fuhren.
„Die (ältere) Schwester war das liebe Kind vom Vater und ich das liebe Kind der Mutter. Ich weiß, meine Schwester hat unheimlich viele Kleider gekriegt, das war wahnsinnig. Wie ne Puppe, die wurde immer jede Woche frisch eingekleidet."
Hast du dich zurückgestellt gefühlt?
„Ja, eindeutig! Ja!"
Weil du das liebe Kind von der Mutter warst! War das nicht auch gut?
„Ja, aber das konnte ja nie offen zu Tage treten."
Habt ihr so ne Art Solidarität gehabt gegen den Vater?
„Offen nie, aber faktisch sicher."
Bei der Tante im Tessin sei er „sehr gerne" gewesen. Dort durfte er malen, modellieren, zeichnen und fischen und rumstreunen mit einem anderen Jungen. M erinnert sich sehr gerne an diese Zeit.

Peers:
„Ich hab immer um Freundschaften kämpfen müssen. Ich hab mich immer sehr verstoßen gefühlt von den andern Kindern..

Und nie das Gefühl gehabt, wegen meinem sozialen background[51], daß ich wegen dem ankomme bei den Kindern. Im Gegenteil! Ich hab gedacht, die wollen mich nicht, weil ich woanders herkomme." M erinnert sich auch, daß er damals in dieser Kinderszene „ziemlich dick" war, und daß das „immer ein handicap" gegenüber den andern Kindern war.
Andererseits bemühte er sich um die Anerkennung dieser Kinder, mußte verrückte Mutproben über sich ergehen lassen, hat jedoch dann (entgegen deren offen geäußerter Ideologie demokratischer Gleichheit) „immer den Eltern gegenüber Schwierigkeiten gehabt mit meinen Freunden. Immer! Immer! Also immer, immer! Die waren immer nicht recht.. ‚Der ist zu alt. Der ist zu frech. Der ist.. zu wenig gescheit.' Später dann, als ich ins Gymnasium ging: ‚Der ist – was weiß ich – der raucht schon. Und.. der hat'n großen Bruder, der hat das und das getan'.. und so."
Außer dem erwähnten Nachbarsjungen im Tessin habe er nie längere Zeit Freunde gehabt, „sehr oft das Gefühl vom totalen Alleinsein gehabt". Später war M dann – immer nur kurze Zeit – bei den Pfadfindern, im Hockey-Club, in einem zionistischen Jugendbund, in einer Studenten-Verbindung (als er noch Schüler war), „ . . . immer, immer kurze Zeit". M ist also nirgendwo heimisch gewesen; auch später bei den Motorrad-Rockern hatte er nur Mitläufer-Funktionen (obwohl er auch hier zuerst erzählt, er sei voll akzeptiertes Rocker-Mitglied gewesen, Freund vom Boss usw.), und selbst in der Drogen-scene kennt er, nach seinen eigenen Worten, kaum jemanden. Er drückte „zu neunundneunzig Prozent allein". (M wohnt zur Zeit des Interviews in einem Kollektiv und macht mit seinen Genossen politische Arbeit; aber seine Beziehungen zu den übrigen Kollektiv-Mitgliedern lassen an Ehrlichkeit viel zu wünschen übrig.)

Nochmals Beziehung zum Vater:
Sein Vater habe, seit M sechs war, immer wieder zu ihm gesagt,

[51] M wuchs zuerst als Kind reicher Eltern in einer proletarischen Umgebung auf. Die obigen Aussagen trifft M erst, nachdem er oberflächlich behauptet hatte, er sei mit den Proletarier-Kindern gut zurecht gekommen. Diese beschönigende Struktur ist bei M vorherrschend; erst auf Nachfragen vermag er sich durchzuringen, die unterdrückte Seite seiner Erfahrungen preiszugeben.

er sei „kriminell", und habe ihn als kleinen Jungen zum Kinderpsychiater geschickt. Auf der anderen Seite habe er, wenn M troubles mit Behörden und Polizei hatte, seinen Sohn nach außen hin in Schutz genommen.

Zur Mutter:
M sieht sich heute als Rivalen seines Vaters. Seine Beziehung zur Mutter sei auch heute noch viel enger als die zu seinem Vater. Die Mutter habe zuweilen zu M gesagt: „Wenn ich dich nicht hätte, hätte ich mir schon lange das Leben genommen."
Hast du öfter schon mal aus Rücksicht auf sie etwas nicht getan?
„Ja."
Weiß sie, daß du drückst?
„Ja."
Kannst du heute ganz ehrlich sein ihr gegenüber?
„Nee! ... Sie hat gesagt, sie erschießt mich! Als sie's mal wieder erfahren hat. Das nächste Mal würd sie mich erschießen."
Von wem hat sie's erfahren?
„Von mir.. Ich habs.. weißt du, ich kann das nicht direkt machen. Ich habe irgendwas eingefädelt, daß sie's merken mußte. Und dann konnte man drüber sprechen."
Warum wolltest du das?
„Warum? Weiß nicht!"
Erzähl mal!
(Pause) „Ich hab in ihrer Gegenwart versucht.. das war in der Praxis.. hab ich versucht, mir Morphium unter den Nagel zu reißen."
Aus der Praxis von deinem Vater?
„Ja."
Erzähl mal.
„Wie das ging? Das war im Büro, und ich wußte, das ist dort im Kasten, ja? Und ich bin zum Kasten gegangen und hab einfach den Kasten aufgemacht und hab mir ein paar Ampullen rausgenommen, und sie hat das gesehen. Und.. und.. dann haben wir drüber gesprochen."
Was habt ihr da gesprochen?
„Sie war.. sie wurde kreideweiß und hat gesagt: ich bring dich um! Sie hat offensichtlich schon vorher gemerkt.. das war nicht das erste Mal, daß ich mir dort was geholt habe.. daß da ab und zu was.. nicht mehr da ist. Und.. hat schon mich

verdächtigt, ja? Und es wurde da ganz konkret. Und.. hat dann aber gar nichts.. hat gesagt, du.. ist dann mit mir Mittagessen gegangen, hat mich eingeladen – das war noch nicht sehr lang her. Und hat sich sehr bemüht, mit mir über alles Mögliche zu reden, nur nicht übers Drücken. Sie hat gesagt: es hat gar keinen Wert, darüber jetzt große Diskussionen zu machen.."

Du hast ihr damit ja unheimlich eins ausgewischt.. Was denkst du, wieso kam es zu solchen Situationen zwischen dir und deiner Mutter?

(Pause) „Also ich fühlte natürlich auch noch.. auch.. also es kam in letzter Zeit so, in den letzten paar Jahren, daß ich das gemerkt hab, daß ich unheimlich abhängig bin von meiner Mutter."

Kannst du das konkretisieren, woran dir das aufging?

„Daß ich oft, wenn ich was getan hab, gemerkt habe, daß ich denke, ob jetzt ihr das passen würde oder nicht. Und das hat mich dann unheimlich zu zerstören begonnen. Ich wollte das nicht haben. Und hab dann absichtlich Dinge getan, die ihr auf den Wecker gingen. Und zwar.. die sie wirklich vor den Kopf gestoßen haben, daß ich das überhaupt tun kann."

Die mütterliche Überfürsorglichkeit führte zu Lügereien und Heimlichkeiten bei M. Mit 16: „bin nach Hause gekommen um 10 Uhr, hab gute Nacht gesagt, bin ins Bett und dann wieder gegangen". Die mütterlichen Gängeleien habe er noch am wenigsten in puncto Freundinnen gespürt; aber neben den bereits erwähnten fallen ihm noch ein die Bereiche „Essen, Kleider, Zimmer": „Das ging so weit, daß ich mit 17 meine Mutter noch fragte: was soll ich anziehen? Und dann.. ich wurde immer aufgefordert, viel zu essen, es wurde gut gekocht, was ich gern hatte. Und daß meine Mutter immer mitkam, wenn ich Kleider kaufte. Ich wollte das sogar! Früher mußte ich immer mit dem Vater Kleider einkaufen gehen, das war schrecklich! Weil ich nie das kriegte, was ich wollte. Und später hab ich die Mutter mitgenommen, die kaufte mir genau, was ich will oder .. oder.."

..oder was s i e will..

„..oder was.. oder ich will dann genau, was *sie* will, ja. Wenn's ihr gefallen hat, dann war's in Ordnung."

Auch M spricht von großen Körperängsten: teilweise habe er

seinen Körper gehaßt, teilweise finde er sich schön. In diesem Zusammenhang fällt ihm ein, daß die Mutter ihm auf der sprachlichen Ebene oft vorhielt, er sei zu dick, ihn zugleich auf der nichtsprachlichen jedoch fütterte.

Vor einem halben Jahr habe er Entzugserscheinungen gehabt. Da habe er es in seinen vier Wänden nicht mehr ausgehalten, sei zu seinen Eltern gegangen und habe gesagt, ich bin krank. Er legte sich ins Bett und hatte den Wunsch, sich von seiner Mutter pflegen zu lassen. Die Mutter kam abends und morgens schauen, wie's ihm gehe; der Vater kam nach drei Tagen überhaupt nicht mehr. M hat damals zu Hause nicht erzählt, daß es ums Drücken ging – er konnte das verheimlichen, da er zugleich Lungenentzündung hatte. „Ich hatte damals unheimlich das Gefühl vom kleinen Kind, das beschützt werden will, gekriegt. Ganz stark! Ich wollte gar nicht mehr gesund werden. Weißt du, das kennst du, wenn du das Gefühl hast, jetzt geht's einfach nicht mehr. Jetzt brauchst du jemand, der so auf dich eingehen kann. Das Bedürfnis hab ich da gehabt. Aber meine Mutter war dann nicht mehr bereit, mir das zu geben.. nachher; sie wollt mir dann immer Geld geben" (für Essen und Wohnung).
Sie habe damals allerdings auch den Vorschlag gemacht, M solle doch wieder nach Hause ziehen und dort wohnen. Noch als er zu Hause gelegen sei, haber er wieder begonnen zu schießen. Nach seiner Meinung war der Grund für den Rückfall, daß er – weit davon entfernt, seine Abhängigkeits- und Regressionsbedürfnisse endlich befriedigen zu können – aufgefordert wurde, selbständig zu sein und sein Geld selbst zu verdienen (so sagt er sinngemäß).
M vermutet selbst, daß hinter seinem Medizin-Studium „das Kopieren des Vaters" stünde. Er habe später eigentlich Handwerker, Graphiker werden wollen, das sei sein eigentlicher Berufswunsch gewesen. „Und das durft ich einfach nicht".
Vom Vater aus?
„Ja. Zuerst (Abitur) machen, dann kannst du mal weiter sehen."
Wer war da die treibende Kraft?
„Der Vater. Der Vater ganz eindeutig!"
Und die Mutter hätte dir das durchgehen lassen?
„Ja."
Was sagt sie heute?

„Die Mutter? Sie wirft dem Vater vor, er hätte mich ja gezwungen, diese Ausbildung zu machen."

M und der Interviewer sprechen über Rückfälle, und M stimmt zu: die Gifte werden immer wieder dann aktuell, wenn die Widersprüche unerträglich werden. Er konkretisiert anschließend diese Aussage: zum Beispiel, wenn er Filme vorgemacht, seine Gefühle nicht wahr geäußert habe, und er schildert zur Verdeutlichung eine solche Situation, wie er sie kürzlich mit seiner Freundin hatte. Nachdem M zugegeben hat, daß er mit dem Drücken auch teilweise gegen seinen Vater rebelliere – und zwar besonders mit dem Amphetamin-Drücken –, fragt der Interviewer:
Was ist das für'n Mensch, dein Vater?
„Ja, ich hab gesagt, daß er unheimlich viel arbeitet, daß er da sein höchstes Ideal sieht, in der Arbeit." Wenn er nicht arbeite, sei er „sehr schnell mit seiner Situation unzufrieden ..."
Was hast du mit deinem Vater gemeinsam?
„Das Nicht-sprechen-Können, -Wollen über Probleme ... Ich seh eigentlich schon, daß ich da ähnliche Konflikte habe. Aber je mehr ich's nicht will, umso mehr tu ich's." Der Vater sei ohne Gefühle, ohne Zärtlichkeit. M beklagt, „daß er sich nicht für einen interessiert, effektiv! Direkt schon, daß er Erkundigungen bei der Polizei über mich einholt, aber mich nicht selbst fragt, was ich tue. Oder mich zum Psychiater schickt im Alter von fünf oder sechs Jahren und nicht mit mir selber sich auseinandersetzt."
Schließlich erzählt M, daß er zur Zeit häufig in der Angst lebe, Ansprüchen und Erwartungen anderer Leute nicht genügen zu können.
Noch zwei bemerkenswerte Einzelheiten: M erzählt eine Geschichte aus dem Kinderheim, wonach es einmal Gemüsesuppe mit großen Bohnen gab, die er nie essen konnte. Er wurde gezwungen, sie zu essen, erbrach sich, „da war der Teller wieder voll", und er wurde gezwungen, das nochmals aufzuessen.
Eine andere Erinnerung vom Hören-Sagen: Seine Mutter sei einen Tag vor seiner Geburt auf den Bauch gefallen, deshalb sei er früher als erwartet auf die Welt gekommen. Und: sie sei ebenfalls mal gestürzt, als sie ihn als Baby auf dem Arm trug.

Peers, speziell Rockerzeit:
M erzählt, er habe sich zu Beginn seines Studiums ein schweres Motorrad „zusammengebastelt", kannte den Boss der Rockerbande, ist mit ihm ausgefahren, hat mit ihm shit geraucht und gedealt. Er habe keine Positionskämpfe innerhalb der Gruppe gehabt, sei „um Gewaltanwendung innerhalb der Gruppe immer rumgekommen". Er verbrachte seine Freizeit mit den Rockern, wenn sie nicht ausfuhren, in einem alten Bunker. Er habe in dieser Zeit nie Probleme mit der Polizei gehabt. Wenn es brenzlig wurde, ist er verduftet oder gar nicht erst erschienen, hat sich also besonders aus Schlägereien rausgehalten. War sich – so ist er am Ende seiner Erzählung gezwungen zuzugeben – darüber klar, daß er kein richtiger Rocker war: „Daß ich nicht dazugehöre, das war von vornherein klar." Die Eltern hätten von seiner Rockerphase erst nachher erfahren. Jahre zuvor habe er schon einmal in eine Rockerbande gewollt (mit 14). Damals habe er die Jeans heimlich von zu Hause mitgenommen und sich in der nächsten Toilette umgezogen, weil er wahnsinnige Angst hatte, seine Eltern könnten von seinem Treiben erfahren. Ebenso habe er in seiner späteren Rockerphase darauf geachtet, daß seine Studienkollegen und Eltern nichts von seiner Doppelexistenz (à la Jeckyll/Hide) erfuhren. Wenn er mit Motorrad und Kluft an den bekannten Treffpunkten seiner Kollegen vorbeifuhr, habe er gedacht: hoffentlich sieht mich niemand von meinen Bekannten.

Drogen:
Beschreibt die Anfänge – nach der Alkohol-Phase – mit shit und trips sehr positiv, als eine intensiv erlebte Entdeckung neuer sinnlicher und Bewußtseins-Welten. Begann dann speed zu drükken und hat erst später die entspannenden Qualitäten von O schätzen gelernt. Hatte mit Halluzinogenen mystische und Beeinflussungs-Erlebnisse, die allerdings nie Horror-Qualitäten annahmen. Erinnert sich mit den Halluzinogenen an sehr gute Erlebnisse kommunikativer Offenheit, die später mit dem Drükken in Isolation und Beziehungsunfähigkeit umschlugen. Mehrere flashbacks.

22 Jahre, seit 21 nicht mehr zu Hause und endgültig selbständig gemacht; vollständige Familie bis 17, danach trennte sich der Vater von Mutter und Tochter; mit 17 zum ersten und einzigen Mal von zu Hause abgehauen; Eltern uMS; betrachtet sich als erwünscht; Berufsausbildung abgeschlossen.
Begonnen mit starker A-Phase oral, danach voll O gedrückt, O-Präferenz; institutionell mäßig auffällig; 3 Entzüge, voll gedealt, andere zugegebenermaßen gelinkt, 2 Gelbsuchten.

E lebt zur Zeit in einer therapeutischen Wohngemeinschaft. Hier ist sie, weil sie sonst in den Knast gekommen oder in die Psychiatrie eingewiesen worden wäre; sie hat ein Verfahren anhängen wegen Hehlerei und Urkundenfälschung (Rezepte).
Hast du noch Eltern?
„Ich hab ne Mutter.. mein Vater ist für mich gestorben. 's is'n Schwein, mein Vater."
Warum denn?
„Ach weißt du, ich hab meinen Vater mal sehr geliebt – eigentlich lieb ich ihn auch jetzt noch. Aber.. er hat unsere Familie zerstört wegen einer anderen Frau, die zwei Jahre älter ist als ich. Mein Vater ist ein alter Bock von 60 Jahren."[52]
Wann war das?
„Als ich anfing zu fixen."
Wie lief das?
„Er hat meine Mutter ständig belogen und betrogen, indem er sagte, er müßte noch arbeiten. Unheimlich clever ist er, unheimlich intelligent, hat Kunstgeschichte studiert, hatte ne Bar. Meine Mutter weinte nur noch, saß nächtelang wach im Bett und wartete auf ihn bis in die Früh, wenn ich in die Schule mußte." E sah ihn mit der anderen Frau in Lokalen, wußte von der Mutter, was anlag. Sagte darauf zu ihrem Vater: „du bist ein altes Schwein. Er wollte mich schlagen, im Lokal. Mein ältester Bruder ging dazwischen: kriegt sie eine, kriegst du drei dafür. Mein Vater liebt mich heute noch, aber für mich ist er gestorben. Meine Mutter lieb ich sehr, meinen kleinen

[52] Das Interview sollte unter dem Aspekt allgemeiner familiärer Eifersüchteleien (Liebe als knappes Gut, fehlende Bestätigung untereinander) und Kränkungsreaktionen gelesen werden.

Bruder auch sehr, aber meinen Vater.. das ist ne Haßliebe."
Wie war er früher zu dir?
„Ich war sein Liebling. Er wollte immer nur Mädchen haben. Wir sind zwei Jungens und ein Mädchen. Ich bekam alles von meinem Vater."
Von deiner Mutter auch?
„Von meiner Mutter nicht!"
Ihr Liebling war jemand anders?
„Ihr Liebling war mein ältester Bruder. Aber jetzt bin ich ihr Liebling, weil ich krank bin, suchtkrank. Sie merkt, daß ich nicht aufhören kann."
Was tut sie für dich?
„Sie gibt mir Geld, sie meint, mit Geld kann sie mich retten."
Damit du dir Gifte kaufen kannst?
„Nein. Gib mir Geld, sag ich. Sie schickt mir Geld, weil sie mich liebt. Hab mir Sachen gekauft."
Wie liefen die Konflikte früher mit dem Vater ab?
„Die wurden unterdrückt, der Konflikt wurde totgeschwiegen. Ich wurde bestraft – Hausarrest!" Nein, sie sei nicht geschlagen worden. Ein einziges Mal nur, da sei sie fast 16 gewesen und habe ihren ersten Freund gehabt. „Er hat mich gesehen mit ihm in der Stadt. Er hat auf mich eingeprügelt, mit einem solchen Haß!" Er habe sie auch mal „in den Selbstmord treiben" wollen. „Bin ich nach oben gegangen, wollte Schlaftabletten nehmen. Kam er nach, hat mich geküßt und umarmt, und ich hatte 'n blaues Auge und war ziemlich demoliert."
Was ging denn da voraus, daß er dich das erste Mal geschlagen hat?
„Ich kam statt um acht Uhr um Viertel nach acht nach Hause."
Oha!
„Und er mußte so lange warten, er hatte ne Verabredung. Das mochte auch'n Grund gewesen sein."
Und mußtest du immer um acht Uhr zu Hause sein?
„Immer um acht, Punkt acht Uhr! Nicht eine Minute später! Eine Minute später war für Ausgangssperre. Und dann kam das andere Extrem: Ich war 16, da sagte mein Vater: So, jetzt kannst du tun und lassen, was du willst. Weißt du, was ich machte? Ich machte, was ich wollte."
Und was passierte dann?
„Nichts passierte! Es war ihm egal, er hatte seine Freundin."

Mit 17 habe sie angefangen zu schießen. Über den Freund, den sie damals hatte, sagte ihr Vater: „Du gehst mit dem dreckigsten Gauner der Stadt." Und er hat auch Recht gehabt, das sehe ich heute ein; damals konnte ich das nicht sehen. Es war eben damals der einzige Typ in der Stadt, der lange Haare hatte."
Die Mutter sei ihr früher (vor der Wende ihrer Enttäuschungsreaktion) immer ferner gestanden als der Vater; sie habe ihr nie etwas erzählt. Ihren Worten kann man entnehmen, daß ihre Beziehung zur Mutter von eifersüchtiger Rivalität um den Vater geprägt war. Die Mutter habe sie nie aufgeklärt (auch nicht, als E ihre erste Regel bekam); sie habe auch nie nachgefragt, als E ihren ersten Freund hatte (was E allerdings im Sinn von Nichteinmischung als gut interpretiert).

Auch ihre Beziehung zu ihrem jüngsten Bruder, von dem sie oben sprach, ist voller Ambivalenzen und Widersprüche; stellt sich jetzt anders dar als vorher:
„Ich würd von mir sagen, ich hab ne glückliche Kindheit gehabt, und ne unglückliche Jugend."
Was war glücklich an deiner Kindheit?
„Ein Vater, der mir jeden Wunsch erfüllte ... Das einzige, was ich nicht dufte fand als Kind: als ich 11 war, kam mein kleiner Bruder zur Welt. Und da meine Mutter im Haushalt unheimlich überlastet war, mußte ich das Kind spazierenfahren. Daraus hat sich eine sogenannte ‚Liebe' entwickelt zu dem Jungen, die heute noch besteht. Aber wir haben heute noch ne Haßliebe."[53]
Klar, weil du mußtest!
„Weil ich mußte! Ich mußte das Kind spazierenfahren; kilometerweit mußt ich fahren!" (Dann, völlig unvermittelt nach einer kurzen Pause:) „Mein Bruder hat damals gesoffen."
Der ältere?
„Ja, der hat gesoffen, weil mein Vater cleverer war als er und ihm die Frauen ausgespannt hat." (Hier gehen die familiären Widersprüche in der Tat so weit, daß wieder eine Verwirrung der zentralen Alters-Rollen zu beobachten ist: Die Eltern sind in ihrem Selbstbild so unsicher, daß sie mit ihren Kindern um

[53] An dieser Stelle ist sehr interessant, wie die Ambivalenzen der Beziehung durch logische Widersprüche in der Sprache zum Ausdruck kommen.

die Partner konkurrieren; siehe dazu auch unten. Der Vater ist eifersüchtig auf den Freund der Tochter, er spannt seinem Sohn die Frauen aus, der Sohn umgekehrt; Mutter und E konkurrieren um Vater usw.)

„Du lach' nicht! So ging's bei uns zu Haus!"

E schildert dann, daß die Mutter den Vater wohl aus Liebe geheiratet habe, daß sie den oberflächlich oder manifest abhängigen Teil der Elternbeziehung darstellte, sich ihrem Mann unterwarf und zu ihm aufschaute. Sie blieb zu Hause, er nahm sie nie mit. Das sei noch auf dem Dorf gewesen. „Als wir in die Stadt zogen, ging's los mit der Bar. Meine Mutter ist ne ganz grundehrliche Frau, die hat noch nie was gestohlen. Und mein Vater ist genau das Gegenteil; er war kriminell."

Wann hast'n das festgestellt?

Das habe sie festgestellt, als er ihren älteren Bruder, als der in der Früh vom Fasching heimkam, geschlagen hat. Ihr Bruder habe ihr dann den Grund für diese Schläge erzählt, daß er nämlich am Abend zuvor mit der Freundin des Vaters getanzt habe. Ihr Bruder wollte auf diesen Vorfall hin „auch Suizid begehen, hat aber nicht geklappt, ich hab ihn nämlich abgehalten. Ich hab meinem Vater zu Füßen gelegen und hab gesagt: Laß meinen Bruder in Ruh! Daraufhin hat er gesagt: Ja, er kann bleiben."

Dein Vater wollt deinen Bruder rauswerfen?

„Er wollt ihn rausschmeißen, jaja. Hat ihm Geld vor die Füße geworfen und ihm gesagt, er soll gehen ... Ich konnt ihn überreden, daß er bleibt."

Interviewer und E reden nochmals über E's Vater. Gefragt, ob ihr Vater vor allem auf jüngere Mädchen stand, sagt E, aus ihrer heutigen Sicht scheine ihr das so zu sein.

Aber vor allem stand er auf dich?

„Ja, vor allem auf mich!"

Wie hat sich das gezeigt? War er zärtlich zu dir?

„Zärtlich nicht, er hat das anders gezeigt. Er hat mich bevorzugt, überall hin mitgenommen. Mit 13 hat er mich mitgenommen und mir Striptease gezeigt, um zu zeigen, wie gefährlich das ist. Er wollt mir zeigen, daß es beschissen ist. Das fand ich unheimlich gut an ihm." Gut fand sie auch sein Verhalten, als sie mit 15 zu rauchen begann. Er kam mal dazu, roch noch den Rauch, sagte, er finde das Scheiße, daß sie das heimlich mache, rauchte eine mit, sie fand's toll. Die Mutter dagegen, so E auf Rückfrage, „fand das nicht so gut". Da sagte der Vater zu ihr, „sie sollt's Maul halten".

Freunde, peers:
Als Kind, so mit sieben, hatte E „zuerst gar keine Freunde gehabt, weil wir immer umgezogen sind.. Dann ne Freundin, das war eher ne Feindin.. Da hab ich mich ziemlich abgekapselt, und das wurde dann bei mir als Bravsein ausgelegt. Nicht schmutzig machen und so.. das fanden meine Eltern nicht gut, vor allem meine Mutter fand das nicht gut. Ich kriegte so weiße Kleidchen und Söckchen an, und die sollte ich mir nicht schmutzig machen.. da hab ich mich halt isoliert von den anderen Mädchen in meinem Alter. Ich meine, ich wurde unheimlich gut in der Schule, das is keine Prahlerei! Die andern fanden, daß ich'n Streber bin, obwohl mir das Lernen im Grunde sicherlich Spaß gemacht hat. Ich wollt an die Uni gehen und durfte's nicht – das war die erste Frustration."
Wieso (durftest du das nicht)?
„Mein Vater war der Meinung, Mädchen heiraten. Und ich vertrat die Meinung, Mädchen müssen erst lernen, woran sie Spaß haben. Ich wollte'n medizinisches Fach oder Erzieherin .. konnte mich nicht durchsetzen. Meine Mutter, die mich unterstützte, konnte sich auch nicht gegen meinen Vater durchsetzen." Obwohl E einen Lehrer kannte, der sich für sie beim Vater einsetzte, durfte sie die gewünschte Ausbildung nicht machen. Als dann die Schule fertig war, habe sie der Vater gefragt, was sie jetzt werden wolle. „Sagt ich: Das weiß ich nicht. Das, was ich werden wollte, ist mir versagt!" Da habe er sie auf die Handelsschule geschickt. „Hat sich gewundert, warum das nicht klappte ... Bin in Kneipen gegangen, hab meinen Eltern gesagt, ich muß zum Zahnarzt. Ich hab meine Eltern belogen."
Wann hast'n mit Lügen angefangen?
„Schon während der Schule; hab ich geheult: wenn ich keine Schokolade kriege, dann ... Hab ich meine Eltern erpreßt."
...
Ab wann hast du dann richtig Freundinnen oder Freunde gehabt?
„Nie!"

Hast nur Verhältnisse gehabt?
„Ja.. mit 18 das erste Mal gebumst mit nem Typen.. Der Typ jedoch, auf den ich *stand*, der hatte ne andere. Auf den hab ich eigentlich immer gestanden; der Typ hat Brüche gemacht und so. Damals fand ich das dufte . . Dadurch kam ich nie zu nem festen Freund." E beschreibt, daß sie immer in Konkurrenz mit mehreren Mädchen einer Clique um den Boß stand, zuerst bei den Rockern, „dann waren's halt Fixer".
Was hast'n bei den Rockern für ne Rolle gespielt?
„Ich hab als Rockerbraut fungiert" (lacht dabei).
Ist das alles?
„Jaja, so ziemlich. Die Mädchen dort haben an und für sich nicht viel zu sagen." Sie sei nur kurze Zeit mit den Rockern zusammen gewesen, aber sexuell habe sich damals bei ihr nichts abgespielt. „Hab damals gedacht, bis zur Heirat bleibt ne Frau rein.. Beim ersten Bumsen war ich enttäuscht – war alles anders, als ich mir vorgestellt hab. Der Typ hat mich vergewaltigt, sozusagen. Ich wollt's nicht."
Höchstens 'n bißchen?
„Vielleicht 'n bißchen, ja. Um endlich mal mitreden zu können, sozusagen. Aber eigentlich richtig gewollt hab ich's nicht.. Ja, ich hab dann noch öfter mit ihm gebumst. Er kam dann öfter zu mir (er wohnte auswärts). Aber ich stand nicht drauf. Wir gingen dann in Diskotheken, dann haben wir bei ihm geschlafen. Er hat mich dann wieder zurückgefahren. Ich hatt aber keinen Bock auf ihn.. Das ging fast sang- und klanglos zu Ende. Wir haben uns gesehen, ‚Tag' gesagt, sind aneinander vorbeigelaufen. War auch unheimlich frustriert damals. Hab ungefähr ein halbes Jahr nicht gebumst, gar nichts. Und dann hab ich einmal mit dem Typen gebumst, auf den ich so unheimlich gestanden hab. Und da hab ich alles drangesetzt, daß der Typ die Wohnung bei uns zu Haus kriegte (die Kellerwohnung, die gerade zur Vermietung frei stand). Hat er dann auch gekriegt."
In dieser Zeit waren der Vater und E's ältester Bruder bereits von zu Hause ausgezogen, so daß E mit ihrer Mutter und dem jüngeren Bruder allein zu Haus wohnte. Sie war damals ‚Autorität' im Haushalt, habe den Platz ihres Vaters eingenommen; die Mutter habe sich völlig auf sie gestützt. „Was ich damals so alles erlebt hab! Ich war schwach; die Lehre lief so nebenbei."

Der Typ, mit dem sie eine Beziehung hatte, begann bald, sie auszubeuten und ihr alle Illusionen zu nehmen. Er kam zu ihr hoch und sagte: „ ‚Mach mir mal was zu essen'. Ich hab alles für ihn gemacht." Er habe E ausgenutzt, sie „wissentlich belogen". Als sie das mitbekommen habe, sei's aus gewesen. Dieser Typ habe auch gedrückt, aber sei nicht der gewesen, der sie angepiekt hat. Zum Drücken kam sie durch eine Szene von Fixern, Acid-Heads und Säufern, die sie damals „geil" fand. „Geil" war sie auch auf den ersten Schuß[54]: „Irgendwie war ich damals unheimlich geil auf'n Schuß. Ich hab damals bei nem Arzt in der Klinik gearbeitet.. Ich sah unheimlich dufte aus damals.. lange blonde Haare.. Ich sah gut aus. Bin in M sofort angesprochen worden, sofort mitgegangen. Naja. Und dann.. Wohngemeinschaft, Captagon geworfen."
Danach räumte sie das Medikamentenlager ihres Chefs leer, „das fiel überhaupt nicht auf". Und dann habe sie „den ersten Jetrium-Schuß in den Arsch gesetzt – zum Totlachen!" Erst danach habe sie gelernt, intravenös zu spritzen. Der erste Schuß sei unheimlich gut gewesen; sie konnte auch am Anfang noch gut arbeiten, wenn sie gedrückt hatte.
Gut am Captagon vorher sei gewesen, daß sie alles machen konnte, was sie wollte: arbeiten zu Hause, die Lehre machen, dealen, zwei Stunden schlafen und danach wieder fit sein.
Von M aus geht sie nach H, nach F, beendet dort ihre Lehre mit Erfolg. Damals nahm sie Captas und Jetrium. Fuhr von F nach Norddeutschland, um dort shit zu dealen: sie holte ihn dort ab, preßte ihn und verdealte ihn. Erzählt mit Stolz von einem Bruch in die dortige Uni-Klinik, den sie nicht selbst ausgeführt, aber mitorganisiert hatte. Daraufhin sei sie verpfiffen worden und kriegte eine Verhandlung. Zu der Zeit sei sie clean gewesen, weil ihr Chef von ihrem Drogengebrauch von der Kripo erfahren und sie vor die Alternative gestellt hatte: entweder aufhören oder rausfliegen. Er habe sie gern gehabt, daraufhin habe sie entzogen.
Auf Entzug in der Klinik blieb sie ein halbes Jahr; danach hat sie noch ein weiteres halbes Jahr clean zu Hause gelebt, hat

[54] „Geil" auf den ersten Schuß sein heißt in den meisten Fällen, geil auf die Beziehungs- und Umgangsformen einer neuen, unbekannten Szene sein, von der man sich Prestigegewinn und Aufstieg verspricht.

gearbeitet, gelesen, nur „die Droge Fernsehen" benutzt, ab und zu ein Captagon, sonst nichts. Kein Alkohol, kein Haschisch geraucht. „Damals hab ich noch nicht gewußt, warum ich schoß." Dann traf sie wieder einen der Typen aus der Gruppe, die wegen dem Klinik-Bruch hochgegangen war, begann mit ihm Haschisch zu rauchen. Danach warf sie ihre ersten Trips. Sie arbeitete noch drei Tage auf einer neuen Stelle, dann hörte sie ganz zu arbeiten auf. Hatte 5 000 Mark Erbschaft gekriegt, die hat sie mit dem Typen durchgebracht. Als das Geld alle war, hat sie wieder (Drogen-)connections aufgerissen, Stoff in Kommission genommen, „scripts" (Rezepte) gefälscht, den GI's Mandrax verdealt. Wurde wieder verpfiffen, verbrachte ihre erste Nacht in einer Arrestzelle. Sie erinnert sich: abgeführt werden, mit Schmerzen und einem Affen in der Zelle hocken zu müssen, warten zu müssen auf einen Schuß – das sei hart für sie gewesen. Sie wird dem Haftrichter vorgeführt, „der sabbelt einen voll", dann vorläufig entlassen. Das Erste für sie war, Geld von der Bank zu holen und sich einen Schuß zu kaufen. Als der Rezeptblock leer war, sie kein Geld mehr hatte, ging sie anschaffen auf dem Strich. (Der Kreislauf der Abhängigkeiten wird immer enger; sie geht immer größere Abhängigkeiten ein, um ihre Drogenabhängigkeit zu befriedigen.) Zuerst sei es ihr schwergefallen, nachher war's ihr egal. Auf diese Weise hat sie vier bis fünf Wochen angeschafft, dann wurde sie wieder verpfiffen. Jetzt drohte ihr die Zwangseinweisung in eine Heilanstalt – sie aber gibt nichts zu, macht keine Aussage und kann so die Zwangseinweisung vermeiden.

Daraufhin besorgt sie sich junk und Mandrax (indem sie einen erpreßt: wenn er ihr das Zeug nicht gebe, würde sie ihn verpfeifen), fährt nach Hause zu ihrer Mutter und entzieht sich selbst. „Dabei hat meine Mutter 'n großen Fehler gemacht: Sie hat mich angefaßt wie'n rohes Ei" – E brauchte nichts zu tun, die Mutter nahm ihr alles ab. Während ihres Selbstentzugs war sie krankgeschrieben, und ihre Mutter, die bis dahin von E's Drücken nichts wußte, bedauerte sie nun: „ ‚Das arme, kranke Mädchen!' " Auf ihrem Selbstentzug habe sie Valoron zum Schlafen genommen, habe sich naßgeschwitzt, vollgekotzt und vollgeschissen – „die schlimmsten Tage, die ich je erlebt hab. Das war Januar. Im Februar war ich entzogen." Sie sei clean geblieben bis heute, sei nur einmal wöchentlich nach F gefahren und habe sich ein Schüßchen gegönnt. „Meine Mutter is ne Frau, der kann man unheimlich viel vormachen. Leuten, denen man nichts vormachen kann, bin ich immer aus dem Weg gegangen."

Tatsächlich ist sie keinesfalls clean geblieben bis heute: In dem noch folgenden halben Jahr bis zu ihrem Eintritt in die hiesige Wohngemeinschaft wohnte sie bei einem Arzt zu Hause, der in der Drogenklinik in F arbeitete und den psychischen Entzug mit ihr machen wollte. E's Situation dort ist gekennzeichnet durch Eifersuchtsprobleme mit der Frau des Arztes, sie schießt einmal in der Woche weiter, verheimlicht das aber vor allen. Arbeitet als Schreibkraft, beginnt immer stärker zu drücken, zuletzt schon in jeder Mittagspause. Schließlich ist sie wieder soweit: arbeiten, drücken, abends anschaffen gehen. Als sie wieder in diesem Stadium ihres habits angelangt ist, steht plötzlich ein ehemaliger Freund von ihr vor der Tür, der direkt aus dem Knast kommt und keine Poofe hat. Endlich wird sie eines Tages von den Bullen von der Arbeit geholt und vor die Alternative gestellt, entweder in den Knast, in die Psychiatrie oder in die Wohngemeinschaft zu gehen, in der sie jetzt lebt.

Die Tage bis zu ihrem Eintritt in das hiesige Kollektiv will sie mit junk überbrücken. Sie hat noch ein Gramm H(eroin), das sie dem Arzt, bei dem sie immer noch wohnt, verheimlicht hat. So kommt es, daß sie sich bei diesem Arzt zu Hause das ganze Gramm auf einmal (Überdosis) setzt. Heute sagt sie, sie wüßte nicht mehr, was damals in ihrem Kopf vorgegangen sei; ob sie sich bewußt eine Überdosis setzen wollte oder nicht. Irgendwie habe sie gedacht: „Jetzt mußt du irgendwas bringen – irgendwas, weißt du, damit's nicht dabei bleibt. Vielleicht hab ich's nur aus Bock gemacht. Ich glaub, ich wollte nicht abkratzen, bestimmt nicht! Ja, ich wollte irgendwie, daß mir jemand.. daß jemand sagt, ‚ach, die arme Erika!' Daß er mich streichelt praktisch, weißt du, so mit Wort oder mit Tat." Das habe aber niemand getan; sie wurde vom Arzt gefunden und „ganz cool als Kranke" behandelt. Die paar restlichen Tage bis zu ihrem Eintritt in die Wohngemeinschaft habe sie sich runterdosiert.

Zum Schluß möchten wir noch einige Einzel-Zitate vom letzten Teil des Gesprächs bringen, die ihrer Pointiertheit wegen nicht übergangen werden sollten:

„Find mich nur großartig, wenn ich vollgedrückt bin; sonst beschissen."
„Hab noch nie Leute gehabt, mit denen ich mich offen über meine Fehler und Schwächen unterhalten konnte."
„Ich will mich kaputt machen.. ich laß wenig an mich rankommen."
„Wenn ich wieder in den Knast gehen soll, dann weiß ich, was ich mach."

063 Johannes (BRD)

19 Jahre alt; von 0 bis 1 im Säuglingsheim, von 1 bis 11 bei der Mutter und dem Stiefvater, von 11 bis 15 bei der Mutter allein, von 15 bis 18 teils bei der Mutter, teils im Heim; sagt von sich, er lebe noch zu Hause und habe sich nicht selbständig gemacht (z.Zt. ist er Gefängnisinsasse, verurteilt wegen Drogenbeschaffungskriminalität); ist mit 15 das erste Mal abgehauen, danach noch häufiger; Eltern US, betrachtet sich selbst als anfänglich unerwünscht; Berufsausbildung abgebrochen.
Drogenkarriere begonnen mit A (oral), dann O und A gedrückt, O-Präferenz; stark auffällig vor der Drogenphase, als junkie kaum auffällig; mittelstark gedealt, andere gelinkt.

Die Mutter von J war 21, als er geboren wurde, sie war damals nicht verheiratet und hat sehr darunter gelitten, daß sie ein uneheliches Kind zur Welt gebracht hatte. Sie war verlobt gewesen und hatte erwartet, daß ihr Verlobter sie heiratet. Stiefvater und Mutter waren ca. 10 Jahre verheiratet; der Stiefvater ist ziemlich bald gegenüber der Mutter aggressiv geworden, „warum weiß ich nicht". Der Mutter hat vor allem nicht gepaßt, daß der Mann so viel gesoffen hat – sie selber hat zu der Zeit kaum Alkohol getrunken. Der Stiefvater war zu stolz, sich über Probleme zu beklagen, war ziemlich verschlossen. Oberflächlich betrachtet mögen es finanzielle Probleme gewesen sein, die ihn belastet haben. Jedenfalls fing das damit an, „daß seine Mutter zu uns zog, und die hat keinen großen Bock auf meine Mutter gehabt. Und meinen Stiefvater hat sie unheimlich gegen mich aufgehetzt, weil ich unehelich bin. Meine Schwestern sind Kinder von meinem Stiefvater, die hat er immer bevorzugt, indem er, wenn er was gekauft hatte, so: hier nimm und nimm! Du? Für dich hab ich nichts, für dich gibt es auch nichts. Meine Groß-

mutter hielt meine Mutter für 'ne Schlampe." Die Beerdigung dieser Frau war für J, „als wenn man mir'n Sack von der Schulter nimmt. Ich weiß nicht, ich hab mich irgendwie gefreut, als die Frau tot war. Und die hat immer versucht, meine Mutter und mein'n Vater gegeneinander auszuspielen; damit mein Vater endgültig keinen Bock mehr hat auf meine Mutter."
Sie wollte, daß sie sich trennen?
„Ja, das Gefühl hab ich gehabt. Und das sagte meine Mutter auch, daß sie das gleiche Gefühl gehabt hat.. und das wußte sie auch, daß das vielleicht irgendwann mal kommen würde. Die war echt gehässig, die Frau! Vielleicht hat sie das auch meinem Vater nicht gegönnt, was weiß ich."
Die Großmutter hat J auch mit erzogen. Sie hat da wesentlich andere Vorstellungen gehabt als die Mutter, z.B. war Großmutter für Religion und Kirche, die Mutter aber nicht. Die Großmutter „hat versucht, die beiden (Vater und Mutter) gegeneinander auszuspielen. Und nachher ist das so weit gekommen, da kam seine Schwester, und die ist echt 'ne Alkoholikerin. Und dann ging das immer los.. totale Saufgelage. Und zum Schluß war das nachher so, da gab es Krach und da ist.. meine Oma hat das irgendwie abgecheckt, daß sie indirekt die Schuldige war, ne.. da sagt sie: Ich geh weg, ich geh weg von hier. Ich will nicht mehr, ich geh zu Vaters Schwester. Und das hat mein Vater meiner Mutter angelastet, daß seine geliebte Mutter aus dem Haus gegangen ist. Und danach war nur noch trouble bei uns zu Hause. Und dann hat meine Mutter gesagt: So, jetzt ist aber endgültig Feierabend! Ist zum Anwalt gegangen und hat die Scheidung gemacht, weil ihr das zuviel wurde."
„Der Vater hat die Mutter sehr viel geschlagen; immer wenn Mutter das nicht machte, was er wollte, ist er aggressiv geworden und hat gleich zugeschlagen", so daß sie öfters zum Arzt mußte, weil sie Prellungen hatte. Eine Zeitlang hat J bei der Mutter geschlafen, „weil das ziemlich kritisch bei uns zu Hause aussah. Und da kam mein Vater eines Nachts so um 2 Uhr nach Hause und ist knalldick und wollte bumsen. Und meine Mutter allein im Schlafzimmer mit mir zusammen. Da kam er hoch – und meine Mutter hat aber vorher die Tür abgeschlossen, weil sie so Angst hatte. Hat er die Tür eingehauen und auf sie losgeprügelt. Da hab ich so'ne Angst gehabt um

meine Mutter, da hab ich'n Besen genommen und hab ihm so lange auf den Kopf gehauen, bis er die Treppe runtergeflogen ist.. Da war ich 11 Jahre. Seitdem hab ich überhaupt keine Angst mehr vor meinem Vater. Vorher hab ich ne tierische Angst vor ihm gehabt, daß er mich mal zusammenschlagen könnte."

Nach der Scheidung bleibt J bei der Mutter, die Geschwister ebenfalls. Die Mutter erzog dann erstmal dadurch, daß sie ihm drohte, aber die Drohungen haben nicht viel genützt; schließlich habe sie gesagt, er müsse selber wissen, was er macht. Gegen ihn habe sie damals nicht viel ausrichten können. In der Schule, bei Ärger mit den Lehrern habe sie sich auch immer vor ihn gestellt und sich für ihn eingesetzt, auch später noch vor Gericht – bis zum letzten Mal allerdings, da „konnte sie nichts ausrichten, hatte auch kein Bock mehr, glaube ich".

Zum Schluß ist J bei der Mutter rausgeflogen, er hat „tierisch viel gesoffen" und die Mutter auch noch finanziell gelinkt. Seitdem fühlt er sich ihr gegenüber verpflichtet. Doch hat jetzt die Mutter den ersten Schritt wieder auf ihn zu gemacht, und J rechnet damit, nach seiner Entlassung aus der Haft erstmal wieder zu ihr zu ziehen. Er will zwar alleine wohnen, aber bis er Wohnung und Arbeit hat, brauche er sie.

Über die Versuche der Mutter, ihn mit Strenge zu erziehen, sagt J: „Ja, sie wollte nicht, daß ich.. durch dieses ganze Leben, das hat sie auch gemerkt, daß ich ziemlich schon.. teilweise verwahrlost bin, so durch die ganze Umgebung.. Bei uns ist das von der Struktur aus typische Rockergegend, da hat ziemlich viel Kriminalität geherrscht. Und das hat sie wohl durch Nachbarn oder so gecheckt, daß ich eben mit den Typen öfters zusammen bin und so, die dann auch bei den Bullen bekannt waren. Und da hat sie mitgekriegt, daß ich mit denen zusammen bin, und das wollte sie nicht. Sie wollte immer, daß ich was Vernünftiges aus mir mache ..." In dem Alter habe er die strengen Maßnahmen der Mutter nicht begriffen, nicht begreifen können. Da sei bei ihm sofort die „Trotzreaktion" gekommen. Und so sei das eben losgegangen. Fing an zu rauchen, war trotz Verbot weiter mit den Leuten zusammen, und die hätten seinen Trotz gegen zu Hause „natürlich ordentlich bekräftigt". Teilweise habe bei ihm auch „Geltungsbedürfnis" gegenüber den andern mitgespielt. Dann sei er so mit 13, 14 in die Pubertätsphase gekommen, da habe sich das Ganze noch verstärkt. „Und da fing das dann an: mit Alkohol und.. vor allem mit dem Alkohol. Das war bei mir reines Geltungsbedürfnis." Obwohl der Alkohol nicht geschmeckt habe, „war das bei mir reine Gewohnheit.. Damit hab ich vielleicht versucht in der Zeit, im Innersten meine Probleme zu überspielen.. und dann mit dem Rauchen eben, das hat sich dann ein bißchen normalisiert.. Weil meine Mutter, die fing an, wie ich 14, 15 war, da hat meine Mutter mir mal eine Schachtel Zigaretten mitgebracht und hat gesagt, hier für dich! Und das war das erste Mal, war ich echt verwundert, dann denk ich, was ist das denn?! Zwei Tage vorher hatte meine Mutter mir 'ne Schachtel Zigaretten abgenommen und sie verbrannt. Und denn bringt sie mir ne Schachtel und legt sie auf den Tisch und sagt: Hier, für dich! Sie hat gemeint: Wenn du schon rauchst, würde ich das besser finden, wenn du's zu Hause machst, sonst gibt das leicht Ärger. Weil, ich hab noch unter Vormundschaft gestanden. Und weil sie doch noch'n bißchen an mir hing.."

Sie mochte dich gerne und tat sich schwer, dir was zu verbieten. Kannst du dich an noch mehr solche Widersprüche erinnern, wie du sie eben schilderst?

„Mit dem Ausgang zum Beispiel. Das war zuerst auch so. Das war wesentlich strenger.. und das wurde nachher.."

Dann konntest du's immer so'n bißchen mehr umgehen..

„Genau. Dann mit Alkohol und so. Das mochte sie auch nicht so gern.."

Das war vielleicht der einzige Fehler von ihr. So wie du sie schilderst, war sie ne dufte Frau, die ziemlich liebevoll dir gegenüber gewesen ist. Der einzige Fehler, den sie vielleicht gemacht hat..

„..daß sie mir zuviel Freiheit ließ.."

Ja, daß sie so die Sachen, die sie wollte, nicht konsequent versuchte, durchzusetzen, sondern so Stückchen für Stückchen sich abbeißen ließ, und nachgab.

„Mhm. Das ist richtig! Das trifft nämlich zu. Das hast du echt gut erkannt. Das ist auch heute noch so, daß.. Im ersten Moment ist sie unheimlich hart, da kannst du sie total nicht umstimmen, ne. Aber dann, wenn sie sich's durch den Kopf gehen läßt, dann ist es ziemlich leicht, sie von dem Gegenteil zu überzeugen."

J schildert sich dann so, daß er deshalb auch meistens sein Recht zu kriegen weiß ihr gegenüber. „Sie ist der Typ, der dann nachgibt".

Tja, was sollte sie auch machen? Sie konnte keine mehr runterhauen ...

„Was mir vielleicht gefehlt hat, vielleicht 'n väterlicher Druck oder sowas."

In der Schule hat J eher „ein bißchen außen vor gestanden. Mehr den Beobachter gemacht." Wenn es um Streiche ging, habe er mitgemacht, sei er sogar einer der ersten gewesen. Auch bei den Rockern sei er akzeptiert gewesen. Sie hätten zusammengehalten, er habe zu ihnen gestanden, wenn's Ärger gab.
In der Rockerzeit gab es Konflikte mit dem Gesetz und der Polizei, es kam zu einer Verhandlung, J wurde ein Bewährungshelfer zugeordnet. Er wollte eine Lehre anfangen, aber für das, was er lernen wollte, gab's damals keine Ausbildungsmöglichkeit. Er hat dann erstmal eine Arbeit angefangen. Er kam ins Heim, sollte wieder nach Hause, hat aber Streit mit der Mutter um Geld gehabt, wohnte eine Zeitlang alleine und hat angefangen, Morphin zu spritzen. „Da hab ich ne Butze kennengelernt. Die war auch aus dem Heim, einen Monat hab ich bei ihr gewohnt, mich immer mehr gegen den Bewährungshelfer und meine Heimaufsicht durchgesetzt." Er flog aus der Arbeitsstelle und hat sich von der Freundin getrennt, weil sie ihn an sich binden wollte. Er erzählt auf die verwunderte Frage des Interviewers, wieso er damals einen so einsichtsvollen Standpunkt im Hinblick auf Partnerbeziehungen einnehmen konnte: „Bei mir ist das so, daß es eben durch das Zusammenleben von meinen Eltern bedingt ist, daß ich den Standpunkt hab. Meine Mutter hat das echt zu lange hinausgezögert, da hab ich ja gesehen, wie sich das entwickelt." Er zog dann in der Stadt herum, wurde von der Polizei aufgegriffen: es lag nicht viel vor, Drogen waren nur im Verdacht, aber auf Betreiben von Heimleiter und Bewährungshelfer wurde er dann verurteilt, obwohl es keine konkreten Beweise gab – er hatte sich in der Zeit der Bewährungsauflage einfach zuviel Freiheiten genommen. In den letzten 3 Monaten vor der Verhaftung hatte er nur noch vom Dealen gelebt.

Hast' eigentlich keine Probleme mit Mädchen?

„Oh, Probleme! Das ist bei mir.. bei mir ist das so das einzigste Problem, daß ich, wenn ich ‘ne Freundin suche oder so .. daß ich da.. vielleicht zu wählerisch bin oder so. Und deswegen hab ich.. zwar Beziehungen mit Mädchen gehabt, aber keine Beziehung, die länger gedauert hat, also mehr als ‘n Tag oder zwei Tage.”

Suchste die Beziehung noch für dich?

„Ja.. ich such ‘ne Beziehung, mit der ich echt zusammensein kann.”

Er sieht für sich deutlich einen Zusammenhang zwischen seinem Drogenkonsum und seinen Beziehungsschwierigkeiten. Er habe weniger gedrückt in der Zeit, wo er sich um eine Beziehung zu einer Frau bemühte.

4. Diskussion der Tiefeninterviews: Drogenabhängigkeit als narzißtische Störung

Die von Kohut (a.a.O.) zuerst vorgelegte „Theorie narzißtischer Störungen" kreist um die Entwicklung einer Beziehung zwischen Ego (dem Fixer) und Alter (dem Elternteil), die sich durch besondere Formen stärksten wechselseitigen Aufeinander-Angewiesenseins auszeichnet. Der Elternteil (miß-)braucht das ursprünglich abhängige Kind zur Bestätigung und Stützung seiner eigenen schwachen Identität und gewährt dem Kind dafür Gegenleistungen, die es an ihn binden, so daß im Endeffekt beide in äußerster gegenseitiger Abhängigkeit (Symbiose) voneinander verharren, ohne einander „nicht leben können". Die Störung der Identität und des Selbstbildes auf Seiten des Kindes drückt sich dann darin aus, daß es seine Ich-Struktur (einfacher: seine Reaktionen) nur in Einheit mit dem „mit narzißtischer Libido besetzten Objekt" (Kohut) aufbauen kann, daß es diese Einheit mit allen Mitteln (und sei's durch Illusion) erhalten muß und will oder auch die verlorene Einheit wieder herzustellen sucht, und daß es schließlich, wenn es dieses Objekt doch verliert, hilflos, im tiefsten Wesen gekränkt ist, sich nur noch auf sich selbst zurückziehen kann.

Soweit diese Theorie sich an die klassischen, von der Psychoanalyse entwickelten Identifikationsstrukturen und korrespondierenden psychosexuellen Entwicklungsphasen anlehnt, tendiert sie zu einer gewissen Ahistorizität, die auch dem Freudschen Denken in einigen Punkten eigen ist. Diese Punkte betreffen zum Beispiel seine einseitige und quasi geschichtslose Interpretation der Welt und ihrer Kulturen durch den männerrechtlichen Standpunkt (jüdisches wie auch christliches Erbe!): Der Vater als unumschränkter Ausgangspunkt seiner kulturhistorischen Betrachtungen; die damit zusammenhängenden Überlegungen zur gesellschaftlichen Funktion der Sexualität, des Inzests, des Stellenwerts der ödipalen Krise und schließlich der Familie; kurz: die ahistorische Überschätzung der Bedeutung gewisser zentraler Identifikations-Strukturen, die tatsächlich nur unter gewissen gesellschaftlichen Voraussetzungen gedeihen. In Verbindung mit diesem Vorurteil muß auch Freuds Einschätzung der Frau, müssen schließlich seine sexuellen Werturteile gesehen werden, insbesondere sein Verständnis der Homosexualität, die die Entwicklung eines reifen bisexuellen Eros ausschließt. Wenn wir uns also gewisser Theoreme der psychoanalytischen Theorie narzißtischer Störungen bedienen, so wollen wir uns stets sehr deutlich der historischen, das heißt vorübergehenden Natur der Erscheinungen, die wir untersuchen, bewußt sein: zum Beispiel, daß die Bedingungen der Identifikation mit einem starken Vater sich gesellschaftlich rascher geändert haben, als Freud voraussehen konnte, oder allgemeiner, daß bestimmte, im Sinn der Theorie „normale" oder „wünschenswerte" Identifikations-Strukturen und damit auch das Abweichen von ihnen („Störung") an die Bedingung der partriarchalischen Kleinfamilie gebunden sind, deren Zusammenhalt sich gegenwärtig tendenziell aufzulösen beginnt und neuen Formen der Vereinzelung Platz macht. Wir wollen ferner in Rechnung stellen, daß auch unser spezifischer, hier thematisierter zwanghafter Umgang mit Drogen (der Schießgiftgebrauch) eine kurzlebige und auf gewisse Kulturkreise beschränkte Erscheinung darstellt, die vielleicht schon in einem Jahrzehnt von anderen suchtartigen Auseinandersetzungen mit dem Abhängigkeits-Motiv abgelöst sein kann; auch daß die gegenwärtigen Grenzen zwischen der Legalität und Illegalität von Drogen sich in mehrfacher Hinsicht verschieben können: einmal auf der formalisierten Ebene der Legislative, zum andern dadurch, daß mehr und mehr legale Drogen zum Substitut der heutigen illegalen werden könnten, oder daß der Schießgift-Gebrauch, wenn er andauert, in Zukunft selbst noch jener wenigstens aufflackernden offenen Widersprüchlichkeit und Protesthaltung verlustig geht, die er Anfang der siebziger Jahre noch besaß; daß er, mit anderen Worten, mehr und mehr in der unauffälligen privatistischen Zurückgezogenheit, im Elternhaus, in der einsamen Zweisamkeit junger Paare stattfinden wird, die die bürgerlichen Interaktionsnormen nicht mehr auch nur andeutungsweise in Frage stellen.

Was die Frage der offenen und versteckten Widersprüchlichkeit in unserem Sample anlangt, so könnte man sich vermutlich auf verschiedene plausible Operationalisierungen einigen, die aber alle nach unserer Ansicht in dieser oder jener Form den Prozeß der Ablösung des Jugendlichen vom Elternhaus zum Ausgangspunkt nehmen müßten. Man könnte zum Beispiel sagen, daß überall dort, wo der Betreffende über ein bestimmtes Alter hinaus noch/wieder zu Hause lebt, oder wo er Gifte drückt und den Absprung von zu Hause nicht schafft, ein Klima versteckter Widersprüchlichkeit erfolgreich operiert. Dagegen: drückt der Betreffende und rangiert irgendwo im Bereich zwischen „nicht mehr zu Hause wohnen, aber noch deutlich abhängig sein"; „noch halb zu Hause, halb bei Freunden wohnen"; „Eltern häufig besuchen und materielle Unterstützung erhalten"; „mehr oder weniger deutlich mit den Eltern gebrochen haben"; „augenblicklich keinen Kontakt mehr mit den Eltern haben" usw., dann kann man zunehmende Offenheit der Widersprüche zwischen Eltern und Kind unterstellen. Kurz gesagt: es scheint uns eine plausible und legitime Operationalisierung des vorherrschenden Widerspruchs-Typus zu sein, von der äußeren Erscheinungsform, etwa der Häufigkeit der Interaktion zwischen den Eltern und dem Jugendlichen an der Schwelle des Erwachsenen-Alters, auf Form und Entwicklungsstand der interaktiven Widersprüchlichkeit zwischen beiden Parteien zu schließen. Dieser Gedanke lag auch der Verwendung von AAEA und der „Jetzt-Beziehung zu den Eltern" als unabhängigen Variablen zugrunde.

Unser erster Schritt zur Strukturierung der Tiefeninterviews bestand darin, von jedem Interview eine Kurzfassung nach zehn Kategorien anzufertigen, die familiäre und partnerschaftliche Beziehungsmuster, Drogenkarriere und deutliche Anzeichen einer narzißtischen Störung beschreiben sollten. Die Kurzfassung des Interviews Nr. 001 liest sich zum Beispiel so:

Fall 001/weiblich (w)

1. Familiäre Grundkonstellation:
Vollständige Familie; mit 16 haut B von zu Hause ab; starke Konflikte zwischen den Eltern; die Mutter trinkt stark, hat Selbstmordversuche gemacht. Sie hat einen langen Krankenhausaufenthalt hinter sich, ist also de facto krank, andererseits pflegt sie mit Krankheit ihren Mann zu „erpressen". Wir erhalten das Gesamtbild einer kalten, ablehnenden Mutter und eines schwachen Vaters; er stand „unter dem Pantoffel"; ihm hat „Selbständigkeit" gefehlt.

2. Beziehung zur Mutter
B schildert ihre Mutter als ablehnend, strafend und ungerecht-lügnerisch.

3. Beziehung zum Vater:
B schildert ihren Vater als lieb, aber schwach; sie hatte für ihn Bewunderung und Mitleid zugleich (Ambivalenz); sie steht ihm näher.

4. Beziehung zu Partner:
Starke Abhängigkeiten in B's wichtigster Partnerbeziehung; vorher kannte sie nur Beziehungen auf der Basis wechselseitiger Ausbeutung („Wärme erkauft").

5. Kränkung/Enttäuschung:
a) eventuell, als sie bei der Krankheit ihrer Mutter den Haushalt besorgte und nicht die nötige Anerkennung dafür von ihrer Mutter bekam; b) der Vater verprügelte sie in einer nicht näher definierten Situation, worauf sie einen Suizidversuch macht (Hypothese: sie hat das Gefühl, nun auch noch die Liebe ihres Vaters zu verlieren).

6. Rückzug/Isolation:
B hat als Kind, weil sie sonst niemanden hatte, ihrem Teddybären erzählt, was sie bedrückte; als sie schreiben konnte, hat sie ihm im gleichen Stil Briefe geschrieben. In der Schule war sie „Außenseiter", nicht sehr beliebt; hatte auch keine richtigen Freundinnen; nur ein Mädchen, auf das sie herabschaute, und ein anderes Mädchen, zu dem sie aufschaute.

7. Versager/Depression (Euphorie)/Suizid:
1 Suizidversuch; B betrachtet nachträglich ihr Schießen als „Selbstzerstörungstrieb".

8. Phallische (genital-sexuelle) Problematik:
Erlebt, daß Schießen und sexueller Verkehr einander ausschließen; große Orgasmusschwierigkeiten; negative (traumatische) sexuelle Erfahrungen als Kind.

9. Schein-Emanzipation:
Bekommt ein Kind; kann sich anfänglich nicht mit ihrer Verantwortung für das Kind abfinden und vernachlässigt es.

10. Drogenpräferenz/Gesuchte Wirkung:
Opiat-Präferenz; konnte mit O „verdrängen"; lehnt Halluzinogene ab, weil sie sie verunsichern in der Kommunikation.

Die Kategorien *„familiäre Grundkonstellation"* und *„Beziehung zu Mutter/Vater"* sollen uns Auskunft geben über die Rahmenbedingungen der Sozialisation auf der Ebene der Primärgruppen, über das manifeste Vorhandensein oder Nicht-Vorhandensein von Identifikationsmodellen und über den groben Verlauf und vorläufigen Endzustand der Entwicklung der verschiedenen identifikatorischen Beziehungen, über eher formale Beziehungspräferenzen, über die inhaltliche Füllung dieser Beziehungen und

die Art des Ablöseprozesses. Das Thema des Ablöseprozesses wird ein zweites Mal durch die Kategorie *„Scheinemanzipation“* behandelt; das heißt, hier wird knapp dargestellt, ob der Ablöseprozeß bereits manifest vollzogen ist, ob er noch im Stadium der Ambivalenz oder Widersprüchlichkeit verharrt, oder ob er noch garnicht in Angriff genommen wurde. „Scheinemanzipation“ soll jenen widersprüchlichen Zustand subjektiven Erlebens bezeichnen, der zwischen noch offensichtlicher Abhängigkeit und trotziger Unabhängigkeit angesiedelt ist; der Begriff bezieht sich also im engeren Sinn auf jenes Entwicklungsstadium des Ablöseprozesses, wo oberflächlich ein Grad der Unabhängigkeit behauptet wird, der untergründig (metastrukturell) nicht eingelöst wird; umgekehrt bedeutet die Nicht-Existenz von scheinemanzipativen Indizien lediglich, daß sich der Betreffende bezüglich des Abhängigkeits-Themas in einem vor- oder nachambivalenten Entwicklungsstadium befindet.
Der Indikator *„Kränkung/Enttäuschung“* bezieht sich auf eines der funktionell wichtigsten Grunderlebnisse der narzißtisch gestörten Persönlichkeit überhaupt. Es hat seinen entwicklungsgeschichtlichen Hintergrund (Vergangenheit) als „hohe Kränkbarkeit“ in der symbiotisch-abhängigen Aufeinander-Bezogenheit von Elternteil und Kind und seine entwicklungsgeschichtliche Zukunft in der von nun an erworbenen verstärkten Abwehr der erfahrenen Verletzung und Kränkung durch Sich-Zuschließen, Sich-Abwenden, *„Rückzug“* aus sozialen Interaktionen überhaupt, theatralisch inszeniert durch die aufgesetzte Maske von coolness und gespielter Unabhängigkeit, wie sie für die sozialen Umgangsformen der Fixer-Subkultur so bezeichnend ist. Diese Maske ist eine Abwehr des erlebten Schmerzes mit kindlichen Mitteln, nicht aber eine Verarbeitung, Weiterentwicklung des Verhaltens. Das „Kränkungs“-Erlebnis selbst kann nach unserer Beobachtung entweder schon eingetreten sein oder noch bevorstehen (wobei dann auch noch keine ausgeprägte Abwehrreaktion zu beobachten ist); die Kränkung mag als akutes und deutlich zu benennendes Erlebnis erscheinen oder in den weniger auffälligen und abrupten Formen chronischer Kränkung, die unseres Erachtens weniger einschneidend oder zumindest später erfahren werden. Die Art der subjektiven Kränkungs-Erfahrung hat nach unserer Auffassung auch direkte Auswirkungen auf die Ausprägung der Abwehrreaktionen

und damit auf die Wahrnehmung und Deutung der narzißtischen Beziehung selbst; sie bestimmt, ob die grundsätzliche narzißtische Abhängigkeit vom idealisierten Objekt noch offen zugegeben, ambivalent behandelt oder strikt geleugnet wird. Hier sehen wir wiederum Zusammenhänge mit AAEA (Leugnung der Abhängigkeit entspricht frühem Ablöse-Alter und einer „compulsive independence“, offenes Zugeben ist fortgesetzter direkter Abhängigkeit identisch) und der Qualität der „Jetzt-Beziehung zu den Eltern“. Diese verschiedenen Umgangsformen mit der (unterstellten) grundsätzlichen Abhängigkeit entsprechen also in Kategorien der „Narzißmus-Theorie“ verschiedenen Entwicklungsphasen der „Einheit mit dem idealisierten Objekt“: Auf der einen Seite der Umgangs-Skala wird diese Einheit noch gesucht oder geglaubt (obwohl sie ja grundsätzlich von den elterlichen Motiven her bereits hohl und selbstisch ist, da der Erwachsene das Kind zur Stützung seiner eigenen schwachen Identität ausbeutet und es fallen läßt, wenn er andere Stützen, zum Beispiel einen Partner findet), und das Kind hat noch kein ausdrückliches Kränkungserlebnis subjektiv verspürt; auf der andern Seite finden wir die unwiderruflich unglaubwürdig gewordene Einheit, die begleitet wird von Resignation und manifester Verzweiflung im Hinblick darauf, überhaupt noch Beziehungen eingehen zu können, vom Gefühl, endgültig allein zu sein (Rückzugsreaktion, Selbstmord).
Das Angewiesensein auf den anderen (das idealisierte Objekt) entspricht dem Thema der *„Abhängigkeit“*, die entweder offen eingestanden oder abgewehrt sein kann; das Zumachen, die gespielte „coolness“ repräsentiert die angestrebte *„Unabhängigkeit“*, also die spezifische Abwehr des Abhängigkeits-Bedürfnisses, die durch die narzißtische Kränkung mobilisiert wurde. Dieses widersprüchliche, d.h. unverarbeitete Nebeneinander von „Abhängigkeit“ und „Unabhängigkeit“ (oder besser: „abgewehrter Abhängigkeit“) macht die Grundstruktur der Identität des narzißtisch Geschädigten aus, sein (wie es heißt) „gestörtes Selbstbild“, das zwischen tiefster *„Depression“* und höchster *„Euphorie“* schwanken kann – beide bestehen nebeneinander, eines kann ins andere umschlagen. Der narzißtisch Gestörte braucht den anderen in jedem Fall, sei es, um einfach die zum Leben benötigte Kraft aus ihm zu gewinnen, oder sei es, um sich darüberhinaus als „Narziß“ in ihm spiegeln zu können. Der Verlust des idealisierten Objekts

ist der Verlust der Lebenskraft, die Depression, deren Nähe zum *„Suizid“* wohl kaum noch betont zu werden braucht.
Ein klarer Hinweis auf „Kränkungs-/Enttäuschungsreaktionen“ fand sich in neun Zehnteln unserer Interviews; die gleiche Häufigkeit erreichte der Indikator „Rückzug/Isolation“, während eindeutige „depressive“ Tendenzen lediglich in zwei Dritteln aller Fälle auftraten. Diese depressiven Tendenzen hatten sich allerdings bei jedem fünften Interview-Partner bis zu einem Suizidversuch entwickelt. (Demgegenüber hatten 9.7% der ZL und 6.6% der ZHA bis zum Zeitpunkt des Interviews einen Selbstmordversuch unternommen; der Unterschied zwischen den ZHA und den ZHG – 19.6% – erreicht in unserem Fall allerdings nicht ganz das Niveau statistischer Signifikanz.[1] Alle drei Indikatoren einer narzißtischen Störung – Kränkung, Rückzug, Depression – wurden in mehr als der Hälfte aller Interviews beobachtet; neun Zehntel aller Interviews wiesen mindestens zwei Indikatoren auf.
Die Kategorie *„phallische (genital-sexuelle) Problematik“* soll schließlich anzeigen, inwieweit die grundsätzliche orale Verunsicherung sich auch speziell im mangelhaften Erlernen der Geschlechtsrolle und damit verbundenen genital-sexuellen Störungen niedergeschlagen hat oder nicht. In diesem Zusammenhang erkennen wir klar, daß die Droge fast immer auch eingesetzt wird, um die eigenen Geschlechtsrollen-Unsicherheiten abzuwehren; hauptsächlich genanntes (d. h. vordergründiges und selbst eingesehenes) Motiv des Schießgift-Gebrauchs[2] ist die Erleichterung der Kommunikation mit dem anderen Geschlecht. Der Leser wird dafür so viele klare Beispiele gefunden haben, daß wir auf diesen Punkt nicht näher eingehen müssen. Ebenso wird er erkannt haben, welcher funktionale Stellenwert den gleichgeschlechtlichen sexuellen Aktivitäten in der psychosexuellen Entwicklung der narzißtisch gestörten Jugendlichen zukommt: sie bedeuten fast immer ein angstvolles Ausweichen vor, nicht etwa ein Überwinden der konventionellen bürgerlichen Geschlechtsrollen-Erwartungen. In diesem Zusammenhang ist kaum verwunderlich, daß trotz der

[1] Dazu muß gesagt werden, daß wir die tatsächlich vorgekommenen Suizidversuche der ZHG in unseren Interviews sicherlich nicht vollständig erfaßt haben und daß wir die Unterschiede zwischen den Gruppen in diesem Fall wie in allen anderen Fällen eher mit zu großer Vorsicht geschätzt haben.
[2] Und nicht etwa des Halluzinogen-Gebrauchs; Cannabis und trips lassen vielmehr die Schwierigkeiten verstärkt offenbar werden!

begrüßenswerten geringeren zwanghaften Männlichkeit der Männer, die wir im allgemeinen in der Subkultur beobachten können, die Rolle der Geschlechter untereinander, also insbesondere die Rolle der Frau im Verhältnis zum Mann, in der Drogen-Subkultur kaum weiter entwickelt ist als in der bürgerlichen Gesellschaft, von der man sich distanzieren will. Für den „Typen“ ist die Frau nach wie vor zweierlei: entweder das unerreichbare Sexualobjekt, vor dem man Angst bis zum völligen Rückzug hat; oder das abgewehrte, als kränkend erfahrene, verächtlich gemachte Sexualobjekt der „Titten“, „Votzen“ und „Butzen“.

Was schließlich die „*Drogenpräferenz*“ anlangt, so sind wir der Meinung, daß man, ausgehend von den klar unterschiedlichen Wirkungen der zwei Hauptgruppen von Drogen: Opiate, Schmerzmittel und Barbiturate auf der einen Seite, Schnellmacher, Weckmittel, Kokain auf der anderen, durchaus erwarten muß, daß die Bevorzugung der einen oder anderen Gruppe mit unterschiedlichen psychischen Dispositionen – etwa entsprechend dem bevorzugten Umgang mit dem Abhängigkeitsthema – einhergeht. (Die dritte Gruppe der Halluzinogene läßt sich gewiß keiner der beiden Kategorien zuordnen. Sie scheinen eher als Katalysator und Verstärker bestehender Befindlichkeiten zu wirken, als tiefgreifende und eindeutige somatische Veränderungen auszulösen. Das zeigt sich etwa bei der Frage ihrer aphrodisierenden Wirkung, welche die einen ebenso fest erfahren und behaupten, wie die andern sie leugnen.) Nur eben sind diese Dispositionen nicht so invariabel, wie manche oberflächlichen Analysen vom Typus „orale“ versus „anale“ oder „phallische“ Störungen unausgesprochen unterstellen. Vielmehr beobachtet man in bezug auf die Präferenz der einen oder anderen Drogen-Gruppe häufige Wechsel und Mischformen im Verlauf einer subjektiven Drogenkarrriere, etwa: Beginn mit Amphetaminen, endgültiger Wechsel zu Opiaten, zeitweise der Gebrauch beider Gruppen nebeneinander usw., und nur in Ausnahmefällen trifft man eindeutige Beispiele des einen oder des anderen Typus. *Eine* Gebrauchsstruktur fehlt aber bezeichnenderweise völlig: ein endgültiges Überwechseln von Opiaten zu Amphetaminen. Setzt man (was unseres Erachtens berechtigt ist) Opiate mit Schlaf, mit Schlafmittel, Depression, Selbstmord, Überdosis (auch Alkohol) gleich und Amphetamine mit Euphorie,

Potenzrausch[3], so läßt sich dieser Sachverhalt zwanglos erklären: Vorausgesetzt, die Frage des zwanghaften Drogengebrauchs mündet immer in die entscheidende Alternative: Selbstaufgabe oder nicht, weitermachen oder aufhören, so gibt es offensichtlich zwei Formen von Selbstaufgabe (was ganz der Theorie der narzißtischen Störungen entspricht), nämlich eine depressive und eine euphorische. Die letztere wird allerdings meistens übersehen, weil sie, wie die Wirkung der Droge selbst, eher vom normenkonformen Typus ist: sich durch Potenzrausch im weitesten Sinn zugrunde richten. Das kann bedeuten, mit dem Auto oder dem Motorrad an die Autobahnbrücke knallen, das heißt speed-Rausch, speed-Paranoia, sich körperlich auszehren, draufgehen. Ganz anders die depressive Selbstaufgabe, die die Form des Schlafs, der Abkapselung von der Außenwelt wählt. Hat man also den Weg der depressiven Selbstaufgabe bis zur Endstation des schweren Opiat-, Barbiturat- oder Alkoholgebrauchs eingeschlagen, so ist offensichtlich, daß der Übergang zu speed eine unwahrscheinliche psychische Kehrtwendung voraussetzen würde.

Man muß deshalb zur Beantwortung der Frage nach den verschiedenen Drogenpräferenzen in ihrer zeitlichen Abfolge in differenzierteren psychodynamischen Zusammenhängen denken, als es die orthodoxen psychoanalytischen Zuordnungsversuche anhand phasenspezifischer Störungen gemeinhin tun. Zwar glauben wir auch, daß letzten Endes das Ausmaß (und die Art) der frühkindlichen Beziehungsstörungen darüber entscheidet, wie weit die Selbstaufgabe getrieben wird; darüber hinaus benötigt man jedoch eine funktionelle Vorstellung von biografisch aufeinander aufbauenden (produktiven) Beziehungs-Störungen in der Form von Abwehren von Abwehren von Abwehren usw., die in der Drogenkarriere im umgekehrten Ablauf regressiv (und reproduktiv) wiederholt werden und sich in wechselnden Drogenpräferenzen ausdrücken. Nehmen wir Erika (062) als anschauliches Beispiel:

Erikas Drogenkarriere ist gekennzeichnet durch die Abfolge:
1. Alkohol (hypothetisch); 2. Schlaftabletten (Suizidversuch); 3. starke Amphetamin-Phase (oral); 4. Beginn der Opiatphase;

[3] **Wir halten auch die Gleichsetzung von Opiaten (Barbituraten etc.) mit dem weiblichen, speed mit dem männlichen Prinzip für gerechtfertigt.**

5. Bekanntschaft mit Halluzinogenen; 6. voll ausgebildete Opiatphase; 7. zeitweilig Schmerzmittel/Betäuber (Entzug). Weniger differenziert kann man sagen: auf eine ausgeprägte Amphetamin-Phase folgte eine endgültige Opiatphase. Eine solche Aufzählung bleibt so lange sinnlos und formalistisch, wie sie nicht in funktionelle Beziehung zur Entwicklung der konkreten interaktiven lebensgeschichtlichen Situation gesetzt wird. Dies kann etwa in folgender Weise geschehen: Vorausgesetzt werden kann bei Erika mit aller uns zur Verfügung stehenden Gewißheit eine grundsätzliche narzißtische Verunsicherung, die sich in der für Mädchen in vollständigen Familien typischen Konstellation von (zuerst) ablehnender Mutter und enger, wechselseitig idealisierender (und verführerischer) Beziehung zum Vater manifestiert. Nach der Erfahrung mehrerer akuter Kränkungen durch den Vater kommt die typische Identifikations-Wende: das mit narzißtischer Libido besetzte, ursprünglich idealisierte väterliche Objekt wird jetzt gehaßt, die frühere „gute" Beziehung wird in den Untergrund gedrängt, die Beziehungsvorzeichen werden ausgetauscht: aus dem ursprünglichen Plus wird ein Minus (genauer: es entsteht eine Ambivalenz mit einem oberflächlichen Minus und einem untergründigen Plus, oder – falls man die ursprüngliche idealisierende Beziehung selbst schon als Ambivalenz mit positivem Schwergewicht betrachten will – es werden die Vorzeichen einer bereits bestehnden Ambivalenz ausgetauscht). Das umgekehrte Verhältnis bahnt sich in Erikas Beziehung zur Mutter an und wird verstärkt sichtbar nach dem Ausscheiden des Vaters aus dem Familiensystem – wobei der Bruder sich auf die Seite des Vaters schlägt. Jetzt wird *sie* „der Liebling" der Mutter, ja diese stützt sich auf sie und regrediert in Umdrehung der Altersrollen in den Schutz ihrer Tochter. Kurz: nachdem der Vater in einem, wie Erika es sinngemäß und nicht ohne Eifersucht beschreibt, ihn anhimmelnden jungen Mädchen ein neues Objekt zur Spiegelung und Bestätigung seines schwachen Ich gefunden hat, solidarisieren sich die beiden verlassenen Frauen zur gegenseitigen Stützung ihrer verwundeten Ichstrukturen. Erika geht in die Lehre und in die Berufsschule und muß dazu noch die Hauptfunktion im Haushalt übernehmen, die ihr von der regredierenden Mutter zugeschoben wird. In dieser Phase vermehrter Leistungsanforderung beobachten wir auch den Schwerpunkt von Erikas oralem Amphetamin-

gebrauch, der einen system- und erwartungskonformen Lösungsversuch für ihre Probleme und Widersprüche symbolisiert. Auf die Dauer ist sie diesen Anforderungen nicht gewachsen; sie flippt aus und regrediert mit zunehmendem Opiatgebrauch auf die Ebene ihrer grundsätzlichen Verunsicherung. Ein ähnlicher Fall ist der von Werner (042), der jahrelang nur Amphetamine drückt, dann auf die speed-Paranoia kommt und (so stellt es sich ihm vordergründig dar) anfängt Opiate zu schießen, um „von dieser Paranoia wieder runterzukommen". Eine Zeitlang gebraucht er beides nebeneinander, heute ist er auf Alkohol: es kommt gar nicht mehr darauf an, mit was man wegdröhnt, Hauptsache, es knallt an. Schenk ein, ich weiß meinen Namen wieder. Die Depression hat die Oberhand gewonnen.
Wenn man in dieser Weise den Drogengebrauch dynamisch-funktionell analysiert, findet man stets sinnvolle Verbindungslinien. Mit anderen Worten, wir sind überzeugt, daß der jeweiligen Drogenpräferenz unterschiedliche Dispositionen im Sinn bevorzugter Formen des Umgangs mit dem grundsätzlichen Abhängigkeits-Thema entsprechen. Diese Umgangsformen pflegen jedoch in vielen Fällen im Verlauf einer längeren Drogenkarriere mehrfach zu wechseln, sind also dynamische Epi-Phänomene, die sich jedoch *stets* im Längsschnitt zu einer größeren, sinnhaften Gesamtstruktur zusammensetzen, die um die Frage kreist: kann der Betreffende den endgültigen und unwiderruflichen Rückzug aus sozialen Beziehungen, die Selbstaufgabe vermeiden oder nicht, genauer: regrediert er in die depressive Selbstaufgabe der uterinen Traumeinheit mit der „schwarzen Mutter"[4] oder beschreitet er den euphorischen Weg der Selbstaufgabe.

Bevor wir uns zum Schluß dieser Diskussion der Darstellung einer kurzen Typologie der vorgefundenen Grundmuster narzißtisch-gestörter Identifikation zuwenden, wollen wir daran erinnern, daß uns bereits der Fragebogen im Inter-Gruppen-Vergleich eindeutige Belege für die narzißtische Thematik speziell der Fixer-Widersprüchlichkeit geliefert hat; das heißt, die Fragebogen-Aussagen der drei Gruppen weisen klar aus, daß die

[4]Vgl. Bertha Eckstein-Diener, *Mütter und Amazonen*, Lizenz-Ausgabe des Verlags Neue Presse, Wien, o.J.

ZHG auf den Indikatoren, die bedeutungsvoll für die „Narzißmus-Theorie" sind, jeweils die erwartungsgemäß extremste Position einnehmen. Wir denken hier an folgende Items:

- sie waren am häufigsten „unerwünschte Kinder"
- waren am häufigsten „vor dem vierten Lebensjahr längere Zeit von der Mutter getrennt"
- wiesen die deutlichsten körpernarzißtischen Reaktionen auf
- wiesen die stärksten oralen Reaktionen auf
- zeigten die größte Isolation in sozialen Beziehungen (Rückzug)
- hielten sich am häufigsten für „Absteiger" (was man nach unserer Meinung eventuell mit dem subjektiven Gefühl, „Versager" zu sein, gleichsetzen kann)
- empfanden am häufigsten, „ungerechtfertigt" gestraft worden zu sein und
- sind am häufigsten und am frühesten von zu Hause fortgelaufen (die beiden letzten Items interpretieren wir als Kränkungsreaktionen)
- hatten schließlich die am stärksten wechselnden Familiensituationen und
- die durchschnittlich schlechtesten „Insgesamt-" und „Jetzt-Beziehungen" zu ihren Eltern

Darüber hinaus enthüllen die Tiefeninterviews weitere Indizien, insbesondere stärkste depressive und suizidale Tendenzen, die wir nicht im einzelnen wiederholen wollen.
Eine Darstellung der typischen Identifikationsmuster, die sich auf der Grundlage narzißtisch gestörter Interaktion ergeben, erfordert zunächst notwendigerweise eine Unterteilung nach äußerlich „vollständigen" und „unvollständigen" Familien, weil „Unvollständigkeit" die möglichen Beziehungsvariationen von vornherein einschränkt, die das Kind eingehen kann. Wir haben zu diesem Zweck – getrennt nach Geschlechtern – eine dreifache Unterteilung getroffen:
1. Jene Fälle, die nicht einmal andeutungsweise in den „Genuß" stabiler bürgerlicher Familienverhältnisse kamen, die also bald nach der Geburt abgeschoben, in Heime oder zu Verwandten gegeben wurden, viele wechselnde Erziehungssituationen erlebten, ohne ein Zuhause kennenzulernen; also Fälle krassester Vernachlässigung. Das waren in unserer Population von 52 Drogenabhängigen 2 von 18 Mädchen und 5 von 33 Jungen.
2. Diejenigen Fälle, bei denen mindestens eine stabile Bezugsperson bis in die Adoleszenz hinein vorhanden war, in unseren Fällen immer die leibliche Mutter. Dies traf auf 4 Mädchen und

10 Jungen zu, wobei nur in einem einzigen Fall (006) überhaupt keine Vaterfigur auftauchte, in einem weiteren (024) der elfjährige Junge nach der Trennung seiner leiblichen Eltern zuerst ins Heim kam, dann beim Vater, danach bei der Mutter lebte, und in einem dritten Fall (050) der Junge mit sechs Jahren seinen leiblichen Vater verlor und keine weitere Vaterfigur mehr erlebte. In den restlichen 11 Fällen tauchte ein Stiefvater auf.

3. Diejenigen Fälle, bei denen beide leiblichen Elternteile bis in die späte Adoleszenz vorhanden waren. Dies betraf 12 Mädchen und 18 Jungen.

	Mädchen	*Jungen*
1. totale Vernachlässigung	n = 2	5
2. mindestens eine stabile Bezugsperson	4	10
3. äußerlich vollständige Familie	12	18
	18	33

Die 7 Fälle „totaler Vernachlässigung“ scheiden aus einer Typologie identifikatorischer Grundstrukturen a priori aus, da sie keine Gelegenheit hatten, überhaupt irgendwelche stabilen Beziehungen zu länger vorhandenen Bezugspersonen zu entwickeln. Diese Jugendlichen wurden bereits als Kleinkinder jedoch so offensichtlich vernachlässigt und (offen) abgelehnt, daß man nach allem uns zur Verfügung stehendem Wissen über Sozialisationsprozesse tiefste frühkindliche Verunsicherung ableiten darf (Fälle 057/060 bei den Mädchen; Fälle 005/013/018/036/058 bei den Jungen).

Töchter in unvollständigen Familien:
Für Jungen wie für Mädchen ist in unvollständigen Familien stets die Mutter die einzige stabile Bezugsperson. Man darf vermuten, daß unter den gegenwärtigen gesellschaftlichen Verhältnissen ledige Mütter oder Mütter, die von ihren Ehemännern verlassen werden oder sich von ihnen trennen, als *eine* sehr typische Reaktion unter mehreren möglichen genau ein Verhalten an den Tag legen, das eine narzißtisch gestörte Entwicklung des Kindes nach unseren bisherigen Ausführungen sehr wahr-

scheinlich macht: Nämlich mit dem Kind gegen die erschwerten Verhältnisse, mit denen sie als alleinstehende Mutter zu kämpfen hat, gegen feindselige Reaktionen, gegen den Schmerz und die Enttäuschung, die die Trennung vom Mann in ihr verursachten, ein Schutz- und Trutzbündnis der wechselseitigen Stabilisierung einzugehen, das jedoch aus den gleichen Gründen nicht frei von Ambivalenzen zu sein pflegt, das heißt von ablehnenden Reaktionen gegen das Kind, welches oft genug als Last und Bürde empfunden wird. Dieses Reaktionsmuster erscheint uns so plausibel und alltäglich, daß wir uns wundern, daß es nicht schon längst als störungsträchtiges Klima im Sinn der „Narzißmus-Theorie" hervorgehoben wurde.
Unter solchen Bedingungen entwickeln sich die typischen Identifikationsstrukturen für Töchter wie folgt: Ausgangspunkt ist ein enges, symbiotisches Verhältnis wechselseitiger Stützung zwischen Mutter und Tochter, das auf Seiten der Mutter nicht frei von untergründiger Ablehnung des Kindes ist. (Mutter muß berufstätig sein, Haushalt besorgen, eventuell negativen Attitüden begegnen, hat kaum Zeit für sich selbst „wegen des Kindes".) Dieses enge Abhängigkeits-Verhältnis zwischen ihr und dem Kind, das die Mutter aus „egoistischen" (im weiteren Sinn natürlich gesellschaftlichen) Motiven in Gang setzt, enthüllt sich für das Kind regelmäßig spätestens dann als die Lüge, die es ist, als Fassade, Enttäuschung, gebrochenes Versprechen, wenn die Mutter einen neuen männlichen Partner findet. Dies macht für das Kind das zentrale narzißtische Kränkungserlebnis aus: Es hat das Gefühl, daß der neue Mann der Mutter ihm „etwas wegnimmt" (die Mutter oder deren Zuwendung), daß es zu kurz kommt. Diese Kränkung ruft bei dem Kind in der Folge eine Reihe von verwandten Enttäuschungs- oder Abwehrreaktionen hervor, die von der Ablehnung des Stiefvaters über eine Eifersuchtshaltung ihm gegenüber bis zu einem verführerischen Interaktionsstil zwischen Tochter und Stiefvater reichen, wobei die letztere Haltung sehr viel deutlicher die Funktion hat, es der Mutter „heimzuzahlen" oder ihre verlorene Zuwendung zu erpressen, als daß sie auf den anderen als eine um ihrer selbst willen begehrte Person gerichtet wäre; Tochter und Stiefvater verobjektivieren sich vielmehr beide. Besonders die verführerischen Verhaltensweisen der Mädchen sind sicher geschlechtsspezifische Ausführungen der Kränkungsreaktion, das

heißt sekundär ausgeprägt durch die weibliche Geschlechtsrolle, wie sie in den wesentlichen Grundzügen[5] den Mädchen bis zu diesem Zeitpunkt anerzogen wurde; die Reaktionen der Jungen drücken in solchen Fällen strukturell die gleiche Enttäuschung aus, sind jedoch in leicht veränderte Erscheinungsformen gekleidet. An dieser Stelle erhält die Beziehung zur Mutter jenen Bruch, der in der „Jetzt-Beziehung zur Mutter" mindestens als ambivalentes Verhältnis, als nicht ganz eindeutig gute Beziehung oder gar als deutliche Ablehnung in Erscheinung tritt – die Stiefväter werden sowieso abgelehnt. Diese Mädchen (und die Jungen, die unter vergleichbaren Bedingungen großgeworden sind) stehen dann auch insgesamt „der Mutter näher", was man aber, hält man diese Aussage mit der Charakterisierung der „Jetzt-Beziehung" zusammen, nicht als Ausdruck von „Liebe" mißverstehen, sondern als die Wahl des „kleineren Übels" betrachten sollte. Typische Reaktion dieser Jugendlichen in den Tiefeninterviews ist – falls sie ihre Beziehung zur Mutter nicht von vornherein in Begriffen offener Enttäuschung schildern – die Aussage: „ja, ich verstehe mich gut mit meiner Mutter", die im Verlauf des Gesprächs gewöhnlich durch das Eingeständnis relativiert wird: „aber ich konnte noch nie offen und ehrlich mit ihr reden". Diese Identifikations-Struktur finden wir bei drei von vier Mädchen (019/055/059). Beim vierten (006) tauchte nie eine Vaterfigur auf, dagegen sind das symbiotische Bündnis, mütterliche overprotection und Enttäuschungsreaktionen deutlich zu erkennen.

Söhne in unvollständigen Familien:
Hier gilt in den Grundzügen das, was bereits zu den „Töchtern in unvollständigen Familien" gesagt wurde. In sämtlichen 10 Fällen (002/010/024/028/030/037/040/050/051/063) beobachten wir mehr oder weniger deutlich das symbiotische Bündnis zwischen Mutter und Sohn, das in der „Jetzt-Beziehung" als „gut" bis „ambivalent" und als relativ größere Nähe zur Mutter

[5] Vgl. dazu Elena Gianni Belotti, *Was geschieht mit kleinen Mädchen*, Verlag Frauenoffensive, München 1975. Es handelt sich hier um diejenigen, von Belotti so deutlich beobachteten, Grundstrukturen der weiblichen Geschlechtsrolle, die auch dann schon längst verinnerlicht worden sind, wenn das sekundäre normabweichende Geschlechtsrollen-Lernen narzißtisch gestörter Persönlichkeiten einsetzt.

auftaucht, und eine bis zum heutigen Tag anhaltende Ablehnung und negative Beurteilung der Stiefväter, die in 8 von 10 Fällen auf der familiären Bühne erscheinen. Nur ist es in diesem Fall der Sohn, der das Gefühl hat, der Stiefvater nehme ihm etwas weg, und er reagiert strukturell ebenso wie die Töchter auf die mütterlichen Kränkung mit einem Bruch in der Beziehung zu ihr.

Töchter in vollständigen Familien:
Was die Identifikationsstrukturen von Töchtern wie Söhnen in vollständigen Familien anlangt, so fällt sofort ein markantes Beziehungsmuster ins Auge, das auf 8 der 12 Mädchen und auf 12 der 18 Jungen zutrifft: stets ist die Beziehung zum gleichgeschlechtlichen Elternteil die deutlicher gestörte. Offenbar, so muß man schließen, hat dieser Elternteil als ödipales identifikatorisches Vorbild für die Geschlechtsrollen-Identifikation versagt. Da in allen diesen Fällen beide Elternteile als Identifikationsmodelle präsent waren, muß dieser besondere Geschlechtlichkeits-Aspekt der narzißtisch-gestörten Identifikation (die Bevorzugung des gegengeschlechtlichen Elternteils) erklärt werden. Betrachten wir dazu zunächst etwas genauer die Verhältnisse bei den Töchtern. Sie haben offensichtlich von früh auf mehr Zuneigung von den Vätern empfangen. Diese waren selbst entweder schwach und ineffektiv in ihrer Beziehung zu ihren Frauen, oder sie waren deutlich im engeren Sinn narzißtisch gestört, indem sie ein ungeheures Maß an Selbstbestätigung brauchten und deshalb (oft verführerische) Zweckkoalitionen mit ihren Töchtern (nicht zuletzt zur Bestätigung ihrer Männlichkeit) eingingen. Heute sind diese Töchter enttäuscht von ihren Vätern, genauer: meist ambivalent („früher war das Verhältnis besser, heute ist es nicht mehr so gut"), stehen ihnen aber in jedem Fall noch relativ näher als ihren Müttern. Diese werden durchweg als strafend, unehrlich, fernstehend oder kalt geschildert. Gleichgültig, ob „verführerische" oder „schwache" Väter: in jedem Fall scheinen sie ihre Töchter gegen die (Ehe-) Frau zu idealisieren als die Frau, die sie gerne gehabt hätten. (001/003/007/025/026/031/041/062)

Söhne in vollständigen Familien:
Diese bleiben auf eine engere Bindung oder größere Nähe zur Mutter fixiert, die entweder ungebrochen oder ambivalent erlebt

wird. Ebenso regelmäßig zeigen sie Ferne und Distanz zu ihren Vätern an: diese sind streng oder zurückgezogen (auch saufenderweise zurückgezogen), strafend, verschlossen, offen ablehnend, aggressiv, vernachlässigend. Oftmals kommt es zu akuten Haßreaktionen zwischen Söhnen und Vätern; krassestes Beispiel: Der Junge schlägt seinen Alten zusammen, der rutscht am Türpfosten runter, klammert sich an den Beinen des Jungen fest. Der gibt ihm darauf einen Tritt und steigt wie Django über ihn hinweg in die verwehrte vermeintliche Freiheit von Disko, Drogen und Szene. Demgegenüber ist das Verhältnis zu den Müttern durchaus von überfürsorglichen Zügen geprägt: Mütter sind eifersüchtig auf die Freundinnen des Jungen (009), Schutzbündnis (023), double blinds mit größter wechselseitiger Abhängigkeit (022/061), Koalition gegen Vater (063) usw. Man hat den Gesamteindruck, daß die Mütter in der Partnerbeziehung den schwächeren Teil darstellen und ihre Söhne immer auch gegen ihre Männer idealisieren als den Mann, den sie gerne gehabt hätten.

Aus dieser Interpretation ergibt sich unseres Erachtens eine gewisse Klärung des Geschlechtlichkeits-Aspekts in den Identifikationsstrukturen vollständiger Familien. Wir sind der Ansicht, daß die (reproduktive) Geschlechter-„Wahl" der kindlichen Identifikationen vom (produktiven) Geschlechtlichkeits-Aspekt des Konflikts zwischen den Eltern herrührt. Das heißt, das Geschlecht des Kindes wird vom (produktiven) Geschlechter-Kampf der Erwachsenen mißbraucht, oder genauer: Die Eltern wählen den symbiotischen Koalitionspartner (Kind) zur Abwehr ihres eigenen schwachen Selbstbildes unter dem Aspekt seiner Geschlechtlichkeit. Falls Geschwister verschiedenen Geschlechts vorhanden sind oder falls das Geschlecht des einzigen Kindes es zuläßt, wird der in der Partnerbeziehung schwächere Elternteil – denn *der* ist es ja immer, der die kindliche Koalition sucht – ein *gegengeschlechtliches* Kind bevorzugen, weil dieses ihn noch effektiver in seinem Anerkennungskampf gegen den Partner unterstützen kann. Wo dies nicht der Fall ist, stoßen wir auf die zweite ausgeprägte Grundstruktur in vollständigen Familien (029/033/042, vermutlich auch 038, vielleicht auch 012), wo ein in der Partnerbeziehung schwacher (kranker, trinkender) Vater

mit dem Sohn als dem gleichgeschlechtlichen Teil gegen die Mutter und die in der Partnerbeziehung unterlegene Mutter mit einem gleichgeschlechtlichen Kind gegen den Vater koaliert (047), *weil kein anderes Geschlecht zur Verfügung stand* (also entweder das einzige und dabei gleichgeschlechtliche Kind oder mehrere Kinder, die jedoch alle das gleiche Geschlecht wie der koalierende Elternteil besitzen; denkbar auch Situationen wie „Nachkömmling" oder daß das eigentlich zu bevorzugende gegengeschlechtliche Kind bei der Entwicklung der elterlichen Krise zwar vorhanden, aber nicht mehr zu Hause ist usw.).
Die restlichen Fälle (alle unter vollständigen Familienverhältnissen aufgewachsen) fügen sich in keine der beiden genannten Identifikationsstrukturen vollständiger Familien. Bei den Mädchen scheint bei (017) und bei (049) die Mutter in der Partnerbeziehung zu dominieren, die Väter sind wohl schwach und zurückgezogen. Im Fall (017) wird der Vater jedoch im ganzen Interview so gut wie nie erwähnt, im zweiten Fall bezeichnet sich die Tochter als von beiden vernachlässigt und entsprechend beiden relativ „gleich nahe" (eher wohl gleich fern) stehend.
Bei den Jungen ist es Fall (021), der sich einer klaren Einordnung widersetzt. Auch hier fühlt sich der Junge, obwohl er sich im Fragebogen beiden Elternteilen als „gleich nahe" stehend bezeichnet, von beiden dennoch deutlich vernachlässigt und gekränkt und deutet auch gesprächsweise klar Distanz zu beiden an.

Zum Schluß noch einige Bemerkungen zur *Sprache* der Drogenabhängigen, wie wir sie in den Tiefeninterviews erleben. Ohne im Detail die Frage zu erörtern, wie das „richtige" Gesellschaftsmodell von „Kultur" und „Subkultur" beschaffen sei (eine hierarchisch dominante Kultur, um die sich sekundäre Subkulturen scharen, oder eine Gesamtheit aus gleichberechtigten Subkulturen, die um die Vormachtstellung kämpfen), definieren wir „Subkulturen" als Teilprozesse eines gesellschaftlichen Gesamtprozesses, die in Widerspruch zu gewissen Werten und Lebenserfahrungen stehen, die sich als gesellschaftliche „Norm" durchgesetzt haben. Entsprechend drückt die *Sprache* solcher Subkulturen ihre, dem Hauptstrom widersprechenden Wertungen und Erfahrungsweisen aus, ihre spezifische Sehweise der

Welt, die sich von der Blickrichtung der gängigen, alltäglichen Norm (der Erwachsenen, der Männer, des Vorrangs des Geschäfts) unterscheiden. In der BRD hat sich in diesem Sinn seit Ende der sechziger Jahre eine Sprache der „Subkultur der protestierenden (oder legitimationsverweigernden) Jugendlichen" herausgebildet, die ihre verschiedenen Herkunftsquellen – Studentenprotest, Drogenerfahrung, Heim-/Knast-Erfahrung – einerseits noch deutlich nachvollziehen läßt, andererseits in ihren ehemals lebendigsten und treffendsten Bestandteilen schon längst gesellschaftlich adoptiert und erfolgreich vermarktet wurde. Diese Sprache drückt in immer wiederkehrenden zentralen Lebensthemen[6], ja selbst in Wortneuschöpfungen die von der Norm abweichenden Lebenserfahrungen dieser Jugendlichen aus, die – als Protest – selbst wieder in eine progressive und eine rückschrittliche Seite zerfallen. Nach unserer Beobachtung sind es vor allem folgende Lebenserfahrungen, die in der Sprache der Drogen-Subkultur am häufigsten thematisiert werden:

- Protest gegen die bürgerlichen Verkehrsformen von Leistungszwang, repressiver Autorität und sexueller Tabuierung, die sie zuerst in der Person ihrer Eltern, dann in der Gesellschaft im allgemeinen vorfanden;
- Erfahrung mit gewissen Drogen, die durch ihre Wirkung reflektorische Bewußtseinsprozesse auslösen, die einen kritischen Abstand von den gängigen Werten und Verkehrsformen begünstigen;
- die mit diesem Protest verbundene Nähe zur Illegalität, das heißt die Gefahr, mit dem Gesetz und seinen Vertretern in Konflikt zu geraten; im äußersten Fall also Heim- und Knast-Erfahrung.

In allen diesen Bereichen finden sowohl die fortschrittlichen als auch die rückschrittlichen Erfahrungen der protestierenden Distanzierung von den bürgerlichen Normen ihren Niederschlag: Fortschrittliche Erfahrungsmodi werden unseres Erachtens symbolisiert in der abwertenden Bezeichnung der herkömmlichen Autoritäten, die Gewalt ohne eine einsehbare, legitime Grundlage ausüben: die „Alten", die „Bullen", die „Schmiere". Fortschrittlich in der Intention erscheint uns auch die Bereicherung der Sprache mit ansonsten tabuierter Sexualität („geil", „abge-

[6] Etwa im Sinn der „Urban Villagers" von Herbert Gans.

fuckt"); ferner die Stellungnahme gegen bürgerliche Isolation und angstvolle Vereinzelung („Kiste"[7], „Paranoia"), gegen uneinsehbare Leistungsanforderung („dropout"), sowie das Durchschauen der maskenhaften Oberflächlichkeit bürgerlicher Beziehungen („Szene", „Film vormachen", „linken") – was allerdings einen manchmal zynischen Gebrauch dieser Einsichten nicht ausschließt. Als rückschrittliche oder nur-antithetische Momente des Protests gegen die bürgerlichen Verkehrsformen erweisen sich die zwischengeschlechtlichen Umgangsformen, wie sie sich sprachlich niedergeschlagen haben: auf der einen Seite die „Typen", die für eine etwas despektierlich behandelte, aber ansonsten kaum in Frage gestellte Männlichkeit stehen; auf der anderen Seite die „Butzen", „Titten" und „Votzen" als diejenigen Attribute der Frau, die nach den Kränkungs- und Enttäuschungserfahrungen, die der Umgang der Geschlechter untereinander auch in der Subkultur in erster Linie mit sich brachte, aus der Sicht der Männer einzig übrigblieben – sozusagen die Reduktion der Frau auf ihre Möse als ihren einzigen verbleibenden Gebrauchswert. Ebenso scheinen gewisse, wiederholt thematisierte Umgangsformen der scene (wie „cooles" Auftreten, „hör doch auf zu nerven") eher die narzißtische Schädigung bzw. den abwehrhaften Umgang mit ihr auszudrücken als auf fortschrittliche Interaktionsmuster zu deuten.

Was die Drogenerfahrungen anlangt, so halten wir für progressiv die sprachlich symbolisierte Fähigkeit, hinter die Oberfläche (zum Beispiel von Verhaltensweisen) zu schauen, damit aufs „Wesentliche" zu kommen, den Schein zu durchstoßen, die Umkehrung gängiger Werte zu erfahren („Durchblick", „Bewußtseinserweiterung", „angetörnt sein"), für rückschrittlich dagegen die Erfahrung der Abhängigkeit („junk", „Affe", „turkey", „auf der Nadel hängen", „on the hock" usw.), der Depression („Horror"), der „Paranoia", der reaktiv wieder verhärteten Umgangsformen in der engeren Schießgift-Szene, wo die einst erlernte Sensibilität für Metakommunikation („vibes", „vibrations") und Beziehungen den kapitalistisch verhärteten Umgangsformen des Drogenmarktes weichen mußte

[7]**Siehe dazu den anschaulichen Comic-Strip von Crumb auf S. 30 des Fragebogens.**

(„connections“, „deal“, „linken“). Die in die Sprache eingeflossenen Lebenserfahrungen der Infantilisierung und Entmündigung durch die bürgerliche totale Institution repräsentiert insgesamt eher das rückschrittliche Moment des Protestes.

5. Glossar zur Sprache der Drogen-Subkultur

Lexika haben immer etwas Fragwürdiges an sich; sie lassen vermuten, eine fremde Sprache könne verstehbar gemacht werden durch das bloße Auswendiglernen ihrer Vokabeln; also ohne in die Welt der unbekannten Sprache – die eben mehr ist als nur Wort und Schrift – hineinzugehen und dabei die eigene zeitweilig aufgeben und inwendig neu kennenlernen zu müssen.
Im Falle der Sprache der Subkultur verschärft sich die Verstehensproblematik noch. Im Gegensatz zu der Sprache eines fremden Landes (es sei denn, es herrschten Ausnahmebedingungen wie Krieg, Belagerung usw.) ist diese als esoterische Geheimsprache entwickelt; sie soll die Abgrenzung der Gruppe nach außen erlauben, die Möglichkeit der Identifikation nach innen stärken und vor allem Außenseiter, potentielle Verfolger erkennbar machen. In der Drogensubkultur erscheinen diese allgegenwärtig, selbst das dem des Sprechers entgegengesetzte Geschlecht gehört noch dazu. „Paranoia" - Verfolgungswahn – ist ihm ein geläufiges Wort. Die Häscher zu entlarven und die eigene Identität zu verleugnen ist eine wesentliche Funktion auch der Sprache der Drogensubkultur. Distanz zu gewinnen war immer eher ihr Interesse als Einheit zu stiften, weshalb auch verständlich scheint, daß es *die* „Sprache der Drogensubkultur" nicht gibt.
Die Abspaltung von der kompakten Majorität setzt sich fort in der Aufspaltung in weitere Sub-Subkulturgruppen: die der Raucher, der Schlucker, der Fixer; letztere spalten sich wieder auf in Amphetamin- und Opiat-Fixer, lokale und Schichtdifferenzierungen kommen noch hinzu. Zwischen allen diesen Sub-Gruppen ist das Einvernehmen gering; es entwickelt sich eine Welt des „Jeder-gegen-Jeden" und auch des „Jeder-gegen-sich-selbst". Wie der Bürger die Subkultur nicht versteht, versteht diese sich dann selber nicht mehr.
Im Folgenden werden die jeweiligen Besonderheiten dieser Sub-Subkultursprachen relativ vernachlässigt und statt dessen versucht, die Gemeinsamkeiten herauszustellen – deren bedeutsamste sich lexikalisch jedoch gar nicht erfassen läßt, nämlich die Betonung der Metakommunikation. In sehr viel stärkerem Maße als in der alltäglichen normierten Umgangssprache werden Aus-

sagen erst durch die Berücksichtigung von Intonation, Mimik, Gestik sowie des situativen Kontextes verstehbar. Ein Zuwachs an Sinnlichkeit wird daran deutlich: um zu verstehen, was einer macht, kann man ihm zusehen, anstatt nur auf seine Worte zu hören: Das sind doch alles nur „Sprüche". Die eher analoge, leibgebundene Expressivität ist in geringerem Maße der Ausdruckskontrolle unterwerfbar, hier ist von seiten des „Sprechers" weniger Möglichkeit zu Täuschungen gegeben. Aber zugleich wird das Verstehen vollends zu einer Kunst. Wer die nicht kennt, erfährt gar nichts.

Parallel zur Aufwertung der Metakommunikation verläuft die Reduktion des eigentlichen Vokabelbestandes, eine Entwicklung, die oft als „Ausdrucksflachheit" und „Sprachverarmung" zu fassen versucht wurde. Dabei ist jedoch eine wesentliche Intention vor allem der Halluzinogen-Konsumenten nicht verstanden worden. Deren Sprache wollte – wie die von Frauen und Kindern es teils noch ist – Musik sein; ein Gesang, der das Unrecht der männlich zupackenden und gliedernden Rede wiedergutmacht und die versteinerten Verhältnisse in gemeinsamer Improvisation zum Tanzen bringt.[1]

In den Kommunikationsformen der Drogensubkultur (und teilweise auch der mit ihr assoziierten „Neuen Linken") wird mit der Betonung metakommunikativer Aspekte nochmals deutlich, daß eine Sprache sprechen heißt: ein Leben leben. Die amerikanische Subkultur hat diesen Sachverhalt sehr einleuchtend beschrieben, indem sie auf die Schwierigkeiten hinwies, die die Agenten des CIA bei der Infiltration des „Movement" gehabt hätten. Im Unterschied zu der Zeit der radikal-sozialistischen Gruppen der Vergangenheit, in denen zwar auch Exklusivsprachen gesprochen wurden, im übrigen aber im Umgang der Mitglieder alles beim Alten blieb, nämlich bürgerlich, sei jetzt die

[1] Die psychoanalytische Therapie der „narzißtischen Störungen", also der Psychosen, der psychosomatischen Erkrankungen, der Perversionen und auch der Süchte, trägt der Besonderheit einer Sprache Rechnung, welche die offene Distanzierung aus Angst vor Verlust der symbiotischen Einheit mit dem narzißtischen Objekt vermeidet. Die in der Neurosentherapie indizierte explizite Deutung des Übertragungsgeschehens würde in der Therapie des „narzißtisch Gestörten" von diesem als aggressiv kränkender Rückzug aus der gemeinsamen präverbalen Erfahrungswelt verstanden. An die Stelle der direkten tritt daher die indirekte Deutung. Diese bringt die Anteilnahme des Therapeuten metakommunikativ zum Ausdruck.

Identifikation der Spitzel sehr viel einfacher. Diese müßten ihr Leben ändern, um in die Gruppe einzudringen; oder sie würden sich durch Körperumgang, Kleidung, Eßgewohnheiten, Liebhabereien usw. verraten.

Aber die Drogensubkultur ist keine sozialistische Gruppe. Für sie war das Moment der Abgrenzung nach außen, des Rückzugs und Sich-Verleugnens schon immer bestimmender als das der Aufklärung und Offenbarung. Es hat sich letzten Endes auch in den Binnenverhältnissen der Gruppenmitglieder durchgesetzt. Nicht zuletzt darin ist ein Grund dafür zu sehen, daß sich die subkulturellen Idiome so leicht in die Sprache von Werbung und Management integrieren ließen – soweit sie dieser nicht ohnehin schon entstammten. Die Subkultursprache war viel zu wenig sperrig. Ihre Widerständigkeit geht nochmals verloren in einem Lexikon, das den Zusammenhang, aus dem sich eine Sprache erst erschließen läßt, auseinanderreißt. Aber dieser Zusammenhang war in der Sprache der Drogensubkultur ohnehin schon zerbrochen. Sie läßt sich daher nur in Widersprüchen verstehen. Es sind die des mit sich und der Welt zerfallenen und um die Wiederherstellung seiner Einheit kämpfenden Subjekts. Welches darum noch kein wirkliches ist, sondern immer auch noch Objekt innerer und äußerer Zwänge. Von denen ahnt es zwar, doch darf diese Ahnung sich nicht zum Wissen verdichten; das Subjekt verlöre sonst seine Identität, d.h. sein Selbstbewußtsein als autonomes menschliches Wesen. In der Sprache der Drogensubkultur wird deutlich, wie sehr die Versuche ihrer Mitglieder, sich als anerkannt, selbstbestimmt und wertvoll zu erfahren, scheitern. Untergründig zwar nur setzt der Verdacht sich durch, ein Ding zu sein oder eine Maschine, also nicht wirklich lebend, sondern nur scheinhaft. Aber auch darin drückt sich Hoffnung und Widerstand aus. Die Maschine setzt Naturdetermination außer Kraft und gegenüber dem Ding versagt die normative Gewalt einer Sozialität, die menschliche Verhältnisse als solche von Sachen interpretiert. In dieser Welt ist nur der nicht materialisierte Schein im strengen Sinne wahr. Und zugleich wird ein Wissen ausgesprochen von den allgegenwärtigen Bedrohungen, die dem Versuch, eigene Identität zu gewinnen, entgegenstehen. Es wird Zeugnis abgelegt von den Schwierigkeiten, die es kostet, das eigene unmenschliche Selbstverständnis preiszugeben; Schwierigkeiten,

angesichts derer der reale Tod und nicht nur der soziale – der den ersteren ankündigt und seine Erfahrung qualitativ bestimmend vorwegnimmt – als Erlösung erscheint. Deren Bild wird entwickelt als das Paradies der Selbstlosigkeit; aber eben immer noch in der Nähe des Todes.
Sicherlich ließe der hier bezeichnete Erfahrungszusammenhang sich genetisch im Sinne der Theorie narzißtischer Störungen erklären; deren Begriffe sind noch am ehesten geeignet, die verborgenen Intentionen nicht nur der Drogensubkultur aufzugreifen und therapeutisch und politisch zu transformieren. Aber die Frage ist, inwieweit solche Betrachtungsweise, die eher Pathologisches in den Mittelpunkt stellt – und sei es auch nur durch die Verwendung psychologischer Begriffe –, nicht doch dazu beiträgt, eine Erfahrung zu verdecken, die in den Kommunikationen der Drogensubkultur immer verborgene Präsenz behält und deren Eingedenken erst Verstehen möglich macht: die des sprachlosen Glücks und der stummen Angst.

abfahren:	auf etwas, auf jemanden, auf eine Musik, einen Typen oder eine Droge abfahren. Sich begeistern, euphorisch idealisieren, ausgelassen sich freuen. Auch wer abfährt, muß cool bleiben, sonst flippt er aus.
Abflug machen:	weggehen, sich trennen, auch: sterben. Trennung heißt Tod. Aber immer noch auf dem Höhenflug.
abgefuckt:	enttäuscht, runtergekommen, zynisch.
abgestellt:	Schweizer Wendung für „abgetörnt“: enttäuscht, enttäuschend. Der Gegensatz zu „aufgestellt“ -„angetörnt“. In dem Maschinen-Selbstbild der Melancholie vermittelt ein An-/Ab-Schalten zwischen Euphorie und Depression, aber die Schaltgewalt liegt nicht in eigenen Händen. Die Droge soll unabhängig machen, sich selber anzutörnen.
abschießen:	Männersprache. Meist in der Verwendung: eine Frau abschießen. Geschlechtsverkehr mit einer Frau haben. Prestige erwerben im Kampf gegen das andere Geschlecht und in der Konkurrenz der Männer untereinander. Leichenschändung treiben.
Affe:	einen Affen haben: Abstinenzerscheinungen haben. Freud weist auf den wohl doch nur scheinbaren großen Narzißmus der Tiere hin; es ist kein

wirklicher, sie haben vermutlich kein Bild von sich. Im Affen erfährt man sich noch einmal, wenn auch leidend.

Anmache: meist in der Verwendung: von jemandem link angemacht werden. Kränkend in Frage gestellt werden. Es gibt auch: „eine unheimlich gute Anmache", d.h. solidarische und praktische Kritik. Vom anderen Geschlecht angemacht, also provozierend umworben zu werden, ist ambivalent.

anpieken: jemandem die erste Injektion geben.

anschießen: wie „anpieken". Schießer sind angeschossen und verletzt. Selten, daß einer den ersten Schuß sich selber gibt. Von dem, der ihn anschoß, wollte er etwas Anderes.

antörnen: ursprünglich aus dem Englischen: „turned on": angestellt, so wie man ein Radio oder einen Fernseher anstellt; Medien der Regression.
- sich antörnen: Drogen einnehmen.
- sich auf etwas antörnen: sich für etwas begeistern.

Apo machen: in eine Apotheke einbrechen.

aufreißen: meist in der Verwendung: eine connection aufreißen: eine Verbindung geschäftlicher Natur herstellen. Auch: Frauen aufreißen: Mit Frauen ins Geschäft kommen, ihren Film vorgetäuschter Unabhängigkeit und Selbstsicherheit reißen lassen und sie ausnehmen.

ausflippen: Identität verlieren und umherflippen, in Ambivalenzen sich zerreißen. Auch in der Verwendung: Von zu Hause, der Schule, der Lehre ausflippen und abhauen. Meist flippen dann zugleich Eltern, Lehrer und Lehrherren aus, mit dem Knecht verlieren sie sich selber.
Weiterhin: jemanden ausflippen: jemanden verrückt machen und ihn vollkommen desorientieren durch unvermittelten Wechsel von Nähe und Ferne in der Kommunikation.

ausfreaken: wie „ausflippen".

ausklinken: „ich klink mich aus": eine vermittelnde Gemeinsamkeit aufgeben und verlassen, die „ich klink aus": aufgegeben und verlassen die Selbstkontrolle verlieren.
Die Klinke als Vermittlung von Teilen einer Mechanik. Wer ausgeklinkt ist, geht kaputt, eine Verbindung bricht.

ausrasten: s.a. „ausklinken“.

Bock, alter meist in der Sprache der Frauen untereinander: ein lüsterner Mann. Ganz und gar nicht cool.

Bock haben: fast immer: kein Bock haben: keine Lust haben. „Bock“ meint ursprünglich den Phallus, das Zeichen der Herrschaft. Die Lust der Drogensubkultur ist die der tabuierten, weil unbeherrschten Prägenitalität. Daß sie kein Bock hat, macht ihre soziale Ohnmacht aus.

breit: infolge von Drogeneinwirkung stark berauscht. Kurzform von: „breit wie 'ne Leinwand“. Auf dieser läuft der Film der eigenen Selbstdarstellung. Die Sucht ist eine Form des noch verbotenen Exhibitionismus, das Publikum ist Zensor und Voyeur zugleich.

etwas bringen: etwas schaffen.

Bullen: Polizei; im Gegensatz zu den Ochsen sind die Bullen nicht kastriert, die Bullen haben Bock. Die Subkultur der Kriminellen legt Wert darauf, daß die Polizei „Schmiere“ heißt und nicht etwa „Bullen“.

bust: aus dem Englischen: Razzia, Festnahme.

Butze: Männersprache. Ursprünglich das kleine schmucke Häuschen des Spießer-Glücks. Hier: abfällig für „Frau“, das Heimchen am Herd, ganz Bett und Küche. Spießer sagen Butze und wünschen sich eine. Schießer sind Spießer.

checken: englisch „to check“: überprüfen, erkunden, kontrollieren in der Bedeutung: ein Gerät überprüfen, ein feindliches Gelände erkunden, eine Arbeit auf Fehler kontrollieren. Hier: etwas auschecken: in Erfahrung bringen; jemanden chekken: jemanden verstehen. Die Konnotationen des Gebrauchs in Lebensbereichen der Technik, des Militärs und der sozialen Kontrolle bleiben erhalten.

clean: englisch: sauber. Hier: drogenfrei. Sucht ist verpönt, schmutzige Sexualität und zugleich ein Versuch, sich reinzuwaschen – mit Dreck („junk“), die Reinheit zu bewahren, indem man sich vergiftet.

cool: englisch: kühl. Aus der Sprache der beats ins Deutsche übernommen. In diesem vielleicht zentralen Begriff der Subkultursprache kulminiert das Selbstverständnis ihrer Mitglieder. „Uncool“

zu sein bedeutet schwerste Abweichung von dem Verhaltenskodex der Gruppe. Sanktioniert wird in der Regel ebenfalls cool, d.h. distanziert lässig, nicht moralisierend, selbstsicher, emotional nicht übermäßig engagiert. Der „coole Typ“ ist das Persönlichkeitsideal der Subkultur; im coolen Spruch deutet er Protest an gegen die artikuliert bestimmende Rede, die dem Angesprochenen bedrohlich nahe zu Leibe rückt und zum hysterischen Kommando wird. Doch cool bleibt er der Kälte des bürgerlichen Subjekts verschworen.

deal: englisch: Handel, nicht nur mit Drogen. Übereinkunft.

drauf sein: drauf sein, etwas zu tun: dazu gestimmt sein.

dröhnen: jemandem eine dröhnen: jemandem eine reinhauen. vollgedröhnt sein: im Rausch dämmern und von einem Morgen im Paradies träumen – nachdem man sich den Schuß reingehauen hat.

drücken: eine Injektion machen. Schießer und Drücker sind verschiedene Leute. Aus Schießern werden Drükker, eine Entwicklung in die Vergangenheit, der Drücker ist wieder in Windeln gewickelt.

Durchblick: den Durchblick haben: Einsicht, Kenntnis, Verständnis haben. Verstehen tut man mit den Augen.

durchhängen: kein Bock haben, lustlos und deprimiert sein.

easy: englisch: einfach, leicht.

ego-trip: eine Reise, auf der man allein bleibt und deshalb so gut wie zu Hause. Eine rücksichtslose isolierte Existenz und Unternehmung. Der Einsame wähnt sich leicht stark, die Fremde macht ihn bekannt mit der Angst, sich in ihr zu verlieren.

einklinken: sich einklinken: sich ohne viel Umstände und Worte beteiligen. Eine Sensibilität für den vorgegebenen kollektiven Rhythmus haben. Es ist der einer Maschine.

auf Entzug sein: Abstinenzerscheinungen, einen Affen haben. Schmerzliches Bewußtsein, nichts und niemanden zu haben, bei dem man sich zurückziehen könnte.

Falle: Bett und in der Sprache der Weckmittelabhängigen die Vagina. Im Schlaf stirbt das vermeintlich freie Ich; der Orgasmus ist ein Blitz durch den Tod.

feeling: englisch: Gefühl. Ein gutes feeling: Selbstgefühl für andere und sich. In der Musikersprache: eine unaufdringliche Zärtlichkeit des Spiels, Vorklang kollektiver Identität.

Film: einen Film laufen haben: anderen und vor allem

sich selbst etwas vortäuschen. Der insgeheim vom Star-Ruhm Träumende ist sich ein zugleich argwöhnisches und naives Publikum, seine Identität eine Reise durch Trugbilder. Wenn „der Film reißt", geht sie verloren.

fix: eine Injektion.

Fixer: ein Süchtiger, der sich Drogen injiziert. „fix yourself up" (sich eine Injektion machen) ursprünglich in der Sprache von Frauen und Schauspielern: sich schminken, die Maske für den Film auflegen; ihre Starre entlarvt die Leblosigkeit in der Flucht der Bilder.

flash: das Einsetzen der Opiat-Wirkung nach einer Injektion (im Unterschied zur Amphetamin-Wirkung, die mit einem „kick" einsetzt).
Im Englischen als Substantiv: der Blitz, auch der Geistes-Blitz. In der Verwendung durch die Pop-Kultur: all das, was Mode ist. Deren Wechsel soll Geschichte künstlich schaffen und Aktüalität vortäuschen. Im flash wird der Süchtige sich selber wieder modern.

flip: einen flip machen: eine Situation spontan neu definieren.
jemanden flippen: jemanden ausflippen machen, durch Nicht-Anerkennung seiner Selbst-Definition.
flippen: unstet sein und impulsiv, auf einem flippigen Film: das Bild flackert.

freak: englisch: ein Zwerg oder ein sonstwie monströs entstelltes Menschenwesen, ein Verrückter. Hier: ein eigenwilliger, fast immer männlicher Außenseiter, der seine Verrücktheit (d.h. die ihn bestimmenden sozialen und subjektiven Widersprüche) produktiv und öffentlich anerkannt machen kann. Das Genie der Subkultur.
Abfällig: Jemand, der infolge seines Konformismus nicht ernstzunehmen ist.

gegriffen werden: von der Polizei gefaßt werden. „sich einen greifen": onanieren. Die Bullen greifen sich einen, nachdem man abgehauen ist. Die gelungene Flucht würde sie kastrieren.

geil: Geilheit meinte bislang die genital-sexuelle Lust. Jetzt können aber auch eine Musik, ein Gegenstand oder eine Droge geil sein; ein „geiler Schuß". Menschen machen nicht geil, sondern Angst, vor allem, wenn sie im alten Sinne geil sind – das heißt dann „dumm geil".

Gift: die Droge, von der einer abhängig ist. Manch einer sagt nie Gift, sondern „Stoff" oder sonstwas. Gift nimmt der Held einer Familientragödie, er kokettiert dabei mit seinem vermeintlichen Mut zur Selbstzerstörung.

H: Kurz- und Kosename für Heroin; ebenso: O: Opium, M: Morphium, P: Palphium, J: Jetrium aus der Gruppe der Analgetika. Für Amphetamine und Kokain gibt es diese Form der Namensgebung nicht. Kokain heißt nicht etwa „K", sondern „Koks".

habit: englisch: Gewohnheit. Euphemismus für „Sucht".

heavy: englisch: schwer, schwierig. Ein heavy Typ ist vor allem uncool, die Identität anderer mit physischer oder psychischer Gewalt bedrohend. Ein heavy trip: ein Spiel mit hohem Einsatz, das Selbst kann dabei verlorengehen.

Horror-trip: ein zu-heavy-trip, nicht nur mit LSD; die illusionäre Identität des Ich ist in Frage gestellt; eine Reise ohne Aussicht auf Wiederkehr, durch vernichtende Angst.

joint: englisch: der Treffpunkt, die Verbindung, auch die Kupplung. In der Sprache der Subkultur die Haschischzigarette. Sie verkuppelt die ihr Ideal der Hingabe Prostituierenden. (Süchtige und Prostituierte haben vieles gemeinsam und versuchen sich oft als Paar. Letztere sind unfähig, in der traditionellen Frauenrolle sich anzuerkennen, als selbstlos Untergebene. In der Prostitution behalten sie die Oberhand und sichern sich weibliche Identität durch falsche Hingabe. Aber jede Prostitution weckt die Sehnsucht nach der des Heiligen Tempels und die Rauschmittel die Erinnerung an Erlösung.)

junk: englisch: Müll, Mist, Dreck. Hier: die Droge, meist Opiat. Der junkie verleibt sich Mist ein, der Koprophage (Kotfresser) versorgt sich autonom und bestraft die um ihn Über-Besorgten.

kaputtgehen: desintegrieren, autoerotisch fragmentieren, eine Identität zerbricht. Der Film reißt, die Vorführmaschine ist kaputt – worin auch Hoffnung steckt: Wer einen Film spielt, ist zu lange Projektionsfläche eines anderen gewesen.

kick: englisch: Ansporn, Anregung, Kräftigung. Einsetzen der Amphetamin-Wirkung nach der Injektion.

Kies: Geld.

kiffen: Marihuana oder Haschisch rauchen.

king: englisch: König: der Schießer-King, der scene-König,

Die kleinbürgerliche Subkultur wünscht sich in den Feudalismus zurück, wo soziale Identität besessen und nicht erarbeitet wurde.

Kiste: „in die Kiste gehen": ins Gefängnis gehen.
„in die Kiste springen": sterben. Halb ein Freudensprung. Der zu Lebzeiten Verfallene wünscht sich in den Sarg, dieser sichert die Grenzen des erst tot sich lebendig wähnenden Ich.

Kohle: Geld. Man macht sich die Finger schmutzig damit.

Koks: Kokain. Manager-Droge, um der Angst Angst zu machen, aber am Schluß siegt doch die „Paranoia". Der Koks-Schießer hätte auch lieber Kohle.

laufen: ein Film, ein trip, ein Ding laufen haben: beschäftigt sein, eingenommen sein – oft von sich selber.

Linke: Betrug, Täuschung; „linken": täuschen; „link": unehrlich, unwahrhaftig. Das subkulturelle Idiom schlechthin, um Abwertung auszudrücken. Link ist vor allem der offenkundig gewordene Täuschungsversuch. Aber es gibt auch eine „gute Linke": wenn die Rechten gelinkt werden.

M: Morphium.

Nadel: Injektionskanüle.

Nerve: Nervenbelastung, stress. Mißverständnisse legen gleich die Nerven frei, der Ärger rückt auf den Leib und wird als solcher isoliert und nochmals mißverstanden

O: Opium.

etwas packen: etwas schaffen; „jemanden packen": ihn unmittelbar verstehen, ihn am Wickel packen und abführen.

Paranoia: Verfolgungsangst, meist in Verbindung mit Größenwahn – nicht nur nach exzessivem Amphetamingebrauch. Die Verfolger haben ein Fahndungsbild, es sieht ihm ähnlich, aber noch sind sie hinterher, er bildet sich ein, immer voraus zu sein.

Poofe: Bett.

power: englisch: Kraft, Stärke. Ein zentrales Wort der Subkultursprache. Power zu haben ist das, wovon alle träumen. Die Stärke, die es braucht, um sich und andere zu vermitteln.
„andere auspowern": ihnen die Kraft zum Widerspruch rauben.

power-trip: ein Weg mit vielen Hindernissen. Abfällig: Jemand wird als Hindernis aus dem Weg geräumt.

Pumpe: Spritze und Herz. Der Schießer fürchtet, keins zu haben, ängstlich muß er es in die Hand nehmen, eine Transfusionsmaschine, mit der er den Blutaustausch vorbereitet für sein neues Leben.

raushängen lassen:	angeben, sich zur Schau stellen und exhibitionistisch auf Anerkennung dringen.
Säger:	einer, der an den Nerven sägt.
scene:	auf die scene gehen: am Schauplatz des Treffens einer Bezugsgruppe auftreten. „die scene": die Gruppe selber, die Mitglieder werden zu Requisiten in der Inszenierung des eigenen Films. „linke scene": eine bedrohliche Situation, der Film reißt, eine Vorstellung muß aufgegeben und verlassen werden.
Scheibe:	eine Scheibe haben, eine Drogenscheibe haben. Beschränkt sein im Verständnis. Hinter der Mattscheibe blind sein für andere und selber unsichtbar.
schießen:	eine Injektion machen. Als verfehlt sich empfinden und endlich einmal sich treffen wollen.
shit:	englisch: Scheiße. Hier: Haschisch. s.a. „junk".
Schmiere:	Polizei.
Spiel:	meist als „linkes Spiel": unwahrhaftige Interaktion. Einer spielt falsch, ihm ist es ernst, er will Identität nicht verlieren.
Spruch:	knappe Bemerkung. Einen „coolen Spruch" machen: keine zwingenden Ansprüche an den Interaktionspartner stellen und mit denen an sich selber übereingekommen scheinen. Der Spruch ist der eines Schamanen, bezaubernd macht er einen neuen Schein zur falschen Wirklichkeit. Der „Sprüchemacher" wiederum entlarvt sich als Scharlatan. „Linke Sprüche machen": jemanden verletzend ansprechen: schwarze Wortmagie treiben.
sqare:	englisch: quadratisch, rechteckig. Hier: bürgerlich beschränkt, der Bürger. Sein Bild der Welt geht über den Rahmen des Empirischen nicht hinaus.
Stoff:	die Droge. Jede Droge kann als Stoff bezeichnet werden. Ebenso wie das Wort verwendungsunspezifisch inhaltslos ist, ist es auch die damit bezeichnete Sache, entqualifizierte Materie; alles konkrete Leben ist daraus getilgt, das namenlos Tote schlechthin.
stoned:	englisch: gesteinigt, zu Stein geworden. Nach Drogeneinnahme erstarrt.
straight:	englisch: gerade. Hier: spießbürgerlich, engstirnig.
Tante:	in der Männersprache leicht abfällig für „Frau". Die Tante ist die Schwester der Mutter: der Sohn bleibt in der Familie.
Termin:	Gerichtsverhandlung. Terminus, lateinisch: die

	Grenze. Nach dem Termin geht's in die Kiste, die Gefängnismauern ersetzen die fehlende Ich-Grenze.
ticken:	etwas oder jemanden verstehen. „etwas verticken": etwas verkaufen, Verständnis ist Ausverkauf.
tierisch:	„tierisch" ist all das, was irgendwie extrem ist, sei es gut oder schlecht, „tierisch geiler Typ" oder „tierisch linke Situation". Auch bei der Kennzeichnung negativer Extreme bleibt ein Unterton der Anerkennung bestehen. Im tierischen Extrem erkennt man sich noch einmal als existent.
trip:	englisch: eine kurze Reise. Hier: eine LSD-Dosis, auch die LSD-Erfahrung selber. Aber auch: ein „Musik-trip" oder ein „Arbeits-trip": der Weg, auf dem einer sich identifiziert. Identität ist Reise und Bewegung (gegen den bürgerlichen Sinn des Habens), der endlose Weg in die Heimat das Ziel.
trouble	englisch: Ärger.
Typ:	Menschen-Stoff.
überziehen:	jemanden überziehen: ihn verstehen. jemandem eins überziehen: ihn schlagen.
vollabern:	auf jemanden ungeachtet dessen Abwehr einreden. Sich in ihn entleeren.
ziehen:	Haschisch, Gras rauchen. Auch: „einen trip durchziehen": eine Arbeit abschließen, einen Weg zu Ende gehen.